「조선상고사(朝鮮上古史)」 그 이후 -

일본은 왜 한국을 못 살게 굴까?

:역사지리학적 고찰

지 샘

일본은 왜 한국을 못살게 굴까?
:역사지리학적 고찰

인 쇄 / 2011년 8월 8일
발 행 / 2011년 8월 11일

지은이 / 김병섭
펴낸이 / 김종호
펴낸곳 / 지 샘
서울 성동구 성수2가 3동 279-39호
전 화 / 461-5858
팩 스 / 461-4700

등 록 / 제4-399호
ISBN / 978-89-94534-04-6
정 가 / 25,000원

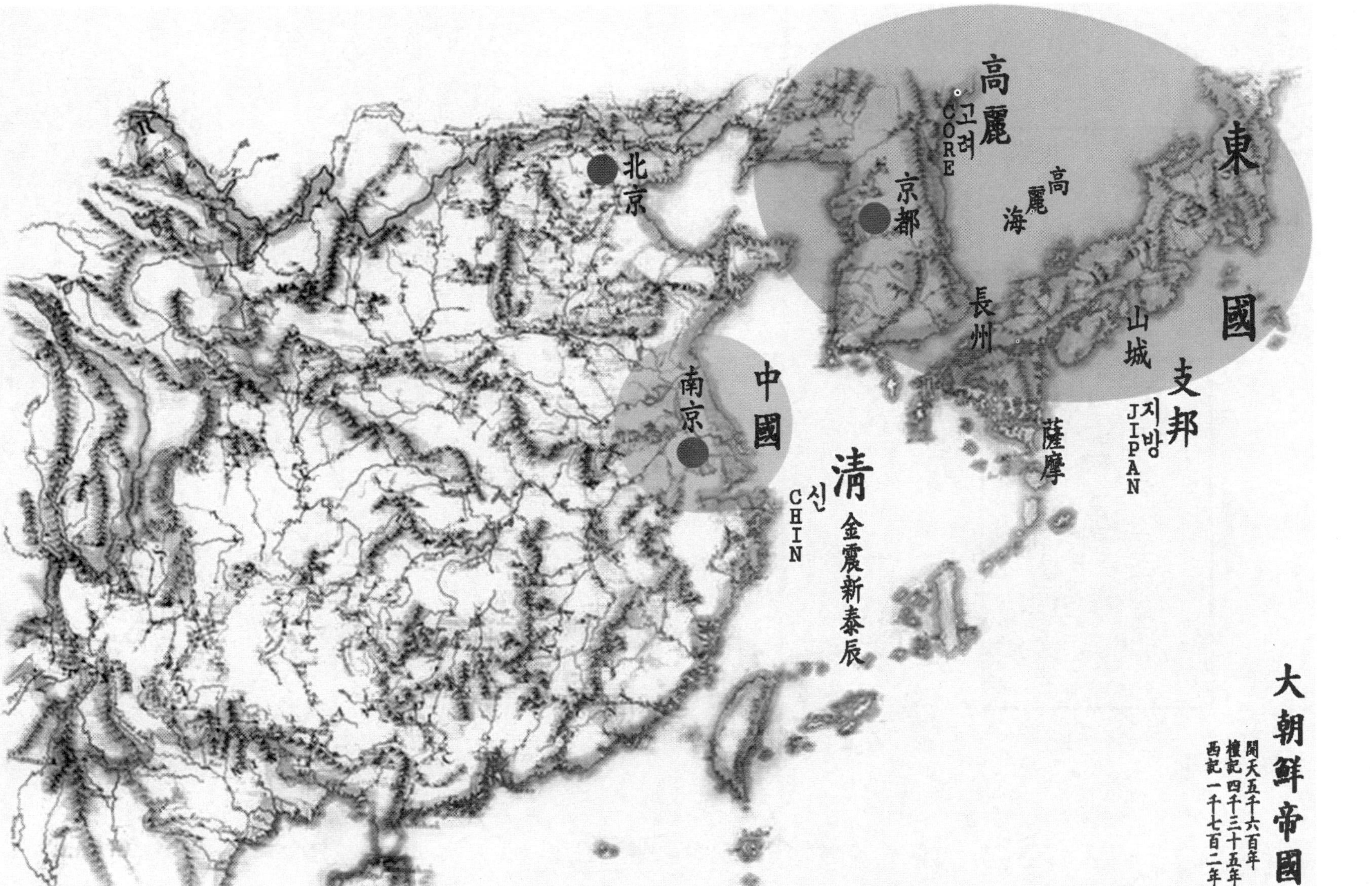

大朝鮮帝國
開天五千六百年
檀記四千三十五年
西記一千七百二年
東國
高麗
고려
CORE
高麗海
京都
長州
山城
支邦
지방
JIPAN
薩摩
北京
中國
南京
清
신
CHIN
金震新泰辰

과거를 지배하는 자는 미래를 지배한다.

현재를 지배하는 자는 과거를 지배한다.

- 조지 오웰(George Orwell) <1984년(Nineteen Eighty Four)>에서

머리말

필자는 대학원 과정에 있었을 때 6개월간 교환학생으로 동경(東京)에 머무를 기회가 있었습니다. 그 곳에서 필자는 참으로 신선한 경험을 하게 됩니다. 열도(列島)에서 고려(高麗)의 흔적을 발견하게 된 것입니다. 이러한 신선한 경험을 하기 전에 저도 대부분의 한국인처럼 열도는 백제(百濟)와 관련이 깊다는 것. 그리고 백제 멸망 이후로는 우리와 편치 않은 관계를 맺어온 것으로만 알고 있었습니다. 그런데 열도를 발로 누비고 다니면서 일본(日本)이 우리로부터 떨어져 나간 것이 메이지유신(明治維新) 이후라는 사실과 반도(半島)에 있다가 일본제국(日本帝國)에 병합되었던 저의 조국이 조선(朝鮮)이 아니라 고려(高麗)였다는 사실을 알게 되었습니다. 보다 정확히 말씀드리자면 조선이라는 제국 하에 있었던 고려가 저를 포함한 한국인 대부분의 조국이었다는 것을 알게 되었습니다.

처음 이 글을 접하시는 독자께서는 황당 그 자체일 수밖에 없을 것입니다. 그러나 세상에 상식으로 알려졌던 것이 뒤집힌 사례가 어디 하나 둘입니까? 우리는 일제가 역사를 왜곡했다고 알고 있습니다. 그런데 일제가 도대체 무엇을 왜곡했는지는 정확히 알지 못합니다. 그러다가 일본보다 우리의 우위성을 알려주는 조그마한 문건만 공개되면 열광하곤 합니다. 이러한 열광도 나쁜 것만은 아니지만 보다 냉철하게 무엇이 어떻게 왜곡되었는지 그 근본부터 따져볼 필요가 있습니다.

우리는 단재(丹齋) 신채호(申采浩) 큰선생의 <조선상고사(朝鮮上古史)>만 정독해도 우리의 참된 역사를 상당부분 찾을 수 있습니다. 저도 선생의 서적들을 살펴보면서 왜 학교에서는 이러한 내용을 배우지 않았는지 의문이 들 때가 한두 번이 아니었습니다. <조선상고사>는 선생께서 일제에 체포되어 감옥에 수감되어 계실 때 조선일보(朝鮮日報)에 연재하셨던 글들을 후에 한 출판사가 묶은 것입니다. 책의 이름이 <조선상고사>인 까닭은 백제의 멸망까지만 신문에 연재되었던 글들이 묶였기 때문입니다.

저는 본서에서 <조선상고사>에 다뤄졌던 시대 이후에 벌어진 우리 역사의 굵직한 사건들을 주로 다루었습니다. 신채호 선생께서 감옥에서 생을 마감하셨기에 다루지 못한 시대를 감히 제가 다룬 것입니다. 그리하여 책의 부제를 <「조선상고사(朝鮮上古史)」 그 이후 ->로 한 것입니다. 저는 본서를 집필하면서 선생께서 알려주신 고귀한 진실을 많이 인용하였으며, 또한 선생의 역사적 통찰력을 닮고자 많이 노력하였습니다. 선생의 글을 읽을 때마다 끝없는 민족애와 치열한 탐구정신에 저절로 고개를 숙이지 않을 수 없었습니다.

한편 저는 선생께서 미처 밝히지 못한 상고사의 내용도 일부 다루었습니다. 이는 전적으로 선생께서 처하셨던 시대보다 지금 이 시대에 보다 많은 자료를 구할 수 있었기에 가능한 것이었습니다. 아울러 저는 선생의 한계도 또한 다루었습니다. 선생께서는 우리 조선민족(朝鮮民族)을 부여계(夫餘系) 중심으로만 파악하셨지만 저는 선비계(鮮卑系)의 역사도 반드시 다뤄야 한다고 생각합니다. 선생께서도 선비계(鮮卑系) 역사의 중요성에 대해 인지하지 못하신 것은 아니라고 판단됩니다. 그러나 당시 조국이 처한 정치적 상황 속에서는 부여계(夫餘系) 고려(高麗)의 역사를 중심으로 해서 다룰 수밖에 없었을 것이라 생각합니다.

저의 글은 역사 퍼즐 맞추기 게임입니다. 일제와 유태금융자본이 왜곡해 놓은 역사에서 조그마한 단서를 찾아 퍼즐을 맞추고 있는 것입니다. 물론 제가 이 퍼즐을 다 맞추고 게임을 끝낸 것은 아닙니다. 사실 아직도 혼란스러운 부분이 저에게도 분명히 존재합니다. 이 부분은 다른 분들께서 추가로 규명해 주셔야 할 일일 것입니다.

본서를 보고 비아냥거리는 사람들도 분명히 존재할 것입니다. 그들이 만들어 놓은 상식의 세계에 안주하며 살아가면서 제가 제시한 여러 증거들은 거들떠보지도 않을 사람들도 분명히 존재할 것입니다. 그런데 그런 비아냥거림은 저에게는 훈장입니다. 그런 비아냥거림을 겁내 하였다면 본서를 쓰지도 않았을 것입니다. 그런 비아냥거림은 본서가 보다 진실에 가깝다는 것만을 이야기해 주는 것입니다. 감히 말씀드리건대 앞으로는 어떤 누구라도 최소한 제가 제시한 것을 뛰어넘던가 아니면 수용하던가 하여야 역사를 기술할 수 있을 것입니다.

본서의 많은 부분은 시사웹사이트인 시대소리(http://www.sidaesori.co.kr/)에 기고한 바 있습니다. 백제사(百濟寺)라는 필명으로 기고하였는데 여러 사정에 의해 정기적으로 기고하지도 못 했고, 재정난으로 웹사이트가 일시 정지 당하는 사태에 직면하여 기고를 끝내지도 못 했습니다. 기고를 하면서 추가로 밝혀낸 사실을 더하고, 몇 가지 오류를 수정하고, 연재했던 글들을 재구성하여 본서를 발간하게 된 것입니다.

제가 본서를 쓰기까지 여러 사람들의 도움을 받았습니다. 누구보다도 시대소리 남해경 발행인으로부터 많은 도움을 받았습니다. 그가 제시한 양계론(兩系論)과 남고려북조선론(南高麗北朝鮮論)은 제가 우리의 역사를 재구성하는 데 중요한 길잡이 역할을 하였습니다. 제가 한 일은 그가 제시한 가설을 열도에서 찾아 증명한 것에 불과할지도 모릅니다.

본서를 읽어보시면 아시겠지만 열도의 도시(都市)와 마을(町)에는 고려제국(高麗帝國)의 흔적과 여러 정치세력의 이해관계가 교차되어 있습니다. 열도에서 고려제국의 흔적을 발견할 수 있었던 것은 제가 지역과 공간에 대해 그 동안 공부해 왔기 때문입니다. 오랫동안 저를 지도해 주신 서울시립대 도시행정학과와 도시공학과 은사님들께 감사의 마음을 전합니다. 김일태 교수님께서는 해박한 역사 지식을 가지고 제가 보다 더 많은 차원을 검토할 수 있도록 도와 주셨습니다. 서순탁 교수님, 오동훈 교수님, 최근희 교수님, 송

석휘 교수님은 제가 일본에 머무를 수 있는 기회를 제공해 주셨습니다. 권원용 교수님께서는 계획과 시장의 관계를 가르쳐 주셔서 제가 도시의 의미가 계획과 시장을 포괄하고 있다는 것을 깨우칠 수 있도록 이끌어 주셨습니다. 김태영 교수님께서는 어떤 사안을 바라봄에 있어 행위자들의 역할이 중요하다는 것을 가르쳐 주셨습니다. 강홍빈 교수님께서는 도시사(都市史)에 대한 전반적인 사항을 가르쳐 주셨습니다. 김기호 교수님께서는 역사문화환경에 대한 폭 넓은 이해의 장을 제공해 주셨습니다. 정창무 교수님께서는 비판적 사고의 폭을 넓혀 주셨습니다. 양승우 교수님께서는 도시형태론에 대한 기본 지식을 가르쳐 주셨습니다. 남진 교수님과 남황우 교수님께서는 일본 도시에 대한 이해의 폭을 넓혀 주셨습니다.

동경(東京)에 머무를 때 일본인의 입장에서는 경우에 따라 불쾌하다고 느낄 수 있는 제 주장을 잘 들어주고 또한 여러 아이디어를 제공한 카네다 마사시(金田正史)에게 감사의 말씀을 전합니다. 이름이 정사(正史)인 만큼 올바른 역사를 알 필요가 있다는 저의 억지 때문에 때로는 불편했을 내용들도 차분히 들어준 것을 생각하면 더욱 더 감사의 말씀을 전하고 싶습니다. 저의 일본어 실력이 일천한 관계로 저의 주장을 이해하려면 많은 신경을 써야 했을 것입니다. 일본에 단기간 머물렀지만 큰 은혜를 배풀어 주신 나카바야시 이츠키(中林一樹) 교수님, 하가이 마사미(羽貝正美) 교수님, 와타나베 슌이치(渡辺俊一) 교수님, 아이바 신(饗庭伸) 교수님께도 감사의 말씀을 전합니다.

저의 상식을 벗어난 열변을 잘 들어준 여러 선생님과 친구들, 그리고 서울시립대 도시행정학과 연구실 동료들께도 감사의 말씀을 전합니다. 특히, 나고야(名古屋)에 거주하고 있었던 장성동은 제가 열도를 누비고 다닐 때 숙소를 제공하였고, 한국에 돌아온 후에는 제가 요청한 책을 사서 보내주기도 하였습니다. 특별히 감사의 마음을 전합니다. 동경(東京)에 있을 때 여러 편의를 봐 준 김현수 선생님, 김경혜 교수님, 그리고 김재경, 전상준, 배대경, 김종수, 이길모, 안영아, 김수진, 박성현, 전용일 학형들께도 감사의 말씀을 전합니다. 경제적으로 어려울 때 도움을 준 이창훈, 민기식, 한영규에게도 감사의 말씀을 전합니다. 특히 저의 넋두리를 진심으로 잘 들어준 김영래, 박상필, 양성돈, 장윤정, 김진희, 여관현, 최일진, 최조순, 최재용, 이민석, 김진아, 정현암, 이종만, 이문주, 전장민, 홍순승, 마시한, 박상현, 심건택 학형들께도 감사의 말씀을 전합니다.

나락까지 떨어졌던 저의 건강을 회복시켜 주신 채현주 한의원님께도 감사의 말씀을 전합니다. 미국에 유학중인 양동우 선배는 대청제국(大淸帝國)의 영어표기 변화와 관련한 자료를 찾아주어 큰 도움을 주었습니다. 영남대 독도연구소의 송휘영 연구교수님은 일로청한명세신도(日露淸韓明細新圖)에 관한 저의 질문에 성실히 답해 주셔서 많은 도움을 주셨습니다. 흠정만주원류고(欽定滿洲源流考)를 번역하신 장진근 선생님은 만주어에 대한 저의 질문에 성실히 답변해 주셨습니다. <윤치호 일기>를 번역하신 김상태 교수님도 저의 질문에 성실히 답변해 주셔서 많은 도움이 되었습니다. 저는 2002년에 만주지역의 고구려 유적을 답사하지 않았다면 우리 역사에 관해 별 생각 없이 살았을지도 모릅니다. 고구려연구회를 이끌어 오시고 좋은 답사기회를 주신 서길수 교수님께도 감사의 말씀을 전합니다. 장하준 교수님과 부키 출판사의 장미숙님은 제가 장하준 교수님의 경제학 서적(번역서)을 올바르게 인용할 수 있도록 도와주셨습니다. 고등학교 때 프랑스어를 배우지 않았다면 대김제국(大金帝國)과 대청제국(大淸帝國)의 연관관계를 풀기가 어려웠을 것입니다. 고교시절 2년 동안 담임선생님을 맡아 프랑스어를 가르쳐 주신 홍기서 선생님께도 진심으로 감사의 말씀을 전합니다. 일본어를 가르쳐 주신 손은수 선생님께도 감사의 말씀을 전합니다. 본서를 읽고 여러 사항을 꼼꼼히 지적해주신 이강석 선배님께도 감사의 말씀을 전합니다. 인생의 많은 문제를 함께 고민해 주신 홍재웅, 강홍구, 한완수 선배님께도 감사의 말씀을 전합니다. 한량(閑良)에 다름없던 저에게 가르침의 장을 제공해 주신 이수장 교수님께도 감사의 말씀을 전합니다. 조선민족의 구심점인 민족회의를 이끌어 오시며 헤이그(Hague)에 있는 국제사법재판소에 간도 반환 제소를 하신 김영기 대표님께도 진심으로 감사의 말씀을 전합니다. 상식을 뛰어넘는 내용을 담고 있는 본서의 출판을 흔쾌히 결정해 주신 지샘출판사 김종호 사장님과 꼼꼼한 편집을 통해 본서의 가치를 높여 주신 편집자님께도 감사의 말씀을 전합니다.

본서를 쓰기까지 사이버 공간에서도 여러 네티즌들의 도움을 받았습니다. 계림의 국토박물관 순례 블로그(http://blog.daum.net/kelim/)를 운영하고 계신 정찬두 선생님은 당(唐) 건릉(乾陵) 사진을 제공해 주셨습니다. 아나키(anakii)님은 KBS가 제작한 HD 역사스페셜 <임진왜란>편에서 화면 갈무리한 사진들을 사용하도록 허락해 주셨습니다. 국제유태자본론 연구회 카페(http: //cafe.naver.com/ijcapital/)를 운영하고 계신 인드라(Indra)님은 유태금융자본의 움직임에 대한 중요한 사실을 사이버 공간상에 제공해 주셨습니다. 대륙조선사 연구회 카페(http://cafe.daum.net/chosunsa/)에 글을 기고하고 계신 궐한님은 탁월한 언어분석을 제공해 주셔서 제가 역사 가설을 설정하는데 많은 도움을 받았습니다. 시사웹사이트인 시대소리에 수준 높은 글을 제공해주신 나참님께서는 격한 논쟁을 제기해 주셔서 저의 역사 가설을 다각도로 검토할 기회를 제공해 주셨습니다. 특별히 감사의 마음을 전합니다.

마지막으로 대학에 들어간 이후 지금까지 변변한 돈 벌이도 하지 않고, 보기에 따라서는 엉뚱한 일만 하고 다니는 아들을 끝까지 이해해 주시고 사랑해 주신 부모님께서 안 계셨다면, 그리고 가족의 이해와 관심이 없었다면 이 책이 나올 수 없었을 것입니다. 이 자리를 빌려 진심으로 감사의 말씀을 전합니다.

이 책을 부모님께 바칩니다.

開天 5909年 檀紀 4344年

조선민족(朝鮮民族)의 대통합을 꿈꾸며

김병섭(金秉燮) 올림

<일러두기>

본서에서 한자 발음의 표기는 본서의 내용을 현대 한국인들에게
가장 잘 전달할 수 있는 발음을 선택해서 표기하였습니다.

본서에서 다룬 그림들 중
반드시 컬러로 보셔야 독자들께서 내용을 이해하시는 데 도움이 되는 그림들인 경우,
부록에 컬러로 처리해서 한 번 더 실었습니다.

본서에 실린 사진과 그림 중에는 저작권자를 찾기 어려운 경우가 있었습니다.
저작권자와 연락이 닿는 대로 정식으로 게재 허가 절차를 밟고
사용료를 지불하겠습니다.

목차

1 고려(高麗)의 계보

1) 정사(正史)는 상식의 세계에서는 찾을 수 없다

우리는 일제에 의해 우리의 역사가 왜곡되었다고 무수히 들어왔습니다. 그런데 무엇이 왜곡되었습니까? 이런 질문을 하면 선 듯 대답을 못합니다. 기껏 대답해 봐야 독도에 대한 영토 분쟁, 동해(East Sea)에 대한 표기 문제, 그리고 임나일본부설(任那日本府說) 정도일 것입니다. 역사에 관심이 많은 한국인들은 한사군(漢四郡)의 위치와 삼국시대 영토의 크기 정도를 추가로 문제 삼을 것입니다.

우리는 우리의 역사를 일제가 왜곡해 놓았다고 비판하면서도 일제가 만들어 놓은 역사 틀 속에서 이를 암기하거나 아예 역사책은 쳐다보지도 않습니다. 우리가 학교에서 배우는 역사라는 것은 대부분 일제시대에 일제의 검열을 통과한 자료를 바탕으로 재구성된 것입니다. 아무리 역사책이 바뀐다하여도 그들이 만들어 놓은 큰 틀 속에서 바뀔 뿐입니다.

일제는 조선사편수회(朝鮮史編修會)를 통해 우리의 역사를 철저히 파괴하였을 뿐만 아니라 당시 일본제국(日本帝國)의 입장에 맞추어 역사를 조작하였습니다. 조선사편수회는 16년 동안 백만 엔이라는 거액을 들여 총 35권, 전체 2만 4천 쪽에 이르는 방대한 분량의 <조선사(朝鮮史)>를 제작하였습니다. 조선사편수회가 조선총독부(朝鮮總督府)에 의해 직접 관리 운용되었다는 것은 일제가 역사왜곡을 국가적 사업으로 추진하였다는 것을 알려줍니다. 조작된 역사를 만들려다 보니 기존 자료의 조작도 당연히 뒤따를 수밖에 없었습니다. 우리가 정사(正史)라고 알고 있는 책 중에 조작이 안 된 것이 얼마나 있을지 의문이 들 정도입니다.

본서를 읽어보시면 아시게 되겠지만 1916년에 조선사편수회가 조선반도사편찬위원회라는 이름으로 출범하기 전부터 이미 역사왜곡은 시작되었습니다. 본격적인 역사왜곡은 1876년에 조일수호조약(朝日修好條約)이 체결되면서, 그리고 1895년에 대청제국(大淸帝國)과 일본제국(日本帝國) 사이에 시모노세키조약(下關條約)이 체결되면서부터 시작되었습니다. 이는 본서에서 아주 중요하게 다룰 것입니다.

그런데 이 세상에는 우리의 역사만이 왜곡되어 있는 것도 아닙니다. 프랑스의 대철학자 푸코(Michel Foucault)는 "지식은 그 시대의 지배관계-권력관계의 산물이다"라고 하여 우리가 세뇌 받고 있는 지식의 본질을 정확히 이야기 한 바 있습니다. 예를 들어볼까요?

장하준 교수는 <국가의 역할(Globalization, Economic Development, and the Role of the State)>이라는 책에서 현재 우리가 배우는 경제학이 상당히 정치적인 의도로 정착된 학문임을 설명합니다. 그에 의하면 경제학은 초기에 '정치산술(political arithmetic)' 또는 '정치경제학(political economy)' 등으로 불렸다고 합니다. 그러나 이후 많은 학자들이 이 학문에서 '정치(국가)'를 떼어내기 위해 끈질기게 노력했고, 결국 20세기에 들어서 학문의 이름이 '경제학(economics)'로 명명되었다는 것입니다. 만약에 지금도 학문의 이름이 정치경제학(political economy)으로 남아있다면 대학의 교과구성이 많이 다를 것이며 아마도 신자유주의(Neoliberalism)가 이렇게 판을 치는 세상이 도래하지 않았을지도 모릅니다.

1989년에 딘(P. Deane)이 경제 사상사에 대한 자신의 걸작 <국가와 경제 시스템(The State and the Economic System)>에서 보여 주었듯이, 국가의 역할은 당초 경제학의 발전 과정에서 중심적 지위를 차지하는 독립적인 학문 영역이었다. 경제학은 초기에 '정치산술(political arithmetic)' 또는 '정치경제학(political economy)' 등으로 불렸다. 당시 서유럽에서는 국민국가의 등장과 함께 자본주의가 발전하면서 국가의 역할이 증대되었고, 이에 따라 국민국가의 지배자들은 경제 운영에 대한 '정치적' 조언이 점점 더 필요하게 되었는데, 그 '정치적' 조언이 '정치산술'의 탄생으로 이어진 것이다. 이후 수많은 학자들은 이 학문에서 '정치'(혹은 국가)라고 하는 학문적으로 다루기 까다로운 요소를 떼어 내기 위해 끈질기게 시도했고, 이는 20세기로 접어드는 시기에 이 학문의 이름이 '경제학(economics)'으로 명명되면서 그 절정을 이루었다. 그러나 양차 세계 대전 사이의 기간 동안 국가 혹은 정치는 다소 극적인 방식으로 경제 이론과 정책 결정 과정으로 회귀한다.

(장하준. 이종태·황해선 옮김. 2006. 국가의 역할(Globalization, Economic Development, and the Role of the State). 도서출판 부키. 37-38쪽)

우리가 너무나 당연하다고 여기는 것들이 실제로는 역사 속에서 많은 사건들을 거치면서 오늘날의 모습을 보이고 있는 것이며 또한 지배세력의 이해관계에 맞게 선택되고 왜곡되어 우리에게 전달되고 있는 것입니다. 세계적인 석학 하비(David Harvey)는 <신자유주의: 간략한 역사(A Brief History of Neoliberalism)>라는 책에서 대중이 신자유주의(Neoliberalism)에 동의하도록, 그리고 신자유주의를 상식으로 받아들이도록 하기 위해 지배세력이 치밀한 프로젝트를 실행해 왔음을 보여주고 있습니다. 우리가 아는 상식이라는 것은 지배세력이 만들어 놓은 세계 속에서 작동하는 상식인 경우가 상당수입니다.

1979년 이후 대처와 레이건에 의한 신자유주의적 혁명은 민주적 수단을 통해 이뤄져야만 했다. 이처럼 중대한 이행이 가능하려면, 선거에서 이길 정도로 충분히 큰 범위에 걸친 정치적 동의가 사전에 구축될 필요가 있기 때문이다. 그람시(Antonio Gramsci)가 ('공동으로 보유되는 지각'으로 정의되는) '상식(common sense)'이라고 한 것이 전형적으로 동의의 기반을 이룬다.

상식은 흔히 지역적·국가적 전통에 깊이 뿌리를 둔 문화적 사회화의 오랜 실천을 통해 구축된다. 이는 당대 이슈에 대한 비판적 고려에서 구축될 수 있는 '양식(good sense)'과는 다르다. 따라서 상식은 문화적 편견 하에서 실제 문제를 중대하게 오도하고, 모호하게 하며, 가장할 수도 있다.

(중략)

그렇다면 신자유주의자적 전환을 합법화하기에 충분한 대중적 동의가 어떻게 만들어졌는가? 방식들은 다양했다. 강력한 이데올로기적 영향이 기업, 대중매체, 그리고 시민사회를 구성하는 여러 제도들 - 대학, 학교, 교회, 그리고 전문가 협회 등 - 을 통해 유포되었다.

(하비(Harvey, D.). 최병두 옮김. 2008. 신자유주의: 간략한 역사(A Brief History of Neoliberalism). 한울아카데미. 59-60쪽)

자! 그러면 이런 상황에서 진정한 정사(正史)를 찾으려면 어떻게 해야 할까요? 일단 역사를 탐구함에 있어 상상력을 발휘하시기 바랍니다. 그리고 의문을 가져 보십시오. 왜 열도(列島)에 고려개(高麗犬)가 있고, 고려문(高麗門)이 있을까? 이것들은 언제부터 세워졌을까? 메이지유신(明治維新) 성공 이후, 사이고 다카모리(西鄕隆盛)는 정조론(征朝論)을 주장하지 않고 왜 정한론(征韓論)을 주장했을까? 대청제국(大淸帝國)에서는 태극기(太極旗)를 왜 고려국기(高麗國旗)라 칭했을까?

저는 이런 의문을 풀기 위해 열도를 발로 누비고 다니는 방법을 선택했습니다. 현장에 가서 무엇이 어떻게 이루어진 것인지를 꼼꼼히 살피면 여러 실마리를 얻을 수 있습니다. 현장에서 역사의 무대에 등장했던 사람들의 마음을 읽어내면 그들이 무엇을 어떻게 바꾸고 싶어 했는지가 보입니다. 현장에 가면 여러 유적과 지명을 꼼꼼히 살펴야 합니다. 그리고 그 지역의 공간이 어떻게 변화되었는지도 꼭 추적해 볼 필요가 있습니다. 공간의 변화에는 정치세력의 의도가 반영되어 있기 때문입니다.

저명한 도시지리학자 콘젠(M. R. G. Conzen)은 기존의 물리적 형태가 쓸모없게 되었다고 다 제거할 여력이 있는 사회는 없다고 말합니다. 사회가 변화하면 새로운 사회의 수요에 맞추어 기능(function)은 민감하게 반응하지만 형태(form)는 이러한 수요에 따라 쉽게 변하지 않는다는 것입니다. 이러한 관성(inertia)의 성질을 가진 형태(form)는 시간이 지남에 따라 시대별로 구분되는 역사적 단층(historical stratification)을 형성하며 축적(accumulation)하게 됩니다. 그런데 이러한 형태(form)의 축적(accumulation)은 한편으로는 이미 존재했던 형태(form)의 변형(transformation)이기도 합니다. 이러한 다소 모순된 특성을 가진 형태(form)의 축적(accumulation) 과정을 양승우 교수는 [그림 1-1]을 통해 쉽게 설명합니다. (이러한 형태 축적 과정에 대해 자세히 알고 싶은 독자들께서는 다음의 책을 참고하시기 바랍니다. Conzen, M.R.G.(edited by J.W.R. Whitehand). 1981. The Urban Landscape: Historical Development and Management. London: Academic Press.)

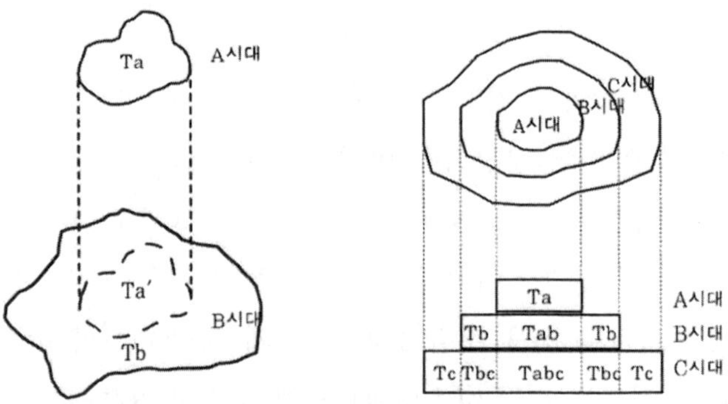

[그림 1-1] 도시성장의 도식.
출처 : 양승우. 1988. 서울 도심부 도시형태 변화과정에 관한 연구. 서울대학교 석사학위논문. 19쪽. [원출처: 陣内秀信·大坂彰. 1975.「都市を読む : 生き続ける都市のために」都市住宅. 鹿島出版会].

[그림 1-1]은 크게 두 시대에 걸쳐 축적이 이루어진 도시와 크게 세 시대에 걸쳐 축적이 이루어진 도시를 나누어 설명하고 있습니다. 크게 두 시대에 걸쳐 축적이 이루어진 도시의 형태를 보면 A시대에는 Ta라는 형태를 보였다가 B시대에 접어들자 Ta는 Ta′로 변형되고 새로이 Tb가 추가됩니다. 결과적으로 B시대에 해당 도시는 B시대에 새로이 만들어진 Tb뿐만 아니라 이전 시대의 형태가 변형된 Ta′

도 보유하게 됩니다. A시대의 도시 형태와 B시대의 도시 형태는 분명히 구분되지만 한편으로 B시대에는 변형된 A시대의 도시 형태도 일부 보유하게 되는 것입니다. 크게 세 시대에 걸쳐 축적이 이루어진 도시의 경우도 한 시대만 추가되었을 뿐 축적과정은 동일합니다.

본서에서는 열도의 몇몇 도시의 변형과정을 자세히 살펴볼 것입니다. 특히, 에도(江戶)가 동경(東京)으로 개조되는 과정을 추적하면서 메이지유신(明治維新) 이전 에도의 공간형태와 이후 동경의 공간형태에는 어떤 차이가 있고, 어떤 점에서 변형이 이루어졌는지를 설명할 것입니다. 그리고 이러한 공간형태의 변형을 통해 메이지유신 세력의 실체에 대해 일정부분 설명할 것입니다.

2) 고려(高麗)는 추모(鄒牟) 이래 여섯 단계에 걸쳐 계승되었다

본서를 구성하면서 어떻게 하면 저의 이야기를 처음 대하는 독자들께 쉽게 전달할 수 있을 것인지 고민해 보았습니다. 답이 쉽게 나오지 않더군요. 생각 끝에 이전에 시대소리에 연재하였던 순서를 기본 골격으로 하는 것이 그나마 독자들께 전달이 쉬울 것이라는 판단을 하게 되었습니다. 왜냐하면 제가 처음 연재했던 글이 바로 고려제국(高麗帝國)의 계보(系譜)를 정리한 것이었기 때문입니다. 후에 다루겠지만 우리의 역사는 계(系) 간의 주도권 싸움으로 규정지울 수 있을 정도로 우리 역사를 이해하는 데 계(系)는 핵심 중의 핵심이라 할 수 있습니다. 비록 나라는 망했을지언정 고려계(高麗系), 백제계(百濟系), 신라계(新羅系)는 끈질기게 명맥을 유지하며 계(系) 간의 갈등과 타협을 반복합니다.

본서는 고려제국을 중심에 놓고 역사를 전개하고 있습니다. 그러므로 독자들께서는 고려제국의 계보를 먼저 파악하고 계셔야 본서에서 전하고자 하는 바를 쉽게 이해하실 수 있을 것입니다.

그러면 고려제국의 계보를 설명하는 것으로 본격적인 이야기를 시작해 보겠습니다. 우리가 고려(高麗)라 했을 때 도대체 어떤 고려를 말하는 것일까요? 우리는 보통 고려라 하면 왕건(王建)이 건국한 나라로 이성계(李成桂)에 의해 망한 것으로 알고 있습니다. 그리고 왕건(王建)이 건국한 고려(高麗)는 추모(鄒牟)가 건국한 고구려(高句麗)를 계승한 것으로 배우고 있습니다. 그런데 저는 추모(鄒牟) 태왕(太王)이 건국한 고려는 왕건(王建) 황제(皇帝)에 의해 계승되어 국호가 고려였으며, 또한 이성계(李成桂) 대왕(大王)에 의해서도 계승되어 역시 국호가 계속해서 고려였다고 주장할 것입니다. 그리고 고려(高麗)는 고종(高宗) 황제(皇帝)에 이르러 대한제국(大韓帝國)으로 개명되었다고 주장할 것입니다. 저의 역사 전개를 처음 대하시는 독자들께서는 황당 그 자체일 것입니다. 그러나 인내를 가지고 본서를 끝까지 읽어보시면 저의 역사 전개에 다 동의는 못하시더라도 여러 의문이 머리에서 떠나지 않을 것입니다. 그렇다면 저보다 더 많은 연구와 조사를 하셔서 보다 진실에 가까운 역사를 찾으시면 됩니다.

먼저 추모(鄒牟)가 세운 나라가 고구려(高句麗)인지 고려(高麗)인지부터 알아봅시다. 우리는 추모가 세운 나라는 당연히 고구려로 알고 있습니다. 그런데 서길수 교수는 <고구려 역사유적 답사>라는 책에서 지나(支那) 서적에서는 우리가 고구려로 명명하는 나라가 고려로 적혀 있는 경우가 많으며, <삼국유사(三國遺事)>에도 고려로 표기된 것이 고구려로 표기된 것보다 더 많다고 설명합니다. 반면, <삼국사기(三國史記)>에는 추모(鄒牟)가 세운 나라가 고구려(高句麗)로 표기되어 왕건(王建)이 세운 고려(高麗)와 구분되어 있다고 합니다. 제가 열도를 돌아다니며 확인한 바에 의하면 열도에서도 우리가 고구려(高句麗)로 명명하는 나라가 언제나 고려(高麗)로 표기되어 있습니다.

> 우리 역사책에는 고구려와 고려가 분명히 구분되어 있고 삼국시대 역사를 가장 많이 기록한 「삼국사기」에도 분명히 고구려라고 기록되어 있다. 그리고 현재 우리나라에서는 '고려는 고구려의 약칭이다.'라는 것이 일반적인 견해다. 그러나 중국측 사서에는 고구려와 고려가 함께 씌어 있고 일본의 사서에는 오직 '고려'라고만 씌어 있다. 「삼국유사」에는 '고구려'라는 기록은 일곱 번 정도 나오는 것에 비해 '고려'라는 기록은 70번이나 된다.

(서길수. 1998. 고구려 역사유적 답사. (주)사계절출판사. 42-44쪽)

그러면 추모(鄒牟)가 세운 나라에 살았던 사람들은 자신들의 조국을 무엇이라 칭했을까요? 충주(忠州)에는 중원고구려비(中原高句麗碑)라 명명되는 비석이 있습니다. 추모가 세운 나라에 살았던 사람들이 세운 비석입니다. 그런데 그 비석에 고구려(高句麗)는 표기되어 있지 않습니다. 반면에 고려(高麗)는 분명히 표기되어 있습니다. 당시에 살던 사람들은 자신들의 조국을 고려라 부른 것입니다. 이를 두고 어떤 사람들은 고구려(高句麗) 후기에 국호가 고구려에서 고려로 바뀐 것이라고 판단하기도 합니다. 아무튼 추모가 세운 나라도 고려로 불리었음은 명확합니다.

[그림 1-2] 연가칠년명금동여래입상(延嘉七年銘金銅如來立像) 후면.
소장: 국립중앙박물관.

국립중앙박물관에는 "연가칠년명금동여래입상(延嘉七年銘金銅如來立像)"으로 명명되는 불상이 있습니다. 그 불상은 우리나라에서 제작 연대가 새겨진 불상 가운데 가장 오래된 것이고 하는데 불상 후면에 나라 이름이 고려(高麗)로 적혀 있습니다. 불상 후면에 적힌 문구는 아래와 같습니다.

延嘉七年歲在己未高麗國樂良 東寺主敬弟子僧演師徒卌人共 造賢劫千佛流布第廿九因現義 佛比丘法穎所供養

연가(延嘉) 7년 기미(己未)년에 고려국(高麗國) 낙양(樂良)에 있는 동사(東寺)의 주지 경(敬)과 제자 승연(僧演)을 비롯한 사도 40인이 함께 현겁천불(賢劫千佛)을 조성하여 유포하기로 하였는데 제29불인 인현의불(因現義佛)로 비구 법영(法穎)이 공양합니다.

학자들은 연가(延嘉) 7년을 서기 539년으로 판단합니다. 이는 추모(鄒牟)가 세운 나라도 고려(高麗)로 불렸음을 증명하는 것입니다. 참고로 낙양(樂良)은 평양(平壤)을 의미합니다. 이에 대해서는 신채호(申采浩) 큰선생께서 밝혀두셨습니다.

사서(史册)에 보면 平壤(평양)·平穰(평양)·平那(평나)·卞那(변나)·百牙(백아)·낙랑(樂浪)·낙량(樂良)·浿水(패수)·浿江(패강)·浿河(패하) 등은 다만 「펴라」을 각종 가음(假音: 실제의 소리가 아닌 다른 소리의 한자로 쓴 것)으로 쓴 것이니...

(신채호 · 박기봉 옮김. 2007. 「조선사연구초」 조선상고문화사(외). 비봉출판사. 347쪽)

그런데 "高麗"는 "고려"로 발음하는 것이 올바른 것일까요? 서길수 교수에 의하면 나라 이름으로 쓰일 때 "麗"의 발음은 "려"가 아니라 "리"로 해야 한다고 합니다. 그러면 "고려"가 아니라 "고리"로 발음해야 한다는 말이 됩니다.

그런데 '고구려'는 '고구리'로 읽어야 한다는 주장이 있다. 필자는 일찍이 이런 얘기를 듣고 관심을 가지고 자료를 수집하면서 현재 논문을 완성해 가는 중이다. 우선 우리나라 옥편을 보면 '려(麗)' 자는 두 가지 뜻을 가지고 있다.

麗: 빛날 려 / 나라 이름 리

이처럼 두 가지로 쓰인다는 것을 밝힌 것은 우리나라 최초의 옥편인 「전운옥편(全韻玉篇)」이다. 「전운옥편」은 정조 때 중국의 「강희자전」을 본떠 만든 것인데, 일상용어만 골랐기 때문에 「강희자전」의 10분의 1정도밖에 안 된다. 그러나 「전운옥편」에서는 '麗' 자를 읽는 법이 두 가지라는 걸 분명히 밝히고 있다.

麗: [리] 附著 東國高-陳名魚 - (支)
[려] 美也 華也 施也 偶數 高樓 - (霽)

여기서 '리'자로 읽는 경우는 다음의 세 가지가 있다. 첫째, 부딪친다는 뜻으로 쓰일 때. 둘째, 동국고려(東國高麗), 즉 동쪽 나라 '고려(高麗)'를 읽을 때는 '고리'. 셋째, 진(陳) 이름 '어려(魚麗)'를 읽을 때는 '어리'. 이러한 한자의 음독은 「전운옥편」이 대본으로 쓴 중국 옥편 「강희자전」의 영향을 받은 것인데, 바로 「강희자전」은 고려는 '고리'로 읽어야 한다고 못 박고 있다.

(서길수. 1998. 고구려 역사유적 답사. (주)사계절출판사. 47-48쪽)

한편, 한자로 "高句麗"나 "高麗"로 표기하는 것은 부차적인 사항이며 원래 발음은 둘 다 "가우리"로 해야 한다는 해석도 제기됩니다. 그리고 "가우리"의 뜻은 세상의 중심, 즉 중국(中國)이라는 것입니다. 저는 이러한 해석이 상당히 타당하다고 봅니다. 영국이 세계 패권을 차지하기 전에 만들어진 서양 지도를 보면 한반도가 "Cauli"나 "KAU-LI" 등으로 표기되어 있는 지도가 많다는 것이 그 증거라 할 것입니다.

본서에서는 추모(鄒牟)가 세운 나라, 왕건(王建)이 재건한 나라, 그리고 이성계(李成桂)가 계승한 나라를 모두 한자로 "高麗"로 표기할 것이며, 발음은 "고려"로 정할 것입니다. 발음을 "고리, 코리, 가우리" 등으로 하지 않고 "고려"로 하는 이유는 한국인에게 익숙한 발음이 "고려"이기 때문입니다. 그리고 "高句麗"라는 한자 표기는 특별한 경우를 제외하고는 사용하지 않고, 모두 "高麗"로 통일해서 사용하겠습니다. 이는 고려(高麗)와 고구려(高句麗)를 구분 짓는 것이 자칫 잘못하면 고려제국(高麗帝國)의 계보(系譜)를 끊어버리는 데 악용될 수 있음을 우려하기 때문입니다.

[그림 1-3] 고려신사(高麗神社) 편액. 일제 초기 친일파의 거두였던 조중응(趙重應)이 고려신사(高麗神社) 편액에 굳이 "구(句)"를 집어넣은 이유는 무엇인가?

지금 열도에 있는 고려신사(高麗神社)의 편액이 그런 경우입니다. 고려신사는 추모(鄒牟)가 건국한 고려의 왕족 약광(若光)을 모신 신사로 동경(東京) 근처 히다카시(日高市)에 있습니다. 그런데 이 고려신사의 편액은 현재 고구려신사(高句麗神社)로 표기되어 있습니다. 물론 이 신사의 정식 명칭은 고려신사(高麗神社)입니다. 일제 초기 친일파의 거두였던 조중응(趙重應)이 이 신사의 편액을 썼는데 "구(句)"를 억지로 끼워 넣었습니다. 처음에는 신사의 정식 명칭대로 고려신사(高麗神社)로 적었으나, 후에 "고(高)"와 "려(麗)" 사이에 억지로 "구(句)"를 넣은 것입니다. 굳이 "구(句)"를 넣은 이유를 저는 단순하게 생각하지 않습니다. 자신을 고려인(高麗人)이 아니라 조선인(朝鮮人)이라 한 점도 마찬가지입니다.

앞으로 계속해서 언급하겠지만 메이지유신(明治維新) 이전까지 열도는 고려의 영향권 하에 있었다는 것이 저의 일관된 주장입니다. 메이지유신 이후 고려(高麗)로부터 이탈해 새로이 건국한 근대일본국(近代日本國)은 이를 감추고 싶어 합니다. "구(句)"를 집어넣음으로써 메이지유신 이전까지 고려(高麗)의 영향권 아래에 있었던 열도의 위상은 감출 수 있게 됩니다. 지금 열도에 남아 있는 고려(高麗)라는 지명과 명칭은 저 옛날 추모(鄒牟) 태왕(太王)이 건국한 고려와만 관련이 있다고 여겨지게 됩니다.

그러나 본서에서는 이와 정반대를 주장할 것입니다. 저는 추모(鄒牟) 태왕(太王)이 건국한 고려(高麗)는 왕건(王建) 황제(皇帝)가 계승하였고, 이어 이성계(李成桂) 대왕(大王)도 계승하였으며 메이지유신 이전까지 열도에 지속적인 영향력을 행사해 왔다는 주장을 펼칠 것입니다.

저는 우리 역사의 중요한 계보(系譜) 중의 하나인 고려(高麗)를 5단계로 구분지어 사용할 것입니다. 5단계로 구분 짓는 기준은 천자(天子)에 대한 호칭의 변경입니다. 천자에 대한 호칭이 바뀐다는 것은 제국(帝國)의 체제가 바뀌었음을 의미합니다. 잘 아시겠지만 추모(鄒牟)가 건국한 고려(高麗)의 천자에 대한 호칭은 태왕(太王)입니다. 그리고 왕건(王建)이 재건한 고려(高麗)의 천자에 대한 호칭은 황제(皇帝)입니다.

저는 추모(鄒牟)가 건국한 고려(高麗)를 "태왕 고려(太王 高麗)"라 칭할 것이며, 왕건(王建)이 재건한 고려(高麗)를 "황제 고려(皇帝 高麗)"라 칭할 것입니다. 발해(渤海)로 널리 알려진 대진국(大震國)도 고려(高麗)라는 국호를 사용하기도 했으나 어디까지나 정식 국호는 대진국이었음에 본서에서는 정통 고려(高麗)의 계보에서 제외합니다. 물론 대진국이 태왕 고려(太王 高麗)의 후예이며 황제 고려(皇帝 高麗)로 이어짐을 부정하는 것은 아닙니다. 대진국의 계보에 관한 사항은 양계론(兩系論)에 대해 설명할 때 다루겠습니다. 저는 "황제 고려(皇帝 高麗)"가 열도의 여러 소국(小國)들을 세력권 하에 두어 "대왕 고려(大王 高麗)"로 이행하게 되었다고 주장할 것입니다. 그런데 메이지유신(明治維新) 이후 열도가 고려(高麗)로부터 이탈해 새로이 일본국(日本國)을 세움에 따라 고려는 제국(帝國)의 위상을 상실하게 되었다고 주장할 것입니다. 이때의 고려(高麗)를 저는 "국왕 고려(國王 高麗)"라 칭할 것입니다. 이 "국왕 고려(國王 高麗)"를 다시 제국(帝國)의 위상에 올려놓으려 했던 인물이 바로 고종(高宗) 황제(皇帝)이며 그가 새로이 세운 국가가 대한제국(大韓帝國)임을 주장할 것입니다.

고려(高麗)의 계보(系譜)를 정리해 보면 다음과 같습니다. 태왕 고려(太王 高麗), 황제 고려(皇帝 高麗), 대왕 고려(大王 高麗), 국왕 고려(國王 高麗), 그리고 대한제국(大韓帝國). 현재까지 이 계보를 연장해 본다면 대한제국(大韓帝國)을 계승한 대한민국(大韓民國)이 이 계보에 포함될 것입니다.

여기까지 읽으시고 황당하게 느끼실 독자들의 얼굴이 떠오릅니다. 이성계(李成桂)가 조선(朝鮮)을 건국하지 않고 고려(高麗)를 계승했다는 저의 주장을 보고 미쳤다 생각하실 수 있습니다. 그러나 더 읽어보시면 많은 분들이 저와 같은 생각을 하실 것이고, 상당수는 상식과 저의 주장 사이에서 혼란을 느끼실 것입니다.

2

고려개(高麗犬)를 통해 본 열도(列島)의 정치세력 관계

1) 코마이누(狛犬)는 고려개(高麗犬)

오늘날 일본에서는 개를 데리고 산책하는 사람들이 참 많습니다. 그런데 개들이 한결 같이 조용합니다. 우리나라에서처럼 "멍멍"하고 짓는 개를 보기가 쉽지 않습니다. 왜 그런가하고 개들을 살펴보니 우리나라에서 흔히 보는 개와는 종자가 다르더군요. 거의 다 수입산으로 애완용으로 길들어진 개들입니다. 일본의 토종개가 어떠한지, 그리고 얼마나 남아있는지 궁금해집니다.

그런데 일본에서 개는 거리에서만 볼 수 있는 것이 아닙니다. 일본인들에게 있어 정신적 구심점인 신사(神社)에 들어서면 대부분 개를 볼 수 있습니다. 신사(神社)의 참배로(參拜路)에는 보통 개 석상이 쌍을 지어 놓여 있습니다. 한 쌍만 있는 경우도 있지만 몇 쌍씩 있는 경우도 있습니다. 제가 확인한 바로는 개 석상 한 쌍은 두 마리 다 수컷인데 한 마리는 입을 다물고, 다른 한 마리는 입을 벌리고 있는 형태를 취합니다.

그런데 신사 앞에 놓여 있는 개 석상은 마치 사자처럼 보입니다. 우리가 흔히 보는 개와는 너무나 달라 보입니다. 그런데도 불구하고 일본 사람들은 그 석상들을 항상 "개"라고 부릅니다. 정확한 명칭은 코마이누(狛犬)입니다. 이누(犬)는 일본어로 개를 의미합니다. 그러면 코마(狛)는 무슨 뜻일까요? 코마(狛)는 고려(高麗)를 뜻합니다. <백제의 대화왜(大和倭)와 일본화 과정>이라는 책을 보면 "高麗"를 "코마(koma)"로 발음할 때에는 "狛"를 쓴다고 합니다.

> 일본에서 高麗(高句麗)를 코우라이(kourai) 또는 코마(koma)로 읽는데 코우라이에는 ① 高麗, ② 高來의 漢字를 借用하고, 코마에는 ① 巨麻, ② 狛, ③ 胡麻, ④ 巨摩, ⑤ 駒, ⑥ 小間의 漢字를 借用하고 있다.

(최재석. 1990. 백제의 대화왜와 일본화 과정. 일지사. 124쪽)

[그림 2-1] 고베(神戶)에 있는 이쿠타신사(生田神社)의 고려개(高麗犬).
보다시피 두 마리 다 수컷이다.

그러므로 코마이누(狛犬)를 쉽게 표기하면 고려개(高麗犬)라 할 수 있습니다. 일본인들에게 있어 정신적 구심점인 신사를 고려개가 수호하고 있는 것입니다. 도대체 이것을 어떻게 해석해야 할까요? 지금 많은 일본인들은 "狛"와 "高麗"가 같다는 것을 모르기 때문에 코마이누(狛犬)가 고려개(高麗犬)인지 모르는 경우가 허다합니다. 신사에 놓여있는 코마이누(狛犬)가 고려개(高麗犬)임을 알고 있는 일본인이라 해도 단순히 한반도(韓半島)를 통해 신성한 곳에 견상(犬像)을 놓아두는 풍습이 전해졌을 것이라고 추측하는 경우가 대부분입니다. 한반도를 단순한 경유지로 보는 것입니다.

단순히 한반도는 견상(犬像) 풍습의 경유지에 불과할까요? 단순한 경유지라 가정해 봅시다. 그러면 도대체 언제 한반도(韓半島)를 경유해 열도(列島)로 저 풍습이 전해진 것일까요? 우리가 흔히 말하는 삼국시대(三國時代), 정확히 사국시대(四國時代)에 존재했던 나라는 태왕 고려(太王 高麗), 백제(百濟), 신라(新羅), 그리고 가야(伽倻)입니다. 이 4국은 당시 신천지(新天地)인 열도를 정복해 들어갔습니다. 백제(百濟), 신라(新羅), 가야(伽倻)는 열도의 서남쪽을 정복해 들어간 반면 태왕 고려(太王 高麗)는 주로 열도의 동북쪽을 정복해 들어갔습니다. 태왕 고려(太王 高麗)의 주근거지는 현재 일본의 동경권(東京圈)이었습니다. 그렇기에 아직도 동경권에 고려산(高麗山)과 고려신사(高麗神社)가 있는 것입니다.

신사(神社)는 그 기원을 어느 시점으로 잡아야 할지 어렵지만 사국시대(四國時代)에 있었던 것은 분명합니다. 또한 사국시대에 각 국가와 관련된 신사가 열도에 많이 있었으며, 그 중 상당수는 지금까지 그 명맥을 유지하고 있습니다. 그런데 생각해 보십시오. 신라계(新羅系) 신사(神社)를 고려개(高麗犬)가 수호할 수 있었겠습니까? 만약 그 시대 열도에서 신사에 견상(犬像)을 놓아 두는 풍습이 있었다 한들 그 견상의 이름이 고려개로 불리지는 못했을 것입니다. 사국(四國)의 대립관계를 생각해 볼 때 백제계(百濟系)나 신라계(新羅系) 신사에 고려개(高麗犬)를 놓는 일은 불가능했을 것입니다. 그러므로 고려개는 사국시대(四國時代)가 끝나고 한반도에 황제 고려(皇帝 高麗)가 들어선 이후에 전해졌을 것으로 보는 것이 논리적으로 타당합니다.

2) 한반도 고려개(高麗犬)를 찾아서

그런데 한반도에서는 과연 신성한 곳에 견상(犬像)을 놓아 두는 풍습이 없었을까요? 한반도는 그저 단순한 경유지에 불과했을까요? 단순한 경유지가 아닌 것은 분명합니다. 왜냐하면 한반도에도 견상이 남아 있기 때문입니다. 전라남도(全

羅南道) 순천(順天)에 자리잡고 있는 낙안읍성(樂安邑城)의 동문(東門) 앞에는 조그마한 견상(犬像) 세 마리가 놓여 있습니다.

낙안읍성은 1397년에 토성(土城)으로 축성됐다가 세종대왕(世宗大王) 시기인 1424년부터 여러 차례에 걸쳐 석성(石城)으로 증축되어 지금까지 내려오는 읍성(邑城)입니다. 낙안읍성 동문 앞에 있는 견상을 현지에서는 석구(石狗)로 표기하고 있습니다. 이 석구는 삽살개를 본 딴 것으로 그 유래는 낙안읍성 축성 이후 풍수지리(風水地理)상의 이유로 놓아졌다는 설과 정유재란(壬辰倭亂) 이후 왜군의 원귀를 막고자 놓아졌다는 설이 있습니다.

[그림 2-2] 낙안읍성(樂安邑城) 동문 밖 평석교(平石橋)의 석구(石狗)들.

세 마리 중 가운데 위치해 있는 것만 원래부터 있었던 것이고 왼쪽과 오른쪽에 있는 것은 가운데 것을 모방해서 최근에 만들어 놓은 것들입니다. 그런데 가운데 위치해 있는 석구(石狗)의 얼굴이 많이 훼손되어 있어 나중에 모방해서 만든 것들도 그 얼굴을 정확히 표현하지 못하고 있습니다. 도대체 누가 얼굴을 훼손해 놓았을까요? 원래 세 마리였다는데 왜 한마리만 남아 있게 된 것일까요? 그런데 그 세 마리라는 것도 문서에 의해 확인된 것이 아닙니다. 주민들이 전해들은 기억에 의존하고 있는 것입니다. 그러니 원래 세 마리가 있었는지도 정확히 알 수 없습니다. 가운데 위치해 있는 석구는 1960년대 대홍수 때 유실되었다가 되찾은 것이라고 합니다. 온갖 수난 속에 얼굴도 동료도 잃어버린 채 명맥을 유지하고 있는 석구를 보고 있으니 험난했던 우리의 근현대사가 떠오릅니다.

아무튼 낙안읍성(樂安邑城)의 석구(石狗)는 서기 1300년대에서 1600년대 사이에 만들어진 것이 분명합니다. 이 시대는 제가 대왕 고려(大王 高麗)로 분류하는 시대입니다. 열도가 고려(高麗)의 세력권에 있었던 시대입니다. 물론 임진왜란(壬辰倭亂)과 정유재란(壬辰倭亂)이라는 큰 난(亂)이 있었던 시대이기도 합니다.

그런데 제가 일본측 자료를 뒤지다가 알아낸 바에 의하면 고려개(高麗犬)가 지금과 같이 신사(神社)의 참배로(參拜路)에 놓이게 된 것은 그리 오래전이 아니라고 합니다. 바로 임진왜란(壬辰倭亂)과 메이지유신(明治維新) 사이 시대인 에도시대(江戸時代: 1603 - 1867년)에 들어와서야 고려개가 신사에 모습을 보이게 되었다고 합니다. 일본측 자료에 의하면 황실(皇室)과 귀족들은 그 이전부터 동물상(動物像)을 건물 안에 놓아 두는 경우가 있었다고 합니다. 그러나 신사 참배로(參拜路)에 견상(犬像)이 등장한 것은 에도시대라는 것입니다. 제가 논리적으로 추적한 바가 맞아떨어지는 대목입니다. 낙안읍성(樂安邑城) 석구(石狗)를 통해 파악해 보면 한반도의 견상 제작이 열도의 견상 제작보다 시기적으로 앞선 것을 알 수 있습니다. 즉, 견상 설치는 한반도(韓半島)가 열도(列島)에 영향을 준 것이 분명합니다.

그런데 낙안읍성에 남아있는 석구(石狗)가 열도(列島)의 고려개(高麗犬)에 영향을 주었다고 하기에는 뭔가 모자라 보입니다. 낙안읍성에 남아있는 석구는 작습니다. 특히 얼굴이 많이 훼손되어서 열도의 고려개와 비교조차 어렵습니다. 반면에 열도의 고려개는 크고 힘이 넘칩니다. 한반도(韓半島)에서는 열도의 고려개와 같이 크고 힘이 넘치는 견상(犬像)은 없었던 것일까요? 단순한 경유지가 아니라면 어느 정도 유사한 견상이 한반도에도 남아 있어야 할 것으로 보입니다.

그런데 불행히도 한반도에는 열도에 있는 고려개(高麗犬)와 유사한 견상(犬像)이 남아 있지 않은 것으로 알려져 있습니다. 저 작고 얼굴을 알아볼 수 없는 낙안읍성(樂安邑城)의 석구(石狗)만이 견상(犬像)으로는 유일하게 남아 있다고 알려져 있습니다.

그런데 저는 2009년 7월 11일에 방송된 KBS 역사스페셜 <발굴보고! 잃어버린 조선왕손을 찾아서>편에서 고려개(高麗犬)와 관련된 흥미로운 사실을 발견했습니다. (역사스페셜 홈페이지(http://www.kbs.co.kr/1tv/sisa/historyspecial/)를 통해 해당 방송은 언제든 볼 수 있습니다.) 방송에서는 교토(京都) 외곽에 위치해 있는 혼코쿠지(本国寺)라는 사찰에 임진왜란(壬辰倭亂) 당시 가토 기요마사(加藤清正)가 한반도에서 탈취해 간 동물상(動物像)이 보관되어 있다고 소개하였습니다. 방송은 그 동물상을 해태상(獬豸像)으로 파악했습니다. 그런데 방송에서 보여준 동물상은 우리가 알고 있는 해태와는 너무나 달라 보였습니다.

[그림 2-3] 가토 기요마사(加藤清正)가 한반도(韓半島)에서 탈취해 간 고려개(高麗犬).
출처: 역사스페셜 화면 갈무리.

가장 큰 차이점은 정면에서 볼 때 왼쪽에 있는 동물상이 입을 벌리고 있는 것입니다. 입을 벌리다 못해 아예 혀까지 입 밖으로 내놓고 있습니다. 지금 우리가 알고 있는 해태(獬豸)와는 너무나 다른 모습입니다.

[그림 2-4] 입을 벌리고 혀를 내 놓고 있는 고려개(高麗犬).
출처: 역사스페셜 화면 갈무리.

[그림 2-5] 광화문(光化門) 해태(獬豸).

우리가 보아온 해태는 이빨을 드러내고 웃는 모습입니다. 이빨을 드러내지만 입을 완전히 벌리지는 않습니다. 저는 작년에 이 절을 방문해 관계자의 허락 하에 이 동물상을 직접 보았습니다. 상업용으로 쓰지 않는다는 조건으로 사진도 몇 장 찍어 왔습니다. (관계자와의 약속을 지키기 위해 제가 찍어온 사진을 본서에서 공개하지 않겠습니다.) 이 동물상은 나무로 제작되어 있는데 고려개(高麗犬)가 분명합니다. 열도에서는 건물 내부에 고려개를 놓아두기도 하는데 그럴 경우에는 나무로 제작된 것을 놓아둡니다. 돌로 제작된 것이 있을지 모르나 제가 건물 내부에서 본 고려개는 전부 다 나무로 제작된 것이었습니다.

[그림 2-6] 혼코쿠지(本国寺) 건물 외부에 놓여있는 고려개(高麗犬).

혼코쿠지(本国寺) 건물 외부에는 돌로 만들어진 고려개(高麗犬)도 있습니다. 제가 이 고려개의 봉납년도(奉納年度)를 알아보려고 받침돌의 후면을 보았지만 봉납년도가 쓰여 있지 않았습니다. 관계자에 의하면 이 고려개는 아주 오래전부터 전해 내려오고 있는데 자신도 언제 어떻게 만들어졌는지 모른다고 합니다. 원래 혼코쿠지(本国寺)는 교토(京都) 시내에 있었는데 그 때에도 이 고려개는 있었다고 합니다. 현재 위치로 이전한 것은 1970년입니다. 그렇다면 혹시 저 고려개도 나무로 만들어진 고려개와 함께 가토 기요마사(加藤清正)의해 한반도로부터 탈취되어 온 것은 아닐까요? 정면에서 보았을 때 오른 쪽에 위치해 있는 고려개(高麗犬)의 뿔이 잘라져 있는 것으로 보아 만들어진 이후 많은 고초를 당했던 것으로 보입니다. 한반도(韓半島)에서 열도(列島)로 운반되는 과정에서 혹시 뿔이 잘리는 일이 있었던 것은 아닐까요? 나무로 만들어진 고려개의 경우에도 입을 벌린 고려개는 많이 훼손되어 있었고 수리한 흔적도 보였습니다.

가토 기요마사(加藤清正)가 한반도에서 고려개를 임진왜란(壬辰倭亂)때 탈취해 갔으니 적어도 임진왜란 직전 한반도에서는 지금 일본에서 고려개(高麗犬)라 부르는 견상(犬像)을 만드는 풍습이 있었다고 볼 수 있습니다. 물론 임진왜란 이후에도 견상을 계속해서 만들었을 수도 있습니다. 그러면 지금 왜 한반도에서 우리는 이와 같은 견상을 좀처럼 볼 수 없을까요?

3) 고려(高麗)의 상징은 개(犬), 당(唐)의 상징은 사자(獅子)

한편 왜 가토 기요마사(加藤清正)는 한반도(韓半島)에서 고려개(高麗犬)를 탈취한 간 것일까요? 그건 바로 열도(列島)에서 볼 수 없는 진귀한 전리품이었기 때문일 것입니다. 그리고 이 견상(犬像)이 고려(高麗)를 상징하기 때문일 것입니다. 제가 이렇게 판단하는 데는 다 이유가 있습니다.

[그림 2-7] 야스쿠니신사(靖国神社) 경내에 놓여있는 당사자(唐獅子).

지금 동경(東京)의 야스쿠니신사(靖国神社)에는 사자(獅子) 한 쌍이 놓아져 있습니다. 신사의 설명판에는 이 사자(獅子) 한 쌍도 고려개(高麗犬) 세 쌍과 함께 코마이누(狛犬)라 표시해 두는 우(愚)를 범하고 있지만 이는 사자가 분명합니다. 정확히 말하자면 당사자(唐獅子)입니다. 고려개(高麗犬)와 당사자(唐獅子)를 구별하는 방법은 간단합니다. 고려개의 경우 한 마리는 입을 다물고, 다른 한 마리는 입을 벌리고 있는 형태를 취합니다. 반면에 당사자는 두 마리 모두 입을 벌리고 있습니다. 이 당사자는 일본제국(日本帝國)이 1894년 대청제국(大淸帝國)과 청일전쟁(淸日戰爭)을 하던 중 탈취해 온 것입니다. 일종의 전리품인 것입니다. 그러면 도대체 왜 일본군은 이 석상(石像)을 탈취해서 일본 군국주의(軍國主義)의 상징인 야스쿠니신사(靖国神社)에 놓았을까요? 그건 바로 사자(獅子)가 대청제국을 상징하기 때문입니다. 자국의 승리를 자축하는데 탈취한 적국의 상징물을 전시하는 것은 전후에 흔히 볼 수 있는 일입니다. 가토 기요마사(加藤淸正)가 탈취해 간 고려개(高麗犬)도 마찬가지입니다.

그런데 이상한 점이 있습니다. 사자(獅子) 앞에 왜 당(唐)을 붙일까요? 붙인다면 청(淸)을 붙여야 하지 않을까요? 후에 자세히 다루겠지만 당(唐)과 청(淸)은 아주 밀접한 관련이 있습니다. 대청제국(大淸帝國)이 건국된 이후에도 열도(列島)에서는 대청제국을 칭할 때 청(淸)보다는 당(唐)이라 하는 경우가 더 많았습니다. 그러니 당(唐)을 붙여도 크게 문제될 것은 없는 것입니다.

그런데 근본적으로 따져 봅시다. 열도인(列島人)들은 석상(石像)을 단순히 개(犬)나 사자(獅子)라고 하면 될 일이지 왜 고려(高麗)와 당(唐)을 붙여 부를까요? 고려개(高麗犬)의 경우는 신사의 참배로에 견상(犬像)을 놓아두는 풍습이 고려(高麗)로부터 전해져서 그렇다고 생각할 수 있습니다. 그런데 당사자(唐獅子)의 경우는 사자(獅子)를 놓아두는 풍습이 청(淸), 즉 당(唐)으로부터 전해지지 않았습니다. 그런데도 불구하고 왜 굳이 당(唐)을 붙여 사용할까요?

열도의 많은 신사를 방문했지만 저는 동경(東京)에 있는 야스쿠니신사(靖国神社), 우사(宇佐)에 있는 우사신궁(宇佐神宮), 나가사키(長崎)에 있는 소후쿠지(崇福寺)와 공자묘(孔子廟), 그리고 시모노세키(下関)에 있는 아카마신궁(赤間神宮)에서만 사자(獅子)를 볼 수 있었습니다. 우사신궁(宇佐神宮)에 놓여있는 사자는 받침돌에 봉납년도(奉納年度)가 쓰여 있지 않은 것으로 미루어 볼 때, 열도에서 제작된 것이 아니라 판단됩니다. 야스쿠니신사(靖国神社)에 놓여있는 사자처럼 대청제국(大淸帝國)에서 탈취되어 온 것으로 판단됩니다. 소후쿠지(崇福寺)와 공자묘(孔子廟)에 놓여있는 사자는 당인(唐人)들, 즉 대청제국(大淸帝國)의 백성들이 조국의 상징물을 세운 것으로 열도인(列島人)의 풍습과는 전혀 관련이 없습니다. 아카마신궁(赤間神宮)에 놓여있는 사자(獅子)는 만주국(滿洲國) 대련(大連)에 위치해 있었던 대련신사(大連神社)가 일제 패전이후 아카마신궁 경내로 옮겨온 역사적 배경과 관련이 깊습니다. 신사의 설명서에 의하면 대련(大連)의 화강암으로 제작되었다고 하니, 야스쿠니신사에 놓여있는 사자처럼 탈취되어 온 것으로 판단됩니다. 역시 열도인의 풍습과는 전혀 관련이 없습니다. 당사자(唐獅子)는 풍습의 전래와는 전혀 상관없이 당(唐)이라는 글자가 사자(獅子) 앞에 붙어 있는 것입니다. 마찬가지로 고려개(高麗犬)도 풍습의 전래와는 상관없이 고려(高麗)라는 글자가 개(犬) 앞에 붙은 것으로 봐야 합니다.

위에서도 상징에 대해 언급한 바 있지만 제가 볼 때 이건 단순한 상징이 아닙니다. 단적으로 말해 고려(高麗)의 상징은 개(犬)이고, 당(唐), 즉 청(淸)의 상징은 사자(獅子)인 것입니다. 그리고 본장 후반부에서 충분히 논증하겠지만 에도시대(江戸時代)에 들어와 고려개(高麗犬)가 열도 각지에 놓이게 되었다는 것은 에도시대에 열도가 고려(高麗)의 영향권 아래에 있었다는 것을 보여주는 것입니다.

고려(高麗)의 상징이 왜 개(犬)인지 그 어원부터 고민해 봅시다. 이미 "狛"의 뜻이 "高麗"임은 설명 드렸습니다. 그런데 현재 한국인이 잘 사용하지 않는 "狛"를 한자사전에서 찾아보면 "짐승 이름 박"으로 풀이되어 있습니다. "狛"는 뜻을 나타내는 "犭(개)"과 음을 나타내는 "白(발음이 '백'에서 '박'으로 바뀜)"의 결합으로 이루어진 형성문자(形聲文字)입니다. 즉, 코마이누(狛犬)의 "狛"는 그 뜻이 "고려(高麗)"이면서 동시에 "개(犭=犬)"인 것입니다. "고려(高麗)"의 상징이 바로 "개(犬)"임을 알 수 있습니다.

그런데 우리가 잘 사용하지 않는 "狛"를 자세히 들여다보면 더 흥미로운 사실을 발견할 수 있습니다. 고려(高麗)를 구성한 종족(種族)은 맥족(貊族)이라 알려져 있습니다. 그런데 "貊"은 "貃"으로도 표기되는데, "貃"과 "狛"는 상당히 유사하게 생겼습니다. "貊(貃)"도 역시 형성문자(形聲文字)로 뜻을 나타내는 "豸(벌레)"와 음을 나타내는 "百[白](발음이 '백'에서 '박'을 경유하여 '맥'으로 바뀜)"의 결합으로 이루어져 있습니다. 흥미로운 것은 "豸(벌레)"는 "犭(개)"을 구성요소로 가지고 있는 문자라는 것입니다. 즉, "貊(貃)"과 "狛"는 그 뿌리가 "개(犭=犬)"에 있음을 알 수 있습니다. 아울러 발음도 원래는 다 같이 "박"입니다. 다물넷(http://www.damool.net/)을 운영하고 계신 김산호 선생은 "貊(貃)"의 원래 발음이 "박(밝)"이라 단언합니다.

< 맥(貊)족 호칭의 의미 >

예나 지금이나 삐뚤어진 열등감에 억지로 제 민족만 제일이라며 겸손을 잃은 주장을 일삼는 지나인들은 이민족의 명칭에 장난을 치며 그 열등감을 해소하던 버릇이 있다. 이 때문에 '豸(벌레 치)' 에 '박'자와 통하는 '百(일백 백)'자를 합쳐 '맥(貊)'자를 만들어냈다. '貊'의 한(漢)음은 '박(밝)'이었고, 오(吳)나라 음은 '맥'이었는데 지금 우리는 한음(漢音)인 '밝'은 잊고 오직 오음(吳音)인 '맥'으로만 읽게 되었다.

'밝'의 발음이 '밝음'을 의미한다는 것은 우리 한국 사람이면 누구나 다 아는 사실이다. 고대 지나인들은 단군쥬신(역주: 단군조선)을 맥족(貊族) 혹은 맥국(貊國)으로 불렀고, 쥬신의 유명한 활은 맥궁(貊弓)이라 하였다. (맥족(貊族)의 호칭은 처음에는 단군쥬신족에 대한 지나식 호칭이었으나 나중에는 주로 고가우리[고구려, 高句麗]의 족칭이 되었다.)

쥬신을 '貊'으로 호칭하기 이전에는 '박'이라 하였는데 이는 우리 발음 '밝(불, 부루, 발)'을 표기하고자 한 것이다. 결국 이 모든 표기들은 모두 밝은 임금인 단군(檀君)을 뜻하는 '檀(박달나무 단)'과 일맥상통하는 것으로 '밝음(光明)'의 뜻인 것이다.

결국 '단군(檀君)'은 '밝은족(광명족)'의 '밝'과 땅이나 지역(영토적인 의미)을 뜻하는 우리의 옛말 '달'이 합쳐져 '밝달(檀)'이 되고, 임금님이라는 뜻의 '군(君)'자가 합쳐져 만들어진 우리말의 한자 표기인 것이다.

옛날에는 '부루다라'나 '바라다라'라 하던 것을 받침을 쓰거나 겹모음을 쓰던 시기에 와서는 '박달(밝달)'이나 '배달'로 변음되었을 것이다.

단군의 명칭이 이처럼 족명(族名)과 밀착하게 된 것은 단군족이 그들 스스로를 하늘민족, 즉 천손족(天孫族)으로 자부하여 밝은족(광명족)을 뜻하는 밝달(박달, 배달)족으로 족명을 호칭함에 연유한 것이다.

[원문을 알아보기 쉽도록 일부 편집하였습니다.]

[출처: 다물넷(http://www.damool.net/)]

즉, "貊(狛)"과 "狛"는 그 뜻(犭)도 그 음(박)도 같은 문자임을 알 수 있습니다. 즉, "高(句)麗 = 貊(狛) = 狛 = 犬"로 정리됩니다.

흥미로운 사실은 해태(獬豸)의 경우도 그 기원이 개(犬)에 있다는 것입니다.

("獬豸"의 "豸"는 "태"가 아니라 "치"로 발음해도 무방합니다.) 현재 서울시에서 서울의 상징 동물로 해태(獬豸)를 선정했는데 그 기원을 놓고 의견이 분분한 것으로 알고 있습니다. 지나(支那)에서 기원했다고 주장하는 사람들이 있는데 그 사람들은 아직도 중국(中國)과 지나(支那)를 같은 존재로 인식하는 우(愚)를 범하고 있는 것입니다.

현재 일본(日本)에서 중국(中國)이라 할 때 두 종류의 중국이 존재합니다. 하나는 우리가 잘 아는 중화인민공화국(中華人民共和國)이며, 다른 하나는 열도 내에 존재하는 특정 지방입니다. 돗토리현(鳥取県), 시마네현(島根県), 오카야마현(岡山県), 히로시마현(広島県), 야마구치현(山口県)을 묶어 지금 일본에서는 중국(中國)이라 칭합니다. 이때 "國"의 의미는 나라(nation)가 아니라 지방(region)을 의미합니다. "國"은 여러 가지 뜻을 지니고 있어 옛 문헌에 "國"이 적혀 있다면 어떤 의미로 쓰였는지를 곰곰이 생각해 볼 필요가 있습니다.

< 國 >

㉠ 나라, 국가(國家)
㉡ 서울, 도읍(都邑)
㉢ 고향(故鄕)
㉣ 고장, 지방(地方)
㉤ 세상(世上), 세계(世界)
㉥ (나라를)세우다

[출처: 네이버(NAVER) 한자사전]

옛 문헌에 등장하는 중국(中國)을 나라로 볼 것인지, 아니면 어느 고장이나 지방으로 볼 것인지 부터 고민해 보지 않고 무작정 중국(中國)을 지나(支那)로 파악하는 것은 자신도 모르게 역사를 왜곡하는 것입니다. 신채호(申采浩) 큰선생께서는 "高(句)麗"의 원래 발음은 "고(구)려"가 아니고 "가우리"이며, "가우"는 "가운데(中)"를 의미하고, "리"는 "세상(國)"을 의미한다고 말씀하신 바 있습니다. 즉,

“高(句)麗”가 바로 세상의 중심, 즉 “中國”을 뜻함을 말씀하신 것 입니다. 옛 문헌에 등장하는 중국(中國)을 저는 “高(句)麗”로 의심해 보고 접근할 필요가 있다고 봅니다.

> 졸본부여에 이르니, 그곳의 부호 연타발(延陀勃)의 여식(女息)이자 미인인 소서노(召西努)가 부친의 재산을 상속하고, 해부루(解夫婁)의 서손(庶孫)인 우태(優台)의 처가 되어 비류(沸流)·온조(溫祚) 두 아들을 낳았으나, 우태가 죽어서 과부로 지내고 있었는데, 이때 그의 나이는 37세였다.
>
> 소서노가 추모(鄒牟)를 보고 서로 사랑하여 결혼하니, 추모가 이에 그 재산에 의지하여 명장 부분노(扶芬奴) 등을 불러들이고 민심을 거두어 모아 왕업의 기틀을 닦았다. 흘승골(紇升骨) 산 위에 도읍을 세워 국호(國號)를 「가우리」라 하고, 이두자로는 「高句麗(고구려)」라고 썼다. 「가우리」는 「중경(中京)」 혹은 「中國(중국: 중심인 나라)」이란 뜻이다.

(신채호. 박기봉 옮김. 2006. 조선상고사. 비봉출판사. 168쪽)

박용숙 교수에 의하면 단기고사(檀奇古史)와 환단고기(桓檀古記)에서는 “부여(夫餘)”가 “중국(中國)”으로 기록되어 있다고 합니다. 중국을 아무런 고민 없이 무조건 지나로 파악하는 것은 역사왜곡 행위입니다.

> 필자는 이미 부여를 부여제국이라고 표현했다. 이런 표현은 기성학설에 대한 도전을 의미하는 것이 된다. 기성학설에서는 부여는 한반도의 동북쪽에 위치하는 자그마한 부족국가로 취급되어 있기 때문이다. 그러나 단기고사나 고기(역주: 환단고기)에서는 부여를 중국(中國)이라고 호칭하고 있다. 중국이라는 표현은 세계의 중심을 뜻하므로, 이는 곧 세계국가의 의미로 읽을 수가 있다. 따라서 부여는 고대세계의 광활한 제국영토를 다스렸던 나라를 의미한다.

(박용숙. 1996. 지중해 문명과 단군조선. 집문당. 170쪽)

해태(獬豸)의 “獬”는 “해태 해”와 “억센 모양 개”로 풀이됩니다. “獬”도 역시 형성문자(形聲文字)로 뜻을 나타내는 "犭(개)"과 음을 나타내는 "解(해)"의 결합으로 이루어져 있습니다. 즉, "獬"는 "개(犭=犬)"를 의미하는 것입니다.

< 獬 >

㉠ 해태(獬豸: 시비와 선악을 판단하여 안다고 하는 상상의 동물)
㉡ 신통한 양
㉢ 짐승 이름
㉣ 굳센 모양
ⓐ 억센 모양(개)

[출처: 네이버(NAVER) 한자사전]

해태(獬豸)의 "豸"는 "벌레 치", "해태 채", "해태 태"로 풀이됩니다. 이미 설명 드렸지만 "豸"는 "犭(개)"을 구성요소로 가지고 있는 문자입니다.

< 豸 >

㉠ 벌레, 발 없는 벌레
㉡ 해치(해태의 원말)
㉢ 풀리다
㉣ 웅크리고 노려보다
ⓐ 해태(獬豸: 시비와 선악을 판단하여 안다고 하는 상상의 동물)(채)
ⓑ 해태(獬豸: 시비와 선악을 판단하여 안다고 하는 상상의 동물)(태)

[출처: 네이버(NAVER) 한자사전]

해태(獬豸)는 "犭(개, 獬)"과 "犭(개, 豸)"이 결합된 단어임을 알 수 있습니다. 이는 "犭(개, 狛)"과 "犬(개)"이 결합된 코마이누(狛犬), 즉 고려개(高麗犬)와 일맥상통합니다.

고려라는 나라에서 자신의 상징물에 굳이 고려(高麗)를 붙여 일컬을 필요는 없었을 것입니다. 고려에서는 해태(獬豸)로 불리었던 것이 열도에 가서는 고려개

(高麗犬)로 불린 것은 아닐까요? 그리고 임진왜란(壬辰倭亂) 이후에 고려에서는 해태의 형태가 바뀌어 제작된 것은 아닐까요? 고려(高麗)의 상징이 개(犬)였다면 어떠한 형태로든 계승되어야 할 것으로 판단되며 만약에 그 계승이 끊어졌다면 그럴만한 이유가 있어야 할 것입니다. 확실한 것은 고려(高麗)의 상징이 개(犬)인 것은 분명하며, 해태(獬豸)도 그 유래가 개(犬)인 만큼 고려의 도성(都城)이었던 서울의 상징물로 손색이 없다는 것입니다.

제가 고려개(高麗犬)와 해태(獬豸)의 관련성에 주목하는 이유는 확실히 고려개라 부를 수 있는 동물상(動物像)을 한반도에서도 발견하였기 때문입니다. 그것도 고려의 정궁(正宮)인 경복궁(景福宮)에서 말입니다.

지금 경복궁 궐내에는 국립민속박물관이 있은데 이 박물관 로비에 고려개(高麗犬) 한 쌍이 놓여있습니다. 제가 이 석상들을 고려개(高麗犬)로 파악한 이유는 간단합니다. 이 석상들은 고려개(高麗犬)의 입 모양을 보이고 있습니다. 즉, 한 마리는 입을 다물고, 다른 한 마리는 입을 벌리고 있습니다.

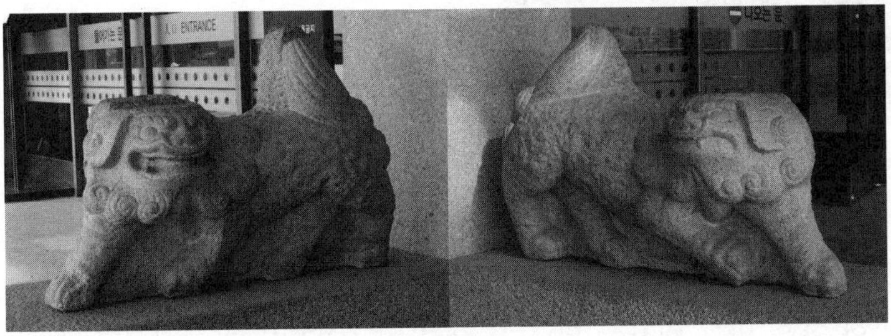

[그림 2-8] 경복궁(景福宮) 국립민속박물관 로비에 놓여있는 고려개(高麗犬).

이 고려개는 어디에서 왔을까요? 열도에서 온 것은 아닐 것입니다. 한반도에서 제작된 것이 분명해 보입니다. 열도에서 제작되어 한반도로 운반되어 올만한 특별한 이유는 없었을 것입니다. 관계자를 통해 확인한 바에 의하면 이 석상은 1993년에 국립민속박물관이 현재의 건물로 이전해 오면서 건물 주변에 방치되어 있던 것을 수거해서 박물관 로비에 놓아둔 것이라고 합니다. 국립민속박물관은 원래 국립중앙박물관으로 사용되었는데 1986년에 국립중앙박물관이 경복궁 궐내에 있었던 중앙청(구 조선총독부) 건물로 이전하면서 이 석상을 버리고 이전한 것으로 보인다고 합니다. 어떻게 이 석상이 이곳에 오게 되었는지, 어디에서 온 것인지, 누구에 의해 언제 제작된 것인지는 알 수 없다고 합니다. 이 고려개는 세월의 때가 별로 묻지 않은 것으로 보아 그리 오래 전에 제작된 것은 아니라 판단됩니다. 이 고려개의 후면부를 보면 이 석상이 벽면에 붙어 있었다가 떼어진 것임을 알 수 있습니다. 누가 왜 떼어 냈을까요? 일제시대 문화재 탈취의 일환으로 이루어진 것은 아니었을까요? 한반도(韓半島)에서 고려(高麗)의 흔적을 확실히 지우기 위해 이루어진 작업은 아니었을까요? 낙압읍성(樂安邑城)의 석구(石狗)가 얼굴을 상실했던 것과 어떤 관련이 있지 않을까요?

[그림 2-9] 경복궁(景福宮) 국립민속박물관 로비에 놓여있는 고려개(高麗犬) 후면부.

이런 의문을 품고 있던 차에 저는 북한 지역에도 견상(犬像)이 남아 있음을 확인하게 됩니다. 북한에서는 이 견상을 돌개라고 표기하고 있는데 낙안읍성의 석구(石狗)와 좋은 비교 대상이 됩니다. 함경남도(咸鏡南道) 금야군(金野郡)에는 군자루(君子樓)라 불리는 건물이 있는데, 돌개가 그 건물을 수호하고 있다고 합니다. 군자루는 금야객사(金野客舍)에 부속된 건물로 1687년에 건립되었으니 돌개는 그 후에 제작된 것이 분명합니다.

군자루의 돌개는 낙안읍성의 석구와 마찬가지로 얼굴이 훼손되어 있습니다. 두 견상에서 모두 얼굴 훼손이 있었는데 과연 우연의 일치로 보아야할까요? 아무튼 북한의 돌개를 통해 임진왜란 이후에도 한반도에서 계속해 견상(犬像), 즉 고려개(高麗犬)가 제작되어 왔음을 알 수 있습니다.

[그림 2-10] 군자루(君子樓)의 돌개.
출처: 국립문화재연구소 미술공예연구실. 2006. 사진으로 보는 북한 국보유적. 태양정보출판. 156쪽.

4) 고려개(高麗犬)와 당사자(唐獅子)의 기원은 삽살개

지금까지 살펴본 바에 의하면 동북아시아의 주요 상징물에는 고려개(高麗犬), 당사자(唐獅子), 그리고 해태(獬豸)가 있는데 이들은 입 모양을 통해 구분이 용이합니다. 이들 상징물들은 입 모양에 차이가 없다면 구분이 쉽지 않습니다. 그러므로 이 상징물들의 모델은 같은 동물이었을 확률이 높습니다. 도대체 고려개, 당사자, 그리고 해태는 어떤 동물을 보고 조각되었을까요? 고려개(高麗犬)는 그 이름에서 알 수 있듯이 당연히 개(犬)를 모델로 해서 조각되었을 것입니다. 그러나 우리가 지금 흔히 보는 개에서 고려개의 모습을 유추하기는 어렵습니다. 당사자(唐獅子)는 그 이름에서 알 수 있듯이 사자(獅子)가 모델이 되었을 것이라고 쉽게 추측이 가능합니다. 그런데 그 당시 석공들이 인도까지 가서 사자를 보고 왔을 리는 없을 것입니다. 그러면 도대체 무엇을 보고 사자를 조각했을까요? 해태(獬豸)는 그 기원이 개(犬)에 있음을 밝혀드렸습니다. 그러나 고려개와 마찬가지로 우리가 보통 보는 개에서 해태의 모습을 유추하기는 어렵습니다.

이미 본장의 앞부분에서 알려드렸지만 낙안읍성(樂安邑城)의 석구(石狗)는 삽살개를 본 따서 만든 것이라고 합니다. 그런데 삽살개보존협회(http://www.sapsaree.org/)에 따르면 이 삽살개가 바로 고려개(高麗犬)의 기원이라고 합니다. 삽살개는 한자로 "尨(=狵)(삽살개 방)"인데 털이 많은 개를 뜻합니다. 털이 많아서 삽살개는 또한 사자개(獅子犬)로도 불리었다고 합니다.

[그림 2-11] 민화 속 삽살개: 왼쪽부터 차례대로 장승업(張承業), 안중식(安中植), 어유봉(魚有鳳) 작품.

[그림 2-12] 티베탄 마스티프(Tibetan Mastiff). 제공: 수암연구소.

제가 알아본 바에 의하면 사자개(獅子犬)로 불리는 개에는 "삽살개"와 최근에 황우석 박사 연구팀이 복제에 성공한 "티베탄 마스티프(Tibetan Mastiff)", 그리고 "차우차우(Chowchow)" 정도가 있습니다. "티베탄 마스티프(Tibetan Mastiff)"는 티베트가 원산지로 티베트에서는 "Do-khyi"로 지나(支那)에서는 "짱아오(藏獒)"로 불리고 있습니다. 차우차우(Chowchow)는 티베탄 마스티프의 혈통을 이어 받은 것으로 알려져 있는데 당(唐) 황실에서 직접 사육하기도 하였다고 합니다. 차우차우(Chowchow)의 한자표기는 "송사견(鬆獅犬)"인데 보다시피 "獅(사자)"가 들어가 있습니다. 한편, 소형견이지만 역시 사자개로 불리는 개가 있습니다. 페키니즈(Pekingese)라는 개(犬)인데 한자표기가 "사자구(獅子狗)"로 역시 "獅子(사자)"가 들어가 있습니다. 역시 소형견으로 시츄(Shih Tzu, 西施犬)라는 개도 있는데 그 이름에서 알 수 있듯이 티베트(西施)에서 기원한 개입니다. 대청제국(大淸帝國) 황실에서 특별히 아꼈던 개라고 합니다. 삽살개(尨), 티베탄 마스티프(Tibetan Mastiff), 차우차우(Chowchow), 페키니즈(Pekingese), 그리고 시츄(Shih Tzu, 西施犬)는 다 같이 사자개(獅子犬)로 불리었습니다. 또한 이들 개들이 원래 살던 지역은 티베트에서 몽골, 만주를 거쳐 한반도에 이르는 지역으로 북방 유목민족의 삶의 터전과 정확히 일치합니다. 특히 삽살개, 티베탄 마스티프, 차우차우 간에는 혈통이 많이 겹치는 것으로 추정되는데 이에 관한 면밀한 연구가 이루어져야 할 것입니다. 저는 몽골에서 온 한 유학생에게 삽살개가 그려진 민화를 보여준 적이 있는데 몽골의 개와 정확히 일치한다는 이야기를 들었습니다.

고려개(高麗犬)는 그 모습이 지금 우리가 보통 보는 개(犬)와는 많이 다르고 사자(獅子)와 닮았다는 점에서 그 기원을 삽살개로 보아야 할 것입니다. 그런데 당사자(唐獅子)도 그 기원은 삽살개와 같은 부류인 차우차우(Chowchow)로 판단됩니다. 당(唐)에서 석공들이 진짜 사자를 보고 그 모양을 본 따기는 어려웠을 것입니다. 반면에 차우차우(Chowchow)는 비교적 쉽게 볼 수 있었을 것입니다. 신라시대에 만들어진 탑과 사찰에도 사자가 많이 등장합니다. 신라(新羅)에서 만들어진 사자도 그 기원은 삽살개가 아닐까요?

기실 따져보면 사자(獅子)의 경우도 그 기원이 개(犬)에 있습니다. "獅"도 형성문자(形聲文字)로 뜻을 나타내는 "犭(개)"과 음을 나타내는 "師(사)"의 결합으로 이루어져 있습니다. 동북아시아에 살던 사람들은 개(犬)를 통해 사자(獅子)를 인식한 것입니다. 그런데 삽살개(尨)는 그 모습이 사자와 비슷하게 생겼으니 실제로 볼 수 없었던 사자를 대신해 조각물의 모델로 활용되었을 것입니다. 특히, 불교가 융성했을 때에는 석가모니(釋迦牟尼)를 상징하는 사자가 널리 조각되었는데 당시 석공들이 어떻게 그 모습을 조각할 수 있었겠습니까? 옛날에는 종이가 그리 흔한 것도 아니어서 인도까지 가서 사자를 그려서 운반해 오는 일은 쉽지 않았을 것입니다.

고려개(高麗犬)와 당사자(唐獅子)의 기원이 모두 사자개(獅子犬)인 삽살개 계열이라면 왜 한쪽에서는 개(犬)라 부르고, 다른 쪽에서는 사자(獅子)라 부를까요? 그건 바로 고려계(高麗系)와 당계(唐系)의 정치세력 관계를 보여주는 것이 아니었을까요?

일본어에는 고려(高麗)와 당(唐)이 들어간 단어가 너무나 많습니다. 지명에도 건축물에도 음식에도 도량형에도 쓰입니다. 고려산(高麗山), 고려신사(高麗神社), 고려사(高麗寺), 고려씨(狛氏), 고려마을(高麗町), 고려교(高麗橋), 고려문(高麗門), 고려개(狛犬), 고려강(狛江), 고려척(高麗尺) 등이 "고려(高麗)"가 들어가 있는 대표적인 단어들입니다. 당인춤(唐人おどり), 당인행렬(唐人行列), 당인마을(唐人町), 당사자(唐獅子), 당문(唐門), 당튀김(唐揚げ) 등이 "당(唐)"이 들어가 있는 대표적인 단어들입니다. 저는 이를 단순히 고려(高麗)와 당(唐)에서 전래된 것으로만 보지 않습니다. 저는 이러한 단어들이 열도에서 고려(高麗) 세력과 당(唐) 세력이 있었음을 보여주는 흔적이라고 판단합니다. 그런데 주의해야 할 점은 당(唐)을 지나(支那)와 크게 연결시켜 볼 필요가 없다는 것입니다. 후에 설명하겠지만 당(唐)은 김(金)과 청(淸)은 물론 신라(新羅)와 깊은 관계를 맺고 있습니다. 이 사안은 양계론(兩系論)을 다룰 때 자세히 살펴보기로 하겠습니다.

삽살개는 태왕 고려(太王 高麗)시대에 제작된 벽화에도 등장할 만큼 오랫동안 한반도에서 흔히 볼 수 있는 동물이었습니다. 그런데 일제시대에 이루어진 토종개 말살정책에 의해 거의 멸종을 당합니다. 일제는 한반도에서 토종개를 무려 150만 마리나 도살하여 군수물자의 공급원으로 삼았습니다. 특히 삽살개는 털이 길어서 가죽을 벗기면 쓸모가 많아 다른 토종개보다 더 많이 도살되었습니다. 그래서 거의 멸종 위기에까지 이르렀다가 1960년대 말 경북대 교수들에 의해 수집되어 간신히 명맥을 유지하고 있습니다. 근래에는 천연기념물로 지정되어 보호받고 있습니다. 최근에는 이 복원되었다는 삽살개에 대한 진위논쟁이 있었습니다. 정말로 고려시대에 삽살개는 어떤 모습이었을까요? 만약에 삽살개가 지금도 주위에서 흔히 볼 수 있는 개(犬)라면 고려개(高麗犬)와의 관련성을 따져보는 한국인이 많았을 것입니다. 아무튼 확실한 것은 삽살개가 한반도의 대표 개였으며 그 모습이 사자와 비슷했다는 것입니다.

5) 고려개(高麗犬)와 당사자(唐獅子)의 기원, 그리고 계승

태왕 고려(太王 高麗)시대에 제작된 벽화 중에는 삽살개로 추정되는 동물이 여럿 등장하는데 특히 장천1호분에 등장하는 동물이 의미심장합니다. 장천1호분에는 흔히 <예불도(禮佛圖)>라 불리는 벽화가 있었는데 벽화 가운데에는 부처로 추정되는 인물이 있고, 이 인물을 동물 한 쌍이 수호하고 있습니다. 그런데 이 동물을 개(犬)로 볼 것인지 사자(獅子)로 볼 것인지 아직 정립되어 있지 않습니다. 문헌마다 다르게 기록하고 있습니다. 사자로 보는 견해는 가운데 있는 인물을 부처로 판단하고, 불교는 사자와 관련이 깊다는 사실에 주목합니다. 그러나 열도에서는 신사뿐만 아니라 사찰도 개(犬), 즉 고려개(高麗犬)가 수호합니다. 불교와 관련이 있다고 해서 반드시 사자만 있어야 한다는 고정관념을 가지고 속단할 필요는 없습니다. 저는 이 동물의 입 모양에 주목해 보아야 한다고 생각합니다. 저는 이 동물의 입 모양을 정확히 파악하기 위해 장천1호분의 벽화를 찍은 사진들을 여러 번 검토해 보았습니다. 그리고 여러 사람들에게 이 동물 한 쌍의 입 모양에 대한 의견을 구하기도 하였습니다. 그런데 벽화를 찍은 사진만 가지고는 동물의 입 모양을 정확히 파악할 수 없었습니다. 저는 모사도 전문가인 진영선 교수의 모사도를 참고하기로 하였습니다. 진영선 교수가 모사한 장천1호분의 동물 한 쌍을 살펴보면 한 마리는 입을 다물고, 다른 한 마리는 입을 벌리고 있습니다. 지금까지 논의된 바에 따르면 이 동물 한 쌍은 고려개(高麗犬)입니다. 모사도가 정확하다면 고려개의 기원은 1500년 이상 거슬러 올라가게 되는 것입니다. 그리고 우리가 지금 흔히 보는 개와 다른 것으로 미루어 볼 때 벽화 속 동물의 모델은 삽살개가 분명합니다. (집안시(集安市)에 있었던 장천1호분 벽화는 2000년에 도굴되었기 때문에 벽화가 지금도 온전한 모습을 유지하고 있는지 알 수 없습니다. 앞으로 벽화에 등장한 동물의 입 모양을 정확히 확인할 기회가 주어질 수 있을까요?)

[그림 2-13] 장천1호분 모사도. 제작: 진영선.
출처: 동아일보.

고려개(高麗犬)와 함께 양립하여 온 동북아시아의 주요 상징물은 당사자(唐獅子)입니다. 당사자는 당나라 때 제작되어 널리 알려졌기에 당사자라는 명칭을 부여받았을 것입니다. 제가 여러 경로를 통해 알아낸 바에 의하면 당나라 고종(高宗)과 측천무후(測天武后)의 합장릉(合葬陵)인 건릉(乾陵)부터 당나라의 능묘(陵墓) 제도가 정형화되었다고 합니다. 고종과 측천무후는 태왕 고려(太王 高麗)를 멸망시킨 장본인으로 우리에게 잘 알려져 있습니다. 그런데 엄청난 규모를 자랑하는 건릉을 수호하는 동물이 바로 사자(獅子)입니다. 사자 한 쌍이 참배로(參拜路)의 끝에서 산 안에 만들어진 능(陵)을 지키고 있습니다. 두 마리 다 입을 벌리고 있다는 점에서 사자인지 여부를 의심할 필요도 없습니다. 건릉은 707년에 완공되었다고 하니 사자(獅子)도 707년경에 제작되었을 것입니다. 제가 사자의 제작년도를 707년경으로 자신하는 이유는 일반 건축물과는 구별되는 능(陵)만의 특성이 있기 때문입니다. 능(陵)은 죽은 자와 죽은 자를 기리는 자의 공간이지 후세

사람들의 생활공간이 아닙니다. 그러하기 때문에 능(陵)은 비록 훼손은 당할지라도 특별한 경우가 아니면 추가로 석물이 설치되는 경우는 거의 없습니다. 특별한 경우란 능(陵)이 너무 훼손되어서 재건된 경우, 이장된 경우, 그리고 역사왜곡을 위해 누군가가 의도적으로 조작한 경우 등을 말합니다.

[그림 2-14] 당(唐) 건릉(乾陵)의 사자(獅子). 사진제공: 정찬두.

당(唐)과 태왕 고려(太王 高麗)는 여러분도 잘 아시다시피 둘도 없는 원수관계입니다. 당(唐)에서 자신의 상징물로 사자(獅子)로 정하였다면 태왕 고려(太王 高麗)도 이에 상응하는 상징물이 있었다고 보아야 합니다. 당연히 두 국가는 다른 상징물을 가지고 있었을 것입니다. 현재 한국의 프로 야구팀만 해도 각자의 상징물을 가지고 있습니다. 대구에 연고를 둔 삼성팀의 상징물은 사자(獅子)이고, 광주에 연고를 둔 기아팀의 상징물은 호랑이(虎)입니다. 그런데 태왕 고려는 당(唐)보다 오래된 나라였으니 상징물도 당(唐)보다 먼저 확립되어 있었을 것입니다. 당(唐) 세력은 태왕 고려에 버금가는 상징물을 만들되 차이를 두어야 했을 것입니다. 태왕 고려(太王 高麗)에서는 개(犬), 즉 삽살개를 수호 동물로 지정하고, 한 마리는 입을 다물고, 다른 한 마리는 입을 벌리는 형태를 취한 것이고, 당(唐)에서는 주위에서 쉽게 볼 수 있었던 사자(獅子), 즉 삽살개를 수호 동물로 지정하고, 두 마리 다 입을 벌리게 함으로써 차이를 둔 것이라 보여 집니다. 당(唐)에서 사자를 상징물로 삼은 데에는 불교의 전래와도 관련이 있을 것입니다. 그러나 사자가 불교의 교리를 충실히 반영하여 제작되었다면 사자 두 마리가 다 입을 벌리고 있으면 안 됩니다. 보통 불교 조각상 한 쌍은 입을 벌린 것과 다문 것이 동시에 표현되어 있습니다. 입을 벌린 것을 아형(阿形)이라고 하는데 시작과 창조를 의미합니다. 반면에 입을 다문 것을 훔형(吽形)이라고 하는데 끝과 소멸을 의미합니다. 그런데 사자(唐獅子)는 두 마리 다 입을 벌리고 있고, 오히려 개(高麗犬) 한 쌍이 아훔형(阿吽形)을 취하고 있는 것입니다. 당(唐)이 사자(獅子)를 자신의 상징물로 정한 것에는 불교의 전래보다는 세력의 구별을 꾀했다는 것이 보다 합리적인 설명이 됩니다.

저는 한반도에 존재하는 사자를 직접 보기 위해 경주(慶州)를 답사한 적이 있습니다. 저는 경주에서 사자가 놓여있다는 신라 임금의 능(陵) 세 곳을 모두 답사하였습니다. 사자(獅子)가 놓여있다는 능(陵) 세 곳은 모두 태왕 고려(太王 高麗)가 멸망한 이후, 그리고 당(唐) 건릉(乾陵)이 완공된 이후에 조성된 것들입니다. 능(陵) 세 곳은 모두 네 마리의 동물이 능침(陵寢)을 수호하고 있었는데 모두 입을 벌리고 있는 것으로 보아 사자가 분명합니다. 그런데 흥덕왕릉(興德王陵)의 경우 정말 개(犬)와 같이 보이는 석상도 있습니다. 아이들에게 물어보면 [그림 2-17]의 경우 왼쪽에서 두 번째 석상은 하나같이 개(犬)라고 대답합니다. 제가 사자의 모델이 개(삽살개)라고 논증한 것이 아이들의 눈을 통해 증명되고 있는 것입니다. 또한 사자(獅子)와 개(犬)의 구별이 어렵기 때문에 사자와 개의 구별은 입 모양을 통해 파악해야 한다는 저의 논증도 충분히 설득력이 있는 것입니다.

성덕왕릉(聖德王陵)을 수호하는 사자 네 마리 중에 한 마리는 얼굴이 훼손되어 있어 입 모양을 확인할 길이 없으나 세 마리가 입을 벌리고 있는 것으로 미루어 보건데 얼굴이 훼손된 사자도 분명히 입을 벌리고 있었을 것입니다. 괘릉(掛陵)과 흥덕왕릉(興德王陵)의 경우에는 사자가 입을 벌린 것인지 다문 것인지 분간이 어려운 것도 있습니다. 이 경우에는 이빨이 보이면 입을 벌리고 있는 것으로 파악해야 합니다.

[그림 2-15] 성덕왕릉[聖德王陵](736년 조성)을 수호하는 사자(獅子).

[그림 2-16] 괘릉[掛陵](798년 조성)을 수호하는 사자(獅子).

[그림 2-17] 흥덕왕릉[興德王陵](835년 조성)을 수호하는 사자(獅子).

[그림 2-18] 안압지(雁鴨池)에서 출토된 사자 향로 뚜껑. 소장: 국립경주박물관.

한반도의 대표 석재료는 화강암인데 화강암은 입자가 굵고 딱딱해서 조각이 매우 어렵습니다. 반면에 서구의 대표 석재료인 대리석은 입자가 치밀하고 부드러워 형상을 세밀하게 표현할 수 있습니다. 입을 벌린 모양을 표현하는 것은 세밀한 작업을 요합니다. 그런데 이런 세밀한 표현에 화강암은 적합한 석재료가 아닌 것입니다. 딴딴한 화강암은 성벽(城壁)을 튼튼하게 유지시켜주어 적으로부터 국가를 수호하는 데에는 결정적인 역할을 하였지만 세밀한 조각품을 만드는 데에는 도움이 되지 못했습니다. 안압지(雁鴨池)에서 출토된 사자(獅子) 모양의 공예품은 무른 재질의 곱돌로 만들어졌는데 입을 벌린 것이 확실히 표현되어 있습니다. 괘릉(掛陵)과 흥덕왕릉(興德王陵)을 수호하는 사자의 경우, 입을 벌린 것을 표현은 하여야 하는데 그 표현이 어렵기 때문에 이빨을 드러낸 것으로 갈음하고 있는 것입니다.

선조들이 입자가 굵고 딱딱한 화강암을 가지고 동물상을 조각하면서 입을 벌린 것과 다문 것을 어떻게 표현했는지를 확실히 보여주는 유물이 있습니다. 바로 분황사에 있는 동물상들입니다. 현재 분황사(芬皇寺) 모전석탑(模塼石塔)에는 동물상 네 마리가 탑을 수호하고 있습니다. 일제시대 제작된 <조선고적도보(朝鮮古蹟圖譜)>에 의하면 탑 앞에도 동물상 두 마리가 있었던 것이 확인됩니다. 현재 이 두 마리는 국립경주박물관에 옮겨져 있다고 합니다. 당(唐)과 마찬가지로 사자를 상징물로 삼고 있는 신라(新羅)에 의해 분황사가 창건되었다는 점, 그리고 불교와 사자는 깊은 관련을 맺고 있다는 점에 주목하는 대부분의 학자들은 이 동물상들을 사자(獅子)로 단정합니다. 그러나 오래 전에 건립되었던 신사(神社)라 해도 에도시대(江戸時代)에 들어와서야 비로소 참배로(參拜路)에 고려개(高麗犬)가 설치되었던 열도의 사례를 검토해 볼 때 분황사의 건립년도와 동물상의 제작년도가 일치할 것이라는 편견을 가질 필요는 없습니다. 정작 분황사를 건립한 선덕여왕(善德女王)의 능(陵)에 사자(獅子)는 없습니다.

동물상 네 마리는 두 마리씩 짝을 이루고 있습니다. 그런데 짝을 이룬 동물상들 간에 서로 입 모양이 다릅니다. 전체 형상이 둥글게 조각된 동물상 한 쌍의 경우 한 마리는 입이 아예 표현조차 되어 있지 않습니다. 다른 한 마리는 입이 표현되어 있긴 하지만 입 부분을 살짝 파서 표현했을 뿐입니다. 이것을 어떻게 보아야할까요? 한 마리는 입을 다문 것으로 다른 한 마리는 입을 벌린 것으로 보는 방법 밖에 없습니다. 다른 동물상 한 쌍을 보면 한 마리는 이빨을 드러내고 있고 다른 한 마리는 입을 꼭 다물고 있습니다. 이 경우 이빨을 드러낸 것은 입을 벌린 것으로 파악해야 할 것입니다. 제가 지금까지 논증해 온 바에 따르면 이 동물상들은 고려개(高麗犬)가 분명합니다. 누군가는 저 동물상들은 개(犬)가 아니라 신라시대에 만들어 진 사자(獅子)라고 주장을 할 것입니다. 그러나 재료가 나무라면 그 제작년도를 추정할 수 있으나 현대 과학기술로 돌의 제작년도는 추정할 수 없습니다. 현재 한반도에 남아있는 문화재 중에는 그 명칭이 선조들의 문헌에 기록되어 있지 경우가 많습니다. 그런 경우 그 명칭은 상당부분 일제가 적어 놓은 것을 그대로 따르고 있습니다. 역사왜곡을 단행한 일제의 시각에서 정리된 명칭을 곧이곧대로 받아들일 필요는 없습니다. 이 동물상들도 일제는 사자로 적어놓았습니다. 이 동물상들을 개(犬)로 보던지 사자(獅子)로 보던지, 고려시대에 제작되었다고 보던지 신라시대에 제작되었다고 보던지 그건 각자의 몫입니다. 그러나 확실한 것은 입을 벌린 것과 다문 것을 표현하는 방법은 다양하며, 짝 지어진 동물상들을 서로 비교해서 동물상들 사이에 차이가 있는지 없는지를 살펴보아야 입을 벌린 것인지 다문 것인지를 판단할 수 있다는 것입니다.

[그림 2-19] 분황사(芬皇寺) 모전석탑(模塼石塔)의 고려개(高麗犬).

당(唐)과 마찬가지로 신라(新羅)에서도 사자(獅子)가 널리 만들어진 것을 두고 신라가 그저 당(唐)의 영향을 받았기 때문이라고 생각하기 쉽습니다. 그러나 다른 것은 몰라도 무덤의 양식만은 다른 나라나 다른 세력의 양식이 쉽게 받아들여지지 않습니다. 신라와 당(唐)의 정치세력이 같기 때문에 이런 양상을 보이는 것입니다. 아울러 청(淸)의 상징물이 사자(獅子)인 것을 미루어 볼 때 신라(新羅), 당(唐), 그리고 청(淸)이 같은 세력임을 추정할 수 있습니다. 이는 후에 자세히 다룰 것입니다.

신라(新羅)와 당(唐)이 망하고 고려(高麗)가 재건되자 개(犬)가 부활합니다. 그리고 한반도에서도 열도에서도 개(犬)가 제작되어 널리 퍼져나갑니다. 그런데 어떤 사람들은 고려시대에도 사자(獅子)가 제작되었던 것을 어떻게 설명할 것인가라고 의문을 제기할 것입니다. 그건 전통의 끈질긴 생명력입니다. 이 사항은 본장 후반부에서 열도에서 고려개(高麗犬)의 전통이 단절의 위기를 극복하고 어떻게 이어오고 있는지를 살펴보면서 다룰 것입니다.

흥미로운 점은 황제 고려(皇帝 高麗)와 대왕 고려(大王 高麗)시대에 고려(高麗)의 상징물로 호랑이(虎)가 추가되었다는 것입니다. 호랑이(虎)는 당(唐)의 상징물인 사자(獅子)와 확실히 구분될뿐더러, 개(犬)보다 강인합니다. 개(高麗犬)와 사자(唐獅子)는 모두 삽살개(犬)로부터 연유하였기에 그 구분이 쉽지 않습니다. 그런데 호랑이는 사자와 확실히 구분되며 이런 이유로 고려(高麗)의 새로운 상징물로 간택된 것으로 판단됩니다.

동북아시아에 살던 사람들은 호랑이(虎)와 사자(獅子)를 확실히 구분해서 보았습니다. 이는 한자제작 원리를 살펴보면 쉽게 알 수 있습니다. 저는 이미 해태(獬豸)와 사자(獅子)의 한자제작 원리를 통해 해태와 사자는 모두 "犭(개)"에서 기원했음을 설명해 드렸습니다. 그런데 여우(狐), 늑대(狼), 고양이(猫)이도 모두 "犭(개)"에서 기원하고 있습니다. 동북아시아에 살던 사람들은 주위에서 흔히 볼 수 있었던 개(犬)를 통해 맹수들을 인식해 나갔던 것입니다. 그런데 호랑이(虎)는 "犭(개)"와 전혀 관련 없이 한자가 만들어졌습니다. "虎"는 호랑이의 모습을 본 따 만든 상형문자(象形文字)입니다. 이는 동북아시아에 살던 사람들은 처음부터 호랑이(虎)와 개(犬)를 구별해서 인식했음을 알려주는 것입니다. 이는 또한 호랑이(虎)와 개(犭= 犬)에서 연유한 사자(獅子)를 구분해서 보았다는 것도 알려주는 것이기도 합니다. 정치세력은 같은 계통을 잇는 정치세력이라 하더라도 이전 시대와는 구별 짓고자 하는 태생적 속성을 가지고 있습니다. 개(犬)를 상징물로 계승하면서도 호랑이(虎)를 추가한 것은 이런 속성을 반영하는 것이기도 합니다.

고려(高麗)시대에 들어오면 능(陵)에서 신라(新羅)의 상징물인 사자(獅子)는 자취를 감추게 되고 그 자리를 호랑이(虎)가 차지하게 됩니다. 왕건(王建)의 능

(陵)인 현릉(顯陵)은 호랑이(虎) 네 마리가 수호하고 있습니다. 현재의 현릉은 1994년에 대폭 재건되었는데 이 때 기존에 있었던 호랑이는 교체되었지만 전통을 계승해 역시 호랑이 네 마리가 새로이 놓여있습니다. 왕건이 재건한 고려의 능(陵) 중에서도 사자가 있다는 주장이 있는데 그건 일제가 사자(獅子)라 적어 놓은 것을 그대로 인용하였기 때문일 것입니다. 아니면 조각이 원래 세밀하게 표현되지도 못했고 아울러 오랜 세월 속에 마모되고 훼손되어 원래의 모습을 확인할 길이 없기 때문에 그런 판단을 내리게 된 것일 겁니다. 장경희 교수가 북한 지역의 고려(高麗) 능(陵)을 답사하고 쓴 <고려왕릉>이라는 책을 보면 많은 능(陵)에서 석상(石像)이 훼손되고 마모되어 있는 것을 확인할 수 있습니다. 그것도 아니면 능(陵)에 놓여있는 개를 사자로 오판했을 수도 있습니다. 계속 말씀드리지만 개(高麗犬)와 사자(唐獅子)는 둘 다 삽살개를 본 따 만든 것이기 때문에 둘은 상당히 유사하게 생겼습니다. 경기도(京畿道) 고양시(高陽市)에는 왕씨(王氏)로서는 마지막 임금이었던 공양왕(恭讓王)의 능(陵)이 있습니다. 이성계(李成桂) 군대에게 쫓겨 도망치던 왕과 왕비는 이곳에서 최후를 맞았다고 합니다. 그리고 그들의 최후를 삽살개가 함께했다는 이야기가 전해 내려오고 있습니다. 그 때문인지 삽살개 석상이 능(陵)을 지금도 수호하고 있습니다. 어떤 이유에서든 간에 공양왕릉(恭讓王陵)을 삽살개가 수호하고 있다는 것은 다른 고려의 능(陵)도 개(高麗犬)가 수호할 수 있다는 것을 알려줍니다.

[그림 2-20] 공양왕릉의 삽살개(高麗犬).

고려의 왕릉은 공민왕릉(恭愍王陵)부터 양(羊)이 추가됩니다. 공민왕릉(恭愍王陵)에는 공민왕(恭愍王)과 그의 부인이었던 대원제국(大元帝國)의 노국공주(魯國大長公主)가 잠들어 있습니다. 저는 양(羊)과 친숙했던 노국공주를 배려해 공민왕이 능(陵)에 양(羊)을 추가로 설치한 것이라고 판단합니다. 공민왕이 노국공주를 열렬히 사랑했던 것은 우리에게 잘 알려져 있습니다. 그런데 노국공주가 난산(難産)으로 먼저 세상을 떠납니다. 공민왕은 진정으로 사랑했던 노국공주를 배려하고 싶었을 것입니다. 그러하기에 그녀에게 어울리는 그녀에게 친숙한 상징물인 양(羊)을 능(陵)에 설치해 준 것이 아니었을까요? 더욱이 능(陵) 조성을 공민왕이 직접 진두지휘했으니 능(陵)에는 그의 의도가 많이 반영되어 있을 것입니다.

아무튼 공민왕(恭愍王) 때 정립된 능묘(陵墓) 제도는 이성계(李成桂) 대왕(大王) 이후로도 계승됩니다. 능묘 제도가 계승된다는 것은 같은 정치세력임을 알려주는 것입니다. 즉, 고려(高麗)의 계보(系譜)는 이어진 것입니다. 이성계(李成桂) 이후로 대왕(大王)의 성씨가 왕씨(王氏)에서 이씨(李氏)로, 종교가 불교(佛敎)에서 유교(儒敎)로 바뀌는 대변혁이 발생하였지만 말입니다. 천자(天子)의 성씨가 고씨(高氏)에서 왕씨(王氏)로 바뀌었어도 고려는 계승되었습니다. 마찬가지로 천자의 성씨가 왕씨(王氏)에서 이씨(李氏)로 바뀌었어도 고려는 계승된 것입니다. 그러하기에 국호가 계속해서 고려(高麗)였던 것입니다. 이미 언급했지만 신라(新羅)에서 고려(高麗)로 바뀌면서 능묘 제도에는 분명히 단절이 있었습니다. 이는 신라와 고려가 다른 정치세력임을 알려주는 것입니다.

능(陵)의 양식이 계(系)에 따라 달랐다는 것을 우리는 경순왕릉(敬順王陵)을 통해 확실히 파악할 수 있습니다. 신라의 마지막 임금인 경순왕(敬順王)의 능(陵)이 경기도(京畿道) 연천군(漣川郡)에서 영조대왕(英祖大王) 때 발견되어 정비된 후 지금에 이르고 있습니다. 그런데 경순왕릉(敬順王陵)에 가보면 양(羊) 한 쌍만 있을 뿐 호랑이(虎)는 보이지 않습니다. 신라의 왕(王)에게 고려의 상징물인 호랑이(虎)를 설치해 주는 것은 적절하지 못하다고 본 것입니다. 왕비가 된 지 7일 만에 폐위되었던 단경왕후(端敬王后)의 경우도 영조대왕 때 왕후로 복위되어 무덤이 온릉(溫陵)이라는 능호를 받고 간략하게 정비된 적이 있습니다. 그런데 경순왕릉(敬順王陵)과 달리 온릉(溫陵)에는 양(羊)과 호랑이(虎)가 한 쌍씩 놓여 있습니다. (제대로 갖추어진 능(陵)에는 양(羊)과 호랑이(虎)가 각각 두 쌍씩 세워집니다.) 고려의 왕비에게는 간략하나마 고려의 상징물을 설치해 준 것입니다. 같은 임금 때 정비된 능(陵)에서 이러한 차이가 존재하는 것을 그냥 간과해서는 안 될 것입니다. (참고로 경상남도(慶尙南道) 김해시(金海市)에 소재해 있는 수로왕릉(首露王陵)에는 언제 놓여 진 것이지 정확히 알 수가 없으나 말(馬) 한 쌍, 양(羊) 한 쌍과 더불어 호랑이(虎) 한 쌍도 놓아져 있는데 이는 이런 계판 간 전통을 고려해 보면 적절하지 않은 것입니다.)

저는 한국에서 이성계(李成桂) 대왕 이후에 조성된 몇몇 고려(高麗) 왕릉을 답사한 바 있습니다. 흥미로운 점은 호랑이(虎)의 입 모양이 일정하지 않다는 것입니다. 능침(陵寢)이 개방된 곳도 있고, 별도의 허가를 받아서 능침을 관람해야 하는 곳도 있고, 아예 능침 개방을 불허하는 곳도 있어서 많은 호랑이(虎)를 보지는 못했습니다. 그러니 호랑이 몇 마리만을 살펴보고 입 모양의 차이를 일반화하기는 어려울 것입니다. 여기서는 문제제기만 해 보겠습니다. 흥미로운 주제이니까 여러분들 중에 누군가 전수조사를 하여 분석해 보면 재미있는 결과가 도출될 것이라고 판단됩니다. 제가 능침을 수호하는 호랑이를 제대로 살펴본 능은 목릉(穆陵), 의릉(懿陵), 그리고 태릉(泰陵)입니다.

목릉(穆陵)은 선조대왕(宣祖大王)과 그의 정비인 의인왕후(懿仁王后)와 계비인 인목왕후(仁穆王后)의 능(陵)으로 구성되어 있습니다. 선조대왕의 능(陵)을 수호하고 있는 호랑이(虎)는 두 마리는 입을 다물고 있고, 두 마리는 이빨을 드러내고 있습니다. 이빨을 드러내고 있는 것은 입을 벌린 것으로 봐야 합니다. 이런 형태는 분황사(芬皇寺) 모전석탑(模塼石塔)을 수호하고 있는 고려개(高麗犬)를 연상시킵니다. 의인왕후의 능(陵)을 수호하고 있는 호랑이(虎)는 네 마리 다 입을 다물고 있습니다. 반면에 인목왕후의 능(陵)을 수호하고 있는 호랑이(虎)는 네 마리 다 이빨을 드러내고 있습니다. 즉, 모두 입을 벌리고 있습니다. 이렇게 입 모양에서 차이가 있는 것이 우연일까요? 기획된 것일까요? 기획된 것이라면 고려개의 입 모양 양식을 계승한 것은 아닐까요?

[그림 2-21] 목릉(穆陵) - 선조대왕(宣祖大王)의 능(陵)을 수호하는 호랑이(虎) 얼굴.

[그림 2-22] 목릉(穆陵) - 의인왕후(懿仁王后)의 능(陵)을 수호하는 호랑이(虎) 얼굴.

[그림 2-23] 목릉(穆陵) - 인목왕후(仁穆王后)의 능(陵)을 수호하는 호랑이(虎) 얼굴.

의릉(懿陵)에는 경종대왕(景宗大王)과 그의 계비인 선의왕후(宣懿王后)의 능(陵)이 있습니다. 경종대왕의 능(陵)을 수호하고 있는 호랑이(虎) 네 마리는 모두 이빨을 드러내고 있습니다. 즉, 모두 입을 벌리고 있습니다. 선의왕후의 능(陵)을 수호하고 있는 호랑이(虎)도 네 마리 다 입을 벌렸으나 상대적으로 입을 적게 벌리고 있는 것으로 파악됩니다. 비록 왕릉과 왕비릉을 수호하고 있는 모든 호랑이(虎)가 입을 벌린 것으로 파악되지만 그 입 모양에 있어서는 뚜렷한 차이가 존재합니다. 왜 이런 차이를 두었을까요? 아울러 목릉(穆陵)의 경우처럼 왕비릉 간에 호랑이의 입 모양이 대칭을 형성할 수도 있으므로 비록 의릉(懿陵)에서 멀리 떨어져 따로 능(陵)을 형성하고 있지만 경종(景宗)의 정비인 단의왕후(端懿王后)의 능(陵), 즉 혜릉(惠陵)도 비교해 볼 필요가 있을 것입니다.

[그림 2-24] 의릉(懿陵) - 경종대왕(景宗大王)의 능(陵)을 수호하는 호랑이(虎) 얼굴.

[그림 2-25] 의릉(懿陵) - 선의왕후(宣懿王后)의 능(陵)을 수호하는 호랑이(虎) 얼굴.

태릉(泰陵)은 중종대왕(中宗大王)의 두 번째 계비인 문정왕후(文定王后)의 능(陵)입니다. 태릉을 수호하고 있는 호랑이(虎)는 네 마리 다 입을 다물고 있습니다. 태릉의 호랑이(虎)는 목릉(穆陵)과 의릉(懿陵)에서 볼 수 있었던 대칭관계에서 벗어나 있는 것일까요? 태릉 옆에는 자신의 아들인 명종(明宗)과 인순왕후(仁順王后)의 합장릉(合葬陵)인 강릉(康陵)이 있습니다. 강릉의 호랑이(虎)는 과연 어떤 입 모양을 하고 있을까요? 제가 방문했을 당시 강릉은 비공개여서 확인이 불가능했습니다. 혹시 두 능(陵)에서 호랑이의 입 모양이 서로 대칭관계를 보이고 있지 않을까요? 아니면 중종(中宗)의 능(陵)인 정릉(靖陵), 그리고 중종의 다른 왕비의 능인 온릉(溫陵), 희릉(禧陵)과 어떤 대칭관계를 보이고 있지 않을까요?

고려개(高麗犬)와 당사자(唐獅子)만 살펴보려다가 어찌하다보니 호랑이(虎)까지 살펴보았습니다. 호랑이의 입 모양이 왜 차이를 보이는지 밝히는 일은 한국의 문화재 전문가들에게 맡기기로 하고 이제 해태(獬豸)에 대해 살펴보도록 하겠습니다. 저는 위에서 고려개와 당사자의 기원이 삽살개라고 논증했습니다. 그리고 해태의 한자제작 원리를 통해 해태(獬豸)가 개(犬)에서 기원했음을 보여드렸습니다.

6) 해태(獬豸)는 새로운 국가를 염원한 고종(高宗)의 작품

저는 해태(獬豸)도 삽살개를 본 따서 만들었다고 판단합니다. 해태도 그 기원이 개(犬)에 있는데 역시 우리가 지금 흔히 보는 개에서 해태의 형태를 유추하기는 어렵습니다. 그런데 삽살개라면 다릅니다. 삽살개에는 분명히 해태의 모습이 존재합니다.

광화문 사거리에는 고종즉위사십년칭경기념비(高宗卽位四十年稱慶紀念碑)라는 비석이 하나 세워져 있습니다. 이 비석은 고종이 임금이 된지 40년 된 것과 나이 51세에 기로소(耆老所)에 들어간 일을 기념하여 광무(光武) 6년, 즉 서기 1902년에 세워진 기념비(紀念碑)입니다. 이 기념비는 비전(碑殿)을 세워 보호하고 있습니다. 그리고 비전과 정문인 만세문(萬歲門)에는 해태가 여러 마리 설치되어 기념비를 수호하고 있습니다. 그런데 만세문 기둥의 해태를 보면 바로 개(犬)가 연상됩니다. 그것도 귀엽고 순박하게 생긴 개(犬)가 연상됩니다. 이는 해태의 기원이 개라는 것을 알려주는 것이지요.

해태(獬豸)는 한(漢)나라 때 양부(楊孚)가 지은 <이물지(異物志)>에 동북(東北)지방에 사는 짐승으로 소개되어 있습니다. 한(漢)나라 때 이 나라의 동북지방에 위치했던 나라는 조선(朝鮮), 부여(夫餘), 그리고 태왕 고려(太王 高麗) 등입니다. 지금도 중화인민공화국에서는 만주(滿洲) 지역을 동북(東北)지방이라고 칭합니다. 그리고 <이물지>에 의하면 해태는 머리에 뿔이 하나 나 있고, 사자와 비슷하게 생겼다고 소개되어 있습니다. 머리에 뿔이 나 있고 사자와 비슷하게 생긴 동물상을 우리는 이미 보았습니다. 바로 고려개입니다. 모든 고려개(高麗犬)가 머리에 뿔이 나 있는 것은 아니지만 머리에 뿔이 조각되어 있는 것이 상당히 많습니다. ([그림 2-1]과 [그림 2-6] 참조) 그런데 이미 살펴보았지만 고려개의 기원은 삽살개입니다.

[그림 2-26] 고종즉위사십년칭경기념비전(高宗卽位四十年稱慶紀念碑殿)의 정문인 만세문(萬歲門) 기둥에 설치되어 있는 해태(獬豸).

결국, 고려개(高麗犬), 당사자(唐獅子), 그리고 해태(獬豸)는 모두 삽살개라는 같은 뿌리를 가지고 있는 것입니다. 삽살개를 보고 한쪽에서는 개라 부르고, 다른 쪽에서는 사자라 부르고, 또 한쪽에서는 해태라 부릅니다. 위에서 우리는 개(犬)는 고려(高麗)의 상징물이고, 사자(獅子)는 당(唐)의 상징물임을 확인했습니다. 그러면 해태(獬豸)는 어떤 나라, 어떤 세력의 상징물일까요?

저는 위에서 고려개(高麗犬)와 해태(獬豸)의 관련성에 대해 고민한 바를 말씀드렸습니다. 고려에서 해태로 불리었던 것이 열도에서는 고려개로 불리었던 것은 아닐까? 그리고 임진왜란(壬辰倭亂) 이후에 고려에서는 해태의 형태가 바뀌어 제작된 것은 아니었을까? 이런 의문사항에 대해 저는 이미 일정부분 답을 구했습니다. 함경남도(咸鏡南道) 금야군(金野郡)에 소재한 군자루(君子樓)를 수호하고 있는 돌개, 즉 고려개와 국립민속박물관 로비에 놓여있는 고려개(高麗犬)를 통해 한반도에서 임진왜란(壬辰倭亂) 이후에도 오랫동안 고려개가 제작되어 왔음을 밝혀낸 것입니다. 즉, 임진왜란 직후에 한반도에서 고려개의 전통이 단절되거나 그 형태가 바뀐 것이 아니라는 것입니다.

그런데 고종(高宗) 이후부터는 확실히 고려개(高麗犬)가 보이지 않습니다. 함경남도 금야군에 소재한 군자루의 고려개는 1687년경에 제작된 것입니다. 국립민속박물관 로비에 놓여있는 고려개는 제작년도를 정확히 알 수는 없지만 세월의 때가 별로 묻지 않을 것으로 보아 군자루의 고려개보다는 후에 만들어진 것으로 추정됩니다. 저는 국립민속박물관 로비에 놓여있는 고려개는 고종(高宗)이 대왕(大王)에 즉위하기 직전에 제작된 것이라고 추정합니다.

중요한 사실은 고종(高宗) 이후로 한반도에서 고려개(高麗犬)는 자취를 감추고 대신 해태(獬豸)가 제작되기 시작했다는 것입니다. 해태는 고종과 밀접한 관계가 있습니다. 고종이 대왕에 등극한 것은 1863년이고, 열도가 메이지유신(明治維新)을 통해 고려에서 이탈해 나간 것은 1868년입니다. 열도의 이탈로 인해 고종(高宗)은 제국의 대왕(大王)에서 한 나라의 국왕(國王)으로 그 위상이 강등됩니다. 그 위상이 강등된 것뿐만 아니라 나라의 존폐마저 어려운 상황에 직면하게 됩니다. 이런 상황에서 임금이 취해야 할 일은 고려(高麗)가 자주독립 국가를 지향하고 있다는 것을 만천하에 알리는 것입니다. 이런 염원은 1897년에 대한제국(大韓帝國) 선포와 황제(皇帝) 등극으로 이어집니다. 우리가 한반도에서 보고 있는 해태는 모두 고종이 대왕에 등극한 1863년 이후의 것들입니다. 경복궁(景福宮)은 흥선대원군(興宣大院君)의 주도하에 1865년에서 1868년에 걸쳐 중건된 것이니 경복궁 궐내와 광화문(光化門) 앞에 있는 해태는 모두 고종이 대왕에 등극한 이후에 만들어진 것입니다. 덕수궁(德壽宮)과 경희궁(慶熙宮)에도 해태(獬豸)가 보이는데 두 궁궐 다 고종이 임어하면서 대대적인 수리가 있었던 궁궐입니다.

[그림 2-27] 덕수궁(德壽宮) 중화전(中和殿) 계단의 해태(獬豸).

[그림 2-28] 경희궁(慶熙宮) 숭정전(崇政殿) 계단의 해태(獬豸).
출처: 조선고적도보(朝鮮古蹟圖譜) 10첩.

[그림 2-29] 동궐도(東闕圖)에서 창경궁(昌慶宮) 명정전(明政殿) 부분.
계단의 어계와 난간이 모두 태극문양으로 조각되어 있다.

[그림 2-30] 창경궁(昌명정전(明政殿) 계단의 해태(獬豸).
출처: 조선고적도보(朝鮮古蹟圖譜) 10첩.

창경궁(昌慶宮)은 고종이 임어하지는 않았지만 역시 고종 시대인 1877년에 수리가 이루어졌던 궁궐입니다. 그런 연유로 창경궁(昌慶宮) 명정전(明政殿)에 해태(獬豸)가 놓여있는 것입니다. <동궐도(東闕圖)>에 의하면 명정전(明政殿) 계단의 난간과 어계는 모두 태극문양이 조각되어 있었습니다. 그런데 일제시대에 제작된

<조선고적도보(朝鮮古蹟圖譜)>를 보면 명정전 계단의 어계가 해태로 바뀌어 있는 것을 확인할 수 있습니다. 역사학자들은 <동궐도>가 1820년대 후반에서 1830년대 초반에 제작된 것으로 판단하고 있습니다. 즉, <동궐도(東闕圖)>는 고종이 1863년에 대왕에 등극하기 전에 그려진 것입니다. 명정전의 저 해태는 분명 고종과 관련이 있습니다.

해태(獬豸)를 고려개(高麗犬)나 당사자(唐獅子)와 구별하는 방법은 간단합니다. 역시 입 모양을 보고 파악하면 됩니다. 고려개(高麗犬)의 경우 한 마리는 입을 다물고, 다른 한 마리는 입을 벌리고 있는 형태를 취합니다. 반면에 당사자(唐獅子)는 두 마리 모두 입을 벌리고 있습니다. 그런데 해태(獬豸)는 이빨을 드러내고 웃는 모습을 취합니다. 이빨을 드러내지만 입을 완전히 벌리지는 않습니다. 해태는 고려개나 당사자와는 다른 입 모양을 보이고 있습니다.

다른 형태를 보인다는 것은 정치세력의 차별화를 도모하고 있다고 해석됩니다. 메이지유신(明治維新)을 통해 열도(列島)가 제국(帝國)에서 이탈하자 고려(高麗)는 새롭게 국가의 체제를 정비하고 결속을 다질 필요가 있었습니다. 메이지유신 이후에 고려에서는 국가 상징물을 교체함으로써 그러한 의지를 표명했던 것입니다. 정리해 보면 열도에서 고려개(高麗犬)로 불리는 것이 한반도에서는 해태(獬豸)로 불리었을 수도 있는데 고종(高宗) 이후로는 그 형태가 바뀐 것으로 추정해 볼 수 있다는 것입니다. 고려(高麗)의 상징물이 개(犬)인데 이를 고종이 포기할 이유는 없는 것입니다. 아무튼 우리가 알고 있는 모습의 해태는 고종 이후에 정착된 것이 분명합니다. 그런데 근래에 들어서야 정착되기 시작한 해태는 한국이 일제의 식민 지배를 받게 되자 전국적으로 널리 퍼져 나갈 충분한 시간을 갖지 못했습니다. 그래서 해태는 주로 서울 시내에서만 볼 수 있는 것입니다.

저는 위에서 고려개(高麗犬)와 당사자(唐獅子), 그리고 호랑이(虎)의 입 모양을 설명하면서 이빨만 보여도 입을 벌린 것으로 파악해야 한다고 설명한 바 있습니다. 저의 설명에 따른다면 해태(獬豸)는 두 마리 다 이빨을 보이고 있으니 이는 입을 모두 벌리고 있는 것으로 파악해야 하지 않느냐는 의문이 제기될 수 있습니다. 그리고 둘 다 입을 벌리고 있으니 해태는 실은 당사자로 파악해야 한다는 주장도 제기될 수 있습니다. 그런데 근래에 들어 화강암을 다루는 기술이 진보하여 석공들은 입 모양을 보다 세밀하게 표현할 수 있게 됩니다. 즉 입을 벌리고 있는 것을 이빨만 보이는 것으로 표현할 것인지 아니면 보다 세밀한 방법으로 표현할 것인지를 선택할 수 있게 된 것입니다. 전자의 양식은 선대의 전통을 계승해야 하는 능(陵)에 적용되었고, 후자의 양식은 임진왜란(壬辰倭亂) 이후 재건된 창덕궁(昌德宮)에 적용되었습니다. 그리고 이미 설명했지만 최종적으로 입을 벌린 것과 다문 것을 파악하는 방법은 짝 지어진 동물상들을 서로 비교해서 동물상들 간에 차이가 있는지 없는지를 살펴보는 것입니다.

7) 창덕궁(昌德宮)에 왜 당(唐)의 사자(獅子)가 있는가

창덕궁(昌德宮)의 정전인 인정전(仁政殿)은 이층으로 된 기단 위에 세워져 있습니다. 기단이 이층이므로 계단도 이층으로 이루어져 있습니다. 일층 계단의 난간과 어계에 동물의 얼굴이 조각되어 있는데 난간에 있는 동물은 모두 이빨을 보이고 있고, 어계에 있는 동물은 모두 입을 다물고 있습니다. 이층 계단의 난간과 어계에도 동물의 얼굴이 조각되어 있는데 난간에 있는 동물은 모두 이빨을 보이고 있고, 어계에 있는 동물은 모두 입을 벌리고 있습니다.

[그림 2-31] 창덕궁(昌德宮) 인정전(仁政殿) 일층 계단의 고려개(高麗犬).

[그림 2-32] 창덕궁(昌德宮) 인정전(仁政殿) 이층 계단의 고려개(高麗犬).

[그림 2-33] 경복궁(景福宮) 근정전(勤政殿) 계단의 해태(獬豸).
출처: 조선고적도보(朝鮮古蹟圖譜) 10첩.

이빨을 보이고 있어도 일층 난간에 있는 동물은 입을 벌린 것으로, 이층 난간에 있는 동물은 입을 다문 것으로 파악해야 합니다. 짝을 지어 입을 벌리고 다물고 있으니 이 동물들은 고려개(高麗犬)가 분명합니다. 저는 창덕궁 관리사무소에 전화를 걸어 문의해 보았지만 이들 동물들을 무엇으로 부르고 있는지 정확한 답변을 듣지 못했습니다. 경복궁(景福宮)의 정진인 근정전(勤政殿) 계단의 난간과 어계에 있는 동물들에 대해 물어보았다면 해태(獬豸)라고 금방 답을 해주었을 텐데 말입니다.

역시 해태(獬豸)는 고종(高宗)과 밀접한 관계가 있습니다. 창덕궁의 고려개(高麗犬). 그리고 경복궁의 해태(獬豸). 이 차이를 무엇으로 설명을 해야 할까요? 해태도 분명히 고려개에서 기원한 것이지만 이전의 고려개와는 형태에 있어 분명한 차이를 보이고 있습니다. 이러한 차이를 둔 이유를 저는 메이지유신(明治維新) 이후 열도의 이탈로 인한 제국(帝國)의 해체, 그리고 이에 따른 국가체제의 정비에 있다고 판단합니다. 메이지유신이 왜 열도의 이탈과 제국의 해체인지는 차차 말씀드릴 것입니다.

창덕궁(昌德宮) 인정전(仁政殿)의 난간과 어계를 자세히 살펴보면 동물의 머리 부분이 분리가 가능합니다. 저는 다른 궁궐에서는 건축물의 구조상 분리할 필요가 있는 극히 예외적인 경우를 제외하고는 이렇게 분리되어 있는 경우를 보지 못했습니다. 도대체 왜 분리형으로 되어 있는 것일까요? 창덕궁 인정전의 난간과 어계의 크기가 다른 궁궐의 것보다 그리 크지 않은 것으로 보아 적당한 크기의 돌을 구하지 못해서 분리한 것 같지는 않아 보입니다. 머리 부분은 중요하기 때문에 특별히 제작해서 합한 것일까요? 아니면 일제가 고려(高麗)의 궁궐을 유린하는 차원에서 고려개(高麗犬)의 목을 절단한 것일까요?

조선총독부가 발간한 <조선고적도보(朝鮮古蹟圖譜)> 10첩에 인정전(仁政殿) 사진이 있는데 그 때에도 지금과 같이 머리 부분이 분리되어 있습니다. <조선고적도보> 10첩은 쇼와(昭和) 5년, 즉 서기 1930년에 발간되었습니다. 그러나 사진은 그 이전에 촬영된 것으로 판단됩니다. 일제는 1917년에 창덕궁에 화재가 발생하여 희정당(熙政堂)과 대조전(大造殿)이 전소되자, 경복궁에 있었던 강녕전(康寧

殿)과 교태전(交泰殿)을 옮겨와 지금의 희정당(熙政堂)과 대조전(大造殿)을 지었습니다. 현재 경복궁에 있는 강녕전과 교태전은 근래에 복원된 것입니다. 그런데 <조선고적도보> 10첩에 강녕전과 교태전 사진은 있는 반면에 희정당과 대조전 사진은 빠져 있습니다. 희정당과 대조전(大造殿)은 1917년 창덕궁 화재로 전소되어 도보(圖譜)에서 빠진 것으로 판단됩니다. 1920년에 희정당과 대조전이 지금의 모습으로 준공되었으니 사진촬영은 그 사이, 즉 1917년에서 1920년 사이에 이루어진 것이 분명합니다. 참고로 말씀드리면 <조선고적도보(朝鮮古蹟圖譜)> 1첩은 다이쇼(大正) 4년, 즉 서기 1915년에 발간되었습니다.

[그림 2-34] 창덕궁(昌德宮) 인정전(仁政殿) 이층 계단의 고려개(高麗犬).
이때에도 목이 절단되어 있었다.
출처: 조선고적도보(朝鮮古蹟圖譜) 10첩.

제가 머리가 분리 가능 한 것에 주목하는 이유는 머리가 바뀌었을 수도 있기 때문입니다. 인정전(仁政殿)은 사진자료가 있으니 그나마 머리가 바뀌었을 가능성이 줍니다. 물론 1917년 이전에 이미 머리가 바뀌었을 수도 있습니다. 저는 인정전의 경우는 짝을 지어 입을 벌리고 다물고 있어 고려개(高麗犬)를 확실히 표현하고 있는 만큼 머리가 바뀌었을 가능성은 적다고 판단합니다. 그런데 확실히 머리가 바뀐 동물상이 있어 보입니다. 바로 인정문(仁政門)의 동물상입니다. 인정문에는 한 쌍의 동물상이 놓여있는데 그 중에 한 마리는 머리가 바뀐 것이 분명해 보입니다. 현재 인정문 계단 어게에 있는 동물상은 두 마리 다 입을 벌리고 있습니다. 다시 말해 고려(高麗)의 궁궐에 당사자(唐獅子)가 있는 것입니다. 어찌하여 이런 일이 있을 수가 있을까요? 그런데 자세히 살펴보면 정면에서 보았을 때 좌측에 위치해 있는 동물상의 머리는 세월의 때를 별로 묻지 않은 것을 한 눈에 알 수 있습니다. 저는 저 머리는 일제에 의해 의도적으로 바뀌었던가, 아니면 심하게 훼손되거나 도난당하여 복원된 것인데 잘 못 복원된 것으로 판단합니다. 복원된 것이라면 정면에서 보았을 때 우측에 입을 벌리고 있는 동물상을 본 따 만들어서 이런 일이 발생했다고 판단합니다. 한 가지 아쉬운 점은 <조선고적도보(朝鮮古蹟圖譜)> 10첩에 인정문(仁政門) 사진이 있긴 하지만 동물상의 머리 부분은 확인이 불가능하다는 것입니다.

[그림 2-35] 현재 창덕궁(昌德宮) 인정문(仁政門) 계단에는 당사자(唐獅子)가 놓여있다.

그런데 당사자(唐獅子)는 인정문(仁政門)에만 있는 것도 아닙니다. 현재 왕비의 침전인 대조전의 계단 난간에도 당사자가 있습니다. 지금의 대조전(大造殿)은 일제가 경복궁에 있던 교태전(交泰殿)을 옮겨와 지은 것이라고 설명 드렸습니다.

[그림 2-36] 현재 창덕궁(昌德宮) 대조전(大造殿) 계단에는 당사자(唐獅子)가 놓여있다.

<동궐도(東闕圖)>를 보면 1917년 화재 이전 대조전(大造殿)의 원래 모습을 알 수 있습니다. 원래 대조전의 정면에는 넓은 월대가 있었고, 이 월대를 오르는 계단이 정면에 한개, 우측면에 두개가 있었습니다. 정면에 위치한 계단과 우측면에 위치한 계단 중 남쪽에 위치한 계단에는 난간이 설치되어 있었습니다. 그림을 보면 정면에 위치한 계단은 난간이 동물로 조각되어 있고, 우측면 남쪽에 위치한 계단은 난간이 태극문양으로 조각되어 있습니다. 그런데 자세히 살펴보면 정면에 위치한 계단 난간의 동물상들이 서로 다른 모습을 보이고 있습니다. 오른쪽 난간의 동물상이 왼쪽 난간의 동물상보다 큽니다. 이는 오른쪽 난간의 동물상은 입을 벌리고 있는 것으로 왼쪽 난간의 동물상은 입을 다물고 있는 것으로 파악해야 합니다. 이는 정면에 위치한 계단 난간의 동물상들이 고려개(高麗犬)임을 알려주는 것입니다.

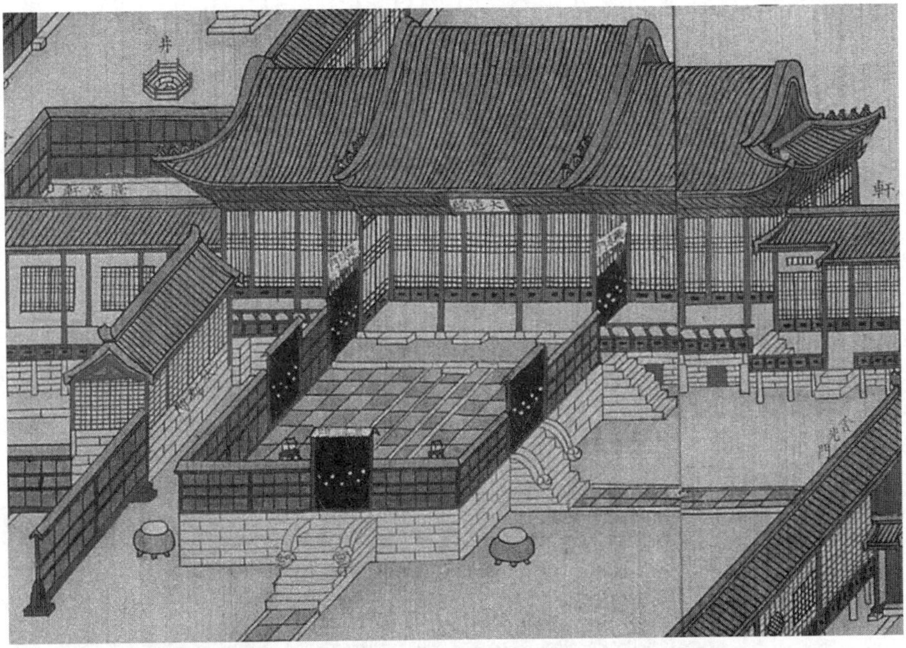

[그림 2-37] 동궐도(東闕圖)에서 창덕궁(昌德宮) 대조전(大造殿) 부분.
정면에 위치한 계단 난간에 고려개(高麗犬)가 조각되어 있다.

일제시대에 경복궁에 있던 교태전(交泰殿)을 옮겨와 지은 현재의 대조전(大造殿)은 구조도 달라졌지만 상징물도 바뀌어 있는 것입니다. 그런데 어떤 사람들은 그림에서 동물상 간의 미세한 차이를 너무 확대해석하는 것 아니냐고 반론을 제기할 수도 있을 것입니다. 그러나 <동궐도(東闕圖)>는 궁궐의 세세한 부분까지 신경을 써서 자세히 묘사한 그림입니다. 대조전 월대에서 우측면 남쪽에 위치한 계단 난간이 태극문양, 그것도 정확히 삼태극문양으로 조각되어 있는 것까지 표현할 정도로 정밀도가 높은 그림입니다.

<동궐도(東闕圖)>를 보면 대조전(大造殿)의 동북방향에 자리 잡고 있었던 집상전(集祥殿)에도 넓은 월대가 있었음을 알 수 있습니다. 그리고 이 월대를 오르는 계단이 정면에 한개, 좌측에 한개, 우측에 한개가 있었습니다. 그림을 보면 정면에 위치한 계단 난간엔 동물이, 좌우측에 위치한 계단 난간엔 태극문양이 조각

되어 있습니다. 그런데 자세히 살펴보면 역시 정면에 위치한 계단 난간의 동물상들이 서로 다른 모습을 보이고 있습니다. 왼쪽 난간의 동물상이 오른쪽 난간의 동물상보다 큽니다. 이는 왼쪽 난간의 동물상은 입을 벌리고 있는 것으로 오른쪽 난간의 동물상은 입을 다물고 있는 것으로 파악해야 합니다. 대조전(大造殿)과는 정반대의 배치형태를 보입니다. 집상전(集祥殿)의 계단 난간에서도 동물상들 간에 차이를 보이고 있는 것을 우연한 일로 취급할 수는 없습니다.

[그림 2-38] 동궐도(東闕圖)에서 창덕궁(昌德宮) 집상전(集祥殿) 부분.
정면에 위치한 계단 난간에 고려개(高麗犬)가 조각되어 있다.

그러면 왜 현재 대조전의 계단 난간에 고려개(高麗犬)는 없고 당사자(唐獅子)가 있을까요? 혹시 대조전과 집상전 계단 난간에 있었던 고려개 중에서 입을 벌리고 있는 것만을 취해 옮겨 놓은 것은 아닐까요? 현재의 대조전 계단 난간도 역시 머리가 분리 가능합니다.

<동궐도(東闕圖)>를 보면 인정문(仁政門)의 동물상이 원래 어떤 모습이었는지도 파악할 수 있습니다. <동궐도>가 궁궐의 세세한 부분까지 신경을 써서 자세히 묘사한 그림이라는 것은 대조전과 집상전의 계단 난간을 통해 충분히 확인되었습니다. 그림이 전체적으로 일관성을 갖추고 있으므로 우리는 <동궐도>가 인정문 계단에 놓여있는 어계도 자세히 표현하고 있을 것이라고 추정할 수 있습니다. [그림 2-39]는 <동궐도>의 인정문 부분인데 어계의 동물상이 서로 다른 모습을 보이고 있는 것을 확인할 수 있습니다. 이는 한쪽은 입을 벌린 것이고, 다른 한쪽은 입을 다물고 있는 것입니다. 이 동물상은 고려개(高麗犬)가 분명합니다.

[그림 2-39] 동궐도(東闕圖)에서 창덕궁(昌德宮) 인정문(仁政門) 부분.

고려의 궁궐은 그 상징물마저 왜곡되어 있는 것입니다. 그리고 그 왜곡은 현재진행형이며, 우리도 알게 모르게 이 왜곡에 공조하고 있는 것입니다. 일제에 의해 철저히 유린당한 궁궐의 그 본래 모습을 완벽히 알아내기란 불가능할 것입니다. 그렇다 할지라도 문화재를 복원할 때에는 좀 더 고민을 해서 추진해야 합니다. 우리가 역사왜곡의 공범이 되어서야 쓰겠습니까? 창덕궁(昌德宮)의 상징물을 사자(獅子)로 만드는 것은 아무리 생각해 보아도 잘못된 것이라고 판단됩니다.

지금까지 논의한 바를 간단히 정리해 보면 고려계(高麗系)의 상징물은 개(高麗犬)와 호랑이(虎), 당계(唐系)의 상징물은 사자(唐獅子), 그리고 한반도에서 고종(高宗) 이후의 상징물은 해태(獬豸)로 파악됩니다. 그리고 고려개(高麗犬), 당사자(唐獅子), 해태(獬豸)의 뿌리는 모두 삽살개에 있습니다. 동북아사아에서 정치세력들의 상징물의 뿌리는 삽살개에 있으므로 삽살개에 대한 이해가 없이는 동북아시아의 역사와 정치세력관계를 온전히 파악하기가 어렵습니다. 그런데 현대 한국인들은 개(犬), 정확히는 삽살개가 고려(高麗)의 상징이었다는 것도 모를뿐더러 선조들이 보아왔던 개(삽살개)의 모습도 모르기 때문에 문화재를 보고도 엉뚱한 해석을 내리고 있습니다.

8) 경복궁(景福宮)에 용, 개, 그리고 돼지도 분명 존재한다

경복궁(景福宮)의 정전인 근정전(勤政殿)에는 십이지신(十二支神)이 놓여있습니다. 그런데 경복궁을 설명하는 대부분의 책자에는 근정전을 호위하는 십이지신(十二支神) 중에 용, 개, 그리고 돼지가 없다고 설명되어 있습니다. 그러나 제가 보기에 근정전을 맨 앞에서 수호하고 있는 석상이 바로 개(犬)입니다. 정확히는 삽살개입니다.

근정전을 수호하는 동물상은 사신(四神)과 십이지신(十二支神), 그리고 여러 석수(石獸)들로 구성되어 있습니다. [그림 2-40]에서 1-4번은 사신(四神)으로 1번은 청룡(靑龍), 2번은 백호(白虎), 3번은 주작(朱雀), 4번은 현무(玄武)입니다. 사신(四神)은 사신 배치의 원리(左靑龍, 右白虎, 前朱雀, 後玄武)에 따라 정확히 위치해 있습니다.

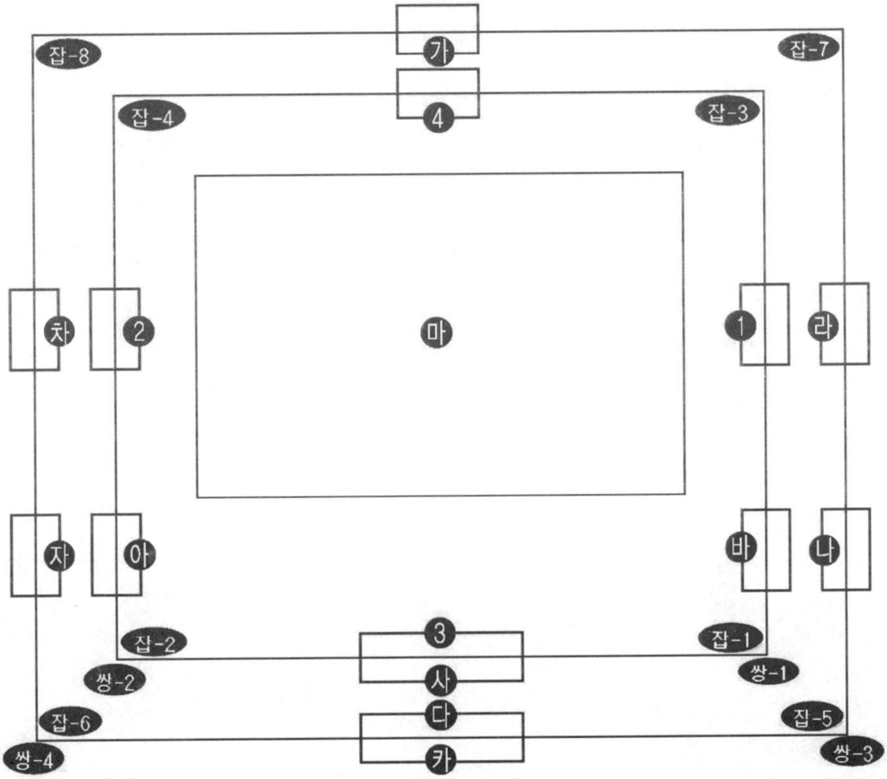

[그림 2-40] 경복궁(景福宮) 근정전(勤政殿) 동물상 배치도.

[그림 2-41] 경복궁(景福宮) 근정전(勤政殿)을 수호하는 사신(四神):
왼쪽부터 차례대로 청룡, 백호, 주작, 현무.

[그림 2-40]에서 가-차는 십이지신(十二支神)입니다. '가'번은 쥐, '나'번은 소, '다'번은 범, '라'번은 토끼, '바'번은 뱀, '사'번은 말, '아'번은 양, '자'번은 원숭이, '차'번은 닭입니다. 근정전을 설명하는 대부분의 책자에는 여기까지만 설명되어 있습니다. 그리고 십이지신 중에 용, 개, 돼지는 존재하지 않다고 설명되어 있습니다. 그러나 저는 용, 개, 돼지도 근정전에 있다고 판단합니다.

우선 저는 용은 근정전 천장에 걸려 있는 한 쌍의 칠조룡(七爪龍)([그림 2-40]의 '마'번)이 십이지신(十二支神)의 용을 대체한다고 판단합니다. 천자(天子)가 용인데 또 다른 용이 있으면 곤란할 것입니다. 왕과 왕비의 침전인 강녕전(康寧殿)과 교태전(交泰殿)에 용마루가 없는 것과 같은 원리입니다. 사신(四神)으로 있는 청룡(青龍)만으로도 사실 버거운 것입니다.

[그림 2-42] 경복궁(景福宮) 근정전(勤政殿)을 수호하는 십이지신(十二支神):
왼쪽부터 차례대로 쥐, 소, 범, 토끼, 용, 뱀, 말, 양, 원숭이, 닭.

그리고 돼지는 눈에 보이지는 않지만 존재한다고 판단합니다. 옛 사람들은 눈에 보이는 것만 존재한다고 생각하지 않았습니다. 돼지가 비록 근정전 주변에 조각되어 있지는 않더라도 경복궁(景福宮)이라는 이름이 이미 돼지를 포함하고 있습니다. 복(福)이 돼지와 관련이 있다는 것을 한자를 사용하는 사람들은 너무나 잘 알고 있습니다. 태왕 고려(太王 高麗)의 유리왕(琉璃王)은 돼지를 쫓다가 돼지를 잡은 곳에 궁궐을 짓고 수도로 정하기도 하였습니다. 돼지가 머무는 곳은 풍족하기에 그곳에 수도를 정하면 나라가 부강해지리라 판단한 것입니다. 경복궁에 돼지가 없는 것이 아니라 경복궁이라는 이름 속에 이미 돼지가 포함되어 있는 것이고, 궁궐터가 바로 돼지가 머무르는 자리인 것입니다. 몇 해 전에 불국사(佛國寺) 극락전(極樂殿)의 편액 뒤에서 돼지 조각물이 발견된 적이 있었습니다. 몇 백 년 동안 사람들의 눈에 비록 보이지는 않았지만 돼지가 존재해 온 것입니다. 서구의 시각에 의존해 보이는 것만 존재하는 것이라 판단해서는 우리의 문화재를 바로 이해할 수 없습니다.

[그림 2-43] 불국사(佛國寺) 극락전(極樂殿) 편액 뒤에 있는 돼지 조각물.

아울러 저는 [그림 2-40]의 '카'번이 바로 개(犬)라고 판단합니다. '카'번 석상은 다른 십이지신(十二支神)처럼 난간을 지탱하는 기둥 위에 놓여있습니다. 그러므로 '카'번 석상이 무엇인지는 십이지신 중에서 찾아봐야 합니다. 남은 동물은 개(犬)밖에 없습니다. 물론 '카'번 석상을 보고 현재의 한국인이 흔히 보는 개를 연상하기는 어려울 것입니다. 그런데 삽살개에서는 저 모습을 연상할 수 있습니다. 그리고 개(犬)가 근정전(勤政殿) 맨 앞에 위치해 있는 것도 주목해야 합니다. 십이지신(十二支神) 중에서 개를 가장 중요시 한다는 것을 알려주기 때문입니다. 역시 고려(高麗)의 상징물은 개(犬)입니다. 개(犬) 다음에는 호랑이(虎)가 자리를 잡고 있는데 이도 우연은 아닙니다. 이미 설명 드렸지만 호랑이(虎)는 개(犬)와 더불어 고려의 상징이 된 동물입니다.

근정전을 수호하는 동물에는 사신(四神)과 십이지신(十二支神) 이외에도 여러 석수(石獸)가 있는데 크게 두 종류로 나뉩니다. 한 종류는 일층 기단과 이층 기단의 네 모퉁이에 자리 잡고 있는 석수입니다. 총 여덟 마리로 주시하는 방향은 다르지만 그 모습은 거의 같습니다.

[그림 2-44] 경복궁(景福宮) 근정전(勤政殿)을 수호하는 개(犬).

[그림 2-45] 경복궁(景福宮) 근정전(勤政殿)을 수호하는 석수(石獸):
왼쪽부터 차례대로 [그림 2-40]의 잡1, 잡4, 잡5, 잡6, 잡7, 잡8.

[그림 2-46] 경복궁(景福宮) 근정전(勤政殿)을 수호하는 석수(石獸):
왼쪽부터 차례대로 [그림 2-40]의 쌍4, 쌍3.

다른 한 종류는 일층 기단과 이층 기단의 전면부 모퉁이 기둥에 위치해 있는 석수(石獸)로 두 마리가 한 쌍을 이루고 있습니다. 이 석수는 새끼도 한 마리씩 품고 있습니다. 서울시가 운영하고 있는 해치서울 홈페이지(http://haechi. seoul.go.kr/)에는 이 석수(石獸)가 해태(獬豸)로 소개되어 있습니다. 역시 입 모양을 보고 판단한 것으로 생각됩니다.

9) 열도에 고려개는 도쿠가와 이에야스(德川家康) 이후에 정착되었다

자! 그러면 이제 다시 열도(列島)로 돌아가 고려개(高麗犬)를 둘러싸고 어떤 일이 있었는지 살펴보도록 하겠습니다. 우선 이것부터 살펴보아야 합니다. 고려(高麗)의 상징인 개(犬)가 왜 에도시대(江戸時代)에 열도 전역으로 퍼져나가게 되었을까? 전리품을 선전하기 위해서 그러했을까요? 그건 결코 아닙니다. 우리가 학교에서 배운 바에 따르더라도 에도시대에 한반도와 열도는 아주 평화로운 관계를 유지했습니다. 그런데 이런 관계에도 불구하고 전리품을 모방해서 열도 전역에 설치한다는 것은 있을 수 없는 일입니다. 열도에 고려개가 퍼져나가게 된 것은 정치세력의 관계 속에서 살펴 볼 필요가 있습니다. 이미 저는 에도시대에 열도가 고려의 영향권 아래에 있었다고 주장한 바 있습니다.

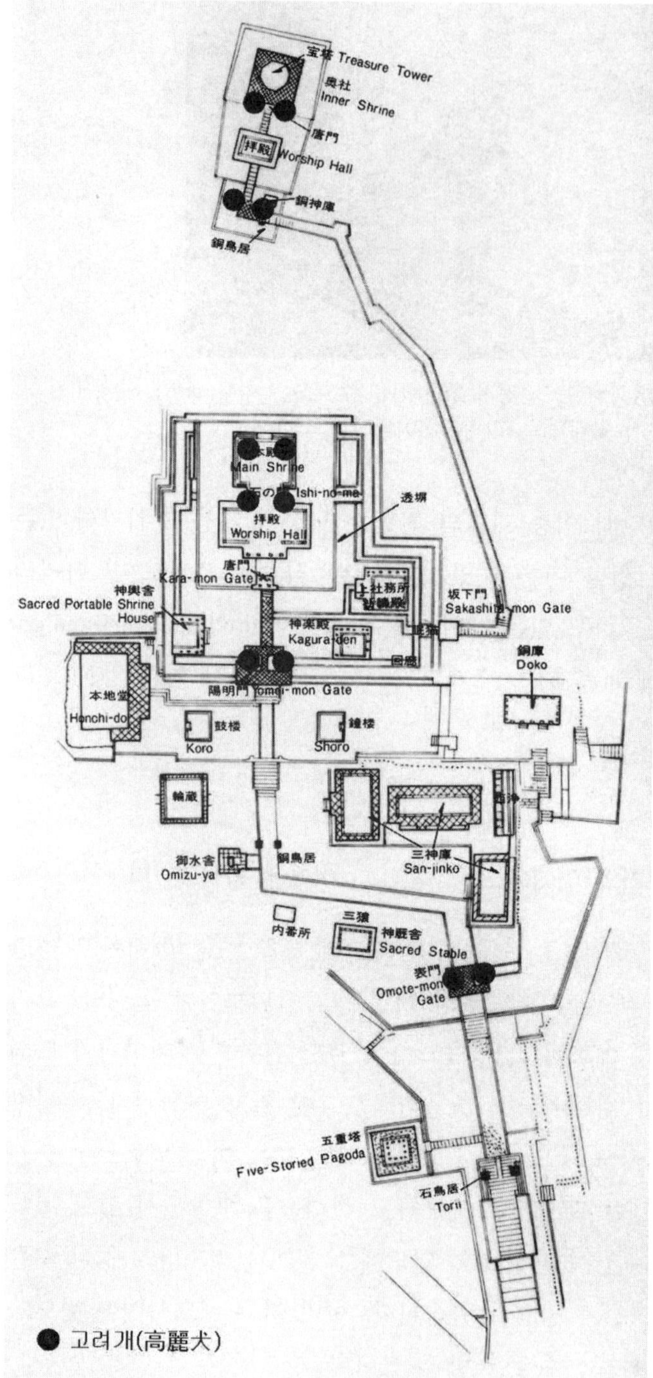

[그림 2-47] 도쇼구(東照宮)의 고려개(高麗犬) 배치도. 출처: 日光東照宮. 栃木県日光市山内. 平成 20年. 日光東照宮. 光村印刷株式会社. 3쪽.

에도시대를 연 사람은 도쿠가와 이에야스(德川家康)입니다. 도쿠가와 이에야스(德川家康)는 고려제국(高麗帝國)에서 난(亂)을 일으킨 도요토미 히데요시(豊臣秀吉) 세력을 격파하고 에도(江戶), 즉 현 동경(東京)에 막부(幕府)를 세운 장본인입니다.

동경의 동북쪽에 위치한 닛코(日光)에는 그를 모신 도쇼구(東照宮)라는 신사가 있습니다. 이 신사 뒤편에는 그의 무덤이 있습니다. 저는 이 신사에서 총 여섯 쌍의 고려개(高麗犬)를 확인 할 수 있었습니다. 참배로(參拜路)에서 두 쌍, 도쿠가와 이에야스 무덤에서 두 쌍, 그리고 건물 내부에서 두 쌍이 확인되었습니다. 참배로에서는 오모테문(表門)과 요메이문(陽明門)의 뒤편에 고려개가 각각 한 쌍씩 놓여있습니다. 무덤에서는 하이덴(拝殿: 일반인이 참배하는 건물로 보통 본전(本殿) 앞에 위치해 있음) 정면에 위치해 있는 계단 좌우에, 그리고 무덤 바로 앞에 위치해 있는 당문(唐門) 좌우에 한 쌍씩 놓여있습니다. 건물 내부에서 저는 고려개 한 쌍만 볼 수 있었는데 도쇼구(東照宮)에서 발간한 자료집에는 목조로 된 고려개 두 쌍이 소개되어 있습니다.

[그림 2-48] 도쇼구(東照宮) 오모테문(表門)의 고려개(高麗犬).

[그림 2-49] 도쇼구(東照宮) 요메이문(陽明門)의 고려개(高麗犬).

[그림 2-50] 도쇼구(東照宮), 도쿠가와 이에야스(德川家康) 무덤 앞 하이덴(拜殿) 정면 계단 좌우에 놓여있는 고려개(高麗犬).

[그림 2-51] 도쇼구(東照宮), 도쿠가와 이에야스(德川家康) 무덤 앞 당문(唐門) 좌우에 놓여있는 고려개(高麗犬).

[그림 2-52] 도쇼구(東照宮) 이시노마(石の間)의 고려개(高麗犬).
출처: 日光東照宮. 栃木県日光市山內. 平成 20年. 日光東照宮. 光村印刷株式会社. 25쪽.

[그림 2-53] 도쇼구(東照宮) 본전(本殿)의 고려개(高麗犬).
출처: 日光東照宮. 栃木県日光市山内. 平成 20年. 日光東照宮. 光村印刷株式会社. 27쪽.

보다시피 도쇼구(東照宮)는 여러 쌍의 고려개(高麗犬)들이 수호하고 있습니다. 에도시대부터 열도에 고려개가 퍼져나간 것으로 미루어 볼 때, 저는 도쇼구에 고려개가 맨 처음 설치되었을 것으로 판단합니다. 도쿠가와 이에야스(徳川家康)는 자신을 모시는 신사(神社)와 자신의 무덤을 왜 고려개(高麗犬)가 수호하도록 하였을까요?

10) 고려개(高麗犬) 없는 신사(神社)의 공통점

이에 대한 답을 얻기 위해서는 열도에 있는 신사(神社)를 좀 더 들여다 볼 필요가 있습니다. 현재 열도에 있는 대부분의 신사에서 우리는 고려개(高麗犬)를 볼 수 있습니다. 그러나 고려개를 볼 수 없는 신사도 있습니다. 그 대표적인 신사가 바로 메이지천황(明治天皇)을 모신 메이지신궁(明治神宮)입니다.

[그림 2-54] 메이지천황(明治天皇).
출처: 위키백과(http://ja.wikipedia.org/).

메이지천황(明治天皇)은 메이지유신(明治維新)을 통해 일본의 근대화를 이끈 천황으로 현대 일본인들에게는 경외의 대상이 되는 인물입니다. 우리에게는 한일병합(韓日併合) 당시의 천황으로 별로 달갑지 않은 인물입니다. 그런데 그를 모신 메이지신궁에서 고려개는 보이지 않습니다. 열도에서 고려개는 지역의 유지들과 저명인사들이 신사에 봉납(奉納)하는 물품입니다. 그 위상을 생각해 보았을 때 메이지신궁은 고려개가 넘쳐흘러야 할 것입니다. 그런데 이 신사에서 고려개는 보이지 않습니다. 저는 일본의 한 인터넷 사이트에서 이 신사에도 건물 내부에는 고려개(高麗犬)가 있다는 문구를 본 적이 있습니다. 그러나 그 설명을 전적으로 신뢰할 수는 없습니다. 어찌되었던 간에 에도시대(江戸時代) 이후 신사(神社)의 참배로(參拜路)에 고려개(高麗犬)를 놓아두는 풍습이 이 신사에는 적용되지 않고 있는 것입니다.

[그림 2-55] 고려개(高麗犬)를 볼 수 없는 메이지신궁(明治神宮).

처음에 저는 시대에 따른 건축양식의 차이로 생각해 보았습니다. 그러나 에도 시대 이전에 지어진 신사에도 고려개는 있었고, 최근에 지어진 신사에도 고려개는 있었습니다. 그 다음에 저는 신사(神社)와 신궁(神宮)의 건축양식의 차이로도 생각해 보았습니다. 제가 방문했던 대부분의 신궁에서 고려개를 볼 수 없었기 때문입니다. 저는 도쿄(京都)의 헤이안신궁(平安神宮), 이세(伊勢)의 이세신궁(伊勢神宮), 나고야(名古屋)의 아츠다신궁(熱田神宮), 미야자키(宮崎)의 미야자키신궁(宮崎神宮), 삿포로(札幌)의 홋카이도신궁(北海道神宮)을 둘러보았지만 고려개를 볼 수 없었습니다. 헤이안신궁(平安神宮)에는 고려개(高麗犬)를 대신해서 창룡(蒼龍)과 백호(白虎)를 볼 수 있었습니다. 그러나 저는 우사신궁(宇佐神宮)에서 고려개(高麗犬)를 볼 수 있었습니다. 우사신궁은 규슈(九州) 오이타현(大分県) 우사(宇佐)에 위치한 신궁으로 오우진천황(應神天皇)을 모신 신사입니다. 725년에 지어져 오랜 역사를 자랑하고 있는 신궁입니다.

[그림 2-56] 고려개(高麗犬)를 볼 수 있는 우사신궁(宇佐神宮).

기실 생각해 보면 고려개(高麗犬)는 참배로(參拜路)에 설치하는 것이기 때문에 신사의 역사나 건축물의 구조와는 별 관계가 없습니다. 그러면 무엇이 고려개의 설치 유무를 결정짓는 것일까요?

고려개(高麗犬)를 볼 수 없는 신궁(神宮)에는 한 가지 공통점이 있습니다. 그 공통점이란 이들 신궁은 다 메이지유신 세력과 밀접한 관련이 있다는 것입니다. 메이지신궁(明治神宮)은 메이지천황(明治天皇)을 모신 신궁이니 메이지유신 세력과의 관계는 언급할 필요도 없습니다. 헤이안신궁(平安神宮)은 간무천황(桓武天皇)의 평안경(平安京) 천도 1100주년을 기념하여 1895년에 메이지 정부가 건립한 것입니다. 이세신궁(伊勢神宮)은 천황가에 대한 신성화 작업이 수행된 곳으로 역시 메이지유신 세력과 밀접한 관계가 있습니다. 아츠다신궁(熱田神宮)은 일본 황실의 세 개의 신기 중 하나인 쿠사나기검(草薙劍)을 모시는 곳으로 메이지 정부에 의해 새로이 신전이 건립되는 등 대대적인 정비가 1893년에 있었으나, 제2차 세계대전 중에 파괴되어 1955년에 복원된 신궁입니다. 미야자키신궁(宮崎神宮)은 일본의 초대 천황이라 주장되는 진무천황(神武天皇)을 모신 신궁으로 처음 지어진 시기가 불분명하지만 지금의 신궁은 메이지 정부에 의해 1907년에 재건된 것입니다. 홋카이도신궁(北海道神宮)은 메이지 정부가 1869년에 북해도(北海道)를 영토로 편입하고 북해도 개척의 거점인 삿포로(札幌)에 세운 신궁입니다. 다 메이지 정부가 직접 세웠거나 메이지 정부에 의해 대대적인 정비가 이루어진 신궁입니다.

고려개(高麗犬)는 신궁(神宮)뿐만 아니라 몇몇 신사(神社)에도 설치가 안 되어 있기도 합니다. 그런데 고려개를 볼 수 없는 신사도 역시 한 가지 공통점이 있습니다. 그 공통점이란 이 신사들도 다 메이지유신 세력과 밀접한 관련이 있다는 것입니다. 저는 규슈(九州)의 최남단에 위치한 가고시마(鹿児島)를 답사한 적이 있습니다. 저는 가고시마를 대표하는 테루쿠니신사(照国神社)를 두 번이나 방문했지만 고려개를 볼 수 없었습니다.

테루쿠니신사는 시마즈(島津) 가문을 모신 신사입니다. 가고시마(鹿児島)는 메이지유신(明治維新) 이전에는 사쓰마번(薩摩藩)이라 불리었는데 이 사쓰마번을 대대로 통치해 온 가문이 바로 시마즈(島津) 가문입니다. 시마즈 가문은 임진왜란(壬辰倭亂)때에도 메이지유신(明治維新)때에도 주도적인 역할을 한 가문입니다.

[그림 2-57] 고려개(高麗犬)를 볼 수 없는 테루쿠니신사(照国神社).

사쓰마(薩摩)의 당주(当主)였던 시마즈 요시히로(島津義弘)는 도요토미 히데요시(豊臣秀吉)의 명령 하에 1만5000명의 병력을 이끌고 고려(高麗)를 유린하였던 장본인입니다. 도요토미 히데요시의 난(亂)이 실패로 돌아간 후, 그는 세키가하라전투(関ケ原の戦い)에서 도쿠가와 이에야스(徳川家康)가 이끄는 동군에 패배하여 자신의 본거지인 열도 최남단 사쓰마에 들어가 복수의 날을 다짐니다. 그의 복수는 그의 후손이 실행하게 되는데 그것이 바로 메이지유신입니다. 메이지유신

에서 주도적인 역할을 한 시마즈(島津) 가문의 번주(藩主)는 시마즈 나리아키라(島津斉彬)입니다. 시마즈 나리아키라는 정한론(征韓論)을 주장한 사이고 타카모리(西郷隆盛)를 기용했던 인물입니다. 후에 자세히 설명하겠지만 사쓰마번, 즉 가고시마에서 메이지유신을 주도했던 사람들의 대다수가 태어나 자랍니다.

저는 가고시마에 있는 두 신사를 더 방문했었는데 역시 고려개를 볼 수 없었습니다. 시마즈(島津) 가문의 별장이었던 센간엔(仙巖園) 근처에는 쓰루가네신사(鶴嶺神社)가 있는데 테루쿠니신사(照国神社)와 마찬가지로 역시 시마즈 가문을 모신 신사입니다. 이 신사에서도 저는 고려개를 볼 수 없었습니다. 1863년 사쓰마번(薩摩藩)과 영국(英國) 함대 사이에 일어난 사쓰에이전쟁(薩英戰爭)의 격전지였던 기온노스공원(祇園之洲公園) 근처에는 야사카신사(八坂神社)가 있는데 역시 고려개를 볼 수 없었습니다. 한 신사도 아니고 세 신사에서 고려개를 볼 수 없다면 우연한 일로 치부 할 수 없는 것입니다.

지금까지의 논의를 통해 우리는 확실한 사실 하나를 알 수 있습니다. 신사(神社)의 참배로(參拜路)에 고려개(高麗犬)를 설치할 것인지 말 것인지를 결정지은 것은 바로 정치세력이라는 것입니다. 그리고 시마즈(島津) 가문을 통해 알 수 있듯이 임진왜란을 주동했던 세력의 후예가 바로 메이지유신을 주동했던 세력이라는 것입니다. 임진왜란 세력이나 메이지유신 세력이나 다 고려(高麗)를 유린하고 병합했던 반고려(反高麗) 세력입니다. 이 세력이 고려개를 자신들의 신사에 놓아 둘리는 없는 것입니다. 에도시대(江戸時代)에는 도쿠가와(德川) 막부의 명령에 의해 자신들의 신사에도 고려개를 설치했을지도 모릅니다. 그러나 메이지유신(明治維新) 이후 자신들의 시대에 들어와서는 고려개를 그대로 두지 않았을 것입니다.

그러면 또 생각해 봅시다. 임진왜란 세력과 그 후예인 메이지유신 세력은 반고려(反高麗) 세력입니다. 그러면 에도시대를 연 도쿠가와(德川) 가문은 어떤 세력일까요? 어떤 정치 세력이었기에 고려개(高麗犬)를 열도 전역에 보급시켰을까요? 도쿠가와 가문은 단적으로 말해 친고려(親高麗) 세력입니다. 후에 설명하겠지만 도쿠가와 가문은 고려계(高麗系)에 속합니다. 일단 친고려 세력이라는 것만 기억하시기 바랍니다.

11) 전통의 지속성이 고려개(高麗犬)를 살렸다

지금까지 본서를 읽으신 독자들 중에는 저의 논리 전개에 오류가 있음을 지적하실 분도 계실 것입니다. 일본 군국주의(軍國主義)의 상징인 야스쿠니신사(靖国神社)에 세 쌍의 고려개(高麗犬)가 있는 것은 어떻게 설명할 것입니까? 야스쿠니신사는 메이지 정부를 세우는 과정에서 숨진 군인들을 "호국의 신"으로 모신 신사입니다. 그 후에는 태평양전쟁에서 숨진 일본 군인들도 모시고 있습니다. 도대체 이것을 어떻게 설명할 것입니까? 야스쿠니신사만큼 메이지유신 세력과 밀접한 관련이 있는 신사가 어디에 있습니까?

[그림 2-58] 야스쿠니신사(靖国神社)에 봉납된 고려개(高麗犬) 받침돌 후면. 쇼와(昭和) 41년(1966년)에 봉납된 것임을 알 수 있다.

그 의문을 풀기 위해 저는 메이지유신과 관련된 신사를 많이 방문해 보았습니다. 메이지유신과 관련된 신사(神社) 중에는 야스쿠니신사(靖国神社)와 마찬가지로 신사의 참배로(參拜路)에 고려개(高麗犬)가 있는 경우가 종종 목격됩니다. 자! 그러면 이건 어떻게 설명할 수 있을까요? 보통 고려개 받침돌의 후면에는 봉납자

(奉納者)와 함께 봉납년도(奉納年度)가 쓰여 있습니다. 우리는 이 봉납년도를 주의 깊게 보아야 합니다. 메이지유신과 관련된 신사(神社)에 설치되어 있는 고려개(高麗犬)는 몇몇 경우를 제외하고는 대부분 쇼와(昭和) 20년, 즉 일본이 태평양전쟁에서 패배한 서기 1945년 이후에 봉납(奉納)된 것들입니다.

우리는 고려개(高麗犬)를 통해 전통이 얼마나 오래 지속되는 가를 목격하게 됩니다. 지금 열도인들에게 고려개가 어떤 의미를 갖는가는 잊혀질 수도 있습니다. 그러나 고려개를 신사의 참배로에 세우는 것은 전통이 되어 지속되고 있는 것입니다. 비록 메이지시대에 메이지유신 세력들에 의해 고려개를 세우는 일이 잠시 금기시되었을 수도 있을 것입니다. 그러나 근 300년 동안 내려온 전통을 단칼에 베어버릴 수는 없는 것입니다. 저는 사쓰마번(薩摩藩)과 함께 메이지유신을 이끌었던 죠슈번(長州藩), 즉 현 야마구치현(山口県)의 여러 신사를 가보았는데 그곳에서는 고려개(高麗犬)를 볼 수 있었습니다.

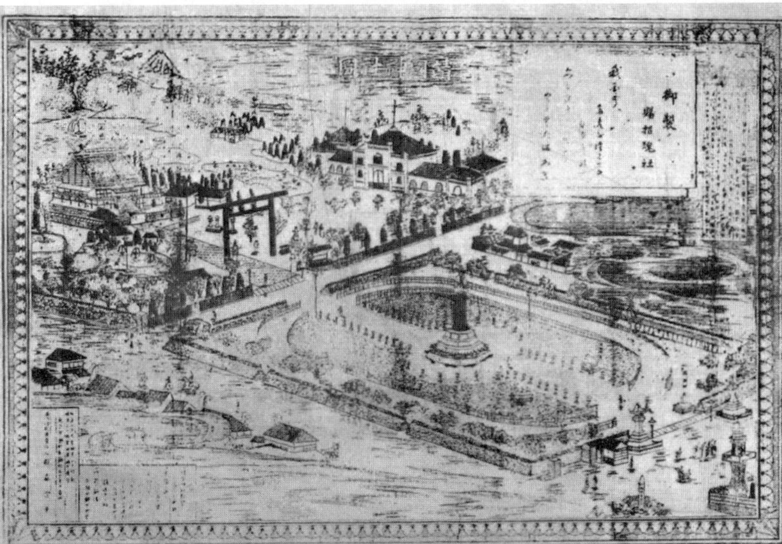

銅版画「靖國神社図」明治二十九年　松森宗平
Yasukuni shrine Copperplate Print Made in 1896 by Matsumori Sohei

[그림 2-59] 1896년에 제작된 야스쿠니신사(靖国神社)의 동판화(銅版畵)에 고려개(高麗犬)는 보이지 않는다. [부록: 컬러 도판] 참조.

[그림 2-60] 하기(萩) 지도. 제작년도는 1854년에서 1855년 사이로 추정된다. 북서쪽 끝에 구름으로 가려진 곳에 하기성(萩城)이 위치해 있다.

사쓰마번(薩摩藩)에서는 시마즈(島津) 가문이 임진왜란(壬辰倭亂)과 메이지유신(明治維新)에서 주도적인 역할을 했다면 죠슈번(長州藩)에서는 모리(毛利) 가문이 그러한 역할을 했습니다. 모리 데루모토(毛利輝元)는 도요토미 히데요시(豊臣秀吉)의 명령 하에 3만 명의 병력을 이끌고 고려(高麗)를 유린하였던 장본인입니다. 도요토미 히데요시의 난(亂)이 실패로 돌아간 후, 그는 세키가하라전투(関ケ原の戦い)에서 도쿠가와 이에야스(徳川家康)가 이끄는 동군에 패배하여 본거지였던 히로시마(廣島)를 비롯한 대부분의 영지를 빼앗기고 하기(萩)로 쫓겨 들어갑니다. 하기는 아부강(阿武川)이 현해탄(玄海灘)과 접하는 삼각주 지역으로 강과 바다가 해자(垓字)를 형성하는 천혜의 요새입니다. 모리 데루모토는 이 천혜의 요새에 인공해자도 몇 겹씩 두르고 현해탄과 접하는 곳에 하기성(萩城)을 쌓았습니다. 하기성 뒤편에 있는 시즈키산(指月山)에는 산성(山城)까지 쌓아 최후의 일전을 대비하였습니다. 그리고 삼각주에는 마을(町)뿐만 아니라 대규모 농지를 두어 외부로부터 고립되어도 자급자족할 수 있는 기반을 갖추어 놓았습니다. 이 대규모 농지에 지금은 공공기관과 대형 쇼핑몰이 들어서 있습니다.

저는 하기(萩)에서 모리(毛利) 가문의 분노를 읽을 수 있었습니다. 대부분의 영지를 상실하고 열도의 구석으로 몰린 것도 억울할 일인데 바로 바다만 건너면 원수의 나라 고려(高麗)가 있으니 말입니다. 저 아름다운 바다를 보며 저들은 복수를 다졌을 것입니다. 그 복수가 바로 메이지유신(明治維新)인 것입니다. 메이지유신에서 주도적인 역할을 한 모리(毛利) 가문의 번주(藩主)는 모리 다카치카(毛利敬親)입니다. 그는 요시다 쇼인(吉田松陰)을 중용하였는데 그의 제자가 우리에게 잘 알려진 이토 히로부미(伊藤博文)입니다.

그런데 이렇게 고려(高麗)라고 하면 치를 떨 죠슈번(長州藩)에도 고려개(高麗犬)는 있습니다. 사쓰마번에는 없는 고려개가 죠슈번에 있는 이유는 아마도 지리적 원인이 크게 작용했을 것입니다. 세키가하라전투(関ケ原の戦い)에서 도요토미 히데요시(豊臣秀吉) 계열의 서군이 비록 패하긴 했지만 도쿠가와 이에야스(徳川家康)가 열도를 완전히 지배하에 둔 것은 아니었습니다. 완전히 지배하에 두었다면 시마즈(島津) 가문과 모리(毛利) 가문이 그나마 저 정도로 건재할 수 없는 것입니다. 특히 사쓰마번(薩摩藩)은 열도 최남단에 위치해 있기 때문에 완전한 지배력이 미치지 못했습니다. 그러했기에 고려개(高麗犬)의 전통에서부터 이탈할 수 있었던 것으로 판단됩니다. 반면에 죠슈번(長州藩)도 에도(江戸)에서는 멀리 떨어져 있으나 혼슈(本州)에 위치해 있는 만큼 고려개의 전통을 수용하지 않을 수 없었을 것입니다.

메이지유신 이후에 메이지 정부는 자신들의 뿌리인 도요토미 히데요시(豊臣秀吉)를 모신 신사를 도요쿠니신사(豊國神社)라 명명하여 여러 곳에 세웁니다. 저는 교토(京都)와 오사카(大阪)에 있는 도요쿠니신사를 방문한 적이 있습니다. 교토에 있는 도요쿠니신사는 귀무덤(耳塚) 앞에 세워져 있는데 이는 메이지 정부의 지향점을 너무나 극명히 보여주는 것입니다. 임진왜란 당시 도요토미 히데요시(豊臣秀吉) 반란군은 고려(高麗) 백성들을 살해하고 그 귀와 코만 취해 소금에 절여 열도로 운반하여 도요토미 히데요시에게 헌상하였습니다. 도요토미 히데요시는 그 귀와 코를 이곳에 묻고 기념하였습니다. 그런데 그 앞에 메이지 정부는 도요토미 히데요시를 모시는 신사를 세운 것입니다.

[그림 2-61] 귀무덤(耳塚). 고려(高麗) 백성들의 원혼이 잠들어 있다.

이 교토(京都)의 도요쿠니신사(豊國神社) 참배로(參拜路)에 고려개(高麗犬)는 없습니다. 그런데 이 도요쿠니신사 경내에 말사(末社)로 이나리신사(稲荷神社)가 1993년에 세워졌는데, 이 신사 내부에 한 쌍의 동물상(動物像)이 놓여있습니다. 이 동물상은 여우(狐)입니다. 여우(狐)를 개(犬)로 오해하면 안 됩니다.

기실 따져보면 여우(狐)의 경우도 그 기원은 개(犬)에 있습니다. "狐"도 역시 형성문자(形聲文字)로 뜻을 나타내는 "犭(개)"과 음을 나타내는 "瓜(과)"의 결합으로 이루어져 있습니다. 그러나 여우(狐)의 기원이 비록 개(犬)에 있다 한들 열도인은 여우(狐)를 여우(狐)라 칭하지 개(犬)라 하지는 않습니다. 특히 우리가 다루어왔던 고려개(高麗犬)와는 전혀 관련이 없는 것입니다. 이나리신사의 전통은 진씨(秦氏)에서 출발했으니 오히려 신라(新羅)와 관련이 깊다고 할 것입니다. 진씨(秦氏)는 교토에 맨 처음 터를 잡은 신라계(新羅系) 씨족(氏族)입니다. 지금도 교토의 니시진(西陣) 지역은 비단으로 유명한데 그 기원이 바로 진씨(秦氏)입니다.

[그림 2-62] 교토(京都) 도요쿠니신사(豊國神社) 경내에 있는 이나리신사(稲荷神社) 내부. 개(犬)가 아니라 여우(狐)를 볼 수 있다.

오사카(大阪)의 도요쿠니신사(豊國神社)는 오사카성(大阪城) 경내에 위치해 있습니다. 이 신사는 메이지천황(明治天皇) 원년인 1868년에 세워졌습니다. 메이지유신 세력이 열도를 장악하고 처음으로 한 일이 도요토미 히데요시(豊臣秀吉)를 모시는 것이었습니다. 메이지유신 세력들이 누구를 계승하고 있는지 더 이상 언급할 필요도 없을 것 같습니다. 그런데 이 신사에는 한 쌍의 고려개(高麗犬)가

하이덴(拝殿) 앞에 위치해 있습니다. 봉납년도(奉納年度)를 보니 헤이세이(平成) 2년, 즉 서기 1990년입니다. 메이지시대에는 없었던 고려개가 21세기에 근접해 등장한 것입니다.

[그림 2-63] 오사카(大阪) 도요쿠니신사(豊國神社).
도요토미 히데요시(豊臣秀吉)가 고려개(高麗犬)와 함께 있다. 사진제공: 이길모.

전통은 강력한 메이지 정부도 단칼에 끊어 버릴 수 없을 정도로 끈질긴 생명력을 지니고 있는 것입니다. 콘젠(M. R. G. Conzen)은 물리적인 형태의 지속성에 대해 언급했지만 전통의 지속성은 이 보다 더 한 것입니다. 역사가 깊으면 깊을수록 전통은 보다 지속성을 갖게 됩니다. 이 전통의 지속성이라는 힘으로 인해 오사카성(大阪城)의 도요쿠니신사(豊國神社)에서 도요토미 히데요시(豊臣秀吉)는 고려개(高麗犬)와 함께 있게 된 것입니다.

신궁도 예외는 아닙니다. 미야자키신궁(宮崎神宮) 경내에는 교토(京都)의 도요쿠니신사(豊國神社)와 마찬가지로 자그마한 이나리신사(稲荷神社)가 있는데 이곳에도 고려개(高麗犬) 한 쌍이 놓여있습니다. 이세신궁(伊勢神宮) 경내에도 조그마한 이나리신사가 있는데 역시 그곳에도 고려개 한 쌍이 놓여있습니다. 이 고려개 한 쌍은 헤이세이(平成) 7년, 즉 서기 1995년에 봉납된 것입니다.

[그림 2-64] 미야자키신궁(宮崎神宮) 경내에 있는 이나리신사(稲荷神社). 고려개를 볼 수 있다.

[그림 2-65] 이세신궁(伊勢神宮) 경내에 있는 이나리신사(稲荷神社). 고려개를 볼 수 있다.

고려개(高麗犬)가 없는 신사를 메이지유신(明治維新) 세력과 관련지어 봐야 하는 결정적인 증거가 하나 더 있습니다. 에도시대(江戸時代)에 들어와서야 신사(神社)의 참배로(參拜路)에 고려개가 설치되었다고 이미 말씀드렸습니다. 그런데 이 에도시대에 신사의 참배로에 설치된 것이 하나 더 있습니다. 바로 테미즈야(手水舍)입니다. 신사에 들어서면 어김없이 테미즈야가 있는데, 보통 여기서 입을 헹구고 손을 씻어 마음을 경건히 한 다음 하이덴(拝殿) 앞으로 가서 참배를 하게 됩니다. 닛코(日光)의 도쇼구(東照宮)에 있는 테미즈야가 처음 만들어진 것이고, 이후 열도 전역으로 퍼져나갑니다.

[그림 2-66] 도쇼구(東照宮)의 테미즈야(手水舍).

테미즈야(手水舍)와 고려개(高麗犬), 둘 다 에도시대에 들어와 널리 보급된 것입니다. 그런데 테미즈야는 모든 신사에 있는 반면에 고려개는 그렇지 않습니다. 에도시대 이후로 열도에 있는 모든 신사가 정비되어 지금에 이르고 있습니다. 그런데 메이지유신과 관련이 없거나 적은 신사에는 테미즈야와 고려개가 모두 설치되어 있는데, 왜 메이지유신과 밀접한 관련이 있는 신사에는 테미즈야는 있지만 고려개는 없는 경우가 많은 것일까요? 메이지유신 세력이 반고려(反高麗) 세력이기 때문에 그런 것입니다. 다르게 볼 방법이 없습니다.

우리는 본장에서 고려개(高麗犬) 설치 유무를 통해 열도에 친고려(親高麗) 세력과 반고려(反高麗) 세력이 있었고, 이들이 서로 대립했음을 파악할 수 있었습니다. 아울러 에도시대 이후, 즉 임진왜란 이후에 신사(神社)에 설치된 견상(犬像)이 조선개(朝鮮犬)가 아니라 고려개(高麗犬)로 불리었다는 것을 통해 한반도에 계속해서 고려(高麗)가 있었다는 것을 추측할 수 있습니다. 우리가 세뇌 받아온 상식에 따르면 한반도에는 조선(朝鮮)이 있었고 열도(列島)에는 독립국가 일본(日本)이 있었습니다. 그런데 열도에서는 조선개가 아니라 고려개가 만들어져 지금에 이르고 있는 것입니다. 우리가 배워온 바에 따르면 조선(朝鮮)은 역성혁명으로 고려(高麗)를 무너트리고 세워진 나라입니다. 그런데 열도에서 고려의 상징물을 신사 앞에 수호신으로 세워둔 다는 것은 조선을 무시하는 처사이며 전쟁하자고 하는 것 밖에 되지 않습니다. 그런데 우리는 에도시대에 반도와 열도가 평화관계를 유지했다고 배웠습니다. 이상하지 않습니까? 우리 선조들은 자신의 국호가 바뀌어져 있어도 정정할 의지도 능력도 없었다는 것입니까? 여러분들이 일본(日本)에 여행을 갔는데 일본인들이 여러분들을 보고 한두 번도 아니고 자꾸 한국(韓國) 사람이 아니라 북조선(北朝鮮) 사람이고 부른다고 생각해 보십시오. 여러분들은 어떻게 대응하실 것입니까? 답은 명쾌합니다. 반도에서는 왕건(王建) 이후 대한제국(大韓帝國)이 선포되기 전까지 계속해서 고려(高麗)가 존속해 왔던 것입니다. 한반도에 계속해서 고려가 존속하였다는 것은 본서 전체를 통해 계속해서 입증할 것입니다.

3

도요토미 히데요시(豊臣秀吉), 고려(高麗)에서 난(亂)을 일으킴

1) 도자기 마을에서 알려 준 나라 이름 고려(高麗)

저는 규슈(九州)를 답사하면서 사가현(佐賀県)에 위치한 아리타(有田)와 가고시마현(鹿児島県)에 위치한 미야마(美山)라는 도자기 마을을 방문한 적이 있습니다. 두 마을 다 산골짜기에 형성되어 있어 접근은 어렵지만 정말로 아름다운 마을입니다. 임진왜란(壬辰倭亂) 때, 반도(半島)에서 끌려온 도공들에 의해 만들어진 마을이지만 일본(日本)의 시골 정취를 만끽하기에 이보다 좋은 곳은 없을 것이라 생각됩니다. 규슈로 여행을 가실 분이 계시다면 적극 추천 드립니다.

그런데 제가 이 마을들을 방문한 이유는 단지 일본의 시골 정취를 만끽하거나 한반도에서 끌려온 도공들의 힘겨웠을 삶을 추적해보기 위함만은 아니었습니다. 후에 자세히 설명하겠지만 이 마을들은 세계의 역사를 바꾼 마을들이며 아시아의 근대화를 다루려면 반드시 집고 넘어가야 할 마을들입니다.

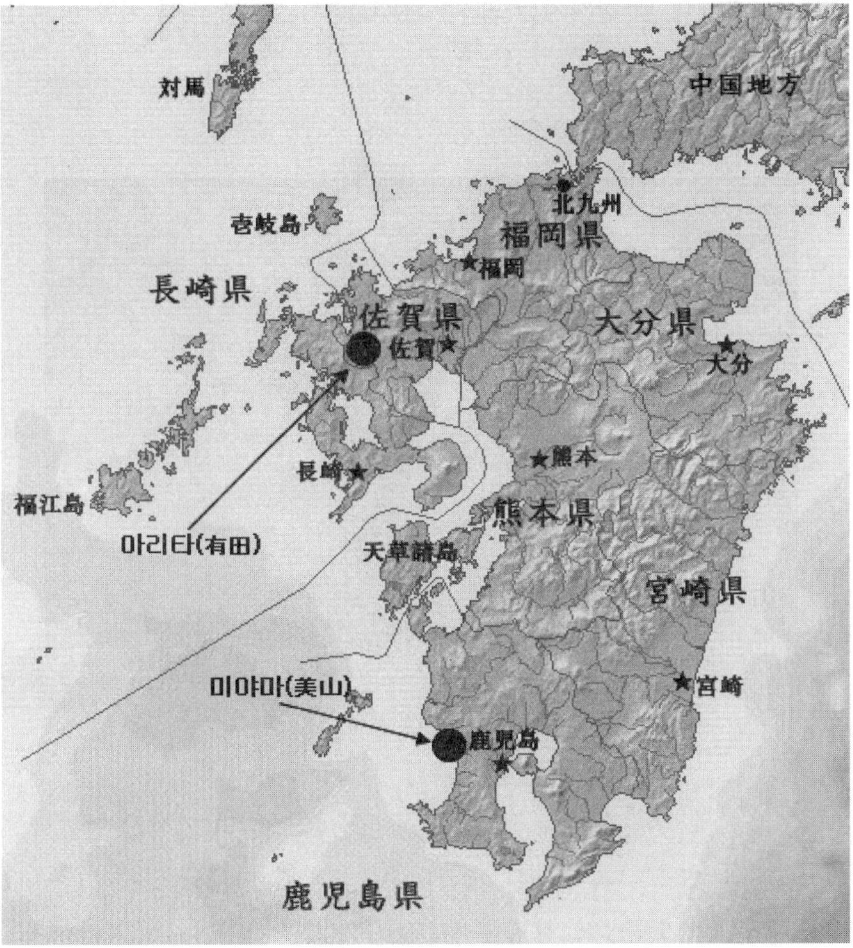

[그림 3-1] 아리타(有田)와 미야마(美山) 위치.

이 마을들에서 일단 우리의 흥미를 자극하는 것은 두 마을 사람들이 메이지유신(明治維新) 이전까지만 해도 우리와 같은 성씨를 가지고 있었다는 것입니다. 아리타(有田)는 이삼평(李參平)이라는 도공이 도자기를 굽기 시작해서 형성된 마을입니다. 미야마(美山)에는 지금도 심씨(沈氏) 성을 지키면서 14대를 이어온 심수관(沈壽官) 도공이 살고 있습니다. 미야마 출신으로 전후 처리를 통해 일본(日本)

과 천황(天皇)을 구하고 대신 감옥에서 숨진 도고 시게노리(東鄕茂德) 외무대신도 역시 도공의 후예로 네 살까지는 박무덕(朴茂德)이라는 우리식 이름을 지니고 있었습니다.

[그림 3-2] 심수관(沈壽官) 도공이 대한민국(大韓民國) 정부로부터 받은 훈장.
소장: 심수관 도예촌(沈壽官窯).

우리는 반도에 있던 나라에서는 사농공상(士農工商)의 엄격한 신분제 질서가 유지되었다고 배웠습니다. 그런데 열도의 두 도자기 마을을 통해 알 수 있듯이 공(工)에 해당하던 도공들도 분명히 성씨를 가지고 있었습니다. 그러면 공(工)보다 상위신분이면서 국민의 대다수를 이루었던 농(農)에 해당하던 사람들도 당연히 성씨를 가지고 있었다고 판단해야 합니다. 한반도에서 성씨가 근래에 들어와서나 일반 백성도 가지게 되었다는 주장이 일부 몰지각한 인사들에 의해 널리 유포되고 있는데 그들의 주장은 수정되어야 마땅할 것입니다. 황제 고려(皇帝 高麗) 이래로 성씨를 지키고, 조상을 숭배하고, 제사를 지내는 것은 신분을 떠나 국민 대다수가 이어온 한반도의 전통입니다.

두 도자기 마을에는 한반도에서 끌려온 사람들이 마을을 형성한 곳답게 한반도와 관련된 신사가 여럿 있습니다. 미야마(美山)에는 산 정상에 단군(檀君)을 모신 신사가 있습니다. 한반도에서 끌려온 사람들과 그들의 후손들은 이 신사를 옥산궁(玉山宮)이라 해서 지금까지 지켜오고 있습니다. 그런데 근래에 들어 일본에서는 이 신사를 옥산신사(玉山神社)로 칭하면서 격을 낮추는 경향이 있습니다. 신사에 오르면서 표지석에 쓰여 진 것을 보니 "궁(宮)"이라 하는 것도 있고 "신사(神社)"라 하는 것도 있었습니다. 현재에도 명칭을 둘러싼 팽팽한 대립이 있는 것 같습니다. 중요한 점은 단군을 모신 신사가 있다는 것입니다. 신사가 1605년에 창건되었다 하니 반도(半島)의 도공들이 미야마(美山)에 정착하고 제일 먼저 한 일이 바로 단군(檀君)을 모시는 일이었음을 알 수 있습니다. 천대받았던 공(工)의 신분에 있던 사람들도 정착하고 제일 먼저 한 일이 단군을 모시는 일이었음은 무엇을 말해주는 것일까요? 그건 단군을 시조로 모시고 예를 갖추는 것은 단군 이래 우리 조선민족의 소중한 전통이라는 것을 알려주는 것입니다. 지금 한국에서는 일부 기독교 인사들에 의해 단군상의 목을 베는 것이 예수의 가르침을 따르는 것이며, 미신을 타파하는 것이라 여겨지기도 합니다만 그건 자신의 뿌리를 부정하는 몰지각한 행동에 다름 아닙니다.

[그림 3-3] 미야마(美山)에 위치해 있는 옥산궁(玉山宮).

그런데 이 신사도 가고시마(鹿児島)에 위치해 있는 만큼 가고시마 신사의 특성을 보이고 있습니다. 이 신사에는 고려개(高麗犬)가 없습니다. 그리고 가고시마를 대대로 통치해 온 시마즈(島津) 가문의 문장(紋章)이 신사 곳곳에 새겨져 있습니다. 시마즈 가문의 문장은 후에 다루겠지만 일단 둥근 원 안에 십자가가 새겨진 형태라는 것만 기억해 두시기 바랍니다.

아리타(有田)에는 이삼평(李參平) 도공을 모신 신사가 제가 파악한 바로는 둘이 있습니다. 안내서에는 보통 이삼평을 모신 신사로 도잔신사(陶山神社)만 알려 줍니다. 그런데 저는 아리타 일대를 자전거로 누비고 다니면서 이삼평을 모신 신사를 하나 더 발견하였습니다. 그 신사는 이시바신사(石場神社)로 불립니다.

[그림 3-4] 도잔신사(陶山神社) 입구의 고려개(高麗犬).

도잔신사(陶山神社)에 들어서면 큰 고려개(高麗犬)가 우리를 반깁니다. 이 고려개는 일종의 도자기로 흙으로 빚어 제작되어 있습니다. 이 고려개를 지나 산으로 올라서면 역시 흙을 빚어 제작된 토리이(鳥居)가 우뚝 서 있습니다. 역시 도자기 마을의 신사답습니다. 이 토리이를 지나면 몇 쌍의 고려개가 수호하고 있는 하이덴(拝殿)과 본전(本殿)이 모습을 보입니다. 저는 이곳에서 이삼평(李參平)과 고려의 도공들에게 참배했습니다. 본전을 지나 산 정상에 올라가면 이삼평을 기리는 비(碑)가 세워져 있습니다. 산 정상에서 내려 본 아리타(有田)는 불행했던 과거사는 마치 깨끗이 잊어버리기나 한 듯이 정말이지 평온하고 아름답기 그지없습니다.

[그림 3-5] 도잔신사(陶山神社)의 토리이(鳥居)와 하이덴(拝殿).

이시바신사(石場神社)도 역시 이삼평(李參平)을 모시고 있습니다. 신사의 본전 옆에는 이삼평 도공의 조각상이 위치해 있습니다. 이 신사는 비록 규모는 작지만 우리에게 중요한 사실을 하나 알려줍니다. 그것은 바로 한반도에 있었던 나라가 조선(朝鮮)이 아니라 고려(高麗)라는 것입니다. 이 신사에서 이삼평(李參平) 도공은 조선신(朝鮮神)이 아니라 고려신(高麗神)으로 명명되어 모셔지고 있습니다. 그가 조선(朝鮮)에서 왔는데 고려신(高麗神)으로 불릴 수는 없는 것입니다. 생각해 보십시오. 지금 열도에서 활약하고 있는 김태균 선수가 한국(韓國)의 야구 영웅이지 북조선(北朝鮮)의 영웅일 수 있겠습니까? 만약에 어떤 일본 기자가 김태균 선수가 북조선에서 왔다는 기사를 싣는다면 한국인들로부터 엄청난 항의를 받게 될 것입니다. 자신들이 존경하는 고인(故人)의 출신국도 파악하지 못 할 정도로 당시 열도인들이 열등했을까요? 저는 아니라고 봅니다.

[그림 3-6] 도잔신사(陶山神社) 산 정상에 위치해 있는 도조이삼평비(陶祖李參平碑).

[그림 3-7] 이시바신사(石場神社). 역시 고려개가 수호하고 있다.

[그림 3-8] 이시바신사(石場神社) 경내에 위치해 있는 이삼평(李參平) 조각상.

[그림 3-9] 이시바신사(石場神社)의 고려신(高麗神)에 관한 안내판.

그러면 열도인(列島人)이야 그렇다 치고 당시 반도인(半島人)은 자신의 조국을 무엇이라 불렀을까요? 우리는 사발 하나를 통해 당시 반도인이 조국을 무엇이라 불렀는지를 확인할 수 있습니다. 국립중앙박물관에는 <한글을 쓴 찻사발(茶碗)>이라는 기증품이 전시되어 있습니다. 이 기증품은 일본의 고미술품 수집가였던 후지이 다카아키(藤井孝明) 선생이 소장했던 작품으로 선생의 미망인인 후지이 야에(藤井八重)와 아들인 후지이 게이(藤井慶)가 2008년에 기증한 것입니다. 이 찻사발은 하기(萩)에서 1600년대 초에 한반도에서 끌려온 도공에 의해 제작된 것으로 추정된다고 합니다. 하기는 이미 설명 드렸지만 임진왜란과 메이지유신을 일으킨 모리(毛利) 가문의 본거지입니다. 찻사발(茶碗)에 쓰여 진 내용은 아래와 같습니다.

개야 짖지 마라
밤 사람이 모두 도둑인가
ᄌᆞ목지 호고려님이
계신 곳에 다녀 올 것이다
그 개도 호고려의 개로다
듣고 잠잠하구나

[내용은 국립중앙박물관에서 현대 한국어로 옮겨 적은 것입니다.]

[그림 3-10] 한글을 쓴 찻사발(茶碗).
전시: 국립중앙박물관.

찻사발(茶碗)에는 한글로 "(호)고려"라 쓰여 있습니다. "조선"이 아니라 "고려"가 쓰여 있는 것입니다. 국립중앙박물관에서는 "즈목지"를 인명 또는 지명으로 추정하며, 아울러 고려 앞에 붙어 있는 "호"는 한자 "胡", 즉 "오랑캐"로 파악하고 있습니다. 저는 "호"를 "오랑캐(胡)"로 파악해서는 안 된다고 생각합니다. 오랑캐에 "님"을 붙여 쓸 수는 없는 것입니다. 저는 "호"는 "범(虎)"으로 파악해야 한다고 생각합니다. 고려의 개(삽살개)를 잠잠하게 할 수 있는 존재는 호랑이밖에 없습니다. 고려의 상징물이 개(삽살개)와 호랑이라는 것은 이미 설명 드렸습니다. "호"를 어떻게 해석할 것인가는 여러분의 판단에 맡기겠습니다. 중요한 것은 당시 열도로 끌려온 반도인이 자신의 조국을 "조선(朝鮮)"이 아니라 "고려(高麗)"라 적었다는 것입니다.

반도에 있던 국가가 이성계(李成桂) 이후로도 고려(高麗)였었다는 것은 열도에 남아 있는 지명을 통해서도 알 수 있습니다. 열도에서 저는 조선(朝鮮)이 들어가 있는 지명은 찾을 수 없었지만 고려(高麗)가 들어가 있는 지명은 여럿 보았습니다. 가고시마(鹿児島) 시내에는 고려마을(高麗町)이라 불리는 마을이 있습니다. 후에 자세히 설명하겠지만 이 마을에서 메이지유신(明治維新)이 발흥합니다. 아시아의 근대를 논하려면 이 마을을 반드시 언급해야 합니다. 고려마을(高麗町)은 임진왜란(壬辰倭亂) 때 반도에서 끌려온 사람들이 모여 살아서 붙여진 이름입니다. 그런데 왜 "조선마을(朝鮮町)"이 아니고 "고려마을(高麗町)"일까요? 반도에 있었던 나라가 조선(朝鮮)이 아니라 고려(高麗)였기에 그런 이름이 붙은 것입니다. 다른 이유가 있을 수 없습니다.

2) 도요토미 히데요시(豊臣秀吉)가 기록한 나라 이름 고려(高麗)

반도에 있었던 나라가 조선(朝鮮)이 아니라 고려(高麗)라는 결정적인 증거가 있습니다. 도요토미 히데요시(豊臣秀吉)가 임진왜란(壬辰倭亂)을 일으켰을 때, 반도에 있었던 나라를 고려(高麗)로 표기한 자료들이 지금까지 전해오고 있습니다. 도요토미 히데요시가 자신이 침략한 나라의 이름까지 모를 정도로 머리가 아둔했다고 생각할 수 없습니다.

2006년 6월 23일에 방송된 KBS HD 역사스페셜 <임진왜란 2부작 제1편 8천 조선군, 16만 대군에 맞서다>편에 도요토미 히데요시(豊臣秀吉)가 항상 지니고 있었던 부채지도가 소개된 적이 있습니다. (지금도 이 지도는 HD 역사스페셜 홈페이지(http://www.kbs.co.kr/1tv/sisa/hdhistory/)를 통해 확인이 가능합니다.) 방송에 의하면 그 부채지도는 현재 오사카성(大阪城) 천수각박물관에 보관되어 있다고 합니다. 부채지도를 보면 한반도(韓半島)를 중심으로 오른쪽에 열도(列島)가 왼쪽에 대륙(大陸)이 그려져 있습니다.

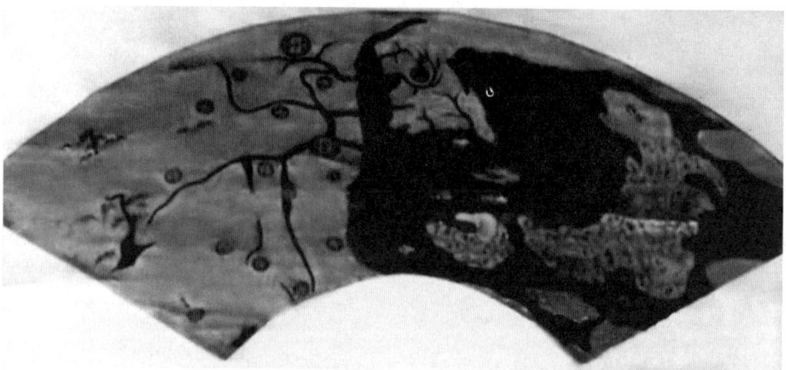

[그림 3-11] 도요토미 히데요시(豊臣秀吉)가 항상 지니고 있었던 부채지도.
출처: HD 역사스페셜 화면 갈무리. 제공: 아나키(anakii).

대륙에는 북경(北京)과 남경(南京)이 표기되어 있고, 열도에는 현재 교토부(京都府) 지역이 산성(山城)으로 표기되어 있습니다. 열도에 서울(京)은 표기되어 있지 않습니다. 평안경(平安京) 천도 이후 1000년 이상 일본의 수도였다는 곳에 서울(京)이 표기되어 있지 않은 것입니다. 대신 산성(山城)이 표기되어 있는 것입니다. 이는 교토(京都)의 원래 지명(국명)이 산성(山城)이었다는 것을 알려주는 것입니다. 이는 아주 중요한 사항입니다. 후에 이에 대해 자세히 설명하겠습니다. [그림 3-14]를 보면 열도의 모든 길이 산성을 향하고 있음을 알 수 있습니다. 이는 당시 산성이 열도의 중심이었음을 알려줍니다.

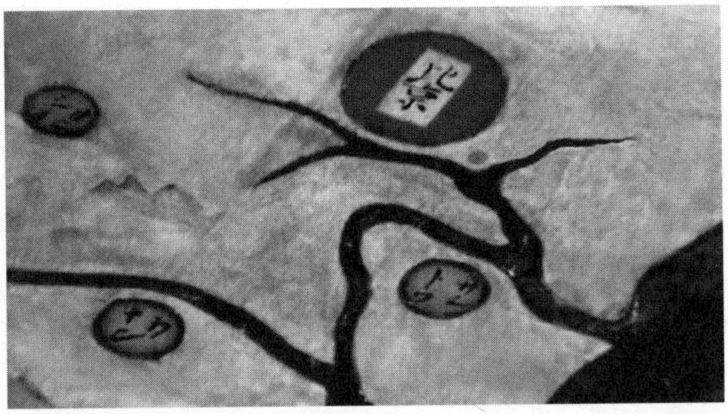

[그림 3-12] 도요토미 히데요시(豊臣秀吉)가 항상 지니고 있었던 부채지도 - 북경(北京) 부분.
출처: HD 역사스페셜 화면 갈무리. 제공: 아나키(anakii).

[그림 3-13] 도요토미 히데요시(豊臣秀吉)가 항상 지니고 있었던 부채지도 - 남경(南京) 부분.
출처: HD 역사스페셜 화면 갈무리. 제공: 아나키(anakii).

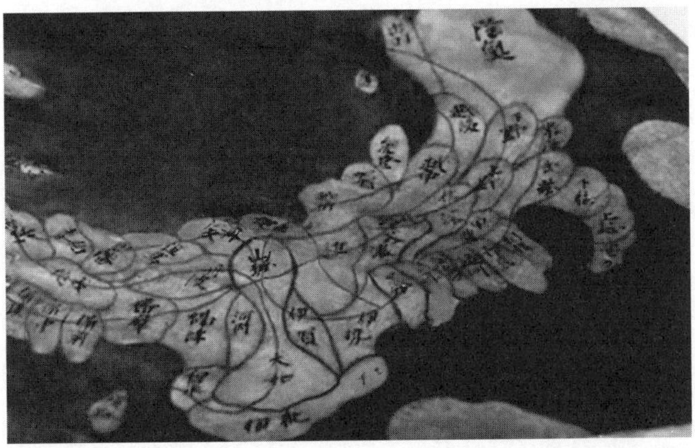

[그림 3-14] 도요토미 히데요시(豊臣秀吉)가 항상 지니고 있었던 부채지도 - 열도(列島) 부분.
현 교토부(京都府) 지역이 산성(山城)으로 표기되어 있음을 주목해야 한다.
출처: HD 역사스페셜 화면 갈무리. 제공: 아나키(anakii).

부채지도에서 한반도 부분을 보면 매우 흥미로운 사항이 목격됩니다. 서울이 경(京)으로, 그리고 그 위에는 고려(高麗)가 표기되어 있습니다. 이는 도요토미 히데요시(豊臣秀吉)가 한반도를 고려로 파악하고 있었다는 명백한 증거입니다. 아울러 부채지도에서 "경(京)"을 살펴보면 보통의 "경(京)"과는 달리 "口"에 "一"이 삽입되어 있습니다. 이는 "태양(日)"을 뜻하는 것입니다. 이에 대한 해석은 후에 하겠습니다.

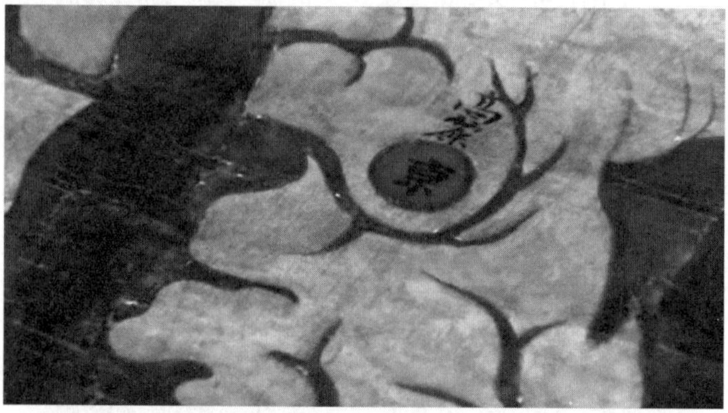

[그림 3-15] 도요토미 히데요시(豊臣秀吉)가 항상 지니고 있었던 부채지도 - 한반도(韓半島) 부분. 출처: HD 역사스페셜 화면 갈무리. 제공: 아나키(anakii).

2006년 6월 23일에 방송된 KBS HD 역사스페셜 <임진왜란 2부작 제1편 8천 조선군, 16만 대군에 맞서다>편에는 부채지도 외에 도요토미 히데요시(豊臣秀吉)가 작성했다는 공식 문서 한 점도 소개되어 있습니다. 그 문서의 이름은 <금제고려국(禁制高麗國)>입니다. 문서 이름대로 고려국(高麗國)에서 금해야 할 사항들을 적은 것입니다. 문서는 천정(天正) 20년, 즉 서기 1592년에 작성된 것으로 도요토미 히데요시(豊臣秀吉)가 임진왜란(壬辰倭亂)을 일으키기 직전에 작성한 것입니다. 문서에 천정(天正)이라는 연호(年號)가 등장하고 있는데 이를 보고 열도에 일본(日本)이라는 자주독립국가가 계속 존속해 왔다고 오판하면 안 됩니다. 이는 임진왜란(壬辰倭亂)을 일으키면서 도요토미 히데요시가 열도에 새로이 천황

(天皇)을 옹립한 흔적이거나 후에 누군가에 의해 조작된 흔적이라 보아야 할 것입니다. 이에 대해서는 후에 다룰 것입니다. 중요한 사항은 도요토미 히데요시(豊臣秀吉)가 반도에 있던 나라를 직접 고려국(高麗國)이라 적었다는 것입니다.

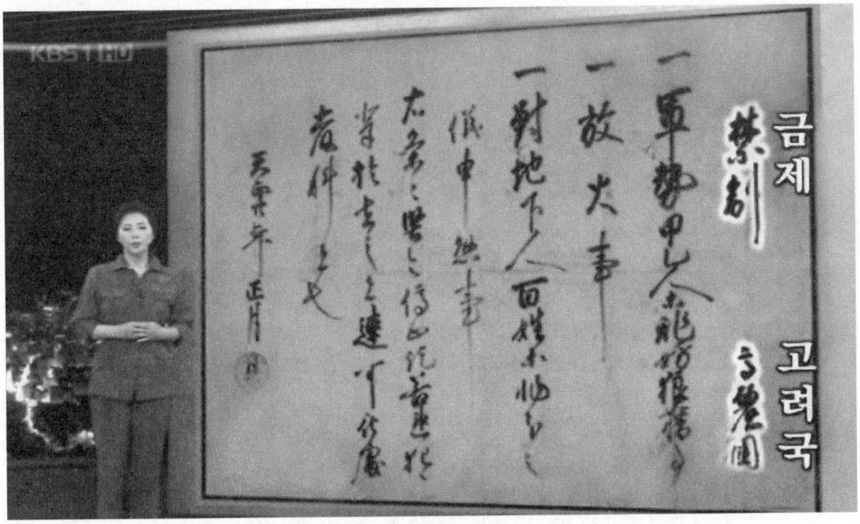

[그림 3-16] 금제고려국(禁制高麗國).
출처: HD 역사스페셜 화면 갈무리. 제공: 아나키(anakii).

저는 가고시마(鹿児島)에 있는 레이메이칸(黎明館)의 임진왜란 전시실에서 "고려국(高麗國)"이라 표기되어 있는 탁본도 볼 수 있었습니다. 사진 촬영이 안 되고, 박물관에서 판매하는 자료집에 탁본 사진이 들어 있지 않아 본서에 공개가 불가한 것이 참으로 유감입니다. 앞으로 가고시마를 방문하실 분께서는 레이메이칸의 탁본을 꼭 확인해 보시기 바랍니다.

저는 규슈(九州) 후쿠오카(福岡)도 답사한 적이 있습니다. 후쿠오카시 박물관에는 도요토미 히데요시(豊臣秀吉)가 임진왜란(壬辰倭亂) 때 선봉에 섰던 9개 번대(番隊)에 내린 조서(条書)가 보관되어 있습니다. 조서에는 도요토미 히데요시가 침략한 나라가 고려(高麗)라 분명히 적혀 있습니다.

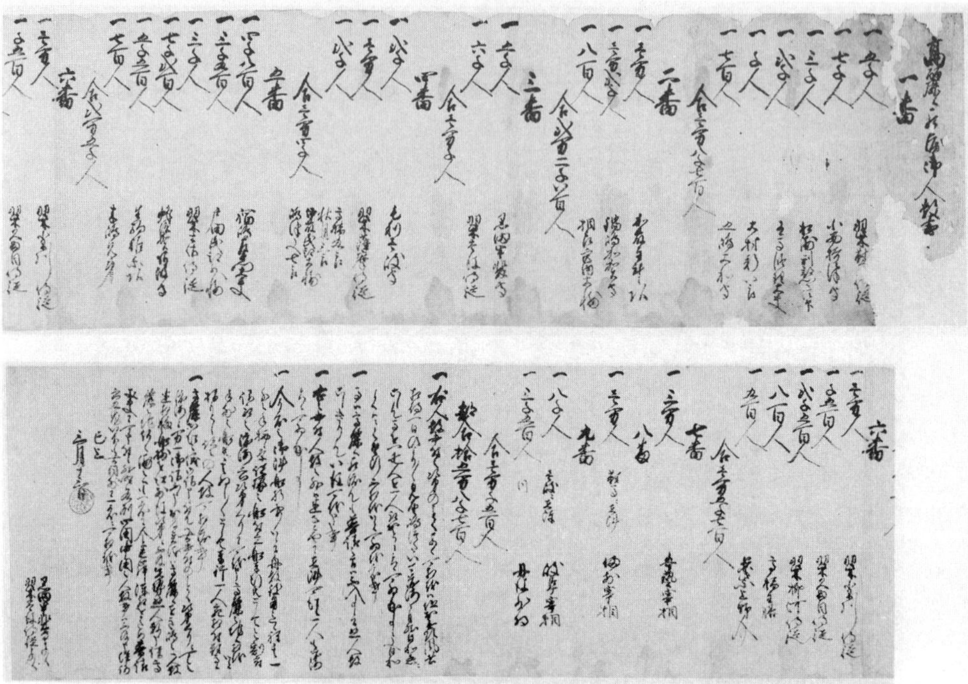

[그림 3-17] 도요토미 히데요시 조서(豊臣秀吉条書).
출처: 黒田長政と二十四騎展実行委員会. 平成 20年. 黒田長政と二十四騎 - 黒田武士の世界. 福岡印刷株式会社. 45쪽.

반도에 있던 나라를 반도인(半島人)도 고려(高麗)라 했고, 열도인(列島人)도 고려(高麗)라 했습니다. 그러면 대륙인(大陸人)은 반도에 있던 나라를 어떻게 불렀을까요? 역시 고려(高麗)라 불렀습니다. 대청제국(大淸帝國)에서는 반도에 있던 나라가 만든 국기(태극기)를 고려국기(高麗國旗)라 불렀습니다. 1886년에 대청제국(大淸帝國)에서 발간한 <통상장정성안휘편(通商章程成案彙編)>에 태극기가 대청국속고려국기(大淸國屬高麗國旗)로 소개되어 있습니다. 이는 태극기를 대청국(大淸國)에 속한(屬) 고려국(高麗國)의 기(旗)라 설명한 것입니다. 반도에 있던 우리의 조국이 대청제국에 속해 있었다는 사실에 너무 거부감을 가질 필요는 없습니다. 사실은 사실로 받아들일 필요가 있습니다. 당시 동북아시아를 구성하고 있었던 제국(諸國)의 체제를 이해하면 이런 기록이 결코 불쾌할 일이 아닙니다. (그러나 이 시기에 접어들면 고려가 대청제국에서 이탈하기 시작합니다. 그러니 이 시기에 대청제국에서 대청국속고려국기(大清國屬高麗國旗)라 표기한 것은 적절한 것이 아닙니다. 이 시기의 이러한 표기는 대청제국의 희망사항입니다. 이는 후에 설명이 될 것입니다.) 중요한 사실은 대청제국에서도 반도에 있던 나라를 고려(高麗)로 파악하였다는 것입니다. 대청제국에서 국경을 지나 반도에 있던 나라에 들어서려면 고려문(高麗門)을 지나야 했습니다. 열도에서 임진왜란 이후에 화해의 손길을 내밀면서 한 일은 대마도(對馬島)에 고려문(高麗門)을 세우는 것이었습니다. 반도에 있었던 나라가 고려(高麗)가 아니고서야 이런 문이 세워질 수 없는 것입니다.

우리는 분명 고려(高麗)가 왕건(王建)이 재건한 이후 1000년 이상 존속해 왔음을 직시해야 합니다. 옛 서양지도에 한반도가 “Joseon", Chosun” 등으로 표기되었던 적은 없는 반면에, “Corea”, “Corée” 등으로 표기되어 있었던 것은 다 그럴만한 이유가 있었던 것입니다. 한반도에는 언제나 고려가 있었기에 그러했던 것입니다. 고종(高宗) 황제가 대한제국(大韓帝國)의 알파벳 표기를 “Corea(Corée)”로 정했던 것도 다 이런 이유에 근거한 것입니다.

그런데 누군가는 이렇게 주장할지도 모릅니다. 나라 이름이 고려(高麗)로 불리던 조선(朝鮮)으로 불리던 그게 뭐가 주장한가? 발해(渤海)로 널리 알려진 대진국(大震國)도 고려라는 국호를 사용하기도 하였는데 조선도 그럴 수 있는 것이 아닌가? 그런데 이런 주장은 정치세력 간의 이해관계를 고려하지 못한 것입니다.

우리가 배워 온 바에 따르면 이씨(李氏)의 나라 조선(朝鮮)은 역성혁명으로 왕씨(王氏)의 나라 고려(高麗)를 무너트리고 세워진 나라입니다. 그러하기에 이씨(李氏)의 나라 “조선(朝鮮)”에서 “고려(高麗)”를 운운한다는 것은 바로 반역이며 열도에서 고려를 숭상한다는 것은 전쟁선포인 것입니다. 그런데 도쿠가와(德川家康) 가문은 열도 전역에 고려개(高麗犬)를 세웁니다. 그리고 한반도에서 오는 손님들을 맞이하기 위해 대마도(對馬島)에 고려문(高麗門)도 세웁니다. 조선(朝鮮)에서 손님이 오는데 이를 환영하기 위해 고려문(高麗門)을 세웠다는 것이지요. 우리의 상식에서 볼 때 정말 서로 잘 지내자고 하는 행동일까요? 그런데 에도시대(江戸時代)에 한반도와 열도는 그야말로 평온했습니다.

우리가 배워 온 바에 따르면 이성계(李成桂)와 달리 대조영(大祚榮)은 이전 나라를 무너트리고 새 나라를 세우지 않았습니다. 대조영은 당(唐)과 투쟁하며 태왕 고려(太王 高麗) 세력들을 규합해 나라를 세웠습니다. 대조영은 태왕 고려 세력들을 규합해 나라를 열었기에 이들을 배려해야 했습니다. 이런 이유로 대진국(大震國)에서 고려(高麗)의 국호가 사용되기도 했던 것입니다.

"고려(高麗)"가 "조선(朝鮮)"에서도 국호로 쓰일 수 있었다는 판단은 정치세력 간의 이해관계에 대한 몰이해에서 비롯된 것입니다. 지금 남북이 통일된다고 생각해 보십시오. 국호는 무엇이 될까요? 어느 세력이 주도하느냐에 따라 국호가 결정될 것입니다. 과연 대한민국(大韓民國)이 국호가 될까요? 조선민주주의인민공화국(朝鮮民主主義人民共和國)이 국호가 될까요?

아직도 제 생각에 이견을 제시하는 분들이 분명히 계실 것입니다. 무엇보다도 조선(朝鮮)이라 적혀 있는 문헌이 많이 있는데 이건 무엇으로 설명할 것인가? 고려(高麗)가 표기되어 있는 몇몇 자료만을 가지고 너무 성급한 결론을 내린 것은 아닌가? 여러분들의 이런 생각에 대해 제가 본장에서 말씀드릴 수 있는 것은 고려(高麗)와 함께 조선(朝鮮)도 존재하였다는 것입니다. 그리고 조선은 여러 의미를 가지고 있었다는 것입니다.

4

마지막 조선제국(朝鮮帝國)

1) 마지막 조선제국(朝鮮帝國)은 대청제국(大淸帝國)

저는 2007년 동경(東京)에 머무르고 있었을 때 동경국립박물관(東京国立博物館)을 방문한 적이 있습니다. 그 당시 박물관에서는 도쿠가와(德川) 특별전이 열리고 있었습니다. 관람객들이 엄청 많았다는 것에 놀라기도 했지만 저를 더욱 놀라게 만든 것은 "도쿠가와(德川)" 앞에 "大"를 붙인 것이었습니다. 그래서 특별전의 정식 명칭은 "대도쿠가와전(大德川展)"이었습니다. 일본에서는 사람 이름 앞에 좀처럼 "大"를 안 붙인다고 합니다. 그래서 MBC 드라마 <대장금(大長今)>이 일본에서는 <궁정여관 장금의 맹세(宮廷女官 チャングムの誓い)>라는 이름으로 상영되었던 것으로 기억합니다. "大"를 사용했다는 것은 일본인들에게 있어 도쿠가와 가문이 어떤 존재인지를 알게 해줍니다.

그런데 이런 엄청난 가문을 연 대장군 도쿠가와 이에야스(德川家康)가 저에게 조선제국(朝鮮帝國)과 고려제국(高麗帝國)의 역사를 반드시 찾으라고 두 가지 선물을 주었습니다. 실로 놀라운 경험이라 하지 않을 수 없습니다. 이 날 이후 저는 도쿠가와 이에야스를 고려장군(高麗將軍)이라고 부르기 시작했습니다. 후에 설명할 것이지만 도쿠가와 이에야스는 고려의 계보를 잇는 고려장군이 정말로 맞습니다. 그가 고려장군임을 증명할 자료들을 찾아내는데 그 후 얼마간의 시간이 걸렸지만 제가 직감으로 판단한 것은 정확한 것이었습니다. 한번 의문을 품으면 끝까지 추적하는 저의 성격도 이를 밝히는데 어느 정도 일조한 것도 사실이지만 우연한 기회에 자꾸 저의 주변에서 그가 고려장군임을 알려주는 증거가 눈에 띄기 시작했습니다. 전생이 진정 있는 것이라면 그와 저는 분명히 밀접한 관계를 맺고 있었을 것이라는 생각이 들기도 합니다. 왜 저에게 그는 이런 선물을 주었을까요? 확실한 것은 장군은 편히 눈을 감고 있지 못할 것이라는 겁니다. 지금의 왜곡된 역사 속에서 자신이 무엇을 추구했는지 제대로 아는 사람들도 별로 없으니 말입니다. 그의 이상은 알려지지 않은 채 관광상품으로 팔려나가는 사무라이(武士)의 이미지만 남아 있을 뿐입니다. 저는 그날 박물관에서 점심도 굶어가며 그가 준 두 가지 선물을 한동안 쳐다보고만 있었습니다. 본장에서는 그가 준 첫 번째 선물 보따리를 풀어 보겠습니다.

[그림 4-1]은 특별전에서 조선통신사(朝鮮通信士) 행렬도라 명명한 그림으로 열도에 파견된 사절단 행렬의 일부분입니다. ("조선통신사(朝鮮通信士)"라는 명칭은 당대에는 없었고, 근래에 만들어진 용어임을 독자들께서는 아셔야 합니다. 반도에서 열도로 보낸 사절단을 당시 반도에 있던 나라에서는 "통신사(通信士)"라 명명했습니다.) 조선통신사 행렬도로 명명되는 그림은 총 네 점으로 [그림 4-1]은 그 중 <귀로행렬도(歸路行列圖)>의 앞부분입니다. 행렬에서 깃발이 보일 것입니다. 깃발에 무엇이라고 쓰여 있습니까? 두 글자 "淸道"가 보일 것입니다. 저는 박물관에서 이 사절단 행렬 그림을 보다가 "청도(淸道)"라는 두 글자를 보고 갑자기 숨이 멎었습니다. 청도(淸道)라는 두 글자가 바로 고려장군(高麗將軍) 도쿠가와 이에야스(德川家康)가 저에게 준 첫 번째 선물입니다.

[그림 4-1] 귀로행렬도(歸路行列圖) 중 청도기(淸道旗) 부분.
출처: 조선통신사문화사업회·국사편찬위원회. 2005. 조선시대 통신사 행렬. 180쪽.
[부록: 컬러 도판] 참조.

"청도(淸道)"가 표기되어 있는 이 깃발의 이름은 청도기(淸道旗)입니다. 네이버(NAVER) 백과사전(2008)에서는 청도기를 아래와 같이 설명합니다.

> 청도기(淸道旗): 조선 시대에 행군할 때 앞에서 길을 치우는 데에 쓰던 군기(軍旗). 파란색 사각기로 깃발에 '淸道'라는 글자가 쓰여 있으며 붉은색의 화염각이 달려 있다. 깃대 끝은 창인(槍刃)으로 되어 있으며, 영두(纓頭)와 주락(朱駱)이 달려 있다.

[출처: 네이버(NAVER) 백과사전(2008)]

네이버(NAVER) 백과사전(2008)에 의하면 조선군(朝鮮軍)의 깃발이 청도기(淸道旗)라고 합니다. 이 사절단 행렬에는 청도기(淸道旗) 외에도 형명기(形名旗), 순시기(巡視旗), 영기(令旗)가 보입니다. 이 세 깃발 중 형명기(形名旗)는 용이 그려진 깃발로 천자(天子)를 상징하는 깃발로 파악이 가능합니다. 열도인(列島人)들이 깃발을 잘 보필하면서 행진하는 것만 봐도 얼마나 중요한 깃발인지 알 수 있습니다.

순시기(巡視旗)와 영기(令旗)는 한자가 의미하는 바대로 그 역할을 수행했을 것으로 보입니다. 즉, 순시기(巡視旗)는 순시(巡視)하는데 영기(令旗)는 명령(命令)을 전달하는 데 사용되었을 것으로 판단됩니다.

[그림 4-2] 귀로행렬도(歸路行列圖) 중 형명기(形名旗) 부분.
출처: 조선통신사문화사업회·국사편찬위원회. 2005. 조선시대 통신사 행렬. 182쪽.

[그림 4-3] 귀로행렬도(歸路行列圖) 중 순시기(巡視旗) 부분.
출처: 조선통신사문화사업회·국사편찬위원회. 2005. 조선시대 통신사 행렬. 186쪽.

[그림 4-4] 귀로행렬도(歸路行列圖) 중 영기(令旗) 부분.
출처: 조선통신사문화사업회·국사편찬위원회. 2005. 조선시대 통신사 행렬. 189쪽.

그런데 기존의 설명과 우리의 상식을 동원해서 이 사절단 행렬에 사용된 깃발 네 종류를 살펴보면 이상한 점이 보입니다. 조선(朝鮮)의 사절단 행렬에 조선을 상징하는 깃발이 보이지 않는 다는 것입니다. 이건 너무 이상한 것입니다. 어느 시대를 막론하고 국가가 파견한 사절단이나 군대는 그 국가의 상징이 담긴 깃발을 앞장세우고 행진하기 마련입니다. 전쟁의 승리는 타국의 깃발을 꺾어버리고 자국의 깃발을 세우는 것으로 종결될 만큼 깃발은 국가의 중요 상징물입니다. 그런데 조선(朝鮮)에서 보낸 사절단에 조선을 상징하는 깃발이 하나도 없었다면 말이 됩니까? 어떤 분들은 짐이 곧 국가인 왕조시대에 천자(天子)를 상징하는 깃발, 즉 용이 그려진 깃발만 있으면 되었지 다른 깃발이 뭐가 필요했겠는가라고 이의를 제기 할 수도 있을 것입니다. 그러나 천자를 상징하는 용은 너무 흔한 상징물이어서 국가를 상징하기에는 무리가 따릅니다. 대륙에 있던 나라에서도 반도에 있던 나라에서도 용은 너무나 자주 사용되었습니다.

[그림 4-5] 정조대왕 화성행행 반차도(正組大王 華城幸行 班次圖) 중 용기(龍旗) 부분.
출처: 한영우. 2007. 반차도로 따라가는 정조의 화성행차. 효형출판.

[그림 4-5]는 <정조대왕 화성행행 반차도(正組大王 華城幸行 班次圖)>의 일부분입니다. 역시 용이 그려진 깃발이 등장하는데 깃발의 이름이 아예 용기(龍旗)라 적혀 있습니다. 형명기(形名旗)와 마찬가지로 이 깃발을 여러 사람들이 잘 보필하고 있습니다. 그러면 형명기와 용기는 같은 나라의 깃발일까요? 아니면 다른 나라의 깃발일까요? 아니면 용기가 형명기로 불릴 수도 있는 것일까요? 한 가지 확실한 것은 동시대에 형명기는 열도인이 그린 것이고, 용기는 반도인이 그린 것이라는 겁니다.

<중종실록(中宗實錄)>을 보면 반도에서 형명기(形名旗)가 사용되었음을 알 수 있습니다. 그런데 기사를 보면 반도에서 사용된 형명기는 천자(天子)를 상징하는 깃발도 아니고, 국가를 상징하는 깃발도 아님을 알 수 있습니다. 기사를 읽어보면 반도에서 사용된 형명기는 군대에서 사용된 깃발임을 알 수 있습니다. 실록을 번역한 국사편찬위원회에서는 아예 형명(形名)을 군사들의 훈련 등의 동작을 호령하는 데 신호로 쓰는 기와 북을 일컫는다고 주석을 달아 놓기도 하였습니다. 결론지어 보면 [그림 4-2]의 형명기는 반도에 있었던 나라에서 사용되었던 깃발이 아닙니다. 그러므로 이 사절단은 반도에서 보낸 사절단이 아니라는 것을 알 수 있습니다. 도대체 어느 나라에서 보낸 사절단일까요? 그런데 이 사절단은 조선에서 보낸 사절단으로 전해지고 있습니다. 반도에 조선이 있었다면 이런 설명은 성립될 수 없는 것입니다.

戊辰 / 傳于政院曰: “大閱時, 年久色渝形名[旗名]改造之意, 宣傳官來啓, 軍器寺旗麾破毁者, 亦當改造事, 兵曹亦入啓。大抵若慕華館等處, 常時點閱, 則雖色渝形名, 亦可用矣, 如大閱時, 則軍卒衆多, 在遠相應, 色渝形名, 不可用也。中外廂及御前形名旗麾, 須用五色分明, 可使指揮衆卒也。且錚鼓搖發, 亦當改造也。交龍旗竹上頭鐵及纛杜上頭鐵, 或爲入鉛, 或爲精錬, 未可知也, 凡年久色渝者, 皆使修錬煥耀之意, 言于兵曹。”

무진(戊辰) / 정원에 전교하였다.

“대열할 때에 쓸 해묵어 빛이 바랜 형명(形名)[기명(旗名)]을 개조(改造)해야 한다는 뜻으로 선전관이 아뢰어 왔고, 군기시(軍器寺)의 기휘(旗麾)가 파손된 것도 개조해야 한다고 병조에서도 입계(入啓)하였다. 대체로 모화관(慕華館) 등에서 평상시에 점고하는 사열에는 빛이 바랜 형명이라도 쓸 수가 있지만, 대열할 때에는 군졸이 많고 멀리서 바라보고 서로 응하기 때문에 빛이 바랜 형명을 쓸 수 없을 것이다. 중외상(中外廂)이나 어전(御前)의 형명기휘는 당연히 오색(五色)이 분명한 것을 써야만 수많은 군졸을 지휘할 수 있을 것이다. 그리고 징과 북과 요도(搖鼗)도 고쳐 만들어야 할 것이다. 교룡기(交龍旗) 꼭대기 쇠와 둑(纛) 기둥 꼭대기 쇠도 어떤 것에 납을 넣어야 하고 어떤 것을 정하게 단련해야 하는지는 잘 모르겠으나 오래 되어 빛이 바랜 것은 단련하여 빛나게 하라는 뜻으로 병조에 이르라."

[註]

형명(形名): 군사들의 훈련 등의 동작을 호령하는 데 신호로 쓰는 기와 북을 일컬음.
요도(搖鼗): 자루 있는 작은 북.
교룡기(交龍旗): 임금이 거둥할 때 노부(鹵簿:의장 〈儀仗〉 임)에서 둑(纛)의 다음에 서는 큰 기(旗).
둑(纛): 대가(大駕)나 군대의 행렬 앞에 세우던 대장기(大將旗). 큰 창에 소의 꼬리를 달거나 또는 극(戟)에 삭모(槊毛)를 달아서 만듦.

[출처: http://sillok.history.go.kr/ 중종실록 82권, 31년(서기 1536년) 7월 15일 1번째 기사]

그런데 열도인이 그린 사절단 그림에서 가장 주목해야 할 깃발은 형명기(形名旗)가 아닙니다. 우리가 진정 관심을 두어야 할 깃발은 바로 청도기(淸道旗)입니다. 용이 그려진 형명기(形名旗)가 조선(朝鮮)을 상징할 수 없으므로 조선을 상징하는 깃발로 청도기(淸道旗)를 생각해 보지 않을 수 없기 때문입니다.

청도기(淸道旗)는 기존의 설명대로 행진할 때 앞에서 길을 치우는 데에 쓰이던 깃발이 아닙니다. 이는 청도(淸道)를 단순히 "길을 깨끗이 한다"로 해석한 데서 오는 오류입니다. 이런 오류는 일제가 청도(淸道)의 의미를 조작했기 때문에 일어난 일일 것입니다. 우리는 행렬의 앞부분에 등장하는 청도기를 아무런 선입관 없이 다시 볼 필요가 있습니다. 사절단 행렬의 맨 앞에는 당연히 국가를 상징하는 깃발이 등장해야 합니다. 그러므로 "淸道"를 "길을 깨끗이 한다"로 단순히 해석하기 보다는 "청(淸)의 길(道)", 즉 대청제국(大淸帝國)의 길(道)로 파악해야 합니다. 즉, 청도기는 대청제국(大淸帝國)을 상징하는 깃발로 파악해야 합니다. 그러면 흥미로운 결론이 도출됩니다. 대청제국(大淸帝國)이 바로 조선제국(朝鮮帝國)이라는 결론 말입니다. 아울러 청도기는 대청제국(大淸帝國)의 깃발이니 또한 조선제국(朝鮮帝國)의 깃발도 되는 것입니다. 그리고 [그림 4-2]의 형명기는 대청제국, 즉 조선제국의 황제를 상징하는 깃발이고 말입니다.

한국의 많은 재야사학가들은 근래에도 대륙에 조선(朝鮮)이 있었다는 주장을 하곤 하였습니다. 저도 인터넷을 통해 이런 주장을 보곤 하였습니다. 그런데 대륙에 조선(朝鮮)이 있었다면 역시 대륙에 있었던 대청제국(大淸帝國)과 그 위치가 겹치는 문제가 발생합니다. 그러나 대청제국이 조선이라면 이 문제는 간단히 해결됩니다. 그리고 제 주장대로 반도에 계속해서 고려(高麗)가 있었다고 한다면 대륙에 조선(朝鮮)이 있었다고 해서 반도가 공백상태가 되는 일은 없게 됩니다.

우리가 세뇌당해 온 바대로 반도에 속국 조선(朝鮮)있었고 대륙에 대청제국(大淸帝國)이 있었다고 생각해 봅시다. 옛날에는 글자 한 자 한 자를 중요하게 여겼던 시대인데 속국 조선에서 대청제국의 상징인 "淸"이 들어간 깃발을 군대가 행진하는데 길이나 치우는 데 사용했다면 조선국왕(朝鮮國王)은 바로 목이 달아났어야 할 것입니다. 그러나 그런 일은 없었습니다. 대청제국(大淸帝國)이 바로 조선(朝鮮)인데 그런 일이 있었을 리 만무한 것입니다. 열도인이 그린 위의 사절단 그림은 반도의 고려(高麗)에서 보낸 통신사(通信士)를 그린 것이 아니라 대륙의 대청제국(大淸帝國)에서 보낸 사절단을 그린 것입니다. 그러면 도대체 근대일본국(近代日本國)은 왜 이런 역사왜곡을 감행한 것일까요? 이 사안은 대륙의 조선(朝鮮)을 반도에 뒤집어씌우고 반도에서 고려(高麗)를 지운 것을 의미합니다. 이 사안은 후에 비중 있게 다룰 것입니다.

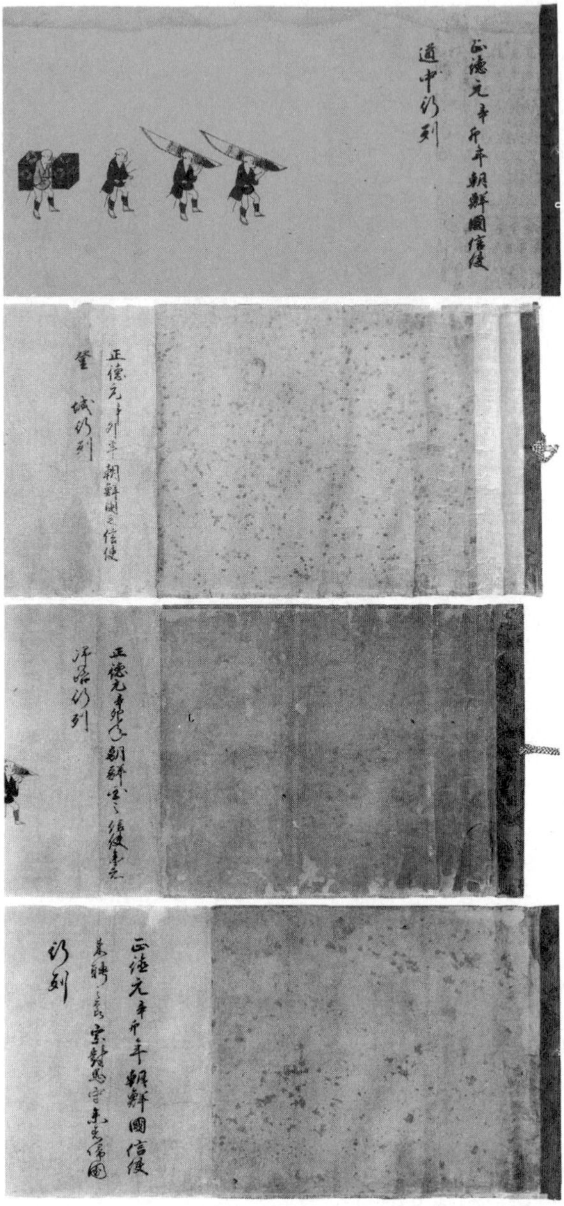

[그림 4-6] 위에서 차례대로 도중행렬도(道中行列圖), 등성행렬도(登城行列圖), 귀로행렬도(歸路行列圖), 귀국행렬도(歸國行列圖)의 앞부분.
출처: 조선통신사문화사업회·국사편찬위원회. 2005. 조선시대 통신사 행렬. 10, 86, 168, 248쪽.
[부록: 컬러 도판] 참조.

저는 본서의 서두에서 우리가 배우고 있는 정사(正史)의 조작 가능성에 대해 언급한 바 있습니다. 근대일본국(近代日本國)이 반도의 나라에서 파견했던 통신사 - 실제는 대청제국(大淸帝國)의 사절단 - 의 행렬도라고 제시한 그림도 일부 조작된 것으로 파악됩니다. [그림 4-6]은 열도에서 제시한 통신사 행렬도 네 점의 맨 앞부분만을 모아 놓은 것입니다. 그런데 천자(天子)의 연호(年號)와 조선국(朝鮮國)이라 적은 부분만 종이의 색깔이 다릅니다. 이것은 후에 누군가 덧붙인 것으로 파악됩니다. 그 누군가는 독자 연호를 그림에 삽입시킴으로써 열도가 대륙에 예속됨 없이 계속 독립을 유지해왔다는 거짓말을 하고 있는 것입니다. 아울러 천황(天皇)이 계속해서 건재해 왔다는 거짓말도 하고 있는 것입니다.

앞의 3장에서 저는 도요토미 히데요시(豊臣秀吉)가 작성했다는 <금제고려국(禁制高麗國)>이라는 문서를 다룬 바 있습니다. 그 문서에 천정(天正)이라는 연호(年號)가 등장한 것을 두고 저는 임진왜란(壬辰倭亂)을 일으키면서 도요토미 히데요시가 열도에 새로이 천황을 옹립한 흔적이거나 조작의 흔적이라 보아야 한다고 주장한 바 있습니다. [그림 4-7]은 역시 도요토미 히데요시가 작성한 문서인데 문록(文祿)이라는 연호가 보입니다. 그런데 보다시피 연호를 적은 부분만 역시 종이의 색깔이 다릅니다. 문서에서 "문록원년(文祿元年)"은 글의 내용을 적은 부분과 필체도 확연히 다릅니다. 이것도 역시 후에 누군가 덧붙인 것으로 파악할 수밖에 없습니다.

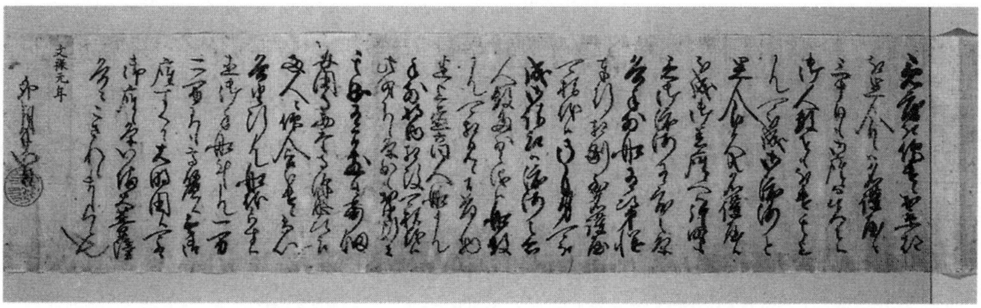

[그림 4-7] 도요토미 히데요시 주인장(豊臣秀吉朱印状).
출처: 鹿児島県歴史資料センタ-黎明館. 平成 20年. 黎明館 常設展示総合案内. 株式会社朝日印刷. 42쪽. [부록: 컬러 도판] 참조.

우리는 이런 조작된 정사(正史)를 배우고 있는 것입니다. 그러하기 때문에 진정한 정사를 찾으려면 조작이 들 되어 있을 만한 것을 들추어내야 합니다. 사람들이 무심코 쓰는 말, 지명의 원래 이름과 그 유래, 가문 대대로 내려오는 가보, 마을의 변형 등을 추적하다 보면 비로소 진실 된 정사에 근접할 수 있을 것입니다.

제가 청도기(淸道旗)를 앞장세우고 행진하는 이 사절단을 대청제국(大淸帝國)의 사절단으로 파악한 가장 큰 이유는 당대 열도인들이 이 사절단에 속한 사람들을 당인(唐人)이라 불렀다는 것입니다. 이미 앞의 2장에서 언급했지만 열도에서는 대청제국(大淸帝國)을 칭할 때에 청(淸)보다는 당(唐)이라 하는 경우가 더 많았습니다.

규슈(九州) 다자이후(大宰府)에 규슈박물관(九州博物館)이 있습니다. 저는 이 박물관을 2008년에 방문한 적이 있는데 그 곳에서 청도기(淸道旗)를 들고 행진하는 조선군(朝鮮軍) 모형전시물을 볼 수 있었습니다. 그런데 이 조선군을 박물관에서는 당인(唐人)이라 설명하고 있었습니다. 왜 당인(唐人)인가? 박물관 관계자는 예전에 일본에서는 외국(外國)을 다 당(唐)이라 불렀다고 설명하더군요. 그런데 그 관계자의 설명만 듣고 그런가보다 하고 믿어버린다면 참 역사를 찾고자 하는 사람의 태도가 아닙니다. 그 관계자의 설명을 믿더라도 왜 열도에서는 외국을 당(唐)으로 인식하게 되었는지를 좇아야 합니다. 조선(朝鮮), 청(淸), 당(唐)이 한자리에 모여 있는 그 광경이란 정말이지 흥미로울 뿐입니다.

그 관계자의 설명대로 열도에서는 외국(外國)을 다 당(唐)이라 부른다고 할 때, 열도인은 언제부터 외국을 당(唐)으로 인식하였을까요? 당연히 당(唐)이 존재하였던 시대부터 그렇게 인식하였을 것입니다. 당(唐)이 존재하였던 시대에는 태왕 고려(太王 高麗), 백제(百濟), 신라(新羅)도 존재하였던 시대입니다. 그리고 그 시대 열도인의 세계에 대한 인식은 당(唐), 태왕 고려(太王 高麗), 백제(百濟), 신라(新羅)를 좀처럼 넘지 못 했습니다.

이런 배경을 바탕으로 미루어 짐작하건데 열도인이 당(唐)을 외국으로 인식하게 된 가장 손쉬운 해석은 태왕 고려, 백제, 신라는 같은 동족의 나라로 인식한 반면에 당(唐)은 이족의 나라로 보았다는 것일 것입니다. 그런데 이런 해석으로는 풀리지 않는 의문점이 있습니다. 일단 사절단 그림의 주인공들이 반도인이었다는 근대일본국(近代日本國)의 주장을 수용해 봅시다. 그러면 당시 반도에 있던 나라에서는 자신들이 당(唐)으로 불리는데 아무런 문제 제기도 하지 않았을까요? 지금도 일본이 우리를 당(唐)으로 부른다고 생각해 보십시오. 여러분은 기분이 어떨 것 같습니까? 열도인이 뭐라고 한들 신경을 쓰지 않고 살면 되는 것입니까? 동해(東海) 표기문제를 가지고도 그렇게 열 받아 하는 사람들이 바로 우리들입니다. 중요한 사실은 앞의 3장에서 살펴보았지만 우리가 흔히 중세라 부르는 시대에 열도인은 반도를 언제나 고려(高麗)로 인식하고 있었다는 것입니다. 뻔히 고려인지 알면서도 이 사절단의 경우에만 한두 번도 아니고 계속해서 당(唐)이라 불렀다는 것은 도저히 납득하기 어려운 일입니다. 당(唐)이 외국을 표현하는 일반적인 용어라도 말입니다.

[그림 4-8] 활발하게 뛰어 춤추는 당인(活発に跳ね踊る唐人).
행사장소: 미에현(三重県) 스즈카시(鈴鹿市) 히가시타마가키마을(東玉垣町).
출처: 東海農政局(http://www.maff.go.jp/).

[그림 4-8]은 열도인들이 그림 속의 사절단 행렬을 직접 보고 300여년 전부터 지금까지 이를 재현하고 있는 모습입니다. 미에현(三重県) 스즈카시(鈴鹿市)에서는 이와 같은 재현행사가 줄 곧 이어져 왔다고 합니다. 얼마 전부터 한국에서도 위의 그림 속 사절단 행렬을 통신사 행렬로 파악하여 이를 재현한다고 하지만 어느 쪽이 보다 원래의 모습에 근접하리라 보십니까? 당연히 일본입니다. 열도인들은 300여년 동안 이를 재현하고 간직해 온 반면 우리는 이제야 근대일본국(近代日本國)이 전해 준 그림과 문헌을 바탕으로 이런저런 구색을 갖추어 행렬을 재현하고 있을 뿐입니다. 그런데 저 사진 속에 우리가 아는 조선(朝鮮), 반도에 있었다던 조선(朝鮮)의 모습은 보이질 않습니다. 사진 속에 등장하는 춤의 정식 명칭은 당인춤(唐人おどり)입니다.

당인춤(唐人おどり)은 유튜브(http://www.youtube.com/)에 접속하셔서 "唐人おどり"으로 검색하면 바로 보실 수 있습니다. 부산(釜山)에서 재현되고 있는 통신사 행렬과 전혀 다르다는 것을 단번에 아실 수 있습니다. 당인춤(唐人おどり)에 등장하는 복장과 악기 등은 반도인의 것이 결코 아닙니다. 당인춤(唐人おどり)에 등장하는 복장과 악기 등은 당인춤(唐人おどり)이라는 용어에도 나와 있듯이 당인(唐人), 즉 대청제국(大淸帝國) 백성들의 것입니다. 당인춤(唐人おどり) 동영상을 보고도 열도인이 그린 사절단 그림 속의 주인공들이 반도에서 파견했던 통신사 사람들이라 주장할 수 있을까요? 그런데 왜 이에 이의를 제기하는 역사학자가 단 한명도 없을까요? 정말 이상한 일이 아니라 할 수 없습니다. 단지 동영상과 사진만 봐도 단번에 알 수 있는 일인데 말입니다.

아래는 당인춤(唐人おどり)을 출 때 부르는 노래의 가사로 열도인들에 의해 지금까지 구전되어 내려온 것입니다. 가사가 히라가나(ひらがな)가 아니라 가타가나(がたがナ)로 적혀 있는 것으로 보아 당시 열도인은 당(唐), 즉 청(淸)을 외국으로 인식했음을 알 수 있습니다. 아래 가사를 읽어보십시오. 아무리 일본어로 표기되어 전래된 것이라고 하지만 우리가 아는 반도의 언어를 흉내 내지 않았음을 대번에 알 수 있습니다.

구전 노래 제목

長歳哉、変わらで祭る弥都賀伎の五穀成就と踊る唐人
(장세재, 변함없이 제사 지내는 미즈가키의 오곡 성취와 춤추는 당인)

가 사

1) 일본어(원문) 표기 및 해석

オーイ	テンカンピーイニ キョーランパ ドッコイ
	天干日 今日寛晴 (みなさん良いお天気で)
	ジョウヤニ ミモトォ ハーハー
	きれいに つけたで 見ておくれ。
イーヤ	タイシャクパーアニ スイシャクパー
	帝釈天さん 水釈天さん (お天とうさん 水神さま)
	ハイタカ タツヤカ ナンボニィ ハーハー
	いつも おまもり ありがとう。
オーイ	シィンク クノエンツレバ
	辛苦(辛い仕事) 縁なれば
キーツ	ヤカオモンパァ ハーハー
	少しもきついと思いません。
イーヤ	ハラバ カカヤカァー ハーハー
	お腹 食べるためには休まずに
鐘	(トッチンイツ トッチン トッチンイツ トッチン トッチンイツ トッチン チンチンチンシャン)
	田植だ。田植だ。忙しい。
オーイ	リンパーフキタカタチツレバ テッルテッテンデ
	隣甫 隣はすんだか たたずめば

イーヤ	テレハーローバ エンパ シドロン ハーハー
	どうやら みんな無事終わり 今年もやれやれ一安心。
鐘	(チチン チチン チチン チッ テーンデ)
オーイ	ニンツラ シューゥワ ミメンタン ドッコイ
	人面衆者 美面談 (みんなそろって美男子で)
	テンデガ モモショカ タイミメン ドッコイ
	どこのお百姓さんかわからんが。
	ソーシガ コロコロ ジンパァーッパア
	石臼から黄金が出るように
鐘 (チン チン チィン シャン)	
	みんなで祈りましょう。

2) 한국어 표기 및 해석 < (　) 안은 의역 >

오-이	텐칸피-이니 쿄-란파 돗코이
	모두에게 좋은 날씨로 (여러분 좋은 날씨[인사말])
	죠우야니 미모토 하-하-
	예쁘게 만들었다 봐다오. (예쁘게 만들었으니 봐주오.)
이-야	타이샤쿠파-아니 스이샤쿠파-
	하늘의 신 물의 신
	하이타카 타츠야카 난보니- 하-하-
	언제나 부적 고마워요. (언제나 지켜줘서 고마워요.)
오-이	신-쿠 쿠노엔츠레바
	괴로운 일 생겨도
키-츠	야카오몬파- 하-하-
	조금도 힘들다고 생각하지 않겠습니다.
이-야	하라바 카카야카- 하-하-
	배 먹기 위해서 쉬지 않고 (굶지 않기 위해서는 쉬지 않아야)

종(鐘)　(톳친이츠 톳친 톳친이츠 톳친 톳친이츠 톳친 친친친샨)
모네기다. 모네기다. 바쁘다.

오-이　린파-후키타카타치츠레바 텟루텟텐데
근처에 살았을까 잠시 멈춰서면 (옆집은 다 끝냈을까, 잠시 멈춰서면)

이-야　테레하-로-바 엔파 시도론 하-하-
아무래도 모든 것이 무사히 끝나도록 올해도 해야 안심.
(겨우 모든 일을 무사히 끝내고, 올해도 아이구, 이젠 안심이다.)

종(鐘)　(치친 치친 치친 칫 텐-데)

오-이　닌츠라 슈-우와 미멘탄 돗코이
모두 모여 아름다운 남자로 (모두 빠짐없이 멋쟁이로[미남으로])
텐데가 모모쇼카 타이미멘 돗코이
어느 백성인지 알 길이 없네. (어느 백성인지 알 수 없지만)
소-시가 코로코로 진파아-파아
맷돌로 황금이 나오도록 (맷돌에서 황금이 나올 수 있도록)

종(鐘)　(친 친 치이 샨)
모두 빕시다.

위에 열도인이 그린 사절단 그림 속의 사람들이 대청제국(大清帝國) 백성들임은 [그림 4-9]를 보면 보다 정확히 알 수 있습니다. 그림은 카츠하야히신사(勝速日神社)에서 1997년에 발견된 휘장(幔幕)에 그려져 있는 것입니다. 이 신사는 당인춤(唐人おどり)이 전해 내려오는 미에현(三重県) 스즈카시(鈴鹿市)에 위치해 있습니다. 휘장은 에도시대(江戸時代) 중기에 제작된 것으로 추정되는데 역시 열도에 온 사절단 행렬을 그린 것입니다. 그림에는 "청도(淸道)"뿐만 아니라 "청풍(淸風)"이 적힌 깃발도 보입니다. 이들의 복식은 이들이 영락없이 대청제국 백성들임을 알려줍니다. 그림에서 반도에 있었다던 나라의 백성들 모습은 보이질 않습니다.

[그림 4-9] 미에현(三重県) 스즈카시(鈴鹿市) 시라코니시마을(白子西町)에서 발견된 휘장(幔幕)에 그려져 있는 그림. 소장: 스즈카시 고고 박물관(鈴鹿市考古博物館). 출처: http://www4.airnet.ne.jp/sakura/korea_1.html. [부록: 컬러 도판] 참조.

[그림 4-10] 영국박물관(British Museum)에서 소장하고 있는 통신사 그림. 출처: 위키백과(http://ja.wikipedia.org/).

물론 반도에서도 사람들을 열도에 파견했습니다. [그림 4-10]은 1655년에 반도에서 파견한 통신사를 그린 것으로 파악되는데 현재 영국박물관(British Museum)이 소장하고 있다고 합니다. 복장을 보아하니 그림에 등장하는 사람들은 반도인이 분명합니다. 도대체 이 그림은 누가 그렸고 어떤 경로로 영국까지 옮겨져 있는 것일까요? 확실한 것은 [그림 4-9]와 [그림 4-10]은 도저히 같은 나라 사람들로 볼 수 없다는 것입니다. 그런데 우리는 [그림 4-9]에 근거해서 통신사 재현행사를 하고 있습니다. 그것도 조선통신사(朝鮮通信士)라는 이름으로 말입니다.

지금까지 본장에서 설명한 바를 정리해 보면 다음과 같습니다. 열도에서 청도기(淸道旗)를 들고 행진하였던 사절단은 대청제국(大淸帝國)의 사절단입니다. 그리고 이들은 열도에서 당인(唐人)이라 불리었습니다. 아울러 열도에서는 이 사절단이 고려(高麗)가 아니라 조선(朝鮮)에서 왔다고 항시 설명하고 있습니다. 즉, 청(淸)이 당(唐)이며 조선(朝鮮)인 것입니다.

2) 조선의 첫 번째 의미: 민족(民族)

그러면 어떻게 청(淸)이 당(唐)으로 불릴 수 있었을까요? 우리는 청(淸)이 김(金)을 계승한 나라임을 배워 알고 있습니다. 그리고 김(金)과 청(淸)은 여진족(女眞族)이 세운 나라라 배웠습니다. 그러면 도대체 당(唐)은 어떤 나라였을까요? 어떤 나라이기에 열도인들이 청(淸)을 당(唐)으로 부른 것일까요?

중요한 사실은 당(唐)의 지배층은 한족(漢族)이 아니라 선비족(鮮卑族)이었다는 것입니다. 양만춘(梁萬春) 장군의 화살에 한쪽 눈을 잃은 당태종(唐太宗) 이세민(李世民)은 자랑스러운 한족(漢族) 사람이 아니라 그들이 오랑캐라 부르는 선비족(鮮卑族) 사람인 것입니다. 그런데 선비족(鮮卑族)은 조선민족(朝鮮民族)의 일족입니다. 또한 흥미로운 사항은 선비족이 신라(新羅)를 구성한 주된 종족이라는 것입니다. 이미 신채호(申采浩) 큰선생께서는 신라의 화랑(花郎)은 본래 상고시대 소도제단(蘇塗祭壇)의 무사로서 당시에 "선비"라 일컬어졌던 사람이라고 했습니다. 여기서 "선비"는 한자로는 "鮮卑"로 표기될 것입니다.

> 「郎(랑)」은 곧 신라의 화랑(花郎)이니, 화랑은 본래 상고(上古)시대 소도제단(蘇塗祭壇)의 무사(武士), 곧 그때 「선비」라 불렀던 것인데, 고구려에서는 조의(皂衣: 검은색의 옷)를 입었으므로 「조의선인(皂衣仙人)」이라 하였고, 신라에서는 그 미모(美貌)를 취하여 「화랑(花郎)」이라 하였다. 화랑을 국선(國仙)·선랑(仙郎)·풍류도(風流徒)·풍월도(風月徒) 등으로도 불렀다.

(신채호. 박기봉 옮김. 2007. 「조선사연구초」 조선상고문화사(외). 비봉출판사. 446-447쪽)

1961년 경주(慶州)에서 발견된 문무왕(文武王) 능비에 "투후제천지륜전칠엽(秺侯祭天之胤傳七葉)"이라는 구절이 나옵니다. 이는 "투후(秺侯)가 하늘에 제사지냄(祭天)이 이어져(胤) 전하길(傳) 칠대(七葉)에 이르렀다"로 해석이 됩니다. 이는 신라의 문무왕이 자신의 조상을 투후(秺侯)라 적은 것인데 많은 학자들은 투후(秺侯)를 흉노족(匈奴族) 김일제(金日磾)로 파악하고 있습니다. 이는 신라 김씨의 뿌리가 흉노족임을 알려주는 것입니다. 그런데 흉노(匈奴)가 바로 선비(鮮卑)입니다. 서길수 교수에 의하면 몽골에서는 "흉노(匈奴) → 선비(鮮卑) → 유연(柔然) → 돌궐(突厥) → 위구르(回纥) → 원(元) → 몽골공화국"으로 자국사를 파악하고 있다고 합니다. 이는 선비(鮮卑)가 흉노(匈奴)를 계승하였음을 보여주는 것입니다. 흉노와 선비의 차이는 시대와 주도하는 부족에 따라 달리 불려 진 차이에 불과한 것입니다.

한편, 신라 김씨의 뿌리가 모용(慕容) 선비족(鮮卑族)이라는 설도 있습니다. 모용 선비족이 세운 연(燕)나라가 고국원왕(故國原王) 재임시(331 - 371년) 태왕 고려(太王 高麗)를 침입해 들어왔는데(342년), 그 일파가 귀국에 실패한 후 한반도 동해안을 따라 내려가 신라(新羅)의 전신인 사로국(斯盧國)을 점령했다는 주장입니다. 이 주장의 근거로 법흥왕(法興王)의 성씨가 원래 모씨(募氏)였다는 기록이 제시됩니다. 당(唐)나라의 요사렴(姚思廉)이란 학자가 쓴 <양서(梁書)>에는 법흥왕의 성은 "募(모)", 이름은 "秦(진)"으로 기록되어 있습니다. <삼국사기(三國史記)>에도 법흥왕의 성이 "모씨(募氏)"로 기록되어 있습니다.

法興王立, 諱原宗。「冊府元龜, 姓募名泰, 泰, 遺事王曆作秦」智證王元子, 母延帝夫人, 妃朴氏保刀夫人。

법흥왕(法興王)이 즉위하니 이름은 원종(原宗)이다. 「책부원구(冊府元龜)에 성은 모(募), 이름은 태(泰)라 했는데, 태(泰)는 유사(遺事) 왕력(王曆)에는 진(秦)이라 돼 있다」 지증왕(智證王)의 원자이다. 어머니는 연제부인이다. 비는 박씨, 보도부인이다.

[출처: 삼국사기(三國史記) 신라본기(新羅本紀)]

신라 김씨의 뿌리는 모용씨(慕容氏)이며, 이 모용씨가 신라에서는 모씨(募氏)로 사용되다가 법흥왕 후반기에 김씨(金氏)로 바뀌었다는 주장입니다. "慕"와 "募"는 글자가 비슷하고 다 같이 "모"로 발음되니 옮기는 과정에 혼동이 생긴 것으로 파악이 가능합니다. (이에 대해 보다 자세히 알고 싶으신 독자들께서는 <장한식. 1999. 신라 법흥왕은 선비족 모용씨의 후예였다. 풀빛>을 참고하시기 바랍니다.) 신라 김씨의 뿌리가 흉노족(匈奴族)이던 모용(慕容) 선비족(鮮卑族)이던 간에 범선비족(凡鮮卑族)임은 분명합니다.

이런 정황으로 미루어 볼 때 7세기 있었던 당(唐)과 신라(新羅)의 연합은 범선비족(凡鮮卑族) 연합으로 볼 수 있습니다. 이에 반해 태왕 고려(太王 高麗)와 백제(百濟)의 연합은 범부여족(凡夫餘族) 연합으로 볼 수 있습니다. 선비족(鮮卑族)과 부여족(夫餘族)은 조선민족(朝鮮民族)을 구성하는 양대 종족입니다. 이건 아주 중요한 사항으로 다음 장에서 자세히 다룰 것입니다. 그런데 신라(新羅)를 이은 나라가 바로 김(金)과 청(淸)입니다. 그러니 열도에서 청(淸)을 당(唐)으로 명명한 것은 청(淸)이 선비족(鮮卑族)의 나라라는 너무나 정확한 지적인 것입니다.

당(唐), 신라(新羅), 청(淸)의 상징물이 사자(獅子)로 동일했던 이유가 이제는 분명히 설명됩니다. 이들 나라를 지배했던 종족이 선비족(鮮卑族)으로 같았기에 동일한 상징물을 사용한 것입니다. 기타규슈(北九州)에 있는 코쿠라성(小倉城)의 천수각(天守閣) 양식은 당풍(唐風)이라 하는데 왜 당풍이라 하는지도 이제 쉽게 설명이 가능합니다. 당시 열도에서 갑자기 복고풍이 유행하여 1300여년 전에 있었던 당(唐)나라의 양식을 찾아내어 이를 재현하지는 않았을 것입니다. 당시 당(唐)은 청(淸)을 의미하는 것이고, "당풍(唐風)"은 "청풍(淸風)"인 것입니다.

그러면 청(淸)이 왜 조선(朝鮮)이라 불리었을까요? 물론 청(淸)이 선비족(鮮卑族)의 나라이고 선비족은 조선민족(朝鮮民族)의 일족을 구성합니다. 그런데 우리는 청(淸)을 구성한 종족이 스스로 조선민족임을 자부했다는 것도 알아야 합니다. 우리는 대김제국(大金帝國)과 대청제국(大淸帝國)의 종족명을 흔히 한자로 "女眞"이라고 적으며 "여진"으로 발음합니다. 그러나 "여진"은 본래의 발음이 아닙니다. 여진인(女眞人)들은 "女眞"은 "주신"으로 발음합니다. 지금 당장 서양의 포털사이트에서 "女眞"을 검색해 보기 바랍니다. 서양에서는 "女眞"을 "Juchen", "Jurchen", "Ju-chen" 등으로 표기하고 있음을 바로 알게 될 것입니다. 우리는 보통 "ch"를 [tʃ], 즉 "취"로 발음합니다. 그러나 그건 영어 발음입니다. 프랑스어에서는 "ch"를 [ʃ], 즉 "쉬"로 발음합니다. 대김제국(大金帝國)이 있었던 시대(1115 - 1234년)에 서양에서는 프랑스가 패권 국가였습니다. 영국에서는 프랑스계 노르만 왕조(Norman Dynasty)가 1066년 선 이후 1362년 에드워드 3세(Edward III)에 의한 칙령이 내려지기까지 프랑스어가 공용어로 사용되었습니다. 그러므로 "Juchen", "Jurchen", "Ju-chen"의 "ch"는 프랑스어 발음인 [ʃ], 즉 "쉬"로 발음되어야 합니다. 아울러 프랑스어에서 "ch" 뒤의 "e"는 [(ə)], 즉 "(으)"로 거의 발음이 되지 않습니다. 그러므로 "Juchen", "Jurchen", "Ju-chen"는 "쥬쉰", 즉 "주신"으로 발음됩니다. (참고로 우리는 서양에서 패권국가가 바뀜에 따라 패권국가의 당시 언어에 의해 동양의 여러 국명과 지명이 달리 발음되었음을 고려해야 합니다. 이를 고려하지 않으면 원래 발음이 지니고 있던 뜻과 실체를 알지 못해 역사를 왜곡하는 우를 범하게 됩니다.)

그런데 주신(珠申), 주신(州愼), 숙신(肅愼), 식신(息愼), 직신(稷愼), 조신(鳥愼) 등으로 표기되었고 발음되었던 실체가 바로 "조선(朝鮮)"입니다. 이는 신채호(申采浩), 정인보(鄭寅普), 안재홍(安在鴻) 선생 등께서 이미 밝혀 두신 사항입니다.

> 이전의 사서(史書)를 가지고 상고(詳考)해 보면, 「조선(朝鮮)」과 「숙신(肅愼)」은 대개 동일한 나라이다.
>
> 오월춘추(吳越春秋)에서 "안으로는 부산(釜山)에서의 주신(州愼)의 공을 칭송하였다(內美釜山(부산)州愼(주신)之功)"라고 한 「주신(州愼)」에 대하여 주(註)를 단 사람은 무슨 말인지 모르겠다고 하였으나, 그 앞뒤 문장의 뜻을 보면, 부산은 복부산(覆釜山) 곧 도산(塗山)이고, 주신(州愼)은 조선(朝鮮)이니, "州愼之功(주신지공)"이라고 한 것은 창수사자(蒼水使者)인 부루(夫婁)의 공(功)을 가리킨 것이다. 부루는 조선의 태자이고, 도산은 부루가 하(夏)의 우(禹)에게 치수법(治水法)을 전해준 곳이므로, 하(夏)의 우왕(禹王)이 후에 그 공을 잊지 못하여 이같이 감탄하고 흠모한 것이다.

조선을 주신(州愼)이라 하였으므로, 주신(州愼)과 동음(同音)인 숙신(肅愼)도 조선이 되는데, 이는 사실 조선·숙신이 한 나라였음을 말한 것이다.

(신채호. 박기봉 옮김. 2007. 「조선상고문화사」 조선상고문화사(외). 비봉출판사. 34쪽)

정인보 선생도 은나라·주나라 시대부터 등장한 숙신이 식신(息愼) · 직신(稷愼) · 주신(珠申) 등으로 기재되었음에 근거하여 이런 형태로 '조선(朝鮮)'이라는 나라 이름이 성립되었을 것으로 추측했습니다. (정인보. 조선사연구(上). 서울신문사. 1946)

조선에 대한 말의 기원을 오랫동안 연구했던 러시아의 L. R. 콘체비치도 조선이라는 말이 숙신에서 나왔다고 했습니다. 콘체비치는 사료에 나타나는 고대 조선족과 숙신족의 인구 분포가 지리적으로 일치하고 있다는 점, 사료상 동이(東夷)에 속한다는 점, 숙신족과 조선족의 종족 형성 과정이 유사하고 새라는 공동의 토템을 가지고 있다는 점, 두 민족 모두 백두산을 민족 발상지로 보고 있다는 점 등을 지적하고 있습니다. (L. R. 콘체비치. 한국의 역사적 명칭. 모스크바. 1970)

(김운회. 2006. 대쥬신을 찾아서 1. (주)해냄출판사. 184쪽)

3) 신(Chin) 계열의 나라들

[그림 4-11]은 현대 서양학자들이 그린 13세기 동북아시아 지도입니다. 물론 각국의 영토의 크기와 중심된 위치는 실제와 다를 수 있습니다. 중요한 것은 대김제국(大金帝國)의 민족명이 Jurchen(주신), 즉 조선(朝鮮)으로 표기되어 있다는 것입니다. 그리고 국가명이 한국인에게 익숙한 "Kum(금)"이 아니라 "Kin(김)"으로 표기되어 있습니다. 제가 "大金帝國"을 "대금제국"이 아니라 "대김제국"이라 표기하는 이유가 여기에 있습니다. 당시 고려인(高麗人)은 성씨뿐만 아니라 나라를 지칭할 때에도 "金"을 "금"이 아니라 "김"으로 발음하였던 것입니다. 아울러 "大

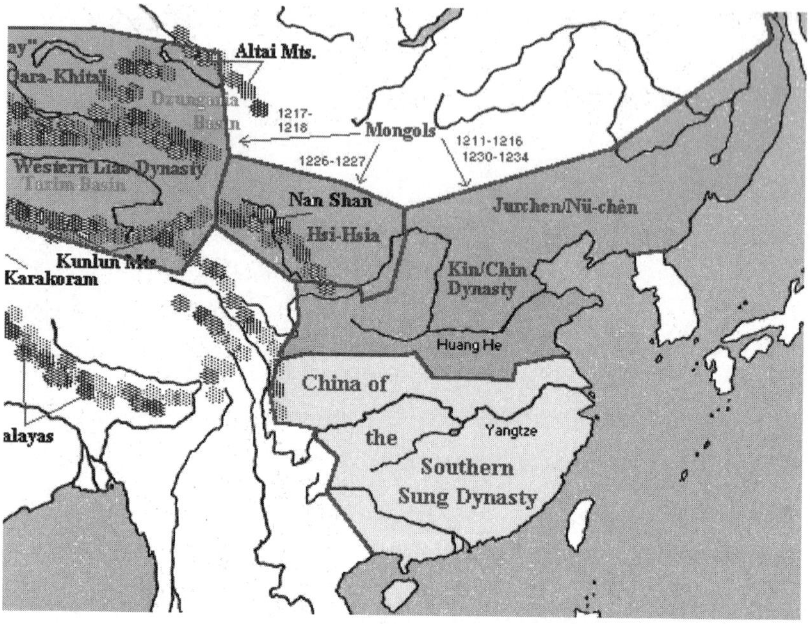

[그림 4-11] 서양학자들이 그린 13세기 동북아시아 지도.
출처: http://www.imperialchina.org/Jurchen-Jin.html.

金帝國"이 "Chin(쉰)"으로도 표기되어 있습니다. (여기서 "Chin"의 "ch"도 "Juchen", "Jurchen", "Ju-chen"의 "ch"와 마찬가지로 프랑스어 발음인 [ʃ], 즉 "쉬"로 발음되어야 합니다. 그러므로 "Chin"는 [ʃin], 즉 "쉰"으로 발음됩니다. 이미 말씀드렸지만 대김제국(大金帝國)이 있었던 시대에 서양에서는 프랑스가 패권 국가였고, 프랑스어가 서양의 대표언어였습니다.) 프랑스에서 "Kin(김)"뿐만 아니라 "Chin(쉰)"으로도 대김제국(大金帝國)을 표기한 이유는 "金"을 고려어(高麗語) 발음뿐만 아니라 주신어(女眞語), 즉 만주어(滿洲語) 발음으로도 표기했기 때문입니다. "金"은 고려어로 "Kin(김)"으로 발음됩니다. 대부분 고려(高麗)의 후예인 한국인에게 이 발음이 익숙합니다. 그런데 "金"은 주신어(女眞語)로 "Chin(쉰)"으로 발음됩니다. 주신족(女眞族)이 "金"을 "신(쉰)"으로 발음했다는 것은 신채호 큰선생께서도 언급하셨습니다. 흥미로운 사항은 "金"이 "朱里眞(주리진)", 즉 "신(愼)"인데, "조선(朝鮮)"이 "주신(女眞)"이니 "조선(朝鮮)"도 "신(愼)"의 발음을 공유하고 있다는 것입니다. 더욱이 조선은 주신이고, 주신은 주리진, 즉 주(리)신과 거의 같은 발음입니다. 이는 "金 = 주리진 = 주리신 = 주신 = 신 = 朝鮮"으로 파악이 가능합니다. 결국 이는 "金 = 朝鮮"임을 알려주는 것입니다.

> <大金國史>에서 "金의 본래 성(姓)은 「朱里眞(주리진)」이고, 주리진은 「愼(신)」의 음(音)이 바뀐 것이고, 그 뜻은 「金」이다."고 하였는데, 조선의 뜻도 혹시 이와 같은 것이 아닐까 생각한다.

(신채호. 박기봉 옮김. 2007. 「조선상고문화사」 조선상고문화사(외). 비봉출판사. 35쪽)

프랑스가 서양에서 패권을 장악하고 있었을 때 프랑스는 "大金帝國"에 대한 알파벳 표기를 "Kin", "Jin", "Chin"으로 두로 사용하다가 "Chin"으로 통일합니다. ("金"은 한어(漢語)로는 "진(Jin)"으로 발음됩니다.) 이는 "金"에 대한 표기기준을 주신어(女眞語) 발음으로 정하였다는 것을 알려줍니다. 그런데 프랑스어는 명사를 남성과 여성으로 구분하며 여성명사에는 보통 뒤에 "e"가 붙습니다. 프랑스에서는 "Chin"을 여성명사로 규정하고 뒤에 "e"를 붙여 "Chine"으로 표기하기로 최종 결정합니다. 결국 "Chine"에 여성 정관사 "La"를 앞에 붙여 "La Chine"으로 "大金帝國"에 대한 표기를 공식화 합니다. 지금도 프랑스는 대륙에 있는 국가를 "La Chine"으로 표기합니다. 지금도 "La Chine"으로 표기한다는 것은 중요한 의미를 갖습니다. 대김제국(大金帝國)을 이은 대청제국(大清帝國)도 "La Chine"으로 표기했다는 것을 알려주기 때문입니다. 이는 "金"과 "淸"이 비록 한자는 다를지라도 둘 다 주신어(女眞語), 즉 만주어(滿洲語)로 "쉰(Chine)"으로 발음됨을 알려줍니다. 일본어에서도 "淸"은 "신(しん)"으로 발음됩니다. 이 점도 주의 깊게 봐야 할 사항입니다.

우리는 "淸"이 "金"을 이은 나라라는 것을 잘 알고 있습니다. 현대 한국인은 이들 나라를 지칭할 때 흔히 "金"을 "금"으로 "淸"을 "청"으로 발음합니다만 만주어(滿洲語) 발음을 기준으로 할 때 이는 옳은 발음이 아닙니다. 나라 이름으로 쓰일 때 "金"과 "淸"은 모두 "신(쉰)"으로 발음해야 정확한 것입니다. 만주어(滿洲語) 발음을 기준으로 해서 "신(쉰)"으로 발음해야 그 역사가 온전히 보전될 수 있습니다. (본서에서는 독자들의 혼란을 피하기 위해 특별한 경우를 제외하고, "金"은 13세기 고려어(高麗語)의 발음 기준에 따라 "김"으로 "淸"은 현대 한국어(韓國語)의 발음기준에 따라 "청"으로 표기하였습니다.) 그런데 프랑스에서는 대김제국(大金帝國)과 대청제국(大淸帝國)을 모두 "Chine(쉰)"으로 표기해 왔는데 정작 대청제국은 제국 말기에 스스로 "Ching(칭)"이라 표기한 바가 있습니다. (대청제국 후반기에 들어서 서양의 패권 국가는 영국이 되었으며 영어가 프랑스어를 대신해 서양의 대표언어가 되었습니다. 그러므로 "Ching"의 "ch"는 [tʃ], 즉 "취"로 발음되어 "Ching"는 "칭"으로 발음되어야 할 것입니다.)

대청제국(大淸帝國)이 스스로 "Ching(칭)"이라 표기한 것은 대청제국이 발행한 지폐를 통해 확인이 가능합니다. [그림 4-12]는 중국은행(中國銀行)의 전신인 대청은행(大淸銀行)이 1908년에 발행한 5달러 지폐입니다. 지폐에 대청은행(大淸銀行)에 대한 영어표기가 "THE TA-CHING GOVERNMENT BANK"로 되어 있습니다. 이 영어표기에서 "TA-CHING"은 "大淸"을 표기한 것입니다. "TA"가 "大"를 영어로 표기한 것이니 "CHING"이 "淸"의 영어표기임을 알 수 있습니다.

[그림 4-12] 대청은행(大淸銀行)이 1908년에 발행한 5달러 지폐.

"淸"이 대청제국(大淸帝國) 후반기에 들어 "칭(Ching)"로 표기되기 시작했지만, 이 "칭"은 "신(쉰)"으로부터 기원한 발음이 틀림없습니다. 한국에서 발간된 만주어 논문을 보면 "대청(大淸)"이 "Daicing"으로 표기되어 있는데 이는 "청(淸)"이 "Cing(싱)", 즉 "신(쉰)"으로 발음되었음을 알려줍니다. "Ching"은 "Chin(e)"과 "Cing"의 교묘한 결합인 것입니다. 이 결합으로 인해 "신(쉰)"의 발음이 "칭"으로 바뀌었습니다. 물론 "Ching"을 프랑스어로 발음하면 "슁(싱)", 즉 "쉰(신)"이 됩니다. 그러나 영어가 서양어 발음의 기준이 되어버린 대청제국 후반기에 들어와 "淸"에 대한 원래 만주어 발음은 서서히 상실되었던 것으로 판단됩니다. 이렇게 된 이유는 영국의 언어 조작에 의한 것일 가능성이 큽니다. 본장 후반부에서 다룰 것이지만 이 당시 영국은 언어 조작을 대대적으로 감행하였습니다. 아니면 이 당시 만주족(滿洲族)이 한족(漢族)에 밀리기 시작하면서 그 발음마저도 한어(漢語)가 기준이 되었던 상황을 반영한 것일 수도 있습니다.

이 시대 영국에서는 대청제국(大淸帝國)의 언어를 알파벳으로 옮기는 방식이 웨이드(Thomas Francis Wade)에 의해 새로이 개발됩니다. 그는 주청(駐淸) 영국대사(英國大使)를 역임했고, 캠브리지대학교(University of Cambridge)에서 최초로 대청제국 언어과 교수를 맡았던 인물로 대청제국에 대해서는 영국에서 제일의 전문가였습니다. 그는 1867년에 영국에서 최초로 대청국어(大淸國語) 교재를 출간하였는데, 이를 통해 대청제국어(大淸帝國語)에 대한 기존의 프랑스어 알파벳 표기가 대체됩니다. 이 표기법은 후에 영국의 외교관이었던 자일스(Herbert Allen Giles)에 의해 다듬어집니다. 이 표기법을 보통 웨이드-자일스(Wade-Giles) 방식이라고 합니다. 이렇게 알파벳 표기법이 새로 만들어지는 시기와 "Chine(쉰)"과 "Cing(싱)"을 대신해 "Ching(칭)"이 주된 표기로 등장한 시기는 공교롭게도 정확히 일치합니다. 이를 과연 우연으로 보아야 할까요?

대청제국(大淸帝國)이 종족명을 "주신(女眞)"에서 "만주(滿洲)"로 바꾼 이유는 "문수보살(文殊菩薩)"을 숭상하여 "문수"의 발음을 빌려 "만주"로 정한 것으로 알려져 있습니다. "문수보살"은 산스크리트어로는 만주스리(Manjusri)로 발음됩니다. 그런데 국호를 "김(金)"에서 "청(淸)"으로 바꾼 이유는 좀처럼 설명이 이루어지지 않고 있습니다. (국호 변경에 관한 사항은 본장 후반부에서 다룰 것입니다.) 어찌되었든 중요한 사실은 한자는 바꾸었을지언정 만주어(滿洲語) 발음 "신(쉰)"은 이어 갔다는 것입니다. 왜 대청제국은 "신(쉰)"의 발음을 고집했던 것일까요? 그것은 대청제국(大淸帝國)은 신라(新羅)와 대김제국(大金帝國)에 그 뿌리를 둔 "신(新/金: Gold)"의 나라이며, "신(愛新覺羅/金)"을 성씨로 하는 황제(皇帝)가 통치하는 나라였기 때문입니다. 신라(新羅)의 서울이 "金城(Gold City)"이었으니, "新"과 "金"의 연관성에 대해서는 더 이상 언급할 필요도 없습니다.

한 가지 제가 궁금해 하는 것은 한반도에서 "金"을 언제부터 성씨로 쓰일 때는 "김"으로 "국호"를 지칭하거나 "황금(Gold)"의 의미를 지닐 때에는 "금"으로 나누어 발음하게 되었을까 입니다. 한반도에서 원래 "金"은 "김"으로 발음되어 성씨로도 쓰였으며, 또한 "황금(Gold)"의 의미로도 쓰였으며, 아울러 국호를 일컬을 때에도 사용되었습니다. 이는 [그림 4-11]에 표기된 13세기 고려어(高麗語) 발음을 통해 확인이 가능합니다. 저는 "金"의 발음을 "김"과 "금"으로 분리시킨 것도 역사왜곡의 일환이라고 생각합니다. 대김제국(大金帝國)을 반도인과 분리시키려는 이간책이 누군가에 의해 사용되었던 것은 아닌가 하는 의심이 듭니다. 신라(新羅)가 대김제국(大金帝國)으로 부활하자 고려(高麗) 왕실에서는 국내에 있었던 신라 김씨들의 동요를 겁내 하였을 것입니다. 신라 김씨들은 이미 고려조정에도 많이 진출해 있었습니다. 대표적인 인물이 바로 김부식(金富軾)입니다. 신라 김씨의 직계인 김부식은 신라를 이은 대김제국을 정벌하자던 묘청(妙淸) 일파를 1136년에 완전히 토벌하는데 이후 고려 조정은 신라계(新羅系)가 장악하였다고 보아야 합니다. 고려 왕실은 분명히 위기를 느꼈을 것이고 이에 대김제국(大金帝國)과 국내의 신라 김씨를 분리시키기 위해 많은 고민을 하였을 것입니다. 이에 "金"의 발음을 분리하기 시작했던 것은 아닐까요? 확실한 것은 "大金帝國"을 "대김제국"으로 발음했을 때 우리는 이 나라와 우리와의 연관관계를 더 따져보게 된다는 것입니다. 반면에 "대금제국"으로 발음했을 때 우리는 이 나라를 우리와 상관없는 여진족(女眞族)의 나라로만 인식하게 됩니다.

지금까지 우리는 청도기(淸道旗)와 언어분석 등을 통해 마지막 조선제국(朝鮮帝國)의 실체를 어느 정도 파악하였습니다. 그러나 조선제국의 실체는 복잡하고, 조선(朝鮮)이 포함하고 있는 의미가 다차원적이기 때문에 대청제국(大淸帝國)이 마지막 조선제국이었다고 간단히 언급하고 끝낼 수만은 없습니다. 마지막 조선제국의 실체를 파악하기 위해서는 제국의 체제도 들여다보아야 합니다. 조선제국의 체제도 역시 청도기를 통해 파악이 가능합니다.

4) 대륙의 청도기(淸道旗), 반도의 청도기(淸道旗)

지금까지 저는 청도기(淸道旗)를 대청제국(大淸帝國)의 깃발로만 설명했습니다. 그런데 반도에 있던 나라에서도 청도기가 사용되었습니다. 우리의 고전 <춘향전(春香傳)>에도 청도기가 등장합니다. 아래는 춘향전의 일부로 변학도가 남원(南原)에 사또로 부임하는 장면을 묘사한 것입니다.

> 전주에 도착하여 경기전(慶基殿) 객사에서 임금의 명령을 읽는 의식을 거행한다. 영문(營門)에 잠깐 들렀다가 좁은목 썩 내달아 만마관, 노구바위 넘어 임실을 얼른 지나 오수에 들러 점심 먹고 곧장 임지로 들어간다. 오리정으로 들어갈 제, 장수가 나와 호위하고 육방(六房) 하인들은 청도기(淸道旗)를 들고 인도한다. 이때 청도기(淸道旗) 한 쌍, 홍문기(紅門旗) 한 쌍, 주작기(朱雀旗) 좌우에 붉은 바탕 초록 무늬 깃발 홍초남문 한 쌍, 청룡기(靑龍旗) 좌우에 남색 깃발 한 쌍, 현무기(玄武旗) 좌우에 검은 바탕 붉은 무늬 깃발 한 쌍, 등사기(螣蛇旗), 순시기(巡視旗) 한 쌍, 영기(令旗) 한 쌍이 벌여 있다.

(작자미상. 송성욱 옮김. 2006. 춘향전[완판 열녀춘향수절가 84장본]. 민음사. 97-98쪽)

도대체 이건 어떻게 해석해야 할까요? 제가 알아본 바에 따르면 경상도(慶尙道) 지역에서는 지금도 청도기(淸道旗)를 앞장세우고 행진하는 축제가 실시되고 있다고 합니다. 반도에서 청도기가 사용되었으니 그러면 지금까지 제가 전개해 온 이야기는 다 거짓이 되는 것일까요? 그러나 여러분도 목격하셨다시피 열도인이 그린 청도기를 든 사절단의 모습, 그리고 열도인이 사절단 행렬을 모방해서 추는 춤과 부르는 노래에 옛 반도인의 모습은 보이지 않습니다. 청도기는 반도에서만 사용된 것이 아닙니다. 청도기는 반도에서도 대륙에서도 모두 사용되었던

[그림 4-13] 정조대왕 화성행행 반차도(正組大王 華城幸行 班次圖) 중 청도기(淸道旗) 부분. 출처: 한영우. 2007. 반차도로 따라가는 정조의 화성행차. 효형출판. [부록: 컬러 도판] 참조.

것입니다.

그런데 대륙과 반도에서 모두 청도기(淸道旗)가 사용됐지만 그 형태는 분명히 달랐습니다. <정조대왕 화성행행 반차도(正組大王 華城幸行 班次圖)>를 보면 청도기가 쌍을 이루어 총 3번 등장하는데 열도인이 그린 청도기와는 여러모로 차이를 보입니다. 깃발에 "淸道"라는 글자도 적혀 있지 않을뿐더러 열도인이 그린 청도기와 비교했았을 때 깃대 윗부분이 너무나 다릅니다. 청도기를 든 기수(旗手)의 복장도 다릅니다. 또한 열도인이 그린 청도기수(淸道旗手)는 말을 타고 이동하는데 반해 반도인이 그린 청도기수는 걸어가고 있습니다. 그리고 열도인이 그린 사절단 그림에서 청도기는 사절단 행렬의 맨 앞에 등장하는 반면에 반차도에서 청도기는 행렬의 중간에 등장합니다. 행렬의 중간에 등장한다는 것은 반도에 있던 나라에서 청도기는 행진할 때 앞에서 길을 치우는 데에 쓰이던 깃발이 아님을 알려줍니다.

다행히 <세종실록(世宗實錄)>에는 반도의 청도기(淸道旗)가 어떤 모습이었는지 설명되어 있습니다.

慶昌府尹鄭陟進新制東宮大小駕儀仗: 大儀仗: …(중략)… 鼓字金字旗各一[碧質紅緣, 分左右。] 令字旗二[碧質紅緣, 分左右。] 熊豹骨朶子各一[分左右。] 玄白鶴旗各一[分左右。] 駕龜仙人旗二[分左右。] 角端旗二[分左右。] 三角旗、龍馬旗、白澤旗各二[分左右。] 靑蓋一[居中。] 淸道旗二[靑質赤緣, 猉獜, 分左右。] 小儀仗: …(중략)… 鼓字金字旗各一, 令字旗二, 熊豹骨朶子各一, 玄白鶴旗各一, 角端三角旗各一, 龍馬白澤旗各一, 淸道旗二。

경창부윤(慶昌府尹) 정척(鄭陟)이 새로 만든 동궁(東宮)의 대가 의장(大駕儀仗)과 소가의장(小駕儀仗)을 올렸는데, 대의장(大儀仗)에는 … (중략)… 고자기(鼓字旗)·금자기(金字旗)가 각각 하나[푸른 바탕에 붉은 연[緣]을 두르는데, 좌우로 나눈다.], 영자기(令字旗)가 둘[푸른 바탕에 붉은 연[緣]을 두르는데, 좌우로 나눈다.], 웅·표 골타자(熊豹骨朶子)가 각각 하나[좌우로 나눈다.], 현·백학기(玄白鶴旗)가 각각 하나[좌우로 나눈다.], 가귀선인기(駕龜仙人旗)가 둘[좌우로 나눈다.], 각단기(角端旗)가 둘[좌우로 나눈다.], 삼각기(三角旗)·용마기(龍馬旗)·백택기(白澤旗)가 각각 둘[좌우로 나눈다.], 청개(靑蓋)가 하나[가운데에 있다.], 청도기(淸道旗)가 둘[푸른 바탕에 붉은 연[緣]을 두르고 기린(猉獜)을 그렸는데, 좌우로 나눈다.]이요. 소의장(小儀仗)은 ... (중략)... 고자기(鼓字旗)·금자기(金字旗)가 각각 하나, 영자기(令字旗)가 둘, 웅·표 골타자(熊豹骨朶子)가 각각 하나, 현·백학기(玄白鶴旗)가 각각 하나, 각단기(角端旗)·삼각기(三角旗)각각 하나, 용마기(龍馬旗)·백택기(白澤旗)가 각각 하나, 청도기(淸道旗)가 둘이었다.

[註]

연[緣]: 의복의 가장자리를 딴 헝겊으로 가늘게 싸서 돌린 선

[출처: http://sillok.history.go.kr/ 세종실록 119권, 30년(서기 1448년) 3월 24일 3번째 기사]

위 기사에서 청도기에 대한 설명에 등장하는 기린(猉獜)은 우리에게 잘 알려진 상상 속의 동물인 기린(麒麟)이 아니라는 설이 있습니다. 이를 번역한 국사편찬위원회에서는 기린(猉獜)을 기린(麒麟)으로 해석하였지만 말입니다. <청장관전서(靑莊館全書)>에 의하면 기린(猉獜)은 개(犬)와 관련이 있다고 합니다. 역시 반도에 있었던 고려에서는 자신의 상징인 개(犬)를 신성한 청도기에 그려 넣었던 것일까요?

우리나라 사람들은 기(麒)자와 인(麟)자로 이름을 짓는 자가 많이 있다. 그런데 이따금 세속을 따라 기(麒)자를 기(猉)자로 쓰고, 인(麟)자를 인(獜)자로 쓰는데 그것은 크게 옳지 않다.

기린은 상서로운 짐승으로 사슴[鹿]과 같기 때문에 사슴록방[鹿傍]을 좇아 쓴 것이다. 만약 개견방[犬傍]을 좇아 쓴다면 이것은 기린이 개 모양과 같은 짐승이 되는 것이니, 기(猉)·인(獜) 두 글자는 스스로 따로 뜻이 있다.

상고하건대 ≪집운(集韻)≫에 "여남(汝南) 지방에서는 강아지[犬子]를 기(猉)라고 한다." 하였고, ≪설문(說文)≫에는 "인(獜)은 건(健)이다." 하였다. 그리고≪산해경(山海經)≫에는 "의고산(依軲山)에 짐승이 있는데 형상은 개와 같고 범의 발톱에 갑(甲)이 있는데 이름을 인(獜)이라 한다." 하였다.

[출처: http://db.itkc.or.kr/ 청장관전서(靑莊館全書) 제56권 앙엽기3(盎葉記三) "기린(猉獜)은 기린(麒麟)이 아니다"]

어찌되었던 간에 푸른 바탕에 붉은 연(緣)을 두르고 동물이 그려져 있는 것이 반도의 청도기(淸道旗)입니다. [그림 4-13]의 청도기를 보면 <세종실록>에 설명되어 있는 청도기와 같음을 알 수 있습니다. 깃발에 그려진 것을 확실히 알아볼 수는 없지만 말입니다. "청도(淸道)"라는 글자가 적혀 있지 않는 것은 분명합니다.

[그림 4-14] 清代彩色手绘明信片.
소재: 迎亲(결혼식 때 신랑이 처가로 가서 신부를 맞이하는 풍속).
출처: http://www.zhuokearts.com/ [부록: 컬러 도판] 참조.

반면에 대청제국(大清帝國)에서 사용된 청도기(淸道旗)에는 "청도(淸道)"라는 글자가 분명히 적혀 있었습니다. [그림 4-14]는 청나라 때 풍속을 배경으로 제작된 우표입니다. 우표의 그림은 신랑이 처가에 가서 신부를 맞이하는 내용을 담은 것인데, 보다시피 청도기가 보입니다. 청나라에서는 청도기가 황실이나 국정과 관련된 경우뿐만 아니라 백성들 사이에서도 널리 사용된 것으로 판단됩니다. 한국에서는 2002년 한일월드컵 때부터 태극기를 몸에 두르고 다닌 사람들이 많이 생겼는데 이와 같은 일이 청나라에서도 있었던 것일까요? 지나(支那)의 포털사이트를 검색해보면 이때 청도기의 기능은 "개도(开道)"라고 합니다. (이에 대해서는 http://show.artxun.com/lianhuanhua-1438-7188484.shtml을 참고하시기 바랍니다.) 이 때 개도(开道)의 의미가 단순히 물리적으로 길을 여는 것만 의미할까요? 이는

"청(淸)"이 지닌 뜻을 알아야 풀 수 있는 문제입니다. 이는 본장 후반부에서 자세히 다루겠습니다.

그런데 반도에서도 "청도(淸道)"가 적힌 청도기(淸道旗)가 사용된 것으로 보여 지는 그림이 한 점 전해지고 있습니다. [그림 4-15]는 경상남도(慶尙南道) 밀양(密陽)에 소재한 표충사(表忠祠)에서 보관하고 있는 그림으로 임진왜란 이후 사명대사(四溟大師)가 선조(宣祖)의 명을 받아 일본열도를 방문했을 당시의 광경을 그린 것으로 전해지고 있습니다. 이 그림은 보다시피 위에 열도인이 그린 사절단 행렬 그림과 너무나 유사합니다. 청도기에 "청도(淸道)"라 적혀 있을 뿐만 아니라 용이 그려진 형명기(形名旗)도 보입니다.

그런데 이 그림을 자세히 살펴보면 조작의혹이 제기됩니다. 우선 사명대사의 표기가 잘 못 되어 있습니다. 사명대사(四溟大師)의 "사(四)"가 "사(泗)"로 적혀 있습니다. 그림 제작 당시 반도인이 사명대사(四溟大師)의 이름을 적었다면 이런 실수가 있을 수 있었을까요? 표충사 관계자의 설명으로는 이 그림에 적힌 글자들의 필체가 여럿 인 것으로 미루어 볼 때 여러 사람이 글자를 적은 것으로 보인다고 합니다. 이는 그림이 제작된 후에 추가로 글이 삽입되었을 개연성을 생각해 보게 됩니다. 그리고 이 행렬도에는 제목이 "사명대사 일본상륙 등성 행렬도(泗溟大師 日本上陸 登城 行列圖)"로 적혀 있는데 "등성(登城)"이라는 표기가 이상합니다. 반도에서는 성(城) 안에 들어갈 때 보통 입성(入城)한다고 하지 등성(登城)한다고 하지 않습니다. 반도에서 등성(登城)이라는 표기는 보통 물리적으로 성(城)의 정상에 오를 때 사용됩니다.

> 등성(登城): [명사] 성 위에] 오름.
> 등성하다(登城--): [동사] 성 위에 오르다.

[출처: 네이버(NAVER) 국어사전]

<이조실록(李朝實錄: http://sillok.history.go.kr/)>을 원문(한자)으로 검색해 보면 등성(登城)이라는 표기는 92건인 반면에 입성(入城)이라는 표기는 무려 1047

건이나 검색됩니다. (참고로 이조(李朝)는 조선(朝鮮)을 폄하하는 용어가 아닙니다. 이에 대해서는 다음 장에서 다룰 것입니다.) 반면에 후에도 다루겠지만 열도에서는 성 안에 들어갈 때 보통 등성(登城)한다고 합니다. 그러므로 [그림 4-15]의 제목은 열도식 표기인 것입니다. 그리고 이 행렬도를 잘 살펴보면 청도기와 형명기 외에 다른 깃발도 등장하고 있음을 알 수 있습니다. 청도기 옆에 노란색 바탕의 깃발이 나란히 있는데 잘 보면 "金"으로 추정되는 글자가 보입니다.

[그림 4-15] 사명대사 일본상륙행렬도 팔곡병(四溟大師日本上陸行列圖八曲屛)의 청도기(淸道旗)·형명기(形名旗) 부분. [부록: 컬러 도판] 참조.

이 행렬도가 과연 사명대사의 일본 상륙을 그린 것일까요? 사명대사는 강화정사(講和政使)라는 직책을 부여받고 일본열도에 갔다고 알려져 있습니다. 그러면 깃발은 당연히 국가에서 정한 형태를 취해야 합니다. 반도에서도 청나라에서처럼 "청도(淸道)"가 적힌 청도기(淸道旗)가 민간인들에 사이에 널리 사용되었을 수도 있습니다. 그러나 이와 같은 국가의 공식행사에는 국가가 정한 형태의 깃발을 반드시 취해야 합니다. 몇 년 전에 이명박 대통령이 태극기를 거꾸로 들었다고 얼마나 비판을 당했습니까? 지금도 이러할 진데 더욱 엄격했던 예법이 있었던 당시에 이런 실수가 가능했을까요? 저는 이 그림도 역시 대청제국 사절단을 그린 것이라 봅니다. 그런데 후에 일제에 의해 조작되었다고 판단합니다. 즉, 이 그림에 사명대사는 없다고 보는 것이지요.

그러면 왜 반도에 청도기(淸道旗)가 등장하는 것일까요? 이에 대한 설명은 복잡합니다. 일단 여기서는 청도기(淸道旗)의 "청(淸)"이 제천의식(祭天儀式)과 관련이 있다는 것과 고려에서도 "청(淸)"이 이런 의미로 사용됐고, 그러므로 고려에 청도기가 존속해 있었다는 것은 제천의식을 거행했던 흔적이 남아 있는 것으로 봐야 한다는 것만 알려드리겠습니다. 이는 후에 자세히 다룰 것입니다.

아울러 임진왜란 이후에 반도에서는 제천의식의 전통이 사라지게 되는데, 그럼에도 불구하고 청도기가 존속하였던 것은 다른 측면에서 생각해 볼 필요가 있습니다. 저는 앞의 3장에서 1886년에 대청제국(大淸帝國)에서 발간한 <통상장정성안휘편(通商章程成案彙編)>에 태극기가 대청국속고려국기(大淸國屬高麗國旗)로 소개되어 있다고 알려드린 바 있습니다. 고려(高麗)가 대청제국(大淸帝國)에 속해 있었다는 것을 알려주는 문구입니다. 대부분 고려의 후손들인 저나 여러분들이 이 문구에 크게 열 받아 하실 필요는 없습니다. 사실은 사실대로 받아들여야 합니다. 지나(支那)의 나라에 속해 있었던 것도 아니고 대청제국(大淸帝國), 즉 신라(新羅)에 고려(高麗)가 속해 있었던 것입니다. 이런 정황 속에서 반도에서도 청도기(淸道旗)가 사용된 이유를 생각해 보아야 합니다. 고려가 대청제국에 속해 있었기에 고려에서도 청도기가 사용된 것으로 말입니다. 고려(高麗)가 대청제국(大淸帝國)에 속해 있었다는 것은 서양의 지도를 통해서도 확인이 가능합니다.

5) 차이나(China)는 조선(朝鮮)의 왜곡된 표기

[그림 4-16]은 1698년에 네덜란드 암스테르담(Amsterdam)에서 제작된 지도입니다. 보다시피 고려(Corea)가 대청제국(Imperii Sinarvm)에 속해 있습니다. 지도에서 색이 칠해져 있는 부분은 제국의 영향력이 행사되는 영역이라고 봐야 합니다. 이 지도는 대청제국(大淸帝國)을 라틴어로 "Imperii Sinarvm"로 표기하여 제

국의 실체에 대한 여러 가지 정보도 주고 있습니다. “Imperii”는 영어의 “Empire”에 해당됩니다. 이는 청(淸)이 제국(帝國)이었음을 알려줍니다. “Sinarvm”는 “Sina”와 “rvm”로 나눠서 이해되어야 합니다. 먼저 “rvm”에 대해 살펴보면 다른 네덜란드 지도에서는 “rvm”이 “rum”으로 표기되어 있기도 하는데 이는 소유격을 의미합니다. (참고로 라틴어에서 “v”와 “u”는 서로 차이가 없어 교환이 가능합니다.) 그러니 “Imperii Sinarvm”는 “Empire of Sina(시나제국)”로 풀이됩니다. 문제는 “Sina”인데 이는 “청(淸)”의 만주어 발음 “신(쉰)”을 옮긴 것입니다.

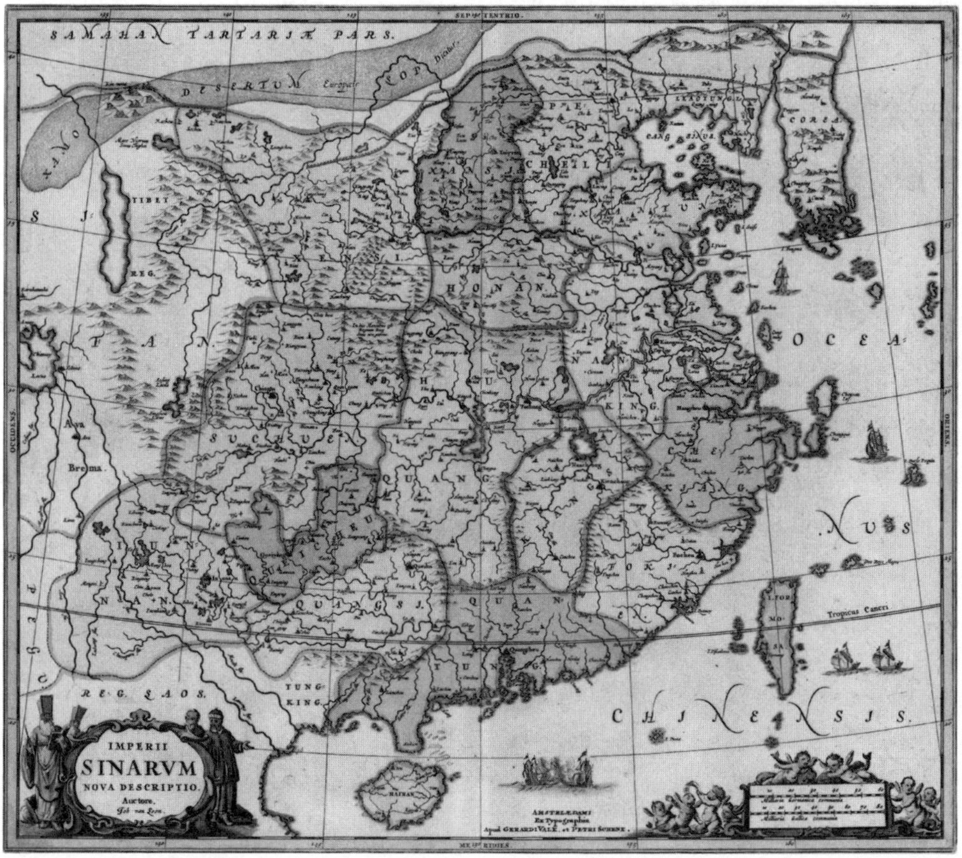

[그림 4-16] Imperii Sinarvm Nova Descriptio Auctore Joh van Loon.
Map Maker: Gerard Valk & Pieter Schenk. Place: Amsterdam. Date: 1698.
출처: http://www.raremaps.com/

저는 본장의 앞부분에서 "金"이 만주어로 "신(쉰)"으로 발음됨을 프랑스어 표기 "Chine"을 통해 설명 드렸습니다. 아울러 프랑스에서 "金"을 이은 "淸"도 "Chine"으로 표기한 사실을 통해 "淸"도 만주어로 "신(쉰)"으로 발음됨을 설명 드렸습니다. 라틴어도 "淸"에 대한 만주어 발음 "신(쉰)"을 취해 "Sina(시나)"로 표기하였을 것입니다. 그런데 라틴어는 프랑스어처럼 "신(쉰)"의 발음을 취해 "Sin(신)"으로만 표기하면 될 것을 왜 "a"를 붙어 "Sina(시나)"로 표기하였을까요? 그런데 흥미로운 사실은 라틴어의 영향을 많이 받았던 프랑스에서도 대륙에 있던 국가를 역시 "쉬(시)나"로 표기한 적이 있었다는 것입니다. 프랑스에서 발간된 옛 지도를 보면 대륙이 "China"로 표기된 것도 더러 있습니다. 프랑스어는 "China"를 "차이나"로 발음하지 않고 "쉬(시)나"로 발음합니다. 이미 알려드렸지만 "ch"를 영어에서는 [tʃ], 즉 "취"로 발음하지만 프랑스어에서는 [ʃ], 즉 "쉬"로 발음합니다. 또한 프랑스어 외에 다른 라틴어계 언어로 제작된 지도에도 "S(h)ina"뿐만 아니라, "China"로 표기된 지도가 더러 있기도 합니다.

저는 우선 "Sina(시나)"는 "金(淸)"에 대한 만주어 발음을 반영한 것이기도 하지만, "신라(新羅)"를 옮겨 적은 것으로 판단해 보았습니다. "시나"와 "신라"는 그 발음이 너무 유사하며, 아울러 대청제국(大淸帝國)의 본질은 신라(新羅)이기에 그런 판단을 했던 것입니다. 기실 따지고 보면 "金(淸)國"은 "新羅"의 또 다른 표현입니다. "金(淸)"은 만주어로 "신(쉰)"으로 발음됨을 이미 설명 드렸습니다. 그런데 "新羅"의 "新"도 역시 만주어로 "신(쉰)"으로 발음됩니다. "金(淸)"과 "新"은 모두 "빛나다. 새롭다. 영원하다(Gold)"의 같은 뜻을 지니며 같은 발음을 가집니다. "金(淸)"과 "新" 사이의 차이는 글자의 차이일 뿐입니다. "新羅"의 "羅"는 "그물"을 뜻하니 "金(新)"이 "그물" 안에 있는 형상입니다. 여기서 "그물"은 "영역"을 의미합니다. 도성(都城)의 외곽을 둘러쌓은 성을 나성(羅城)이라 한 데에서 "羅"가 "영역"의 의미를 지님을 유추할 수 있습니다. 또한 "羅"는 "國(나라)"의 고어(古語)로 사용되기도 했습니다. 정리해 보면 신라(新羅)는 "金(Gold)이 비추는 영역(나라)", "金(Gold)이 통치하는 영역(나라)"이라는 의미를 지닙니다. 신라(新羅)는 바로 김국(金國)을 의미하는 것입니다. <민족21>(2003년 11월호)에 따르면, 북한의 공명성은 <조선력대국호연구(2002)>라는 논문에서 신라(新羅)는 "새 날이 밝는 곳", "태양이 솟는 벌"이라는 뜻을 갖는다고 했습니다. (해당 기사는 <민족21> 홈페이지(http://www.minjog21.com/)에서 검색이 가능합니다.) "새 날이 밝은"과 "태양이 솟는"은 "新(金)"에 해당하고, "곳"과 "벌"은 "羅(國)"에 해당합니다. 대청제국(大淸帝國) 황실의 성씨는 "아이신 교로(Aisin-Gioro)"인데 한자로는 "愛新覺羅"로 적습니다. ("愛新覺羅"의 "新"이 "신(sin)"으로 표기되어 있는 것에서 "新"의 만주어 발음이 "신(쉰)"임을 정확히 알 수 있습니다.) "아이신(愛新)"은 "金"을, "교로(覺羅)"는 겨레(族), 부족(部族), 성씨(姓氏)를 의미하니 "아이신 교로(愛新覺羅)"는 "김씨(金氏)"를 의미하는 것입니다. 경주김씨(慶州金氏)의 후손들임을 의미하는 것이지요. 대청제국(大淸帝國) 황실은 성씨의 한자 표기에도 신라(新羅)를 삽입해 신라 계승의 의지를 표현했던 것으로 판단됩니다.

그런데 저는 "Sina(시나)"라는 표기는 청(淸)의 실체인 신라를 표기한 것이 아니라 라틴어 특유의 표기방법에 연유한다는 것을 알게 되었습니다. 라틴어에서는 흔히 "a"나 "ia"를 붙여 나라를 표기한다고 합니다. 그러니 "Sina(시나)"는 "Sin(신)"에 나라를 의미하는 "a"가 붙은 것이고, "China(쉬나)"는 "Chin(쉰)"에 나라를 의미하는 "a"가 붙은 것입니다. 즉, "Sina(시나)"와 "China(쉬나)"의 실체는 "Sin(신)"과 "Chin(쉰)"인 것입니다. 또한 "Corea(코레아)"도 "Core(코레)"에 나라를 의미하는 "a"가 붙은 것이며, 그 실체는 "Core(코레)"인 것입니다. 현대 포르투갈어에서는 "Corea"가 아니라 "Coreia"가 쓰이는데 이는 "Core"에 "ia"가 붙은 것임을 알 수 있습니다.

> 라틴어에서는 고유명사에 접미사 a 또는 ia가 붙으면 그 땅(land), 나라(nation), 또는 지역(region)을 의미한다. 또 나라는 여성형으로 분류한다. 예를 들어, 남성 이름 George에 여성성을 부여하려면 이름 끝에 a 또는 ia를 붙여 Georgia로 만들면 된다. 따라서 고려라고 알려진 지역이 하나의 나라라는 것을 알게 되자 기존의 Core에 a를 붙여 Corea(고려 땅, 고려지역 또는 고려국)로 만들었을 가능성이 크다.

(오인동. 2008. 꼬레아, 코리아 - 서양인이 부른 우리나라 국호의 역사. 도서출판 책과함께. 156-157쪽)

대김제국(大金帝國)과 대청제국(大淸帝國)에 대한 서양어 표기를 정리해 보면 다음과 같습니다. 대김제국에 대한 프랑스어 표기인 "Chine(쉰)"은 "金"에 대한 만주어(滿洲語) 발음을, "Kin(김)"은 고려어(高麗語) 발음을, "Jin(진)"은 한어(漢語) 발음을 반영한 것입니다. 대청제국에 대한 프랑스어 표기인 "Chine(쉰)"은 "淸"에 대한 만주어 발음을 반영한 것입니다. 즉, "金"과 "淸"에 대한 만주어 발음은 "Chine(쉰)"으로 같습니다. 아울러 대청제국에 대한 프랑스어 표기인 "China(쉬나)"와 라틴어 표기인 "Sina(시나)"는 라틴어 표기방법에 연유한 것으로 그 실체는 "신(쉰)"입니다. 대청제국은 제국 말기에 스스로 "Ching(칭)"이라 표기한 바가 있습니다. 여기서 "Ching(칭)"은 "Chine(쉰)"과 "Cing(싱)"의 교묘한 결합으로 판단됩니다. 그러면 대청제국(大淸帝國)에 대한 영어 표기인 "China(차이나)"는 도대체 어디에서 온 것일까요? "쉰(신/싱)", "김", "진", "시(쉬)나", "칭"과 "차이나"는 그 발음이 너무나 다릅니다. 도저히 동일한 발음으로 받아들일 수 없습니다.

그런데 프랑스어 표기인 "Chine(쉰)", 라틴어 표기인 "Sina(시나)", 그리고 영어 표기인 "China(차이나)"가 모두 진(秦)나라에서 유래되었다는 설이 마치 상식처럼 알려져 있습니다. "진(秦)"의 발음이 전와(轉訛)하여 "지나(支那)"로 발음되어 서양에 알려지게 되었다는 것입니다. 그러나 그건 아닐 것입니다. 진(秦)이 아무리 강성했다고 한들 대륙을 정복한지 겨우 15년 만에 망한 나라였으며 당시 한족(漢族)은 진(秦)을 오랑캐로 취급하였습니다. 최근의 연구에 따르면 진(秦)은 신라(新羅)와 밀접한 관련이 있다는 견해가 제시되고 있습니다. 서양과 교류를 활발히 한 나라는 진(秦)이 아니라 진(秦)을 멸한 한(漢)입니다. 그런데 한(漢)에서 자신이 진(秦)으로 불리는 것을 과연 참고 있었을까요? 한(漢)은 진(秦)처럼 단명하지도 않았고 무려 400년 이상 존속했습니다. 그런데 이런 상식을 만들어 낸 것이 근대일본국(近代日本國)입니다. 너무나 의심이 가는 대목입니다.

저는 지나(支那)의 기원에 대해서 정확히 모릅니다. 그런데 신채호 큰선생께서도 "지나(支那)"라는 용어를 사용하신 것을 보면 한국에서는 일부의 주장처럼 지나(支那)가 모욕적인 의미로 사용되었던 것은 아니라고 생각합니다. 망국의 한을 품고 계셨던 선생께서 같이 고난의 시대를 보내고 있었던 한족(漢族)을 비하할 하등의 이유가 없다고 생각합니다. 당시 한국인들이 한족(漢族)을 왜 지나(支那)로 호칭한 것인지 저는 아직 확실히 알 수 없습니다. 일부의 주장처럼 지나(支那)는 "지나(支那)"라는 발음이 아니라 그 뜻을 중요시해 "가지(支)"와 "나라(那)"의 합성어로 파악해야 할까요? 이럴 경우 지나(支那)는 "곁가지 나라" 혹은 "갈라져 나온 나라"라는 뜻이 됩니다. 지나(支那)는 그 뜻만을 생각해보면 모욕적인 의미를 분명 갖고 있습니다.

그런데 지나(支那)는 원래 한족(漢族)에 대한 호칭이 아닐 수도 있습니다. 대청제국(大清帝國)의 실체인 신라(新羅)를 폄하하여 지나(支那)로 표기한 것일 수도 있습니다. 일본어에서는 "秦"을 "신(しん)"으로, "支那"를 "시나(シナ)"로 발음합니다. "秦"과 "支那"에 대한 일본어 발음을 우리는 고민해 볼 필요가 있습니다. 위에서 "新", "金", "清"에 대한 만주어 발음이 "신"이라 알려드렸습니다. 그런데 "秦"에 대한 일본어 발음이 "신"이라는 것은 이들 사이의 관계를 생각해보게 됩니다. 더욱이 일본열도의 대표적인 신라계 씨족이 진씨(秦氏)라는 점, 그리고 진(秦)나라와 신라(新羅)는 모두 소호김천씨(少昊金天氏)를 조상으로 두고 있다는 점은 이들 관계를 의심해볼 단서가 됩니다. 즉, "秦", "新(羅)", "金", "清"은 같은 "신" 계열의 나라인데 이를 근대일본국에서 폄하하여 "支那(시나: 곁가지 나라, 갈라져 나온 나라)"로 표기하였을 수도 있다는 것입니다.

먼저 좌전(左傳)에 따르면 "진(秦)은 소호(少昊)씨의 후예이다."라고 합니다. 다음으로 삼국사기의 기록을 보지죠.

「신라 사람들은 스스로 '소호김천씨(少昊金天氏)'의 후손이어서 성(姓)을 김씨로 하였다. (新羅人自以少昊金天氏之後 故姓金氏: 三國史記 百濟本紀 義慈王)」

이 기록은 경주김씨였던 김부식(삼국사기 편찬자)이 여러 가지 정황을 종합하여 내린 결론을 쓴 것으로 보입니다.

(김운회. 2006. 대쥬신을 찾아서 2. (주)해냄출판사. 361-362쪽)

신채호 큰선생께서 집필하신 <조선상고문화사(朝鮮上古文化史)>를 보면, 지나족(支那族)이라는 호칭은 선생께서 사시던 시절, 즉 근대 이후에 정립된 용어이며 묘족(苗族)과 한족(漢族)을 통칭하는 용어라고 설명되어 있습니다. 근대 이후라면 역시 지나(支那)라는 말은 근대일본국이 정립한 것이라 판단됩니다. 당시 시대상황을 생각해 볼 때, 한국에서 새로이 한자조합어를 만들었을 리는 없을 것입니다. 그런데 일본어에서 "支那"는 "지나"가 아니라 "시나"로 발음되는데, "시나"는 프랑스어 "China(쉬나)"와 라틴어 "Sina(시나)"와 그 발음이 같습니다. 특히, 일본열도는 네덜란드와 오랫동안 교류를 계속해왔으니 당시 네덜란드의 라틴어 표기인 "Sina(시나)"에 더욱 주목하였을 것입니다. 근대일본국에서는 "Sina"의 발음 "시나"를 한자로 "支那(곁가지 나라, 갈라져 나온 나라)"로 표기하여 "淸"을 폄하했을 개연성이 매우 큽니다.

저는 서구에서 대청제국(大淸帝國)을 일컫는 "China(쉬나)"와 "Sina(시나)"는 대김제국(大金帝國)에서 유래되었다고 판단합니다. 두 나라는 그 실체가 같으며 대김제국은 이미 서구에 "Chin(쉰)"으로 표기되어 알려져 있었습니다. ([그림 4-11] 참조) 프랑스어에서는 이후 "Chin"에 여성형 접미사 "e"가 붙어 "Chine"이 되었고, 다른 라틴어계 언어에서는 나라를 뜻하는 접미사 "a"가 붙어 "China"가 된 것으로 판단됩니다. "Sin(신)"은 "Chin(쉰)"이 라틴어로 옮겨지면서 "Chin(쉰)"과 같은 음을 나타내는 라틴어 "Sin(신)"으로 표기된 것으로 보이며, 후에 접미사 "a"가 붙어 "Sina"가 된 것으로 판단됩니다. 만약에 근대일본국의 주장대로 "秦"에서 "시나(Sina)"가 기원한 것일지라도 "秦"은 신라 계열이니 실체적 차원에서 보면 역시 신라 계열인 "金"과 같은 것입니다.

그런데 근대일본국에서 이렇게 새로 정립된 "支那"라는 표기가 한국에 들어와서는 대륙에 있던 주신족(女眞族)을 제외한 타 민족, 즉 묘족과 한족을 칭하는 용어로 변경되어 사용된 것으로 볼 수 있습니다. 왜냐하면 당시 한국인은 주신족(女眞族), 즉 만주족(滿洲族)에 대해서는 그 실체를 너무 잘 알고 있었기에 이들을 호칭하는 데 새로이 지나(支那)라는 용어를 사용할 까닭이 없었을 것으로 판단되기 때문입니다. 일단 본서에서는 논란이 있는 지나(支那)라는 용어를 한족(漢族)을 호칭하는 용어로 사용했습니다.

「支那」를 華夏라 諸夏라 함은, 當時 支那가 朝鮮의 西南에 잇서 南部 大加의 管轄을 바든 故로 夏란 일흠을 가짐이니, 이는 漢族의 支那가 아니오. 江淮 沿岸이며 山東, 山西, 直隷 等地가 다 朝鮮의 殖民地요, 그 남어는 苗族과 漢族의 차지라.

「苗族 漢族」을 오날에 統稱하야 支那族이라 하나 當時에는 큰 區別이 잇섯도다. 「軒轅氏」는 支那族 中의 漢族으로써 「夫餘族」의 힘을 빌어 「苗族」을 물니처 비로서 漢族의 살님할 땅을 마련한 고로, 後人이 그 功을 생각하야 「朝鮮中部長官」의 稱號를 가저서 써 「黃帝」라 함이오.

(단재신채호전집편찬위원회. 2007. 「새활자본 조선상고문화사」 단재신채호전집 제3권 역사: 독사신론, 대동제국사서언, 조선상고문화사. 독립기념관 한국독립운동사 연구소. 385쪽)

본장에서 다루고 있는 "신"이라는 계보는 우리 역사의 계보를 파악하는데 무척 중요합니다. 흥미로운 사실은 발해(渤海)로 널리 알려진 "대진국(大震國/大振國/大辰國)"도 "대신국"으로 발음되었다는 것입니다. 이는 신채호 큰선생께서 남기신 글을 통해 충분히 확인이 가능합니다. 선생께서는 이 "신"이 장엄한 자리나 신성한 땅을 뜻한다고 하셨습니다. 또한 이 "신"은 "太(태: 크다)", "總(총: 전체를 아우르다)", "上(상: 위, 높다)", "第一(제일: 첫째)"의 뜻을 가진다고 하셨습니다. 즉, 한마디로 "신"은 종주(宗主)와 깊은 관계를 맺고 있다고 할 수 있습니다.

<운옥(韻玉)>에서 이르기를 "신지(神誌)가 진단구변국도(震壇九變局圖)를 지어 후세의 일을 예언하였다."고 하였는데, 신지(神誌)는 단군 때의 사관(史官)이었다. 이로써 보면, 조선이라고 한 외에 또 진단(震壇)이라고 부른 일도 있었던 것 같다.

진단(震壇)의 「震」은 辰韓(진한)의 「辰」과 같이 그 음(音)이 「신」이니 고대에는 무릇 장엄한 자리나 신성한 땅이면 반드시 「신」이라 하였다.

「蘇塗(소도)」는 하늘에 제사지내는 땅이므로 「臣蘇塗國(신소도국)」(삼한전에 그 이름이 나온다. - 원주)이라고 하였고, 재상(宰相)은 백관(百官)의 우두머리이므로 「臣智(신지)」(마찬가지로 삼한전에 그 이름이 나온다. - 원주)라고 하였고, 삼경(三京)의 장관 중의 우두머리, 즉 大汗(대한)을 「辰韓(진한)」이라 하였고, 열국의 패왕(覇王)을 「진왕

(辰王)」이라 하였다. 이밖에도 「臣釁國(신흔국)」「臣雲新國(신운신국)」「臣濆活國(신분활국)」등이 있었다.

壇(단)의 음(音)은 「단」이니, 「단」은 사람이나 물건 등의 한 단위(單位)를 가리키는 이름이다. 따라서 「진단(震壇)」은 대개 신(神)의 나라(神國)·성스러운 나라(聖國)라는 뜻으로, 이것은 나라의 휘호(徽號)이지 나라 이름은 아니다. 나라 이름은 오직 「朝鮮(조선)」 하나뿐이다.

(신채호. 박기봉 옮김. 2007. 「조선상고문화사」 조선상고문화사(외). 비봉출판사. 36쪽)

고대에 여러 소국의 종주(宗主)되는 대국을 「辰國(진국·신국)」이라 하였으며, 여러 소왕(小王)들을 관할하는 대왕(大王)을 「辰王(진왕·신왕)」이라 하였으며, 여러 소도(蘇塗: 신단(神壇) - 원주)의 종주(宗主)되는 대소도(大蘇塗)를 「臣蘇塗(신소도)」라 하였으므로, 臣·辰 등을 다 「신」으로 읽었을 것이다. 「신」은 太(태: 크다)의 뜻이며, 總(총: 전체를 아우르다)의 뜻이며, 上(상: 위, 높다)의 뜻이며, 第一(제일: 첫째)의 뜻이다.

(신채호. 박기봉 옮김. 2007. 「조선사연구초」 조선상고문화사(외). 비봉출판사. 305-306쪽)

삼한(三韓)의 「韓(한)」은 <크다(大)>는 뜻과 <첫째(第一)>, <하나(一)> 등의 뜻으로 왕(王)의 명칭이 된 것이니, <만주원류고>의 작자인 청(淸)의 건륭 황제가 말하기를 「韓(한)」은 관명(官名)이지 나라 이름(國名)이 아니라고 한 것은 근사(近似)한 해석이다.

(중략)

그 상세한 것은 다른 날 관제고(官制考)에서 따로 설명할 것이지만, 삼국시대의 辰王(진왕)·太王(태왕)·大王(대왕)은 다 「신한」의 한자 번역이다.

(신채호. 박기봉 옮김. 2007. 「조선사연구초」 조선상고문화사(외). 비봉출판사. 393-397쪽)

삼조선(三朝鮮)은 「신·말·불」 세 「한」이 분립한 것으로, 「신한」은 대왕(大王)이고, 「말」과 「불」의 양 「한」은 부왕(副王)이니, 세 「한」이 삼경(三京)에 나뉘어 주재(駐在)하

> 면서 조선을 통합하였음은 이미 제2편에서 설명하였거니와, 삼조선(三朝鮮)은 곧 세 「한」이 분립한 뒤에 서로 구별하기 위하여 「신한」이 통치하는 지역은 「신朝鮮」이라 하였고, 「말한」이 통치하는 지역은 「말朝鮮」이라 하였으며, 「불한」이 통치하는 지역은 「불朝鮮」이라 하였던 것이다. 「신·말·불」 세 「한」은 이두문으로 「辰(진)·馬(마)·卞(변)」 삼한(三韓)이라 기록한 것이고, 「신·말·불」 세 조선(朝鮮)은 이두문으로 「眞(진)·莫(막)·番(번)」 조선(朝鮮)이라고 기록한 것이다.

(신채호. 박기봉 옮김. 2006. 조선상고사. 비봉출판사. 116쪽)

대진국이 대신국으로 발음되었으니 대진국도 "신" 나라의 계열에 포함되어 있음을 알려줍니다. 위에서 "新(羅)", "金", "淸"은 선비족의 나라로 언급했는데 그러면 대진국도 선비족의 나라라는 이야기가 됩니다. (이는 아주 중요한 사항입니다. 이에 대해서는 다음 장에서 다루도록 하겠습니다.) 아울러 보다 흥미로운 사실은 전한(前漢)을 무너트리고 세워졌던 나라의 국호도 "신(新)"이라는 것입니다. 그런데 이 신(新)나라를 세운 왕망(王莽)의 본래 성씨가 "金"이라는 설이 있으며, 왕망과 신라(新羅)의 건국세력이라 비정되는 김일제(金日磾)의 후손들이 아주 가까운 친척이었다는 설도 전해집니다.

> 한(漢)나라는 당시의 이름 높은 신하였던 왕망(王莽)에 의해 나라가 망하고 신(新)나라가 건국됩니다. 그런데 왕망은 바로 김일제의 증손자인 김당(金當)의 이모부였습니다.

(김운회. 2006. 대쥬신을 찾아서 2. (주)해냄출판사. 353쪽)

위에서 "신"은 "주신"이고, "주신"은 "조선(朝鮮)"이라 했으니, "秦", "新(羅)", "(大)震·振·辰", "金", "淸"은 조선의 다른 표현인 것입니다. 조선국(朝鮮國)이 신단(震壇)으로 불리었다는 신채호 큰선생의 말씀도 "신"이 "조선"임을 알려줍니다. 신단(震壇)의 "단(壇)"이 조선국(朝鮮國)의 "국(國)"에 대응되니 "조선"은 "신"에 해당합니다. (이는 위의 인용문 <신채호. 박기봉 옮김. 2007. 「조선상고문화사」 조선상고문화사(외). 비봉출판사. 36쪽>을 참고하시기 바랍니다.) 또한 "China",

"Chine", "Sina"의 실체가 "Chin(Sin)"이고, 이는 이들 "신"의 나라들을 표기한 것이니, 결국 조선을 표기한 것입니다.

영국은 서양에서 프랑스, 네덜란드 다음에 패권을 장악한 나라입니다. 이들 나라는 다 같이 비슷한 알파벳을 사용하는 나라들입니다. 그런데 영국에서는 "차이나"라는 전혀 다른 발음으로 "淸"을 표기하고 있습니다. 이는 의심이 갈 수밖에 없는 일입니다. 영국에서는 대청제국(大淸帝國)을 표기할 때, "쉰(신)"의 발음을 기준으로 한다면 "S(h)in"으로, "칭"의 발음을 기준으로 한다면 "Ching"으로, "시(쉬)나"의 발음을 기준으로 한다면 "S(h)ina"로 표기했어야 합니다. 그런데 영국에서는 대청제국에 대한 옛 프랑스어 표기인 "China(쉬나)"와 같은 철자를 사용하여 대청제국을 "China(차이나)"로 표기합니다. 옛 프랑스어 표기인 "China"와 영어 표기인 "China"는 비록 그 철자는 같지만 발음은 완전히 다릅니다. 영국에서는 옛 프랑스어 표기인 "China"의 철자만 취해 대청제국을 "China"로 표기한 것입니다. 이로 인해 마치 영국에서는 오래전부터 "대륙의 국가"가 "차이나"로 불려왔던 것처럼 거짓말을 합니다. 이렇게 거짓말을 하는 것은 역사를 왜곡하기 위한 사전작업의 일환입니다. 영국에서 "China"에 대한 발음을 "치나"로 하지 않고 "차이나"로 한 것도 의문이 가는 사항입니다. "China" 표기가 전통이 있으니 이를 고집해서 사용하고, 아울러 "ch"에 대한 영어식 발음을 고집하여 [tʃ], 즉 "취"로 발음한다 해도 "치나"로 발음했어야 합니다. 스페인어에서는 "China"를 "치나"로 발음합니다. 이런 영국의 발음표기는 결과적으로 "淸"의 발음을 세 번이나 바꾼 것입니다. (쉰(신) → 쉬나 → 치나 → 차이나) 그런데 이런 발음표기가 원래부터 그러했을까요? 아니면 근대에 이뤄진 일일까요? 저는 근대에 이뤄진 일이라고 추정합니다. 저는 이런 발음표기가 웨이드-자일스(Wade-Giles) 표기법의 정착과 관련이 깊다고 판단합니다. 정리해보면 "차이나(China)"의 실체는 "신(Chin)"이니 이는 본래 조선을 의미하는 것이었습니다. 조선의 후손인 우리들은 우리의 국호와 민족명마저 왜곡되어 빼앗긴 상태로 있는 것입니다.

어느 지역이나 국가를 손쉽게 접수하는 방법은 그 지역이나 국가의 역사를 지우는 데 있습니다. 그 역사를 지우는 첫 번째 작업은 해당 지역과 국가의 지명과 국명을 바꾸는 것입니다. 메이지유신 이후 세워진 근대일본국이 열도의 지명을 왜 모조리 다 바꾸었는지, 그리고 한국 병합 이후에는 한반도에서도 그토록 많은 지명을 왜 바꾸었는지를 생각해보면 쉽게 알 수 있는 일입니다. 지금도 일본은 고려해(高麗海)를 일본해(日本海)로 바꾸기 위해 안간힘을 씁니다. (동해에 대한 정확한 표기는 고려해입니다. 옛 서양 지도를 보면 "East Sea"가 아니라 "Mer de Corée"나 "Sea of Corea" 등으로 표기되어 있는 것을 확인할 수 있습니다.) 영국의 언어 조작 이후, "신(쉰)", "칭", "시(쉬)나"로 불리었던 나라(Nation)는 이제 대륙에 있었던 어느 한 왕조(Dynasty)를 호칭하는 용어로 둔갑되어 버렸고, "차이나"라는 나라(Nation)가 마치 오래전부터 대륙에 실체로서 존재해 왔던 것처럼 세상 사람들은 인식하게 되었습니다. 이런 작업을 통해 영국은 대청제국의 위상을 격하시킬 수 있었던 것이고, 대청제국에 마수를 뻗칠 수 있었던 것입니다.

그런데 대청제국(大清帝國)의 국호만 이런 언어 조작의 대상이 된 것은 아닙니다. 고려(高麗)도 마찬가지입니다. 프랑스어는 지금도 고려를 "Corée(코레)"로 표기하여 고려(高麗)의 뜻(Core, 中國)과 음가(고려)를 살리고 있습니다. (프랑스는 "Chin"과 마찬가지로 "Core"도 여성명사로 규정하였습니다. 그래서 "Core" 뒤에 "e"를 붙여 "Corée"로 표기한 것입니다.) 앞의 3장에 소개된 <한글을 쓴 찻사발(茶碗)>을 통해 당시 반도인은 자신의 조국을 "고려"라 발음했음을 우리는 이미 확인했습니다. ([그림 3-10] 참조) 프랑스어 "코레"의 발음은 "고려"와 유사합니다. 그런데 임진왜란 무렵에 아시아에 왔던 서양인도 반도의 나라 이름을 반도인의 발음을 고려해서 "코레(Core)"로 표기했다는 기록을 남겨 놓았습니다. 그러니 최소한 임진왜란 무렵부터는 반도에서 "高麗"를 "고려"로 읽었다는 것을 알 수 있고, "Core"는 이를 반영한 표기임을 알 수 있는 것입니다.

> 포르투갈 출신의 로드리게스(Tsuzu Joao Rodrigues, 1561년경 - 1633년)는 10대 초반의 어린 나이에 포르투갈을 떠나 일본으로 향했다. ...(중략)... 1596년에 신부가 된 로드리게스는 당시 일본어에 가장 능통한 유럽인으로서 일본 정계에 통역가로 활약했다. 1610년 중국 마카오에 도착한 로드리게스는 이번에는 중국 문화에 심취했다. 그는 마카

오에 본부를 둔 예수회 일본 선교단의 재무관으로 활동하면서 필생의 역작을 집필했다. 이 책이 바로 <일본 교회사(Historia de Igreja do Japao pelo Pe)>이다. 정성화에 따르면, <일본교회사>는 1549년부터 1590년까지의 포교사를 다루고 있다. 총 3부로 구성되어 있는데, 현재는 1부 10책 가운데 2책과 2부의 1책만이 남아 있다. (역주: 현재 남아 있는 것은 원본이 아니라 필사본이므로 그 내용을 전적으로 신뢰하기는 어렵습니다.) 실제로 집필한 시기는 그가 중국에 거주하던 1620-21년과 1633년이다. 그런데 이 책의 1부 가운데 남아 있는 두 책에 우리나라에 관한 서술이 있다. …(중략)… Corai 왕국(역주: Corai는 "高麗"에 대한 일본어 발음임)은 명나라 사람들(원문: 중국 사람들)이 Cauli라 부르지만 Corai 사람들 자신은 Core라고 부른다.

(오인동. 2008. 꼬레아, 코리아 - 서양인이 부른 우리나라 국호의 역사. 도서출판 책과함께. 86-87쪽)

결국 "Core(코레)"는 나라를 의미하는 "a"가 붙어 "Corea(코레아)"가 되었는데, 이후 근래에 들어 영어에서 "Korea(코리아)"로 표기가 변경됨에 따라 본래의 뜻과 음가를 상실하게 되었습니다. "C"가 "K"로 바뀐다 해도 "코레아"의 발음은 이어갈 수 있었을 것입니다. 그러나 영국에서는 "코레아"를 "코리아"로 바꿔 본래의 음가를 확실히 지워버렸습니다. 이런 영어표기는 영국과 그 뒤를 이은 미국이 세계의 패권을 장악하면서 세계적인 표기로 정착해 지금에 이르고 있습니다.

한편 "Jipan"은 "Japon"을 거쳐 "Japan"으로 표기가 바뀜에 따라 과거의 역사를 감출 수 있게 됩니다. 왜 열도가 "Jipan"으로 불리었을까요? 한 가지 설은 열도(列島)가 고려(高麗)의 "지방(支邦: 연방국가의 속국(屬國)으로 일정한 자치권을 가진 나라)"이어서 고려인들이 "지방(Jipan)"으로 부른 것에서 유래되었다는 것입니다. 저는 이 설이 나름대로 근거가 있다고 생각합니다. 제가 본서에서 일관되게 주장하는 바이지만 열도에는 일본(日本)이라는 나라가 있었던 것이 아니라 여러 소국(小國)들로 할거되어 상국(上國) 고려에 속해 있었습니다. 제가 고려도 제국(帝國)이라 부르는 이유가 바로 여기에 있습니다. 고대 이후 일본(日本)이 나라로 다시 선 것은 메이지유신(明治維新) 이후입니다. 우리가 흔히 중세라 부르는 시대에 일본(日本)은 독립된 "국가(國家)"로서 언급되었던 것이 아니라 "지방(支邦)"으로서 언급되었던 것입니다. 이는 프랑스에서 발간된 지도를 통해 입증이 가능합니다.

[그림 4-17] Empire de la Chine, Rme de Corée et Isles du Japon.
Map Maker: Rigobert Bonne. Place: Paris. Date: 1787.
출처: http://www.raremaps.com/

[그림 4-17]은 1787년에 프랑스 파리(Paris)에서 제작된 지도입니다. 지도 이름은 <Empire de la Chine, Rme(Royaume) de (la) Corée et Isles du Japon>으로 이를 해석하면 "대청제국, 고려왕국, 그리고 자퐁열도"입니다. 청(Chine)은 제국(Empire)이고, 고려(Corée)는 왕국(Royaume)으로 표기되어 있습니다. 그런데 자퐁(Japon)만 열도(Isles)라 표기되어 있을 뿐 국가의 위상에 관한 설명이 빠져 있습니다. 이는 자퐁(Japon)이 국가가 아니라 여러 섬들을 총칭하는 지명을 의미하는 것으로 풀이됩니다. 이 섬들이 여러 소국(小國)들로 할거되어 있으니 이를 다 나열하지 못 한 것입니다. 이 소국들의 실체에 대해서는 후에 설명 드리겠습니다.

그러면 도대체 왜 영국은 이와 같은 언어 조작을 한 것일까요? 영국은 근대일본국과 손을 잡고 20세기 초반 세계를 나누어 통치하려 했습니다. 기실 따지고 보면 메이지유신(明治維新)의 배후에 영국이 있었으니 근대일본국은 영국의 작품이라 해도 크게 틀린 말이 아닙니다. 당시 영국의 실체가 무엇이었냐는 또 따져봐야겠지만 말입니다. 이는 아주 중요한 사항으로 후에 다를 것입니다. 서양과 동양의 두 맹주는 세계를 통치하기 위해서는 역사왜곡이 선행되어야 한다는데 뜻을 같이합니다. 빈약한 역사를 가지고서는 통치에 대한 정통성을 공고히 확보할 수 없는 것입니다. 일본이 왜 막대한 물량을 동원하여 조선사편수회(朝鮮史編修會)를 운영했겠습니까? 역사왜곡의 사전작업 차원에서 이루어 진 것이 바로 언어 조작인 것입니다. 잘 아시겠지만 근대일본국(近代日本國)은 언어를 조작함으로써 역사왜곡을 아주 잘 하는 나라입니다. 이런 수작은 영국과 함께 한 알파벳 표기 조작에서 기원했을 것입니다.

그런데 무서운 것은 이런 언어 조작이 지금도 계속해서 진행되고 있다는 것입니다. 북경(北京)에 있는 자금성(紫禁城)은 원래 유네스코(UNESCO) 세계문화유산에 "Imperial Palace of the Ming and Ching Dynasties"라는 영어표기로 등재되어 있었습니다. 이는 제가 2002년에 유네스코 한국위원회 홈페이지(http:// www.unesco.or.kr/)를 통해 확인한 사항입니다. 그런데 지금은 영어표기가 "Imperial Palaces of the Ming and Qing Dynasties in Beijing and Shenyang"로 바뀌어져 있습니다. 2004년에 심양(瀋陽)에 있는 궁궐까지 확대하여 재등재하면서 청(淸)의 영어표기를 "Ching"에서 "Qing"으로 바꾼 것으로 보입니다. 현재 유네스코(UNESCO) 세계문화유산 홈페이지(http://whc.unesco.org/)에는 처음 등재될 때부터 "Qing"으로 표기되어 있었다고 설명되어 있습니다. 제 눈이 이상했던 것일까요? 유네스코 한국위원회가 실수로 잘못 표기했던 것일까요? 아니면 중화인민공화국의 완전범죄일까요? 저는 2002년에 유네스코 한국위원회 홈페이지를 통해 얻은 자금성(紫禁城)에 대한 영여표기를 거론하면서 글을 몇 편 쓴 적도 있습니다. 제 눈이 이상했던 것은 아닐 것입니다. 중요한 것은 세계문화유산에 처음 등재될 때부터 "Qing"이었던지 아니었던지 간에 "淸"에 대한 정확한 영어표기는 "Ching"이어야 한다는 것입니다. 이미 설명 드렸지만 대청제국(大淸帝國)은 "淸"에 대한 영어표기를 분명히 "Ching"으로 하였습니다. ([그림 4-12] 참조) 비록 이 "Ching"도 미심쩍은 표기이지만 말입니다.

현재 중화인민공화국에서는 “Qing”을 [tʃiŋ], 즉 “칭”으로 발음하여 “Ching”의 발음만은 충분히 살려주고 있는 것으로도 보입니다. 그러나 한세대만 지나가면 “Qing”과 “Ching”의 발음은 달라지게 마련입니다. 서양에서는 한세대가 지날 필요도 없습니다. 지금 당장 주변의 서양인들에게 발음기호를 보여주지 않고 “Qing”과 “Ching”을 발음하도록 해 보십시오. 분명히 달리 발음할 것입니다. 무엇보다도 “Ching”을 “Qing”으로 바꿈으로써 “Ching”이라는 표기는 역사 속에서 서서히 사라질 것이고, “Ching”이라는 표기가 정립되었던 역사적 과정도 잊혀 질 것입니다. 결국, “Ching”의 뜻(淸, 金, 新羅)도 사라지게 될 것입니다.

1950년대부터 중화인민공화국은 한어병음(漢語拼音)이라 하여 한어(漢語)를 알파벳으로 표기하는 방법을 새로이 고안해 냅니다. 한어병음(漢語拼音)은 현재 영국인들에 의해 만들어진 웨이드-자일스(Wade-Giles) 방식을 거의 대체하였습니다. 기본적으로 두 방식 다 알파벳으로 청어(淸語)·한어(漢語)를 옮긴 것이니 상당히 유사합니다. 물론 영국인들이 만든 웨이드-자일스(Wade-Giles) 방식은 영어 알파벳과 영어 발음에 기초하고 있습니다. 그러나 알파벳은 기본적으로 그 유래가 같기 때문에 기본적으로 발음표기 방법이 같습니다. “q”가 “[tʃ]”, 즉 “취”로 발음되지는 않으며, “q” 다음에는 “u”가 붙습니다. 그런데 중화인민공화국에서는 “ch”를 “q”로 대체시켰고, “q” 다음에 “i”를 붙여 사용합니다. 현재 “ch”는 “[tʃ]”의 발음을 대표하는 표기입니다. “[tʃ]”를 “ch”로 표기하는 것이 아무리 미국과 영국의 패권에 의해 주도되는 현대 영어식 알파벳 표기방법에 의한 것이라 하다라도 전 세계적으로 공인된 이 표기방법을 버린 것을 그저 지나족의 뚝심으로만 보기에는 너무나 미심적어 보입니다.

중화인민공화국은 21세기에 들어 조선민족(朝鮮民族)의 역사를 말살하려는 프로젝트를 노골적으로 진행시키고 있습니다. 동북공정(東北工程)이라 명명되는 사업이 그것입니다. 저는 2002년에 고구려(태왕 고려) 역사가 중화인민공화국에 넘어간다고 말했다가 친구들에게 바보 취급 받은 적이 있었습니다. 그때만 해도 그런 일은 상식 차원에서 있을 수 없다고 대부분의 한국인들이 생각했던 것입니다. 그러나 그들의 상식을 넘어선 발언들이 연일 기사를 통해 알려지게 되었고 이에 한국 사람들도 우리의 진정한 역사에 관심을 많이 갖게 되었습니다. 이제 한국에서 대청제국(大淸帝國) 황실의 성씨가 조선민주주의인민공화국의 김정일 국방위원장과 마찬가지로 경주김씨(慶州金氏)라는 것은 상식이 되어 버렸습니다. (김정일 국방위원장은 전주김씨(全州金氏)에 속하나 전주김씨는 경주김씨에서 분파된 성씨이므로 본서에서는 김정일 국방위원장을 경주김씨에 속한다고 표기하였습니다. 이렇게 표기해야 그 계보를 정확히 파악할 수 있습니다.) 이를 중화인민공화국에서는 민감하게 파악하였을 것이고, 하루 빨리 "淸"에서 "신(쉰)"의 음가를 지워야겠다고 생각했을 것입니다. 심양(瀋陽)에 있는 궁궐을 자금성에 포함시켜 세계문화유산에 재등재한 것은 이런 이유에서 일겁니다. 재등재하면서 슬쩍 영어표기를 "Ching"에서 "Qing"으로 바꾼 것으로 보입니다. 심양 궁궐이 진정으로 세계문화유산으로서 가치가 있다면 따로 등재를 추진했으면 될 일입니다. 그러면 세계문화유산 등재 건수도 하나 더 늘어날 수 있습니다. 물론 자금성의 영어표기는 그대로 유지되겠지요. 북경(北京)과 심양(瀋陽)은 그 거리도 멀리 떨어져 있는데 이토록 멀리 떨어진 궁궐들이 하나의 문화재군으로 묶이었다는 것도 이상한 일입니다. 둘 다 청(淸)이 사용했던 궁궐이지만 말입니다. 2004년은 중화인민공화국이 동북공정(東北工程)을 공고히 하기 위해 집안(集安)에 있는 고구려(태왕고려) 유적도 세계문화유산에 등재하였던 해이기도 합니다. 이 둘이 과연 별개로 이루어진 일이라고 보여 집니까? 한족(漢族)의 입장에서는 "청(淸)"의 영토는 취하되, "청(淸)"의 진정한 역사는 잊혀져야 합니다. 그리고 관광상품으로 팔아먹을 자금성이 있으면 되는 것입니다. 그러면 관광상품 세트장으로 전락한 자금성을 한국인을 비롯한 세계 여러 나라의 관람객들이 잘 소비하고 돌아갈 것입니다.

6) 조선의 두 번째 의미: 관경(管境)

자! 이제 다시 조선제국의 체제 이야기로 돌아오겠습니다. 언어 조작 이야기가 너무 길었습니다. 물론 중요한 사항이지만 말입니다. 위에서 우리는 고려(高麗)가 대청제국(大淸帝國)에 속해 있었다는 것을 서양 지도를 통해서 확인했습니다. 그런데 동양 지도에서도 이런 사실을 확인할 수 있습니다.

[그림 4-18]은 <천하대총일람지도(天下大總一覽地圖)>입니다. 이 지도의 제작자는 파악이 안 되나 제작 시기는 1652년에서 1747년 사이로 추정된다고 합니다. 그런데 이 지도는 현대 한국인의 상식 차원에서 이해가 안 되는 사항이 세 가지나 존재합니다.

우선 이 지도에서 가장 이상한 점은 지도의 이름이 <천하대총일람지도>인데 열도(列島)가 빠져 있다는 것입니다. 유구국(琉球國, 현재 오키나와(沖繩, Okinawa)로 일본에 편입되었음)처럼 작은 섬나라도 자세히 그려져 있는데 열도가 빠졌다는 것은 상식적으로 납득이 안 되는 일입니다. 아시아의 천하(天下)에 열도는 포함이 안 되는 것일까요? 이 시대부터 열도에 탈아입구(脫亞入歐)의 광풍이 몰아쳐 아시아에서 열도가 제외되었던 것일까요? 그건 결코 아닙니다. 에도시대(江戶時代)에 열도는 서구에 등을 돌리고 아시아 국가들과 친하게 지냈습니다. 이 지도에는 분명히 열도가 그려져 있었을 것입니다. 그러나 근대일본국(近代日本國)에 의해 제거되었을 것입니다. 보다시피 이 지도는 아주 세세한 부분까지 표기한 지도입니다. 그러하니 열도의 지명도 자세히 표기되어 있었을 것입니다. 역사를 왜곡해야 하는 근대일본국의 입장에서 보면 이 부분은 있어서는 안 되었을 것입니다.

이 지도에서 현대 한국인의 상식 차원에서 이해가 안 되는 다음 사항은 서울이 교토(京都)로 표기되어 있다는 것입니다. (천하대총일람지도는 인터넷 검색을 통하여 쉽게 보실 수 있습니다. 검색을 통해 "京都" 표기를 정확히 확인하시기 바랍니다. "京都" 표기 부분만 확대하여 본서에서 제공하기에는 지면상 어려움이 따릅니다.) 서울이 교토라니? 교토(京都)는 평안경(平安京) 천도 이후 1000년 이상 일본의 수도가 아니었는가? 그런데 서울의 원래 이름은 교토가 맞습니다. 제가 본 지도의 90% 이상은 서울이 교토(京都)로 표기되어 있습니다. 서울의 원래 명칭이 교토(京都)였다는 사실과 현재 일본 교토부(京都府)의 원래 지명(국명)이 산성(山城)이었다는 사실은 후에 심도 있게 다룰 것입니다.

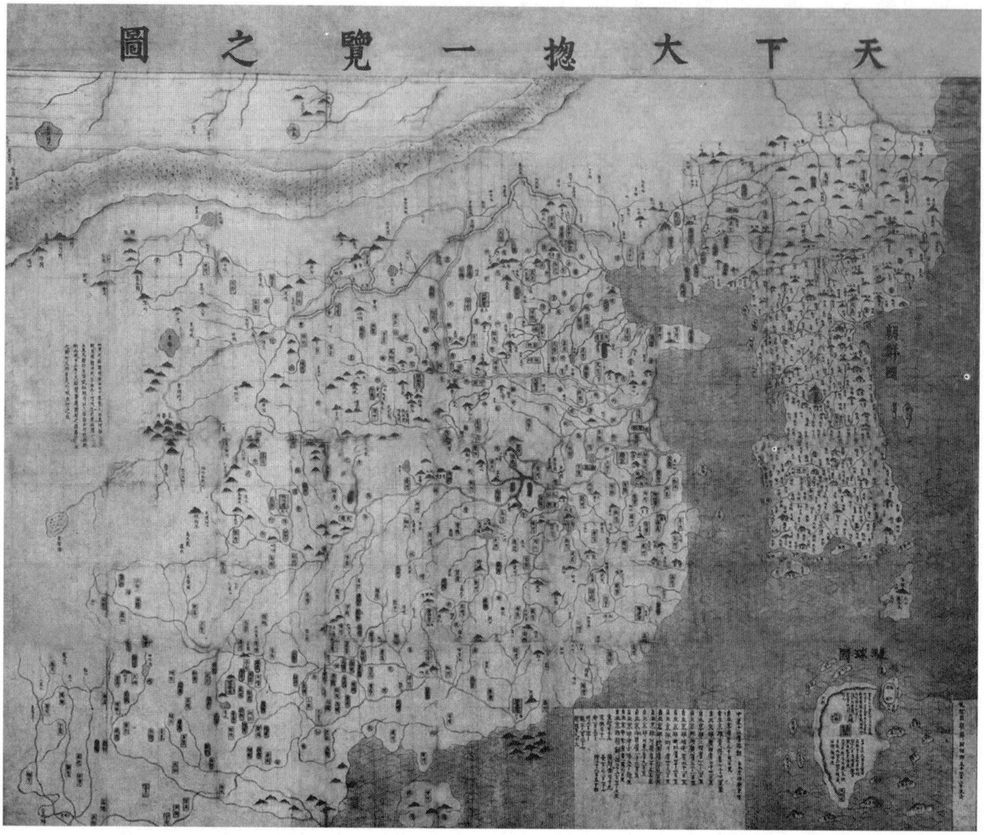

[그림 4-18] 천하대총일람지도(天下大總一覽地圖).
제작자: 미상. 제작 시기: 1652 - 1747년 추정. 소장: 국립중앙도서관.

마지막으로 이 지도에서 현대 한국인의 상식 차원에서 이해가 안 되는 사항은 대청제국(大淸帝國)에 대한 표기가 없다는 것입니다. 당시 아시아에서 천하(天下)의 주인이 대청제국이었다는 것은 누구나 아는 사실입니다. 조그마한 섬나라도 유구국(琉球國)이라 표기되어 있는데 천하의 주인이 표기되어 있지 않다니 정말 이상한 일입니다. 그런데 한반도 오른편에는 조선국(朝鮮國)이 표기되어 있습니다. 한반도에 있던 나라가 조선(朝鮮)이라는 것일까요? 그러면 지금까지 제가 전개해 온 이야기는 다 거짓이 되는 것일까요? 한반도에 계속해서 고려(高麗)가 있었다고 주장한 건 역시 거짓일까요?

우리는 지도를 있는 그대로 볼 필요가 있습니다. 아무 편견 없이 말입니다. 기존에 쇠뇌 받은 상식을 버리고 지도를 있는 그대로 봐 봅시다. 이 지도는 한반도를 포함하여 대륙 전체를 조선국(朝鮮國)이라 표기한 것입니다. [그림 4-16]의 네덜란드 지도가 대청제국(Imperii Sinarvm)이 대륙 전체를 포괄하고 있는 것으로 그려져 있다면, 이 지도는 조선국(朝鮮國)이 대륙 전체를 포괄하고 있는 것으로 그려져 있는 것입니다. 위에서 살펴보았지만 "Sin(a)"의 실체가 청(淸)이자 조선(朝鮮)이니 두 지도는 정확히 일치하는 것입니다. 아울러 이 지도에서 "國"은 "나라(nation)"가 아니라 "영역(territory)"으로 파악해야 지도를 보다 정확히 이해할 수 있습니다. 조선국(朝鮮國)은 조선이라는 나라가 아니라 조선이라는 영역인 것입니다. 유구국(琉球國)도 마찬가지입니다. 조선(朝鮮)이라는 영역(國) 안에 대청제국(大淸帝國)이라는 나라(國)와 고려국(高麗國)이라는 나라(國)가 있는 것입니다. 이미 신채호 큰선생께서는 우리 조선민족이 사는 온 누리, 즉 관경(管境)을 조선(朝鮮)이라 한다고 말씀하신 바 있습니다. 그런데 이런 인식이 대청제국(大淸帝國)의 역사인식이었다는 것이 중요합니다. 대청제국(大淸帝國)은 자신이 관할하는 지경, 즉 관경(管境)이 조선(주신)이라 분명히 밝혔습니다.

> 신채호 선생은 조선의 어원은 숙신이라고 합니다. 그러니까 조선의 고어(古語)가 숙신이라는 것이지요.「만주원류고(滿洲源流考)」에서는 숙신의 옛 이름은 '주신(珠申)' 또는 '주리진(朱里眞)'이며 이것은 관경(管境)을 가리키는 만주어라고 합니다. 구체적으로 신채호 선생은「만주원류고」를 토대로 조선의 원래 발음은 주신이고 그 뜻은 "주신(珠申)의 소속 관경(管境)"이라고 했습니다. 여기서 말하는 '관경'이란 우리 쥬신민족(역주: 조선민족)이 살고 있는 온 누리를 말합니다.

(김운회. 2006. 대쥬신을 찾아서 1. (주)해냄출판사. 183-184쪽)

> <만주원류고(滿洲源流考)>에서 "청(淸) 초에 그 관할하는 지경(管境), 곧 영토를「주신(珠申)」이라고 하였다. 주신은「숙신(肅愼)」과 동음(同音)이다"라고 하였다.

(신채호. 박기봉 옮김. 2007.「조선상고문화사」 조선상고문화사(외). 비봉출판사. 35쪽)

저는 본장의 앞부분에서 조선(朝鮮)은 "민족명(종족명)"을 의미한다고 설명드렸습니다. 그런데 여기에서 조선(朝鮮)은 "영역(관경)"을 의미합니다. 한반도를 지칭할 경우에도 계속해서 조선(朝鮮)이 등장하는 이유가 여기에 있는 것입니다. 한반도가 조선(朝鮮)이라는 영역 안에 있었으니 조선팔도(朝鮮八道)라는 말은 틀린 것이 아닙니다.

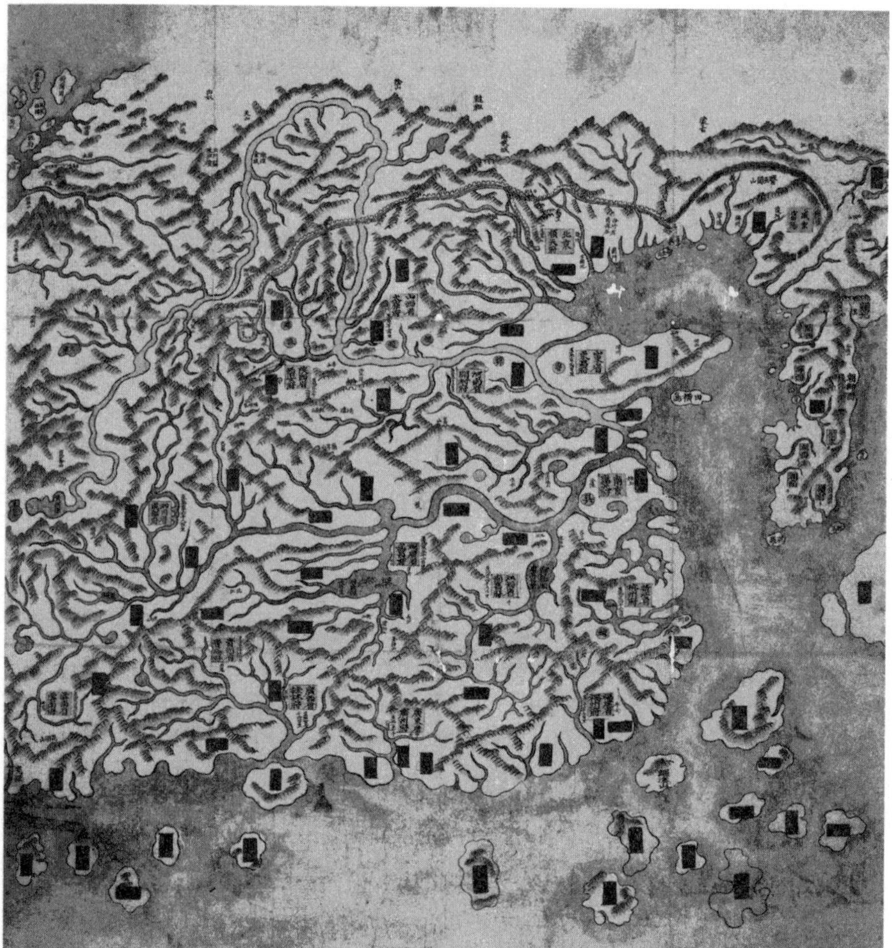

[그림 4-19] 여지도(輿地圖) 1첩에 수록된 이름이 붙지 않은 지도.
제작자: 미상. 제작 시기: 1789 - 1795년 추정. 소장: 서울대학교 규장각 한국학연구원.
출처: 문화재청. 2008. 한국의 옛지도. 91쪽.

[그림 4-19]는 <여지도(輿地圖)> 1첩에 수록된 지도인데 이름이 붙지 않은 것입니다. 이 지도는 18세기 후반에 제작된 것으로 추정되는데 역시 천하(天下)의 주인인 대청제국(大淸帝國)이 표기되어 있지 않습니다. 그리고 한반도 오른편에는 역시 조선국(朝鮮國)이 표기되어 있습니다. 그리고 일본열도를 비롯한 여러 섬에 국(國)이 표기되어 있습니다. 이 지도에서도 "國"이 의미하는 바는 <천하대총일람지도(天下大總一覽地圖)>와 마찬가지로 "나라(nation)"가 아니라 "영역(territory)"을 뜻합니다. 대륙 전체가 조선(朝鮮)이라는 영역(國)으로 표기되어 있는 것이고, 나머지 섬들도 각자의 영역(國)으로 표기되어 있는 것입니다. 이 지도에서 일본국(日本國)은 나라(nation)를 의미하는 것이 아니라 일본(日本)이라는 영역(territory)을 의미하는 것입니다. 이미 저는 "國"이라는 한자가 다양한 의미를 지니고 있음에 주목해야 한다고 말씀드렸습니다. 이 지도에서 "國"이 왜 "영역(territory)"의 의미를 갖는지는 근대일본국(近代日本國)이 제작한 지도를 보면 확실히 확인이 가능합니다.

[그림 4-20]은 영남대학교 독도연구소가 작년 4월에 공개한 <일로청한명세신도(日露淸韓明細新圖)>라는 지도입니다. 이 지도는 메이지(明治) 36년, 즉 서기 1903년에 제국육해측량부(帝國陸海測量部)가 제작한 것인데 연구소측에 의하면 독도를 한국 영토로 표기한 아주 중요한 지도라고 합니다. 그러나 제가 볼 때에 이 지도는 독도에 관한 사항보다 더 중요한 사실을 우리에게 알려주고 있습니다.

지도는 그 이름에서 알 수 있듯이 일본제국(日本帝國), 러시아제국(露西亞帝國), 대청제국(大淸帝國), 그리고 대한제국(大韓帝國)에 대한 사항을 명확하면서도 자세하게 그린 지도입니다. 지도 이름에 "新"이 들어간 것은 일본이 대만(台湾)을 복속시켰던 새로운(新) 사실을 표기하여 제작하였기 때문으로 보입니다. 그런데 이 지도에 일본국(日本國)과 러시아(露西亞)는 표기되어 있는데 청국(淸國)과 한국(韓國)은 표기되어 있지 않습니다. 지도의 이름이 <일로청한명세신도>이므로 대청제국과 대한제국이 어떠한 형태로든 표기되어 있어야할 텐데 말입니다. 그런데 역시 위의 두 지도와 마찬가지로 한반도 오른편에 조선국(朝鮮國)이 표기되어 있습니다. 그리고 한반도 아래에 고려해(高麗海)가 표기되어 있습니다. 도대체 이를 어떻게 해석해야 할까요? (영남대 독도연구소에서 제공한 [그림 4-20]의 선명도가 떨어져 표기가 잘 보이지 않습니다. 그러나 표기와 관련된 사항은 관계 자로부터 확인한 것이니 정확합니다.)

[그림 4-20] 일로청한명세신도(日露清韓明細新圖).
제작자: 제국육해측량부(帝國陸海測量部). 제작 시기: 1903년. 제공: 영남대학교 독도연구소.

그런데 우리는 이 지도에서 조선국(朝鮮國)과 고려해(高麗海)에 관한 표기와 더불어 러시아(Russia)를 한자로 "露西亞"로 표기한 사실도 주목할 필요가 있습니다. 물론 "로서아(露西亞)"는 "러시아(Russia)"의 발음을 한자로 적은 것입니다. 그런데 일본제국(日本帝國)에서는 그 많은 한자 중에 왜 "西"와 "亞"를 사용해서 "러시아(Russia)"를 표기했을까요? "西亞"는 "서쪽 아시아"라는 뜻입니다. 이는 러시아(Russia)가 아시아 국가라는 인식을 반영한 것입니다. 2008년 12월에 미국 합동군사령부는 북한을 핵보유국으로 명기한 연례보고서를 발간한 적이 있습니다. 보고서에서 미국은 아시아의 기존 핵보유국으로 중화인민공화국, 인도, 파키스탄, 그리고 러시아를 거론하였는데 이는 21세기의 미국도 러시아를 아시아 국가로 파악하고 있다는 것을 알려줍니다. 우리가 배운 상식으로도 러시아(Russia)는 표트르 대제(Pyotr I)에 의해 서구화 정책이 추진되기 전까지 확실히 비유럽국가였습니다.

메이지유신(明治維新) 직후 열도인들의 러시아에 대한 인식은 낭인 집단이었던 흑룡회(黑龍會)를 통해 잘 파악할 수 있습니다. 흑룡회는 1901년 2월 대아시아주의를 표방하며 창립된 단체로 그 명칭에서 알 수 있듯이 흑룡강(黑龍江)을 자신들의 뿌리로 내세운 단체입니다. 이들은 한국의 일진회(一進會)를 조정하여 한일합방(韓日合邦) 운동을 전개하였던 단체로 우리에게 알려져 있습니다.

> 그들(역주: 흑룡회)은 구미열강 중에서 특히 러시아에 인종적인 측면에서 오히려 친근감을 갖고 일·러의 관계 악화는 "국가 정략 때문에 생긴 것으로 결코 국민 상호간에는 그렇지 않다"라고 한다. 그들은 국가와 민족을 구별하고 있고 전쟁의 상대는 어디까지나 러시아의 전제권력이었다. 전쟁을 통하여 전제권력을 타도하는 것은 일본의 대륙진출을 위해서도, 더욱이 러시아 민족을 위해서도 필요하다고 본다. 전쟁이 끝나고 나서는 '반황백인(半黃白人)'의 러시아 민족과 손을 잡고 친하게 지내자는 것이다. 이른바 '러시아망국구제론'과 '러시아혁명지원론'으로 발전하는 것이다.

(김경일·강창일. 2000. 「동아시아에서 아시아주의: 1870-1945년의 일본을 중심으로」 역사연구 제8호. 역사학연구소. 304쪽)

우리는 흑룡회와 마찬가지로 러시아를 아시아 국가로 파악해야 합니다. 그래야 우리 역사의 지평을 중앙아시아까지 넓힐 수 있습니다. 우리 민족의 출발점이 중앙아시아에 위치한 알타이산(金山, Mt. Altai)이라는 학설도 이제 정설로 받아들여지고 있습니다. 당시 일본제국이 러시아를 아시아 국가로 파악한 것은 그들의 정치적 이유도 있었겠지만 이러한 역사적 사실에 기초했던 것입니다. 흑룡회의 역사인식은 지금 봐도 놀라울 정도로 우리에게 유용한 정보를 주고 있습니다. 이는 후에 자세히 다룰 것입니다.

그럼 다시 이 지도를 정확히 읽어보겠습니다. 본장의 앞부분에서 저는 서양

지도의 표기를 통해 동해(東海)의 정확한 명칭은 고려해(高麗海)라고 말씀드렸습니다. 그런데 이 일본 지도에도 고려해가 표기되어 있습니다. 이는 서양에서도 일본에서도 동해를 고려해로 불렀음을 반증하는 것입니다. 그러면 왜 고려해(高麗海)로 불렸을까요? 한반도에 계속해서 고려(高麗)가 있었기 때문에 이런 명칭이 있을 수 있는 것입니다. 국호가 1897년에 대한제국(大韓帝國)으로 바뀌었지만 이 지도를 제작할 때까지도 열도인들은 한반도를 고려로 인식했던 것입니다. 그리고 이 지도에서도 "國"은 위의 두 지도와 마찬가지로 "나라(nation)"가 아니라 "영역(territory)"으로 파악해야 합니다. 그래야 대한제국(大韓帝國)은 말할 것도 없고 대청제국(大淸帝國)이 표기되지 않은 이유가 설명됩니다. 조선국(朝鮮國)과 일본국(日本國)은 조선(朝鮮)이라는 "영역(territory)"과 일본(日本)이라는 "영역(territory)"을 의미합니다. 일본(日本)을 표기할 때 일본제국(日本帝國)이라 하지 않고 일본국(日本國)이라 한 것도 이를 뒷받침합니다. 제국(帝國)을 지향한 근대일본국이 자신의 국호를 쓴 것이라면 제국이라는 단어를 꼭 집어넣었을 것입니다. 이 지도를 제작한 정부 부서에도 그 부서명에 "제국(帝國)"이 들어가 있습니다. 이 지도에는 제작자가 제국육해측량부(帝國陸海測量部)로 표기되어 있기도 합니다. 조선(朝鮮)의 영역(國)에 청국(淸國)과 한국(韓國)이 있는 것입니다. 그래야 이 지도가 온전히 해석될 수 있습니다. 한편, 이 지도에 드디어 지나(支那)라는 표기가 등장합니다. "대청제국(신라제국)"에 대한 폄하가 근대일본국 정부차원에서 본격화된 것으로 보입니다.

저는 지금까지 마지막 조선제국의 실체를 설명했습니다. 조선의 의미가 민족(종족)을 지칭하기도 하고 조선민족이 사는 영역을 지칭한다고도 하였습니다. 영역을 지칭할 때에는 한반도를 포함하여 대륙 전체가 조선이라 불리었다고 설명하였습니다. 그런데 본장을 시작하면서 저는 대륙에 조선(朝鮮)이 있었고 한반도에 고려(高麗)가 있었다고 설명하였습니다. 이는 대륙 전체에서 한반도를 구별하여 고려의 존재를 부각시킨 것입니다. 이럴 경우에는 대륙만을 조선이라 부르기도 하였습니다. 그런데 조선(朝鮮)은 "민족"과 "영역" 외에 또 다른 의미를 가지고 있습니다. 이 의미가 조선의 실체를 가장 잘 알려줍니다. 이 의미도 역시 청도기(淸道旗)를 통해 파악할 수 있습니다.

7) 조선의 세 번째 의미: 종주(宗主)

1897년에 고종(高宗)은 환구단(圜丘壇)에서 하늘에 제사를 지낸 뒤 대한제국(大韓帝國)을 선포하고 황제(皇帝)에 즉위합니다. 그런데 이 때 의장기로 사용한 깃발이 바로 청도기(淸道旗)입니다.

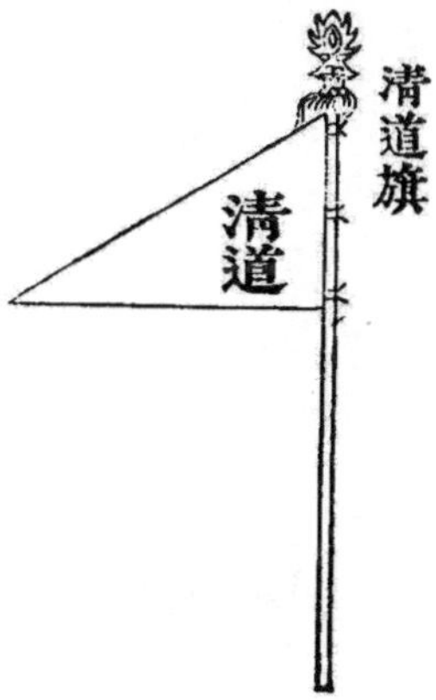

[그림 4-21] 대한제국(大韓帝國)이 의장기로 사용한 청도기(淸道旗).
출처: 한국역사정보통합시스템(http://yoksa.aks.ac.kr/).

고종은 왜 청도기를 의장기로 사용한 것일까요? 확실한 것은 청도기가 황제 즉위식에 의장기로 사용된 것을 보면 역시 청도기는 군대가 행진할 때 앞에서 길을 치우는 데에 쓰이던 깃발이 아니라는 것을 알 수 있습니다. 그 기원이 행진할 때 앞에서 길이나 치우는 데에 쓰이던 깃발이라면 이를 어떻게 황제 즉위식에 의장기로 사용할 수 있겠습니까? 그런데 대한제국의 청도기는 이전의 청도기와는 그 형태가 크게 다릅니다. 가장 큰 차이는 형태가 사각형에서 삼각형으로 바뀌었다는 것이고 깃발에 화염각이 달려있지 않다는 것입니다. 제가 찾은 바에 의하면 대한제국(大韓帝國)의 청도기(淸道旗)에 관한 설명은 다음과 같습니다.

청도기(淸道旗): 왕실 의장용 기(旗)의 하나로 삼각형의 깃발 주위로는 화염각(火炎脚)을 하지 않은 채 처리하였으며, 깃발의 양면에는 '청도(淸道)'라는 글자를 수놓았고, 화염문의 기두(旗頭)를 달았다.

[출처: 한국역사정보통합시스템(http://yoksa.aks.ac.kr/)]

청도기(淸道旗): 대한 제국 때에 쓰던, 붉은색으로 '淸道'라는 글자가 쓰여진 의장기. 파란색 삼각기이다.

[출처: 네이버(NAVER) 백과사전(2008)]

청도기(淸道旗): 1897년(광무 1) 고종(高宗)이 대한제국의 황제에 오르면서 의장으로 사용한 삼각기(三角旗)로 청색 바탕에 적색으로 '淸道'라고 새긴 자문(字紋)을 붙였는데 대가(大駕)·법가(法駕)가 나갈 때 한 쌍이 뒤따랐다. 규격은 가로 177cm, 세로140 cm, 변 240cm이며, 재료는 문단(紋緞)을 사용하였다.

[출처: 네이버(NAVER) 백과사전(2010)]

본장의 앞부분에서 저는 청도기(淸道旗)를 설명하면서 청도(淸道)를 "청(淸)의 길(道)", 즉 대청제국(大淸帝國)의 길(道)로 파악해야 한다고 주장하였습니다. 아울러 병자호란 이후 고려(高麗)가 대청제국에 속하게 되어 고려에서도 청도기가 계속해서 사용되었을 것으로 파악하였습니다. 그러므로 병자호란 이후에 고려에서 청도기를 들었다는 것은 어찌 보면 굴욕적인 일이었을지도 모릅니다. 그런데 어째서 고종(高宗)은 황제에 즉위하면서 의장기로 청도기를 사용한 것일까요? 자주독립 국가를 지향한다고 목소리 높여 외쳤지만 이건 일종의 정치쇼에 지나지 않은 것이었고 끝까지 대청제국의 영향권 아래에 있으려 했던 것일까요? 그건 결코 아닐 것입니다. 황제 등극이 정치쇼일 수 있겠습니까? 도대체 청도기(淸道旗)는 어떤 의미를 갖는 깃발일까요? 청도기(淸道旗)는 일단 "청(淸)의 길(道)", 즉 대청제국(大淸帝國)의 길을 의미합니다. 그러나 근원적으로 청도기(淸道旗)는 조선(朝鮮)을 상징하는 깃발입니다. 그러니 대김제국(大金帝國)이 국호를 "金"에서 "淸"으로 바꾸고, 청도기를 앞장세워 행진했던 것은 "김(金)"이 이제 "조선(朝鮮)"의 지위를 득했다는 것을 만천하에 선포한 것이라 할 수 있습니다. 이때 조선(朝鮮)은 조선민족(朝鮮民族)이 사는 온 누리, 즉 관경(管境)의 종주(宗主)를 의미합니다.

박용숙 교수는 최근에 펴낸 <샤먼제국>이라는 책에서 고대의 조선(朝鮮)은 샤먼제국의 교황청이었고, 고대 세계사는 열국들이 조선(종주)의 지위를 얻기 위해 치열한 각축전을 벌여온 역사라고 주장하였습니다. 우리의 고대사가 지중해(The Mediterranean)로부터 시작했다거나 알렉산더 대왕(Alexandros the Great)이 진시황제(秦始皇帝)라는 파격적인 주장이 있어 박용숙 교수의 주장을 완전히 받아들이기는 좀처럼 어렵습니다. 저는 이 책이 우리 고대사를 밝히는 데 가장 이바지한 점은 조선(朝鮮)을 샤먼제국의 종주(宗主)로 파악했다는 것입니다.

> 박제상(朴堤上)은 신라 19대 눌지 마립간 때(418-458 재위)의 충신으로, <부도지(符都誌)>라는 그의 저서에서 신라 역사를 간단히 기록했다. 그에 의하면 신라는 이를테면, 샤머니즘 시대 제왕의 나라였으며 조선은 일역(一域)의 봉국(封國)이 아니고 사해(四海)의 공도(公都)였다. 이를테면 신라(조선)는 기독교의 교황청(바티칸)같은 것이었다는 의미이다.

(박용숙. 2010. 샤먼제국. 소동. 46쪽)

박용숙 교수의 조선에 대한 설명에 신라가 등장하는 것은 무척 흥미로운 사항입니다. 위에서 저는 "조선(朝鮮)"은 "주신"으로 발음되어 "신"의 발음을 갖고 있어 "신"으로 발음되는 나라들("秦", "新(羅)", "(大)震·振·辰", "金", "淸")과 깊은 관련이 있다고 언급한 적이 있습니다. 그런데 이들 나라는 선비족 계열의 나라들입니다. 조선민족(朝鮮民族)을 구성하는 양대 종족으로 선비족(鮮卑族)과 부여족(夫餘族)이 있습니다. 조선민족(朝鮮民族)은 물론 이 양대 종족을 모두 포괄하지만 다음 장에서도 언급하겠지만 선비족과 보다 관련이 깊습니다.

또한 저는 본장의 앞부분에서 "조선(朝鮮)"은 "(주)신"인데, "신"은 장엄한 자리나 신성한 땅을 뜻한다고 설명했습니다. 또한 "신"은 "太(태: 크다)", "總(총: 전체를 아우르다)", "上(상: 위, 높다)", "第一(제일: 첫째)"의 뜻을 가진다고 설명했습니다. 이는 한마디로 "조선(朝鮮)"의 뜻이 "종주(宗主)"라는 것입니다. "조선(朝鮮)"의 뜻이 왜 종주인지에 대해 박용숙 교수는 아래와 같이 명쾌히 설명합니다.

> 더불어 '朝鮮'이라는 글자에도 卍, 회오리, 十, 태극이라는 의미가 포함되어 있다는 사실은 주목할 일이다. 이 두 글자에는 해(日)와 달(月), 양(羊), 물고기(魚)의 도상이 모두 들어있기 때문이다. 이는 곧 천문도[하도(河圖)]에서 오방을 가리키는 태양[건(乾)], 태음[곤(坤)], 소양[이(離)], 소음[감(坎)] 네 괘의 의미이다.
>
> 따라서 '조선'은 글자 자체에서 우주의 중심[오방(五方)]을 의미한다. <산해경>의 <해내경>에는 조선은 천축국이며 그곳에 황금으로 만든 신상[휴도금인(休屠金人)]이 감천궁(甘泉宮)에 모셔져 있다고 했다. 그곳에 옥황[금인(金人)]이 있었다. 풀리지 않는 의문은 조선이라는 글자의 본 소리이다. 잘 알려진 대로 중국 문헌은 조선을 '식신(息愼)', '직신(稷愼)', '숙신(肅愼)', '주신(珠申)'과 같이 다양하게 표기했으나 그 기본 소리는 같다. 이것이 기독교 성경에 나타나는 'cho'sen'이고, 그 뜻이 선민(選民)이라는 것은 이 책(역주: 샤먼제국)의 오호십육국 시대에서 실감할 수 있게 된다. 선민은 샤먼신선들의 정령[조선씨(朝鮮氏)]을 뜻하는 '바단물'을 가리킨다.

(박용숙. 2010. 샤먼제국. 소동. 93-94쪽)

박용숙 교수는 태왕 고려(太王 高麗) 멸망 이후, 그리고 묘청(妙淸)의 서경천도(西京遷都) 실패 이후 샤먼제국은 완전히 사라지게 되었다고 파악하였습니다. 그런데 저는 대한제국(大韓帝國) 때까지 샤먼제국은 이어졌다고 생각합니다. 고대의 샤먼제국과 근래의 샤먼제국은 종주권을 행사하는 방식이나 제국의 체제에 있어서 많은 차이를 보이겠지만 말입니다. 샤먼제국을 특징짓는 제국의 행사는 천자(天子)가 하늘에 제사를 지내고 하늘로부터 제국(帝國)에 대한 종주권(宗主權)을 부여 받는 일입니다. 동아시아에서 계속해서 천자라는 용어가 사용되어 왔다는 것 자체가 샤먼제국의 전통이 내려오고 있었다는 것을 알려줍니다. 하늘에 제사를 지내고 하늘로부터 종주권을 부여 받는 것은 오직 천자만이 할 수 있는 일입니다. 그런데 고려(高麗)에서도 임진왜란(壬辰倭亂) 때까지만 해도 이런 의식이 거행되고 있었습니다. 그 의식이 거행되던 곳이 바로 대청관(大清觀)입니다. 대청제국(大淸帝國)의 국호는 바로 이 대청관(大淸觀)에서 유래된 것입니다. 대김제국(大金帝國)이 대청제국(大淸帝國)으로 국호를 변경한 이유에 대해 좀처럼 설명이 이루어지지 않고 있는데 이는 그 유래를 고려에서 찾지 않은데 있는 것입니다. 다음(DAUM) 백과사전(2010)에서는 대청관을 아래와 같이 설명합니다.

대청관(大淸觀): 고려시대에 도교는 불교나 유교에 미칠 정도는 아니었지만 끊임없이 성행했다. 따라서 여러 도교기관을 건립하여 각종 재초 의식(齋醮儀式)을 행함으로써 국가의 안녕과 번영을 기원하는 한편 축수(祝壽), 기곡(祈穀), 구병(救病), 전쟁에서의 승리 등을 기원했다. 대청관은 그러한 기관 중의 하나로, 태청관(太淸官)이라고도 했다. 태청이란 도교신앙의 종지(宗旨)인 3청(三淸 : 玉淸·上淸·太淸) 중 하나로, 태청도덕천존(太淸道德天尊)을 가리킨다. 따라서 대청관에서는 태청도덕천존인 천황대제(天皇大帝)를 모시고 도교의 법사(法事)를 치렀다. 여기에 관원으로 충선왕 때 판관(判官)이 두어졌는데, 그 품계는 종9품이었다. 판관은 독(纛 : 왕이 친히 전쟁에 나갈 때에 드는 큰 기)을 보관하는 일을 주관했다. 따라서 전쟁에 나갈 때에는 반드시 대청관에서 독을 세우고 제사 지내게 되어 있었다. 그 뒤 액운과 재운이 있으면 기도별초(祈禱別醮)를 행했고, 전쟁이 있으면 장수가 대청관에서 머무르면서 재초를 올린 뒤에 출정했다. 공민왕 때 고려에 침입해온 홍건적을 막기 위해서 큰 독을 만들게 하고, 독치[纛赤]라는 관원을 두어 이를 관리하게 했다. 그러나 1377년(우왕 3)에 독치는 폐단이 적지 않다 하여 폐지되었다. 이성계의 대왕 즉위 후(원문: 조선 건국 후) 고려에 산재되어 있는 도교의 궁관(宮觀)과 전당(殿堂)들이 거의 폐지되었으나, 대청관은 소격전(昭格殿)과 함께 존속되었다가 새로이 천도한 한양에 건립되어 초재의식이 행해졌다. 그 후 대청관은 1422년(세종 4)에 폐지되었고, 소격전만 그대로 남아 1466년(세조 12)에 소격서(昭格署)로 관제 개정이 되었다.

[출처: 다음(DAUM) 백과사전(2010)]

위 인용문에서는 대청관(大淸觀)이 도교(道敎)와 밀접한 관련이 있음을 알려줍니다. 도교(道敎) 전문가가 아닌 필자가 도교에 대해 언급하는 것은 조심스럽습니다. 그러나 도교가 샤먼제국(제천의식)과 밀접한 관련을 맺고 있다는 점은 확실히 말씀드릴 수 있습니다. 도교에서는 도(道)를 닦음으로써 선인(仙人)이 되는 것을 추구하는 종교로 연금술을 중시합니다. 도교의 이러한 특징은 정확히 샤먼제국의 특징과 일치합니다. 대청제국(大淸帝國) 황제가 제천의식(祭天儀式)을 거행했던 곳이 천단(天壇)인데 이 천단이 바로 도교 제단입니다. 천단만 살펴봐도 샤먼제국이 도교와 밀접한 관련을 맺고 있음이 단번에 파악됩니다.

[그림 4-22] 천단(天壇).
출처: 위키백과(http://ko.wikipedia.org/).

위의 설명에서는 일단 "옥청(玉淸)"이라는 용어에 주목하시기 바랍니다. 위의 설명에 의하면 세종대왕(世宗大王) 시기에 대청관(大淸觀)이 폐지되었다고 합니다. 고려(高麗)에서 대청관이 폐지된 이후 제천의식(祭天儀式)은 소격서(昭格署)에서 수행되었습니다. 네이버(NAVER) 백과사전(2010)과 다음(DAUM) 백과사전(2010)에서는 소격서(昭格署)를 아래와 같이 설명합니다.

소격서(昭格署): 도교의 일월성신(日月星辰)을 구상화(具像化)한 상청(上淸)·태청(太淸)·옥청(玉淸) 등을 위하여 삼청동(三淸洞)에 성제단(星祭壇)을 설치하고 초제(醮祭) 지내는 일을 맡아보았다. 태종 이전에는 소격전(昭格殿)이라 하여 하늘과 별자리, 산천에 복을 빌고 병을 고치게 하며 비를 내리게 기원하는 국가의 제사를 맡았는데, 1466년(세조 12) 관제개편 때 소격서로 개칭하였다.

(중략)

그 후 도교를 배척하는 유신(儒臣)들의 조직적인 운동과 조광조(趙光祖)의 끈질긴 폐지 주장에 따라 1518년(중종 13)에 폐지되었고, 이때 제복(祭服) · 제기(祭器) · 신위(神位)까지 땅에 파묻었다. 1525년 복설(復設)되었으나, 1592년(선조 25) 임진왜란 뒤 다시 폐지되었다. 소격서는 후한(後漢) 말 장릉(張陵)이 발전시킨 도교가 고려에 전래되어 예종이 도교의 기도 대상인 천존상(天尊像)을 옥촉정(玉燭亭)에 모셔 제사를 지낸 데서 유래한 것으로, 처음에는 신격전(神格殿)이라 하였다.

삼청동의 제단에는 삼청전(三淸殿)·태일전(太一殿)·직숙전(直宿殿)·십일요전(十一曜殿)을 두어 영험(靈驗)에 따라 각 전에서 초제(醮祭)를 지냈는데, 삼청전에서는 옥황상제·태상노군(太上老君)·보화천존(普化天尊) 등 남자상(男子像)을 모셨고, 태일전에는 여자상을 모셔 칠성제수(七星諸宿)를 제사하였으며 그 밖의 전(殿)에서는 사해용왕(四海龍王)·명부십왕(冥府十王) 등을 제사하였다.

[출처: 네이버(NAVER) 백과사전(2010)]

소격서(昭格署): 도교의 제천행사로 삼청성진(三淸星辰: 上淸 · 太淸 · 玉淸으로 신선들이 살고 있다는 곳)에게 지내는 초제(醮祭)를 담당했다. 이와 함께 도학을 가르치기도 했는데 도학생도의 정원은 10여 명이었다. 관원으로 제조 1명, 별제 2명, 종5품 영(令) 1명, 종9품 참봉 2명을 두었으며, 영과 별제는 모두 문관으로 임명했다. 유교를 기본이념으로 하는 이조(李朝)는(원문: 조선은 개국하면서) 고려시대부터 있었던 도교의 여러 궁관(宮觀)과 전당(殿堂)을 없애고 소격전과 대청전(大淸殿)만 남겼다. 1396년(태조 5) 한양으로 천도하면서 지금의 서울특별시 종로구 삼청동에 소격전과 삼청전을 새로 설치했다. 1466년(세조 12) 관제개정 때 이름을 소격서로 바꾸었고 이후 <경국대전>에 수록되었다. 그런데 유학에 대한 이해가 깊어지고 그 덕목에 의한 실천운동이 활발해지면서 소격서 혁파논의가 대두했다. 최초의 혁파논의는 1479년(성종 15)에 제기되었다. 그러나 제천의식과 기우제 등은 국가적인 큰일이고 유래가 오래되었으므로 혁파할 수는 없다 하여 비용을 줄이거나 청결하게 제사하는 선에서 논의가 마무리되었다. 1496년(연산군 2)에 다시 혁파논의가 발생했는데, 소격서가 비용만 많이 들고 국가에 도움은 되지 않는다는 이유였다. 이에 소격서를 안양군(安陽君) 항(行)의 집으로 옮겨 공식적으로는 혁파된 셈이 되었다. 중종반정으로 중종이 즉위하자 소격서는 다시 복원되었다. 그러나 이후 조광조를 비롯한 사림파 인사들이 대거 등장하면서 혁파논의가 강하게 대두했다. 이들은 소격서가 노자를 숭상하는 이단이며, 제후의 나라에서 직접 하늘에 제사하는 것은 불가하다는 것을 이유로 내세웠다. 결국 1518년(중종 13) 유신들과 성균관 유생들의 집요한 요청으로 소격서를 혁파했으나 1522년 대왕대비의 병환을 구실로 다시 회복시켰다. 이와 같은 소격서의 혁파와 복설은 유교주의 정치의 정착과정에서 전통적인 관습·제도와의 갈등에서 빚어진 것이었다. 소격서는 임진왜란 이후에 완전히 폐지되었다.

[출처: 다음(DAUM) 백과사전(2010)]

소격서(昭格署)에 대한 설명에서도 우리는 역시 "옥(玉)"이 들어가 있는 용어를 보게 됩니다. 그런데 우리는 이미 옥(玉)이 들어가 있는 용어를 앞의 3장에서 보았습니다. 가고시마현(鹿児島県)에 위치한 미야마(美山)에 단군(檀君)을 모시는 신사가 있는데 그 신사의 이름이 옥산궁(玉山宮)입니다. "옥산궁(玉山宮)"에서 "산(山)"은 이 신사가 산 정상에 위치해 있어 삽입되었을 것입니다. 또한 "산(山)"은 우리의 의식 속에 성스러운 공간으로 인식되어 있습니다. 이 신사를 건립한 사람들은 신사의 명칭에 "산(山)"을 삽입하여 신사의 성스러움을 더하려 했을 것입니다. 그러면 "옥산궁(玉山宮)"에서 "단군(檀君)"을 의미하는 한자는 "옥(玉)"이 됩니다. 박용숙 교수에 의하면 옥황상제(玉皇上帝)는 옥황(玉皇)과 상제(上帝)로 나누어서 파악되어야 하는데 옥황(玉皇)은 환웅(桓雄)의 조상(彫像)이며, 상제(上帝)는 이 옥황을 지키는 우두머리 샤먼(Shaman), 즉 단군(檀君)이라 합니다. 결국, 옥산궁(玉山宮)의 "옥(玉)"은 "옥황상제(玉皇上帝)"를 의미하는 것이며, 옥황상제(玉皇上帝)는 단군(檀君)의 다른 이름인 것입니다.

부도 안에는 무가(巫歌)가 말하는 옥황상제(玉皇上帝)가 있다. 여기서 '옥황'과 '상제'라는 말을 분리해야 말의 본뜻이 선명하게 드러난다. '옥황(玉皇)'은 신상의 머리에 있는 구슬로 장식된 화려한 금관을 가리킨다. 일연도 「삼국유사」 선도성모(仙挑聖母)에 관한 기사에서 옥황은 금을 다루는 신선[금선(金仙)]이 만든 것이라고 기록했다. 사마천은 이 신상을 흉노의 '휴도금인(休屠金人)'이라고 말하고 그것이 흉노의 신전인 '휴도'에 있다고 했다. '휴도'는 부도를 '금인'은 황금으로 만든 신상을 뜻한다. 「고기(역주: 환단고기)」는 이 옥황을 '웅상(雄常)'이라고 쓰고 그 모습을 이렇게 묘사했다.

「웅상(雄常)은 환웅의 조상(彫像)으로 태시전(太始殿)의 환화(桓花) 위에 앉아있다. 웅상의 머리는 빛을 받아 해처럼 거대한 원광(圓光)을 사방에 발광한다. 이것이 진신(眞身)이다. 웅상의 손에는 천부인(天符印)이 들려있다.」

(중략)

이 '옥황'을 지키는 샤먼을 무당은 상제(上帝)라고 불렀다. '상제'라는 말은 우두머리, 제왕이라는 뜻이므로 그곳에 샤먼 여러 명이 있음을 알 수 있다. 우두머리는 곧 소머리[우두(牛頭)]이다.

(중략)

그러니까 묘청이 말한 백두선인은 옥황을 받드는 상제이고 그를 소머리 왕[우두왕(牛頭王)]이라 불렀던 것이다. 흉노는 이를 '도기(屠耆)'라고 부르는데 현자(賢者)라는 뜻이다. 샤먼 시대에 소머리 왕은 부도를 지키며 제천의식을 행했다.

(박용숙. 2010. 샤먼제국. 소동. 30-32쪽)

위의 인용문들을 살펴보면 제천의식(祭天儀式), 대청(大淸), 도교(道敎), 옥황상제(玉皇上帝), 샤먼(Shaman) 등이 핵심용어로 등장함을 알 수 있습니다. 이는 이 용어들이 서로 밀접한 관계를 형성하고 있음을 알려주는 것입니다. 흥미로운 사실은 제천의식을 중요시한 묘청(妙淸)의 이름에도 "청(淸)"이 들어가 있다는 것입니다. 그는 왜 수행에 접어들면서 자신의 이름을 "말할 수 없이 빼어나고 훌륭한(妙) 청(淸)"이라 지었을까요? 이는 자신이 지향하는 바가 "청(淸)"임을 나타내고 있는 것입니다. 그는 도(道)를 닦았으니 그가 행한 것은 "청도(淸道)"라 명명될 수 있을 것입니다. 이에 다시 청도기의 의미를 생각해 보면 청도기(淸道旗)에 표기된 "청도(淸道)"는 "대청제국(大淸帝國)의 길(道)"을 의미하는 것은 물론 "청(淸)"이라는 "이치(道)"를 나타낸 것이기도 한 것입니다. 대청제국이 추구하는 이상향이 바로 이 "청도(淸道)"인 것입니다. 저는 "청도(淸道)"의 실체에 대해서 아직 완벽히 이해하지는 못했습니다. 그러나 묘청(妙淸)이 무엇을 추구했는지를 살펴보면 "청도(淸道)"의 실체를 어느 정도는 짐작할 수 있습니다. 그가 추구한 것은 고려(高麗)가 제천의식을 성대히 거행하여 종주권(宗主權)을 하늘로부터 확실히 부여받고, 이를 통해 대김제국(大金帝國)을 물리치는 것이었습니다. 청도(淸道)는 제천의식과 분명히 관련이 있습니다. 그런데 그의 이러한 이상은 신라 김씨의 직계인 김부식(金富軾)에 의해 처참히 좌절되었습니다. 그의 이상은 그의 조국인 고려(高麗)에서가 아니라 신라(新羅)와 대김제국(大金帝國)을 이은 대청제국(大淸帝國)에서 실현되었던 것입니다. 참으로 역사의 아이러니가 아닐 수 없습니다. 한편, 소격서(昭格署)에서 삼청성진(三淸星辰: 上淸·太淸·玉淸으로 신선들이 살고 있다는 곳)에게 초제(醮祭)를 지냈다고 하니 "청(淸)"은 "신선(神仙)"과도 밀접한 관련이 있음을 알 수 있습니다.

대원제국(大元帝國)에 의해 대김제국(大金帝國)이 패망당한 이후 여러 부족으로 나뉘어 살아오던 주신족(女眞族)은 1616년에 다시 김(金)나라를 재건하고, 1636년에 몽골로 진출하여 차하르부(部)를 정복하여 "대원전국(大元傳國)의 새(璽)"를 얻어냅니다. "대원전국(大元傳國)의 새(璽)"를 얻어냈다는 것은 대원제국(大元帝國)을 김(金)나라가 승계하였다는 것을 의미합니다. 그런데 "대원전국(大元傳國)의 새(璽)"를 얻어낸 직후, 국호가 "김(金)"에서 "청(淸)"으로 바뀝니다. 왜 이 시기에 국호를 "청(淸)"으로 바꾸었을까요? "대원전국(大元傳國)의 새(璽)"를 얻어냈다는 것은 명(明)나라 이전에 대원제국이 가지고 있었던 종주권(제천의식을 치룰 수 있는 권한)을 김(金)나라가 승계하게 되었다는 것을 의미합니다. "청(淸)"이 "종주권(제천의식)"과 관련되어 있음을 알아내니 대청제국(大淸帝國)의 국호에 얽힌 수수께끼가 바로 풀려버립니다. 청나라는 나라 이름부터 샤먼제국의 특징을 가지고 있었던 것입니다. 그러니 이 나라의 백성들을 지배하는 사고체계는 다분히 샤먼적일 수밖에 없습니다. 이러한 사고체계가 근대 이전의 사람들을 지배하는 주된 사고체계였지요. 그러니 이들이 "개도(开道)"의 기능을 수행하는 깃발로 "청도기"를 든 것이 이해가 되고도 남습니다. ([그림 4-14] 참조) 이는 "개도(开道)"는 "청(淸): 하늘의 뜻"을 통해서만 가능하다는 것을 알려주는 것입니다.

한편, 도교(道敎)의 최고신은 옥황상제(玉皇上帝)인데 이 옥황상제(玉皇上帝)가 바로 우두머리 샤먼(Shaman), 즉 단군(檀君)이니 도교는 단군을 최고신으로 모시고 있다는 설명이 됩니다. 도대체 도교는 어떤 종교이기에 샤먼제국(하늘에 제사지내는 자(단군, 샤먼, 천자)가 통치하는 제국)과 이리도 밀접한 관련을 맺고 있는 것일까요? 흔히 도교(道敎)는 노자(老子)가 창시했으며 지나족(支那族)에 의해 발전했다고 알려져 있습니다. 그러나 도교 이전에 샤머니즘(shamanism)이 지배했던 고대 샤먼제국(조선제국)이 있었고, 도교는 이로부터 영향을 받았습니다. 사마천(司馬遷)은 <사기(史記)>에서 황제(黃帝)가 동이족(東夷族)으로부터 신선술(神仙術, 神仙道), 즉 도교의 기본 원리를 배웠다고 기록하였으며, 신라의 최치원(崔致遠)도 도교의 뿌리가 우리의 풍류(風流)에 있음을 언급한 바 있습니다.

> 한국의 경우 무교(巫敎)와 선도(仙道)는 고대에서 구분이 힘들 정도이며 단군은 무당이며 선인(仙人), 신선(神仙)이기도 하다. ...(중략)... 흔히 샤머니즘은 고대의 원초적인 종교현상, 또는 제정일치시대의 사회(국가) 지도원리라고 보아왔다. ...(중략)...
>
> 샤머니즘과 선도 중 시기적으로 선후를 따질 때 선도가 앞설 것 같다. 선도는 천지(天地) 속에서 인간의 입지를 정하면서 구체적으로 어떤 중개자를 설정하기보다 개인적 자연적(과학적) 삶의 순리를 강조하고 있다. 이에 비해 샤머니즘은 샤먼이라는 중개자를 통해 천지를 통합함으로써 집단적 종교적 성격을 띠기 때문이다.
>
> 또 중국의 도교와 한국의 선도(도교) 중 어느 것이 먼저냐를 따질 때 한국 선도가 먼저이다. 사마천(司馬遷)의 『사기(史記)』에 따르면 황제(黃帝)가 한국[東夷] 땅에서 신선술(神仙術, 神仙道)을 배웠다는 기록이 있으며 갈홍(葛洪)의 『포박자(抱朴子)』도 역시 황제가 한국[靑丘] 땅에서 자부(紫府) 선생으로부터 삼황내문(三皇內文)을 받았다고 전한다.

중국 도교의 연원으로 보는 『노자(老子)』에도 신선설(神仙說)이 나오지 않고 있다. 중국 도교는 『장자(莊子)』에 이르러 신선이 언급되고 있으며 이로 미루어 한국의 선도가 중국화하면서 도교로 되고 이 도교가 다시 한국으로 역류한 성격이 강하다. 한편 한국의 도교도 동명왕(東明王)이 창설했음을 문헌이 전한다.

(박정진. 1992. 읽어버린 仙脈을 찾아서. 일빛. 32-33쪽)

國有玄妙之道 日風流
設敎之源 備詳仙史 實內包含三敎 接化群生
且如入則孝於家 出則忠於國 魯司寇之旨也
處無爲之事 行不言之敎 周柱史之宗也
諸惡莫作 諸善奉行 竺乾太子之化也

"우리나라에 현묘한 도(道)가 있으니 이를 풍류(風流)라 한다. 가르침을 베푸는 근원은 선사에 상세히 기록되어 있거니와, 근본적으로 삼교[유교, 불교, 선교(도교)]를 이미 자체 내에 지니어, 모든 생명을 접하여 저절로 감화시킨다. 집에 들어와서는 부모에게 효도하고 밖에 나가서는 나라에 충성하는 것은 공자(魯司寇)의 교지(敎旨)와 같다. 매사에 무위로 대하고 말없는 가르침을 행함은 노자(周柱史)의 교종(敎宗)과 같다. 악한 일을 하지 말고 모든 착한 일을 받들어 행하라는 것은 석가모니(竺乾太子)의 교화(敎化)와 같다."

[출처: 삼국사기(三國史記) 신라본기(新羅本紀)]

(참고로 최근에 중국의 양심적 학자인 주학연(朱學淵)은 <진시황은 몽골어를 하는 여진족이었다(秦始皇是說蒙古語的女眞人)>라는 책에서 황제(黃帝)의 성씨가 청(淸)나라 황실의 성씨인 "아이신(愛新)", 즉 "김(金)"이었다는 주장을 하여, 지나족의 시조(始祖)로 알려져 있는 황제가 실은 주신족이었다는 파격적인 주장을 하였습니다. 그의 주장을 따른다면 고대부터 근래까지 동북아시아의 주인은 계속해서 주신족이었다는 결론이 도출됩니다. 한 가지 주의할 점은 황제(黃帝)가

주신족이라 하여 지나족도 주신족과 같은 민족이었다고 파악해서는 안 된다는 것입니다. 지배층과 피지배층이 다른 민족인 경우는 인류의 역사 이래 많이 존재하여 왔습니다. 청(淸)나라만 보더라도 지배층은 주신족이고 피지배층은 지나족이었습니다. 황제(黃帝)의 기원에 관하여 자세히 알고 싶은 독자들께서는 <주학연(朱學淵). 문성재 옮김. 2009. 진시황은 몽골어를 하는 여진족이었다(秦始皇是說蒙古語的女眞人). 우리역사연구재단. 92-94쪽>을 참고하시기 바랍니다.)

도교(道敎)는 선교(仙敎)로 불리기도 하였는데, 이 선교를 신채호 큰선생께서는 우리 고유의 사상인 낭가사상(郎家思想)이라 정의하셨습니다. 한편 선생께서는 지나(支那)에 내려오고 있는 선교와 우리의 선교는 다른 것이라 언급하시기도 하셨습니다. 그런데 선교(仙敎)의 뿌리가 우리에게 있으므로 본래의 선교에 대해 알아보는 일이 보다 중요한 일일 것입니다. 그리고 선생께서 살아계셨을 때나 지금이나 지나 대륙에 남아 있는 선교가 어찌 지나의 선교일 수 있겠습니까? 주신족(女眞族)에 의해 보급된 선교가 아니겠습니까? 지나의 선교와 우리의 선교는 다를지 모르나 주신의 선교와 우리의 선교는 같은 것입니다.

> 그러나 후에 와서는 선인(仙人)·신선(神仙) 등의 문자가 지나의 선교(仙敎: 道敎)와 혼동될 우려가 있으므로 특별히 「국선(國仙)」 또는 「화랑(花郎)」이라고 하는 구별 명사를 만들어 사용하였는데, 국선(國仙)의 「선(仙)」은 선인(仙人)의 「선(仙)」을 음역(音譯)한 것이고, 화랑의 「랑(郎)」은 선인(仙人)을 의역(意譯)한 것이다. 그러나 후대에 와서 역사를 읽는 자들은 매번 그 구별을 혼동하였다.
>
> (중략)
>
> 그런데 지금에 와서 비록 내가 선인왕검(仙人王儉)의 「선(仙)」은 국선(國仙)의 「仙」이고, 선비의 「선」이고, 우리 선교(仙敎)의 「仙」이고, 지나 선교(仙敎)의 「仙」이 아니라고 말하더라도 그 어느 누가 믿어주겠는가. 아, 국수(國粹)의 무너짐이 결국 이런 지경까지 이르렀구나.

(신채호. 박기봉 옮김. 2007. 「조선상고문화사」 조선상고문화사(외). 비봉출판사. 68-69쪽)

지금까지 살펴본 사항을 정리해 보면 명확하지는 않지만 종주(宗主)로서의 의미를 갖는 조선(朝鮮)과 청(淸)은 밀접한 관련을 맺고 있음을 알 수 있습니다. 그러므로 고종(高宗)이 대한제국(大韓帝國)의 의장기로 청도기(淸道旗)를 사용한 것은 이제 대한제국이 조선민족(朝鮮民族)이 사는 온 누리, 즉 관경(管境)의 종주권(宗主權)을 가지겠다고 선언한 것입니다. 비록 국운은 쇠퇴했지만 그의 뜻은 이러했던 것입니다. 고종의 이러한 행동에 대청제국(大淸帝國)은 너무나 불쾌해 했을 것입니다. 그러나 당시에 고려와 마찬가지로 국운이 쇠퇴하였던 대청제국은 고종의 이러한 행동을 막을 만한 힘이 없었습니다. 서세동점(西勢東漸)의 시대에 가장 큰 고난에 봉착했던 나라는 청국(淸國)이었습니다. 고종(高宗) 시대에는 대조선(大朝鮮)이라는 국호도 사용되었는데 이는 고종이 종주(宗主)로서의 조선(朝鮮)의 지위를 갖겠다는 의지를 표명한 것입니다. 이런 고종의 의지는 경복궁에서도 확인할 수 있습니다. 경복궁에는 1873년에 건청궁(乾淸宮)이 지어졌고 이곳에서 고종은 국사를 챙겼습니다. 이곳은 명성황후(明成皇后)가 일본인들에게 살해당했던 곳으로 우리에게 널리 알려져 있습니다. 중요한 것은 궁(宮)의 이름에 "청(淸)"이 쓰였다는 것입니다. 이는 종주권을 갖겠다는 단호한 의지 표명인 것입니다. 대청제국 황제의 편전이 건청궁(乾淸宮)입니다. 지금도 자금성(紫禁城)에 잘 남아 있습니다. 그런데 그 편전이 이제 고려(한국)에도 지어졌던 것입니다.

고종의 대한제국 선포와 황제 즉위는 환구단(圜丘壇)에서 거행되었습니다. 한반도에서 소격서(昭格署) 폐지 이후 끊겼던 제천의식(祭天儀式)이 고종에 의해 환구단에서 성대히 부활한 것입니다. 고종은 환구단에서 황천상제(皇天上帝)에 고하는 제사를 치루고 황제에 즉위하였는데 황천상제는 옥황상제(玉皇上帝)의 다른 이름이며 옥황상제는 단군(檀君)이니 결국 고종은 단군께 황제 즉위를 승인받았다고 할 수 있습니다. 환구단이 이처럼 성스러운 의식을 수행하는 곳이니 일제는 이를 가만히 두지 않았습니다. 일제는 환구단(圜丘壇)을 철저히 파괴하였고, 이로 인해 현재 환구단은 황궁우(皇穹宇)만 남아 조선호텔의 정원이 되어 버렸습니다.

[그림 4-23] 한반도에서 제천의식(祭天儀式)을 부활시킨 고종(高宗) 황제.

[그림 4-24] 황궁우(皇穹宇)만 남아있는 환구단(圜丘壇).

한편, 하필이면 고려에서는 왜 임진왜란(壬辰倭亂) 발발 직후인 1592년에 제천의식(祭天儀式)을 거행하였던 소격서(昭格署)가 완전히 폐지되었을까요? 소격서는 비록 불충분하지만 천자국(天子國)의 지위가 고려(高麗)에도 있음을 만천하에 알려주는 국가기관이었습니다. 임진왜란이 발발한지 20일 만에 도성(都城)이 함락되었으니 선조(宣祖)는 아마도 소격서 폐지를 피난길에서 처리했을 것입니다. 선조는 국가의 절대위기 상황에서 국가를 구할 일만 고민하기에도 벅찼을 텐데 왜 이와 같은 일을 단행했던 것일까요? 그건 아마도 명(明)나라에서 제시한 파병의 조건이었을 것입니다. 고려(高麗)에서 확실히 제천의식을 금하고 종주권(宗主權)을 대명국(大明國)에게 넘긴다면 파병을 고려해 보겠다고 만력제(萬曆帝)가 파병 조건을 달았을 것입니다. 그래야 상식적으로 납득이 안 되는 선조의 행동이 이해될 수 있습니다. 전란 중에는 오히려 제천의식을 거행해야 백성들의 동요를 막고 군의 사기도 올릴 수 있습니다. 그런데 선조는 정반대의 일을 했습니다.

그러면 왜 소격서(昭格署) 폐지가 명나라에서 그리도 중요했을까요? 도대체 명나라의 정체는 무엇일까요? 흥미로운 점은 북경(北京)의 천단(天壇)은 명나라가 세웠던 것이고 명나라 황제도 제천의식(祭天儀式)을 거행했다는 것입니다. 지나(支那)의 포털사이트를 검색해보면 명나라 황실에서도 청도기(淸道旗)를 의장기로 사용하였다는 것을 확인할 수 있습니다. (이에 대해서는 http://cathay.ce.cn/lzk/mingshi/zhi/200805/14/t20080514_15466317.shtml을 참고하시기 바랍니다.) 청도기는 이미 말씀드렸지만 제천의식을 상징하는 깃발입니다. 그런데 이건 지나족(支那族)의 전통과는 거리가 먼 것입니다. 저는 명(明)나라가 남경(南京)을 버리고 북경(北京)으로 수도를 옮긴 것도 우연한 일로 보지 않습니다. 학자에 따라서는 북경이 단군조선(檀君朝鮮)의 수도였다고 주장하기도 합니다만 확실한 것은 북경은 대김제국(大金帝國) 이후 대원제국(大元帝國)과 대청제국(大淸帝國)에 이르기까지 줄 곧 조선민족(朝鮮民族)의 수도였다는 것입니다. 대명제국(大明帝國)도 조선(朝鮮)이 아니고서야 조선민족의 성스러운 수도에 보금자리를 틀 이유가 없습니다. 북경(北京)은 만리장성(萬里長城)과 너무나 가까운 곳에 위치해 있어 고려, 몽골, 주신 등의 침입으로부터 자유롭지도 못한 곳입니다. 한족의 입장에서는 변방에 해당하는 지역입니다. 한족의 수도는 명(明)나라가 버리고 간 남경(南京)입니다. 한족(漢族)의 부활에 헌신하였던 손문(孫文)은 1912년에 남경(南京)에서 중화민국(中華民國)을 세웠고, 원세개(袁世凱)에게 대총통직을 양위할 때에도 조건의 하나로 내걸었던 것이 바로 남경을 중화민국의 수도로 하는 것이었습니다.

한편, 북경(北京)은 대김제국(大金帝國)의 수도였으니 대김제국을 계승한 대청제국(大清帝國)이 다물(多勿: 회복)해서 다시 수도로 정한 것은 지극히 당연한 일이었을 것입니다. 그런데 북경을 수복한 후 청나라는 명나라의 궁궐과 천단을 물려받습니다. 물론 어느 정도 변형이 이루어졌지만 말입니다. 이것도 이상한 것입니다. 적국의 궁궐을 사용한다는 것은 상식적으로 납득이 안 되는 일입니다. 명나라는 원나라의 궁궐과 주요 시설을 철거하고 새로이 북경을 건설했었습니다. 명과 원의 관계보다 명과 청의 관계는 상대적으로 들 적대적이었다고 판단됩니다. 흔히 명(明)나라는 순수한 지나족(支那族)의 나라로만 알려져 있지만 그 실체는 다시 생각해 보아야 합니다. 저는 명(明)이라는 국호도 조선(朝鮮)과 관계가 깊다고 생각합니다. 조선(朝鮮)에서 "조(朝)"의 핵심은 "해(日)"와 "달(月)"인데 "명(明)"나라는 "조(朝)"에서 "해(日)"와 "달(月)"을 가져다 국호로 사용하고 있습니다. 해와 달은 하늘을 상징합니다. 이는 천단(天壇), 그리고 제천의식과 바로 연결됩니다. 제가 명나라의 실체에 대해 파악한 바는 다음 장에서 다룰 것입니다. 본장에서는 명(明)나라도 조선(朝鮮)으로 파악이 가능하다는 것까지 말씀드리겠습니다.

본장에서 저는 조선(朝鮮)을 3가지 의미로 파악하였습니다. 민족명(종족명)과 영역, 그리고 종주가 그것입니다. 이 3가지의 의미를 가지는 조선은 참으로 복합적으로 사용되어 우리를 혼동시킵니다. 그러나 이 혼동은 근대를 지나오면서 일제에 의해 우리의 역사가 왜곡되고 우리의 기억이 망각되어 발행한 것입니다. 근대 이전의 우리 선조들에게는 전혀 문제가 되지 않았던 이 조선(朝鮮)이라는 실체가 우리에게 낯설고 어렵게 다가오는 이유가 여기에 있는 것입니다.

5

양계론(兩系論)으로 파악한 조선민족(朝鮮民族)의 역사

1) 이조(李朝)는 이씨조선(李氏朝鮮)이 아니라 이씨조정(李氏朝廷)

저는 2007년 일본에 교환학생으로 가기 전에 시대소리 남해경 발행인으로부터 우리 역사에 관한 그의 가설을 듣게 됩니다. 그리고 일본에서 6개월간 머무르는 동안 저는 그의 역사가설을 증명해 줄 수 있는 증거들을 발견하게 됩니다. 이로 인해 본서가 출간될 수 있었던 것입니다. 그는 1998년에 KBS 역사스페셜 홈페이지 게시판에 우리 역사에 관한 글을 쓴 것을 기점으로 해서 이후에는 정치, 경제, 사회, 문화, 철학 등 다방면에 글을 써왔는데 그 편수가 무려 1만을 넘는다고 합니다. 인문사회과학 전반에 방대한 지식을 가지고 있는 그가 제시한 우리의 역사 가설은 남고려북조선론(南高麗北朝鮮論)과 양계론(兩系論)입니다.

남고려북조선론(南高麗北朝鮮論)은 남쪽에 고려와 북쪽에 조선이 동시에 존재했었다는 주장입니다. 이는 앞의 4장에서 대략적으로 살펴보았습니다. 고려와 조선의 위치가 동(東)과 서(西)였으니 실제로는 남고려북조선(南高麗北朝鮮)이 아니라 동고려서조선(東高麗西朝鮮)으로 변경되어야 할 것입니다. 남고려북조선(南高麗北朝鮮)은 오히려 지금의 상황을 반영하고 있습니다. 현재 남쪽에는 대한민국이 있고 북쪽에는 조선민주주의인민공화국이 있습니다. 대한민국은 고려의 계보를 이었으니 고려로 파악이 가능합니다. (남해경 발행인이 제시한 남고려북조선론(南高麗北朝鮮論)은 "한국史, '조선은 고려後 건국' 맞나?"라는 글에 잘 나와 있는데 인터넷 검색을 통해 쉽게 볼 수 있으니 관심 있는 독자들의 일독을 권합니다.)

그는 조선사편수회(朝鮮史編修會)가 만들어 놓은 "삼한 → 고려 → 조선"이라는 직선적 역사관에 의문을 제기하면서 특히, 고종(高宗)이 황제에 즉위하면서 선포한 조서(詔書)에 주목합니다. 그 조서에는 고종의 역사인식이 잘 드러나 있습니다.

> 짐이 생각하건데 단군(檀君)과 기자(箕子) 이래로 강토가 나누어져 각각 한 모퉁이를 차지하고 서로 웅 함을 다투다가 고려 때에 이르러 마한과 진한과 변한을 합쳐 아울렀으니 이것이 삼한을 통합함이라. 우리 태조(太祖)께서 용흥(龍興)하시는 처음에 이르러 밖으로 개척한 땅이 더 넓어 북으로 말갈(靺鞨)의 지경(地境)을 다 차지하심에 치혁(齒革)과 염사(鹽沙)가 나고, 남으로 탐라(耽羅)의 나라를 거두심에 귤유(橘柚)와 해착(海錯)이 공물로 났도다. 폭원(幅員) 사천리(四千里)에 일통(一統)의 업을 세우시며, 예악과 법도는 당우(唐虞)를 조술(祖述)하시고, 산하가 공고함에 복을 우리 자손 만세 반석의 종에 드리우셨거늘 오직 짐이 부덕하여 마침 어려운 때를 당하였는데 상제께서 권고하셔 위태로움을 편안함으로 바꾸시고 홀로 서는 기초를 창건하여 스스로 주장하는 권리를 행하라 하시니...
>
> [현대 한국어 표기에 맞게 조서를 정리하였습니다.]

[출처: 독립신문. 대황제조서(大皇帝詔書). 광무원년(1897년) 10월 19일]

조서(詔書)를 보면 고종은 대한제국의 뿌리가 이성계(李成桂)가 아니라 왕건(王建)에 있다고 인식하고 있습니다. 조서에 등장하는 우리 태조(太祖)는 이성계가 아니라 왕건입니다. 북방으로 영토를 넓힌 것은 왕건이지 이성계가 아닙니다. 이성계는 위화도(威化島)에서 회군하여 오히려 북방으로 영토를 더 넓힐 수 있었던 절호의 기회를 버린 임금입니다. 탐라(耽羅)를 거둔 것도 왕씨(王氏)가 통치하던 시대이지 이씨(李氏)가 통치하던 시대가 아닙니다. 제가 한국에서 능(陵)을 조사하다가 알게 된 것인데 고종은 오랫동안 방치되어 왔던 여러 왕씨(王氏) 임금들의 능(陵)도 개보수하여 주기도 하였습니다. 이는 이러한 역사인식과 맥을 함께하는 것으로 파악됩니다. 한편 이 조서에 의하면 상제(上帝)께서 명하시어 황제에 즉위를 하였다고 했는데 상제가 단군(檀君)임은 이미 설명 드렸습니다. 또한 조서에는 영토의 폭원(幅員)이 사천리(四千里)로 언급되어 있습니다. 우리 대부분은 우리 영토의 폭원이 줄 곧 삼천리(三千里)로 알고 있는데 말입니다. 이는 일천리(一千里)가 어느 때인가 상실되었다는 것을 말해줍니다. 이는 말갈(靺鞨), 즉 주신(女眞)의 땅(만주)까지 고려(高麗)가 통치하였는데 주신(女眞)이 청(淸)나라를 건국하자 이후에 만주(滿洲)에서 차츰 고려의 영향력이 줄어들었음을 알게 해주는 대목입니다. 이는 간도(間島)에 대한 영토분쟁과 직결된 사항입니다.

그런데 이러한 고종의 역사인식은 비단 고종만의 것이 아니었습니다. 신채호 큰선생께서도 고종 황제와 정확히 똑같은 역사인식을 하고 계셨습니다.

> 같은 조선이라 하더라도 이조시대는 고려시대와 다르고, 고려시대는 또 동북국(東北國: 발해) 시대와 다르고, 동북국 시대는 삼국시대와 같지 않으며, 왕검(王儉)·부루(夫婁) 시대와도 같지 아니하여, 멀게는 천년(千年)의 전후가 다르고, 가깝게는 백년 전후가 다르니, 지금 이후로는 문명의 진보가 더욱 빠른 속도로 이루어져서 10년 이전이 태고(太古: 鴻荒)가 되고, 1년 이전이 먼 옛날(遠古)로 될는지도 모르는 바, 이것이 이른바 시대를 따라서 성립한 사회성(社會性)이다.

(신채호. 박기봉 옮김. 2006. 조선상고사. 비봉출판사. 82쪽)

신채호 큰선생께서 <조선상고사(朝鮮上古史)>에서 언급하신 조선(朝鮮)은 이씨(李氏)의 나라가 아닙니다. 선생께서는 우리의 전 역사를 통틀어 일컬을 때 조선이라 말씀하신 것입니다. 또한 단군(檀君)이 통치하였던 우리의 옛 나라를 조선이라 언급하신 것입니다. 아울러 우리 민족을 일컬을 때 조선민족(朝鮮民族)이라 언급하신 것입니다. 조선(朝鮮)의 역사에 왕검(王儉)·부루(夫婁)시대, 삼국시대(三

國時代), 동북국시대(東北國時代), 고려시대(高麗時代), 그리고 이조시대(李朝時代)가 있는 것입니다.

여러분들 중에는 이조(李朝)가 조선(朝鮮)인데 무슨 소리냐고 이의를 제기하실 분도 계실 것입니다. 이조(李朝)가 이씨조선(李氏朝鮮)인데 무슨 말이냐고 말입니다. 그런데 이조(李朝)는 이씨조선(李氏朝鮮)이 아니라 이씨조정(李氏朝廷)입니다. 근래에 들어 우리 역사가 왜곡된 가장 큰 이유는 이조를 이씨조선으로 해석하였기 때문입니다. 누가 이런 장난을 했을까요? 역시 일제였겠지요. 그리고 일제가 조작해 놓은 역사를 답습한 우리 국사학계가 아무런 의심도 없이 이조를 이씨조선으로 받아들여 전 국민에게 보급시켰기 때문일 것입니다. 이조(李朝)를 알기 쉽게 풀어쓴다고 조선(朝鮮)으로 옮겨 적은 것은 다 역사왜곡 행위입니다. 본인이 의도하였던지 의도하지 않았던지 말입니다. 생각해 보십시오. 자신의 조국을 부르면서 왕의 성씨를 국호 앞에 붙일 사람이 어디에 있겠습니까? 그것도 열혈 민족주의자이신 신채호 큰선생과 김구 주석께서 그럴 리가 있겠습니까? 또한 인류가 역사를 개척해 온 이래 그런 사례를 다른 어디에서 볼 수 있습니까?

신채호 큰선생께서는 당시 조선민족의 현존 국가는 고려(高麗)와 이를 이은 한국(韓國)임을 분명히 밝히시기도 하셨습니다. 아래는 선생께서 1908년에 대한매일신보(大韓每日申報)에 연재하셨던 <독사신론(讀史新論)>의 일부분입니다.

> 하물며 저 일본인들은 그들의 모든 사책(史册)에 이런 말(즉, 고려가 원래 일본의 속국이었다는 류(類)의 말 - 원주)을 기재하여 서로 전하고, 큰 소리로 읽은데, 학교에서 강의함에 아동들이 환호작약(歡呼雀躍)하고, 한가하게 독서함에 어른들(丈夫)의 기(氣)가 살아 용솟음쳐서, 옛날부터 한국을 자기들의 소유물로 인정하게 함으로써...

(신채호. 박기봉 옮김. 2007. 「독사신론」 조선상고문화사(외). 비봉출판사. 260쪽)

위 인용문에 선생께서 언급하신 고려(高麗)는 왕씨(王氏) 임금들이 통치하였던 나라가 분명히 아닙니다. 우리가 배운 역사상식만 가지고 생각해 봅시다. 일본열도는 무척이나 여몽연합군(麗蒙聯合軍)을 두려워했습니다. 이건 메이지유신 이후 성립된 근대 일본의 역사학계에서도 언제나 인정하는 바입니다. 그런데 사실이 이러할진대 아무리 역사왜곡을 잘 하는 근대일본국이라 해도 열도가 왕씨(王氏) 임금들이 통치하였던 고려를 속국으로 거느렸다는 이런 터무니없는 거짓을 감히 유포시킬 수가 있겠습니까? 위 인용문에 선생께서 언급하신 고려는 이씨(李氏) 임금들이 통치하였던 고려입니다. 그래야 논리적으로 말이 됩니다.

신채호 큰선생께서 쓰신 <조선상고사(朝鮮上古史)>를 보면 이조(李朝)만 등장하는 것이 아닙니다. 글에는 청조(淸朝)도 있고 고려조(高麗朝)도 보입니다. 이조(李朝)가 이씨조선(李氏朝鮮)이라면 청조(淸朝)는 청씨조선(淸氏朝鮮)이고 고려조(高麗朝)는 고려씨조선(高麗氏朝鮮)이 되어야 할 것입니다. 그런데 청조(淸朝)와 고려조(高麗朝)를 이와 같이 받아들이는 사람은 아무도 없습니다. 여기서 조(朝)는 조정(朝廷)을 뜻하는 것으로 보아야 합니다. 이조(李朝)는 이씨조정(李氏朝廷)으로, 청조(淸朝)는 청국조정(淸國朝廷)으로, 고려조(高麗朝)는 고려국조정(高麗國朝廷)으로 파악해야 그 의미가 명확해집니다.

> 송도(松都)를 지나다가 만월대(滿月臺)를 쳐다보라. 반쪽짜리 기와인들 남아있더냐, 초석 돌 하나가 남아있더냐. 넓은 밭에 이름만 만월대라 할 뿐 아니더냐. 아, 슬프다. 만월대는 이조(李朝)의 부항(父行: 아버지 항렬)으로 멀지 않은 고려조(高麗朝)의 궁궐인데, 무슨 병화(兵火)에 탔다는 전설도 없는데 어찌 이 같이 무정한 유허(遺墟)만 남았느냐. 이와 같은 예로서 부여에서 백제의 유물을 찾을 수 없고, 평양에서 고구려의 구형(舊形)을 볼 수 없는 실정이다.

(신채호. 박기봉 옮김. 2006. 조선상고사. 비봉출판사. 44쪽)

> 그러나 첫째, 다른 나라가 사신을 보내오면 반드시 "來朝(래조)"(→ 찾아와 인사를 하였다.)라고 썼던 것은 지나인들의 병적인 자존성(自尊性)이니, 이는 근세의 청조(淸朝)가 처음 서양과 통할 때에 영국, 러시아 등 여러 나라와 통상(通商)한 사실을 모두 "某國 稱臣奉貢(모국 칭신봉공)"(→ 모국(某國)이 신하라 칭하며 조공을 바쳤다.)이라고 쓴 것을 보아도 알 수 있으니, 그런 기록들을 함부로 믿을 수 없는 것이다.

(신채호. 박기봉 옮김. 2006. 조선상고사. 비봉출판사. 62-63쪽)

이조(李朝)에서 "조(朝)"의 뜻이 조정(朝廷)이라는 것은 한자사전만 찾아봐도 알 수 있는 일입니다. 네이버(NAVER) 한자사전을 확인해 보면 "조(朝)"가 조정(朝廷)이나 왕조(王朝)의 뜻을 갖고 있음을 알 수 있습니다. 이조(李朝)의 "조(朝)"는 왕조(王朝)보다는 조정(朝廷)으로 파악됩니다. (일단 "조(朝)"를 조정(朝廷)으로 보고 아래 글을 읽어주시기 바랍니다.)

<朝>

㉠ 아침
㉡ 조정(朝廷)
㉢ 왕조(王朝)
㉣ 임금의 재위(在位) 기간(期間)
㉤ 정사(政事)
㉥ 하루
㉦ (임금을)뵈다, 배알하다(拜謁--)
㉧ 문안하다(問安--)
㉨ 만나보다
㉩ 부르다, 소견하다(召見--: 윗사람이 아랫사람을 불러서 만나 보다)
㉪ 모이다, 회동하다(會同--)
㉫ 조하(朝賀)를 받다
㉬ (정사를)펴다, 집행하다(執行--)
㉭ 흘러들다
ⓐ 고을 이름 (주)

[출처: 네이버(NAVER) 한자사전]

그러면 다른 경우는 나라의 이름 뒤에 조(朝)가 붙어 있는데 왜 이조(李朝)만 성씨(姓氏) 뒤에 조(朝)가 붙었을까요? 그건 고려가 1000년을 이어오는 동안 중간에 통치자의 성씨가 왕씨(王氏)에서 이씨(李氏)로 바뀌었기 때문입니다. 왕씨(王氏)가 통치했던 조정을 고려조(高麗朝)라 부른 것이고, 이씨(李氏)가 통치했던 조정을 이조(李朝)라 부른 것입니다. 나라는 계속해서 고려(高麗)였고, 조정(朝廷),

즉 정부(政府)만 바뀐 것입니다. 현시대를 보면 국가는 대한민국(大韓民國)으로 존속하고, 정부(조정)는 교체되고 있습니다. 이와 똑같은 것입니다. 현재 한국의 이명박 정부는 영어로 "Lee Myung-bak Government"로 표기됩니다. 이조(李朝)를 영어로 표기한다면 "The Lees Government"로 표기될 수 있을 것입니다.

> 조정(朝廷): 임금이 나라의 정치를 신하들과 의논하거나 집행하는 곳. 또는 그런 기구. ≒ 궁부 · 정하 · 조가(朝家) · 조단(朝端) · 조당(朝堂) · 조저(朝著).

[출처: 네이버(NAVER) 국어사전]

(참고로 현재 정부(政府)에 해당하는 용어가 왜 조정(朝廷)이었을까요? 저는 임금과 관료들이 아침 일찍 국사를 논했기에 이런 이름이 붙은 것으로 일단 생각해 보았습니다. 이조시대 기록을 보면 새벽에 주로 국사가 논의되었습니다. 그런데 조(朝)라는 글자에 해(日)와 달(月)이 있음에 주목하게 되었습니다. 해와 달은 하늘을 상징합니다. 예전에 국사를 논한다는 것은 하늘의 뜻을 받드는 것이었습니다. 하늘의 뜻을 받드는 이가 샤먼, 즉 단군이었습니다.)

국가와 국가기구(State Apparatus)인 조정(朝廷), 즉 정부(政府)는 꼭 구별해서 보아야 합니다. 이는 우리의 역사를 찾는데도 중요한 사항이지만 현 시점에서 대한민국의 국체를 보전함에 있어서도 매우 중요한 사항입니다. 지금 전 세계적으로 국가(Nation State)와 정부(Government)를 구분하지 않는 경향이 널리 퍼져 있습니다. 이는 금융자본의 무제한적 흐름을 추구하는 신자유주의(Neoliberalism) 세력에 의해 국가 해체 프로젝트가 감행되면서 발생한 현상입니다. 국가의 위상이 단지 재화와 용역을 공급하는 정부에 불과하다면 국가가 과연 필요한가? 보다 효율적인 시장에 맡기는 것이 좋지 않은가? 이는 국가 해체론과 바로 직결됩니다. 또한 국가가 재화와 용역을 공급하는 정부에 불과하다면 이를 꼭 정부에서 할 필요가 있는가? 이는 국가의 주요 기능을 민영화(民營化, Privatization)시켜야 한다는 논리로 단번에 귀결됩니다. 금융자본이 국가를 무력화시키고자 하는 이유에 대해서는 후에 다루겠습니다.

그러면 이씨(李氏)가 통치했던 조정을 이조(李朝)라 칭한다면 왕씨(王氏)가 통치했던 조정은 왕조(王朝)라 칭해야 하지 않았을까요? 그런데 왕씨조정(王氏朝廷)을 이조(李朝)와 구별해서 왕조(王朝)라 표기하면 조정(Government)의 의미가 아니라 왕조(Dynasty)의 의미로 와전되기 쉽습니다. 우리 선조들은 조정(朝廷)과 왕조(王朝)의 구분을 명확히 하고 싶었던 것입니다. 신채호 큰선생께서는 고려조가 왕씨가 통치하였던 조정임을 확실히 하고자 하실 때에는 왕씨조(王氏朝)라는 용어를 사용하시기도 하셨습니다. 선생께서는 고려의 역사를 고려조(高麗朝)와 이조(李朝)로 구분하시기도 하셨지만 왕씨조(王氏朝)와 이씨조(李氏朝)로 구분하시기도 하셨습니다.

> 그러나 이제 <삼국사기>의 인용 서목(書目)으로 보면 <해동고기(海東古記)>, <삼한고기(三韓古記)>, <고구려고기(高句麗古記)>, <신라고기(新羅古記)>, <선사(仙史)>, <화랑세기(花郎世紀)> 등은 모두 김부식이 보았던 것들이고, 고구려와 백제가 멸망하여 신라와 발해가 병치(並峙)한 지 불과 2백년 만에 고려 왕씨조(王氏朝)가 들어섰으니 고구려·백제·신라·발해의 옛 비석(古碑)의 유문(遺文)과 민간의 전설들이 많이 유전되었을 것이므로, 이것들도 모두 채집할 수 있었을 것 아닌가.

(신채호. 박기봉 옮김. 2007.「조선사연구초」 조선상고문화사(외). 비봉출판사. 468쪽)

> 몽골의 세력이 쫓겨서 물러가자 고려조의 운명 또한 종말을 고하였다. 이씨조(李氏朝)가 창업하자, 비록 내정(內政)과 외교(外交)를 모두 자주적으로 하고 다른 나라의 통제를 받지는 않았으나, 다만 그 창업(創業)의 최초 원인이 위화도(威化島)의 회군(回軍)에 있었으므로 <삼국사기> 이외의 역사를 세상에 공포할 의기(意氣)가 없어서, 송도(松都)에 비장되어 있던 것들을 다시 한양(漢陽)으로 옮겨 비장하게 되었을 뿐이다.

(신채호. 박기봉 옮김. 2007.「조선사연구초」 조선상고문화사(외). 비봉출판사. 473쪽)

어떤 사람들은 이조(李朝)의 "조(朝)"를 "조정(Government)"이 아니라 "왕조(Dynasty)"로 파악하기도 합니다. 그러나 일본의 사례를 보면 "조(朝)"가 왜 "조정(朝廷)"으로 파악돼야 하는지를 확실히 알 수 있습니다. 일본 문헌을 보면 "조(朝)"를 천황(天皇)의 연호(年號) 뒤에 붙여 씁니다. "조(朝)"를 "왕조(Dynasty)"로 파악하면 텐무조(天武朝)의 경우는 텐무왕조(天武王朝)가 되어야 합니다. 그런데 이건 말이 안 되는 것입니다. 이럴 경우 일본의 천황은 각 천황마다 다른 왕조였다는 말이 되기 때문입니다. 텐무조(天武朝)는 텐무조정(天武朝廷)을 의미합니다. 이건 아래의 일본 문헌이 명확히 증명합니다.

풍부한 국제성과 함께 덴표 문화의 기조를 이룬 것은 불교이다. 불교가 개인의 구제에 머물지 않고 천하의 국가를 진호한다고 하는 사상은 텐무조(天武朝)부터 일반화되어 조정의 사업으로서 일체경(一切經)이 모사되고, 금광명경(金光明經)과 인왕경(仁王經) 같은 경전이 독송되었다.

(동경대 교육학부 일본사연구실. 김현·이언숙 옮김. 1994. 일본사개설(日本史概說). 지영사. 101쪽)

이조(李朝)는 대한제국(大韓帝國)이 망한 다음부터 쓰인 용어입니다. 이조(李朝) 시대에 살던 사람들은 이조(李朝)라는 용어를 쓰지 않았습니다. 제가 확인한 바로는 그렇습니다. 당시 이조(李朝)는 본조(本朝)라 불렸습니다. 본조(本朝)가 일제에 의해 이조(李朝)로 대체된 것입니다.

(유길준의) 기증품 가운데 1908년에서 1910년 사이 집필된 것으로 보이는 교과서 '보통학수신서(普通學修身書)'에는 일제 통감부의 검열 흔적이 남아 있어 통감부의 교육정책을 확인할 수 있다. 통감부는 아국(我國)과 본국(本國)을 조선으로, 일본을 내지(內地)로, 본조(本朝)를 이조(李朝)로 수정할 것을 요구한 것으로 돼 있다.

[출처 : 동아일보. "유길준, 日남작작위 거부했다...1910년 반환허가 문서" 2003.12.01]

현재 국립민속박물관에는 전라북도(全羅北道) 순창군(淳昌郡)의 현황을 기록한 <순창군지(淳昌郡誌)>가 전시되어 있습니다. 제가 국립민속박물관을 방문하였을 때에는 군(郡)의 명현(名賢)에 관한 사항을 적은 명현구지(名賢舊誌) 부분이 펼쳐져 있었는데 여기에 당시 사람들이 시대를 어떻게 구분했는지가 잘 드러나 있습니다. [그림 5-1]을 보면 고려(高麗)와 본조(本朝)가 적혀 있음을 알 수 있습니다. <순창군지(淳昌郡誌)>에는 고려시대(高麗時代) 명현(名賢)으로는 설인검(薛仁儉), 본조시대(本朝時代) 명현(名賢)으로는 신말주(申末舟), 신공제(申公濟), 양사형(楊士衡)이 소개되어 있습니다. 나라는 계속해서 고려였는데 조정(정부)이 바뀌었기 때문에 본조(本朝)가 표기되어 있는 것입니다. 본조(本朝)는 지금의(本) 조정(朝廷)을 뜻합니다. 우리가 세뇌 받은 바에 따르면 본조(本朝)가 아니라 조선(朝鮮)이 표기되어 있어야 할 것입니다. 그러나 보다시피 조선은 없습니다. 이조시대(李朝時代) 사람들은 분명히 자신의 조국을 고려(高麗)라 부른 것입니다. (저는 신채호 큰선생과 마찬가지로 본서에서 이씨(李氏)가 통치하였던 조정(朝廷)을 이조(李朝)로, 그리고 그 시대를 이조시대(李朝時代)로 표기하였습니다.)

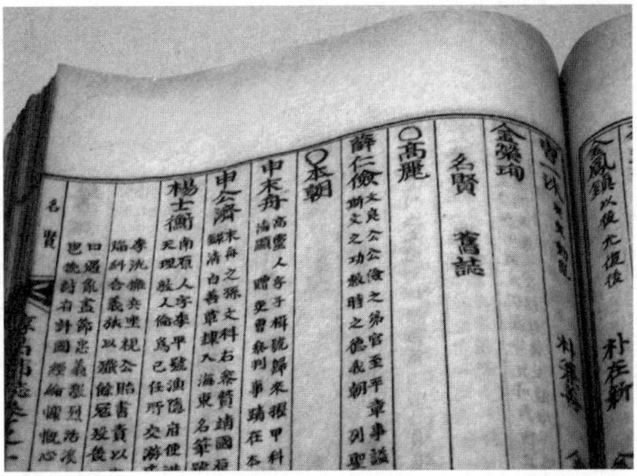

[그림 5-1] 순창군지(淳昌郡誌) 명현구지(名賢舊誌) 부분. 소장: 국립민속박물관.

신채호 큰선생께서도 이조(李朝)를 본조(本朝)로 표기하신 적이 있습니다. 또한 본조(本朝) 이전을 전조(前朝)로 표기하시도 하였습니다. 전조(前朝)는 당연히 고려조(高麗朝)를 의미합니다. 선생께서 집필하신 <조선상고문화사(朝鮮上古文化史)>에는 단군조(檀君朝)라는 표기도 보입니다.

> 本朝文獻은 그 金櫃石室에 감추어 우리가 아주 못 보는 者 外에 朝鮮의 記錄이 적지 아니하며, 前朝의 記錄보다 具備하다 할지나, 그러나 그 百年 동안에는 奇惡한 風習이 잇서, 太祖가 北伐論者 崔瑩을 죽이고 高麗 王統을 빼앗어 創業이 됨으로 後世子孫이 事大主義로 國是를 삼으며...

(단재신채호전집편찬위원회. 2007.「새활자본 조선상고문화사」단재신채호전집 제3권 역사: 독사신론, 대동제국사서언, 조선상고문화사. 독립기념관 한국독립운동사 연구소. 367쪽)

> 그러나 檀君朝의 政治統一區域이 그와 가티 널러, 北으로 黑龍江을 지나며, 南으로 玄海를 건느며, 西으로 支那의 沿海岸과 燕과 東蒙古를 抱內하며, 東으로 太平洋을 接하야 朝鮮의 文明을 建設하얏나니, 이러한 統一이 어늬 때 문어저 곳 外國人에게 不統一이란 嘲弄을 밧게 되얏나뇨.

(단재신채호전집편찬위원회. 2007.「새활자본 조선상고문화사」단재신채호전집 제3권 역사: 독사신론, 대동제국사서언, 조선상고문화사. 독립기념관 한국독립운동사 연구소. 387-388쪽)

위에서 저는 이조(李朝)를 알기 쉽게 풀어쓴다고 조선(朝鮮)으로 옮겨 적은 것은 다 역사왜곡 행위라고 말씀드렸습니다. 이런 역사왜곡의 한 가지 사례만 들어보겠습니다. 이조를 조선으로 옮겨 적은 것이 얼마나 큰 왜곡 행위인지를 여러분들께서도 꼭 실감하셔야 합니다.

김구(金九) 주석께서 쓰신 <백범일지(白凡逸志)>는 지금까지 여러 출판사에서 번역되어 출판되었습니다. 이 번역본은 대부분 1947년에 출간된 국사원본을 바탕으로 한 것입니다. 그러나 김구 주석의 아들이신 김신 옹께서 1990년대에 친필본을 공개하시자, 이후에는 국사원본과 친필본을 적절히 반영한 책들이 출판되기에 이릅니다. 최근에 출판된 책들은 국사원본만을 옮겨 적은 책보다 보다 풍성한 내용을 담고 있습니다. 그러나 이 책들은 모두 다 이조(李朝)를 조선(朝鮮)으로 옮겨 적어 역사를 왜곡시킨 책들입니다. 아래는 김구 주석께서 1911년 서대문감옥에 수감 중이실 때 김진사로부터 들은 활빈당(活貧黨)의 유래를 적은 부분입니다. 그런데 범우사판(2001) <백범일지>와 너머북스판(2008) <백범일지>가 전하는 내용은 확연히 차이가 납니다.

그래서 나는 김진사에게 도적 떼의 조직에 관한 것을 물었다. 그런즉 진사는 의외에도 은휘(隱諱: 꺼리어 숨기거나 피함)함 없이 내 요구에 응하였다.

"우리나라의 기강이 다 해이한 이때까지도 그대로 남은 것은 벌과 도적의 법뿐이외다"라는 허두로 시작된 김 진사의 말에 의하면, 고려 이전은 상고할 길이 없으나 이조시대의 도적 떼의 기원은 이성계(李成桂)의 이신벌군(以臣伐君: 신하로서 임금을 침)의 불의에 분개한 지사들이 도당을 모아 일변 이성계를 따라서 부귀영화를 누리는 소위 양반들의 생명과 재물을 빼앗고 일변 그들이 세우려는 질서를 파괴하여서 불의에 대한 보복을 하려는 데서 나왔으니, 그 정신에 있어서는 두문동 72현과 같았다. 그러므로 그들은 도적이라 하나 약한 백성의 것은 건드리지 아니하고 나라 재물이나 관원이나 양반의 것을 약탈하여서 가난하고 불쌍한 자를 구제함으로써 쾌사(快事: 통쾌한 일)를 삼았다. 이 모양으로 나라를 상대로 하기 때문에 자연히 법이 엄하고 단결이 굳어서 적은 무리의 힘으로 능히 500년간 나라의 힘과 겨루어온 것이었다.

(김구. 2001. 백범일지. 범우사. 192-193쪽)

그러나 이 기회가 아니면 평소에 그렇게 애쓰던 바를 다시 알 수 없다는 생각에 김진사에게 바싹 달라붙어 먼저 나의 신분부터 대강 말한 다음 묻기 시작했다.

"평소에 귀 단체의 조직과 훈련을 연구해 보았으나 실마리를 찾지 못했습니다. 도적을 쳐 없애려고 연구한 것이 아니고 뒷날 나랏일에 참고나 응용하기 위한 것이니, 명료하게 설명해 줄 수 있겠습니까?"

"우리 비밀결사의 유래가 수백 년 되기 때문에 이제는 공공연한 비밀이 되었습니다. 그러나 그 기강이 엄밀하여 나라가 망하고 이전의 사회기강이 형편없이 무너진 오늘날

> 에도, 조선에서 '벌(蜂)의 법'과 '도적놈의 법'은 그대로 남아 있다고 자부합니다. 노형을 북대로 생각하고 알지 못하시는 것을 물은 것은 미안합니다. 우선 노형이 질문한 내용부터 먼저 설명하고, 이어 조직과 훈련과 실행의 몇 가지 예를 말씀하오리다.
>
> 조선시대 이전은 되짚어볼 수 없으나 조선시대 이후의 도적의 계파와 유래는 이렇습니다. 도적이란 이름부터 명예로운 말이 아니거늘 누가 도적질을 좋은 직업으로 알고 하겠소만, 대개가 불평자의 반동적 심리에서 그런 행동을 하게 되지요. 고려 말에 이성계가 신하로서 임금을 쳐서 나라를 세우자 두문동(杜門洞) 72인 같은 사람들 말고도 고려 왕조에 충성하려는 지사들이 많았을 것이오. 그런 지사들이 비밀리에 연락하여 동지들을 모았습니다. 그리하여 약한 것을 구제하고 기울어진 것을 일으켜 세운다는 좋은 뜻과 질서파괴의 보복적 대의를 내걸고 한적하고 구석진 곳에서 근거지를 마련하였지요. 그 지사들은 조선의 녹봉을 먹는 자와 또 그자들의 족속들로 이른바 양반이라는 이름으로 일반 사람들을 못살게 구는 자들의 재물을 빼앗아서 가난한 백성을 구제했지요. 그러나 나라에서는 도리어 그들에게 도적이란 이름을 씌워서 5백여 년 동안이나 못살게 굴고 잡아서 죽여 온 것이외다.

(김구. 배경식 옮김. 2008. 올바르게 풀어쓴 백범일지. 너머북스. 394-395쪽)

위의 인용문을 보면 너머북스판(2008)이 범우사판(2001) 보다 <백범일지>의 내용이 보다 풍성하다는 것을 단번에 알 수 있습니다. 그러나 너머북스판(2008)은 "이조(李朝)"를 모두 "조선(朝鮮)"으로 바꿔버렸습니다. 그래서 내용이 완전히 달려졌습니다. 범우사판(2001)의 "고려 이전은 상고할 길이 없으나 이조시대의 도적 떼의 기원은"이 너머북스판(2008)에는 "조선시대 이전은 되짚어볼 수 없으나 조선시대 이후의 도적의 계파와 유래는"으로 표기되어 있습니다. 범우사판(2001)에서 김진사는 고려 건국 이후 도적의 기원에 대해 말을 하면서 구체적으로 이조시대를 언급하고 있는 것으로 설명되어 있습니다. 계속해서 하나의 고려라는 인식이 지배적입니다. 그러나 너머북스판(2008)에서 김진사는 조선시대(실제로는 이조시대) 이후의 도적의 기원에 대해서만 언급하고 있는 것으로 설명되어 있습니다. 이조(李朝)를 조선(朝鮮)으로 옮기다 보니 "고려 이전"이 "조선시대 이전"으로 바뀌어 있습니다. 또한 "이신벌군(以臣伐君: 신하로서 임금을 침)"이

"고려 말에 이성계가 신하로서 임금을 쳐서 나라를 세우자"로 번역되어 있습니다. 이는 "고려 말"과 "나라를 세우자"라는 구절이 추가된 것입니다. 옮긴이가 이조(李朝)를 이씨조정(李氏朝廷)보았다면 이신벌군(以臣伐君)을 이성계(李成桂)가 고려(高麗)라는 나라의 조정(朝廷)을 장악한 것으로 옮겼을 것입니다. 그러나 옮긴이는 이조(李朝)를 이씨조선(李氏朝鮮)으로 보았기 때문에 원문에 없던 "나라를 세우자"라는 구절을 추가한 것입니다. 조정(朝廷) 장악이 건국(建國)으로 바뀐 것입니다. 이렇듯 역사왜곡은 지금도 진행 중인 것입니다. 저는 너머북스판(2008) <백범일지>를 옮겨 적은 이가 악의를 가지고 이렇게 했다고는 생각하지 않습니다. 그는 그저 이런 언어 조작을 그대로 받아들였던 대다수 한국인의 한 사람일 것입니다. 저는 우리나라 최고의 권위를 자랑하는 서울대 국사학과 박사학위 수여자에게 이조(李朝)가 이씨조선(李氏朝鮮)이 아니라 이씨조정(李氏朝廷)이라고 알려드린 적이 있습니다. 그분도 제가 알려드리기 전까지 이조는 당연히 이씨조선인 줄 알고 있었다고 합니다. 여러분이 책을 보실 때에는 가능하면 1판 1쇄본을 보셔야 합니다. 책의 내용이 첨가되고 수정되어 원래의 뜻이 손상되는 수가 있기 때문입니다. 악의적인 손상이든 본의 아니게 이루어진 손상이던 지은이의 뜻이 와전되어 온전히 전달되지 않을 확률은 증가합니다. 근래 우리 역사를 다룬 서적을 보실 때에는 그 서적이 이미 남의 손을 거쳐 나온 것이라면 조선(朝鮮)은 이조(李朝)로 중국(中國)은 지나(支那)로 바꿔 읽으셔야 합니다. 그래야 지은이의 의도를 올바로 파악할 수 있습니다. 신채호 큰선생의 <조선상고사(朝鮮上古史)>도 이 점에 유념하면서 읽어야 합니다. 다행히 선생께서 집필하신 책의 원문은 단재신채호전집편찬위원회에 의해 발간되어 있습니다.

김구 주석께서 쓰신 <백범일지>의 "나의 소원"편을 보면 "이조 조선"이라는 용어가 등장합니다. 제가 <백범일지>의 여러 판본을 비교해 봤는데 모두 "이조 조선"으로 표기되어 있으니 원문에도 "이조 조선"으로 쓰였을 것으로 판단됩니다. 여기서 "이조"를 "이씨조선"으로 해석하면 "이씨조선 조선"이라는 어색한 용어가 됩니다. "조선"이 중복되는 것입니다. "이조"를 "이씨조정"으로 해석하면 "이씨조정 조선"으로 풀이됩니다. 이 경우 오랜 역사적 실체로서의 "조선(朝鮮)"에 있었던 "이씨조정(李氏朝廷)"을 가리키는 용어로 손색이 없습니다.

[그림 5-2] 대한민국 임시정부 백범(白凡) 김구(金九) 주석.

> 그리고 모든 계급독재 중에서도 가장 무서운 것은 철학을 기초로 한 계급독재이다. 수백 년 동안 이조 조선에 행하여 온 계급독재는 유교, 그 중에서도 주자학파의 철학을 기초로 한 것이어서...

(김구. 배경식 옮김. 2008. 올바르게 풀어쓴 백범일지. 너머북스. 642쪽)

앞의 4장에서 우리는 언어 조작이 얼마나 무서운 일인지 살펴보았습니다. 언어 조작이 바로 역사왜곡의 출발점입니다. 언어가 바뀌면 사람들의 인식이 바뀌게 되고, 인식이 바뀌게 되면 담론이 바뀌게 됩니다. 그러므로 세계를 지배하는 가장 중요한 수단 중에 하나는 바로 언어를 지배하는 것입니다. 저는 본서를 시작하면서 프랑스의 대철학자 푸코(Michel Foucault)가 "지식은 그 시대의 지배관계-권력관계의 산물이다"라고 언급한 사실을 소개한 바 있습니다. 그런데 지배세력은 지식(상식)을 언어로 유포시킵니다.

오웰(George Orwell)의 소설 <1984년(Nineteen Eighty Four)>에서 주인공 스미스(Winston Smith)와 그의 동료들이 했던 일이 바로 과거의 자료(역사)를 조작하여 새로운 지식(상식)을 만드는 것이었습니다. 그런데 소설을 보면 새로운 지식(상식)을 만드는 과정에 신어(Newspeak)가 제작되는 광경도 목격됩니다. 왜 빅브라더(Big Brother)라 명명되는 지배세력은 신어를 만들어 유포시키려 했을까요? 신어만을 사람들이 사용하게 되면 구어가 잊혀 지게 되어 구어를 통해서만 형성될 수 있는 사상을 사람들이 생각조차 할 수 없게 됩니다. 그 사상이 바로 지배세력의 통치를 위태롭게 할 수 있는 것이지요. "과거를 지배하는 자는 미래를 지배한다. 현재를 지배하는 자는 과거를 지배한다." 소설 속에 등장하는 당의 슬로건이 우리에게 너무나 생동감 있게 느껴지지 않습니까?

메이지유신(明治維新) 세력들이 가장 공 들인 일 가운데 하나가 새로운 단어를 만드는 것이었습니다. 우리가 사용하는 대다수 한자조합 단어는 이들이 만든 것입니다. 사물을 지칭하는 명사에서부터 눈에 보이지 않는 개념을 지칭하는 명사에 이르기까지 아닌 게 없습니다. 현대 한국어와 현대 일본어가 비슷한 가장 큰 이유는 현대 한국인과 현대 일본인이 메이지유신 세력들이 만든 한자조합 단어를 많이 사용하기 때문입니다. 한국이 외형적으로는 일본의 식민지배로부터 벗어나 있는지는 모르나 곰곰이 생각해보면 현대 한국인은 아직도 메이지유신 세력들이 만들어 놓은 언어 세계, 인식 세계, 그리고 담론 세계에서 살고 있는 것입니다. 그리고 우리 선조들의 언어 세계, 인식 세계, 그리고 담론 세계와는 철저히 단절되어 있는 것이지요. 그러니 역사를 찾는 것이 어려울 수밖에 없습니다. (참고로 반도(半島)라는 말도 이때 만들어진 한자조합어입니다. 서양에서는 반도를 peninsula라 하여 별도로 인식하고 있었으나 동북아시아에서는 메이지유신 이전까지 삼면이 바다로 둘러싸여져 있는 땅을 지칭하는 단어가 없었습니다. 이는 동북아시아에서는 peninsula에 대한 개념이 없었다는 것을 의미합니다. 반도라는 용어가 널리 쓰이게 된 것도 우리는 의심해 봐야 합니다. 이조(李朝)가 통치하던 영토를 줄이고, 조선민족의 활동 영역을 반도로 옮겨 놓기 위한 의도가 있었을 수도 있습니다. 본서에서는 현대 한국인의 인식체계에 근거하여 내용이 전개되었으므로 불가피하게 반도라는 용어가 사용되었습니다.) 우리는 불과 150년 전에 선조들이 어떤 말을 썼고, 어떤 인식 속에서 어떤 이야기를 하고 살았는지를 충분히 알 수 없습니다. 이렇게 어렵게 퍼즐을 맞추어 가면서 조금씩 깨달을 뿐입니다.

2) 고려제국(高麗帝國)의 실체

이제 반도에 계속해서 고려(高麗)가 있었다는 것은 충분히 설명이 되었을 것입니다. 그리고 대청제국(大淸帝國)이 조선(朝鮮)이니 고려와 조선이 동시에 존재하였다는 것도 충분히 설명이 되었을 것입니다. 그런데 저는 앞의 4장에서 명(明)나라도 조선(朝鮮)으로 파악이 가능하다고 주장했습니다. 그리고 고려(高麗)는 열도에 여러 소국(小國)들을 거느린 상국(上國)이었다고 주장했습니다. 이제 이 사안들에 대해 살펴보겠습니다. 먼저 고려가 왜 상국인지 그리고 열도에 있었던 소국들의 정체가 무엇인지부터 살펴보겠습니다.

신숙주(申叔舟)는 1471년에 성종(成宗)의 명을 받아 <해동제국기(海東諸國記)>라는 책을 집필하였습니다. 지금 남아 있는 것은 우리의 대다수 역사책과 마찬 가지로 조선총독부(朝鮮總督府)의 검열을 받은 것만이 남아 있어 저는 신숙주가 저술한 내용이 왜곡됨이 없이 온전히 남아 있으리라 보지 않습니다. <해동제국기>는 책의 이름 그대로 바다 동쪽에 있는 여러 나라에 대해 기록한 책입니다. 그런데 그 책에는 바다 동쪽에 있는 나라로 오직 일본국(日本國)과 유구국(琉球國) 두 나라만 소개되어 있을 뿐입니다. 그러면 신숙주(申叔舟)는 겨우 두 나라(兩國)를 소개하면서 책 제목에는 여러 나라(諸國)를 소개한다고 했으니 일종의 사기를 쳤다는 이야기가 됩니다. 두 나라만 다루었다면 책 제목은 <해동제국기(海東諸國記)>가 아니라 <해동양국기(海東兩國記)>로 정해졌어야 합니다. 저는 지금 남아있는 <해동제국기>는 그 내용이 일제에 의해 왜곡되었을 것이라 판단되기에, 그 이름만을 취해야 한다고 생각합니다. 바다 동쪽에는 실제로 여러 나라들이 있었다고 말입니다. 당대 최대 문필가인 신숙주(申叔舟)가 "제국(諸國)"의 뜻도 모를 리가 없습니다. 바다 동쪽에 여러 나라들이 있으려면 일본열도가 여러 소국(小國)들로 할거되어 있어야 합니다. 메이지유신 이후, 폐번치현(廃藩置県)이 이루어지기 전까지 열도에는 여러(諸) 번(藩)들로 할거되어 있었는데 이 번(藩)은 국(國), 또는 번국(藩國)으로 불렸습니다. 열도 소국(小國)들의 실체가 바로 이 여러 번(藩)들입니다. 이미 앞의 2장에서 저는 임진왜란과 메이지유신을 이끌었던 사쓰마번(薩摩藩)과 죠슈번(長州藩)을 설명했습니다.

도대체 이 번(藩)은 어떤 나라일까요? 번(藩)의 실체를 알기 위해서는 일단 번(藩)의 통치자 칭호부터 알아야 합니다. 번(藩)의 통치자는 번주(藩主)라고도 불렸으나 번(藩)도 국(國)이니 번(藩)의 통치자는 왕(王)으로도 불렸습니다. 아울러 "주

(主)"의 가장 기본적인 뜻은 "임금(王)"이니 번주(藩主)라는 말에도 이미 왕(王)의 의미는 있는 것입니다. 또한, 번(藩)의 지배자는 무인(武人)의 우두머리이므로 장군(將軍)이라는 호칭을 가지고 있었습니다. 아래의 사례를 통해 번(藩)의 통치자가 왕(王)으로 불렸다는 것을 설명해 보겠습니다.

임진왜란 때 여대남(余大男)이라는 고려국(高麗國)의 한 아이가 열도로 끌려가 후에 일요(日遙)라는 스님이 되었는데 그와 부친 사이에 오고 간 편지가 그가 주지로 있었던 구마모토(熊本)의 혼묘지(本妙寺)에 소장되어 있습니다. 그런데 그 편지의 내용을 살펴보면 그가 거처했던 곳이 히고국(肥後國)이라 적혀 있고, 히고국의 통치자였던 가토 기요마사(加藤淸正)는 히고국왕(肥後國王)과 대장군(大將軍)으로 표기되어 있습니다. (현 구마모토현(熊本県)은 메이지유신 이전에는 히고국으로 불렸습니다.) 임진왜란 당시 한반도를 가장 잔인하게 유린했던 가토 기요마사가 왕(王)이라는 것입니다.

그러니 대장군(大將軍)과 대사(大師)에게 귀국할 뜻을 간곡히 말씀드려 무사히 돌아와 부모와 한 집에 산다면 이 보다 더 큰 보람이 어디 있겠느냐? 부모의 소원은 이것뿐이니라. [부친(余天甲)이 아들(余大男)에게 보낸 편지 中. 庚申年(1620년) 五月 初七日]

아버님, 불효자식은 이런 생각을 해봤습니다. 왜인들은 매(鷹)를 소중한 영물(靈物)로 여기고 있으니 인편이 닿는대로 매 두 마리만 보내 주시면 대마도주(對馬島主)와 히고태수(肥後太守)에게 한 마리씩 바치고 석방을 도모해 보겠습니다. 그렇게 된다면 얼마나 다행이겠습니까? [아들(余大男)이 부친(余天甲)께 보낸 편지 中. 庚申年(1620년) 十月 初三日]

너의 편지에 매(鷹) 두 마리를 보내 주면 대마도주(對馬島主)와 히고국왕(肥後國王)께 진상, 풀려나기를 도모하겠다고 했는데 난들 왜 네 뜻을 모르겠느냐? 하지만 매(鷹)는 개인이 거래할 수 없도록 국법으로 정해놓아 어찌할 수가 없구나. 그러니 답답할 뿐이다. [부친(余天甲)이 아들(余大男)에게 보낸 편지 中. 壬戌年(1622년) 七月 初八日]

[출처: 중도일보. "[그때 그 현장]애끓는 父子의 情... 서신에 고스란히... 26. 임진왜란과 여대남 下(안영진)" 2008.01.23]

임진왜란 이후, 가토 기요마사(加藤淸正)는 세키가하라전투(関ケ原の戦い)에서

도쿠가와 이에야스(徳川家康)가 이끄는 동군에 참여해 서군과의 전투에서 승리합니다. 이로 인해 그는 에도시대(江戸時代)에도 권세를 유지할 수 있었습니다. 가토 기요마사가 계속 건재하였다는 것은 도쿠가와 이에야스가 열도를 완전히 수중에 넣지 못했다는 설명이 됩니다. 도요토미 히데요시(豊臣秀吉) 계열에 있었던 세력까지 포섭해서 간신히 지배권을 확보했으니 말입니다.

한편, 세키가하라전투(関ケ原の戦い)에서 서군에 가담했던 사쓰마번(薩摩藩)의 시마즈 요시히로(島津義弘)는 전투에서 패배한 후 본거지인 사쓰마번으로 돌아가 쓰루마루성을 쌓고 동군의 침입에 대비를 하였습니다. 이 쓰루마루성(鶴丸城)은 열도의 다른 성(城)과는 달리 천수각(天守閣)이 없는 성(城)으로도 유명한데 건축물의 이름에 임금(王)을 뜻하는 "어(御)"가 들어가 있는 것이 여럿 채 있었습니다. 성(城)의 정문은 어누문(御楼門)으로, 번인(藩人)과 번주(藩主)가 대면하는 곳은 어대면소(御対面所)로, 번(藩) 병사들의 무기창고는 어병구소(御兵具所)로, 그리고 성(城)의 도서관은 어서원(御書院)으로 불리었습니다. 이는 시마즈 요시히로(島津義弘)도 역시 왕(王)이라는 것입니다.

그러면 번(藩)은 정확히 어떤 뜻을 가지고 있는 것일까요? 번(藩)이 원래 가지고 있던 뜻부터 생각해보면 번(藩)의 실체를 명확히 알 수 있습니다. 번(藩)이 번국(藩國)으로 불리었으니 나라를 의미하는 것은 같은데 정확히 어떤 나라인지 현대인들은 잘 알지 못합니다. 번(藩)도 그저 지방행정 단위로 인식하는 경향마저 있습니다. 번(藩)의 한자 뜻을 살펴보면 아래와 같습니다.

<藩>

㉠ 울타리
㉡ 경계(境界)
㉢ 지경(地境: 땅의 가장자리, 경계)
㉣ 영역
㉤ 번진(藩鎭)
㉥ 속국(屬國)
㉦ 수레의 휘장(揮帳)

ⓞ (울로)에워싸다
ⓩ 지키다
ⓒ 덮다
ⓚ 보호하다
ⓣ 자라다, 번식하다

[출처: 네이버(NAVER) 한자사전]

네이버(NAVER) 한자사전을 통해 우리는 번(藩)이 속국의 의미를 가지고 있음을 알 수 있습니다. 아래는 신채호 큰선생의 <조선상고사(朝鮮上古史)>의 일부를 소개한 것입니다. 아래 글을 읽어보시면 번(藩)의 뜻을 더욱 명확히 이해할 수 있습니다.

김유신 등이 계백을 격파하고 그 다음날 11일에 백강(白江)에 다다르니 소정방(蘇定方)이 약속한 기일을 어겼다고 신라 독군(督軍) 김문영(金文穎)을 베려 하였다. 이에 김유신이 당나라가 신라를 번국(藩國: 속국)으로 대하는 것에 분개하여 눈에 불이 떨어지는 듯하며 어느덧 보검(寶劍)을 빼어들고 여러 장수들을 돌아보며 "백제는 그만두고 당과 싸우자."고 하였다. 당나라 장수들 중에 이를 탐지한 자가 있어서 소정방에게 말하니 김문영을 풀어주고 양국 군사들이 합하여 「솝울(所夫里)」을 쳤다.

(신채호. 박기봉 옮김. 2006. 조선상고사. 비봉출판사. 523-524쪽)

신채호 큰선생께서 1931년에 <조선상고사>를 쓰셨을 때에만 해도 번(藩)의 의미는 너무나 명확했습니다. 번국(藩國)이 속국(屬國)이라는 것은 이 시대까지만 해도 상식이었습니다. 그러면 열도의 여러 소국(小國)들은 번국(藩國), 즉 속국(屬國)이니 상국(上國)이 있어 그 상국에 속해 있어야 할 것입니다. 그 상국이 바로 고려(高麗)인 것입니다. 선조들이 임진년(壬辰年)에 있었던 왜(倭)의 침입을 임진왜란(壬辰倭亂)이라 칭했던 것은 왜 일까요? 그건 왜(倭)의 침입을 적국(敵國)의 침입이 아니라 속국들의 반란(叛亂)으로 규정했기 때문입니다. 열도의 속국들이 도요토미 히데요시(豊臣秀吉)의 지휘 아래 연합을 해서 반란을 일으킨 것이 바로 임진왜란인 것입니다.

우리는 신채호 큰선생의 <조선상고사(朝鮮上古史)>만 잘 읽어보아도 근래까지 일본열도가 우리의 영향권 아래에 있었다는 사실을 잘 알 수 있습니다. 단재(丹齋) 신채호(申采浩) 선생의 <조선상고사>는 1931년에 조선일보(朝鮮日報)에 연재되었던 <조선사(朝鮮史, 1931.06.10 - 1931.10.14. 103회 연재)>를 종로서원에서 묶어 1948년에 <조선상고사(朝鮮上古史)>란 이름으로 발간하였던 책입니다. 선생께서 조선일보에 글을 연재하실 수 있었던 것은 당시 선생을 존경하였던 민세(民世) 안재홍(安在鴻) 선생께서 조선일보를 운영하고 계실 때 이를 주선하셨기에 가능했던 것입니다. 당시 선생은 1928년 일제에 체포되어 여순(旅順) 감옥에서 수감생활을 하고 계셨습니다. 감옥에서 노역에 몸도 지치고 책도 보기 어려워 자료 수집도 어려웠을 텐데 어떻게 이런 글을 연재할 수 있었을까요? 선생의 글을 읽다보면 정말 눈물이 흐르지 않을 수 없습니다. 선생은 백제(百濟)의 멸망까지만 왜곡된 역사를 바로 잡아 세상에 알려내시고 차디찬 여순(旅順) 감옥에서 생을 마감하셨습니다. 그리하여 조선일보에 연재되었던 글들이 <조선상고사(朝鮮上古史)>라는 이름으로 출판되었던 것입니다. 그런데 신채호 큰선생께서는 연재기사 앞부분에 일본이 근래까지 우리의 한 부분이었다고 적으셨습니다.

> 我에서 分離한 匈奴·鮮卑·女眞·蒙古며 我의 文化의 襁褓에서 자라온 日本이 我의 巨X이 되던 아니 되여 잇는 事實이며...

(단재신채호전집편찬위원회. 2007.「원전 조선상고사」단재신채호전집 제1권 역사: 조선상고사. 독립기념관 한국독립운동사 연구소. 6쪽)

> 아(我)에서 분리된 흉노(匈奴)·선비(鮮卑)·몽고(蒙古)와 아(我)의 문화의 강보(襁褓)에서 자라온 일본(日本)이, 아(我)의 한 부분이 되어 있었던 것이 현재는 그리 되어 있지 않은 사실과...

(신채호. 박기봉 옮김. 2006. 조선상고사. 비봉출판사. 28쪽)

위의 인용문 중에 단재신채호전집편찬위원회에서 펴낸 것은 1931년에 조선일보에 연재되었던 기사를 원문 그대로 모아서 엮은 것입니다. 그런데 글 원문에 "日本이 我의 巨X이되던 아니 되여 잇는 事實이며"라는 구절이 보입니다. 이 구절에서 "巨" 다음 한자가 "X"로 표기되어 있습니다. 왜 이렇게 표기되어 있는 것일까요? "巨X"는 일본과 우리의 관계를 규정지어 주는 핵심어임이 틀림없습니다. 선생이 처음부터 이렇게 표기하신 것일까요? 아니면 감옥에서 선생의 글을 받아온 기자가 이렇게 고친 것일까요? 아니면 검열과정에서 이렇게 바뀐 것일까요? 어찌되었던 간에 이렇게 표기되었던 데에는 분명 일제가 관련되어 있을 것입니다. 일제가 검열과정에서 압력을 행사했던지, 아니면 기사가 실리기 위해서는 이런 조치를 취할 수밖에 없다고 판단한 신문사의 전략이었던지 말입니다. 글 원문의 이 구절이 비봉출판사판(2006)에서는 "아(我)의 문화의 강보(襁褓)에서 자라온 일본(日本)이, 아(我)의 한 부분이 되어 있었던 것이 현재는 그리 되어 있지 않은 사실과"로 풀이되어 있습니다. 참고로 "巨X"가 다른 판본의 <조선상고사>에서는 어떻게 해석되어있는지 살펴보면 다음과 같습니다. 삼성문화재단판(1977)은 "巨X"의 "巨"를 "臣"이 잘못 쓰인 것이라 보고 "巨X"를 "신속(臣屬: 신하(臣下)로서 예속(隷屬)되는 일)"으로 풀이하였습니다. 한편, 일신서적출판사판(1998)은 "巨X"를 "거적(巨敵: 큰 적)"으로 풀이하였습니다. 그리고 형설출판사판(1999)은 "巨X"를 "거실(巨室: 큰 일가(一家))"로 풀이하였습니다. 위의 인용 구절은 우리로부터 분리된 민족(종족)에 관한 사항을 다루고 있기 때문에 일본도 우리의 일부분이었다가 분리되었다고 파악해야 할 것입니다. 이것이 바로 신채호 큰선생께서 진정으로 하고 싶은 말씀이셨을 것입니다. 저는 형설출판사판(1999)과 비봉출판사판(2006)의 풀이가 적절하다고 생각합니다.

그리고 위의 비봉출판사판(2006) 구절에는 원문에 있는 주신(女眞)이 빠져있습니다. 그런데 비단 비봉출판사판(2006)만이 그런 것이 아니라, 1948년에 발간된 종로서원판부터 주신(女眞)은 빠져있습니다. 종로서원판(1948)의 내용을 기준으로 해서 지금까지의 모든 <조선상고사>가 출간되었으니 2006년에 출간된 것까지 주신(女眞)이 빠져있는 것입니다. 이건 종로서원 편집자의 단순 실수였을까요?

아니면 누군가의 기획이었을까요? 누군가의 기획이었다면 정말 무서운 일입니다. 주신(女眞)과 우리의 관계를 끊어버리기 위해 그 시대에도 누군가가 계속해서 우리를 주지하고 있었다는 것이니까요. 어찌되었던 이 구절에 주신(女眞)이 빠지게 되어 대다수 한국인들은 우리가 몽골(蒙古)과 깊은 관계가 있었다는 것은 막연하게나마 알고 지내왔어도 우리가 주신(女眞)과 피를 나눈 같은 민족이었다는 사실은 잊고 살아왔습니다. 주신(女眞)의 땅은 한반도와 붙어 있고, 주신(女眞)의 땅을 지나야 몽골(蒙古)에 이를 수 있는데도 말입니다. 그리고 계속해서 주신(女眞)을 오랑캐라 욕보이며 살아왔습니다. 그리고 신채호 큰선생께서 "묘청(妙淸)의 난(亂)"이 실패하여 주신(女眞)의 나라인 대김제국(大金帝國)을 굴복시키지 못했던 것을 두고 "조선역사상(朝鮮歷史上) 일천년래(一千年來) 제일대사건(第一大事件)"이라고 아쉬워 한 부분만이 강조되어 왔습니다. 선생께서 고려국의 후손으로서 고려의 위상이 제대로 서지 못한 것을 두고 아쉬워하셨던 것은 당연한 일입니다. 그러나 그 아쉬움도 이런 고려-주신(高麗-女眞)간 동일민족적 관점 아래서의 아쉬움입니다. 위의 구절에서 "주신(女眞)"이 빠짐에 따라 고려(高麗)와 주신(女眞)의 대결구도는 별개민족 간의 대결구도로 둔갑되어 버렸습니다.

이 사안을 현재에 벌어지고 있는 대결구도에 대입해 보면 다음과 같이 이해될 수 있습니다. 남북(南北) 간의 대결구도는 동일민족 간의 대결구도가 아니다. 별개민족인 대한민국 민족(大韓民國 民族)과 조선민주주의인민공화국 민족(朝鮮民主主義人民共和國 民族) 간의 대결구도이다. 정말 무서운 일이지요. 그런데 최근에 남북(南北) 간의 대결구도를 이와 같이 별개민족 간의 대결구도로 둔갑시키려는 움직임이 우리 사회 곳곳에서 목격되고 있습니다. 몇 년 전부터 남북(南北)을 이어주는 한민족(조선민족) 개념을 대체해서 반도 남쪽에는 북쪽과는 구별되는 대한민국 민족(大韓民國 民族)이 새로이 탄생하였다는 주장이 제기되고 있습니다.

> '대한민국 민족주의'의 정체가 드러났다. 혈연 민족주의가 아니라 국적 민족주의다. '한민족 되기'보다 '대한민국 국민되기'를 중요시하는 경향이다. 한국인은 자신을 한민족(64%)보다 한국 국민(77%)에 더 가까운 것으로 느끼고 있다.

한민족이나 한반도 같은 혈연·지연적 특성보다 대한민국이라는 정치공동체의 소속감이 한국인의 정체성(正體性)을 만드는 핵심 요소가 됐다. 남한만의 민족국가적 정체성이 형성된 것이다. 60년 전 해방공간에선 '한민족 민족주의'가 잉태기였던 대한민국 민족주의를 압도했다.

동아시아연구원(EAI. 원장 김병국)과 중앙일보는 광복 60년, 중앙일보 창간 40주년을 맞아 '2005년 한국인의 정체성' 설문조사를 바탕으로 한국인의 의식을 재구성했다.

한국인은 진정한 한국인이 되기 위한 조건으로 '대한민국에서 출생'(82%)하거나 '한국인의 혈통'(81%)을 가져야 한다거나 '평생 대한민국에서 거주'(65%)하는 것보다 '대한민국 국적을 유지'(88%)하는 것을 중시했다.

그래서인지 한국인은 대한민국 국적을 취득한 외국인을 한민족으로 봐줘야 한다(28%)는 관대한 의식을 일부 갖고 있는 반면, 국적을 포기한 한국인을 한민족으로 봐주는 것엔 매우 인색하다(9%).

대한민국 민족주의, 혹은 남한만의 민족주의가 등장하면서 북한을 바라보는 시각도 과거와 사뭇 달라졌다. 이전의 한국인은 북한 땅을 회복해야 하는 '미수복 영토'로 간주하거나 혹은 남북통일을 민족 결합을 위한 지상 과제로 간주했다. 그러나 이번 조사에서 한국인은 남한과 북한이 현실적으로 별개의 독립적인 국가(78%)라는 인식을 하고 있다. 대한민국 국민이라는 정치 공동체의 소속감이 중요하다는 2005년 한국인의 인식은 한국 사회의 성장과 체제에 대한 우월감 등 국가적 자긍심이 커진 결과다.

[출처: 중앙일보. "[한국인 그들은 누구인가] '대한민국 민족주의' 뜬다" 2005.10.13]

다문화 담론과 함께 이런 주장이 좌우를 막론하고 지식인들 사이에 급속도로 퍼지고 있습니다. 북한에서는 이에 대해 <로동신문> 사설에서 민족을 해체시키기 위한 친미족속들의 범죄적인 기도와 미국의 배후조종의 결과라고 주장합니다.

최근 남조선에서 우리 민족의 본질적 특성을 거세하고 ≪다민족, 다인종사회≫화를 추구하는 괴이한 놀음이 벌어지고 있다. 이 소동의 연출자들은 남조선이 미국인 등 여러 인종의 피가 섞인 ≪혼혈의 지역≫이라느니, ≪폐쇄적인 민족주의 극복≫이니, 미국과 같은 ≪다민족국가의 포용성과 개방성≫이니 하는 황당한 설을 들고 나오고 있다.

> 말마디자체도 민족적 감정에 칼질 하는 것이지만 보다 엄중한 것은 이 반민족적인 ≪다민족, 다인종사회≫론이 벌써 론의단계를 벗어났다는데 있다. 이미 지금까지 ≪단군의 후손≫, ≪한피줄≫, ≪한겨레≫ 등을 강조하여 온 초등학교, 중고등학교교과서에 2009년부터 ≪다인종, 다민족문화≫와 관련된 내용을 포함시키며 ≪국제결혼가정≫, ≪외국인근로자가정≫ 등의 용어도 ≪다문화가정≫으로 바꾸기로 하였다. 민족적 분노를 금할 수 없게 하는 말 그대로의 망동이 아닐 수 없다.
>
> 결론부터 말한다면 남조선의 친미사대매국세력이 운운하는 ≪다민족, 다인종사회≫론은 민족의 단일성을 부정하고 남조선을 이민족화, 잡탕화, 미국화하려는 용납 못할 민족말살론이다.
>
> (중략)
>
> 온 겨레가 힘을 합쳐 갈라진 조국을 통일하고 단일민족의 존엄과 위용을 높이 떨치자고 하는 때에 남조선에서 민족부정론, 민족말살론이 나왔다는데 보다 엄중한 문제가 있다. 지금은 북과 남이 60여 년 간의 분렬을 끝장내고 민족의 구조적인 단일성을 확립해가는 자주통일시대이며 이 시대의 대세는 ≪우리 민족끼리≫이다. ≪다민족, 다인종사회≫론은 이 시대의 기본리념을 거세하는 독소이고 반통일론리이다. 남조선에서 겨레의 지향에 배치되는 반민족론이 제창되는 것은 명백히 북과 남을 혈통이 서로 다른 지대로 만들고 6.15통일시대를 가로막으며 민족을 영구분렬 시키려는 ≪한나라당≫을 비롯한 친미족속들의 범죄적인 기도와 미국의 배후조종의 결과이다.

[출처: 로동신문. "「다민족·다인종사회론」은 민족말살론(최문일)" 2006.04.27]

제가 본장에서 이에 대해 말씀드릴 수 있는 것은 남한에서 벌어지고 있는 국가와 민족의 해체는 우리의 의지로 이루어지고 있는 것이 아니라는 것입니다. 물론 한국에서 국가와 민족의 해체가 인류가 나아가야 할 방향이라고 굳게 믿고 행동하는 나쁜 사마리아인들(Bad Samaritans)이 없는 것은 아니지만 말입니다. 유태금융자본으로 대표되는 국제금융자본의 입장에서 볼 때 국가와 민족은 금융자본의 무제한적 흐름을 방해하는 걸림돌에 불과한 것입니다. 이에 대해서는 후에 황제와 유태금융자본 간의 대립구도를 설명하면서 잠시 언급하겠습니다.

또한 우리는 위의 인용문 <단재신채호전집편찬위원회. 2007.「원전 조선상고사」 단재신채호전집 제1권 역사: 조선상고사. 독립기념관 한국독립운동사 연구소. 6쪽>에서 선생께서 우리와 분리된 종족(민족)을 설명하시면서 흉노(匈奴), 선비(鮮卑), 여진(女眞), 몽골(蒙古)은 하나로 묶어서 적으셨고, 일본(日本)만 따로 분리해서 적으셨다는 것에도 주의를 기울일 필요가 있습니다. 이는 흉노, 선비, 여진, 몽골은 비교적 오래전에 우리로부터 분리되었음을 의미하는 것이며, 일본은 근래에 들어 우리로부터 분리되었음을 의미하는 것입니다. 주신(女眞)이 우리로부터 완전히 분리된 것은 금(金)이 재건된 1616년 이후입니다. 그러면 일본(日本)은 그보다 후에 우리로부터 분리되었다는 말이 됩니다. 저는 그 시기를 1868년 메이지유신(明治維新) 이후라 판단하고 있는 것입니다.

고려(高麗)가 열도의 여러 소국(小國)들을 거느린 상국(上國)이었다는 것은 이 조시대 고려국왕(高麗國王)의 칭호가 모두 대왕(大王)이었다는 것에서도 알 수 있습니다. 통치자의 정식 칭호가 대왕(大王)이니까 대왕으로 불린 것입니다. 왕(王) 앞에 아무이유 없이 "대(大)"를 붙인 것이 아닙니다. 지금도 그렇지만 옛날에는 글자 한 자 한 자를 더욱 더 중요하게 여겼던 시대입니다. 대왕(大王)의 지위에 있었기에 대왕이라 불린 것입니다. 상국(上國)의 천자(天子)는 대왕(大王)이고 번국(藩國)의 통치자는 왕(王)인 것입니다. 제가 "대왕 고려(大王 高麗)"라 명명했던 고려제국의 실체가 바로 이것입니다. 1185년경에 열도에 막부(幕府)가 설치되면서 "황제 고려(皇帝 高麗)"는 열도의 여러 소국(小國)들을 세력권에 두고 "대왕 고려(大王 高麗)"로 이행하게 된 것입니다. 대왕의 지위에 처음 오른 임금은 재위기간으로 미루어 보건데 명종(明宗: 1170 - 1197년)으로 파악됩니다. 반도에서 삼한(三韓)을 통일했을 때에 고려에서는 황제(皇帝)라는 호칭이 천자를 나타내기에 적합하였습니다. 그러나 막부(幕府) 설치 이후, 열도의 여러 소국들을 거느리는 체제로 바뀌었기 때문에 이에 적합한 대왕(大王)이라는 호칭이 사용된 것입니다. (막부의 실체에 대해서는 후에 다루겠습니다.) 물론 1115년에 대김제국(大金帝國)이 서기까지 여러 부족으로 할거되어 있던 주신족(女眞族)을 고려(高麗)가 통솔하였으니 이때에도 대왕(大王)으로 불린 임금이 여럿 있을 것입니다. 이는 추가로 밝혀야 할 사항입니다.

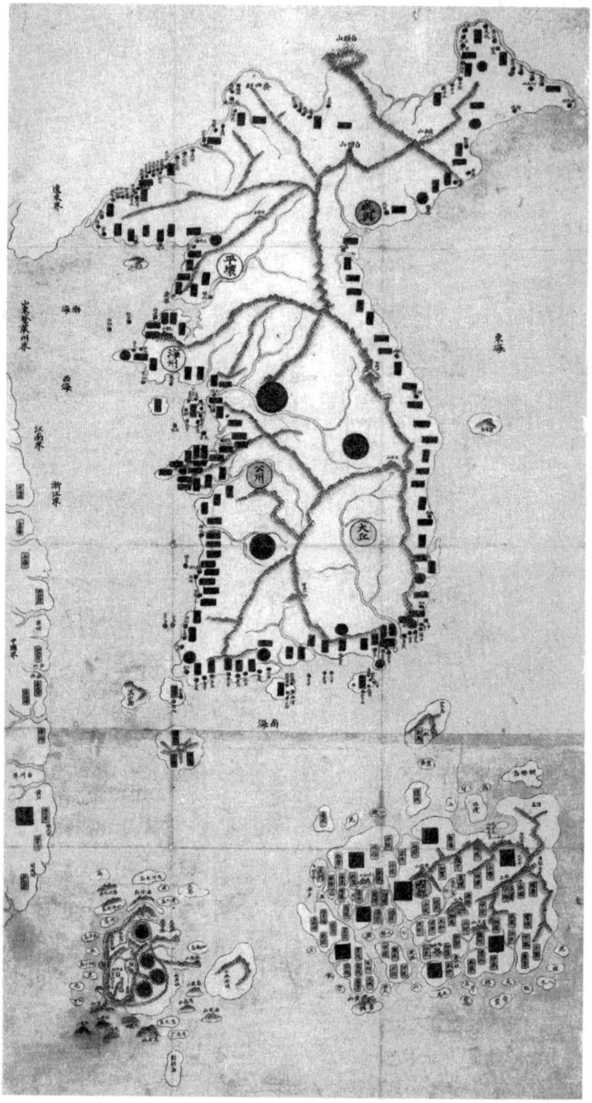

[그림 5-3] 한반도(韓半島)와 유구도(琉球島), 그리고 일본열도(日本列島)가 그려진 지도 - 여지도(輿地圖) 1첩에 수록. 제작자: 미상. 제작 시기: 1789 - 1795년 추정. 소장: 서울대학교 규장각 한국학연구원. 출처: 문화재청. 2008. 한국의 옛지도. 82쪽. [부록: 컬러 도판] 참조.

[그림 5-3]은 18세기 후반에 그려진 것으로 추정되는 지도로 여지도(輿地圖) 1첩에 수록되어 있습니다. 그런데 이 지도에는 한반도(韓半島)와 유구도(琉球島),

그리고 일본열도(日本列島)가 그려져 있습니다. 이는 이 영역이 하나의 제국체제에 속해 있음을 의미합니다. 이 지도에는 대륙 동쪽도 일부 그려져 있습니다. 그런데 이곳은 하나의 제국체제에서 벗어나 있음이 표시되어 있습니다. 이곳에는 위로부터 아래로 요동계(遼東界), 산동등래주계(山東登萊州界), 강남계(江南界), 절강계(浙江界), 중국계(中國界), 태주계(台州界)가 표기되어 있습니다. "계(界)"는 경계를 의미합니다. 즉, 이곳은 같은 영역이 아니라는 것이지요. 반면에 유구도(琉球島)와 일본열도(日本列島)에는 계(界)가 표기되어 있지 않습니다. 이곳은 같은 영역이라는 뜻입니다. 독자들께서는 이 지도를 통해 신숙주(申叔舟)가 책의 제목을 <해동제국기(海東諸國記)>라 정한 이유를 이제는 명확히 아실 수 있을 것입니다. 그는 이러한 제국(帝國) 체제에 속해 있는 바다 동쪽의 여러 소국(小國)들에 대해 기록한 것을 엮어 <해동제국기>라는 이름을 붙인 것입니다.

(참고로 [그림 5-3]의 지도는 일부 조작된 것으로 보입니다. 그림을 보면 제주도(濟州道)와 대마도(對馬島)를 경계로 지도의 윗부분과 아랫부분의 종이의 질이 확연히 다른 것이 확인됩니다. 이는 지도의 아랫부분이 제거된 후 새로이 제작된 것이 붙여진 것으로 판단됩니다. 이 지도의 규격은 113.0 × 59.5cm로 작습니다. 지도가 처음부터 일부러 두 부분으로 나뉘어 제작된 후, 합쳐졌을 리는 없을 것으로 판단됩니다. 지도에서 열도의 현 교토시(京都市) 지역이 국도(國都)로 표기되어 있는 것은 이런 조작의 산물로 판단됩니다. 중요한 사실은 현 교토시(京都市) 지역이 교토(京都)로 표기되어 있지 않다는 것입니다. 이는 지도를 조작할 당시에 현 교토시 지역에 대한 명칭을 확정하지 못했기 때문으로 판단됩니다.

임진왜란이 발발한 16세기 말 일본열도에 머물러 있었던 예수회 선교사 프로이스(Luís Fróis)는 <일본사(Historia de Japam)>라는 책을 씁니다. 이 책(포르투갈 국립도서관 간행본)을 번역해 옮긴 정성화와 양윤선에 의하면 본문에 "Miaco"라는 표현이 등장한다고 합니다. (이에 관한 사항은 <프로이스(Fróis, L.). 정성화 양윤선 옮김. 2008. 임진란의 기록 - 루이스 프로이스가 본 임진왜란. (주)살림출판사> 32쪽을 참고하시기 바랍니다.) 미아코(Miaco)는 미야코(みやこ)를 옮긴 것으로 보이며 미야코는 "都"를 일본어로 훈독한 것으로 보입니다. 도요토미 히데요시가 살았던 시대에는 그에 의해 천황이 옹립되어 있었을 것으로 판단되므로

미야코(都)라는 표기가 실제로 사용되었을 것으로 보입니다. 중요한 사실은 이때에도 교토(京都)라는 표기는 사용되지 않았다는 것입니다.)

한편, 이 지도에는 대륙에 “중국계(中國界)”가 표기되어 있는데 이 당시 중국(中國)이 어떠한 의미로 사용됐는지 알게 해줍니다. 당시 중국(中國)은 나라(nation)가 아니라 대륙의 한 지방(region)을 가리키는 용어였습니다. 지도에서 중국계(中國界)는 절강계(浙江界)와 태주계(台州界) 사이에 있습니다. 이 지역은 현재 강소성(江蘇省)과 절강성(浙江省) 일대입니다. 이 일대에 위치한 남경(南京)에서 객가(客家) 출신인 홍수전(洪秀全)이 기독교 신정(神政) 국가인 태평천국(太平天國: 1851 - 1864년)을 세웠고, 역시 객가 출신인 손문(孫文)이 1912년에 중화민국(中華民國)을 세웠습니다. 태평천국과 중화민국은 모두 객가(客家)가 주동하고 지나족(支那族)이 동원되어 세워진 반청(反淸) 국가라는 점에서 공통점을 갖습니다. 손문이 세운 중화민국(中華民國)의 국호는 객가의 본고장인 이 곳 지역명, 즉 “중국(中國)”을 차용한 것으로 판단됩니다. 즉, 중화민국(中華民國)은 “객가(客家)의 나라”라는 말인 것이지요. 이후 대륙에서 중화민국(中華民國)은 중화인민공화국(中華人民共和國)으로 대체됐습니다. 나라가 대체되었음에도 “중국(中國)”이라는 국호가 계승되었다는 점이 흥미롭습니다. 더 흥미로운 사항은 중화인민공화국이 역시 객가(客家) 출신인 등소평(鄧小平)이 1976년에 집권한 이후에 그 모습을 달리한다는 것입니다. 세계적인 석학 하비(David Harvey)는 <신자유주의: 간략한 역사(A Brief History of Neoliberalism)>라는 책에서 이를 “중국식 신자유주의(Neoliberalism with Chinese Characteristics)”라 명명했습니다.

청(淸)나라 말엽부터 객가 출신들이 급부상했고 이들 상당수가 현재 중화인민공화국을 이끌어 가고 있습니다. 이를 우연한 일로만 파악하기에는 뭔가 미심쩍습니다. 인터넷을 검색해 보면 객가(客家)는 한족(漢族)의 일족으로만 설명되어 있습니다. 한족의 정통 맥을 지켜온 종족으로 북방에서 밀려와 주로 대륙 남부 지역에 터를 잡았다고 설명되어 있습니다. 그러나 제가 시사웹사이트인 시대소리에 글을 쓰다 지나 대륙 현지로부터 얻은 첩보에 의하면 객가 중에는 지나계(支那系) 유태인(猶太人, The Jews)이 많다고 합니다. 지나 대륙에 유태인들은 송(宋)나라 때에 들어온 것으로 알려져 있습니다.

> 이전에 「개봉(開封)의 유태인들」이라는 책 속에서 850년 전 북송(北宋)시대에 실크로드를 경유 중국 개봉 땅에 흘러들어온 유태인 자손들이 지금도 그 땅에 살고 있음을 알았다. 13세기경 마르코 폴로(Marco Polo)는 「동방견문록(東方見聞錄)」 속에서 「개봉에는 크게 번창하고 있는 유태인 사회가 존재하고 있다고 들었다.」고 적고 있다. ...(중략)... 필경 북송(北宋)시대에 유태인 이민이 개봉에 있어 황제가 7개의 성(姓)을 주었으나 ...(중략)... 시나고그(Synagogue : 유태인 교회당)가 서 있던 장소에는 큰 병원과 민가가 들어 있는데 실로 850년 전과 똑같은 지명이 남아 있었던 것이다. 그것은 「교경호동(教經胡同)」이었다. ...(중략)... 지금부터 수백년 전에는 유태인들의 힘과 영향이 얼마나 컸던가, 또 시나고그가 얼마나 유명한 것이었는가를 알 수 있다.

(우노 마사미(宇野正美). 서인석 옮김. 1991. 유태인을 알면 세계를 알 수 있다(ユダヤが解ると時代が見えてくる－ドル·円が崩壊し、金本位制が復活する). 도서출판 원음사. 175-177쪽)

그래서 그랬던 것일까요? 객가(客家) 출신인 홍수전(洪秀全), 손문(孫文), 그리고 등소평(鄧小平)은 한 결 같이 유태금융자본의 입장에 부합하는 행동을 하였습니다. 대청제국(大淸帝國)이 영국과의 아편전쟁(鴉片戰爭, The Opium War)으로 고난에 처해 있을 때, 홍수전은 기독교 신정(神政) 국가인 태평천국(太平天國)을 세워 제국을 내우외환에 빠트립니다. (당시 영국의 실체는 유태금융자본이었습니다. 이에 대해서는 후에 다룰 것입니다.) 양이(洋夷)에 맞서 국민이 일심단결 하여도 고난을 극복하기 힘든 상황인데 말입니다. 물론 거병의 명분이야 거룩했겠지만 그 명분이 아무리 높다한들 대의적 측면에서 보면 양이를 물리치는 것이 시기적으로 우선해야 합니다. 이는 마치 평양성(平壤城)이 나당 연합군에 둘러싸여 있는데 조정(朝廷)과 대립각을 세웠던 인사들이 성(城) 안에서 인권을 구실로 반란을 도모하는 것과 다름없는 것입니다. 손문은 황제국(皇帝國)을 공화국(共和國)으로 대체한 사람입니다. 근대사를 이해하는 가장 큰 구도는 황제와 유태금융자본의 대립이라고 할 수 있습니다. 그런데 그는 황제를 앞장서서 공격했습니다. 황제가 어떤 존재이었는지 그리고 유태금융자본이 왜 황제를 공격하였는지에 대해서는 후에 다룰 것입니다. 중요한 점은 손문의 이런 행동이 유태금융자본의 입장에서는 너무나 반가운 것이라는 겁니다. 등소평은 하비(David Harvey)에 의해 신자유주의자라는 평가를 받고 있으니 유태금융자본에 부합하는 행동을 하였다는 것은 언급할 필요도 없습니다. 유태금융자본에 관한 사항은 조선제국(朝鮮帝國)과 고려제국(高麗帝國)의 해체를 이해하는 핵심이기 때문에 후에 자세히 다룰 것입니다.

그리고 [그림 5-3]의 지도를 보면 이 제국체제에 만주(滿洲)가 빠져 있음을 알 수 있습니다. 이는 대청제국(大淸帝國)이 건국된 이후 고려의 만주에 대한 지배력이 상실되었음을 나타냅니다. 대청제국이 건국되기 전에 이 땅은 확실히 고려(高麗)에 속해 있었습니다. 1501년에 연산군(燕山君)의 명을 받아 이극균(李克均)과 성준(成俊)은 <서북제번기(西北諸蕃記)>를 공동으로 집필했습니다. <서북제번기>는 책의 이름 그대로 서북(西北) 지역에 위치해 있는 여러 번국(藩國)들, 즉 여러 속국(屬國)들에 관해 기록한 책입니다. 당시 주신족(女眞族)은 통일을 못하고 여러 부족으로 나뉘어 있었는데, 이 부족들을 고려가 속국(屬國)으로 거느렸습니다. 대청제국(大淸帝國)이 건국되기 이전에 고려제국(高麗帝國)은 대왕(大王)이 직접 통치하는 팔도(八道)와 서북(西北)의 여러 속국(屬國)들과 해동(海東)의 여러 속국(屬國)들을 느슨하게 영향권 아래에 두고 있었습니다. 그래서 지도에 따라 이 속국들을 다 그리기도 하고, 대왕이 직접 통치하는 팔도만 그리기도 한 것입니다. 대청제국 건국 후, 고려는 만주에 대한 영향력을 단기간 상실했지만, 이후 만주족이 대거 북경(北京) 일대로 이동하면서 다시 이 일대에 대한 영향력을 어느 정도 회복합니다. 그래서 고려의 관문인 고려문(高麗門)이 한반도가 아니라 만주 봉황성(鳳凰城)에 세워져 있었던 것입니다. 고려문이 세워져 있는 곳까지는 고려의 지배력이 미쳤다는 것을 의미합니다. 대청제국도 이를 인정했기에 고려문을 그대로 두었던 것입니다. 고종(高宗)이 조서(詔書)에서 영토의 폭원(幅員)이 사천리였다고 언급한 것은 이때의 영토 넓이를 의미하는 것으로 파악됩니다. 물론 이 사천리(四千里) 폭원에 일본열도는 포함이 되어있지 않습니다. 속국(屬國)의 영토는 제외하고 본국(本國)의 영토만 고려했던 것으로 판단됩니다.

아울러 이러한 제국체제는 동국(東國)이라 불렸습니다. 그래서 우리의 옛 지도에 "동국(東國)"이 들어가 있는 이름이 그리도 많은 것입니다. 동국의 구성원은 시대마다 차이를 보입니다. 서북(西北)의 여러 속국(屬國)들은 대청제국(大清帝國)을 건국하여 동국에서 가장 먼저 이탈합니다. 그 다음에 열도가 독립하여 이탈하니 동국의 제국체제는 무너집니다. 그런데 한국의 역사학자들은 이러한 동국의 제국체제를 제대로 그려내지도 못할 뿐더러 엉뚱한 해석만 내리곤 합니다. 그러나 우리는 근대일본국 지식인들의 사고방식을 통해 동국의 실체를 역으로 파악할 수 있습니다.

> 나아가서 그[(역주: 타루이 토키치(樽井藤吉)]는 각각의 나라가 옛 명칭을 그대로 사용하되 합방된 두 나라의 총칭은 "대동(大東)"으로 해야 한다고 주장하였다. 이와 같이 자주적인 한·일 두 나라가 "협의체맹(協議締盟)을 통하여 화합을 도모하는 것은 원래부터 공통의 조리(條理), 정명(正明)의 대전(大典)에 부합한다"는 것이다. 한국에 대해서 '합방'을 주장하는 것과는 대조적으로 그는 중국에 대해서는 이와는 다른 방안을 제시하고 있다. 결론부터 이야기하자면 그는 한국과 일본이 먼저 합방하여 "동국(東國)"을 구성한 다음, 중국과의 "합종(合縱)"을 시도해야 한다고 주장한다.

(김경일·강창일, 2000.「동아시아에서 아시아주의: 1870-1945년의 일본을 중심으로」역사연구 제8호. 역사학연구소. 283-284쪽)

위의 인용문은 타루이 토키치(樽井藤吉)가 쓴 <대동합방론(大東合邦論)>의 내용입니다. 이 책은 1893년에 간행되었는데 이 책의 초고는 1885년에 쓰였다고 합니다. 원래 동국(東國)은 상국(上國)인 고려(高麗)가 중심이었던 제국체제였는데 메이지유신(明治維新) 이후 열도의 소국(小國)들이 일본(日本)으로 통일하여 독립했으니 이제 양이(洋夷)에 맞서 대등한 입장에서 동국(東國)을 구성하여 대응하자는 내용입니다. 메이지(明治) 초기만 해도 근대일본국에서는 이와 같이 한국(韓國)과 일본(日本) 사이에 대등한 관계가 주장되기도 했습니다. 이후로는 주장이 바뀌지만 말입니다.

[그림 5-4] 동국대지도(東國大地圖). 제작자: 미상. 제작 시기: 18세기 중엽 추정.
소장: 국립중앙박물관.
출처: 문화재청. 2008. 한국의 옛지도. 221쪽.

[그림 5-4]를 보면 [그림 5-3]과 비교해 볼 때 동국(東國)에서 유구도(琉球島)가 빠져 있는 대신에 만주(滿洲)가 일부 포함되어 있습니다. 일본열도(日本列島)는 두 지도에 모두 다 그려져 있습니다. 두 지도는 제작연도가 정확하지는 않으나 비슷한 시기에 제작된 것으로 추정됩니다. 짧은 시기에 동국의 제국체제에 큰 변화가 있었음을 알 수 있습니다. 이 시기는 태평성대(太平聖代)를 누리었다던 영조(英祖)와 정조(正祖)가 집권했던 시대입니다. 과연 태평성대만 있었는지 이 지도들을 보고 있으면 의심이 듭니다. 대왕(大王)이 직접 통치하는 팔도(八道)는 태평성대를 누리었는지 모르나 동국의 제국체제를 둘러싸고는 많은 갈등이 존재하였던 것으로 판단됩니다.

그런데 동국(東國)의 역사를 살펴보면 속국(屬國)들이 고려(高麗)에 완전히 복속된 것은 아니었고 나름대로 큰 세력을 행사했음을 알 수 있습니다. 그러했기에 해동(海東)의 여러 속국들이 연합해서 반란(임진왜란)을 일으킬 수 있었던 것이고, 서북(西北)의 여러 속국들이 통일을 이루어 대청제국(大淸帝國)을 건국할 수 있었던 것입니다.

대청제국의 건국은 동국의 제국체제가 바닥부터 흔들린 사건이었고, 고려에서는 결코 이를 인정할 수 없었을 것입니다. 서북(西北)의 여러 속국들이 통일을 이룬 후, 조선(朝鮮)의 종주권(宗主權)을 행사하려 드는데 고려(高麗)에서 이를 쉽게 순응했다면 그것이 오히려 이상한 일일 것입니다. 당시 고려에서는 임진왜란 때 명(明)나라의 파병조건을 수용해 제천의식(祭天儀式)을 완전히 포기한 상태였습니다. 즉, 조선(朝鮮)의 종주권(宗主權)을 명(明)나라에게 완전히 넘긴 상태였습니다. 그런데 1636년에 김(金)나라는 몽골을 공략하여 “대원전국(大元傳國)의 새(璽)”를 얻어내어 대원제국이 가지고 있었던 종주권을 획득하고, 이에 국호를 “청(淸)”으로 변경합니다. 그런데 청(淸)이 종주권을 획득했다는 사실을 고려(高麗)는 끝까지 인정할 수 없었던 것입니다. 옛 속담에 사촌이 땅을 사면 배가 아프다고 하죠. 이런 상황에서 병자호란(丙子胡亂)이 발생한 것입니다. 이때까지만 해도 고려(高麗)에서는 임진왜란(壬辰倭亂)과 마찬가지로 이를 속국(屬國)들이 연합해서 일으킨 반란이라 보았던 것이고, 이에 아직도 병자호란이라는 말이 남아 있는 것입니다. 당시 주신족(女眞族)에 대한 세계인의 인식은 현재 북한에 대한 인식보다 더 나빴습니다. 대명제국(大明帝國)과 고려제국(高麗帝國)이 세운 세계질서 속에 순응해서 살면 될 것이지 백성은 굶주리는데도 무식하게 군사력만 키워서 자신이 조선(朝鮮)의 종주권(宗主權)을 갖겠다고 했으니 대명국과 고려국에서 어떻게 봤겠습니까? 차라리 지금의 북한은 제3세계에서 추앙을 받고 있지 않습니까?

그런데 흥미로운 점은 이러한 고려제국의 제국체제는 백제(百濟)의 제국체제와 정확히 일치한다는 것입니다. 신채호 큰선생께서 쓰신 <조선상고사(朝鮮上古史)>를 보면 백제가 제국이었고, 천자(天子)의 호칭이 대왕(大王)이었음을 알 수 있습니다. 2009년 1월에 익산(益山)에 소재한 미륵사지(彌勒寺址)에서 사리장엄구(舍利裝嚴具)가 발견되었는데, 그 사리장엄구에는 백제 천자의 호칭이 대왕(大王)으로 적혀 있습니다. 이는 신채호 선생의 설명을 정확히 뒷받침하는 것입니다.

> 우리가 그 국서로 인하여, 첫째, 기원 490년에 위(魏)가 두 차례나 보병과 기병 수십만을 내어 백제를 침입하였다는 것과,
>
> 둘째, 동성대왕이 첫 번째 싸움에서는 영삭장군(寧朔將軍) 면중왕(面中王) 저근(姐瑾), 건위장군(建威將軍) 팔중후(八中侯) 부여고(扶餘古), 건위장군(建威將軍) 부여력(扶餘歷), 광무장군(廣武將軍) 부여고(扶餘固)를 보내어 백제국의 군사로써 위병(魏兵)을 맞아 싸워 이를 대파하였다는 것과,
>
> 셋째, 동성대왕이 두 번째 전투에서는 정로장군(征虜將軍) 매라왕(邁羅王) 사법명(沙法名), 안국장군(安國將軍) 벽중왕(劈中王) 찬수류(贊首流), 무위장군(武威將軍) 불중후(弗中侯) 해례곤(解禮昆), 광위장군(廣威將軍) 면중후(面中侯) 목간나(木干那)를 보내어 또 위병을 격파하여 수만 명의 목을 베었다는 것과…
>
> (중략)
>
> 무슨 이유로 저근(姐瑾)이나 사법명(沙法名) 등은 동성대왕의 신하들인데 또한 왕(王)이라 하였는가? 이 역시 조선의 옛 제도로서, 「대왕(大王)」은 「신한」의 번역으로, 곧 한 나라에 군림한 천자(天子)의 호칭이고, 「王(왕)」은 「한」의 번역으로, 곧 대왕(大

王)을 보좌하는 小王(소왕)들의 칭호이기 때문이다.

(신채호. 박기봉 옮김. 2006. 조선상고사. 비봉출판사. 336-338쪽)

백제(百濟)의 천자(天子)는 대왕(大王)이었고, 그 아래에 소왕(小王)들이 있었으며, 이 소왕들은 장군(將軍)으로 불리었습니다. 마찬가지로 이조시대 고려(高麗)의 천자(天子)는 대왕(大王)이었고, 그 아래에 소왕(小王)들이 있었으며, 이 소왕들은 장군(將軍)으로 불리었습니다. 두 제국체제는 정확히 일치합니다.

고려의 대왕이 여러 소국들의 왕(王)을 거느리는 체제가 열도에 막부가 설치된 서기 1185년경부터 메이지유신으로 열도가 일본으로 독립하는 1868년까지의 고려제국의 실체였던 것입니다. 막부(幕府)는 대왕이 열도까지 직접 통치하기가 힘들었기 때문에 여러 소국들을 통제하기 위해 설치하였던 기관입니다. 그런데 이 여러 소국들이 연합해서 반란을 일으킵니다. 그 반란이 바로 임진왜란(壬辰倭亂)이며 이 세력들이 후에 메이지유신(明治維新)으로 부활해서 근대일본국(近代日本國)을 만듭니다. 열도가 이탈하자 대왕(大王)은 왕(王)의 위상으로 추락합니다. 고려에서는 이렇게 추락한 위상을 드높이고 자주독립 국가를 지향하기 위해 왕건(王建)이 재건한 "황제 고려(皇帝 高麗)"로 국가체제를 전환할 필요가 있었던 것입니다. 그리하여 대한제국(大韓帝國)을 선포하고 고종(高宗)은 황제에 즉위한 것입니다. 황제에 즉위하면서 고종이 왕건(王建) 황제의 맥을 이었음을 공표한 것은 너무나 당연한 일입니다.

3) 명(明)도 조선(朝鮮)이다

자! 이제 대왕 고려(大王 高麗)의 제국체제는 어느 정도 설명이 이루어졌습니다. 세세한 사항은 본서의 후반부를 통해 계속해서 다루도록 하고 "동고려서조선(東高麗西朝鮮)"에서 이제 서조선(西朝鮮)에 대해 살펴보겠습니다. 이미 대청제국(大淸帝國)이 조선임을 설명 드렸으니 서조선(西朝鮮)의 절반은 설명이 되었습니다. 저는 앞의 4장에서 명(明)나라도 조선(朝鮮)으로 파악이 가능하다고 주장했는데 이제 이 주장을 논증해 보겠습니다.

저는 앞의 4장에서 명(明)나라가 천단(天壇)을 세워 제천의식(祭天儀式)을 거행한 점, 남경(南京)을 버리고 북경(北京)을 수도로 정한 점, 청(淸)나라가 명(明)나라의 궁궐과 천단을 그대로 물려받은 점을 들어 명(明)나라도 순수한 지나족(支那族)의 나라로만 파악하기에는 미심쩍은 부분이 있다고 지적한 바 있습니다. 우선 저는 명(明)나라에 대한 열도인들의 인식을 통해 명(明)과 조선(朝鮮)의 관계를 규명지어 보겠습니다.

2009년 7월 11일에 방송된 KBS 역사스페셜 <발굴보고! 잃어버린 조선왕손을 찾아서>편을 보면 우리의 기존 상식과 어긋나 있는 여러 사항을 발견할 수 있습니다. 저는 이 방송에서 해태라고 소개한 동물상 - 가토 기요마사(加藤淸正)가 한반도(韓半島)에서 탈취해 간 전리품 - 이 실은 고려개(高麗犬)라고 앞의 2장에서 설명 드린 바 있습니다. 이날 방송에서 주로 다룬 내용은 임진왜란 때 열도로 끌려갔다 돌아오지 못한 왕손에 관한 것입니다. 그런데 방송을 보면 고려(高麗)와 조선(朝鮮)이 몇 차례 등장하고 있습니다. 임진왜란 때 왜 고려와 조선이 같이 등장하는 것일까요? 저는 한반도에 계속해서 고려(高麗)가 존속해 왔음을 설명 드렸습니다. 그리고 청(淸)나라가 조선(朝鮮)임도 알려드렸습니다. 그런데 임진왜란 때면 청(淸)나라가 건국되기도 전입니다. 이때에 조선(朝鮮)이 등장하고 있는 것은 어떻게 해석해야 할까요? 제가 지금까지 설명한 것이 역시 잘못된 것일까요?

먼저 방송에 소개된 사례들을 통해 한반도에 있던 나라가 고려(高麗)였다는 것을 다시 한 번 확인해 보겠습니다. 동경(東京)의 가쿠린지(覺林寺)라는 절에는 선조(宣祖)의 손자이자 임해군(臨海君)의 아들인 태웅(太雄)이 임진왜란 때 열도에 끌려와서 일연(日延)이라는 스님이 되어 남긴 한시 목판이 남아 있습니다. [그림 5-5]가 그 한시 목판인데 글쓴이가 고려사문일연(高麗沙門日延)이라 적혀 있습니다. 자신의 조국이 고려(高麗)가 아니고서야 일연(日延)이 자신을 고려사문(高麗沙門)이라고 소개할 수는 없는 것입니다.

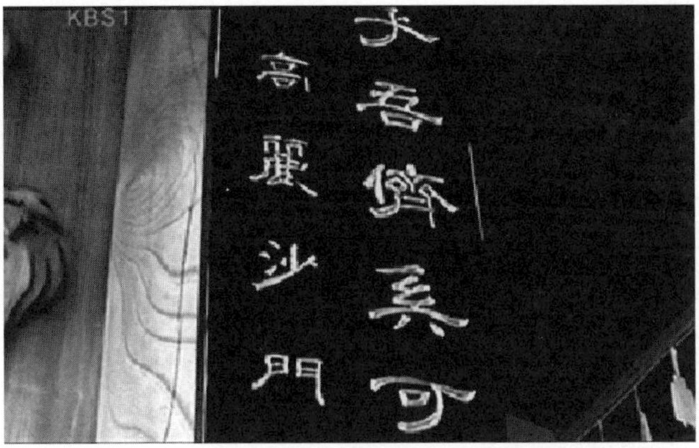

[그림 5-5] 일연(日延)이 쓴 한시 목판.
출처: 역사스페셜 화면 갈무리.

[그림 5-6]은 교토(京都)의 혼코쿠지(本国寺)에 보관되어 있는 일요(日遙) 스님, 즉 여대남(余大男)의 목각입니다. 목각에는 고려 일요성인 본존(高麗 日遙聖人 本尊)이라 적혀 있습니다. 이는 여대남의 조국이 고려(高麗)라는 것을 명백히 알려줍니다. 그런데 여대남의 자취를 추적하다 보면 조선(朝鮮)이라는 나라 이름도 함께 발견됩니다.

[그림 5-6] 고려 일요성인 본존(高麗 日遙聖人 本尊).
출처: 역사스페셜 화면 갈무리.

저는 본장의 앞부분에서 이미 여대남(余大男)을 언급한 적이 있습니다. 그와 부친 사이에 오고 간 편지에 가토 기요마사(加藤淸正)가 히고국왕(肥後國王)과 대장군(大將軍)으로 적혀 있다는 것을 소개하였습니다. 그런데 이 편지에 조선국(朝鮮國)이 쓰여 있습니다. 이는 조작된 것이 분명합니다. [그림 5-7]은 여대남이 쓴 편지인데, 보시다시피 조선국(朝鮮國)이라 쓰여 져 있는 편지의 서두 부분만 종이의 색깔이 다릅니다. 앞의 4장에서 우리는 이미 이런 식으로 문서가 조작되어 있는 것들을 살펴보았습니다. 역시 이건 후에 누군가 덧붙인 것으로 파악할 수밖에 없습니다. 그 누군가는 일요(日遙)의 조국을 조선국(朝鮮國)으로 바꾸어 놓음으로써 대륙의 조선(朝鮮)을 반도에 뒤집어씌우고 반도에서 고려(高麗)를 지우고 싶어 한 것입니다.

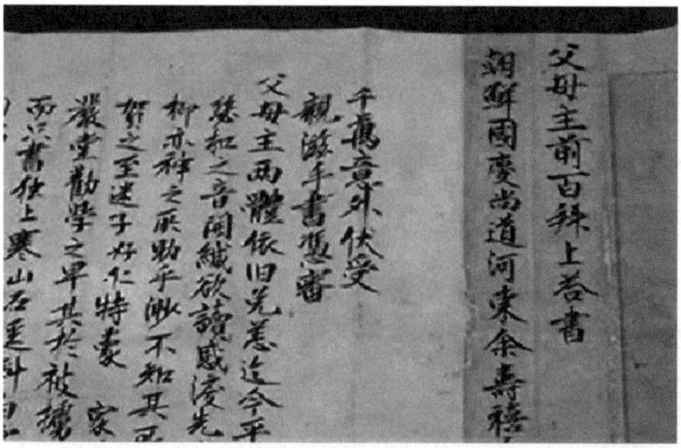
父母主前百拜上答書
朝鮮國慶尙道河東余壽禧

[그림 5-7] 구마모토(熊本)의 혼묘지(本妙寺)에 소장되어 있는 여대남(余大男)의 편지.
출처: 역사스페셜 화면 갈무리. [부록: 컬러 도판] 참조.

물론 이 때에도 대청제국(大淸帝國)이 존재하였던 시대처럼 반도를 포함해서 대륙 전체가 조선(朝鮮)으로 불렸을 것입니다. 명(明)만 청(淸)으로 교체된 것이기 때문에 청(淸)의 조선제국 체제는 명(明)의 조선제국 체제를 그대로 이었을 것이라 판단됩니다. 그러나 위에서 보았듯이 이 시대 열도에서는 반도를 대륙과 구별하여 반도만을 가리킬 때에는 고려(高麗)라 적는 것이 일반적인 경향이었습니다. 제가 보아 온 열도의 옛 문헌 중에 반도만을 가리키면서 조선(朝鮮)이라 적은 것은 이것이 유일합니다. 열도에서 성장한 여대남(余大男)도 이런 구별에 능했다고 볼 수밖에 없습니다. 반도를 포함해 대륙 전체를 일컬을 때 조선(朝鮮)이라 칭할 수 있는 것입니다.

이 편지가 소장되어 있는 구마모토(熊本)의 혼묘지(本妙寺)에는 내시 출신으로 열도로 끌려와 가토 기요마사(加藤淸正)의 측근으로 살다간 김환(金宦)의 무덤이 있습니다. 그런데 무덤 비석에는 "조선인김환묘(朝鮮人金宦墓)"라고 쓰여 있습니다. 제가 열도에서 보았던 비석과 지명(地名) 중에 "고려(高麗)"가 아니라 "조선(朝鮮)"이 들어가 있는 것은 이것이 유일합니다. 구마모토는 명성황후(明成皇后)를 시해한 낭인들이 대거 배출되었던 지역입니다. 역시 고려(高麗)를 철저히 유린하였던 가토 기요마사(加藤淸正)의 본고장다운 곳입니다. 이로 미루어 볼 때 이 지역에서는 열도의 다른 지역보다 역사왜곡이 보다 철저히 이루어졌을 것으로 판단됩니다. "조선인김환묘(朝鮮人金宦墓)"라 쓰여 있는 이 비석은 역사왜곡을 위해서 메이지유신(明治維新) 이후에 건립되었을 것입니다.

이곳에서는 문서뿐만 아니라 비석까지도 조작된 것으로 판단됩니다. 저는 혼묘지(本妙寺)에서 "문화(文化)"와 "문정(文政)"이라는 연호가 적힌 비석을 볼 수 있었습니다. 열도의 구석구석을 다 누비고 다녔지만 저는 이곳에서만 메이지(明治) 이전의 연호가 쓰여 진 비석을 볼 수 있었습니다. 이것은 분명 조작된 것입니다. 설마 그럴 리가 있을까 생각하시는 분들은 차라리 일제가 역사왜곡을 하지 않았다고 생각하시기 바랍니다. 그리고 이 책을 덮어 버리시기 바랍니다. 쓸 때 없는 잡생각에 머리만 어지러워질 테니까 말입니다. 저의 일관된 주장은 막부(幕府) 설치 이후 메이지천황(明治天皇)이 즉위하기 전까지 열도에 천황(天皇)은 존재하지 않았다는 것입니다. 물론 열도에서 천황을 세우기 위한 노력이 없었던 것은 아니며 잠시나마 천황이 옹립되었을 수도 있지만 말입니다.

[그림 5-8] 김환묘(金宦墓) 비석. 김환(金宦)은 조선인(朝鮮人)인가? 고려인(高麗人)인가?

[그림 5-9] 문정(文政)이라는 연호를 사용했던 천황이 과연 실존했을까?

다카시로 고이치(高城幸一) 교수가 쓴 <일본의 이중권력, 쇼군과 천황>에 의하면 메이지유신(明治維新) 직후 메이지 정부가 가장 역점을 둔 사업이 바로 천황(天皇)을 국민들에게 알리는 것이었다고 합니다. 이를 위해 근대일본국은 메이지유신이 있은 지 불과 4년 뒤인 1872년에 모든 국민을 대상으로 의무교육을 실시합니다. 이는 천황의 존재를 열도인들이 몰랐다는 이야기가 됩니다. 아무리 허수아비 왕이라도 연호가 존재하고, 이 연호로 1000년 이상 백성들의 시간을 지배하였는데 그 존재마저도 백성들 대다수가 몰랐다는 것이 말이 된다고 생각하십니까? 열도에 천황이 없었기에 열도인들이 이를 인식하지 못한 것입니다. 다르게 볼 방법이 없습니다. 다카시로 고이치(高城幸一) 교수에 의하면 열도에서 천황이라는 호칭은 고대에만 일시적으로 사용되었고 그 후로는 사용되지도 않았다고 합니다. 메이지유신 이후부터 천황이라는 호칭이 부활하였다고 합니다. 우리가 흔히 말하는 중세시대에 역시 천황은 존재하지 않았던 것입니다.

메이지유신은 일본이 근대국가로서 출발하는 계기가 되었다. 메이지 정부는 텐노(역주: 천황)의 권위에 입각하여 군대와 관료기구를 정비하고, 중앙집권국가의 확립을 시도했다. '왕정복고'라고도 불리는 메이지유신은 텐노를 최고 지위에 올리고 쇼균(역주: 장군)을 제거하여 계층적인 질서를 단순화했다. 고대에만 일시적으로 사용되었을 뿐 그 후 오랫동안 사용되지 않았던 '텐노'라는 호칭이 메이지유신 이후 공식적으로 사용된 것을 보아, 메이지유신은 '텐노 호칭의 부활'이라고도 말할 수 있다.

(중략)

일반적으로 근대화를 추진하기 위해서는 무엇보다도 흔들리지 않고 계획을 추진할 수 있는 권위가 필요하다고 한다. 왜냐하면 정치권력은 그것이 유일한 정통적인 권력이라는 승인을 얻어야만 비로소 다수가 복종하기 때문이다. 그러므로 정부가 근대화를 추진하기 위해서는 우선 정부 자신이 정통성에 입각한 권위를 가질 필요가 있는 것이다. 메이지 신정부는 번민(藩民)의식으로부터 벗어나지 못하고 있는 국민, 쇼균은 알아도 텐노는 모르는 국민을 상대해야 했다. 때문에 스스로는 아무 권위나 정통성을 가지지 못하고 구체적인 방향성을 국민 앞에 제시하지 못했던 신정부는 고대 이래 최고의 권위를 가진 통치자이자 정통성의 원천이었던 텐노를 정권의 상징으로 세움으로써 권위의 절대화와 권력의 집중화를 꾀한 후 그것을 정권의 권위부여에 이용한 것이다.

(중략)

그러므로 메이지 정부는 텐노의 신격화에 노력하고 의무교육을 실시했다. 국민을 정신적으로 지배하기 위한 원리로서 메이지헌법 반포 다음 해인 1890년 10월에 '교육에 관한 칙어(교육칙어)'가 반포되었다. 교육칙어는 모든 학교교육의 기본원리로서만이 아니라 국민의 정신생활에 있어서의 최고 규칙이 되었다. 군인에 대해서는 1882년에 병사가 엄수해야 하는 도덕의 근본을 규정한 '군인칙어'를 반포했다. 군인칙어는 병사의 텐노에 대한 절대적인 충성을 요구하고, 상관에 대해서도 텐노에 대한 것과 같은 복종을 명령하는 것이다.

이와 같은 교육칙어와 군인칙어를 통해 메이지 정부는 모든 국가행사를 텐노와 연결하고 국민을 텐노의 신민(臣民)으로 교육했다.

(다카시로 고이치(高城幸一). 2007. 일본의 이중권력, 쇼군과 천황. (주)살림출판사. 50-57쪽)

계속 강조하지만 여러분은 사료를 잘 선택해서 보셔야 합니다. 푸코(Michel Foucault)가 "지식은 그 시대의 지배관계-권력관계의 산물이다"라고 언급한 사실을 항상 가슴에 담으시기 바랍니다. 이는 과거의 역사를 바로잡는 것에만 유용한 것이 아닙니다. 여러분이 살고 있는 지금 이 시대에 오히려 푸코(Michel Foucault)의 지적이 더 가슴에 와 닿을 분들도 많이 있을 것입니다. 정부와 언론에서 보여주는 정보를 전적으로 신뢰하는 대한민국 국민은 아마 거의 없을 것입니다. 어떤 사실에 접근하는 것은 이처럼 어렵습니다. 꾸준히 노력하는 자에게만 몇몇 자료가 주어질 것이고, 그것들을 바탕으로 재구성해 보아야 그나마 진실에 근접할 수 있을 것입니다.

그러면 이제 방송에서 고려(高麗)와 조선(朝鮮)이 같이 등장한 부분을 살펴보겠습니다. [그림 5-10]은 후쿠오카(福岡)에 소재해 있는 코쇼지(香正寺)의 연혁을 소개한 책자입니다. 이 책자는 쇼와(昭和) 51년, 즉 서기 1976년에 제작된 것으로 임해군(臨海君)의 아들인 태웅(太雄)이 임진왜란 때 열도로 끌려와 일연(日延)이라는 스님이 된 경위가 기록되어 있습니다. 그런데 보다시피 한 책자 안에 고려와 조선이 동시에 등장하고 있습니다. 책자에 의하면 도요토미 히데요시(豊臣秀吉)가 정벌하려 했던 대상은 조선(朝鮮)이라고 기록되어있으며, 아울러 고려국(高麗

國)의 두 왕자, 즉 임해군(臨海君)과 광해군(光海君)이 인질로 잡혔었다고 설명되어 있습니다. 이는 고려와 조선이 같이 존재했다는 명확한 증거입니다. 이 책자에 이와 같이 고려와 조선이 동시에 등장할 수 있었던 것은 예전의 책자를 그대로 옮겨 적었기 때문일 것입니다. 지금의 상식으로 책을 쓴 다면 이렇게 적지 않았을 겁니다.

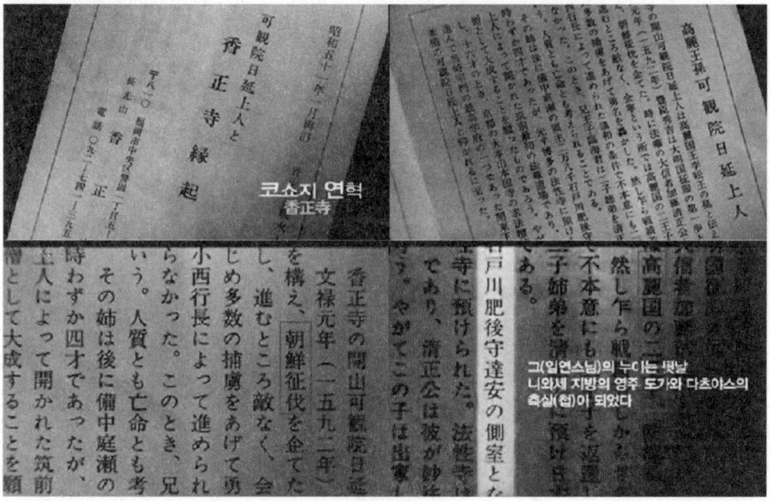

[그림 5-10] 코쇼지(香正寺)의 연혁을 소개한 책자 중 관련 내용.
출처: 역사스페셜 화면 갈무리.

혹자는 아직도 고려(高麗)와 조선(朝鮮)이 같은 나라라고 생각할지도 모릅니다. 그러나 같은 나라라면 하나의 이름으로 통일해서 적으면 될 것입니다. 이렇게 고려와 조선을 구분한 것에는 다 그럴만한 이유가 있는 것입니다.

[그림 5-11]은 19세기에 제작된 그림이라 하는데 임진왜란을 칭송하는 것으로 보아 임진왜란 세력들이 메이지유신으로 부활하려는 바로 그 시기, 즉 메이지유신 직전에 그려진 것으로 파악됩니다. 그림은 후쿠오카번(福岡藩)을 통치한 구로다(黒田) 가문의 한 가신의 활약상을 담은 것입니다. 이 그림에 쓰여 진 글을 살펴보면 이 가신의 이름은 임직리(林直利)로 임진왜란(壬辰倭亂) 때 출전해 여러 전공을 세웠다고 합니다. 임직리의 성씨가 한국에서도 많이 쓰이는 성씨인 "임씨(林

氏)"라는 점이 흥미롭습니다. 이 그림은 고려에서 호랑이를 찔러 죽인 임직리의 무공을 사실감 있게 그려내었는데 임진왜란 당시 고려(高麗)와 조선(朝鮮)의 실체를 확인해 줄 수 있는 아주 중요한 자료입니다. 이 그림에는 고려와 조선이 같이 등장하는데 이 부분을 해석해 보면 아래와 같습니다.

關東海西及朝鮮之役
凢旗鼓所向無不從行
擭敵者数矣
其在高麗刺虎之事逺近無不知也

관동해(關東海) 서쪽(西) 조선(朝鮮)에서의 싸움(役)에 이르러(及)
무릇 깃발(旗)과 북(鼓)이 나아가는 곳마다 종횡(從行)하지 않은 적이 없었다.
적자(敵者)를 잡은 적이 여러 번이었다.
그 고려(高麗)에 있을 적에는 호랑이(虎)를 찌른 일을 원근(逺近)에서 모르는 사람이 없었다.

[註]

위 인용문에서 "及"을 병렬접속사로 파악하여 "와(과)" 또는 "및"으로 해석하면, "關東海西及朝鮮之役"은 우선 "관동해(關東海) 서쪽(西)과 조선(朝鮮)에서의 싸움(役)"으로 풀이될 수 있다. 그러나 "관동해 서쪽(關東海西)"은 일정한 지역이고, "조선(朝鮮)"은 국가나 큰 영역이므로 둘은 병렬대상이 되지 않는다. 그러므로 이러한 해석은 잘못된 해석이다. 또한 "及"을 병렬접속사로 파악하면 "關東海西及朝鮮之役"은 "관동(關東), 해서(海西) 및 조선(朝鮮)에서의 싸움(役)"으로도 풀이될 수 있다. 그러나 이 경우에도 일정한 지역을 일컫는 "관동(關東)", "해서(海西)"와 국가나 큰 영역을 일컫는 "조선(朝鮮)"은 병렬대상이 되지 않는다. 그러므로 이러한 해석도 잘못된 것이다. 참고로 관동과 해서는 반도에도 대륙에도 모두 존재한다. 반도에서 관동은 강원도(江原道), 해서는 황해도(黃海道)를 일컫는다. 대륙에서 관동은 만주(滿洲), 특히 요동반도(遼東半島) 일대, 해서는 해서여진(海西女眞)의 거주지역이었던 송화강(松花江) 일대를 일컫는다.

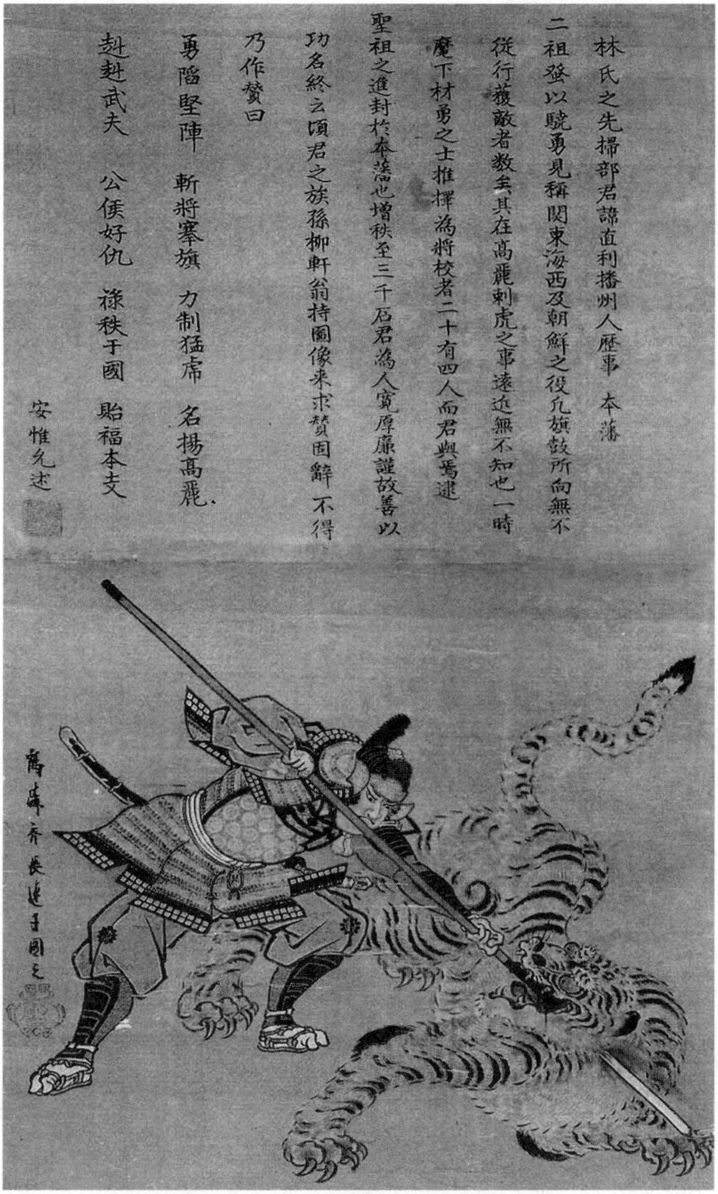

[그림 5-11] 林直利像.

출처: 黒田長政と二十四騎展実行委員会. 平成 20年. 黒田長政と二十四騎 - 黒田武士の世界. 福岡印刷株式会社. 48쪽.

위 문구에서 핵심어는 관동(関東)입니다. 관동은 어디를 말하는 것일까요? (관동을 정자로 쓰면 “關東”으로 표기됩니다. 그러나 본서에서는 일본식 한자표기인 “関東”을 사용하였습니다.) 관동(関東)은 일본열도의 혼슈(本州) 동부, 한반도의 강원도(江原道), 그리고 만주(滿洲) 일대를 일컫는 지명입니다. 일본열도는 임진왜란의 전쟁터가 아니었으므로 그림에서 말하는 관동이 될 수 없습니다. 강원도의 경우는 동쪽에만 바다가 존재합니다. 서쪽에는 관서(関西)가 있지 바다는 존재하지 않습니다. 이 역시 그림에서 말하는 관동이 될 수 없습니다. 반면에 만주(滿洲)의 관동 지역은 이 조건을 충족시킵니다. 관동(関東)은 원래 만리장성(萬里長城)의 동쪽 관문인 산해관(山海關)의 동쪽 지역을 의미한다고 합니다. 만주 전체가 관동으로 불리기도 하였다는 것입니다. 그러나 정확히는 요동반도(遼東半島)의 남부 지역을 의미합니다. 이곳이 왜 관동인지를 우리는 근대일본국이 취한 조치를 통해 잘 파악할 수 있습니다.

[그림 5-12] 만주국지도(滿洲国地図) 요동반도(遼東半島) 부분.

1905년에 러일전쟁(露日戰爭, Russo - Japanese Wars)에서 승리한 근대일본국은 당시 러시아의 조차지(租借地)였던 요동반도의 남부 지역을 인수하여 관동주(関東州)라 명명하였습니다. 그리고 이곳에 식민지 행정기관인 관동도독부(関東都督府)를 설치하였으며, 아울러 이 지역의 방위군인 관동군(関東軍)도 창설하였습니다. 이곳은 신채호 큰선생께서 옥사하신 여순(旅順) 감옥이 위치해 있는 곳이기도 합니다.

[그림 5-12]는 일본제국이 세운 만주국(満洲國: 1932 - 1945년) 지도로 요동반도(遼東半島) 일대를 나타낸 것입니다. 요동반도 남쪽에 관동주(関東州)가 보이는데 보다시피 서쪽에 바다가 있습니다. [그림 5-11]에 등장하는 관동(関東)이 바로 이 지역임을 알 수 있습니다. 구로다(黒田) 가문의 가신 임직리(林直利)는 이 바다의 서쪽에 이르렀던 것입니다. 그런데 그 곳이 조선(朝鮮)이라고 합니다. 도대체 이를 어떻게 해석해야 할까요? 그리고 다음 문장에 등장하는 고려(高麗)는 또 어떻게 해석해야 할까요?

우리는 역시 기존 상식에 얽매이지 말고 [그림 5-11]에 쓰여 진 글의 내용을 충실히 볼 필요가 있습니다. [그림 5-11]에 의하면 관동해(関東海) 서쪽에 조선(朝鮮)이 있습니다. 그런데 임진왜란 때 이곳에 있던 나라는 명(明)입니다. 그러면 명(明)나라가 조선(朝鮮)이 되는 것입니다. 도요토미 히데요시(豊臣秀吉)가 임진왜란의 명분으로 제시한 것은 정명가도(征明假道)입니다. 명나라를 정벌하려 하니 길을 내어 달라는 것이었습니다. 도요토미 히데요시는 정벌하려는 나라를 명(明)이라 한 것입니다. 그런데 코쇼지(香正寺)의 연혁을 소개한 책자에 의하면 도요토미 히데요시가 정벌하려 했던 대상은 조선(朝鮮)이라 기록되어 있습니다. ([그림 5-10 참조) 이 둘을 결합해 보면 역시 명(明)나라가 조선(朝鮮)이 됩니다.

고려는 반도에 있었으니 이때에도 동쪽에는 고려(高麗)가 서쪽에는 조선(朝鮮)이 동시에 존재해 있었던 것입니다. 그러면 동고려서조선(東高麗西朝鮮)이라는 제국체제가 무려 500년을 이어온 것이 됩니다. 물론 조선은 명(明)에서 청(淸)으로 교체됩니다. 한편, 관동해(関東海) 서쪽부터 조선(朝鮮)이니 만리장성(萬里長城) 이북의 땅은 고려(高麗)에 속해있었다는 말이 됩니다. 1501년에 연산군(燕山

君)의 명을 받아 이극균(李克均)과 성준(成俊)이 공동으로 집필한 책의 제목이 왜 <서북제번기(西北諸蕃記)>인지 이제 명확히 설명이 됩니다. 당시 이 서북(西北) 지역에는 주신족(女眞族)이 통일을 이루지 못하고 여러 부족으로 나뉘어 있었는데 이를 고려(高麗)가 속국(屬國)으로 거느리고 있었던 것입니다. 고려(高麗)의 서북(西北) 지역, 즉 관동(関東) 지역은 고려의 지배 아래에 있었던 것입니다.

아울러 [그림 5-11]에 쓰인 글에 따르면 선조(宣祖)의 마지막 피난처가 현재의 의주(義州)가 맞는지도 재검토가 필요할 것으로 보입니다. 임직리(林直利)가 현재 의주(義州) 지역을 거치지 않고 관동해(関東海) 서쪽에 이를 수 있는 방법이 없기 때문입니다. 물론 배를 이용하면 가능합니다. 그런데 천하무적 이순신(李舜臣) 함대가 한반도 남쪽에서 왜(倭) 반란군들의 서해 이동을 차단하고 있었으니 육로를 거치지 않고는 관동해 서쪽에 이를 방법이 없습니다. 남은 한 가지 방법은 육로로 평안도(平安道)나 황해도(黃海道)로 이동하여 현재 의주 지역을 거치지 않고, 그곳에 정박해 있었던 배를 이용해서 바다를 건너는 것입니다. 그런데 그곳에 정박해 있었던 배는 전함이 아니어서 이용했을 확률이 적습니다. 더욱이 임직리가 속한 구로다 나가마사(黑田長政)의 3번대(三番隊)는 수군이 아니라 육군이었습니다. 현재 의주 지역을 관통하지 않고 관동해 서쪽에 이르기에는 아무래도 어려워 보입니다. 선조의 마지막 피난처가 현재의 의주는 아닐 것입니다. 선조의 마지막 피난처가 의주로 불리었다면 만주에 또 다른 의주(義州)가 있었던 것은 아닌지 검토해 보아야 합니다.

아울러 [그림 5-12]를 보면 북경(北京: 지도에서는 북평(北平)으로 표기되어 있음)이 관동해(関東海)에서 그리 멀지 않은 곳에 위치해 있음을 알 수 있습니다. 임직리(林直利)가 관동해 서쪽에 이르러 싸웠다고 했으니 임직리가 속한 구로다 나가마사(黑田長政)의 3번대(三番隊)는 북경(北京) 근방까지 진격했었다고 판단됩니다. 명나라가 임진왜란 이후 국력이 급격히 쇠락하게 되었던 이유는 아마도 본국도 일부분이 전쟁터가 되었기 때문일 것입니다. 김구 주석께서 쓰신 <백범일지>에 이와 관련된 기록이 있습니다.

> 나는 진동생 내외의 안내로 가흥의 명승지와 사적을 두루 둘러보았다. 남호(南湖) 연우루(烟雨樓)와 서문 밖 삼탑(三塔)을 구경했는데, 그곳에는 다음과 같은 일화가 전해 내려온다. 명나라의 임진란 때 일본군이 침입하여 근처 부녀자들을 잡아다가 가두어놓고 한 승려에게 지키도록 했는데, 밤이 늦어 왜놈들이 모두 잠이 들자 승려는 몰래 부녀자들을 모두 풀어주었다. 이 사실을 알게 된 왜놈들이 그 승려를 살해했는데 그 핏자국이 아직도 돌기둥에 나타난다고 했다.

(김구. 배경식 옮김. 2008. 올바르게 풀어쓴 백범일지. 너머북스. 528쪽)

김구 주석께서 1932년에 상해(上海)를 탈출해 도피생활을 하셨던 가흥(嘉興)은 절강성(浙江省)에 위치해 있습니다. 절강성이 대륙의 중국(中國) 지방임은 이미 본장의 앞부분에서 설명 드렸습니다. 그런데 김구 주석께서는 임진왜란 때 왜군이 이곳까지 침입하였다는 말씀을 하고 계신 것입니다. 절강성을 침입하는데 한반도를 꼭 경유할 필요는 없습니다. 이 왜군의 정체는 무엇일까요? 임진왜란은 한반도만 전쟁터였다고 배워온 우리를 몹시 혼란스럽게 만듭니다. 구로다 나가마사(黑田長政)의 3번대(三番隊)가 북경(北京) 근방에 까지 진격했었고 또 다른 왜군은 대륙의 중국(中國) 지방을 공략했다는 이야기가 됩니다. 이런 상황이라면 명(明)나라 역시 큰 타격을 입지 않을 수 없었을 것입니다.

물론 위 인용문이 정확한지 아직 저로서는 알 수 없습니다. 저는 김구 주석께서 쓰신 일지의 원문을 갖고 있지 않아 이를 확인할 수 없습니다. 이전 판본에서는 왜(倭)의 침입만 언급되어 있을 뿐 그 시기가 임진란이라고 적혀 있지 않습니다. 너머북스판(2008) <백범일지>를 보면 김구 주석께서 가흥(嘉興)에서 도피생활을 하고 계실 때 인근의 진(鎮)을 구경 가셨던 것을 적은 부분이 있습니다. 그런데 김구 주석께서는 이 진(鎮)이 임진란 때 축조되었다고 설명하고 계십니다. 임진란이 두 번 등장하는 것으로 미루어보아 너머북스판(2008)이 이 부분만큼은 정확히 옮겼을 것으로 생각됩니다.

> 하루는 묘지기가 해변에서 5리 떨어진 곳에 진(鎭: 성에 둘러싸인 고을)이 있는데, 오늘이 마침 장날이니 같이 구경 가자고 한다. 나는 "좋다"고 하고 그를 따라갔다.
>
> 지명은 잊어버렸지만 그곳은 보통 고을이 아니라 해변 요새였다. (해염현 바닷가 요새지 감포진) 포대(砲台)도 설치되어 있는 구식의 작은 성으로 임진란 때 쌓았다고 한다. 성안에는 민가가 늘어서 있고 약간의 관청도 있는 듯했다. 성안을 한 바퀴 돌면서 대강 구경하니 외진 곳에 있는 진이라서 그런지 장꾼도 보기 드물었다.

(김구. 배경식 옮김. 2008. 올바르게 풀어쓴 백범일지. 너머북스. 536쪽)

임진왜란은 외부의 적이 침입해 온 것이 아니라 제국의 내부에서 발생한 내전이었습니다. 그러나 이 내전은 가히 세계대전이었다고 할 수 있습니다. 물론 내전이라 하여 당시 왜군(倭軍)을 배후 조정한 외부세력의 존재를 부인하는 것은 아닙니다. 이 외부세력에 대해서는 후에 다루겠습니다.

4) 명(明)과 청주한씨(淸州韓氏), 청(淸)과 청풍김씨(淸風金氏)

열도인은 명(明)나라를 조선(朝鮮)으로 인식한 것이 분명해 보입니다. 그런데 이러한 열도인의 인식이나 몇몇 증거들만 가지고 명나라를 조선이라 하기에는 불충분해 보입니다. 명나라의 지배층이 조선민족(朝鮮民族)이어야 명나라를 조선이라고 일컬을 수 있을 것입니다. 최근에 이와 관련하여 흥미로운 내용이 방송된 적이 있습니다. 2010년 3월 7일에 방송된 MBC <신비한 TV 서프라이즈>에 명(明)나라를 세운 주원장(朱元璋)이 고려(高麗) 출신이라는 주장이 소개된 적이 있습니다. 이런 주장을 하는 대표적인 역사학자 백린 선생은 1894년에 간행된 <조선기문(朝鮮紀聞)>이라는 책에 주원장이 고려인으로 설명되어 있음을 근거로 제시합니다. 또한 주원장 주변에 유독 고려인이 많았다는 점을 증거로 제시하는 학자들도 있습니다. 어떤 학자는 명나라를 제국의 반열에 올려놓은 영락제(永樂帝)의 어머니가 고려인이라는 주장도 하고 있습니다.

이는 상당히 민감하면서도 신중을 기해야 하는 사항입니다. 저는 명나라 황실과 관련해서 지금까지 확인된 공식문헌에 의해 두 가지는 확실히 말씀드릴 수 있습니다. 하나는 3대 황제인 영락제는 지나족(支那族)과 객가(客家)의 수도인 남경(南京)을 버리고 조선민족의 성스러운 수도인 북경(北京)으로 천도했다는 것입니다. 다른 하나는 영락제의 제1후궁이 고려의 청주한씨(淸州韓氏) 출신이라는 것입니다. 말이 제1후궁이지 영락제는 황후가 죽은 후 새로 황후를 들이지 않았기 때문에 후궁 한씨는 실질적으로는 황후와 다음 없는 권세를 갖고 있었습니다. 당시 명나라와 고려(이조)의 왕비는 죄다 청주한씨(淸州韓氏) 가문에서 배출되었습니다. 한명회(韓明澮)의 셋째 딸은 이조(李朝) 8대 대왕인 예종(睿宗)의 정비였으며, 넷째 딸은 9대 대왕인 성종(成宗)의 정비였습니다. 한확(韓確)의 넷째 누이가 바로 명나라 영락제(永樂帝)의 제1후궁이었으며, 그의 다섯째 누이는 명나라 5대 황제인 선덕제(宣德帝)의 후궁이었습니다. 한확(韓確)의 둘째 딸은 이조(李朝) 덕종(德宗: 추존왕)의 정비로 성종(成宗)의 어머니였습니다.

이와 같은 결합관계는 대원제국 황실과 고려 왕실 간의 결합관계를 연상시킵니다. 그 때에는 왕실 간의 혼사가 주류를 이루었는데 이조시대에 들어서는 청주한씨(淸州韓氏) 가문이 두 왕실의 매개가 되고 있는 것입니다. 이에 저는 한명회(韓明澮)라는 이름에 주목할 필요가 있다고 봅니다. 한명회(韓明澮)라는 이름을 풀어보면 "한국(韓)과 명국(明)이 하나의 물[氵(水)]로 모인다(會)"가 됩니다. 예전에는 사람의 이름에 본인이 지향해야 하는 바를 함축해서 정하는 경우가 많았습니다. "묘청(妙淸)"이 바로 그런 예입니다. 한명회(韓明澮). 이 이름 석자에 당시 한국(고려)과 명국의 관계가 함축되어 있는 것은 아닐까요? (고려(高麗)의 별칭은 한국(韓國)이었습니다. 대한제국이 서기 전부터 한국이라는 별칭이 널리 사용되었습니다. 사이고 타카모리(西鄕隆盛)는 정한론(征韓論)을 주장하였고, 임진왜란이 열도에서는 풍태각의 정한역(豊太閤の征韓役)이라 불리기도 했습니다. 열도에서는 한당(韓唐)으로 대륙을 표기하기도 하였는데 이는 대륙의 두 세력, 즉 한국[韓國(고려)]과 당국[唐國(청국)]을 압축해서 표기한 것입니다. 열도에서 고려(高麗)는 한국(韓國)으로 청국(淸國)은 당국(唐國)으로 불렀음을 알 수 있습니다. 고종은 대한제국으로 제국의 국호를 정한 경위를 밝힌 적이 있습니다. 고종은 예로부터 우리나라가 한국으로 불리었기에 이에 국호를 한국으로 정한다고 했습니다.)

고종이 황제에 즉위한 이후에 황릉(皇陵)을 조성하면서 명(明)나라 황릉을 참조한 것도 예삿일은 아닐 것입니다. 이미 말씀드렸지만 다른 것은 몰라도 무덤의 양식만은 다른 나라나 다른 세력의 양식이 쉽게 받아들여지지 않습니다. 명(明) 황실과 이조(李朝) 왕실은 분명히 혈연적 관계가 있을 것입니다. 이 혈연적 관계를 매개한 것이 바로 청주한씨(淸州韓氏) 가문이고 말입니다. 이는 고종이 황제에 즉위했을 때, 기원(紀元)을 명(明)나라 태조의 연호(年號)인 홍무(洪武)에 두었다는 점에서도 잘 드러납니다.

前都正元世洵疏略: "欽惟陛下臨御三十有四載, 百度惟貞, 萬機畢張。聰明睿知, 聖神文武, 遠方來賓, 億兆願戴。遂擧檀、箕開荒四千年未有之擧, 爰集聖祖垂創五百歲未集之統。修明圜丘之事, 而丕闡洪武之紀, 誕膺駿命, 進號大皇帝, 上告下布, 受群臣朝。"

전도정(前都正) 원세순(元世洵)이 올린 상소의 대략에,

"폐하는 34년간 임금 자리에 계시면서 온갖 법도를 바르게 하셨고, 모든 정사를 구비되게 하셨습니다. 총명한 예지(睿知)와 뛰어난 문무(文武)를 지니심에 머나먼 곳에서도 사신들이 찾아왔으며, 만백성들은 (폐하께서 황제에) 추대되시기를 원하였습니다. 이는 단군(檀君)과 기자(箕子)의 개황(開荒) 이래로 4000년 동안에 없었던 일이며, 성조(聖祖)들께서 창업하신 이래로 500년간 성취하지 못하신 정통을 이루신 것입니다. 환구(圜丘)에 관한 일을 닦고 밝히셔 홍무(洪武)의 기(紀)를 크게 열으셨고, 준명(駿命: 天命)을 받드셔 대황제의 칭호를 받으셨습니다. (폐하께서는) 이를 하늘에 고하셨고 백성들에게 알리셨으며, 또한 신하들의 알현도 받으셨습니다."

[註]

홍무(洪武): 명(明)나라 태조(太祖)의 연호(年號)

기[紀: 기원(紀元)]: 나라를 이룩한 첫해. 연대(年代)를 헤아리는 데 기초(基礎)가 되는 해

[출처 : http://sillok.history.go.kr/ 고종실록 36권, 34년(서기 1897년) 10월 21일(양력) 1번째 기사]

이조(李朝)가 청(淸)나라와 대립각을 세웠던 것을 단지 명분론이나 사대근성으로만 해석하기에는 뭔가 미심쩍어 보입니다. 이성계(李成桂)가 위화도(威化島)에서 회군한 것도 이런 점에서 규명해 보아야 하지 않을까요? 이성계의 정비인 신의왕후(神懿王后)도 역시 청주한씨 출신입니다. (신의왕후는 안변한씨(安邊韓氏)이나 안변한씨는 청주한씨에서 분파된 성씨이므로 청주한씨로 보아도 무방합니다.) 둘 사이에서 태어나 왕위를 이은 대왕이 바로 2대 정종(定宗)과 3대 태종(太宗)입니다. 그런데 <신비한 TV 서프라이즈>에 방송된 내용을 보면 명사(明史)에 주원장의 딸인 함산공주(含山公主)의 어머니가 고려인 한비(韓妃)로 기록되어 있다고 합니다. 이는 함산공주의 어머니도 역시 청주한씨 출신임을 알려주는 것입니다. 이 시대는 가히 청주한씨(淸州韓氏) 천하였다고 해도 틀린 말이 아닐 것입니다.

저는 이조시대에 단군(檀君)과 더불어 기자(箕子)가 숭상되었던 것도 이런 점에서 규명해 보아야 하지 않을까 생각합니다. 청주한씨의 시조가 바로 은(殷)나라의 왕족이었던 기자입니다. 은나라는 단군조선의 제후국으로 동이족(東夷族)의 나라였으나 지나족(支那族)의 나라인 주(周)나라에게 멸망당합니다. 이후 기자는 동이족 유민을 대거 대동하고 본국인 단군조선에 귀의하게 됩니다. 그런데 이조시대에 들어와 기자가 귀의하자마자 단군조선을 접수하여 새로이 기자조선을 세운 것으로 유포되어 지금에 이르고 있습니다. 이는 청주한씨 천하의 시대를 거치면서 이뤄진 역사과장이 도가 지나쳐 역사왜곡에 이르게 된 것입니다.

청주한씨(淸州韓氏)와 관련하여 한 가지 더 흥미로운 사실은 광해군(光海君)을 몰아내고 왕위에 오른 인조(仁祖)의 정비인 인열왕후(仁烈王后)도 청주한씨 출신이라는 것입니다. 인조가 친명반청(親明反淸) 정책을 추진하다가 병자호란(丙子胡亂)을 당한 원인이 여기에 있었던 것은 아닐까요? 아무튼 인조를 마지막으로 청주한씨 출신 왕후는 막을 내리게 됩니다. 인조 다음에 왕위에 오른 효종(孝宗)은 인조와 마찬가지로 반청의 길을 걷습니다. 그런데 효종 다음에 왕위에 오른 현종(顯宗)부터 이조(李朝)는 청나라에 확연히 포섭됩니다. 흥미로운 사실은 현종의 정비인 명성왕후(明聖王后)가 청풍김씨(淸風金氏) 출신이라는 것입니다. 청풍김씨는 신라의 마지막 태자였던 마의태자(麻衣太子) 김일(金鎰)의 차남인 김순웅(金順雄)의 12세손 김대유(金大猷)를 시조로 하고 있습니다. 마의태자 세력이 대김제국(大金帝國)을 세웠고, 그의 후손들이 대청제국(大淸帝國)을 세웠습니다. 현종의 외척인 청풍김씨 집안과 대청제국 황실과는 너무나 깊은 관계가 있는 것입니다. (청풍김씨도 김정일 국방위원장의 본관인 전주김씨(全州金氏)와 마찬가지로 경주김씨(慶州金氏)에서 분파된 성씨이므로 경주김씨에 속한다고 할 수 있습니다. 즉, 신라 김씨라는 것입니다.) [그림 4-9]에서 보았듯이 대청제국의 사절단은 청풍(淸風)이라 적힌 깃발을 들고 행진하기도 하였습니다. (청풍(淸風)은 물론 청(淸)나라의 풍속을 일컫는 것일 겁니다. 그러나 청풍김씨(淸風金氏)와의 관계도 고민해 볼 필요가 있습니다.)

명성왕후(明聖王后)의 조부는 우리에게 대동법(大同法)을 만든 사람으로 잘 알려진 김육(金堉)입니다. 그는 소현세자(昭顯世子)를 모시고 청나라에 다녀온 적이 있는데 아마도 그때 대청제국 황실로부터 황실과 청풍김씨와의 관계에 대해 듣게 되었을 것이라 보입니다. 이후 그는 출세가도를 달려 영의정(領議政)에까지 오릅니다. 김육 이후로 청풍김씨 가문은 명문가의 반열에 오르게 되어 정조(正祖)의 정비인 효의왕후(孝懿王后)까지 배출하기에 이릅니다. 명(明)이 청(淸)으로 교체된 사항과 이조의 외척이 청주한씨(淸州韓氏)에서 청풍김씨(淸風金氏)로 바뀐 사항은 흥미를 자아내기에 충분합니다. 이에 대해서는 후에 심도 있는 연구가 필요할 것입니다.

저는 명나라 황실을 선비계(鮮卑系)이거나 계통의 구별이 약했던 세력으로 보고 있습니다. 왜냐하면 명나라 사람들도 당인(唐人)으로 불리었으며 선비계(鮮卑系) 국가인 청(淸)나라가 명(明)나라의 궁궐과 천단을 물려받아 사용한 점으로 미루어 보아 명(明)과 청(淸) 황실 사이에는 계통(系統) 상에 있어 큰 차이점이 없을 것으로 보기 때문입니다. 명(明)나라는 부여계(夫餘系) 국가인 대원제국(大元帝國)의 궁궐은 철저히 부수어 버리고 그 위에다 새로이 자금성(紫禁城)을 건설한 바 있습니다. 더욱이 옛 서양 지도를 보면 명(明)도 "China"로 표기되어 있는데 이는 명(明)도 청(淸)과 마찬가지로 선비계(신라계) 나라였음을 추측케 합니다. 앞장의 4에서 저는 "China(쉬나)"의 실체인 "Chin(쉰)"이 김(金)나라의 만주어 발음

"신(쉰)"에서 유래되었을 것이라 추정한 바 있습니다. 한 가지 흥미로운 사실은 서양에서는 부여계 국가였던 대원제국(몽골제국)은 "China"로 표기하지 않았다는 것입니다. 서양의 옛 자료를 보면 몽골제국은 "Mongghol"이나 "Mongol" 등으로 표기되어 있습니다. 이는 서구에서 몽골과 명·청은 다른 계열의 나라로 인식했음을 알려줍니다.

한편, 일본열도에서 명(明)과 청(淸)은 둘 다 당(唐)으로 불리었지만 몽골은 당(唐)으로 불리지 않았습니다. 이는 여몽연합군이 무쿠리코쿠리(ムクリコクリ)로 불렸던 사실을 통해 파악이 가능합니다. 무쿠리(ムクリ)는 몽골(蒙古)을 의미하며, 코쿠리(コクリ)는 고구려(高句麗)를 의미합니다. 이는 열도인들이 명(明)과 청(淸)은 당(唐)과 같은 계열로, 그리고 몽골과 고(구)려는 이와는 다른 계열로 파악했음을 알려줍니다. 이와 같은 열도인의 인식은 서구인의 인식과 정확히 일치합니다.

5) 조선민족(朝鮮民族)의 역사는 양계(兩系)의 역사

저는 선비족(鮮卑族)과 부여족(夫餘族)이 조선민족(朝鮮民族)을 구성하는 양대 종족이라 언급한 적이 있습니다. 이제 이 이야기를 해야 할 시점인 것 같습니다. (앞으로 본서에서는 선비족(鮮卑族)은 선비계(鮮卑系)로 부여족(夫餘族)은 부여계(夫餘系)로 통일해서 사용하겠습니다. 선비(鮮卑)와 부여(夫餘)는 하나의 민족을 구성하는 양대 세력이므로 종족보다는 그 계통을 강조하는 용어가 보다 정확한 이해를 도모합니다.)

양계론(兩系論)은 시대소리 남해경 발행인이 정립한 우리 역사 이론입니다. 그는 1998년에 KBS 역사스페셜 홈페이지 게시판에 양계론을 발표하였는데 그 요지는 우리의 역사는 단일대통의 역사가 아니라 선비(鮮卑)-부여(夫餘), 즉 양계(兩系)의 역사로 이원화하여 보아야 비로소 이해될 수 있다는 것입니다. 조선민족(朝鮮民族)은 크게 선비계(鮮卑系)와 부여계(夫餘系)로 나뉘어 있는데 이 양 계파가 끊임없이 대립과 이합집산을 전개해 오늘에 까지 이르고 있다는 것입니다. 멀리로는 단군조선(檀君朝鮮)에서부터 지금의 남북대립과 일본과의 갈등에까지 말입니다.

환단고기(桓檀古記)에 의하면 제44대 구물(丘勿) 단군에 이르러 조선(朝鮮)의 국호가 대부여(大夫餘)로 바뀐 적이 있다고 합니다. 이는 선비계에서 부여계로 집권층이 바뀌었음을 의미하는 것입니다. 신채호 큰선생께서는 이에 대해 부여조(夫餘朝), 즉 부여조정이 시작된 것이라 정확히 평가하신 바 있습니다.

> 檀君 一千六七百年 頃부터 二千年 頃까지 朝鮮과 支那의 兩民族의 歷史의 趨勢를 보면 類似한 點이 許多하나, 朝鮮의 宗國 檀君王朝가 阿斯達로 옴기여 夫餘朝가 되고, 支那의 宗國 周는 周武王 後孫 平王이 洛陽으로 옴기여 東周가 되야…

(단재신채호전집편찬위원회. 2007.「새활자본 조선상고문화사」단재신채호전집 제3권 역사: 독사신론, 대동제국사서언, 조선상고문화사. 독립기념관 한국독립운동사 연구소. 412쪽)

조선(朝鮮)은 양계를 포함하는 용어로 사용되었지만 부여(夫餘)가 강조되어 조선에서 분리되어 구분지어질 때에는 선비(鮮卑)만을 의미하는 용어로도 사용되었습니다. 조선이 선비로부터 유래되었다는 설도 있습니다. 우리에게 조선은 선비의 나라라는 말이 전해져 오고 있는데 이를 통해서도 조선과 선비가 관련이 깊음을 알 수 있습니다. 그러니 국호가 조선(朝鮮)에서 대부여(大夫餘)로 바뀐 것은 집권층이 선비계(鮮卑系)에서 부여계(夫餘系)로 바뀐 일대 사건이었던 것입니다.

> 또한 안호상 선생은 조선이라는 명칭은 한국의 고유 명사에서 유래했거나 선비족(鮮卑族)의 명칭에서 유래했거나 숙신족의 명칭에서 유래되어 그 파생어가 직신(稷愼) 혹은 주신(珠申)이라고 했습니다.

(김운회. 2006. 대쥬신을 찾아서 1. (주)해냄출판사. 184쪽)

참고로 "선비"는 현재 한자로 "鮮卑"로 표기되어 그 의미가 격하되어 있지만 선비의 원래 뜻은 선인(仙人), 신선(神仙)을 의미하는 것으로 판단됩니다. 이에 대해서는 추가연구가 필요합니다. 신채호 큰선생께서는 이미 "선비"와 "선인"과의 관계에 대해서 언급하신바 있습니다.

먼저 이에 대한 연구를 보자면, 「先人(선인)」은 고구려사에는 혹 「仙人(선인)」이라고 기록되어 있는데, 先人(선인)이든 仙人(선인)이든 간에 다 우리말 「선비」의 음역(音譯)이다. 「화랑(花郞)」은 신라 악지(樂志)에서 「徒領(도령)」이라 한 것인데, 徒領(도령)은 곧 우리말 「도령」의 음역이다. 후세에 와서 先人(선인)」이 천민계급으로 전락함으로써 그 명칭 자체가 재가화상(在家和尙)으로 바뀌어 버렸고, 「선비」란 이름은 유교도들이 차지하는 바 되어버렸다.

(신채호. 박기봉 옮김. 2007. 「조선상고문화사」 조선상고문화사(외). 비봉출판사. 66쪽)

양계론(兩系論)은 죽은 과거의 이론이 아닙니다. 지금의 동북아시아의 국제질서를 파악하는데 이 보다 더 좋은 틀은 없을 것입니다. 비록 여러분 대다수가 인식하지 못하시겠지만 부여계(夫餘系)의 계통을 이은 나라가 대한민국(大韓民國)이고, 선비계(鮮卑系)의 계통을 이은 나라가 조선민주주의인민공화국(朝鮮民主主義人民共和國)입니다. 부여계(夫餘系)는 크게 고려계(高麗系)와 백제계(百濟系)로 나뉘는데 이중 대한민국은 고려계의 계보를 잇고 있습니다. 이에 대해서는 이미 말씀드렸습니다. 북한의 김정일 국방의원장은 경주김씨(慶州金氏) 후손인데 이는 신라계(新羅系), 즉 선비계에 해당됩니다. 현재 일본(日本)은 백제계에 속하니 아직도 우리는 삼국시대를 살고 있다 해도 틀린 말이 아닐 것입니다. (현재 일본이 왜 백제계에 속하는지는 후에 다루겠습니다.) 양계론(兩系論)이라는 틀을 가지고 보면 동북아시아 삼국의 대립관계가 쉽게 이해됩니다. 이 대립과 갈등을 이용해 이득을 취하기 위해 주변국들이 이를 더욱 부추기는 것도 이제 눈에 잘 들어오실 것입니다.

그런데 이런 역사인식을 비단 남해경 발행인만이 하고 있었던 것은 아닙니다. 거의 비슷한 시기에 다른 두 분께서도 이와 같은 틀을 가지고 우리의 역사를 기술하셨습니다. 우연일지는 모르나 다물넷(http://www.damool.net/)을 운영하고 계신 김산호 선생도 이와 같은 역사인식을 하고 계십니다. 또한 김운회 교수도 우리의 역사를 쥬신족(조선족)과 코리족(고려족)으로 나누어 이해하시고 계십니다.

2300여년 전 신시 배달한국(神市 倍達韓國)은 1500여년을 이어간 군장국가(群長國家) 단계에서 현대적 개념의 국가로 거듭나는 변화를 겪고 있었다.

이때 백두산을 중심으로 넓게 퍼져 살던 원토족(감족 - 熊族을 말하며 '땅의 신'이라는 뜻)을 지배하던 천산 쥬신족(天山 朝鮮族 - 이주해 온 기마족으로 배달한국의 지배층)은 새로 이주해 오는 알타이 부여족(夫餘族)의 도전에 직면한다. 배달한국의 지배층인 쥬신족은 원토족인 감족을 아우르기 위해 감족을 도와 부여족을 응징하는데...

한편 배달한국의 커붉단 한웅은 황비로 맞은 감족의 왕녀(熊女)와의 사이에 셋째 황태자인 시조 단군을 보게 된다. 세월이 흘러 소년으로 성장한 단군은 두 형님 황자들의 견제를 피해 감국(熊國)으로 가 외할아버지의 부왕(副王)으로 있으면서 감국의 제 부족들을 통합하여 강력한 나라로 탈바꿈 시킨다.

끊임없이 이어지는 부여족의 도전을 물리치고 마침내 강력한 힘을 갖게 된 시조 단군은 배달한국의 황권 도전에 나서고...

[출처: 다물넷(http://www.damool.net/)]

그럼 이 고대종족의 이름은 왜 쥬신인가. 그 종족명은 크게 코리 계열과 쥬신 계열이 있다. 코리는 이들이 처음 출원한 알타이의 종족명으로 구려, 고리, 고구려, 고려 등으로 전승돼 왔다는 것. 그 어원은 구리 또는 하늘을 뜻할 가능성이 크다.

쥬신은 조선, 숙신, 식신, 직신, 주신 등으로 한자 표기는 조금씩 다르지만 발음은 유사한 형태로 계승돼 왔다는 것이다. 쥬신의 어원은 태양, 아침, 산 등이 복합된 것으로 설명된다.

코리는 한민족 계열에 나타나지만 쥬신은 만주와 한반도에 공통으로 등장한다는 점에서 좀 더 포괄적이다. 청을 세운 만주족은 자신들의 종족을 주신(珠申)으로 부르다 훗날 '문수보살'의 문수의 발음을 빌려 '만주'로 부르기 시작했다.

[출처: 동아일보. "韓-日-몽골의 공통된 뿌리는 쥬신족" 2006.03.14]

물론 두 분의 이론과 양계론(兩系論)은 몇 가지 부분에서 차이를 보입니다. 결정적인 차이는 두 분은 백제(百濟) 멸망 이후 일본(日本)이 우리 민족에서 완전히 분리된 것으로 보고 계시다는 것입니다. 이미 밝혔지만 저는 그렇게 보지 않습니다. 메이지유신(明治維新)에 이르러서야 열도가 고려(高麗)에서 이탈한 것이며 후에 다루겠지만 그 이탈마저도 영원한 이탈은 아니었습니다.

양계론은 2006년에 방송된 KBS 드라마 <대조영(大祚榮)>을 통해 잘 파악할 수 있습니다. 드라마 내용에 있어, 대진국(大震國)이라는 국호에 대해 정확한 설명 없이 정식 국호가 발해(渤海)였다고 처리한 부분, 게다가 말갈족(靺鞨族)을 여전히 다른 민족으로 보아 발해가 다민족국가였다는 주장이 눈살을 찌푸리게 하지만 양계론의 시각에서 조명할 만한 드라마입니다.

대조영(大祚榮)은 변방을 지키던 대중상(大仲象) 장군의 아들입니다. 그런데 대조영은 책에 따라 말갈족(靺鞨族)으로 설명되기도 하며, 그와 동고동락했던 걸사비우(乞四比羽) 장군은 확실히 말갈족으로 언급되어 있습니다. <신당서(新唐書)>에 대조영은 "속말말갈(粟末靺鞨)"이라 기록되어 있습니다. 중요한 것은 이들이 태왕고려(太王 高麗) 시대에는 확실히 변방에 있었던 세력이라는 것입니다.

태왕 고려는 백제와 함께 그 뿌리가 부여(夫餘)에 있는 나라입니다. 이는 여러 서적과 광개토태왕비(廣開土大王碑)에 잘 설명되어 있습니다. 이에 대해서는 굳이 언급하지 않겠습니다. 양계론(兩系論)의 시각에서 보면 당시 말갈족(靺鞨族), 즉 변방세력은 선비계(鮮卑系)에 해당합니다. 신채호 큰선생께서는 말갈(靺鞨)은 주신(女眞)이라 언급하신 바 있습니다. 그런데 이미 살펴보았지만 주신(女眞)은 선비(鮮卑)에 해당됩니다. 그러므로 태왕 고려는 중심은 부여계(夫餘系), 변방은 선비계(鮮卑系)로 구성되었던 나라로 볼 수 있습니다.

> 혹은 「려신」 두 자(字)를 같이 번역하여 女眞(여진)·野人(야인) 등이 되고, 혹은 「려신」의 「아리」江(강)으로 그 이름을 지어 挹婁(읍루)·압로(鴨盧) 등이 되며, 혹은 「려신」의 별부(別部)인 「물길」로 전체를 총칭(總稱)하여 勿吉(물길)·靺鞨(말갈) 등이 된 것이다.

(신채호. 박기봉 옮김. 2007. 「조선사연구초」 조선상고문화사(외). 비봉출판사. 336쪽)

여진(女眞)은 삼한시대에는 예맥(濊貊)이고 삼국시대의 말갈(靺鞨)이니, 고구려가 망하자 발해(渤海)에 속하였고, 발해가 망하자 고려에 속하였으나, 또 한편으로는 거란(契丹)을 섬겼으므로, <문헌비고(文獻備考)>에서 "여진은 거란(契丹) 섬기기는 신하가 임금 섬기듯이 하였고, 고려(高麗) 섬기기는 종이 주인 섬기듯이 하였다(女眞 臣事契丹, 奴事高麗)"라고 하였다.

(신채호. 박기봉 옮김. 2007. 「조선사연구초」 조선상고문화사(외). 비봉출판사. 455-456쪽)

역사책을 살펴보면 말갈(靺鞨)이 반드시 태왕 고려(太王 高麗)만을 위해 전쟁에 임하지 않았던 것을 알 수 있습니다. 경우에 따라서는 반기를 들기도 하였는데 이는 이런 태왕 고려의 국가체제에 가장 큰 이유가 있는 것입니다.

부여계 중심의 태왕 고려(太王 高麗)가 선비계 국가인 당(唐)과 신라(新羅)에 망한 후, 대조영(大祚榮)은 대진국(大震國)을 건국합니다. 대진국은 말갈족(靺鞨族)이 중심이 되어 세워졌기 때문에 일단 선비계(鮮卑系) 국가로 볼 수 있습니다. 그러나 대진국은 하나의 계통[부여계(夫餘系)]만 지배층을 구성하였던 태왕 고려와 달리 선비(鮮卑)-부여(夫餘) 양계(兩系)가 통합을 이룬 나라였습니다.

이를 KBS 드라마 <대조영(大祚榮)>에서 확인할 수 있습니다. 드라마에서 대조영은 보장왕(寶藏王)의 조카 숙영과 결혼합니다. 이는 선비계 대조영이 태왕 고려 세력, 즉 부여계를 적극 포섭했다는 것을 보여주는 것입니다. 실제 역사를 보아도 대진국(大震國) 조정에는 고씨(高氏)들이 많이 참여하였다고 합니다. 그러하기에 대진국은 선비계 국가이면서도 고려(高麗)를 국호로 사용하기도 한 것입니다. 대진국(大震國)은 단군조선(檀君朝鮮) 이래 선비계(鮮卑系)와 부여계(夫餘系)가 잘 융합되었던 국가였다는 점에서 중요한 민족사적 의의를 가진다 하겠습니다.

그러나 대진국(大震國)은 부여계(夫餘系)를 적극 포섭하였지만 선비계(鮮卑系) 일부와 갈라서게 됩니다. 선비계인 거란(契丹)과 흑수말갈(黑水靺鞨)은 끝내 대진국에 참여하기를 거부합니다. 선비계는 태왕 고려 수백 년의 세월을 변방에서 머물러 왔습니다. 그런데 선비(鮮卑)의 나라가 건국되었음에도 불구하고 부여계(夫餘系)가 여전히 지배층을 차지하자 거란과 흑수말갈은 분개합니다. 같은 선비계

(鮮卑系)임에도 불구하고 대진국(大震國)과 거란(契丹), 흑수말갈(黑水靺鞨)은 이제 적이 되어 버린 것입니다. 거란과 흑수말갈의 입장에서 보면 대조영은 부여계에 놀아난 배반자에 불과한 것입니다. 반면에 대조영은 수백 년간 나라를 경영해 온 부여계를 제외하고 국가를 운영한다는 것은 불가능하다고 판단했던 것입니다.

드라마에서는 거란의 공주 초린, 그리고 대조영-초린과 삼각관계를 이루었던 거란의 장수 이해고가 비참한 최후를 맞는 것으로 거란(契丹)과 대진국(大震國)의 대립관계를 그리고 있습니다. 그리고 대조영과 초린 사이에 출생한 검이가 결국 대진국을 떠나는 것으로 드라마가 마무리되었는데 이는 같은 계열인 거란과 대진국이 갈라서게 된 상황을 그리고 있는 것이라 할 수 있습니다. 거란과 대진국이 갈라선 후 이런 대립과 갈등은 거란이 요(遼)를 건국한 후 다시 표면화됩니다.

거란(契丹)은 선비계(鮮卑系)를 배반한 “대조영 선비계(大祚榮 鮮卑系)”를 끝내 인정할 수 없었고, 야율아보기(耶律阿保機)는 요(遼)를 세운 다음 결국 같은 선비계 나라였던 대진국(大震國)을 멸망시켜 버립니다. 그러자 대진국의 부여계와 대조영 선비계의 상당수는 부여계(夫餘系) 국가인 황제 고려(皇帝 高麗)로 귀의하게 됩니다. 이때 귀의를 거부하고 만주에 남은 선비계(鮮卑系)는 주신족(女眞族)으로 불리게 됩니다. 주신족은 여러 부족으로 할거되어 살아가다가 같은 선비계(鮮卑系) 나라였던 신라(新羅)의 왕족을 황제로 옹립하여 대김제국(大金帝國)을 건국하게 됩니다.

황제 고려(皇帝 高麗)는 고려라는 국호에서 알 수 있듯이 부여계(夫餘系)가 중심인 나라였습니다. 그러나 선비계(鮮卑系)에 속하는 신라계(新羅系)를 적극 포섭해서 세워진 나라이기도 하였습니다. (신라계가 왜 선비계에 속하는지는 앞의 4장에서 충분히 설명하였습니다.) 그러하기에 고려시대를 통틀어 부여계와 신라계 간의 세력 다툼이 끊임없이 발생합니다. 이런 계파 간의 갈등은 2003년에 방송된 KBS 드라마 <무인시대(武人時代)>와 2009년에 방송된 KBS 드라마 <천추태후(千秋太后)> 등을 통해 파악할 수 있습니다. 비록 드라마의 내용이 다 사실이 아니더라도 우리는 이 드라마들을 통해 고려시대에 있었던 주요한 갈등구조를 파악할 수 있습니다. 본서에서는 김부식(金富軾)과 묘청(妙淸)의 대립을 통해 이를 설명한 바 있습니다. 나라 안에서는 비록 세력 다툼이 치열했지만 신라계를 적극 포섭해서 나라를 세웠기 때문에 고려(高麗)는 신라(新羅) 왕족 출신인 김함보(金函普)의 후손들이 세운 대김제국(大金帝國)과 평온을 유지할 수 있었습니다. 이미 설명 드렸지만 황제 고려(皇帝 高麗)는 이후 열도의 소국들을 영향권 아래에 두어 대왕 고려(大王 高麗)로 국가의 체제가 바뀌게 됩니다.

대김제국(大金帝國)은 확실한 선비계(鮮卑系) 나라입니다. 부여계(夫餘系)와 친부여 선비계(親夫餘 鮮卑系), 즉 대조영 선비계(大祚榮 鮮卑系)가 황제 고려(皇帝 高麗)에 귀의하였기 때문에 선비계만이 건국에 참여할 수 있었습니다. 이런 대김제국은 부여계 국가인 몽골제국(蒙古帝國)에 의해 붕괴되었는데 후에 대청제국(大清帝國)으로 부활합니다.

몽골(蒙古)은 원래 거란(契丹)에 속해 있던 종족입니다. 그런데 거란은 선비계로 분류되며 몽골은 부여계로 분류됩니다. 거란(契丹)이 선비계(鮮卑系)에 속한다는 것은 여러 문헌이 증명해 줍니다. <구오대사(舊五代史)>에 따르면 "거란의 땅은 본래 선비의 옛 땅이었다"고 하며, <오대회요(五代會要)>에 따르면 "거란은 본래 선비족"이라고 합니다. 즉, 이들 문헌은 거란이 선비계라고 정확히 설명하고 있는 것입니다. 그런데 14세기에 들어서면 거란은 역사 속에서 완전히 자취를 감추게 되고 그 자리를 대신해 몽골이 등장합니다. 거란(契丹)은 멸족된 것이 아니라 몽골(蒙古)에 흡수된 것입니다. 쉽게 말해 하나의 종족에서 주류와 비주류가 바뀐 것으로 파악되며, 이런 세력의 교체로 인해 종족의 명칭도 바뀐 것입니다. 선비계(鮮卑系)가 종족의 주류일 때에는 거란(契丹)이 종족명이었으나 부여계(夫餘系)가 종족의 주류일 때에는 몽골(蒙古)이 종족명이 된 것입니다.

몽골(蒙古)이 부여계(夫餘系)에 속한 다는 것은 여러 증거가 있습니다. 칭기스칸(成吉思汗, Chingiz Khan)이 "코리(Khori, 고려)족의 추장"이었다는 점이나 칭기스칸의 어머니 후엘룬(Hoelun)이 "코리(Khori, 고려)족"이었다는 점이 이를 증명합니다. 아울러 현재 몽골 북쪽으로 바이칼 호수(Baikal Lake)를 끼고 부랴티아(Buryatia) 공화국이라는 나라가 있는데 이 부랴티아(Buryatia)가 바로 부여(夫餘)를 의미한다고 합니다. 칭기스칸의 후예로 알려진 부랴티아(Buryatia)는 몽골과 통일을 원하고 있습니다. 부랴티아(Buryatia)족의 구전에 따르면 자신의 부족 일파가 동쪽으로 가서 부여(夫餘)와 고(구)려(高(句)麗)를 세웠다고 합니다.

이러한 역사적 배경이 있기에 몽골제국(蒙古帝國)과 이를 이은 대원제국(大元帝國)은 같은 계통(系統)의 나라 고려(高麗)를 멸망시키지 않습니다. 이는 선비계(鮮卑系) 나라인 대김제국(大金帝國)을 철저히 붕괴시킨 것과는 전혀 다른 조치입니다. 물론 몽골·대원제국(蒙古·大元帝國)은 나라는 붕괴시켰지만 같은 민족(民族)인 주신족(女眞族)을 제국의 일원으로는 잘 거둡니다. 대원제국은 고려를 형제의 예로 대하며 양국 간의 우애를 돈독히 하기 위한 조치들을 취합니다. 그 대표적인 조치가 양국 간의 결혼을 장려한 것이지요. 이는 혈맹을 다진 것을 의미합니다. 물론 대원제국이 고려보다 우위에 서고자 합니다. 이건 제국의 위상을 고려할 때 당연한 일입니다. 그러나 고려계(高麗系)의 적통을 이어온 고려(高麗)로부터 인정받기 위해 끊임없이 노력을 합니다. 고려가 우리가 배워온 대로 그렇게 비굴했던 나라는 결코 아닙니다. 대원제국의 사위국은 아무나 하는 것도 아니지요. 고려는 이때에도 열도의 소국들은 계속해서 영향권 아래에 두었습니다. 고려국왕(高麗國王)이 계속해서 대왕(大王)의 칭호를 유지한 것이 그 증거라 할 것입니다. 물론 소국들 간에 다툼은 계속해서 있었으며 고려에 반기를 든 세력들도 끊임없이 등장합니다. 이로 인해 여몽연합군의 열도 원정이 있었던 것으로 보입니다. 대진국(大震國)이 존재했던 시대에는 신라(新羅), 대진(大震), 당(唐)이 모두 선비계로 선비계가 대륙 전체를 장악했던 선비(鮮卑)의 시대였습니다. 반면에 대원제국(大元帝國) 시대에는 원(元)과 고려(高麗)가 모두 고려계(부여계)로 가히 고려(高麗)의 시대였다고 할 수 있습니다.

대원제국(大元帝國)이 붕괴한 다음의 역사는 이미 말씀드렸습니다. 몽골은 다시 북방으로 올라갔고 대륙에는 명(明)나가 세워졌습니다. 반도에서는 조정이 고려조(高麗朝)에서 이조(李朝)로 교체되었습니다. 그리고 주신족(女眞族)은 만주에 여러 부족으로 할거되어 그 명맥만을 유지하게 되었습니다. 그런데 이 시기부터 조선(朝鮮)이라는 용어가 전면에 부상합니다. 저는 이성계가 조선을 건국한 것이 아니라 명나라와 함께 우리 민족이 사는 온 누리를 조선(朝鮮)이라는 이름으로 공공이 정한 것이라 생각합니다. 범고려(부여)제국[凡高麗(夫餘)帝國] 체제가 범조선제국[凡朝鮮帝國] 체제로 대체되었다고나 할까요.

저는 옛 문헌에 등장하는 대원고려국(大元高麗國)과 대명조선국(大明朝鮮國) 등도 이런 시각에서 다시 생각해 보아야 한다고 봅니다. 이를 원(元)과 명(明)이라는 대국에 고려(高麗)와 조선(朝鮮)이 속국으로 있었다고 해석하는 사람들이 있는데 이는 일제가 만들어 놓은 상식의 세계에서 이를 해석하였기 때문에 벌어진 일이라 생각합니다. 특히, 지나(支那)에서는 이렇게 오해하고 싶어 할 것입니다. 그런데 명(明)나라가 조선(朝鮮)이므로 이런 발상 자체가 우스운 것입니다.

칭기스칸이 이끌던 부족이 코리(Khori), 즉 고려였으며 몽골이라는 말 자체가 맥고려(貊高麗)에서 유래되었다는 설이 있습니다. 이 설에 따르면 몽골제국(蒙古帝國)은 (맥)고려제국[(貊)高麗帝國)]이라는 뜻이 됩니다.

> 또한 몽골 동부지역에서 부르는 한국의 호칭인 '고올리'와 '몽'이 합해서 '몽'족의 '고올리', 곧 '몽'고올리로 부를 수도 있고, 터키계에서 나타나듯이 이 이름은 몽골에서 '모골(Mogol)'로 모골에서 '모올'로 전개되어 불릴 수도 있다. 물론 '모골'은 자연스럽게 '맥골', 곧 '맥'족의 '고올리'로 서로 소통되어 불릴 수 있게 된다. 그런데 1162년생으로 알려진 칭기스칸의 12대 조상이 몽골의 여시조 알랑고아로 그 대수를 따져보면 그녀는 고구려가 망하고 난후 백여 년 후인 8세기말경에 살았던 것으로 보인다. 그녀의 아버지는 코리부족 연합장이다. 따라서 코리(고리)를 고올리 또는 고구려와 같은 것으로 볼 때, 그녀는 망명한 고구려 부족장들과 동명성왕 원주지인 몽골 동부지역의 토착 코리 부족들의 연합세력을 그 출신배경으로 가질 가능성이 매우 높다 하겠다. .... (중략) ... 몽골족은 여시조 알랑고아를 원조(元祖)로 하여 곧 그녀의 아버지 코릴라르타이·메르겐을 외할아버지로 하여 세상에 태어난 종족으로 그 종족 이름이자 뒷날의 나라 이름인 몽골은 <맥(貊)고구려 → 맥(貊)고올리 → 맥(貊)골 → 몽골>의 음전(音轉) 과정에서 출현되었을 가능성이 대단히 높다는 점을 확인할 수 있다는 것이다.

(주채혁. 1997.「몽골민속현장답사기: 몽골의 맥(貊) 고구려 기원(起源) 문제」한국민속문화 연구총서 1권. 중앙대학교 한국민속학연구소. 252쪽)

> 우리는 헤·페를레의 답사보고를 토대로 직접 답사해 6개의 고올리성을 찾았고, 수흐바타르·아이막 다리강가·솜의 숨팅토이롬 고올리성에 위치한 무덤들을 2년간에 걸쳐

> 발굴한 결과 무덤의 형태로 보아 고구려 무덤이라는 점을 확인해 보았다. 이로서 몽골 동부지역에서 부르는 「고올리」라는 이름은 「고(구)려」를 지칭하는 것임을 재확인하게 되었고, 「몽골」이라는 종족 이름도 蒙「고올리」 = 貊「고올리」 = 貊「고(구)려」에서 기원했을 가능성이 높다는 것에 관해 살펴보았다. 현지 답사에 의한 구체적인 문헌연구는 아니지만 이런 의미에서 오재성의 蒙「高麗」 = 「몽골」의 착상은 나름대로 날카로운 데가 있다고 하겠다.

(주채혁. 1995. 「蒙고올리-貊高麗族의 아리랑 고개, 興安嶺: 몽골초원의 고구려성 답사발굴기」 고구려연구 제1집. 고구려발해학회. 209쪽)

그런데 반도에 고려(高麗)가 있고, 이들이 고려의 적통을 이어 온 것을 부정할 수 없으니 맥고려제국(몽골제국)은 이와 구별되는 국가명이 필요했을 것입니다. 그러므로 대원(大元)이라는 국호를 새로이 만든 것으로 보입니다. 대원(大元)은 국가명이긴 하되 이전의 고려와 구별 짓는 자신들의 정권을 일컫는 용어로 볼 수 있으며, 고려국(高麗國)은 역시 국가명이긴 하되 고려민족이 통치하는 온 누리라는 영역을 의미하면서 자신들의 근원을 나타내는 것이기도 할 것입니다. 즉, 대원고려국(大元高麗國)은 고려(高麗)는 고려(高麗)이되 대원(大元)이라는 정권이 지배하는 고려(高麗)임을 뜻한다고 볼 수 있습니다.

저는 명(明)나라와 청(淸)나라가 조선(朝鮮)인데 반도의 고려(高麗)를 포함하여 대륙 전체가 조선(朝鮮)으로 불려 지기도 하였다고 설명하였습니다. 대원고려국(大元高麗國)과 똑같은 방식으로 대명조선국(大明朝鮮國)을 해석해 보면 다음과 같이 됩니다. 대명(大明)은 국가명이긴 하되 이전의 조선과 구별 짓는 자신들의 정권을 일컫는 용어로 볼 수 있으며, 조선국(朝鮮國)은 역시 국가명이긴 하되 조선민족이 통치하는 온 누리라는 영역을 의미하면서 자신들의 근원을 나타내는 것이기도 할 것입니다. 즉, 대명조선국(大明朝鮮國)은 조선(朝鮮)은 조선(朝鮮)이되 대명(大明)이라는 정권이 지배하는 조선(朝鮮)임을 뜻한다고 볼 수 있습니다. 대륙에서 원(元)에서 명(明)으로 국가가 교체된 것은 범고려세력에서 범조선세력으로 지배세력이 교체된 것이며 이로 인해 우리가 사는 온 누리의 이름도 바뀐 것이라 할 수 있습니다. 원(元)시대에 고려(高麗)는 대륙 전체를 아우르는 용어로 사용되었으나 명(明)시대에 고려(高麗)는 반도를 지칭하는 용어가 되었고, 대륙 전체를 아우르는 용어는 조선(朝鮮)이 되었던 것입니다. 고려를 승계하여 계속해서 고려라는 국명을 유지하였던 이성계가 이런 범조선(선비)제국[凡朝鮮(鮮卑)帝國] 체제에 동조한 것은 이전과는 다른 세계를 열어 가야 한다는데 동조한 것으로도 볼 수 있고, 무엇보다도 자신이 주신(女眞)의 땅에서 태어나 자란만큼 주신(女眞), 즉 선비계(鮮卑系)의 피를 이어 받았기 때문일 수도 있습니다. 또한, 명(明)과 이조(李朝)의 외척인 청주한씨(淸州韓氏) 가문이 이런 체제 교체에 중요한 역할을 하였을 것으로 보입니다. 이에 대해서는 많은 연구가 이루어져야 할 것입니다.

그러면 이성계는 새 왕조를 열면서 왜 고려라는 국호를 이어갔을까요? 그건 이성계가 대왕에 즉위하기 위해서는 고려를 계승하는 것 외에 다른 방법이 없었기 때문입니다. 샤먼제국에서는 "이신벌군(以臣伐君: 신하로서 임금을 침)"은 가능해도 왕조를 바꾸어 새 나라를 여는 일은 하늘로부터 천벌을 받는 일로 여겨졌습니다. 이를 우리는 고려의 무신정권을 통해 확인할 수 있습니다. 고려 무신정권 시대에 무인들은 모든 권력을 손에 쥐었고, 왕도 교체하였지만 자신들이 대왕에 즉위하여 새 왕조를 열지는 않았습니다. 지나(支那)의 나라에서는 이런 일이 비일비재(非一非再)하였는데 말입니다. 샤먼제국에서 왕조는 하늘이 내려준 것으로 여겨집니다. 왕조를 교체하는 것은 하늘의 뜻을 거스르는 것을 의미하는 것이니 이를 행할 사람이 누가 있겠습니까? 아울러 이런 식의 왕조 교체가 이루어지면 정통성 측면에서 큰 타격을 입게 되어 그 왕조는 금방 붕괴될 수밖에 없습니다. 이성계도 이런 하늘의 뜻을 충분히 인식하고 있었습니다. 그래서 단숨에 대왕(大王)에 즉위한 것이 아니라 명분을 확보할 수 있는 충분한 시간을 두었던 것입니다.

이성계(李成桂)는 위화도(威化島) 회군 이후, 우왕(禑王)과 창왕(昌王)이 공민왕(恭愍王)의 후손이 아니라 신돈(辛旽)의 후손이라는 명분을 내세워 폐위시키고, 공양왕(恭讓王)을 왕으로 옹립합니다. 이때 내세운 논리가 '가짜를 폐하고 진짜를 세운다'는 폐가입진(廢假立眞)입니다. 공양왕도 결국 덕이 없고 어리석다는 이유로 폐위시킵니다. 이로 인해 고려의 왕실은 왕씨(王氏)에서 이씨(李氏)로 교체됩니다. 이성계가 대왕에 오르면서 내세운 논리가 고려의 적통인 공민왕의 뒤를 이을 후손이 없다는 것이었습니다. 그러하기에 비록 성씨는 다를 지라도 자신만이 공민왕을 계승(繼承)할 수 있는 유일한 적자(嫡子)임을 내세웁니다. 이를 통해 이성계는 정통성(正統性)을 확보하였던 것입니다. 이씨(李氏) 임금들을 모신 종묘(宗廟)에 공민왕을 모신 신당이 왜 있겠습니까? 이는 자신이 공민왕(恭愍王)을 계승(繼承)하였음을 분명히 한 것입니다.

극렴 등이 합사(合辭)하여 왕위에 오르기를 권고하였다.

"나라에 임금이 있는 것은 위로는 사직(社稷)을 받들고 아래로는 백성을 편안하게 할 뿐입니다. 고려는 시조(始祖)가 개국(開國)함으로부터 지금까지 거의 5백 년이 되었는데, 공민왕에 이르러 아들이 없이 갑자기 세상을 떠나셨습니다. 그 때에 권신(權臣)이 권세를 마음대로 부려 자기의 총행(寵幸)을 견고히 하고자 하여, 거짓으로 요망스런 중[妖僧] 신돈(辛旽)의 아들 우(禑)를 공민왕의 후사(後嗣)라 일컬어 왕위를 도둑질해 있은 지가 15년이 되었으니, 왕씨(王氏)의 제사(祭祀)는 이미 폐(廢)해졌던 것입니다. 우(禑)가 곧 포학한 짓을 마음대로 행하고 죄 없는 사람을 살육하며, 군대를 일으켜 요동(遼東)을 공격하는 지경에 이르렀는데, 공(公[역주: 이성계])이 맨 먼저 대의(大義)를 주창하여 천자(天子)의 국경을 범할 수 없다고 하고는 군사를 돌이키니, 우(禑)는 스스로 그 죄를 알고 두려워하여 왕위를 사양하고 물러났습니다. 이에 이색(李穡)·조민수(曹敏修) 등이 신우(辛禑)의 처부(妻父)인 이임(李琳)에게 가담하여 그 아들 창(昌)을 도와 왕으로 세웠으니, 왕씨(王氏)의 후사(後嗣)가 두 번이나 폐(廢)해졌습니다. 이것은 하늘이 왕위(王位)로써 공(公)에게 명한 시기이었는데도, 공은 겸손하고 사양하여 왕위에 오르지 아니하고 정창부원군(定昌府院君[역주: 공양왕])을 권서국사(權署國事)에 추대하였으니, 거의 사직(社稷)을 받들어 백성을 편안하게 할 수가 있었습니다.

(중략)

정창군(定昌君)은 사직(社稷)과 백성을 위하는 큰 계책을 돌보지 아니하고 사사의 은혜를 베풀어 인망(人望)을 수습하고자 하여, 다만 법을 범한 사람이 있으면 반드시 모두 용서해 주고 곡진히 더 탁용(擢用)하였으니...

(중략)

하늘이 견책(譴責)하는 뜻을 알려서, 성상(星象)이 여러 번 변하고 요얼(妖孽)이 번갈아 일어나니, 정창군(定昌君)도 스스로 임금의 도리를 이미 잃고 백성의 마음이 이미 떠나가서 사직과 백성의 주재자(主宰者)가 될 수 없음을 물어 알고 물러나와 사제(私第)로 갔습니다. 다만 군정(軍政)과 국정(國政)의 사무는 지극히 번거롭고 지극히 중대하므로, 하루라도 통솔이 없어서는 안 될 것이니, 마땅히 왕위에 올라서 신(神)과 사람의 기대에 부응하소서."

태조(역주: 이성계)는 굳이 거절하면서 말하기를,

"예로부터 제왕(帝王)의 일어남은 천명(天命)이 있지 않으면 되지 않는다. 나는 실로 덕(德)이 없는 사람인데 어찌 감히 이를 감당하겠는가?"

하면서, 마침내 응답하지 아니하였다. 대소신료(大小臣僚)와 한량(閑良)·기로(耆老) 등이 부축하여 호위하고 물러가지 않으면서 왕위에 오르기를 권고함이 더욱 간절하니, 이날에 이르러 태조가 마지못하여 수창궁(壽昌宮)으로 거둥하게 되었다.

[출처: http://sillok.history.go.kr/ 태조실록 1권, 1년(서기 1392년) 7월 17일 1번째 기사]

또한 나라 이름은 계속해서 고려(高麗)로 하여 왕조는 바뀌었지만 공민왕(恭愍王)을 계승했음을 강조하였던 것입니다. 아래는 이성계가 대왕에 즉위하면서 내린 교서인데 고려를 계승했음을 분명히 알 수 있습니다.

國號仍舊爲高麗, 儀章法制, 一依前朝故事。爰當更始之初, 宜布寬大之恩, 凡便民事件, 條列于後。

나라 이름은 그전대로 고려(高麗)라 하고, 의장(儀章)과 법제(法制)는 한결같이 고려의 고사(故事)에 의거하게 한다. 이에 건국(建國)의 초기를 당하여 마땅히 관대한 은혜를 베풀어야 될 것이니, 모든 백성에게 편리한 사건을 조목별로 후면(後面)에 열거(列擧)한다.

[출처: http://sillok.history.go.kr/ 태조실록 1권, 1년(서기 1392년) 7월 28일 3번째 기사]

그런데 독자들께서는 위의 번역에서 이상한 점을 발견하실 것입니다. 전조(前朝)가 고려(高麗)로 되어 있으며 경시(更始: 고치어 시작함)가 건국(建國)으로 둔갑되어 있습니다. 전조(前朝)가 무엇을 의미하는지는 본장의 앞부분에서 충분히 설명하였습니다. 흥미로운 사실은 <태조실록>에 건국(建國)이라는 용어가 한번도 등장하지 않는다는 것입니다. 독자들께서는 국사편찬위원회의 이 번역을 어떻게 보십니까? 제가 방대한 분량의 <이조실록(李朝實錄)>을 다 본 것은 아니지만 - 또한 현재 남아 있는 실록이 일제에 의해 왜곡됨이 없이 남아 있는 것이라 전적으로 믿지는 못하지만 - 국사편찬위원회의 번역상의 오류를 세 가지만 지적해 보겠습니다.

아래 <태조실록(太祖實錄)>을 보면 중조(中朝)가 중국(中國)으로 번역되어 있습니다. 이는 너무나 큰 오역입니다. 원문대로 해석하면 명(明)의 실체가 중조(中朝), 즉 중앙정부(Central Government)임을 알 수 있습니다. 이는 명(明)과 이조(李朝)가 하나의 제국체제를 지향했음을 알게 해 주는 대목입니다.

規免其罪, 潛遣其黨尹彝, 李初等, 逃入中朝, 妄訴本國已叛, 請親王動天下兵, 將欲掃蕩本國。果行其計, 則社稷將至於丘墟, 生民亦濱於泯滅矣。

그 죄를 모면하려고 하여 그 무리 윤이(尹彝)·이초(李初) 등을 몰래 보내어 중국에 도망해 들어가서, '본국(本國)이 이미 배반했다.'고 거짓으로 호소하고는, 친왕(親王)에게 청하여 천하의 군사를 움직여 장차 본국(本國)을 소탕하고자 하였습니다.

[출처: http://sillok.history.go.kr/ 태조실록 1권, 1년(서기 1392년) 7월 17일 1번째 기사]

아래 <정종실록(定宗實錄)>의 번역도 이상합니다. "임신(壬申)년에 조정(朝廷)의 건문(建文) 연호(年號)를 시행하였다."고 하여야 정확한 번역입니다. 그러면 아래 인용문에서 조정(朝廷)은 무엇을 의미하는 것일까요? 그건 위의 <태조실록>에 언급되어 있는 중조(中朝)를 의미한다고 판단됩니다. 현재 중앙정부를 줄여 정부라고 표기하듯이, 당시에 중조(中朝)는 조정(朝廷)이라 표기되기도 하였을 것입니다. 역시 명(明)과 이조(李朝)는 하나로 연결되어 있음을 알 수 있습니다. 명(明)과 이조(李朝)가 하나의 조선(朝鮮)으로 이루어져 있지 않고서야 이런 용어가 쓰일 수 있을까요?

壬申始行朝廷建文年號。

임신(壬申)년 명(明)나라 건문(建文) 연호(年號)를 비로소 시행하였다.

[출처: http://sillok.history.go.kr/ 정종실록 1권, 1년(서기 1399년) 1월 1일 1번째 기사]

아래 <선조실록(宣祖實錄)>은 임진왜란이 발발했을 때의 상황을 기록한 것입니다. 기사에 언급되어 있는 평수길(平秀吉)은 도요토미 히데요시(豊臣秀吉)입니다. 도요토미 히데요시는 평씨(平氏)를 자신의 성씨로 사용하기도 하였는데 이는 아주 중요한 사항으로 후에 다룰 것입니다. (아래 실록에서는 도요토미 히데요시 휘하의 여러 장수들의 성씨도 평씨(平氏)로 적혀 있다는 것을 확인할 수 있습니다.) 이 기사를 보면 역시 당시 일본은 독립된 하나의 나라가 아니라는 것을 알 수 있습니다. 당시 일본은 열도를 일컫는 지역명입니다. 그러하니 도요토미 히데요시가 여러 나라(諸國)를 병탄했다는 내용이 있는 것입니다. 문제는 천조(天朝)인데 국사편찬위원회에서는 이를 중국(中國)으로 번역해 놓았습니다. 천조(天朝)는 위 <태조실록>의 중조(中朝), 그리고 위 <정종실록>의 조정(朝廷)을 극진하게 표기한 것에 다름 아닙니다. 국사편찬위원회에 의해 천조(天朝)는 중국으로 변역되어 지나족의 나라로 둔갑되어 버렸습니다. 물론 중국의 의미는 여러 가지로 사용될 수 있겠지만 여기서 중국이라는 번역은 지나족의 나라라는 의미를 갖고 있습니다. 당시 천조는 명나라의 조정으로 파악되는데 그 명나라가 우리가 배워온 그런 지나족의 나라가 아니라는 것은 위에서 충분히 설명이 되었을 것입니다. 저도 앞으로 <이조실록>의 원문을 열심히 뒤져보겠지만 독자들께서도 틈틈이 봐주시기 바랍니다. 흥미로운 사실들을 발견하실 수 있을 것입니다.

十三日壬寅,倭寇至。先是日本賊酋平秀吉爲關白, [初秀吉極貧賤, 賣芻資生。前關白出行時, 裸體當車而臥。左右欲殺之, 關白止之, 問所願。秀吉言窮不聊生, 關白使守溷厠。秀吉手自掃溉, 無一點臭穢, 關白大悅, 使之結履, 又精結纘進。關白嘗落金盃於深井中。秀吉以計列大甕數百於井上盛水，一時覆之，使井水飜而盃自浮出水面，執而納之。以此取寵陞職。時國中有大賊，關白難於伐而取勝，秀吉自請往伐。募兵甚衆，請借關白紅繖，關白許之曰:"至戰所，張之，行路則勿張。"秀吉出宮門，卽張繖而行，軍民望見之，以爲關白親行，遂大集到，卽大捷。是時關白見弑，秀吉聞之，微服入城，殺其弑關白者，仍爲自立。] 并呑諸國，殘暴日甚。常以天朝不許朝貢爲憤，嘗遣僧玄蘇等，乞假途犯遼，我國以大義拒之甚峻，賊遂傾國出師，以玄蘇，平行長，平淸正，平義智等爲將，大擧入寇。

왜구(倭寇)가 침범해 왔다. 이보다 먼저 일본 적추(賊酋) 평수길(平秀吉)이 관백(關白)이 되어 [당초에 수길이 매우 빈천하여 꼴[芻]을 베어 팔아 생활하였다. 전(前) 관백(關白[역주: 오다 노부나가(織田信長)])이 출행할 때 옷을 벗은 채 수레 앞에 누워 있었다. 부하들이 죽이려고 하자 관백이 제지하고 나서 소원을 물었다. 수길이 가난해서 도저히 살아갈 수 없다고 대답하자 관백은 그에게 변소지기를 시켰다. 수길이 어찌나 변소를 깨끗이 청소하는지 냄새가 나거나 티 하나가 없었다. 관백은 매우 기뻐하여 그에게 신을 삼게 하였는데 역시 정밀하게 신을 삼아 바쳤다. 하루는 관백이 금술잔을 깊은 우물 속에 빠뜨렸다. 수길은 큰 물동이 수백 개를 구하여 물을 담았다가 한꺼번에 우물에 쏟아 부으니 우물이 뒤집히면서 금술잔이 수면에 떠오르자 재빨리 집어내어 바쳤다. 이 때문에 그는 총애를 받아 승직의 길이 열렸다. 이때 국내에 큰 도둑이 있었으나 관백은 이를 물리치기가 매우 어려웠는데, 수길이 토벌을 자청하였다. 수길이 우선 많은 군대를 모집해야 하므로 관백에게 붉은 우산을 빌려 줄 것을 청하니, 관백이 허락하면서 '싸움터에 도착해서 펼 것이며 도중에서는 절대로 펴지 말라.'고 당부하였다. 수길은 대궐문을 나서자마자 붉은 우산을 펴고 행군하니 백성들이 이를 바라보고 관백이 직접 행차한다고 여겨 엄청난 사람이 모였고 곧바로 큰 승리를 거두었다. 이때 관백이 시해 당하였다는 말을 듣자 수길은 즉시 민간 복장으로 몰래 입성하여 관백을 시해한 자를 죽이고 스스로 관백이 되었다.] 여러 나라를 병탄하고 잔포가 날로 심했다. 그는 항상 중국이 조공(朝貢)을 허락하지 않은 것에 대해 앙심을 품고 일찍이 중 현소(玄蘇) 등을 파견하여 요동(遼東)을 침범하려 하니 길을 빌려 달라고 청했다. 우리나라에서 대의(大義)로 매우 준엄하게 거절하자 적은 드디어 온 나라의 군사를 총동원하여 현소·평행장(平行長)·평청정(平淸正)·평의지(平義智) 등을 장수로 삼아 대대적으로 침입해왔다.

[출처: http://sillok.history.go.kr/ 선조실록 26권, 25년(서기 1592년) 4월 13일 1번째 기사]

지금까지 저는 대륙에서 전개되어 온 양계(兩系)의 대립과 갈등을 대략적으로 설명했습니다. 그런데 열도에서도 이런 양계의 대립과 갈등은 너무나 심했습니다. 저는 막부(幕府) 출범 이후 열도의 소국들이 고려(高麗)의 영향권 아래에 들어왔다고 했지만 완전히 복속된 것은 아니었다고 설명했습니다. 대륙에서 부여계(夫餘系)의 일파인 백제계(百濟系)는 견훤(甄萱) 이후로는 그 맥을 다하였지만 열도에서 백제계는 몰락과 부활을 반복하여 지금에 이르고 있습니다. 부여계(夫餘系)에서 갈라진 고려계(高麗系)와 백제계(百濟系)의 대립은 열도의 역사를 이해하는 핵심입니다. 이 대립구도에서 막부체제의 출범과 임진왜란, 그리고 메이지유신 이후 지금에까지 이르는 갈등과 대결구도를 파악할 수 있습니다. 이는 본서의 후반부에서 줄 곧 다룰 것입니다.

이 시대에 우리 조선민족에게 필요한 것은 양계(兩系)의 분열(分列)을 넘어 통합(統合)의 역사로 나아가야하는 것입니다. 조선민족은 통합을 이루었을 때 강했고 세계가 평온할 수 있었습니다. 물론 이 통합이라는 것이 일본제국에 의한 대한제국 병합과 같은 형태를 취해서는 안 될 것입니다.

그런데 우리 역사를 보면 항상 하나의 계통만을 중심으로 역사를 서술해 스스로 역사를 축소시켜왔다는 것을 발견하게 됩니다. 김부식은 선비계 중에서 오직 신라만을 중심으로 역사를 서술했습니다. 고대 일본은 부여계 중에서 오직 백제만을 중심으로 역사를 서술하였습니다. 반면에 신채호 큰선생께서는 부여계 중에서 주로 고(구)려만을 중심으로 우리 역사를 정리하셨습니다.

> 이들 여섯 종족(역주: 여섯 종족은 선비족(鮮卑族), 부여족(夫餘族), 지나족(支那族), 말갈족(靺鞨族), 여진족(女眞族), 토족(土族)을 의미함) 중에서 형질상(形質上), 정신상(精神上)으로 다른 다섯 종족을 정복하고 다른 다섯 종족을 흡수하여 동국(東國) 민족을 지배하는 지위에 있었던 자는 실로 부여족 한 종족에 불과하니, 대개 4천 년 간의 동국 역사는 곧 부여족의 소장(消長)과 성쇠(盛衰)의 역사이다.

(신채호. 박기봉 옮김. 2007.「독사신론」 조선상고문화사(외). 비봉출판사. 219쪽)

한국인 대부분이 왕건(王建)이 재건한 고려(高麗)의 후손들이니 신채호 큰선생께서 고(구)려를 중심으로 역사를 정리하신 것은 일면 이해되는 측면도 있습니다. 아무튼 이렇게 양계(兩系)의 갈등 속에서 역사가 전개되어 왔고, 이에 맞추어 역사서가 쓰여져 왔기 때문에 대진국(大震國)도 우리의 역사니 아니니 하는 논쟁이 발생하는 것입니다. 대진국에서는 선비계(말갈)를 제외한 고려계(부여계)만 우리의 역사라는 인식이 지배적이었던 것이지요. 확실한 선비계 국가인 대김제국(大金帝國)과 대청제국(大淸帝國)은 최근까지만 해도 우리 역사에서 제외되어 있었습니다. 최근에 들어서야 재야사학가들과 열혈 네티즌들에 의해 역사의 진실이 조금씩 벗겨지고 있을 뿐입니다.

비록 신채호 큰선생께서 부여계(夫餘系)를 중심으로 우리 역사를 정리하셨지만 선비계(鮮卑系)에 관해서도 중요한 연구결과를 남겨 주셨습니다. 선생께서 미쳐 못 찾은 부여계의 역사를 더 찾아내고, 선생께서 미흡하게 남겨주신 선비계의 역사를 제대로 찾는 일이 우리에게 남아 있는 것입니다.

> 기자: "선생님께서 오랫동안 노력하여 저작한 역사가 조선일보 지상에 매일 계속 발표되고 있음을 아십니까?"
>
> 신채호: "네, 알기는 알았습니다만 그 발표를 중지시켜 주었으면 좋겠습니다. 그것은 내가 지금까지 비록 큰 노력을 하여서 쓴 것이기는 하나 그것이 단정적 연구가 되어서 도저히 자신이 없고, 완벽한 것이라고는 믿지 않습니다. 만일 내가 10년의 고역을 무사히 마치고 나가게 된다면 다시 정정하여 발표하고자 합니다."

[「조선의 역사 대가(大家) 단재(丹齋) 옥중회견기」 취재: 신영우(당시 조선일보 기자). 출처: 신채호. 박기봉 옮김. 2006. 조선상고사. 비봉출판사. 554쪽]

선생께서 무사히 감옥에서 나오셨다면 우리가 이런 거짓 역사 속에서 허우적거려야 할 이유도 없을 것입니다. 선생께서 여순 감옥에서 생을 마감하신 것은 조선(朝鮮) 역사(歷史) 이래 최대 비극 중에 하나입니다. 신채호 큰선생께서는 최근에야 대한민국 국적을 회복하셨습니다. 정말 부끄러운 일이 아닐 수 없습니다.

이 나라는 정말 잘못되어도 한참 잘 못 된 나라입니다. 신채호 선생을 진심으로 존경합니다. 하늘에서 우리 조선민족(朝鮮民族)을 부디 지켜주소서!

[그림 5-13] 단재(丹齋) 신채호(申采浩) 큰선생.

6

고려(高麗)의 마을(町) 에도(江戶), 일본(日本)의 도시(都市) 동경(東京)

1) 에도성(江戶城)의 성문은 모두 고려문(高麗門)이었다

이제 열도의 마을(町)과 도시(都市) 이야기를 할까 합니다. 왜 제가 열도의 마을과 도시 이야기를 할까요? 그건 열도의 마을과 도시에 고려의 흔적이 아주 크게 남아 있기 때문입니다. 앞의 2장에서 저는 신사(神社)의 수호신인 고려개(高麗犬)를 통해 열도에서 고려의 작은 흔적이나마 이미 보여드린 바 있습니다. 그러나 공간의 측면에서 보았을 때 그건 고려(高麗)의 점(占)적인 흔적에 불과합니다. 이제 고려(高麗)의 면(面)적인 흔적을 찾아보겠습니다.

여러분들께서는 도쿠가와 이에야스(德川家康)가 준 첫 번째 선물을 기억하실 겁니다. "청도(淸道)"라는 두 글자. 저는 이 두 글자를 통해 조선제국(朝鮮帝國)의 실체인 대청제국(大淸帝國)을 파악하였습니다. 이번에는 그가 준 두 번째 선물 보따리를 풀어보겠습니다. 저는 그가 준 두 번째 선물을 통해 고려제국(高麗帝國)의 실체를 자세히 들여다보겠습니다.

고려제국의 실체는 현재 일본의 수도인 동경(東京)을 살펴봄으로써 단번에 파악할 수 있습니다. 동경이라는 도시에는 지울 수 없는 고려제국의 흔적이 남아 있습니다. 에도(江戸)가 동경(東京)으로 바뀌면서 공간형태가 어떻게 변형되었는가를 살펴보면 열도가 고려제국에 편입되어 있었다는 사실과 메이지유신(明治維新) 이후 열도가 고려제국으로부터 이탈하였다는 사실을 확실히 파악할 수 있습니다.

2007년 가을의 어느 날 동경. 저는 우에노공원(上野公園)에 위치해 있는 동경국립박물관(東京国立博物館)에서 대도쿠가와전(大德川展)을 관람한 후 박물관 판매장으로 향했습니다. 판매장에서 저는 에도시대의 에도를 그린 지도와 현재의 동경을 그린 지도를 비교하여 서술한 책을 보고 놀라움을 감추지 못했습니다. (메이지유신 이후 에도(江戸)로 불리었던 마을(町)이 동경(東京)이라는 도시(都市)로 바뀌었습니다.) 그 책에는 에도성(江戸城)의 주요 건축물에 대해 설명하는 글이 실려 있었는데 그 설명문에서 제 눈을 뻔뜩이게 하는 한 단어가 있었습니다. 그 단어는 바로 고려문(高麗門)이었습니다. 이 고려문이 바로 도쿠가와 이에야스(德川家康)가 저에게 준 두 번째 선물입니다.

저는 일본에 거주하고 있었을 때 몇몇 일본인들에게도 그 책에 수록된 고려문(高麗門)을 보여준 적이 있습니다. 고려문을 본 일본인들은 한 결 같이 놀라워하였습니다. 열도인들도 제대로 된 역사를 모르기는 마찬가지입니다. 우리와 마찬가지로 메이지유신 세력들이 유태금융자본과 함께 왜곡해 놓은 역사를 배우고 있으니 어찌 보면 모르는 것이 당연할 것입니다.

[그림 6-1]은 에도시대 에도(江戸)를 그린 지도와 현재 동경(東京) 일대를 촬영한 항공사진을 비교한 것입니다. 근데 뭔가 이상하지 않습니까? 지도와 사진에서 원 안에 있는 부분의 위치가 확연히 다릅니다. 지도와 사진에서 원 안에 있는 부분은 둘 다 에도성(江戸城), 즉 현재 황거(皇居)의 일부분으로 동일한 부분을 표시한 것입니다. 에도성은 도쿠가와(德川) 가문이 거처하면서 열도를 통치하였던 성(城)으로 메이지유신 이후에는 황거(皇居)라는 이름으로 바뀌어 일본 천황(天皇)이 거처하고 있는 곳입니다. 그러면 이렇게 차이가 나는 것은 메이지유신 이후에 메이

지 정부가 에도성을 황거로 바꾸면서 성(城)의 기본 골격을 바꾸었기 때문일까요? 그건 결코 아닙니다. 지도와 사진이 다르게 보이는 것은 사실 간단히 해결됩니다. 지도를 반시계 방향으로 90도만 회전시키면 지도와 사진은 일치하게 됩니다.

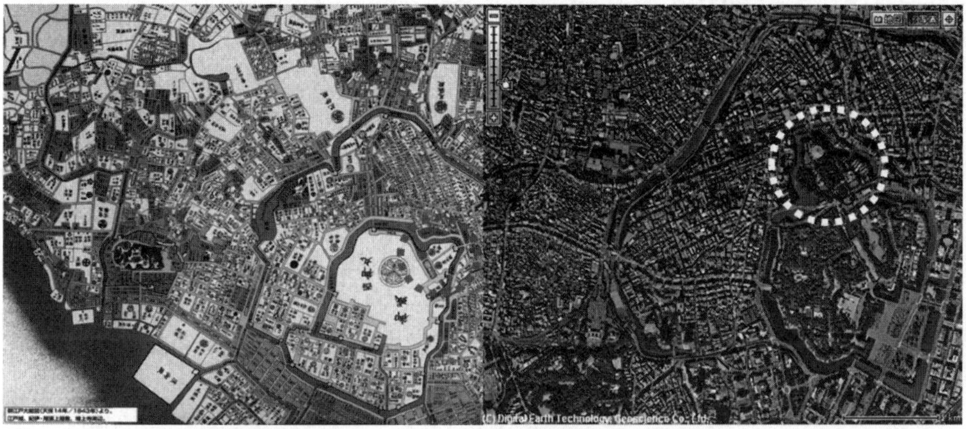

[그림 6-1] 御江戸大絵図(1843년)[左]와 동경(東京) 항공사진[右] 비교.
[左] 출처: 近藤和吉. 2006. 江戸東京散歩. 株式会社 人文社. 4쪽.
[右] 출처: 야후저팬 지도(http://map.yahoo.co.jp/).

우리가 보아 온 지도는 보통 남쪽이 아래를 향하도록 배치되어 있습니다. 그러나 제가 확인한 바에 따르면 메이지유신 이전에 열도에서 발간된 지도는 그러하지 않았습니다. 이 시대 지도를 보면 성(城)의 정문(正門)이 아래를 향하도록 배치되어 있습니다. 에도성(江戸城)의 정문은 동쪽에 있었습니다. 그러하기에 동쪽이 아래를 향하도록 배치되어 지도가 제작되었던 것입니다. 다음 장에서 다루겠지만 메이지유신 이전에 발간된 오사카(大阪) 지도는 서쪽이 아래를 향합니다. 이는 오사카성(大阪城)의 정문이 서쪽에 있기 때문입니다. 이미 살펴본 [그림 2-60]의 하기(萩) 지도는 남쪽이 아래를 향하고 있는데 이는 하기성(萩城)의 정문이 남쪽에 위치해 있기 때문입니다. (저는 메이지유신 이후에도 이와 같이 성의 정문을 기준으로 방위를 잡아 그린 지도를 딱 한 점 보았습니다. 그러나 이와 같은 지도는 메이지유신을 기점으로 해서 거의 자취를 감추게 된 것으로 판단됩니다.) 우리는 이를 통해 열도에서 성(城)의 정문(正門)은 그 지역에 있어 공간 인식의 기준이었다는 것을 알 수 있습니다. 성의 정문이 어디에 위치해 있는가를 확인하면 그 지역의 공간질서가 바로 파악이 가능합니다. 권력의 향배가 동쪽인지 서쪽인지를 알 수 있는 것이지요. 그런데 이리도 중요한 에도성(江戶城)의 정문이 바로 고려문(高麗門)입니다.

열도에서 성의 정문은 보통 오테문(大手門)이라고 합니다. 에도성의 오테문(大手門)은 내문(內門)과 외문(外門)의 이중문으로 구성되어 있는데 이 중 외문의 이름이 대수고려문(大手高麗門)입니다. (본서에서 "大手門"은 일본어 발음으로 읽어 "오테문"으로 표기하였고, "大手高麗門"은 한국어 발음으로 읽어 "대수고려문"으로 표기하였습니다.) 그런데 저는 황거(皇居)를 몇 번에 걸쳐 답사하면서 오테문(大手門) 이외의 성문에서도 외문으로 고려문이 있음을 알게 되었습니다. 저는 황거에서 총 여덟 채의 고려문을 찾았습니다.

[그림 6-2] 황거(皇居)에 남아 있는 고려문(高麗門).

제가 확인한 바에 따르면 현재 황거에는 [그림 6-3]과 같이 총 열한 채의 성문이 있습니다. (황거 내부에 있는 문은 제외하고 입출입문만을 센 것입니다.) 이 중 1번 문부터 8번 문까지는 외문으로 고려문이 현재에도 남아 있습니다. 9번 문과 10번 문에도 원래 외문으로 고려문이 있었으나 메이지(明治) 21년, 즉 서기 1888년에 헐리었다고 합니다. 11번 문은 건문(乾門)으로 불리 우는데 메이지유신 이후에 지어진 문으로 고려문이 아닙니다. 그러면 메이지유신 이전에 황거(皇居)가 에도성(江戶城)으로 불리었을 당시에는 총 열 채의 성문이 있었는데 이 성문 모두에는 외문으로 고려문(高麗門)이 있었다는 결론이 도출됩니다.

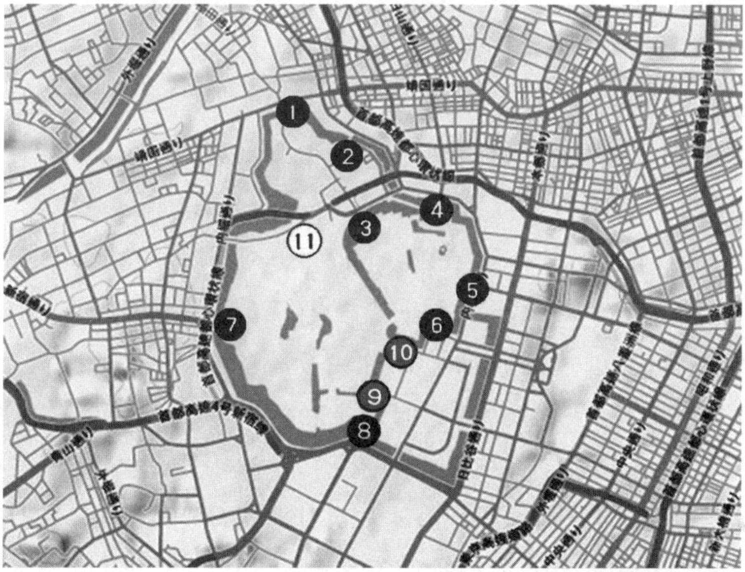

[그림 6-3] 황거(皇居) 성문 배치도[1.田安門 2.清水門 3.北桔橋門 4.平川門 5.大手門 6.桔梗門(內桜田門) 7.半蔵門 8.桜田門 9.皇居正門 10.坂下門 11.乾門].

에도성(江戶城)은 도쿠가와 이에야스(德川家康)의 명에 의해 1603년부터 몇 년에 걸쳐 대대적인 증축이 이루어진 성입니다. 그는 자신이 거처하는 성(城)의 문(門)을 모두 고려문(高麗門)으로 세우라고 명령했던 것인데 도대체 이를 어떻게 보아야 할까요?

열도에서는 성(城) 안에 들어갈 때 보통 입성(入城)한다고 하지 않고 등성(登城)한다고 합니다. 산성(山城)이 발달한 한반도와 달리 평지성(平地城)이 발달한 열도에서 입성이 아니라 등성이라는 용어가 사용되었다는 것입니다. 이는 열도에서 성(城)이 매우 높은 위상의 공간이었다는 것을 알려줍니다.

登城(と-じょう): (옛날에 무사 등이 근무하기 위하여, 또는 성주의 부름을 받거나 하여) 성으로 들어감. 幕府ばくふ에 출사(出仕)함.

[출처: 네이버(NAVER) 일본어사전]

성(城) 주변에 형성된 마을(町)은 아예 죠카마치(城下町)라 불립니다. 성(城) 아래(下)에 마을(町)이 있다는 뜻입니다. 신분질서가 공간질서에 반영되어 있고 용어도 이를 반영하고 있는 것입니다. 마을 내에서도 신분질서는 반영되어 성의 정문 앞에는 높은 신분에 있는 사람들이 주로 거주했습니다. 에도(江戸)는 이러한 신분질서가 철저히 공간질서에 반영되어 있던 죠카마치(城下町)였습니다. 그런데 열도인들이 올라야 비로소 들어갈 수 있는 곳의 정문이 고려문(高麗門)인 것입니다.

이 고려문의 정체는 도대체 무엇일까요? 한국에서 이에 대해 그럴듯한 설을 하나 발견하였는데 그 내용은 다음과 같습니다. 고려문(高麗門)의 고려(高麗)는 흔히 고구려(高句麗)라 불리는 태왕 고려(太王 高麗)와 관련이 있다는 것입니다. 이미 앞의 2장에서 설명 드렸지만 동경권(東京圏)은 태왕 고려(太王 高麗)의 근거지였습니다. 지금도 동경권에 고려산(高麗山), 고려신사(高麗神社) 등이 남아 있음이 이를 증명합니다. 그 설에 의하면 동경권에 정착했던 태왕 고려(太王 高麗) 후손들은 태왕 고려가 멸망한 후에도 자신들의 정체성을 잃지 않고 살아왔다고 합니다. 그런 중에 에도성(江戸城) 축성에 대거 참여하게 되었고 그로 인해 고려문(高麗門)이 설치될 수 있었다는 것입니다. 인심 좋은 도쿠가와 이에야스(徳川家康)는 이들이 고려문을 설치하는 것을 반대하지 않았을 것이라고 합니다. 열도의 고려(고구려)인들이 망국 이후에도 근 1000년 동안 정체성을 지켜왔다는 눈물겨운 주장입니다.

그런데 이 설은 한 가지 사실에 의해 단번에 기각됩니다. 물론 도쿠가와 이에야스가 아무리 인심이 좋은 사람이었다 해도 자신과 아무런 관련이 없었다면 고려문(高麗門)으로 자신이 거처할 성(城)의 문(門) 모두를 설치하도록 했겠느냐는 것도 의심스럽지만 말입니다. 이 설을 단번에 기각시키는 그 사실은 고려문이 에도성에만 있는 것이 아니라는 것입니다. 이미 대마도(對馬島)에도 고려문이 있다고 말씀드린 바 있습니다. 그런데 에도성과 대마도에만 고려문이 있을까요? 지금 당장 일본의 포털사이트에서 고려문(高麗門)을 검색해 보십시오. 열도 전역에 널려 있음을 확인하실 수 있을 것입니다. 한국에서 주장되었던 설이 옳으려면 동경권에 거주해 왔던 태왕 고려의 후손들이 열도 전역에 가서 축성에 참여했어야 합니다. 그런데 그런 일은 없었습니다.

그러면 도대체 왜 고려문(高麗門)이라는 이름을 가진 성문이 열도 전역에 있는 것일까요? 이 질문에 답하기 전에 고려문이 언제부터 열도에 세워지게 되었고 언제부터 열도 전역에 널리 설치되었는지부터 짚고 넘어가겠습니다. 언제 처음 열도에 고려문이 세워졌는지는 아직 정확히 알 수 없습니다. 저는 이를 여러 경로를 통해 알아보았지만 아직까지 이에 대해 신뢰할 만한 기록을 발견하지는 못했습니다. 그런데 제가 확보한 문헌에 고려문(高麗門)은 임진왜란(壬辰倭亂) 이후부터 세워졌다고 하는 설이 소개되어 있습니다. 이는 고려문이 고대로부터 전래된 문(門)이 아님을 알려줍니다. 아울러 임진왜란 이후에 세워졌다는 설이 있는 것으로 보아 이때부터 본격적으로 고려문이 열도 전역에 세워지게 되었다는 것을 알 수 있습니다. 제가 열도의 여러 성(城)에서 본 고려문들은 모두 다 에도시대에 세워진 것들이니 제가 가진 문헌에 소개된 설의 타당성이 커 보입니다. 그런데 이 시기는 도쿠가와(德川) 가문에 의해 고려개(高麗犬)가 열도 전역에 설치되기 시작했던 시대이기도 합니다.

一説に文禄慶長の役以降わが国にもたらされたので、この名がついたという。

일설에 분로쿠의 역(文禄の役)과 게이초의 역(慶長の役) 이후 우리나라(역주: 일본)에 가져왔기 때문에, 이 이름(역주: 고려문)이 지어졌다고 한다.

[註]

분로쿠의 역(文禄の役)과 게이초의 역(慶長の役): 임진왜란과 정유재란

(西ケ谷恭弘. 平成 5年. 日本史小百科 - 城郭. 株式会社 東京堂出版. 184쪽)

고려문(高麗門)의 유래에 대해 일본에서 찾은 한 가지 설은 문의 양식이 고려(高麗)에서 왔기 때문에 고려문으로 불리었다는 것입니다. [그림 6-2]의 사진을 보면 양식이 일정함은 분명합니다. 그런데 양식이 고려풍(高麗風)이라 해서 고려문(高麗門)으로 이름을 지었다는 것은 상식적으로 납득이 되지 않습니다. 전 세계 어디에도 양식을 가지고 문의 이름을 정하지 않기 때문입니다. 그리고 한반도에서 유래되었다는데 정작 한반도에 이런 양식의 문(門)이 있었는지도 의심스럽습니다. 제가 전통건축 전문가는 아니지만 이런 양식의 문(門)을 한반도에서 본 기억이 없습니다.

현재 일본에서 주장하는 설이 백번 양보하여 옳다 해도 두 가지 의문이 남습니다. 첫째, 왜 성문의 이름이 조선문(朝鮮門)이 아니고 고려문(高麗門)인가? 둘째, 왜 에도시대에 고려문이 열도 전역에 세워지게 되었을까?

첫 번째 의문은 반도에 조선(朝鮮)이 있었다면 설명이 불가능합니다. 반도에 계속해서 고려(高麗)가 있었기에 열도에 고려문이라는 이름이 있을 수 있는 것입니다. 반도에 계속해서 고려가 있었다는 것은 충분히 설명하였기 때문에 더 이상 이에 관해서 언급하지 않겠습니다.

그러면 두 번째 의문은 어떻게 설명이 가능할까요? 우리가 "근대(近代)"라 부르는 시대 이전에 어떠한 양식이 유행했다는 것은 최소한 지배세력이 이를 허용했기에 가능한 것입니다. 더욱이 에도시대 열도는 지배세력의 통제력이 이전과 비교해 보았을 때 아주 강한 시대였습니다. 우리는 고려개(高麗犬)의 입 모양이 하나 같이 똑같은 형태를 취하고 있는 것을 통해 이런 점을 충분히 알 수 있습니다. 고려문(高麗門)이 열도 전역에 세워지게 된 것은 열도를 지배하였던 도쿠가와(德川) 막부가 이를 적극 장려하였기 때문에 가능했던 것입니다. 저는 막부(幕府) 출범 이후 여러 소국들로 할거되어 있던 열도가 고려의 영향권 아래로 편입되었다고 주장했습니다. 그리고 막부(幕府)는 열도의 여러 소국들을 통제하기 위해 설치되었던 기관이라 주장했습니다. 제가 주장한 바에 따르면 열도 전역에 고려문이 세워졌던 것은 전혀 이상한 일이 아닙니다. 앞의 2장에서 저는 도쿠가와(德川) 가문은 단적으로 말해 친고려(親高麗) 세력이라고 말씀 드렸습니다. 도쿠가와 가문의 계보는 후에 말씀드릴 것입니다. 일단 이렇게 이해하시고 고려문을 보시기 바랍니다.

[그림 6-4] 쓰루마루성(鶴丸城)의 어누문(御楼門).
출처: 鹿児島県歴史資料センタ-黎明館. 平成 20年. 黎明館 常設展示総合案內. 株式会社朝日印刷. 90쪽.

고려문(高麗門)은 열도가 고려(高麗) 세력에 의해 지배되고 있었음을 보여주는 명확한 증거입니다. 그것은 시마즈(島津) 가문이 거처하였던 쓰루마루성(鶴丸城)의 정문이 고려문이 아니었다는데서 역으로 추적이 가능합니다. 사쓰마번(薩摩藩)을 이끌었던 시마즈 가문은 열도의 대표적인 반고려(反高麗) 세력임은 이미 말씀드렸습니다. 임진왜란과 메이지유신을 이 가문이 주도했다고 말입니다. 시마즈 요시히로(島津義弘)가 축성한 쓰루마루성의 정문은 현재 남아 있지 않은데 어누문(御楼門)이라는 이름을 갖고 있었습니다. "어(御)"는 임금을 뜻하므로 "누문(楼門)"이 이 성문의 진정한 이름이라 할 수 있습니다. 고려문이 일정한 양식을 가지고 있듯이 누문도 일정한 양식을 가지고 있습니다. 또한 고려문(高麗門)이 친고려(親高麗) 세력을 상징하는 문이듯이 누문은 반고려(反高麗) 세력을 상징하는 문입니다. 누문(楼門)에 대해서는 후에 다시 다루겠습니다. 사쓰마번에 위치해 있는 신사에는 고려개(高麗犬)가 없고, 또한 이곳에 위치해 있는 성(城)에는 고려문(高麗門)이 없습니다. 고려문도 고려개와 마찬가지입니다. 성문(城門)으로 고려문을 세울 것인지 말 것인지를 결정지은 것은 바로 정치세력입니다. (사쓰마번(薩摩藩)의 시마즈(島津) 가문과 함께 대표적인 반고려 세력은 죠슈번(長州藩)의 모리(毛利) 가문이었다고 앞의 2장에서 말씀드렸습니다. 그런데 모리 가문 거처하였던 하기성(萩城)의 정문은 고려문이었다고 합니다. 이는 죠슈번(長州藩)에 위치한 신사에 고려개가 있었던 것과 같은 맥락에서 해석됩니다. 혼슈(本州)에 위치한 죠슈번은 규슈(九州) 최남단에 위치한 사쓰마번보다 도쿠가와(德川) 막부의 눈치를 살펴야 했을 것입니다. 이로인해 본의아니게 고려개와 고려문을 설치하였을 것입니다.)

2) 도시(都市)는 고려문(高麗門) 철거로부터 시작되었다

고려문(高麗門)의 설치 유무를 결정지은 것은 정치세력입니다. 친고려 세력은 고려문을 세웠는데 그러면 반고려 세력은 어떻게 했을까요? 반고려 세력은 고려문을 철거했습니다. 위에서 이미 언급했지만 메이지 정부는 1888년에 에도성(황거)의 고려문 두 채를 철거하였습니다. 철거된 고려문은 황거정문(皇居正門)과 사카시타문(坂下門)의 외문(外門)입니다. [그림 6-5]를 보면 황거정문에는 원래 외문으로 고려문이 분명히 있었음을 알 수 있습니다. (황거정문은 관광객들에게 사진촬영 장소로 널리 알려진 니쥬바시(二重橋)에 위치해 있습니다. 여러분들이 이곳을 방문하신다면 현재의 모습만 보실 것이 아니라 1888년 이전에 존재했었던 고려문(高麗門)도 머릿속에서 그려보시기 바랍니다.) 이 문들은 현재 황거(皇居)에서 가장 중요한 문입니다. 황거정문은 말 그대로 황거의 정문이므로 중요한 문이고, 사카시타문은 공식행사가 수행되는 문입니다. 천황 탄신일에 관람객들은 사카시타문을 통해 들어가 아주 적은 면적이지만 평상시 비공개 지역인 황거의 일부분을 관람할 수 있습니다.

[그림 6-5] 황거정문(皇居正門) 비교[左: 메이지 3년(1870년), 右: 2008년].

그런데 1888년에 이루어진 고려문 철거는 단순한 정치세력 관계로만 해석하기에는 그 의미하는 바가 너무나 큽니다. 고려문(高麗門) 철거는 에도(江戶)라는 마을(町)을 동경(東京)이라는 도시(都市)로 개편하는 첫 작업이었습니다. 일본에서는 이를 시구개정(市區改正)이라 하는데 열도에서 이루어진 최초의 도시계획이었습니다. 몇몇 식민지에서 서구인에 의해 이뤄진 도시계획을 제외한다면 아시아에서 이루어진 최초의 도시계획이 바로 이 시구개정입니다. 이 시구개정은 이후 열도 전역에 그리고 일본제국의 팽창과 함께 아시아 전역에 적용되어 아시아의 근대공간(近代空間)을 형성하게 됩니다.

일본측 기록에 의하면 19세기 에도성(江戶城) 주변에는 총 1,650개의 마을(町)에 100만의 인구가 거주했다고 합니다. 메이지유신이 있었을 때를 전후해서 인구가 급격히 줄기도 하였지만 19세기 내내 에도에는 100만 명 정도가 거주하였다고 합니다. 당시 에도는 세계 최대의 인구규모를 자랑하던 정주공간이었습니다. 그런데도 에도는 마을로 불리었습니다. 우리는 도시라는 단어가 마치 오래전부터 있었던 것으로 생각하지만 "도시(都市)"는 메이지유신 세력들이 만든 근대 한자 조합어입니다. 이런 새로운 단어를 만든 것에는 다 이유가 있는 것입니다. 일단 이것만 먼저 집어 보겠습니다. 도시(都市)라는 이름으로 불려 진 정주공간은 세계에서 동경(東京)이 최초입니다. 그런데 동경은 에도를 변형시켜 만든 것인데 그

첫 작업이 바로 고려문 철거였습니다. 도시(都市)는 근대공간(近代空間)인데 이 근대공간은 고려문(高麗門) 철거로부터 시작되었다는 것입니다.

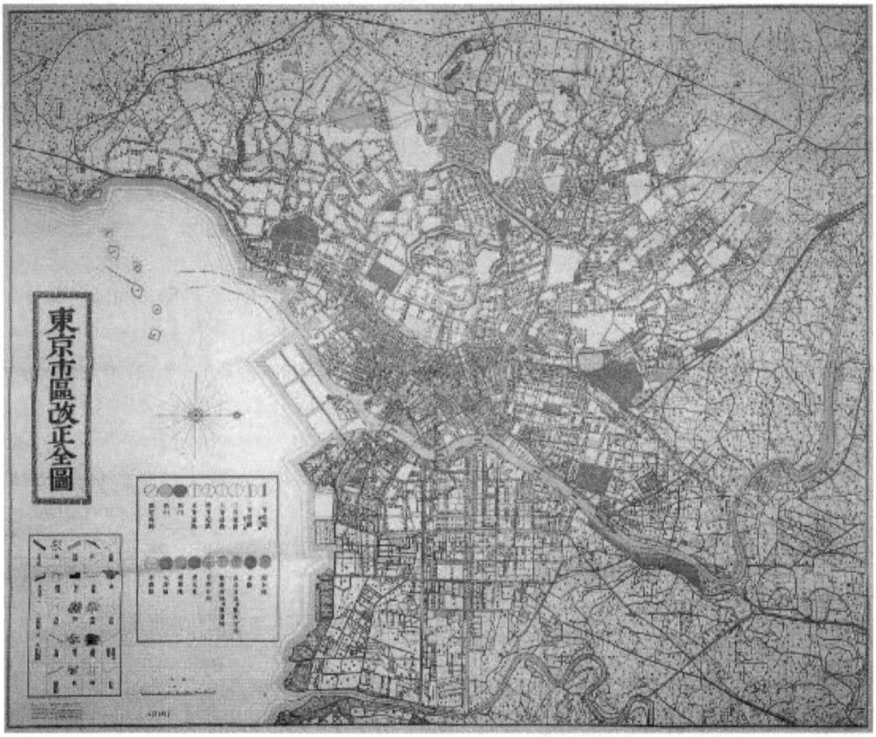

[그림 6-6] 동경시구개정전도(東京市區改正全圖: 1889년).
출처: 동경도 생활문화국 국제부 외사과. 1994. 동경의 도시계획 100년. Simul International, Inc. 11쪽.

일본측 자료를 보면 1888년에 이루어진 시구개정(市區改正)에서 가장 중요한 부분이 언급되어 있지 있습니다. 황거(皇居)의 공간구조가 어떻게 바뀌었는지에 대해 일본의 도시계획사 문헌에는 제대로 설명되어 있지 않습니다. 황거는 동경의 한가운데에 위치해 있을 뿐만 아니라 그 규모도 거대하기 때문에 황거의 공간구조 개편에 따라 동경이라는 도시의 형태는 지대적인 영향을 받게 됩니다. 이 시기에 황거는 기본 골격은 유지됩니다만 고려문(高麗門) 철거를 시작으로 해서 공간구조는 대거 바뀝니다.

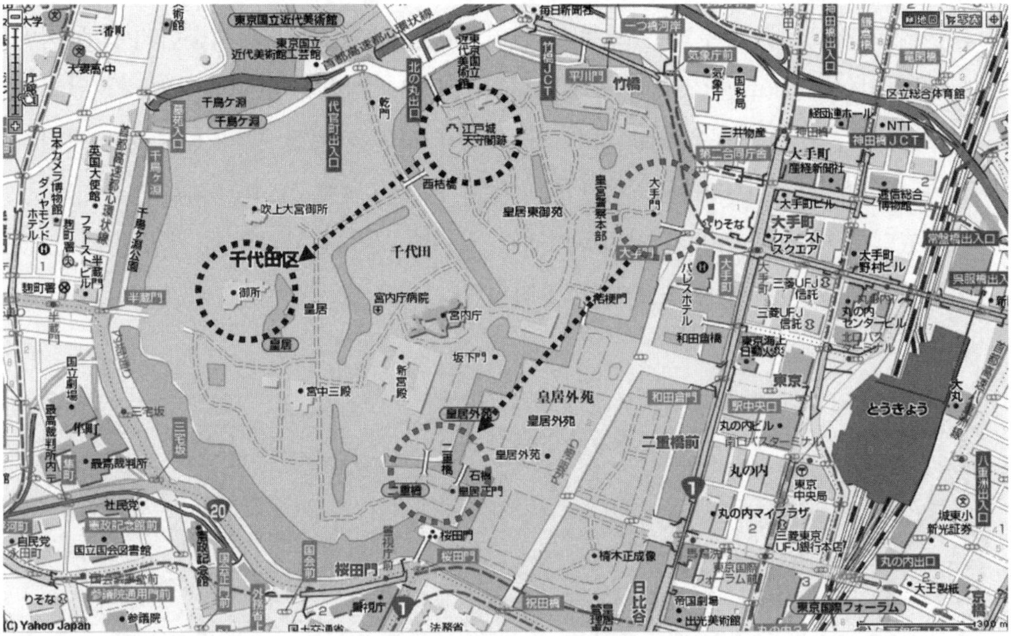

[그림 6-7] 황거의 공간구조 개편.
출처: 야후저팬 지도(http://map.yahoo.co.jp/).

가장 큰 변화는 정문이 동쪽에서 남쪽으로 변경되었다는 것입니다. 원래 에도성(황거)의 정문은 동쪽에 있는 오테문(大手門)이라고 말씀드렸습니다. 그러나 1888년에 고려문(高麗門)이 철거된 후 새롭게 정돈된 니시마루오테문(西丸大手門)은 황거정문(皇居正門)이라는 이름을 부여받아 새로이 황거의 정문이 되었습니다. [그림 6-7]은 황거(에도성)의 공간구조 개편을 간략하게 표현한 것입니다. 그림을 보면 정문이 변경된 것뿐만 아니라 주요 생활공간도 바뀌었음을 알 수 있습니다. 열도에서 대체로 성(城)의 중심은 천수각(天守閣)이 있는 곳입니다. 에도성의 천수각은 정문인 오테문과 가까운 동쪽에 위치해 있었습니다. 현재 천수각은 불 타 없어졌는데 건물터와 그 일대가 황거동어원(皇居東御苑)이라는 이름의 공원으로 꾸며져 시민들에게 개방되어 있습니다. 천황이 거처하는 곳은 그림과 같이 천수각의 서남쪽에 조성되어 있습니다. 즉, 에도성의 핵심지역은 공원으로 꾸며졌고, 에도성에서 상대적으로 들 중요했던 자리에 천황의 거처가 마련되었다는 이야기가 됩니다. 우리는 보통 공원이 시민들에게 쉼터를 제공하기에 무척이나 공익적인 것으로만 생각하기 쉽습니다. 그러나 에도성의 핵심지역, 즉 열도에서 고려의 본거지가 공원으로 바뀐 것을 마냥 시민을 위한 쉼터가 늘어난 것이라고 단순하게 접근할 수만은 없습니다. 이는 창경궁(昌慶宮)이 창경원(昌慶園)으로 바뀌었었던 역사적 맥락과 일치하기 때문입니다. 둘 다 고려의 흔적과 정기를 끊어버리려는 차원에서 진행되었던 것입니다.

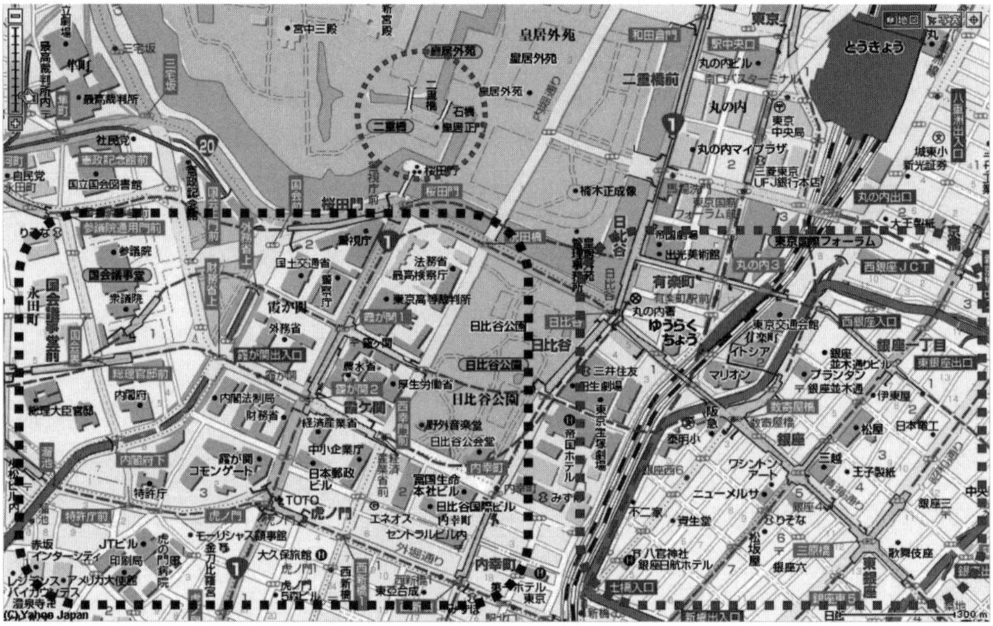

[그림 6-8] 가스미가세키(霞が関)와 긴자(銀座).
출처: 야후저팬 지도(http://map.yahoo.co.jp/).

이러한 황거의 공간구조 개편과 더불어 황거 주변도 큰 변화를 맞이하게 됩니다. 성(城)의 정문(正門)이 남쪽을 향하므로 이제 권력의 향배도 남쪽을 향하게 되었습니다. 이에 일본의 주요 중앙행정기관이 남쪽에 대거 들어섰습니다. [그림 6-8]에서 니쥬바시(二重橋)와 황거정문(皇居正門)은 원 안에 위치해 있습니다. 보

다시피 그 남쪽에 중앙행정기관들이 모여 있습니다. 이 지역은 가스미가세키(霞が関)라 불리 우는데 에도시대에는 다이묘(大名)들의 저택이 들어서 있었다고 합니다. 그러나 메이지시대에 이곳에 불이 나서 저택들은 모두 전소되었고, 이후 외무성과 해군성 등이 들어선 것을 계기로 많은 중앙행정기관들이 집적되면서 계획적인 정비가 진행되어 지금과 같은 관청가의 면모를 갖추게 되었다고 합니다. 일본의 근대공간이 만들어지는 과정을 보면 화재가 큰 역할을 합니다. 에도(江戸)는 재난의 마을로 불렸을 만큼 에도시대에도 동경(東京)에는 많은 화재가 있었습니다. 그런데 이렇게 일사천리로 공간구조가 바뀌어 진 것을 보면 뭔가 미심쩍은 생각이 들지 않을 수 없습니다.

한편, 가스미가세키(霞が関)의 동편에는 긴자(銀座)라는 고급 상업지역이 형성되었습니다. 행정기관이 있으면 주변에 상업지역이 형성되는 경우가 많습니다. 사업가들이 정부 관계자들을 상대해야 할 공간이 필요하기 때문입니다. 그래서일까요? 긴자(銀座)를 중심으로 보면 서쪽의 가스미가세키(霞が関)에는 중앙행정기관들이 모여 있고, 북쪽의 마루노우치(丸の内)에는 비즈니스 지역이 형성되어 있습니다. 긴자라는 지명은 에도시대에 이곳에 긴자(銀座: 은화주조소)가 있었던 것에서 유래되었습니다. 열도에서 돈은 주로 은(銀)으로 주조되었는데 이로 인해 은(銀)이 돈을 대표하였습니다. 그래서 지금도 은행(銀行)이라는 단어가 쓰이고 있는 것입니다. 은행(銀行)은 "은(銀)", 즉 돈을 다루는 "가게(行)"를 의미합니다.

황거(皇居)의 동편도 완전히 탈바꿈되었습니다. 이곳은 마루노우치(丸の内)로 불리 우는데 에도시대에는 핵심 다이묘(大名)들의 저택 스물네 채가 있었습니다. 그러나 메이지유신 이후에 이곳은 메이지 정부 소유의 부지가 되어 잠시 동안 일본 육군이 병사들의 가옥과 연병장 등으로 사용하게 됩니다. 이후 미쓰비시(三菱)가 메이지 정부로부터 이 지역을 전부 불하받아 과거의 흔적을 완전히 지우고 비즈니스 공간으로 바꾸어 버립니다. 미쓰비시는 군수산업을 통해 일본제국의 팽창에 대단히 기여했던 회사입니다. 그런데 이 미쓰비시는 유태금융자본이 만들어 준 일본 최초의 회사라는 점을 꼭 눈여겨봐야 합니다. 미쓰비시에 대해서는 후에 다룰 것입니다.

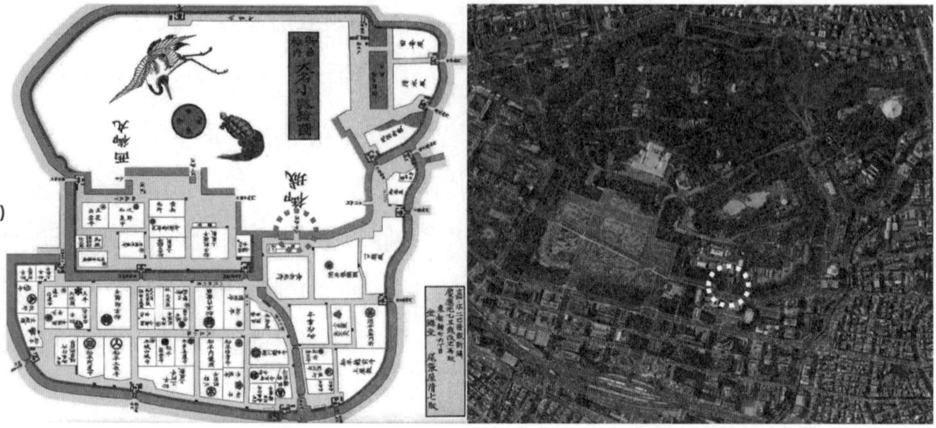

[그림 6-9] 御曲輪内大名小路絵図[左]와 마루노우치(丸の内) 항공사진[右] 비교.
[左] 출처: 近藤和吉. 2006. 江戸東京散歩. 株式会社 人文社. 6쪽.
[右] 출처: 야후저팬 지도(http://map.yahoo.co.jp/).

[그림 6-9]는 에도시대 마루노우치(丸の内)를 그린 지도와 현재 마루노우치(丸の内) 일대를 촬영한 항공사진을 비교한 것입니다. 원 안에 오테문(大手門)이 있습니다. 보다시피 마루노우치는 이 오테문 정면에 위치해 있습니다. 에도시대 지도를 보면 여러 문장(紋章)들이 보이는데 이는 다이묘(大名)들의 저택을 표시한 것입니다. 현재 이 지역을 보면 오피스 건물들이 빼곡히 들어차 있고, 운하 일부가 복개되어 있는 것을 알 수 있습니다. 그리고 이곳에 동경의 교통 중심지라 할 수 있는 동경역이 위치해 있습니다. 이곳에는 미쓰비시(三菱)가 조성한 곳답게 아직도 미쓰비시 소유의 건물들이 많이 있습니다.

그러면 에도(江戸)가 동경(東京)으로 바뀐 모습을 전체적으로 살펴보겠습니다. 에도는 에도성(江戸城)과 그 주변에 형성된 마을(町)들로 구성되어 있었습니다. 이를 죠카마치(城下町)라 불렀습니다. 그런데 메이지유신 이후 에도성(江戸城)은 황거(皇居)라는 이름으로 개칭되었으며 공간구조도 개편되었습니다. 제일 중요한 것은 성의 정문이 동쪽에서 남쪽으로 바뀐 것인데 이는 공간의 축이 동쪽에서 남쪽으로 바뀐 것을 의미합니다. 권력의 향배가 남쪽을 향하면서 황거의 남쪽인 가

스미가세키(霞が関) 지역에 중앙행정기관들이 대거 입지하게 되었습니다. 이는 경복궁(景福宮)의 광화문(光化門) 남쪽에 중앙행정기관인 육조(六曹)가 배치되었던 것과 비슷합니다. 그리고 이 가스미가세키(霞が関)의 동편으로는 긴자(銀座)라는 고급 상업지역이 형성되었습니다. 이는 한성부(漢城府)에 형성되었던 상업지역 종로(鍾路)를 연상시킵니다. 그리고 핵심 다이묘(大名)들의 저택이 있었던 마루노우치(丸の内)는 비즈니스 공간으로 탈바꿈되었습니다. [그림 6-10]은 동경(東京) 중심부를 촬영한 항공사진에 본장에서 다룬 내용을 압축해서 표현한 것입니다. 그런데 저는 [그림 6-10]의 사진 위에 도시(都市)를 표기하여 놓았습니다. 이미 위에서 언급했지만 에도(江戸)는 마을(町)이고, 동경(東京)은 도시(都市)입니다. 그러면 메이지유신 세력들은 왜 도시라는 새로운 용어를 만들어 동경을 규정지었을까요? 마을을 도시로 대체한 것은 단지 정주공간을 지칭하는 단어만 바뀐 것이 아니라 공간을 지배하는 경제 원리가 바뀐 것입니다.

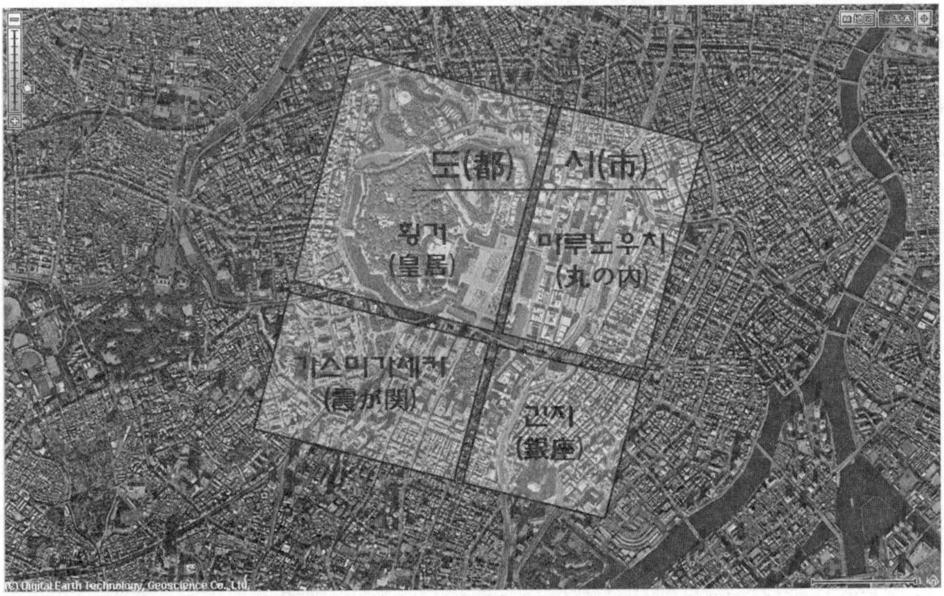

[그림 6-10] 동경(東京)은 도시(都市)다.
출처: 야후저팬 지도(http://map.yahoo.co.jp/).

3) 근대공간 도시의 의미

우선 도시(都市)의 뜻부터 생각해 보겠습니다. 위에서 죠카마치(城下町)라는 단어는 그 단어가 지칭하는 공간의 형태를 그대로 담고 있다고 설명 드렸습니다. 성(城) 아래(下)에 마을(町)들이 모여 있는데, 그 형태를 일컫는 단어가 바로 죠카마치(城下町)인 것입니다. 열도의 성은 평지성(平地城)이지만 열도성(列島城)의 상징인 천수각(天守閣)은 아파트 몇 층 높이는 됩니다. 이곳에서 내려다보면 마을(町)들이 한 눈에 들어옵니다. 성(城)이 마을(町)보다 위에(上) 있는 것이 형태적으로 확실히 드러납니다. 죠카마치라는 단어가 그 형태를 담고 있듯이 도시도 그 형태를 담고 있는 단어입니다.

도(都)는 원래 천자(天子)가 거처하는 지역을 뜻합니다. 그래서 천자가 거처하는 성(城)이 도성(都城)이라 불리는 것입니다. 이조시대에 천자인 대왕(大王)이 거처하고 있었던 서울도 이런 연유로 도성(都城)이라 불리었던 것입니다. 근대일본국이 메이지유신 이후 천황(天皇)을 옹립하고, 그의 거처로 황거(皇居)를 마련하였으니, 그 일대를 도(都)라 한 것입니다. 시(市)는 말 그대로 시장(market)을 의미합니다.

都: 天子の常居の在る聚落
도(都): 천자가 상거하고 (언제나 거주하고) 있는 취락(지)

(諸橋轍次. 1968. 大漢和辭典 11권. 東京: 大修館書店. 277쪽)

[그림 6-10]을 보면 서쪽에 황거(皇居)와 중앙행정기관들이 위치해 있습니다. 이는 도(都)에 해당합니다. 동쪽에 비즈니스 지역인 마루노우치(丸の内)와 상업지역인 긴자(銀座)가 위치해 있습니다. 이는 시(市)에 해당합니다. 그러니 서쪽의 "도(都)"와 동쪽의 "시(市)"를 합하여 부르면 "도시(都市)"가 되는 것입니다.

그런데 죠카마치(城下町)와 도시(都市)는 이렇게 눈에 보이는 형태만을 설명하는 단어가 아닙니다. 이러한 형태는 공간을 지배하는 경제 원리를 반영하고 있는 것입니다. 이미 저는 죠카마치(城下町)라는 단어에 에도시대의 지배적인 사회질서가 담겨있음을 알려드렸습니다. 이 시대 지배원리(경제 원리, 사회구성 원리)는 신분질서이고, 이 신분질서가 공간질서에 반영되어 성(城) 아래(下)에 마을(町)들이 모여 있는 형태를 보이고, 이 형태를 담아 죠카마치(城下町)라는 이름이 붙여진 것입니다. 그런데 이 신분질서는 메이지유신 이후 바로 해체됩니다. 에도시대를 규정지었던 농공상(農工商)의 신분질서는 메이지유신 다음 해인 1869년에 폐지됩니다. 물론 새로운 귀족층이 생기기도 하지만 말입니다. 메이지 정부가 신분질서를 폐지한 것은 인류의 진보에 이바지한 것이 분명합니다. 그러나 이러한 신분질서 폐지는 단지 인류의 진보를 위해 취해진 조치가 결코 아닙니다. 일본열도가 새로운 경제 질서(시장경제)의 지배를 받도록 재편되어야 하는데 이러한 신분질서가 너무나 큰 걸림돌이었기에 폐지되었던 것입니다.

일본의 경제학자 나카무라 히사시(中村尙司)는 <공생의 사회 생명의 경제: 지역자립의 경제학(地域自立の經濟學)>라는 책에서 인류의 역사 이래 경제 시스템은 계획 시스템과 시장 시스템, 그리고 협의 시스템으로 구성되어 왔는데 근대 이후의 경제 시스템은 계획 시스템과 시장 시스템이 주를 이루게 되었다고 설명합니다. 반면에 근대 이전의 경제 시스템은 협의 시스템이 상당히 중요한 역할을 차지하고 있었다고 합니다. 협의 시스템은 쉽게 설명하자면 우리의 품앗이나 두레, 그리고 계와 같은 공동체 경제 시스템을 말합니다. (이와 관련된 보충설명은 다음의 책을 참고하시기 바랍니다. <나카무라 히사시(中村尙司). 윤형근 옮김. 1995. 공생의 사회 생명의 경제 - 지역자립의 경제학(地域自立の經濟學). 한살림>)

근대 이후에 주요 경제 시스템으로 도입된 계획 시스템과 시장 시스템은 물질적 부(富)를 극대화시키는 데 있어 탁월한 시스템입니다. 그러나 낙오자를 발생시키고, 소외를 불러오며, 자유를 억압하는 시스템이기도 합니다. 근대 이후 인류의 역사를 살펴보면, 계획 시스템과 시장 시스템 중 누가 더 우월하냐를 놓고 좌우로 갈라져 싸우기도 하였지만 둘의 관계는 그렇게 대립적인 관계만은 아니며 둘 다 물질적인 부(富)를 확대하기 위한 경제 시스템이라는데 있어서는 목적이 같습니다. 그런데 이 두 경제 시스템이 추구되는 공간이 바로 도시(都市)입니다. 반면에 협의 시스템이 추구되는 공간은 마을(町)입니다.

마을(町)이라는 단어 속에는 이미 협의의 원리가 담겨있습니다. "마을"은 한국어로 "마실"로도 불리는데 열도에서는 "마치(まち)"라 합니다. 그런데 열도에서 "마치"는 한자로 "정(町)"으로 표기합니다. "町"은 형성문자(形聲文字)로 뜻을 나타내는 "田(밭)"과 음을 나타내는 "丁(정)"의 결합으로 이루어져 있습니다. 무라(村)에 비해 사람들이 제법 모여 사는 공간이 마치(町)입니다. 그런데 그 정주공간의 기원은 밭(田)에 있는 것입니다. 예전에 사람들이 밭을 일굴 때에는 서로 협의해서 일을 했습니다. 우리의 품앗이나 두레가 대표적인 경우입니다. 그러니 마을(町)이라는 공간은 이러한 협의의 경제 시스템이 작동하는 곳이라 할 수 있습니다. 이런 곳에서는 공권력과 시장의 힘보다는 인간 간의 우애와 신의가 중요한 가치를 형성합니다.

도시(都市)라는 공간은 "도(都)"의 질서와 "시(市)"의 질서가 지배하는 공간입니다. 도(都)의 원래 뜻은 천자(天子)가 거처하는 지역을 뜻합니다만 이를 좀 더 확대해보면 국사(國事)가 논의되는 지역, 즉 계획(計劃)과 행정(行政)이 추구되는 공간을 의미합니다. 천자(天子)가 하는 일은 국사를 챙기는 것입니다. 현대식으로 표현하자면 국민의 행복한 삶을 위해 여러 사업을 계획하고 정책을 입안하는 일을 하는 것입니다. 동경(東京)을 보면 황거와 인접해서 여러 중앙행정기관들이 입지해 있습니다. 황거와 중앙행정기관들에서 무슨 일이 행해지겠습니까? 당연히 계획이 수립되고 행정이 수행되겠지요. 지금은 천자(天子)가 거처하지 않는 지역도 도시(都市)라 합니다. "도(都)"의 의미가 원래 뜻에서 "계획(計劃)"과 "행정(行政)"의 의미로 넓혀진 것이지요.

지나(支那) 대륙에서는 도시(都市)라는 단어를 대신해 성시(城市)라는 단어가 사용됩니다. 북한에서도 도시를 대신해 성시라는 단어가 사용된 적이 있었다고 합니다. 사회주의를 추구했던 중화인민공화국에서 천자의 의미가 있는 "도(都)"의 사용은 배제되었어야 할 것입니다. 그러나 "도(都)"의 실질적 의미인 "계획(計劃)"과 "행정(行政)"만큼은 살려 이를 담을 수 있는 "성(城)"이라는 단어를 사용한 것으로 보입니다. "시(市)"는 시장 질서를 함축적으로 표현하는 데 손색이 없는 단어입니다. 지금까지의 논의를 정리해서 도시(都市)를 정의해 보면 다음과 같이 정의될 수 있을 것입니다. 계획(都)과 시장(市)이 지배하는 인간의 모듬살이 공간. 그러니 도시는 계획 시스템과 시장 시스템이 추구되는 공간이 되는 것입니다.

위에서 논의된 바를 간단히 정리해 보면 죠카마치(城下町)를 지배하는 원리는 신분과 협의이고, 도시(都市)를 지배하는 원리는 계획과 시장이라 할 수 있을 것입니다. 메이지유신 직후 열도에서 메이지 정부에 의해 즉각 시행된 것이 바로 토지 사유화였습니다. 토지가 사유화되어야 거래가 발생합니다. 즉, 토지시장[市]이 형성되는 것이지요. (참고로 영국에서도 도시화(산업화)가 본격적으로 이루어지기 전에 인클로저 운동(Enclosure Movement)을 통해 토지 사유화가 전면적으로 단행된 바 있습니다.) 이런 토지 사유화가 이루어지기 위해서는 중앙정부[都]가 개입해서 등기부제도를 운영해야 합니다. 토지 사유화는 계획[都]과 시장[市]의 합작에 의해 지탱되고 있는 것이지요. 계획과 시장이 이렇듯 늘 대립적인 것만은 아니지요. 그러면 메이지유신 세력들은 이렇게 경제 질서를 바꾸어 무엇을 추구한 것일까요? 그것은 한 단어로 설명할 수 있습니다. 국부증진(國富增進).

계획 시스템과 시장 시스템이 추구되는 도시라는 공간은 부(富)가 제일의 가치가 되는 공간입니다. 이(利)의 공간이죠. 그러니 도시를 국민가수 조용필도 노래 <꿈>에서도 “화려하지만 춥고도 험한 곳”이라 하지 않습니까? 부(富)가 축적되는 공간이니 화려할 수밖에요. 그러나 소외를 유발하고 낙오자를 만드는 공간이니 춥고도 험한 곳이지요. 이(利)가 추구되지만 의(義)와 애(愛)가 결핍되기 쉬운 곳이 바로 도시입니다. 도시라는 말 자체에 이미 의(義)와 애(愛)는 어울리지 않습니다. 그렇다고 도시화를 추구하지 않을 수도 없습니다. 특히 국가를 책임진 사람의 입장에서는 도시화는 지상과제입니다. 일본의 경제학자 나카무라 히사시(中村尙司)도 언급한 바 있지만 협의 시스템의 가장 취약점은 생산성이 떨어진다는 것입니다. 근대 역사를 살펴보면 이렇게 생산성이 떨어지는 협의 시스템을 운영했던 나라들은 대부분 제국주의 국가들에 점령당해 식민지로 전락했습니다. 메이지유신 세력들은 이러한 사실을 너무나 잘 알고 있었던 것이지요. 그러니 하루빨리 일본을 도시화시킨 것입니다.

한편, 저는 위에서 도시라는 단어와 근대공간이라는 단어를 동일한 의미로 사용하였습니다. 근대 이전에는 도시가 없었으니 이 둘은 같은 의미로 사용이 가능합니다. 위에서 살펴보았지만 근대 이전에는 도시라는 단어 자체가 아예 없지 않았습니까? 그런데 현대 한국인과 일본인은 도시를 인간이 살아왔던 모듬살이 공간을 통틀어 지칭하고 있습니다. 그리고 과거의 모듬살이 공간과 구분지어 근대에 탄생한 도시를 "근대도시(Modern City)"라는 용어로 대체합니다. 별것 아닌 것 같지만 이와 같이 용어를 사용하면 개념에 혼란을 가중시키고, 그 시대 그 말이 가지고 있었던 참 뜻을 잘못 이해하게 됩니다. 우리는 이 점에 유의하면서 글을 읽어야 합니다.

아시아에서 도시(都市)나 성시(城市)가 근대공간을 일컫는다면 서구에서는 시티(City)가 이에 해당합니다. (참고로 아시아의 전근대공간인 마을에 해당하는 공간이 서구에서는 타운(Town) 등으로 불리었습니다. 두 공간은 그 형태와 경제 시스템이 매우 유사합니다.) 원래 시티(City)는 보통명사가 아니라 런던(London)의 시티(City) 지역을 일컫는 고유명사였습니다. 시티(City)는 로마제국(Roman Empire)의 행정구역이었던 치비타스(Civitas)에서 유래되었는데 1666년 런던 대화재 이후 새롭게 부각된 지역입니다. (참고로 파리(Paris)의 기원인 시테(Cité)도 치비타스(Civitas)에서 유래된 지명입니다.) 1666년 대화재 이후 런던은 시티(City) 지역을 중심으로 근대공간으로 탈바꿈하게 됩니다. 시티(City) 지역은 지금도 전 세계 금융산업의 메카인데 시장(Market)이 지배하는 공간의 대명사라고 할 수 있습니다. 유태금융자본의 대부인 로스차일드(Rothschild) 가문의 본거지가 바로 이곳입니다. 그런데 근래에 이르러 시티(City)는 고유명사뿐만 아니라 보통명사로도 사용되고 있습니다. 저는 어떤 경로를 통해 고유명사 시티(City)가 보통명사로 쓰이게 되었는지 아직 모릅니다. 확실한 것은 시티(City)로 규정되는 지역은 런던의 시티(City)처럼 시장질서가 지배적인 공간이라는 것입니다.

저는 이에 시티은행(Citibank)을 주목해서 볼 필요가 있다고 봅니다. 유태금융자본이 공동으로 출자해 만든 은행이고, 그 이름에서도 알 수 있듯이 시티(City)가 이 은행의 뿌리입니다. 메이지유신 세력들의 이상향을 담은 공간이 도시(都市)

였다면 시티은행(Citibank)의 이상향을 담은 공간이 바로 시티(City)입니다. 시티은행(Citibank)은 전 세계가 시티(City)와 같은 공간, 즉 시장질서가 지배하는 공간으로 재편되기를 바라고 있는 것입니다. 젠트리피케이션(Gentrification)을 공부하다 보면 시티은행(Citibank)을 위시한 투자은행들이 기존 공간을 재구조화(Restructuring)하여 시장질서가 지배하는 공간으로 탈바꿈 시키고 있는 것을 발견하게 됩니다. (참고로 젠트리피케이션은 주로 빈민들이 거주하던 도심의 낙후지역이 재개발을 통해 중·상류층의 주거지 및 상업지역으로 탈바꿈되는 현상을 의미합니다. 젠트리피케이션은 지가와 임대료의 상승을 불러와 원래 그 지역에 거주하고 있던 빈민들이 내쫓기는 문제를 발생시킵니다.) 한국도 예외는 아니지요. 1997년 외환위기 이후 한국의 은행들은 대부분 유태금융자본에 넘어가 투자은행으로 성격이 바뀌었습니다. 한국에서 이루어지는 개발 사업은 결국 이들 은행들이 좌지우지합니다. 저는 요새 사람들을 만나면 가끔 이런 말을 하곤 합니다. "시티(City)는 시티은행(Citibank)이 만들고, 세계(World)는 세계은행(World Bank)이 만들고 있어." 농담 같지만 저 나름대로는 세계의 큰 동향을 한마디로 표현했다고 자부합니다.

한국만 봐도 지금의 한국은 전적으로 세계은행과 짝을 이룬 국제통화기금(IMF)의 작품이 아닙니까? 이들 은행들은 융자를 해 주면서 융자조건(conditionality)을 걸어 일국의 국민경제를 자신들의 입맛대로 완전히 해체시켜 버립니다. 그리고 이 융자조건은 지속적으로 영향을 미치지요. 노동시장의 유연성(flexibility). 한국에 누가 이를 강제했나요? 본서를 읽고 계신 여러분 대다수의 삶을 누가 이렇게 힘들게 만들었나요? 이를 어용학자들은 "좋은 거버넌스(Good Governance)"라고 하더군요. 누군가에게는 정말 좋은 체제겠지요. 1997년 외환위기를 틈타 한국을 거덜 내 놓고 지금에 와서야 국제통화기금(IMF)의 책임자라는 분이 한국의 구조조정 프로그램에 문제가 있었다고 합니다. 네. 지금은 그렇게 말해야겠지요. 한국에서 고금리와 고강도 재정긴축 정책을 추진했던 사람들이 미국에 위기가 닥치니까 한국에서 했던 것과는 정반대로 경기부양 정책을 쏟아내고 있으니 말입니다. 한국의 구조조정 실무를 담당했던 사람이 바로 현 미국 재무부 장관인 가이스너(Timothy Franz Geithner)입니다. 당시 총책임자가 루빈(Robert Edward Rubin)

현 시티그룹(Citigroup) 회장이지요. 이들을 루빈사단이라 일컫는데 중간보스가 서머스(Lawrence Summers)로 현재는 미국 오바마(Barack Hussein Obama) 정권에서 국가경제위원장 직을 맡고 있습니다. 우리에게 서머스(Lawrence Summers)는 하버드 대학(Harvard University) 총장 재임 시절에 1970년대 서울에 미성년 창녀가 무려 100만 명이나 있었다는 발언을 해 공분을 샀던 인물로 알려져 있습니다. 하비(David Harvey)는 "월스트리트(Wall Street)-미국 재무부-IMF 복합체"가 신자유주의를 추동하고 있는 핵심세력이라고 했는데 한국이 어떻게 털렸는가를 보면 너무나 정확한 지적임을 알 수 있습니다. 그런데 이 핵심세력을 면밀히 살펴보면 그 실체는 역시 유태금융자본이라는 것입니다.

유태금융자본에 관해서는 이야기가 길어질 수밖에 없습니다. 이는 후에도 다룰 것이니까 이쯤에서 일단 접고 본론으로 다시 돌아갑시다. 동양과 서양의 근대공간인 도시(都市)와 시티(City)를 살펴보면 적용된 지배적인 질서에 약간의 차이가 있음을 알 수 있습니다. 아시아에서 근대공간은 계획과 시장이 함께 지배적인 공간이지만 서구에서는 시장이 특히 강조되어 있다고 할 수 있습니다. 특히, 시티(City)는 계획(중앙정부)보다는 시장을 중시하는 영미권에서 주로 형성되었으니 근대공간에서 벌이진 현상을 정확히 반영한 것 같기도 합니다. 스미스(Adam Smith)가 1776년에 <국부론(國富論)>이라는 책을 쓴 것은 여러분들도 잘 아실 것입니다. 이 국부론의 원래 이름은 <An Inquiry into the Nature and Causes of the Wealth of Nations>로 좀 긴 편입니다. 이 책은 책의 이름대로 국부(國富)의 본질과 국부(國富) 원인에 대해 탐구한 책입니다. 이 책은 근대 이후 세계에서 최대 가치가 국부임을 알려주는 책이기도 합니다. 메이지유신 세력의 지상목표도 국부증진(國富增進)이었죠. 참고로 조국 근대화를 신앙으로 삼았던 한국의 박정희 대통령의 지상목표도 국부증진이었습니다. 한국의 도시화를 실질적으로 추진한 사람도 박정희 대통령이었습니다. (경제개발 5개년계획의 실시와 도시계획법 제정이 1962년에 같이 이루어졌음을 여러분은 주의 깊게 보아야 합니다.) 근대 - 국부 - 도시. 이 세 단어가 자꾸 서로 연결되어 보여 집니다. 저는 "잘 살아보세"라는 노래에 이 지상목표가 너무나 솔직히 표현되어 있다고 생각합니다. 그런데 스미스(Adam Smith)는 <국부론(國富論)>에서 국부(國富)를 증진시키기 위해서는 시장에 맡겨야 한다고 주장하였습니다. 실제로 꼭 그랬던 것만은 아니지만 시장이 영미권에서 강조된 것은 사실이고, 이를 반영한 공간이 시티(City)인 것이지요.

4) 최근 지방행정구역 개편논의의 본질

그런데 요즘 한국을 보면 도(都), 즉 중앙정부, 계획, 행정, 시장개입 등은 차츰 약화되고, 시(市), 즉 시장(Market)이 계속해서 강화되는 추세가 목격되고 있습니다. 노무현 전대통령이 권력은 시장에 넘어갔다고 언급한 것은 정말이지 솔직한 고백이었습니다. 물론 중앙정부가 여전히 막강한 권한을 가지고 있는 것도 분명합니다. 그러나 중앙정부가 막강한 권한을 가지고 있더라도 시장을 위한 권한인가, 시장을 통제하는 권한인가가 중요한 것입니다. 영국의 대처(Margaret Hilda Thatcher) 수상은 런던광역의회(Greater London Council)를 폐지시킬 만큼 막강한 권한을 행사하였지만 그녀는 철저한 신자유주의자입니다. 시장을 위한 중앙정부의 권력 증대였다고 볼 수 있습니다. 반대로 한국의 박정희 대통령은 막강한 권한을 가지고 시장을 통제했었지요.

현재 한국의 지방자치단체는 상당수가 군(郡)에서 시(市)로 바뀌어 있습니다. 부(府)는 그 자취도 남아있지 않습니다. 그러나 시(市)는 일제시대 까지만 해도 한반도에 없었던 행정단위입니다. 그리고 이 행정단위는 한자로 "市"라 표기하지만 이는 영어 "City"를 한자 "市"로 번역해서 사용한 것입니다. 현재 한국의 지방행정단위인 시(市)의 유래가 동양이 아니라 미국이라는 것입니다.

> 8·15 광복이 되자 그때까지 경성부에 근무했던 일본인 직원들은 모두 떠나갔고 한국인 직원들만 남았다. 이렇게 남게 된 한국인 직원들은 일제가 써왔던 경성부라는 이름을 싫어했고, 서울시라고 부르기 시작했다. 서울이란 낱말은 공식 명칭이 경성부였던 일제시대에도 한국인 시민들이 즐겨 써온 이름이었다. '시'라는 명칭은 미국인들이 시청을 시티홀이라고 한 것에서 시티를 번역한 것이었다.

(손정목. 2007. 한국 도시 60년 이야기 1. 한울. 26쪽)

일제 해방 후 한국에서 시(市)가 군(郡)을 대체하기 시작한 것은 결국 미군정기에 미국식 행정체계가 이식된 것에서 기원한 것입니다. 우리는 자기가 사는 지역이 군(郡)에서 시(市)로 바뀌면 이를 승격된 것이라고 좋아만 했는데 그 유래를 알고 보면 그리 반가운 일만은 아닙니다. 시티(City)는 시장질서가 지배적인 공간을 의미하니 어느 지역이 시(市), 즉 시티(City)가 되었다면 바로 이 질서가 두드러졌다는 것을 의미하게 되는 것입니다. 아울러 영어 “City”와 한자 “市”의 기원은 다르지만 그 의미하는 바는 시장(市場, Market)으로 같습니다.

일제시대 까지만 하다라도 한반도에는 부(府)와 군(郡)이 지방행정단위였습니다. 일제시대 서울의 공식 명칭은 경성부(京城府)였습니다. 아이러니한 것은 탈아입구(脫亞入歐)를 내세웠던 일본에서 오히려 동양의 고유한 지방행정체계를 유지하고 있다는 것입니다. 현재 일본의 지방행정체계는 도도부현(都道府県)입니다. 특별한 곳만 도(都), 도(道), 부(府)로 지정되어있고, 나머지는 43개 지역은 다 현(県)입니다. 그 특별한 곳은 동경도(東京都), 북해도(北海道), 오사카부(大阪府), 교토부(京都府)입니다. 동경(東京)은 일본의 천자(天子)인 천황(天皇)이 거처하는 곳이니 도(都)로 지정되어 있는 것입니다. 동경도(東京都)의 뜻은 동쪽(東)의 교토(京都)인 것이지요. 일본에서도 시(市)라는 행정단위가 쓰이지만 도도부현(都道府県) 아래의 하급행정단위에 불과합니다. 동경도(東京都) 안에 즉, 도(都) 안에 시(市)가 있습니다. 반면, 동경과 비교대상이 되는 서울은 시(市)라는 행정단위를 갖습니다. 동경(東京)은 도(都)이고 서울은 시(市)인 것이지요. 오사카(大阪)는 부(府)인데 원래 동래부(東萊府)라는 이름을 가지고 있었던 부산(釜山)은 현재 시(市)가 되어 있는 것이지요.

한국에서 최근에 도(道)를 폐지하고 전국을 50여개의 광역시(廣域市) 단위로 행정구역을 조정하자는 주장이 제기되고 있습니다. 국토를 일본의 현(県)의 규모로 쪼개어 모든 지역을 시장질서가 지배적인 공간인 시(市)로 만들겠다는 발상입니다. 그리고 한국의 역사를 또 한번 지우겠다는 발생이기도 합니다. 도(道)는 원래 최고의 지방행정단위였습니다. 도(道)는 현(県)보다 상급 행정단위입니다. 근대일본국에서 1869년에 아이누족(アイヌ族, Ainu)의 땅을 획득하여 북해도(北海道)라 명명한 것에서 알 수 있듯이 그 정도의 규모는 갖추어야 도(道)라 불릴 수

있는 것입니다. 한국의 도(道)는 현재에도 일본의 현(県)보다 보통 3-7배 정도 큰 규모입니다. 이조시대를 살펴보면 팔도(八道) 아래에 부군현(府郡縣)이 있었습니다. (일본에서는 "縣"을 약자로 "県"으로 씁니다. 본서에서는 일본의 "현"을 표기할 때는 "県"을 사용하였습니다.) 부(府)는 특별한 지역에 붙었는데 한성부(漢城府)가 대표적입니다. 그리고 대부분은 군(郡)이었고, 현(縣)은 군(郡)에 문제가 생겨 강등조치 등이 이루어졌을 때 사용되곤 하였습니다. 그런데 최근 한국에서는 도(道) 폐지가 무슨 의미를 갖는지 제대로 한번 논의되지도 않은 채, 그저 효율성 담론만 판을 치고 있으니 그저 답답할 따름입니다. 한편으로 이렇게 행정구역이 조정되면 북한과의 통일을 이루었을 때 오는 혼란을 어쩌려고 하는지 이 역시 답답할 따름입니다.

근대일본국에서는 현(県)이 군(郡)의 상위 행정단위로 사용되었는데 이는 메이지유신 이후 단행된 지방행정구역 개편에서 현(県)이라는 용어가 우선적으로 고려되었기 때문입니다. 이 행정구역 개편의 명칭은 아예 폐번치현(廃藩置県)이라고 합니다. 말 그대로 번(藩)을 폐지하고 현(県)을 설치하는 것입니다. 메이지유신 이후 열도의 여러 번국(藩國)들은 그동안 누려왔던 소국(小國)으로서의 자치권을 상실하고 메이지 정부가 직접 거느리는 지방행정단위인 현(県)이 된 것입니다. 당시 메이지 정부가 현(県)이라는 용어에 집착했던 것은 현(県)이 천자가 직접 거느리는 행정단위라는 뜻을 강했게 품고 있었기 때문입니다.

<縣>

㉠ 고을
㉡ 현
㉢ 성(姓)의 하나
㉣ 매달다
㉤ 걸다
㉥ 끊어지다
㉦ 떨어지다
㉧ 격하다

회의문자

懸(현)의 고자(古字). 죄인(罪人)의 목을 거꾸로 나무에 건 모양의 글자로 首(수☞목)자를 거꾸로 한 글자에 系(계☞걸어잡아맴) 및 木(목☞나무)을 보탠 글자. 목을 거꾸로 나무에 걸다 → 높이 걸다의 뜻을 나타내며, 나중에 중앙정부에 연결된다는 뜻에서 행정 구역을 나타내는 말로 쓰임

[출처: 네이버(NAVER) 한자사전]

[그림 6-11]은 고대부터 내려온 천자국의 공간질서를 표현한 것입니다. 보다시피 천자가 거처하는 공간인 도(都)가 가운데 있고, 주변으로 4개의 현(縣)이 감싸고 있습니다. 천황을 옹립하여 새로이 천자국을 지향한 근대일본국은 이러한 공간질서를 너무도 의식했던 것입니다. 그래서 현(県)이라는 용어에 집착했던 것이지요. 동경(東京)은 도(都)이고 그 주변을 현(県)이 감싸고 있으니 고대 천자국의 공간질서가 근대일본국에 그대로 적용되어 있는 것입니다.

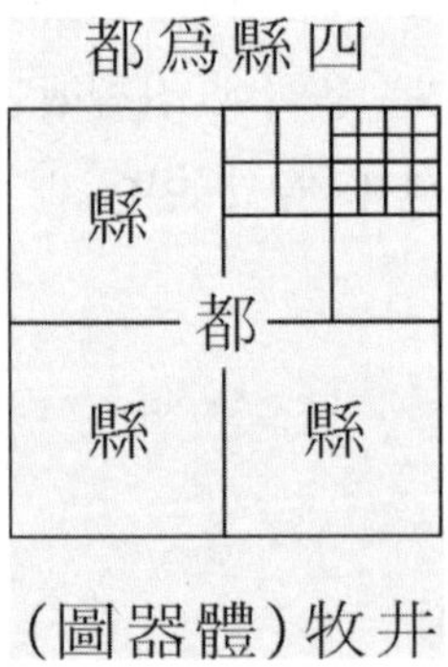

[그림 6-11] 정목(井牧) 예기도(禮器圖).

현재 일본에서는 47개의 도도부현(都道府県)을 9-13개의 도주(道州)로 통합하려고 합니다. 일본은 최고 지방행정단위인 도(道)로 국가를 재편하려고 하는데 한국은 국가를 하위 지방행정단위인 현(県)의 규모로 쪼개 시(市)로 만들겠다고 합

니다. 근대일본국에 적용되었던 지방행정단위인 현(県)과 미국식 행정체계인 시(市)의 결합으로 국토를 개편하겠다는 것입니다. 한국과 일본에서 벌어지고 있는 행정구역 개편 논의가 비슷한 것 같지만 그 실상은 이와 같이 정반대입니다.

그리고 논외지만 위에서 스미스(Adam Smith) 이야기가 나왔으니 하나만 집고 넘어가겠습니다. 지금 신자유주의자들이 자신들의 스승을 스미스(Adam Smith)라 하는데 스미스(Adam Smith)가 들으면 너무나 불쾌할 일일 것입니다. 스미스(Adam Smith)는 국가와 국민의 부(富)를 증대시키기 위해 시장경제를 옹호한 것이지 시장경제 옹호가 그의 목표는 아니었습니다. 스미스(Adam Smith)가 쓴 책의 제목이 이를 증명하지 않습니까? 장하준 교수도 지적했지만 스미스(Adam Smith)는 시장경제가 국가와 국민의 부(富)에 손해를 입히면 이에 대해 반대 입장을 분명히 표명했던 사람입니다. 그런데 지금 신자유주의자들에게 국가와 국민이 어디에 있습니까? 목표와 수단을 바꿔놓고 스미스(Adam Smith)를 계승하고 있다고 합니다.

> 그러나 스미스는 자유 시장 경제학자이기 이전에 애국자였다. 그가 자유 시장과 자유 무역을 지지한 것은 그것이 영국에게 유리하다고 판단했기 때문이었다. 가장 노골적으로 '시장을 왜곡하는' 법령인 항해조례를 영국의 모든 무역 관련 법령 가운데서 가장 현명한 법령이라고 그가 극찬한 데서 이를 알 수 있다.

(장하준. 이순희 옮김. 2007. 나쁜 사마리아인들(Bad Samaritans: The Myth of Free Trade and the Secret History of Capitalism). 도서출판 부키. 78쪽)

정말 곡학아세(曲學阿世)의 시대가 따로 없습니다. 일국의 국민경제를 아작 낸 서머스(Lawrence Summers)가 세계 최고 대학이라는 하버드 대학(Harvard University) 총장을 했으니 말 다한 겁니다. 대학에서 그가 했던 일은 신자유주의(Neoliberalism)나 개념도 모호한 거버넌스(Governance)같은 것만 만들어 약소국들에게 국가와 민족을 해체하는 것이 시대의 거스를 수 없는 흐름이라고 유포한 것이지요. 요즘 시대에 누가 누구를 계승했다는 사람 치고, 제대로 계승한 사람은 거의 없다고 보면 됩니다. 고인의 후광을 이용해 장사해 먹는 사람들만 판을 치지요. 고인의 뜻을 왜곡이나 안 하면 그나마 다행입니다.

5) 근대는 과거와 단절된 시대

본장에서 우리는 근대공간인 도시를 새로운 시각에서 살펴보았습니다. 본장을 마무리하기 전에 "근대"라는 용어만 집고 넘어가겠습니다. 저는 본서에서 근대공간이라는 용어와 함께 근대일본국이라는 용어를 자주 사용하였습니다. 제가 일본국 앞에 "근대"를 붙인 것은 이전의 일본과 근대 이후의 일본이 다르다고 보았기에 그리 한 것입니다. 도대체 "근대"가 무슨 뜻을 가지고 있는 것일까요? 많은 사람들이 "근대"의 뜻을 시간상으로 현대와 가까운 시기로만 파악하곤 합니다. 사실 "근대"의 시기가 오늘날과 가깝긴 합니다. 그러나 "근대(modern)"의 정확한 뜻은 과거와의 "단절"을 의미합니다. 물론 과거와의 완전한 단절은 있을 수 없습니다. 그러나 지배층이 "근대"라는 용어를 사용하였다는 것은 과거와 단절된 새로운 질서가 지배하는 사회를 추구하겠다는 의미를 갖습니다. 킹(Anthony D. King) 교수는 2009년 10월 인천(仁川)에서 열린 <인천 세계도시인문학대회> 기조강연에서 "근대(modern)"라는 말을 다음과 같이 설명한 바 있습니다.

> 사전적 정의에 의하면, "근대(modern)"란 먼 과거와는 차별되는 현재 혹은 최근의 특징을 의미한다.(옥스퍼드 영어사전) ….(중략)… "근대(modern)"와 "근대성(modernity)"이라는 용어는 영어 단어이지만 영미권에서만 사용되는 영어가 아니라 국제화된 영어이다. 프랑스어와 독일어 같은 다른 유럽의 언어에서도 비슷한 용어가 있다. 이 두 단어 모두 'modernus'라는 라틴어에서 유래된 단어로 ….(중략)… 라틴어 'modernus'는 우리 모두가 상상하는 것보다 오랜 역사를 지니고 있다. 'modernus'라는 단어가 처음 등장한 때에는 서기 494/495년으로 하나의 역사적 사건을 다른 사건과 구분하기 위해 사용되었다. 이 단어는 오래된 것과 새로운 것을 구분하는 의미였다. 하지만 중요한 것은 그리스와 로마의 고대 유물을 보면 과거가 기본이 되었다. 즉, 현재는 과거를 기준으로

판단하는 것이었다. 그리고 "근대(modern)"는 부정적이고 나쁘며 열등한 것이라 여겨졌다.

옥스퍼드 영어 사전에 의하면 필자가 말하는 영미인들의 영어로써 처음 "근대(modern)"라는 단어의 사용이 기록된 것은 1585년이다. 그리고 "근대성(modernity)"은 1627년에 최초로 기록되었다. 18세기 동안 "근대성(modernity)"이라는 단어는 구시대의 것에 비해 우월하다는 의미를 갖게 되었다.

(중략)

"근대(modern)" 및 "근대성(modernity)"이란 단어가 현재라는 의미를 갖고 있기 때문에 특정한 역사적인 시간이나 특히 특정 지리적 기준이 없다면 그 어떤 고정적인 의미를 갖지 못한다. 즉 그 단어 자체만으로는 아무 의미도 지니지 않는다는 것이다.

(중략)

반대말을 살펴보면, 물론 두 반대말 사이에 많은 단어들이 간과되긴 하지만 "근대(modern)"의 반대말은 "전통(tradition)" 혹은 "전통적인(traditional)"이라 할 수 있다. 가장 중요한 것은 이 반대말의 구별은 사람들의 가치 및 도덕적 판단에 따른다는 것이다.

(킹(King, A. D.). 2009. 「Unravelling Modernities: What Are the Signs of a Modern City?」 인천세계도시인문학대회 자료집. 25쪽)

한편, 세계적인 석학 하비(David Harvey)는 <모더니티의 수도 파리(Paris, Capital of Modernity)>라는 책에서 "근대"와 "단절"의 관계에 대해 다음과 같이 서술합니다.

근대성(modernity)의 신화 가운데 하나는 과거와의 철저한 단절이라는 생각이다. 그 단절은 세계를 백지(tabula rassa)로, 과거와 상관없거나 과거가 끼어들더라도 그것을 망각하고 새로운 것은 기록할 수 있는 백지로 볼 수 있게 해주는 수준이어야 한다. 따라서 근대성은 온건하고 민주적인 것이든 혁명적이고 권위적이며 상처를 남기는 것이든, 종류를 불문하고 항상 "창조적 파괴"이다. 철저한 단절이 문학이나 미술, 도시계획과 산업

> 구조, 정치, 생활방식 같은 여러 상이한 분야에서 무언가를 시행하고 묘사하는 스타일의 문제인지, 아니면 근대성의 집합적 힘이 나머지 세계를 집어삼키는 방향으로 확산되기 시작할 때 그 시공간적 출발점이 되는 핵심적으로 중요한 몇몇 장소와 시간에 그 모든 분야에서의 변동이 집결되는지 판단하기가 어려울 때가 많다. 근대성의 신화는 후자의 해석 쪽으로(특히 어원이 같은 근대화와 발전이라는 개념을 통해) 기울어지는 경향이 있다. 비록 계속 추궁해 나가면 그 해석의 옹호자들은 불균등한 발전이라는 것을 대개 기꺼이 시인하며, 이에 대해 자세히 논하다보면 상당한 혼란이 일어나지만 말이다.
>
> 나는 이러한 근대성 개념을 신화라고 부른다. 왜냐하면 철저한 단절이라는 개념이 가지는 힘은 설득력이 강하고 광범위하게 적용되지만, 정황적으로는 그런 힘이 발생하지도 않았고 발생할 수도 없다는 증거가 얼마든지 있기 때문이다. 이에 비해 그 대안인 근대화(modernization) (근대성이 아니라) 이론은 생시몽(Saint-Simon)이 처음 만들어냈고 마르크스(Marx)가 대폭 지지한 것으로 어떤 사회 질서도 기존의 여건 속에 이미 잠복해 있지 않던 변화를 만들어낼 수 없다는 것이다. 근대적 사상의 만신전 안에서 뚜렷한 자리를 차지하는 두 사상가가 철저한 단절의 가능성을 이렇게 명백하게 부정하면서도 동시에 혁명적 변화의 중요성을 주장했다는 사실이 이상하지 않은가? 그러나 의견이 수렴되는 곳은 "창조적 파괴"라는 구심점 부근이다. 옛날 속담에서 말하듯이 달걀을 깨뜨리지 않고 오믈렛을 만들 수는 없다. 새로운 사회 형태를 만들려면 어떤 방법으로든 옛것을 능가하거나 그것을 폐기하지 않을 수 없다. 그러므로 근대성이 하나의 개념으로서 의미를 가진다면 그것은 창조적 파괴의 결정적인 순간들을 알려주기 때문이다.

(하비(Harvey, D.). 김병화 옮김. 2005. 모더니티의 수도 파리(Paris, Capital of Modernity). 생각의 나무. 8-9쪽)

근대는 과거와의 "단절"을 총칭합니다. 그러니 근대공간은 과거와 단절된 공간이고 근대일본국은 과거의 역사로부터 단절된 새로운 일본인 것입니다. 근대일본국이 만든 근대공간인 도시(都市)는 고려문(高麗門) 철거로부터 시작되었고, 고려(高麗)의 이상향이 담겨있던 공간인 마을(町)이 파괴되어 만들어진 것입니다.그런데 이렇게 과거와 단절된 사례를 우리는 고려개(高麗犬)를 통해 이미 살펴보았습니다. 한반도에서 삽살개가 다 죽임을 당해 우리는 선조들이 보아왔던 개의 모습마저 모르고 살아가고 있습니다. 개(犬)의 모습마저 바뀐 세상이 근대라는 세상인 것이지요. 메이지유신 세력들이 만든 한자조합어를 사용하며 살아가는 우리는 과거의 기억과 철저히 단절되어 있습니다. 메이지유신 세력들은 열도에서 성씨(姓氏)까지 새로 만들어 보급시켰고, 한국에서도 창씨개명(創氏改名)을 통해 과거의 기억으로부터 단절시키기 위해 끊임없는 노력을 기울였습니다. 이들은 지명도 바꾸어 버렸습니다.

그러나 하비(David Harvey)도 지적했듯이 완전한 단절은 있을 수 없습니다. 콘젠(M. R. G. Conzen)도 기존의 물리적 형태가 쓸모없게 되었다고 다 제거할 여력이 있는 사회는 없다고 했습니다. 비록 반도에서는 그 전통이 끊겼지만 열도에서는 계속해서 고려개가 세워지고 있습니다. 그리고 에도성(江戸城)에서 철거된 고려문(高麗門)은 겨우 두 채뿐이며, 아직도 여덟 채는 남아서 에도(江戸)가 고려(高麗)의 마을(町)이었다고 우리에게 알려주고 있습니다. 과거를 잊은 우리들이 이를 못 알아보고 있지만 말입니다. 메이지유신 세력들이 이 고려문을 다 철거하지 못했던 것은 아마도 고려의 후손들인 에도인(江戸人)들의 봉기를 두려워했던 것은 아니었을까요? 한국에서 숭례문(崇禮門)이 불에 타자 갑자기 사람들이 울분을 토해냈던 것을 기억합니다. 평상시에는 문화재에 별 관심도 없었던 사람들이 불에 탄 숭례문 앞에서 제사까지 지내질 않나 정말이지 애국자들이 따로 없더군요. 에도(江戸)에서 근 300년을 공간 인식의 기준으로 사용되었던 에도성(江戸城)의 대수고려문(大手高麗門)이 철거되었다면 에도인(江戸人)들에게 그 상실감은 이루 말할 수 없었을 것입니다.

그런데 최근에도 이런 단절이 추진된 곳이 있어 보입니다. 최근에 북경올림픽을 계기로 중국 정부는 북경(北京)을 정비한다는 구실을 달아 옛 북경의 시가지 조직을 대거 부수어 버렸습니다. 근래에 들어 사람들이 어느 지역을 여행가고, 그 지역을 소비하는 것은 그 지역만이 갖는 독특한 장소성에 기인합니다. 서울시만 해도 비록 일제시대에 지어진 한옥이 다수를 이루고 있지만 북촌마을을 오래된 전통이 숨 쉬고 있는 역사문화지역으로 설정하고 많은 돈을 들여 정비하고 있습니다. 중국 정부가 이를 과연 모를까요? 전통가옥이 밀집해 있는 지역을 대거 철거하고 현대식 빌딩을 짓는 것을 단순한 시가지 정비로만 보기에는 뭔가 미심쩍어 보입니다. 에도(江戸)가 동경(東京)으로 변형되었던 과정이 북경(北京)에서도 진행되었던 것은 아닌지 생각해 보아야 합니다.

본장에서는 에도가 동경으로 변형된 사항들을 살펴보면서 고려의 흔적을 추적해 보았고, 마을과 도시에 대해 새롭게 이해를 해 보았습니다. 근대는 도시의 시대인데 최근에 보면 이에 대해 회의를 느끼는 사람들이 많이 나타나고 있습니다. 사람은 계획과 시장만으로는 살 수 없다는 반증인 것입니다. 아무리 계획과 시장을 통해 부(富)를 쌓는다고 해도 의(義)와 애(愛)가 없다면 그곳이 살맛나는 세상은 아니지요. 이에 일본에서도 그리고 최근에 한국에서도 마을만들기(町つくり)에 대한 관심이 높아지고 있습니다. 근대공간에서 배제되었던 마을(町)이 부활하고 있는 것이지요. 메이지유신 세력들은 자신들의 이상향을 담은 공간을 도시(都市)로 규정했습니다. 반면에 고려(高麗)의 이상향이 담긴 공간은 마을(町)이었습니다. 이제 우리 시대에는 도(都) - 시(市) - 마을(町), 즉, 계획 - 시장 - 협의가 조화를 이루는 대안 공간이 만들어져야 한다고 봅니다.

7

오사카성(大阪城) 축성의 비밀

1) 도요토미(豊臣)의 오사카성(大阪城), 도쿠가와(德川)의 오사카성(大阪城)

기록에 의하면 우리 민족의 최초의 정주공간으로 언급된 곳은 환웅(桓雄)이 신단수(神壇樹) 아래에 열었다는 신시(神市)입니다. 그런데 앞의 6장에서 살펴보았지만 정주공간에 대한 명칭은 해당 시대의 지배원리, 그리고 이 지배원리가 반영된 공간의 형태를 보고 붙여졌음을 알 수 있습니다. 도시(都市)가 도(都)와 시(市)의 결합이듯이 신시(神市)는 신(神)과 시(市)의 결합으로 생각해 볼 수 있습니다. 샤먼제국에서 가장 중요한 공간은 신(神)을 위한 공간입니다. 특히 고대 샤먼제국에서 이 공간은 더욱더 중요했을 것입니다. 이 공간은 현재 북경의 천단(天壇)과 서울의 환구단(圓丘壇)에 계승되어 있습니다. 그런데 신(神)이 고대의 정주공간에 등장하는 것은 쉽게 납득이 되는데 시(市)가 등장하는 것에 대해서는 쉽게 이해가 안 될 것입니다. 저는 앞의 6장에서 시(市)는 근대 이후의 공간이라 말씀드렸습니다. 그런데 당시 신시의 위상을 생각해보면 시(市)가 이곳에서 중요했고,

또한 그 면적도 넓었을 것이라 판단됩니다. 그 시대에 신시는 인간이 모듬살이하는 몇 안 되는 곳이었고 제천의식(祭天儀式)에 참여하는 사람들이 모여드는 세계의 수도였을 것입니다. 그러니 이곳에서는 신(神)의 영역뿐만 아니라 시(市)의 영역도 상당한 비중을 차지할 수밖에 없었을 것입니다. 시(市)의 영역에서 사람들은 여러 물품과 정보를 교환했을 것입니다. 교환되는 물품 중에는 신(神)의 영역에 가려는 사람들이 필요로 하는 제기(祭器)가 상당히 많았을 것입니다. 그런데 이런 신시(神市)의 공간구조를 보이는 곳이 아직도 남아 있습니다. 그곳은 바로 그리스의 아테네(Athens)입니다. 고대 아테네는 아크로폴리스(Acropolis)라는 신(神)의 영역과 아고라(Agora)라는 시(市)의 영역으로 구성되어 있었습니다. 현재 아테네는 공간적으로 보다 확대되었지만 고대 아테네 지역은 아직도 고대의 공간구조를 유지하고 있습니다.

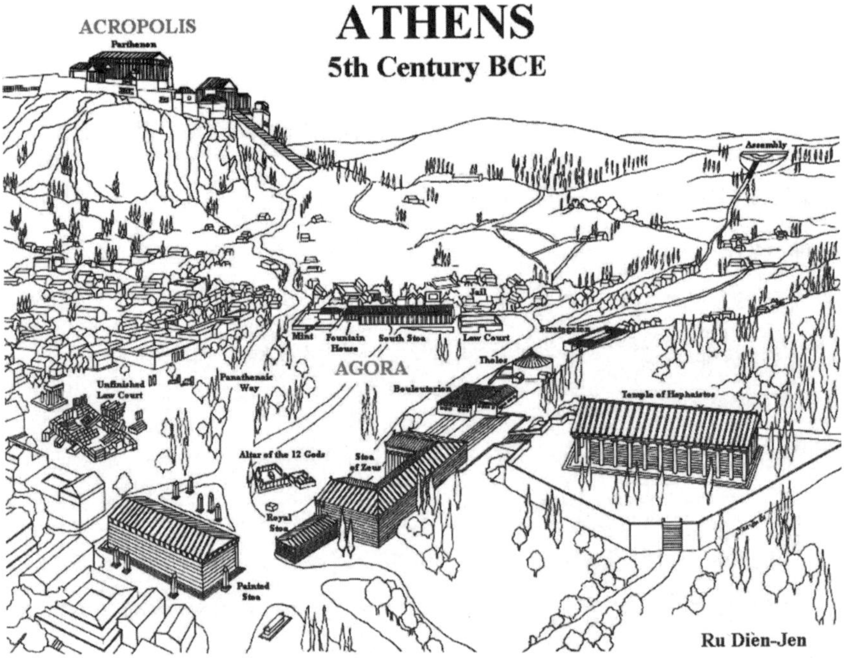

[그림 7-1] 고대 아테네 조감도. 제작: Ru Dien-Jen.
출처: http://socrates.clarke.edu/

조선민족(朝鮮民族)의 역사는 특수합니다. 그러나 인류의 역사와 맥을 같이 한 이상 보편성이라는 것도 분명히 지니고 있습니다. 우리는 신시의 모습을 한반도에서만 찾아 볼 것이 아니라 저 멀리 지중해(The Mediterranean)에 있는 폴리스(Polis)에서도 그 모습을 유추해 볼 수 있어야 합니다. 아마 선조들이 그 옛날 아테네(Athens)를 보았다면 분명 신시(神市)라 이름을 붙였을 것입니다. 이렇게 시공간을 뛰어 넘어 다각도로 여러 사안을 비교 검토하다보면 우리는 신시의 모습도 그려낼 수 있습니다. 일본열도에서 고려(高麗)를 찾겠다고 했을 때 많은 사람들이 저를 이상하게 보곤 했습니다. 그러나 이제 여러분들 중에 저를 이상하게 생각하실 분은 안 계실 것입니다.

이렇듯 우리에게는 상상력이라는 무기가 있습니다. 그리고 우리는 세계 최고의 언어를 구사하고 있습니다. 알파벳에만 익숙한 서구인이나 한자의 뜻만 볼 줄 아는 지나인에 비해 우리에게는 이 모두를 총괄해서 살펴볼 수 있는 능력이 있습니다. 이건 오직 한국인만이 가진 능력입니다. 물론 일본인도 우리와 유사한 능력을 보유하고 있습니다. 그러나 일본어는 고작 50여 개의 발음만 다루고 있어 세계 여러 언어의 풍성한 발음을 다 담을 수 없습니다. 그러니 일본인의 한계는 분명히 드러납니다. 이제 오사카성(大阪城)을 살펴봅니다. 오사카성에서 저는 도요토미 히데요시(豊臣秀吉)와 도쿠가와 히데타다(德川秀忠)가 어떤 마음을 가지고 오사카성을 만들고 고쳤는지를 추적할 것입니다. 여러분도 상상력이라는 무기를 가지고 오사카성의 비밀을 캐 보시기 바랍니다. 저도 여러분들보다 특별한 능력을 갖고 있는 것이 아닙니다. 저는 단지 이 상상력이라는 무기를 가지고 열심히 이곳저곳을 찾아 다녔을 뿐입니다.

일본열도에서 마을(町)들은 대부분 해안가에 만들어져 있습니다. 섬으로 이루어져 있고 땅의 대부분이 산악지형인 열도에서 이는 당연한 일일 것입니다. 대륙으로부터 문물을 받아들이기 좋은 곳도 해안가임은 두말할 필요도 없습니다. 그런데 해안가에 위치한 일본열도의 마을들은 "물의 마을(水の町)"이라는 공통점을 지니고 있었습니다. 중요한 사실은 마을들이 단순히 해안가에 위치했기 때문에 물의 마을로 불렸던 것이 아니라는 것입니다. 바다뿐만 아니라 하천, 해자, 운하가 마을들을 관통하며 이 물길을 따라 배가 주요 교통수단으로 사용되었기 때문

에 물의 마을이라 일컬어졌던 것입니다. 그런데 현재 열도의 마을은 일본의 도시로 개조되면서 물의 마을이라는 특성을 많이 잃어버렸습니다. 이는 하천, 해자, 운하 등이 많이 복개되었기 때문입니다.

[그림 7-2] 에도도정방감(江戸図正方鑑).
출처: 동경도 생활문화국 국제부 외사과. 1993. 동경: 대도시의 성립과 전개. Simul International, Inc. 9쪽.

[그림 7-2]는 1693년에 제작된 에도(江戸) 지도입니다. 지도의 왼쪽 아래쪽에 배가 보입니다. 그리고 에도성(江戸城)이 하천, 해자, 운하로 겹겹이 에워싸여 있는 것이 보입니다. 에도성을 에워싼 해자(垓子)는 본래 성(城)을 방어하기 위한 수

단으로 만들어졌습니다. 그런데 이 해자는 운하와 하천, 그리고 바다까지 연결되어 있습니다. 이 물길을 통하면 배로 바다에서 에도성까지 바로 갈 수도 있을 것 같습니다. 에도시대에 물길은 교통수단으로 많이 활용되었다고 합니다. 그러니 열도인들은 바다에서 배를 타고 물길을 통해 에도성(江戸城)에 등성(登城)하였을 수도 있을 것 같습니다. 그런데 마을(町)에 이렇게 물이 많았던 것은 방어나 교통수단보다는 방재의 목적이 제일 컸습니다. 에도(江戸)는 재난의 마을이었습니다. 운하는 화재가 많이 발생해서 이에 대비하기 위해 판 것으로 알려져 있습니다.

제가 일본에 있었을 때 보니 동경도(東京都)에서는 이 물길을 되살리기 위해 여러 모색을 하고 있었습니다. 당시 동경도는 2016년 올림픽 유치에 나서고 있었는데 이와 연계하여 에도시대의 물길을 되살려 도시를 매력적인 공간으로 탈바꿈시키겠다는 야심찬 계획을 세우고 있었습니다. 올림픽 유치 실패 이후에도 이 계획이 그대로 실행되고 있는지는 모르겠습니다. 동경도청에서 “물가의 재생(水邊の再生)”이라는 주제로 전시도 했었는데 하천 복원의 성공 사례로 청계천이 소개되어 있기도 했습니다. 그런데 에도의 물길을 되살리려면 물길과 에도성의 관계가 먼저 명확히 규명될 필요가 있다고 생각합니다. 그런데 그 일이 가능할까요? 둘 사이의 관계는 결국 에도성의 오테문(大手門), 즉 고려문(高麗門)이 연결고리가 될 텐데 이에 대한 정확한 규명이 가능할까요?

“물의 마을(水の町)”로서의 이미지가 에도(江戸)보다는 들 하지만 오사카(大阪)도 원래 “물의 마을(水の町)”이었습니다. [그림 7-3]은 1671년에 제작된 오사카 지도인데 보다시피 이곳도 역시 “물의 마을(水の町)”이었음을 알게 해 줍니다. 그리고 이 지도는 서쪽이 아래를 향하는데, 이는 오사카성의 정문이 서쪽에 있음을 알려줍니다. 에도(江戸)는 동쪽, 오사카(大阪)는 서쪽이 공간 인식의 기준이었던 것입니다. 흥미로운 사실은 에도성(江戸城)과 오사카성(大阪城) 사이에 위치한 나고야성(名古屋城)의 정문은 남쪽에 위치해 있다는 것입니다. 나고야(名古屋)는 남쪽이 공간 인식의 기준이었다는 말이 됩니다. 이 세 성은 모두 도쿠가와(德川) 가문에 의해 축성 또는 개축되었던 성(城)이라는 점에서 이렇게 성의 정문의 방향이 결정된 것에는 그들의 의도가 반영되어 있을 것으로 생각됩니다. 이 세 성이 하나의 세트(set)를 이루고 있다는 느낌이 듭니다. 나고야성을 기준으로 보면 동쪽에 에도성, 서쪽에 오사카성이 위치해 있습니다. 그런데 에도성의 정문은 동쪽에, 오사카성의 정문은 서쪽에, 그리고 나고야성의 정문은 남쪽에 위치해 있습니다.

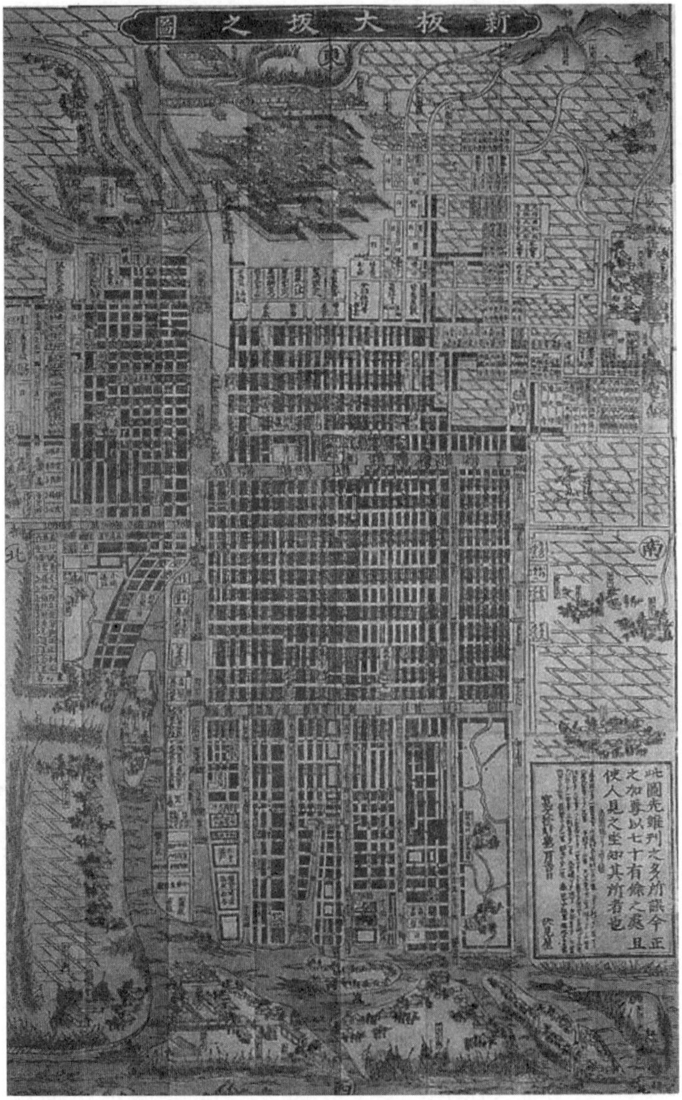

[그림 7-3] 신판오사카지도(新板大坂之圖).
출처: 오사카역사박물관. 2004. 오사카역사박물관 상설전시안내. 요시다印刷株式会社. 73쪽.

중요한 사실은 도쿠가와(徳川) 가문이 열도를 장악하기 전에는 이와 같이 정문이 위치해있지 않았다는 것입니다. 도쿠가와 히데타다(徳川秀忠)에 의해 개축되기 전에 오사카성의 정문은 서쪽에 있지 않았습니다. 도요토미 히데요시(豊臣秀吉)가 1583년에 오사카성을 축성했을 때 성의 정문은 남쪽에 있었습니다. [그림 7-4]는 도요토미 히데요시(豊臣秀吉) 시대의 오사카성 지도와 그 모형입니다. 보다시피 남쪽에 정문이 있었음을 알 수 있습니다. 그런데 정문의 이름이 사쿠라고문(桜御門)입니다. "사쿠라(桜)"는 벚꽃을 의미하며, "어(御)"는 임금을 뜻합니다. 이는 도요토미 히데요시도 역시 왕(王)이었다는 것을 알려줍니다. 또한 정문의 이름이 고려문(高麗門)이 아닌데 이는 임진왜란 이전에는 열도에서 고려문이 통상적으로 설치되지 않았음을 알려줍니다.

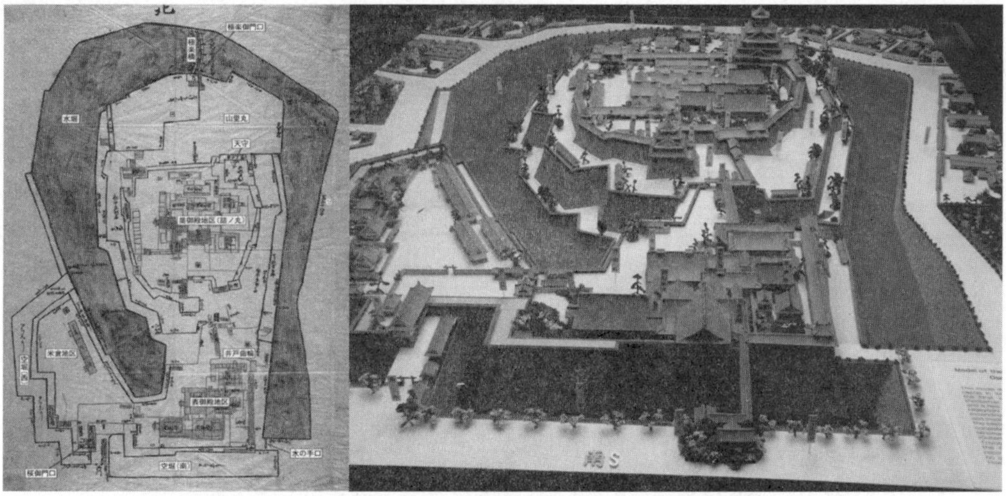

[그림 7-4] 豊臣期大阪城の本丸図[左]와 당시 오사카성 모형도[右].
[左] 출처: 中村博司. 2008. 天下統一の城 大阪城. 新泉社. 31쪽.
[右] 소장: 오사카성 천수각. 사진제공: 이길모.

도요토미 히데요시가 임진왜란에 실패하고 숨을 거둔 후, 1600년에 열도의 실권을 놓고 세키가하라전투(関ヶ原の戦い)가 벌어졌습니다. 이 전투에서 도요토미 히데요시(豊臣秀吉) 계열의 서군은 도쿠가와 이에야스 계열의 동군에게 패배하였

고, 결국 열도는 도쿠가와 이에야스가 장악하게 되었습니다. 도요토미 히데요시(豊臣秀吉)의 아들인 도요토미 히데요리(豊臣秀頼)는 이런 상황에서도 오사카성을 지키며 이 일대를 통치하였습니다. 그러나 1615년에 도쿠가와 이에야스는 오사카성을 총공격하여 성을 함락시켰고, 도요토미 히데요리와 그의 모친은 자살로 생을 마쳤습니다. 오사카성은 이 때 잿더미가 되었는데 1620년부터 도쿠가와 이에야스의 아들이자 그의 후계자인 도쿠가와 히데타다(德川秀忠)에 의해 성이 재건되기 시작하여 1629년에 완공됩니다.

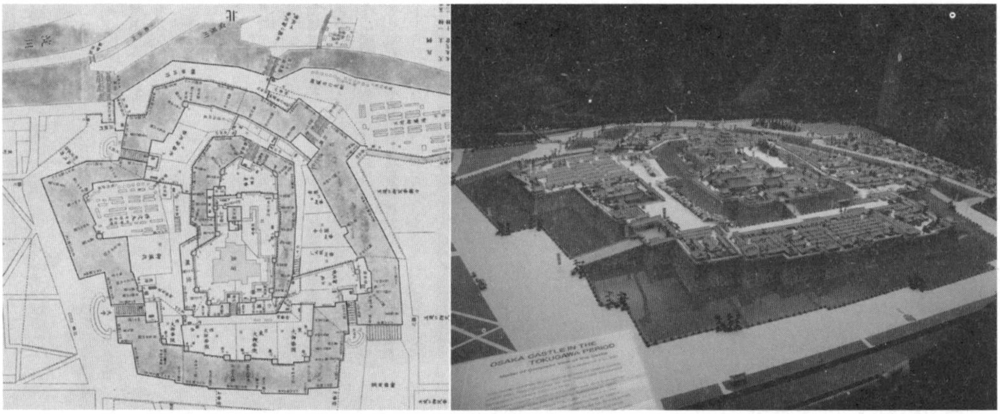

[그림 7-5] 德川期の大阪城図[左]와 당시 오사카성 모형도[右].
[左] 출처: 中村博司. 2008. 天下統一の城 大阪城. 新泉社. 72쪽.
[右] 소장: 오사카성 천수각. 사진제공: 이길모.

[그림 7-5]는 도쿠가와(德川) 시대의 오사카성(大阪城) 지도와 그 모형입니다. [그림 7-4]와 비교해 보았을 때 성의 규모가 커졌음을 바로 알 수 있습니다. 그리고 성의 정문이 서쪽에 위치해 있음을 알 수 있습니다. 공간의 축이 남쪽에서 서쪽으로 바뀐 것입니다. 에도성(江戸城)의 경우는 황거(皇居)로 개조되면서 공간의 축이 동쪽에서 남쪽으로 바뀌었는데 말입니다. 뿐만 아니라 이 정문은 1620년에 설치되었는데 문의 이름이 보통 열도성(列島城)의 정문을 의미하는 오테문(大手門)으로 명명되어 있습니다. 그런데 이 오테문의 안내게시판에 따르면 구조형식이 고려문(高麗門)이라 설명되어 있습니다. (한국에서 오사카성을 방문했던 사람

들은 족히 백만 명을 넘을 것으로 생각됩니다. 그런데 이 문이 고려문이라 설명되어 있는 문구를 본 사람조차 많지 않습니다. 한국의 역사학자들도 마찬가지여서 열도에 고려문이 있다는 사실조차 모르는 사람이 허다합니다. 한국 역사학자들의 수준은 에필로그에서 신랄하게 비판할 것입니다.)

도쿠가와(德川) 막부(幕府)는 고려문을 세웠고, 메이지 정부는 고려문을 철거했습니다. 이 문만 가지고도 이들의 정치적 지향점이 단번에 파악됩니다.

[그림 7-6] 오사카성(大阪城)의 대수고려문(大手高麗門).

2) 고려제국(高麗帝國)에 속하고 싶었던 도요토미 히데요시(豊臣秀吉)

오사카성(大阪城)의 정문이 서쪽에 있으니 도쿠가와(德川) 시대의 오사카(大阪)는 오사카성의 서쪽이 중심지를 이루었습니다. 이는 에도(江戶)가 에도성의 동쪽인 마루노우치(丸の內)에 중심지를 형성했던 것과 좋은 대조를 이룹니다. 오사카성의 서쪽 지역은 마을의 이름이 아예 윗마을(上町)이었습니다. 역시 죠카마치(城下町)는 철저하게 신분질서가 반영되었던 공간임을 알 수 있습니다. 그런데 일본측 기록에 의하면 도요토미 히데요시(豊臣秀吉) 시대에도 성(城)의 남쪽 지역이 아니라 서쪽 지역이 중심지를 이루었던 것으로 묘사되어 있습니다. 이는 성(城)의 남쪽에 하천이 근접해 있어 마을(町)의 형성과 확장이 어려웠기 때문일 수도 있습니다. 그러나 오사카(大阪)에서는 성의 정문의 위치에 상관없이 서쪽 지역이 아주 중요한 의미를 가지고 있었기에 그곳이 중심지를 형성할 수밖에 없었을 것으로 보입니다.

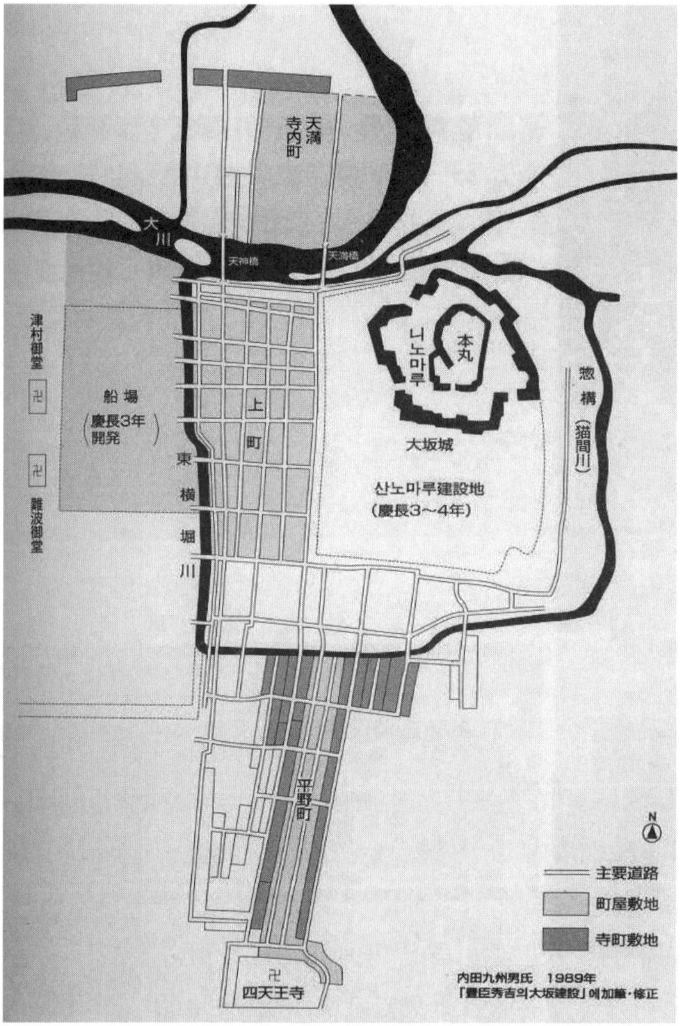

[그림 7-7] 오사카성(大阪城)과 윗마을(上町).
출처: 오사카역사박물관. 2004. 오사카역사박물관 상설전시안내. 요시다印刷株式会社. 47쪽.

오사카(大阪)에서는 서쪽이 왜 중요했을까요? 그건 오사카성(大阪城)과 마을(町)이 어떻게 유기적으로 설계되어 있었는지를 살펴보면 알 수 있습니다. [그림 7-7]에서 윗마을(上町) 서쪽으로 히가시요코바리천(東横堀川)이 흐르고 있음이 확인됩니다. 또한 이 하천에 여러 다리들이 놓여있음이 확인됩니다. 그런데 이 다리들 중에는 고려교(高麗橋)라는 이름의 다리가 있습니다. 도대체 이곳에 왜 고려교가 놓여있는 것일까요? 비록 그 구조는 철근콘크리트 구조물로 바뀌었지만 아직도 이 다리는 그 자리를 지키고 있습니다. 현지에서 확인해 보니 오사카에서는 이 다리를 "카우라이바시(かうらいばし)"로 표기하여 놓았습니다. "바시(ばし)"는 "橋"를 읽은 것이니, "카우라이(かうらい)"는 "高麗"를 읽은 것이 됩니다. 이미 앞의 2장에서 설명 드렸지만 열도에서는 일반적으로 "高麗"를 "코우라이(こうらい)"로 발음합니다. "카우라이(かうらい)"는 신채호 큰선생께서 "高(句)麗"의 원래 발음이라고 설명하신 "가우리"와 너무 유사합니다. 지금도 오사카 사람들이 "高麗"를 "카우라이(かうらい)"로 읽는지 확인하지는 못했지만 얼마 전까지만 해도 이렇게 발음했던 것은 분명해 보입니다.

[그림 7-8] 오사카(大阪)에서 고려(高麗)는 "카우라이(かうらい)"로 읽혔다.

이 고려교의 유래에 대해서는 다음의 세 가지 설이 전해지고 있습니다. 첫 번째 설은 삼국시대 한반도의 여러 국가들의 사절단을 맞이하는 관청으로 고려관(高麗館)이 이 근방에 있었고, 그 관청의 이름으로부터 유래되었다는 것입니다. 두 번째 설은 도요토미 히데요시(豊臣秀吉)가 반도에 있던 나라와 교역을 하던 거점이 이 근방에 있었고, 그 교역거점으로부터 유래되었다는 것입니다. 마지막 설은 도요토미 히데요시(豊臣秀吉)가 오사카성을 축성하면서 히가시요코바리천(東横堀川)을 성의 외곽 해자(垓子)로 정비하였는데 그 때 이 다리를 설치했을 수도 있다는 것입니다.

[그림 7-9] 오사카(大阪)의 고려교(高麗橋).

고려교(高麗橋)가 삼국시대 한반도의 여러 국가들의 사절단을 맞이하는 관청에서 유래하였다면 그 관청의 이름에 왜 고려가 사용되었을까요? 한반도의 여러 국가들의 사절단을 맞이하는데 고려(高麗)가 들어간 관청을 두었다는 것은 상식적으로 납득이 되지 않습니다. 백제(百濟)나 신라(新羅)에서 오는 사절단이 이를 어떻게 보았겠습니까? 더욱이 오사카(大阪)는 원래 백제와 밀접한 관련이 있는 지역입니다. 이 지역에 백제교(百濟橋)가 있었다는 글은 한국에서도 쉽게 접할 수 있습니다. 히가시요코바리천(東横堀川)에 한반도와 관련된 관청이 있었다면 차라리 백제와 주로 관련된 관청이 있었을 확률이 더 커 보입니다. 첫 번째 설은 기각될 수밖에 없습니다. 만약에 고려관(高麗館)이라는 관청이 실제로 있었다면 이는 왕건(王建)이 삼한을 통일한 이후에 설치되었어야 상식적으로 납득이 됩니다.

두 번째 설이나 세 번째 설은 모두 도요토미 히데요시(豊臣秀吉)와 관련이 있습니다. 이 설대로라면 이 시대에 역시 반도에는 조선(朝鮮)이 아니라 고려(高麗)가 있었다는 말이 됩니다. 도요토미 히데요시는 자신의 시대에 한반도에 있던 나라의 이름마저 모를 정도로 우둔한 사람이 결코 아닙니다. 너무 영리해서 문제였지요. 저는 두 번째 설이나 세 번째 설이 그나마 사실에 근접한 설이라고 생각합니다. 왜냐하면 도요토미 히데요시는 이 고려교(高麗橋)에서 일직선으로 길을 내어 오사카성(大阪城)의 천수각(天守閣)을 배치하였는데 이는 이 다리가 삼국시대가 아니라 도요토미(豊臣) 시대에 중요한 이정표로 활용되었음을 알려주기 때문입니다.

[그림 7-10] 고려교(高麗橋)에서 오사카성(大阪城)으로 향하면 정면에 천수각(天守閣)이 보인다.

저는 고려교에서 오사카성으로 길을 따라 가다 천수각이 바로 눈에 들어오자 놀라움을 감출 수 없었습니다. 맨 처음 저는 이를 우연한 일로만 생각했었습니다. 그런데 일본 문헌에 의하면 도요토미 히데요시는 이런 배치형태를 기본골격으로 해서 오사카성(大阪城)을 축성했고, 마을(町)을 만들었다고 합니다.

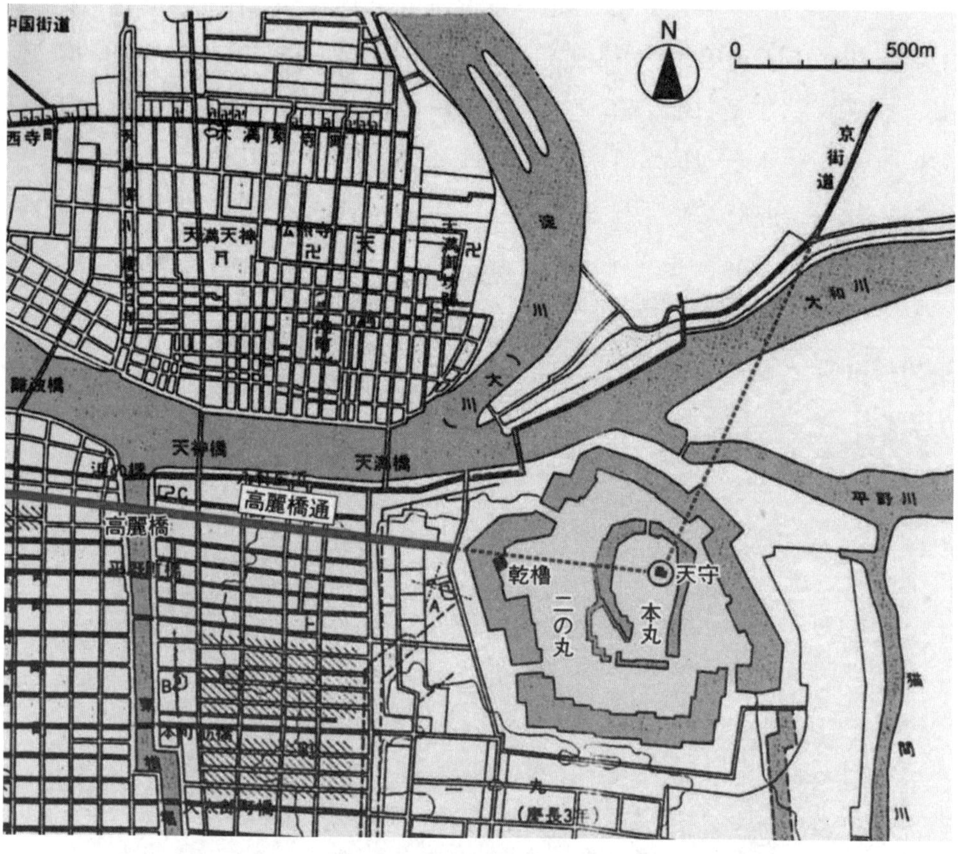

[그림 7-11] 豊臣時代と德川時代の大阪城 ヴィスタ.
출처: 中村博司. 2008. 天下統一の城 大阪城. 新泉社. 78쪽.

[그림 7-11]은 오사카성(大阪城) 축성과 마을(町) 개발에 관한 일종의 기본계획도라 할 수 있는데 고려교(高麗橋)와 천수각(天守閣)이 일직선상에 배치되어 있습니다. 이를 어떻게 해석해야 할까요?

豊臣時代の天守と徳川時代の乾櫓は、高麗橋方面から見ると一直線上に位置する。

도요토미 시대의 천수각(天守)과 도쿠가와 시대의 건노(乾櫓)는 고려교(高麗橋) 방면에서 보면 일직선상에 위치한다.

(中村博司. 2008. 天下統一の城 大阪城. 新泉社. 78쪽)

제 생각은 이러합니다. 고려국(高麗國)에서 파견된 관리들이 오사카(大阪)에 들어서면 배를 선착장에 정착시키고 간단한 입국절차를 거친 뒤, 고려교(高麗橋)로 향했을 것입니다. 그리고 이 고려교를 건너서 오사카성(大阪城)을 향했을 것입니다. 그 시대에는 건물이 그리 높지 않았으니 고려교에서 천수각(天守閣)이 바로 보였을 것입니다. 고려교를 건너면 오사카(大阪)의 중심지인 윗마을(上町)이 나타나는데 이 마을에서 오사카 사람들의 열렬한 환대를 받았을 것입니다. 이 마을을 지나면 오사카성의 건로(乾櫓)에 이르게 되고, 여기서 해자를 따라 남쪽으로 조금 이동해 오사카성의 정문인 대수고려문(大手高麗門)에 이르게 되었을 것입니다. 바로 이 정문을 통해 고려국 관리들은 입성(入城)하였을 것입니다. 도요토미 히데요시(豊臣秀吉) 시대에는 대수고려문(大手高麗門)이 없었으니 사쿠라고문(桜御門)을 통해 입성하였을 것입니다.

도요토미 히데요시가 이런 동선배치를 고려하였다는 것은 그가 열도를 막 장악했을 때만 해도 고려의 제국 질서를 충실히 따르겠다고 의사를 표시한 것으로 봐야합니다. 다른 해석이 가능할까요? 근래에 서울시에도 이런 동선배치가 고려된 적이 있었습니다. 1979년에 서울시에서는 카터(Jimmy Carter) 대통령 방한에 맞추어 미국에서 오는 소위 “귀빈들”을 위해 귀빈로를 조성한 적이 있습니다. (당시 서울시에서 미국의 “국빈”을 “귀빈”으로 칭했다는 것에 기분이 상하실 독자들께서도 계실 것입니다. 귀빈로 조성에 관하여 자세히 알고 싶은 독자들께서는 <손정목. 2003. 서울 도시계획 이야기 2. 한울. 180-185쪽>을 참고하시기 바랍니다.) 이 거리에서 서울시민들은 성조기를 들고 미국의 귀빈들을 환영했었죠. 여러분들 중에는 이 환영식에 동원되셨던 분들도 계실 것입니다. 여러분들은 이를 어떻게 해석하시겠습니까? 당시 박정희 정권을 숭미정권으로 볼 것인지 반미정권으로 볼 것인지를 떠나 이런 길까지 조성해야 했던 것이 당시 국제질서 속에서 한국이 처한 위치였습니다. 지금은 어떻다고 보십니까?

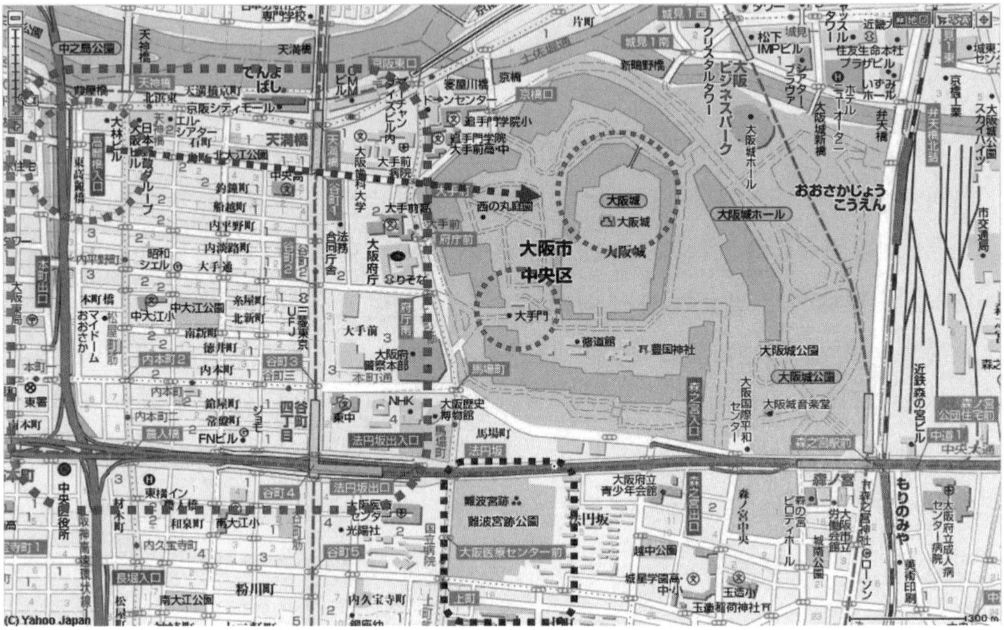

[그림 7-12] 오사카성(大阪城) 일대.
출처: 야후저팬 지도(http://map.yahoo.co.jp/).

[그림 7-12]는 현재 오사카성 일대의 현황을 표시한 것입니다. 지금도 고려교(高麗橋)와 고려문(高麗門)은 남아 있어 이 오사카(大阪)도 에도(江戸)와 마찬가지로 역시 고려(高麗)의 마을(町)이었다고 우리에게 알려주고 있습니다. 역시 과거를 잊은 우리들이 이를 못 알아보고 있지만 말입니다. 메이지유신 세력은 에도성(江戸城)의 대수고려문(大手高麗門)을 철거하지 못 했듯이 이곳에서도 역시 고려문을 철거하지 못했습니다. 그러나 성 안에 도요쿠니신사(豊國神社)를 건립하여 자신들이 무엇을 지향하는 지를 분명히 표시해 놓았습니다. 오사카성(大阪城)은 황거(皇居)와 마찬가지로 친고려(親高麗) 세력과 반고려(反高麗) 세력의 역사적 단층(historical stratification)이 축척되어 있는 곳입니다.

[그림 7-13] 「大阪実測図」に見える難波京の痕跡.
출처: 大阪歴史博物館. 2005. 展示の見所10 難波京. 東洋紙業株式会社. 2쪽.

근대일본국이 만든 근대공간(近代空間)은 서구 근대공간의 영향을 받았음은 분명합니다. 그러나 이들이 만든 공간은 시티(City)가 아니라 도시(都市)였습니다. 도(都)의 공간을 시(市)의 공간만큼 중요하게 본 것입니다. 도(都)는 이미 말씀 드렸지만 기본적으로는 천자(天子)가 거처하는 지역을 의미합니다.

오사카에도 천자가 거처한 적이 있었습니다. 오사카에서 천자가 거처했던 곳은 난파궁(難波宮)이었는데 지금은 터만 남아 있습니다. [그림 7-12]를 보면 오사카성(大阪城)의 남쪽에 난파궁 터가 위치해 있습니다. 난파궁은 열도가 자주독립 국가였을 때 만들어진 궁궐입니다. 물론 당시 열도가 범백제(凡百濟)의 일원이었음을 부인하는 것은 아닙니다.

천자(天子)가 거처하는 지역은 북(北)에 궁궐(宮闕)이 있고, 그 아래로 주작대로(朱雀大路)가 나 있는 공간형태를 보입니다. [그림 7-13]은 열도가 자주독립 국가였을 때 만들어진 난파경의 주요 공간형태를 현 오사카 지도에 표시한 것입니다. 근대일본국이 추구했던 근대공간은 이러한 공간, 즉 도(都)의 공간을 분명히 포함했습니다. 에도성(江戸城)을 황거(皇居)로 바꿔 그 남쪽에 중앙행정기관들을 배치했던 것은 도(都)를 미흡하나마 표현한 것입니다. 그런데 근대일본국이 진정으로 도(都)를 건설하고자 했던 곳은 동경(東京)이 아닙니다. 이는 후에 다루겠습니다.

[그림 7-14] 고대의 난파궁(難波宮), 중세의 오사카성(大阪城), 현대의 고층빌딩이 어우러진 오사카(大阪).

저는 일본을 대표하는 두 도시인 동경과 오사카를 새로운 시각에서 살펴보았습니다. 상상력이라는 무기가 있는 한 우리는 보다 많은 것을 볼 수 있습니다. 그런데 우리는 그 동안 이 상상력이라는 무기를 거세당하고 살아왔습니다. 지배세력이 제일 무서워하는 것은 그들의 지배체제가 드러나는 것입니다. 그러니 그들은 자신들의 지배체제를 볼 수 있는 상상력이라는 무기를 우리로부터 거세하려 합니다. 몰라서 당하는 것이지 알면서도 당할 사람은 그리 많지 않습니다.

8

고려마을(高麗町)에서 발흥한 메이지유신(明治維新)

1) 서구 기독교 세력과 임진왜란(壬辰倭亂)

에도시대(江戸時代) 열도(列島)의 가장 큰 특징은 "쇄국(鎖國)"입니다. 이건 반도(半島)에 있던 나라에서도 마찬가지였습니다. 왜 열도와 반도는 모두 쇄국을 단행했을까요? 제가 볼 때 이건 우연히 이루어진 일이 아닙니다. 이는 임진왜란(壬辰倭亂)의 본질을 고려(高麗)에서 정확히 파악했으며 이에 적절한 조치를 취한 것으로 판단됩니다.

저는 임진왜란을 일단 내전으로 규정했습니다. 임진왜란이라는 말 자체가 내전을 의미합니다. 현재 일본에서는 임진왜란(壬辰倭亂)이라는 용어를 대신해 "분로쿠의 역(文禄の役)"이라 부릅니다. 정유재란(丁酉再亂)은 "게이초의 역(慶長の役)"이라 하지요. 원래부터 이런 용어가 사용되지는 않았을 것입니다. 메이지유신 이후에 새로 용어를 정립했을 것입니다. 근대일본국은 임진왜란이라는 용어를 너

무 싫어합니다. 이는 당시 열도의 위상을 단번에 알려주는 용어이기에 그러할 것입니다. 그런데 정작 임진왜란이라는 용어를 사용하는 한국인은 이 뜻을 제대로 음미하지 않고 쓰고 있습니다.

임진왜란은 비록 내전이었지만 그 파괴력은 동북아시아 전역을 다 잿더미로 만들 정도로 엄청났습니다. 당시 조총이라는 신식 무기 앞에 고려군은 속수무책이었습니다. 그런데 이 조총을 건 내 준 것은 이베리아 반도(Iberian Peninsula)의 기독교 세력입니다. 임진왜란은 비록 내전이긴 하나 기독교 세력이 열도의 도요토미 히데요시(豊臣秀吉) 일파를 부추겨서 일으킨 세계의 이해가 집중되었던 전쟁입니다. 앞의 7장에서 살펴보았지만 열도를 막 장악했을 때만 해도 도요토미 히데요시는 고려의 제국 질서에 편입되기를 희망하고 있었습니다. 그런데 불과 몇 년 만에 입장이 바뀌어 상국(上國) 고려(高麗)를 공격하기에 이릅니다. 이런 입장의 변화에는 여러 원인이 있었을 것입니다. 그러나 조총을 건 내 준 기독교 세력과의 결합이 없었다면 이런 입장의 변화 또한 없었을 것입니다. 도요토미 히데요시는 명(明)나라를 점령하면 그 곳을 기독교 국가로 만들어 주겠다고 선교사들에게 호언장담까지 했습니다. 그가 아무런 이유도 없이 그 큰 대륙을 모조리 기독교 국가화 하겠다고 공언하지는 않았을 것입니다.

1586년, 히데요시는 오사카성에서 포르투갈 선교사 루이스 프로이스를 만나 이렇게 말했다.

"나도 이제 일인자로 불리게 되었다. 일본 전체를 평정하였으니 더 이상의 영지나 금은은 필요 없다. 지금 바라는 것은 내 이름을 후세에 전하는 것뿐이다."

히데요시는 그렇게 말하면서 다음과 같은 야심을 털어놓았다고 한다.

"언젠가 일본은 내 동생에게 물려주고, 나는 고려와 명나라(번역서 원문: 조선과 명나라) 평정에 온 신경을 쏟을 것이다. 그러려면 조선(역주: 조선은 명나라와 고려를 합쳐 부른 것으로 판단됨)에 엄청난 인원과 무기를 보내지 않으면 안 돼. 지금 2천척의 큰 선박을 건조하느라 용재(用材)를 마련하고 있는 중이지. 바다를 건너 향해하기 위해 그대들에게 잘 정비된 두 척의 배를 부탁하려고 하네. 값은 원하는 대로 주겠다."

프로이스의 기록에 의하면 히데요시는 이런 말도 했다고 한다.

“명나라를 정복하는 날에는 발길 닿는 곳마다 기리시탄(역주: 기독교) 교회를 세워 명나라 사람들을 모조리 기리시탄으로 만들겠어. 그런 다음 나는 일본으로 돌아올 생각이야.”

(츠모토 요(律本陽). 조양욱 옮김. 2006. 도요토미 히데요시 - 전략적 인간(秀吉私記). 경영정신. 158-159쪽)

임진왜란 당시 선봉장이었던 고니시 유키나가(小西行長)가 착실한 기독교 신자였다는 것은 우리에게도 잘 알려진 사실입니다. 고니시 유키나가는 예수회(Society of Jesus)와 유착관계를 맺고 있었던 인물입니다. 도요토미 히데요시(豊臣秀吉)는 고니시 유키나가(小西行長)를 수하로 거느리고, 예수회(Society of Jesus)와의 무역을 통해 힘을 키울 수 있었습니다.

사카이(역주: 堺, 현재 오사카부(大阪府) 서부 지역)에서 히데요시의 대표적인 측근은 고니시 류사와 그의 아들인 유키나가였다. 부자 모두 경건한 기리시탄(당시 일본에 들어온 카톨릭 일파 혹은 그 신도를 가리킴)으로 예수회(스페인에서 결성된 카톨릭 수도회로 로마 교황청의 승인을 받아 해외 전도에도 나섰다)로부터 절대적인 신뢰를 받고 있었다.

(츠모토 요(律本陽). 조양욱 옮김. 2006. 도요토미 히데요시 - 전략적 인간(秀吉私記). 경영정신. 93쪽)

규슈 최대의 무역 상인은 포르투갈의 ‘카피탄 몰’의 범선에 승선한 사람들이었다. 카피탄 몰은 포르투갈 국왕을 대신하여 고아 총독이 임명하는 대일 무역의 책임자가 행하는 공적인 무역을 뜻한다. 나가사키에서 무역이 시작되었을 때, 상거래는 예수회 멤버와 기리시탄에 의해 운영되고 있었다.

생사를 외국에서 구입하는 일에 관여하는 사람들이 기리시탄이었으므로 소비지와의 중개지에 해당하는 사카이 항구의 상인들 중에도 기리시탄이 많았다. 히데요시 정권은 사카이 상인의 대표자인 고니시 부자를 통해 기리시탄과 예수회의 무역 인맥을 장악했다.

"기리시탄을 이용해서 명나라 백사(白絲)를 미야코(번역서 원문: 교토)로 싣고 오는 것은 막대한 이익이 남는 장사가 아닌가!"

히데요시는 생사무역을 독점하여 얻은 수익으로 휘하 부대의 병참을 충실히 했다.

(츠모토 요(律本陽). 조양욱 옮김. 2006. 도요토미 히데요시 - 전략적 인간(秀吉私記). 경영정신. 95쪽)

우리가 임진왜란을 잘 이해하려면 이베리아 반도(Iberian Peninsula)의 기독교 세력, 즉 예수회(Society of Jesus)와 도요토미 히데요시(豊臣秀吉)와의 유착관계를 잘 파악해야 합니다. 임진왜란은 도요토미 히데요시가 열도를 장악한 후, 내부 분란을 막기 위해 벌인 단순한 전쟁이 아닙니다. 임진왜란은 고려제국(高麗帝國) 내의 갈등관계를 이용해 제국을 해체시키고, 아시아 대륙을 수중에 넣기 위해 예수회가 벌인 대리전쟁입니다. (고려제국 내의 갈등관계는 후에 다루겠습니다.) 여기에 놀아 난 것이 바로 도요토미 히데요시(豊臣秀吉)였지요. 그도 정유재란(丁酉再亂) 즈음에는 이 사실을 알았습니다. 그러나 이미 엎질러진 물이었지요.

한국인들이 여행을 잘 가는 나가사키(長崎)에는 기독교도 26명이 순교했다는 언덕이 성지로 조성되어 있습니다. 그런데 나가사키에 관광 온 대부분의 한국인들은 이 언덕을 힘들여 올라가면서도 이들이 왜 죽어야 했는지에 대해 의문을 품지 않습니다. 도요토미 히데요시는 기독교 세력과 돈독한 유착관계를 맺어왔는데 도대체 이들을 왜 죽였을까요? 이 의문은 이들이 1597년에 죽임을 당했다는데서 파악이 가능합니다. 1597년은 임진왜란에서 패배한 도요토미 히데요시가 정유재란을 일으킨 해입니다. 정황을 살펴보면 아래와 같이 풀이됩니다. 조총만 있으면 쉽게 고려를 굴복시키고, 조선(명나라)을 점령할 수 있다고 예수회(Society of Jesus)에서 부추겨 전쟁을 일으켰는데 결과는 비참한 패배로 끝을 맺었습니다. 도요토미 히데요시는 결국 군력만 낭비하고 얻은 것이 하나도 없었던 것이지요. 이대로 전쟁이 끝나면 자신의 안위마저 위태로워 질 것이라는 생각에 잠도 제대로 잘 수 없었을 것입니다. 그러니 이제 자신을 충동질해서 전쟁을 일으키게 만든 예수회 일파를 숙청하고, 이미 엎질러진 물이니 나머지 군력을 모아 한 번 더 전쟁을 일으킨 것이지요. 더욱이 이때 그는 이들 선교사들을 앞세운 서구 제국주의 세력이 일본열도마저 수중에 넣으려 했었다는 것을 알게 됩니다. 한국인의 입장에서 이 기독교도들의 죽음을 어떻게 봐야할까요? 거룩한 신앙을 지킨 성스러운 죽음으로 봐야할까요? 저는 결코 그렇게 볼 수 없습니다.

1597년 7월 12일 마닐라를 출발하여 멕시코를 향하던 스페인의 군선 '산 페리페호'가 10월에 일본 해안에 표착하였다. 이때 이 배에 타고 있던 항해사가 말한 "스페인은 전 세계에 광대한 식민지를 가지고 있고 이러한 영토획득을 위해 선구적 역할을 하는 것이 선교사"라는 발언은 일파만파로 번져 나갔다. 기독교를 불교의 일파 정도로 생각하던 일본은 스페인이 세계 각지에 광대한 영토를 가지고 있는 이유가 선교사가 우선 어느 지역에 들어가 기독교를 전파하고 이후 점차 군대가 들어와서 그 지역을 정복하기 때문이라는 것과, 기독교의 배후에는 스페인과 같은 국가가 존재하여 전략적으로 선교사들이 파견된다는 사실을 인식하게 되었다.

도요토미에 의해 봉건제가 재편되면서 기독교는 위험사상으로 탄압의 대상이 되었다. 같은 해 12월 8일 프란시스코회의 신부와 신자에 대한 체포령이 발동되고 9일 교토의 프란시스코 성당에 있었던 5명이 체포된 것을 시작으로 일본인 신자 20명과 서양인 선교사 6명이 호송되어 나가사키의 니시자카의 언덕에서 처형되는, 이른바 일본에서의 '최초의 순교'가 일어났다. 일본에 온 지 35년이 된 65세의 프로이스는 이 해 2월 5일 나가사키에서 최초의 일본인 순교자가 십자가에서 죽는 광경을 목격하였다. 이후 프로이스는 1597년 7월 8일 「26인의 순교 기록」을 쓴 것을 마지막으로 나가사키에서 일생을 마감한다. 이후 여러 번의 쇄국령이 발령되었고 기독교 포교를 조건으로 일본과 무역활동을 하던 포르투갈인은 1639년 모두 추방되었다.

(정하미. 2005. 일본의 서양문화 수용사. (주)살림출판사. 40-41쪽)

더욱이 히데요시는 외국인이 일본에 대하여 침략을 꾀하고 있다는 (세간에 유포되어 있는) 헛소문을 믿고 있었기 때문입니다. …(중략)… <히데요시는 1597년 7월 스페인 총독 앞으로 보낸 서장에서 "내가 듣건대 그 나라가 종교를 가지고서 일을 꾸며서 다른 나라를 다스리려고 한다.(竊聞其國以教法爲權謀以欲治外國)"라고 표현하고 있다.>

(중략)

그러나 바로 이 무렵 히데요시가 병석에 누웠던 것은 하나님의 특별하신 뜻이며 섭리였습니다.

(중략)

이 전쟁(역주: 임진왜란)은 우리 천주교도의 커다란 노고와 비용지출 위에 지속되어 왔던 것으로 천주교도 영주들에게는 자신의 영지를 안전하게 지켜 낼 수 있었다는 유리한 측면도 있었습니다. 만일 그들이 전쟁에 참전하지 않았다면 그들의 영지는 천주교회에 헤아릴 수 없는 손실을 초래하면서 히데요시에 의해 다른 영주들의 손에 넘어 갔으리라는 것은 의심할 여지가 없기 때문입니다.

(중략)

제국(諸國) 및 여러 다이묘들은 예수회의 사제를 필요로 하고 있습니다.

(프란시스코 빠시오(Francisco Passio) 신부의 태합 히데요시의 임종에 관한 보고 中
출처: 프로이스(Fróis, L.). 오만·장원철 옮김. 국립진주박물관 엮음. 2003. 프로이스의 「일본사」를 통해 다시 보는 임진왜란과 도요토미 히데요시. 도서출판 부키. 333-352쪽)

[그림 8-1] 나가사키(長崎) 26성인 순교지.

임진왜란은 서세동점(西勢東漸)을 알리는 신호탄이었습니다. 19세기 중반에나 서구 세력들이 동양으로 몰려온 것이 아닙니다. 양이(洋夷)는 16세기에 이미 아시아로 그 제국주의적 침략 야욕을 불태워 왔던 것입니다. 이베리아 반도(Iberian Peninsula)의 제국주의적 침략 야욕이 아메리카(America) 대륙만을 향했던 것은 결코 아니었습니다. 임진왜란 이후에 고려(高麗)는 속국으로 거느리고 있었던 만주 땅에서 대청제국(大淸帝國)이 세워지는 것을 지켜보아야만 했습니다. 그리고 속국으로 거느리고 있었던 주신족(女眞族)에게 머리를 조아려야 했습니다. 이 모든 치욕의 근원은 양이의 간책에 있었던 것이고, 이에 쇄국을 단행했던 것입니다. 흥선대원군(興宣大院君)이 기독교를 탄압했던 데에도 이러한 이유가 있었던 것입니다. 국제정세를 몰랐던 무식한 인물로 흥선대원군을 그리는 것은 이런 역사적 맥락을 모르거나 알면서도 이를 숨기려 하는 자들의 역사왜곡에 다름 아닙니다. 독일계 유태인 오페르트(Ernst Jacob Oppert)가 흥선대원군의 부친인 남연군(南延君) 묘를 도굴하였던 사건은 쇄국과 기독교 탄압에 더욱 불을 붙이게 되었던 것입니다.

도쿠가와 이에야스(德川家康)도 임진왜란의 본질을 잘 알고 있었습니다. 그가 열도를 장악한 후에 기독교도들을 대거 숙청하고 열도에서 몰아낸 원인도 여기에 있었던 것입니다. 저는 규슈(九州) 시마바라(島原)를 방문한 적이 있습니다. 이 지역에서는 1637년에 기독교도 아마쿠사 시로(天草四郎)가 주동한 대규모 민란이 일어났었지요. 아마쿠사 시로는 마스다 진베이(益田甚兵衛)의 아들입니다. 마스다 진베이는 도요토미 히데요시(豊臣秀吉)의 최측근이었던 고니시 유키나가(小西行長)의 가신이었습니다. 이는 시마바라의 난(島原の亂)이 단순한 민란이 아니었다는 것을 알려줍니다. 시마바라의 난은 임진왜란을 일으켰던 도요토미 히데요시 잔당세력과 기독교 세력이 주축이 되어 일으킨 난이었던 것입니다. 지금은 진압과정에서의 잔악성만 부각되는데 우리는 이 민란의 본질을 잘 알 필요가 있습니다.

이미 언급했지만 메이지유신(明治維新) 세력은 임진왜란(壬辰倭亂) 세력의 후손들입니다. 그런데 이 두 세력은 성장과정도 그 양상이 매우 유사합니다. 메이지

[그림 8-2] 시마바라의 난(島原の亂)을 일으킨 아마쿠사 시로(天草四郎) 동상.
출처: 위키백과(http://ja.wikipedia.org/).

유신 세력이 성장하는 데는 영국이 결정적인 기여를 했습니다. (당시 영국의 실체는 유태금융자본입니다. 이는 본장 후반부에서 자세히 다룰 것입니다.) 그리고, 임진왜란 세력이 성장하는 데는 이베리아 반도(Iberian Peninsula)의 기독교 세력, 즉 예수회(Society of Jesus)가 결정적인 기여를 했습니다. 즉, 임진왜란 세력은 서구의 기여로 성장해서 상국(上國) 고려를 유린하였고, 이들의 후손인 메이지유신 세력도 서구의 기여로 성장해서 상국(上國) 고려(한국)를 병합했던 것입니다. 임진왜란을 주동했던 도요토미 히데요시(豊臣秀吉)가 서구의 힘을 빌려 세를 키운 후, 이들과 결별을 했던 것처럼 메이지유신 세력들도 이와 비슷한 길을 걸었습니다. 메이지유신 세력은 일본을 성장시키기 위해 한편으론 서구의 힘을 빌렸지만 한편으로는 대일본제국(大日本帝國)을 건설하면서 양이(洋夷)와 싸우는 다소 상반된 길을 동시에 걸었다고 할 수 있습니다. 유태금융자본의 입장에서 보면 근대일본국의 이런 행동은 배은망덕(背恩忘德)이었던 것이지요. 반면, 근대일본국의 입장에서 보면 자신들은 결국 토사구팽(兎死狗烹)당한 것밖에 아니었다고 생각할 것입니다. 이에 대해서는 후에 자세히 다루기로 하고 일단 본장에서는 예수회(Society of Jesus)와 임진왜란 세력 간의 유착관계, 그리고 유태금융자본과 메이지유신 세력 간의 유착관계를 사쓰마번(薩摩藩), 죠슈번(長州藩), 그리고 나가사키(長崎)에서 일어났던 사건들을 통해 살펴보겠습니다.

이미 여러 번 말씀드렸지만 사쓰마번과 죠슈번은 임진왜란과 메이지유신을 일으킨 핵심지역입니다. 그런데 이 지역의 역사를 살펴보면 이 지역에서 이러한 큰 사건을 도모할 때마다 서구와의 결탁이 있었음을 알게 됩니다. 예수회(Society of Jesus)가 열도에 처음으로 문을 두드린 곳이 바로 사쓰마번과 죠슈번입니다. 예수회의 사비에르(Francisco Xavier)는 1549년 사쓰마(薩摩)에 도착하여 당주(当主)인 시마즈 다카히사(島津貴久)에게 포교를 허가받습니다. 사비에르는 이곳에서 1년간 머무르면서 100여명에게 세례를 주고 죠슈(長州)로 떠납니다. 가고시마(사쓰마)에는 시마즈 다카히사(島津貴久)와 사비에르(Francisco Xavier)가 회견을 했던 장소를 기념하여 비석이 하나 서 있는데 그 형태를 눈여겨 볼 필요가 있습니다. 비석의 윗부분을 보면 원 안에 십자가가 조각되어 있습니다. 이는 십자가의 원형으로 알려져 있습니다. 그런데 이 십자가와 시마즈(島津) 가문의 문장(紋章)이 너무나 유사합니다. 저는 분명 이 둘 사이에 연관관계가 있다고 봅니다. 이 십자가와 문장은 두 세력의 유착을 보여주는 증표라 판단됩니다.

[그림 8-3] 시마즈 다카히사·사비에르 회견지(貴久·ザビエル会見の地)에 건립된 비석의 십자가[左]와 센간엔(仙巖園)의 시마즈(島津) 가문 문장(紋章)[右] 비교.

[左] 출처: 鹿児島県歴史資料センタ-黎明館. 平成 20年. 黎明館 常設展示総合案内. 株式会社朝日印刷. 41쪽.

[右] 촬영: 센간엔(仙巖園).

사비에르(Francisco Xavier)가 사쓰마(薩摩)를 떠나 조슈(長州)에 도착했을 때, 당시 이곳은 오우치(大內) 가문이 통치하고 있었습니다. 오우치 가문은 2009년 6월 8일에 방송된 KBS 역사추적 <1400년 만의 귀환 - 오우치가의 비밀>편에 소개된 적이 있어 우리에게도 낯이 익는 가문입니다. 오우치(大內) 가문은 백제(百濟) 성왕(聖王)의 셋째 아들인 임성태자(琳聖太子)를 그 시조로 하고 있습니다. 사비에르(Francisco Xavier)가 만났던 당주(当主)는 오우치 요시타가(大内義隆)였습니다. 그도 역시 시마즈 다카히사(島津貴久)와 마찬가지로 기독교 포교를 허용했습니다. 그는 왜 기독교 포교를 허용하였을까요? 여러 가지 이유가 있었겠지만 막부와 대치하고 있었던 상황이 가장 크게 작용했을 것으로 추정됩니다. 오우치 요시타가(大内義隆)는 막부와 대치하는 상황에서 막부와 차별화되는 새로운 구심점이 필요했을 것입니다.

[그림 8-4] 야마구치(山口)의 사비에르 기념성당 경내에 건립되어 있는 사비에르(Francisco Xavier) 동상.

새로운 구심점을 형성하는 데에는 종교만한 것이 없습니다. 인류의 역사를 보면 종교만큼 한 지역이나 국가를 결속시키는데 큰 역할을 한 것을 발견하기 어렵습니다. 또한 종교만큼 타집단과 격한 전쟁을 발생케 한 예를 발견하기 힘이 듭니다. 저는 막부(幕府)는 고려에서 열도의 여러 소국들을 통제하기 위해 설치하였던 기관이라 주장하였습니다. 이는 막부를 이끌었던 가문은 고려계(高麗系)라는 말이 됩니다. 반면에 오우치(大內) 가문은 백제계(百濟系)이지요. 이 둘의 대립과 갈등관계를 절묘이 이용해 사비에르(Francisco Xavier)는 포교에 성공할 수 있었다고 보여집니다. 무려 500명 이상에게 세례를 주고 사비에르는 이곳 죠슈(야마구치)를 떠납니다.

사비에르(Francisco Xavier)의 뒤를 이어 열도에 발을 들인 신부는 프로이스(Luís Fróis)입니다. 그는 도요토미 히데요시(豊臣秀吉)가 모셨던 오다 노부나가(織田信長)에게 열도의 기독교 포교를 허가받습니다. 오다 노부나가는 왜 기독교 포교를 허용했을까요? 저는 오우치 요시타가(大內義隆)가 취했던 이유와 같다고 봅니다. 막부(幕府)를 무너트리고 실질적인 열도의 지배자가 되려고 하는데 마지막 걸림돌로 불교 세력이 남아 있었던 것입니다. 막부와 결탁되어 있던 불교(佛敎) 세력은 잠재적 경계대상이었습니다. 그런데 이 불교를 억누르는데 기독교만큼 좋은 대안이 없었던 것이지요. 또한 프로이스(Luís Fróis)는 오다 노부나가(織田信長)에게 기독교 포교의 대가로 신식무기인 조총을 건네주기로 합의를 보았을 것입니다. 오다 노부나가의 부대가 총기로 무장할 수 있었던 것은 이런 이유에서 찾아야 할 것입니다. 이 총기는 이후 고스란히 도요토미 히데요시의 수중으로 넘어가게 됩니다.

> 포르투갈인의 도래에 의하여 일본에서 일어난 변화는 무엇보다 휴대용 총기와 같은 새로운 철포무기의 보급이었다. 철포는 오다 노부나가에 의해 다량으로 생산되어 실제 전투에 투입되었고 이러한 신식병기가 출현한 결과 그 전까지는 기마부대가 주축세력이었던 것이 점차 보병스타일의 신식부대로 편성되었다. 철포무기의 보급으로 일본의 전국시대는 보다 일찍 종결되었고 일본은 전국이 통일되어 통일국가의 면모를 갖추게 되었다. 또한 이러한 신병기 덕분에 임진왜란 등 대륙침략에 나설 수 있는 원동력을 얻을 수 있었던 것이다.

(정하미. 2005. 일본의 서양문화 수용사. (주)살림출판사. 26-27쪽)

[그림 8-5] 나가사키(長崎) 데지마(出島).

예수회(Society of Jesus)는 이와 같은 열도의 내부갈등을 교묘히 이용해 포교에 성공할 수 있었던 것으로 판단됩니다. 당시 이베리아 반도(Iberian Peninsula)와 교역을 가장 많이 하였던 나가사키(長崎)에는 신도가 무려 6만 명에 달했고, 교회도 70여 개에 이르렀다고 합니다. 가히 기독교 세상이었던 곳이죠. 지금의 한국처럼 말입니다. 그러나 정유재란(丁酉再亂) 무렵부터 열도에서 기독교는 포교가 금지되었고, 에도시대에 이르러 철저한 탄압을 받게 되었습니다. 그리고 포르투갈과의 무역은 나가사키에 조성된 인공섬 데지마(出島)에서만 허용되었습니다. 그런데 이마저도 시마바라의 난(島原の亂)이 발생하자 전면 금지 당하게 됩니다. 시마바라의 난으로 인해 유일한 교역국이었던 포르투갈은 퇴출되었습니다. 역시 기독교 세력은 열도의 골칫거리라 판단했던 것이지요. 반면에 네덜란드가 새로운 교역국이 됩니다. 네덜란드는 열도와의 교역을 허가받기 위해 도쿠가와(德川) 막부(幕府)가 시마바라의 난을 진압하데 절대적인 기여를 하였습니다. 이를 계기로 네덜란드가 포르투갈을 대신해 데지마(出島)에 상선을 댈 수 있는 특권을 얻게 되었던 것이지요. 물론 포교는 엄히 금지되었습니다. 데지마(出島)를 통해 쇄국이 원칙이었던 에도시대에도 서구는 열도와 비록 제한적이지만 계속해서 접촉할 수 있었던 것입니다.

히라도(平戸)의 상관장 쿠케바켈(Nikolaes Coeckebacker)은 이 농민봉기(역주 : 시마바라의 난)가 포르투갈의 무역독점을 타도하는 절호의 기회라고 생각하여 배 1척에 대포를 장착하고 1월 8일 하라성(原城) 앞 바다로 나가 철포 128발, 그리고 육지에서 하라성을 향해 298발을 쏘며 포격하였다고 한다. 막부에서는 네덜란드의 도움이 치욕적이라는 의견이 있어 28일에는 이 원조사격에 대하여 중지를 명령하였으나 네덜란드는 해상에서 그리고 육지에서 하라성을 공격함으로써 막부에 '충절'을 보여 기독교를 포교할 의지가 없음을 증명하여 포르투갈 대신 신뢰를 얻었다.

(정하미. 2005. 일본의 서양문화 수용사. (주)살림출판사. 48쪽)

2) 유태금융자본과 메이지유신(明治維新)

19세기 중엽부터 나가사키(長崎)로 서구인들이 몰려오기 시작합니다. 데지마(出島)에서 네덜란드 상인들만을 통한 무역은 사실상 무용지물이 된 것이지요. 그만큼 막부(幕府)의 위세가 추락했다는 반증이기도 합니다. 여러 서구인 중에 단연 돋보인 상인은 스코틀랜드 출신의 글로버(Thomas Blake Glover)였습니다.

[그림 8-6] 구라바엔(グラバ-園, Glover Garden)에 위치한 글로버(Thomas Blake Glover) 동상.

그는 1859년에 나가사키(長崎)에 들어온 이래 1911년에 죽을 때까지 이곳에 머물면서 메이지유신을 배후에서 지원하였고, 일본을 산업화시켰습니다. 그가 일본에 끼쳤던 영향은 실로 막대했습니다. 그는 일본에서 최초로 탄광과 조선소를 건설했으며, 철도와 전화선을 설치하였습니다. 우리에게 잘 알려진 기린 맥주(Kirin Beer)도 그가 처음 만든 것입니다. 기린 맥주의 상표는 고려개(高麗犬)에 그의 수염을 붙여서 만든 것입니다. 고려(高麗)의 입장에서 보자면 정말로 치욕의 상표인 것이지요. 글로버(Thomas Blake Glover)는 나가사키에 일본 최초 회사인 미쓰비시(三菱)도 만들어 줍니다.

[그림 8-7] 열도에 최초로 회사를 만든 사람들. 왼쪽부터 글로버(Thomas Blake Glover), 올트(William Alt), 오무라 게이(大浦慶), 이와사키 야타로(岩崎彌太郎). 포스터 맨 아래에 일본 국기와 영국 국기가 결합되어 있는 것에 주목해야 한다.

[그림 8-8] 구라바엔(グラバ-園, Glover Garden)에서 내려 다 본 미쓰비시(三菱) 조선소.

나가사키(長崎) 미나미야마테(南山手) 언덕에는 글로버(Thomas Blake Glover)의 저택을 비롯한 여러 영국인들의 저택이 구라바엔(グラバ-園, Glover Garden)이라는 이름으로 보전되어 있습니다. 이 언덕의 맨 꼭대기에는 미쓰비시(三菱) 승무원들이 거처하였던 미쓰비시 제2독 하우스(三菱第2ドックハウス)가 자리 잡고 있습니다. 제가 이곳을 방문했을 때에는 일본에 최초로 회사를 만든 네 사람을 전시하고 있었는데 두 명은 영국인이고, 두 명은 일본인이었습니다. 영국인 두 명은 글로버(Thomas Blake Glover)와 녹차무역을 했던 올트(William Alt)였고, 일본인 두 명은 미쓰비시(三菱) 창업자로 알려진 이와사키 야타로(岩崎彌太郎)와 올트(William Alt)의 무역파트너인 오무라 게이(大浦慶)였습니다. 미쓰비시 건물이 이 언덕에 있다는 자체가 이들이 어떤 관계를 맺고 있었는지를 설명해 줍니다. 이와사키 야타로(岩崎彌太郎)의 미쓰비시는 글로버(Thomas Blake Glover)가 넘겨준 조선소와 중공업시설로부터 시작한 것입니다. 이 언덕에서 내려다 보면 나가사키항(長崎港)에 자리 잡고 있는 미쓰비시 조선소가 보입니다. 글로버(Thomas Blake Glover)가 아직도 미쓰비시를 내려다보고 있는 것이지요. 딴 짓 하지 말고 본업에 충실하라고 호령하고 있는 것입니다.

미쓰비시는 이미 설명 드렸지만 에도를 동경이라는 도시로 개조하는데 앞장서기도 하였습니다. 이후 미쓰비시는 군수물자를 제공해 일본제국의 팽창에 대단한 기여를 하였습니다. 한국인 강제징용을 일삼았던 회사가 이 미쓰비시라는 것은 여러분도 잘 아실 겁니다. 그런데 이런 일본제국의 팽창은 유태금융자본의 입장에서 보자면 일종의 반항이었던 것이지요. 그들이 그린 세계질서에 순응해 주어진 역할만 수행해야 했는데 일본이 제분수도 모르고 제국을 이루어 아시아에서 독보적 위상을 갖겠다고 한 것이지요. 그러니 이에 따른 응징이 있었던 것입니다.

그 응징은 처참했습니다. 유태금융자본은 핵폭탄 투하로 일본의 반항을 단숨에 잠재웠습니다. 1945년 8월 9일 오전 11시 2분. 나가사키에 핵폭탄이 투하되었고 일본의 근대 공업시설은 대부분 잿더미가 되어 버렸습니다. 미쓰비시의 산업시설은 대부분 파괴되었습니다. 나가사키 24만여 시민 중 7만여 명이 사망하였고, 7만여 명이 부상하였습니다. 저는 나가사키 원폭자료관을 방문해서 유태금융자본이 자신들에게 반항한 일본을 어떻게 응징했는지를 잘 살펴볼 수 있었습니다. 그들은 응징은 해도 자신들의 본거지는 존속시키는 치밀함도 보였습니다.

[그림 8-9]는 나가사키 원폭 피해상황도에 구라바엔(グラバ-園)의 위치를 표시한 것입니다. 구라바엔은 원 안에 위치해 있습니다. 보다시피 당시 핵폭탄 투하로 구라바엔에는 전혀 피해가 미치지 않았습니다. 이것이 과연 우연일까요? 제2차 세계대전 당시에 미군 전투기는 독일 전역을 폭격했지만 유태금융자본과 관련된 회사에는 단 한 알의 총알도 쏘지 않았다고 합니다. 우연이라 치기에는 너무나 정확합니다. 나가사키는 한국의 부산처럼 산으로 둘러싸인 지형 구조를 보이고 있습니다. 그래서 부산처럼 산을 따라 길쭉하게 시가지가 형성되어 있습니다. 이런 곳에서는 산이 원폭의 확산을 일정부분 막아줍니다. 그러하기에 어디에 핵폭탄을 투하하는가에 따라 피해의 범위는 많은 차이를 보이게 됩니다. 나가사키에 보다 많은 피해를 주려고 했다면 시가지가 밀집된 지역, 즉 좀 더 남쪽에 핵폭탄을 투하해야 했습니다. 그러나 그렇게 하지 않았습니다. 그랬다면 구라바엔(グラバ-園)에도 피해가 미쳤을 테니 말입니다.

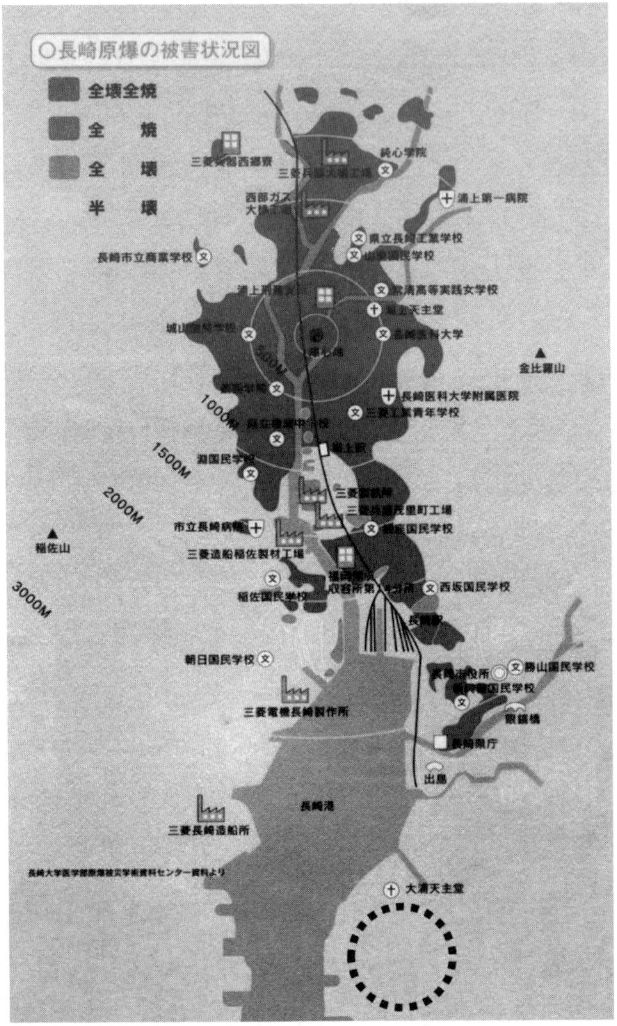

[그림 8-9] 나가사키 원폭 피해상황도(長崎原爆の被害状況図).
출처: 長崎原爆資料館学習ハソドブック.

일본의 근대는 글로버(Thomas Blake Glover)를 빼고는 설명이 불가능합니다. 도대체 이 사람의 정체는 무엇일까요? 저는 왜 이 사람을 이야기하면서 유태금융자본을 언급하는 것일까요? 저는 당시 영국의 실체는 유태금융자본이라고 계속 언급했습니다. 그런데 이 사람이 영국에서 왔다는 것에 일단 주목하시기 바랍니다. 또한 단독으로 이런 엄청난 일을 꾸미지 못 했을 것이라는 것도 염두에 두시기 바랍니다. 일본에 신천지를 열어주는 일을 전지전능한 신도 아니고 어떻게 일개 상인이 할 수 있겠습니까? 그가 일본에서 수행했던 일들은 맨땅에 모든 것을 새로이 일구어야 하는 것들이었습니다. 모두 다 초기 자본이 많이 드는 일뿐입니다. 즉, 글로버(Thomas Blake Glover)로 대표되는 영국의 어떤 세력이 나가사키에 들어온 것이라고 보아야 합니다. 저는 그 세력을 유태금융자본으로 파악하고 있는 것입니다. 지금도 마찬가지지만 당시 영국은 로스차일드(Rothschild)를 위시한 몇몇 유태금융자본에 의해 지배되고 있다고 해도 과언이 아닙니다. (로스차일드를 비롯한 유태금융자본에 관한 서적은 시중에 많이 나와 있으니 본서에서는 유태금융자본의 형성과 발달사에 관해서는 다루지 않겠습니다. 이는 다른 책을 참고하시기 바랍니다. 본서에서는 아시아에서 이들과 관련된 사건을 주로 다루겠습니다. 최근에 유태금융자본에 대해 자세히 다룬 책으로 <쑹훙빙(宋鴻兵). 차혜정 옮김. 2008. 화폐전쟁(貨幣戰爭) 1.랜덤하우스코리아(주)>와 <쑹훙빙(宋鴻兵). 홍순도 옮김. 2010. 화폐전쟁(貨幣戰爭) 2.랜덤하우스코리아(주)>를 추천합니다.)

유태금융자본은 근대일본국을 만든 주역입니다. 제가 이렇게 주장하는 것이 아니라 일본인 스스로 이렇게 말합니다. 일본의 중동문제연구센터 우노 마사미(宇野正美) 소장은 일본의 근대화는 유태인의 손에 의해 이뤄졌다고 단언합니다.

> 유태인의 국제 전략에 의해 제2차 세계대전에 끌려들어 철저하게 파괴된 일본에도 일찍이 유태자본과 밀접한 관계에 있었던 시대가 있었다고 말하기 보다는 근대 일본의 레일을 부설한 것이 바로 유태인이고, 일본은 유태인의 손에 의해 근대화되었다고 말하는 편이 좋다.
>
> 쇄국(鎖國) 후의 나가사키(長崎) · 히라도(平戶)의 화란(역주: 네덜란드) 상관장(商館長)은 모두 유태계였고, 1853년 7월 8일에 우라가(浦賀)에 내항(內航)하여 일본의 개국(開國)을 독촉한 페리 제독 역시 유태계 미국인이었다. 그 뒤 계속해서 유럽 열강(列强)이 내항하여 일본은 몹시 흔들렸다.
>
> 이 시기에 막부(幕府) 측을 원조한 것이 프랑스, 도막파(倒幕派)의 사쓰마(薩摩)나

죠슈(長州)를 원조한 것이 영국이라고 말하고 있다. 그리고 막부 측을 원조한 프랑스는 육군의 병제(兵制)를 가르쳤으나, 근대병기(近代兵器)를 제공하는 일은 거의 없었다. 한편, 영국은 사카모토 료마(坂本龍馬) 등을 통해서 다량의 근대병기를 사쓰마와 죠슈에 제공하였다. 왜 이와 같은 차이가 있었던 것일까?

프랑스나 영국 등 당시의 강대국이 극동의 소국(小國)에 정치적으로 관여했다고 생각하는 것은 잘못이다. 어디까지나 그 중심(中心)은 상인(商人)이었다. 그것은 일본을 오직 무기시장으로만 생각하고 있었기 때문이다. 어느 쪽을 이기게 하는 것이 긴 안목으로 보아 이익이 많을 것인가 하는 유태 상인의 판단에서, 막부(幕府) 측에는 낡은 무기를, 근왕(勤王) 측에는 신무기(新武器)를 팔아서 메이지유신(明治維新)을 성립시키려고 한 목적이었던 것이다.

신정부는 정권을 장악한 이후에도 세계의 조류를 어떻게 해서 헤쳐가면 좋을 것인가에 관해 유신 성립 후에도 원조를 계속해 준 외국 상인들과 외교관들의 지혜에 의존하고 있었다. 그리하여 그 때의 이른바 우수한 외인고용교사(外人雇用教師)만 해도 무분별하게 일본으로 도래(渡來)한 것이 아니라, 유태인들의 선별과 소개에 의한 것이었다.

신시대의 정치체제와 법제를 만든 폴베키, 민법의 기초를 확립한 보아소너드, 일본제국 헌법의 산모 뢰스렐, 육군을 육성한 쥬부스케, 근대 해군을 정비한 더글라스, 또 외교의 공로자 데니슨, 화폐제도를 만든 킨들, 은행경영의 길을 개척한 샨드, 식산공업의 추진자 바그너, 후일 동경대학 공학부를 창설한 다이엘, 학교제도의 모르디, 생물학의 기초를 딱은 모오스, 철학·미술의 아버지라고 불렸던 페드로사… 이들 일본의 근대국가로서의 체제를 정비해 간 외인고용교사의 대부분이 유태인이었다.

(우노 마사미(宇野正美). 서인석 옮김. 1991. 유태인을 알면 세계를 알 수 있다
(ユダヤが解ると時代が見えてくる－ドル·円が崩壊し、金本位制が復活する).
도서출판 원음사. 153-154쪽)

우노 마사미(宇野正美) 소장의 글을 읽어보면 메이지유신은 영국, 즉 유태금융자본의 지원이 절대적인 영향을 미쳤음을 알 수 있습니다. 그리고 메이지유신 세력의 뒤에는 영국이 있었고, 막부의 뒤에는 프랑스가 있었다는 것도 알 수 있습니다. 그런데 중요한 사항은 당시 영국의 실체는 유태금융자본이었고, 프랑스의 실체는 황제였다는 것입니다. 열도에서 영국과 프랑스의 대결은 결국 유태금융자본

과 황제의 대결로 압축됩니다. 이에 대해서는 후에 다루겠습니다. 우노 마사미(宇野正美) 소장에 의하면 포르투갈을 대신해 열도와 독점무역을 했던 네덜란드의 실체는 유태금융자본이라고 합니다. 그리고 19세기 중반 이후에는 열도와 많이 교류한 서양 국가가 네덜란드에서 영국으로 바뀌었는데, 그 실체는 계속해서 유태금융자본이었다고 합니다. 그런데 16세기 이베리아 반도(Iberian Peninsula)의 예수회(Society of Jesus)의 실체도 역시 유태금융자본이었다는 설이 있습니다. 유태인에 대해 거침없는 비판을 해 온 멀린즈(Eustace Clarence Mullins)의 글을 한국어로 옮긴 강영길 선생에 의하면 예수회의 2대 총장이 유태인이었다고 합니다.

> 유태는 로마 교황정을 유태 금권에 의존케 하는 데 성공했다. 그리고 이번에는 로마 교황정의 타락에 항의하는 종교개혁 운동을 선동했다. 그 개혁 운동의 방화자 칼뱅은 유태인이라고 전해진다.
>
> 칼뱅파를 통해서 프로테스탄트를 유태에 가까이 끌어왔고, 거꾸로 로마교회에도 유태 세력을 침투시켰다. 예를 들어 예수회 2대 총장은 유태인이라고 전해지며 그 행동은 분명히 유태적인 경향을 보여 주었다.
>
> 이렇게 하여 19세기 중엽까지 유태인은 프리메이슨 조직을 도구로 사용하면서 프로테스탄트와 카톨릭 양쪽에 깊이 뿌리를 박았고, 그리스도교를 지배하는 일에 성공하였다. 20세기 미국은 이 흐름을 궁극의 단계로 밀고 나아가 그리스도교의 유태화를 완성시켰다고 말해도 무방하다.

(세계금융을 정복하라. 세계를 통치할 수 있다 - 강영길 유태연구노트 - 中. 출처: 멀린즈(Mullins, E.C.). 강영길 옮김. 2003. 미국은 점령당했다(Mullins' New History of the Jews). 동서문화사. 305쪽)

서구의 패권은 이베리아 반도(Iberian Peninsula)에서 네덜란드를 거쳐 영국, 그리고 미국으로 이동해 갔습니다. 그런데 당시 서구의 패권국에는 언제나 유태금융자본이 자리 잡고 있었습니다. 열도에 조총을 건네 준 포르투갈과 스페인의 실체가 유태금융자본이었다 해도 크게 놀랄 일은 아닙니다. 이에 대해서는 좀더 연구가 필요합니다.

[그림 8-10] 구라바엔(グラバ-園)의 링거(Frederick Ringer) 주택[左]과 주택 앞 돌기둥의 프리메이슨(Freemason) 상징물.

구라바엔(グラバ-園)에는 링거(Frederick Ringer)라는 영국인이 거처하였던 주택도 남아 있습니다. 그런데 이 주택에 프리메이슨(Freemason)을 상징하는 컴파스(compass)와 자(scale)가 조각되어 있는 돌기둥이 세워져 있습니다. 이 돌기둥은 원래 구라바엔(グラバ-園) 근처에 있는 마쓰가에마을(松ケ枝町) 47번지에 있었던 주택의 출입문이었다고 합니다. 프리메이슨의 상징물이 구라바엔(グラバ-園)에 전시되어 있다는 것은 글로버(Thomas Blake Glover)를 위시한 당시 영국인들이 이 조직의 일원이었음을 알려줍니다. 도대체 프리메이슨은 어떤 조직일까요? 멀린즈(Eustace Clarence Mullins)의 글을 한국어로 옮긴 강영길 선생에 의하면 프리메이슨은 유태금융자본이 만든 비밀결사조직이라고 합니다.

> 바야흐로 이 계몽주의가 17-18세기 유럽에서 주도권을 장악한 사실은 유태 세력이 그리스도교회에 대하여 결정적으로 사상적 승리를 획득한 일이라고 평가하여도 무방할 것이다. 그리고 이 승리를 전제로 해서 유태는 그리스도교 깍아내리기의 도구로서 근대 프리메이슨(Freemason: 국제적 비밀결사)이라는 것을 창설했다.

(세계금융을 정복하라. 세계를 통치할 수 있다 - 강영길 유태연구노트 - 中. 출처: 멀린즈(Mullins, E.C.). 강영길 옮김. 2003. 미국은 점령당했다(Mullins' New History of the Jews). 동서문화사. 270쪽)

종합해 보면 글로버(Thomas Blake Glover)는 영국에서 건너온 유태금융자본 휘하의 조직원이었습니다. 그가 메이지유신을 배후에서 어떻게 지원했는가는 일본의 정치학자 이시이 다카시(石井孝)의 저서 <메이지유신의 무대 뒤(明治維新の舞台裏)>에 소상히 적혀 있습니다. 그는 1863년 발생한 사쓰에이전쟁(薩英戰爭)으로 불편한 관계에 있었던 사쓰마번과 영국을 화해시켜 이후 사쓰마번이 영국의 지원을 받는 데 결정적 기여를 했습니다. 그는 사쓰마번(薩摩藩)과 죠슈번(長州藩)에 신식무기를 제공했으며 또한 이 번(藩)들의 제휴에도 결정적 기여를 했습니다. 그는 근대일본국을 만든 사쓰마번과 죠슈번의 청년들을 영국으로 유학시키기도 했는데 당시 유학생들 중에는 일본 초대 내각총리대신(内閣総理大臣)을 역임한 이토 히로부미(伊藤博文)도 있었습니다. 단언하건데 글로버(Thomas Blake Glover)가 이 두 번(藩)에 이런 지원을 하지 않았다면 메이지유신은 불가능했을 것입니다. <메이지유신의 무대 뒤(明治維新の舞台裏)>에 소개된 글로버(Thomas Blake Glover)의 활약상을 몇 건만 아래에 소개해 보겠습니다.

> 이러한 정세 하에서 고다이가 주장한 유학생 파견에 관한 의견도 채택되었다. 고다이가 주장한 것처럼 대규모는 아니었지만 가로 니이로 교부(新納刑部)를 비롯해 고다이와 마쓰기가 감독이 되어 16명의 유학생을 데리고 영국으로 떠났다. 그 가운데에는 모리 아리노리(森有礼)도 있었다. 나이로는 그 지위 때문에 지휘자 격이었지만 사실상의 지도자는 고다이와 마쓰기, 그 중에서도 고다이였다.
>
> 일행은 1865년 3월 22일, 글로버상회 소유 기선을 타고 가고시마에서 십리 정도 떨어진 구시키노(串木野)의 포구 마을 하시마(羽島)에서 출발했다. 막부에게 정식 허가를 받지 않은 밀항이었다. 겨우 일 년 전인 1863년 12월 말 닐이 고다이 등과 회견했을 때 닐은 군함 주문 관계로 번 대표를 영국에 파견할 것을 권고했는데, 그때 고다이는 "그것은 매우 바라는 일이지만 막부는 이를 허가하지 않을 것"이라고 대답하면서 영국에 자유롭게 가지 못하는 상황을 탄식했다. 그러나 이 기회가 글로버의 호의에 의한 밀항이라는 형식으로 예상 밖으로 빨리 이우어졌다. 사쓰마번은 글로버에게 가장 큰 단골이었고, 사쓰마번과 글로버와의 거래를 절충하는 역할을 한 사람은 고다이였다.

(이시이 다카시(石井孝). 김영작 옮김. 2008. 메이지유신의 무대 뒤(明治維新の舞台裏). 일조각. 85-86쪽)

이에 앞서 막부의 죠슈 재정벌에 대항해 사쓰마와 죠슈의 제휴를 도모하고자 사카모토와 나카오카가 각기 죠슈와 사쓰마 두 번의 유력자인 가쓰라와 사이고를 설득시키고 있었다. 그런데 가쓰라는 그 교환조건으로 사카모토에게 사쓰마번의 명의로 죠슈번을 위해서 함선과 무기 구입을 의뢰했다.

(중략)

그리고 이노우에와 이토는 다카마쓰 등의 도움으로 사쓰마번의 고마쓰 다테와키와 회견하여 장래 개국근왕의 방침을 밀고 나갈 것을 설명하고 소총과 군함 구입에 관해서 부탁하자 고마쓰도 이를 쾌히 승낙했다. 이오누에와 이토는 고마쓰의 호의로 나가사키의 사쓰마번저 내에 은신하면서 밤에 은밀하게 다카마쓰의 안내로 글로버와 만나 사쓰마번의 명의로 소총 구입에 관한 계약을 했다. 이에 따르면 미니에 총 4,300정(7만 7,400냥), 게벨 총 3,000정(1만 5,000냥), 합계 7,300정(9만 2,400냥)이었다. 이때 글로버는 이노우에와 이토에게 "두 사람이 거래를 시작한다면 백만 달러 정도의 금액은 언제든지 마련해줄 수 있으므로 걱정할 것 없다"고 말하면서 두 사람을 격려했다.

4국 대표의 밀무역 금지 공동각서로 죠슈번과 무역이 불가능해질 것을 염려하던 글로버였으므로 사쓰마번의 명의로 죠슈번과 무역이 가능해졌을 때 그의 기쁨은 각별했다. 이노우에와 이토는 상담이 성립되자 곧 가쓰라에게 글로버가 힘을 쏟은 모습을 전하면서 "이제부터는 어떠한 원조도 할 수 있다고 하니 걱정하실 필요가 없습니다"라고 적어 편지를 보냈다.

이노우에는 이렇게 글로버에게서 매입한 소총을 사쓰마번의 선박인 고초마루(胡蝶丸)에 실어 8월 27일 미타지리(三田尻)에 도착했다. 한편 이토는 사쓰마번에서 매입하도록 계약한 유니온호를 타고 하루 앞선 26일, 시모노세키에 도착했다.

죠슈번이라고 하는 큰 고객을 얻게 된 글로버도 유니온호로 이토와 함께 시모노세키로 왔다. 글로버는 죠슈번의 중요 관리(가쓰라 또는 다카스기였을 것이다)에게 "귀국이 필요로 하는 무기, 총포, 탄환, 화약은 얼마든지 수송할 것이므로 이에 대해서는 쌀과 보리, 소금 등으로 주로 지불하고 화폐로도 지불할 것"을 요구했으며 죠슈번은 이를 흔쾌히 승낙했다.

(이시이 다카시(石井孝). 김영작 옮김. 2008. 메이지유신의 무대 뒤(明治維新の舞台裏). 일조각. 95-96쪽)

죠슈번이 사쓰마번의 명의로 소총을 구입했을 때 글로버는 진실로 두 번이 합치되었다고 생각하고 죠슈번 사람들보다도 더 기뻐했다. 대다수 사쓰마, 죠슈 두 번의 번사들이 서로를 아직도 원수처럼 생각하고 있을 때, 글로버가 두 번의 제휴를 죠슈번 사람들보다 기뻐했다는 것은 의미가 크다. 사쓰마번의 무역에서 글로버가 가장 큰 역할을 했다는 사실은 1865년에 같은 번의 함선구입액 37만 9,000달러 가운데 20만 4,000달러에 상당하는 양을 글로버에게서 사들인 사실로도 알 수 있다. 그리고 죠슈번에 대해서도 번의 군사력을 배양하는 무기의 대부분은 글로버가 공급한 것이었다. 이와 같이 글로버 측에서 보면 사쓰마와 죠슈 두 번에 무기 판매를 통해서 많은 투자를 하고 있었으므로 두 번이 제휴를 통해 관계가 강화되는 것을 크게 기뻐했던 것이다.

(이시이 다카시(石井孝). 김영작 옮김. 2008. 메이지유신의 무대 뒤(明治維新の舞台裏). 일조각. 101-102쪽)

이상과 같은 경위에서도 알 수 있듯이, 파크스(역주: 당시 영국 공사)가 가고시마를 방문하는 데 중개자로서 가장 중요한 역할을 한 사람은 바로 글로버였다. 그는 사쓰마를 비롯해 서남 번들을 중요한 거래처로 삼고 있었고, 그러한 이해관계 때문에 일찍이 서남번에 대한 지지를 파크스에게 설득하고 있었다. 파크스의 가고시마 방문 당시 글로버가 중개적 역할을 수행한 것은 글로버의 직접적 이해관계 때문이었다.

(이시이 다카시(石井孝). 김영작 옮김. 2008. 메이지유신의 무대 뒤(明治維新の舞台裏). 일조각. 133쪽)

1865년에 제2대 주일 영국 공사로 파크스(Harry Smith Parkes)가 부임합니다. 그는 아편전쟁(鴉片戰爭, The Opium War)에도 참여했었고, 청(淸)나라에 오랫동안 거주하였기 때문에 아시아에 대해 많은 식견을 가지고 있던 인물이었습니다. 파크스(Harry Smith Parkes)는 글로버(Thomas Blake Glover)의 소개로 사쓰마번을 방문하였고, 이후 이 사쓰마번은 영국의 지원으로 급속한 공업화의 길을 걷게 됩니다. 가고시마시의 북쪽에는 시마즈(島津) 가문의 별장인 센간엔(仙巖園)이 있는데 이 지역 일대를 이소(磯)라 합니다.

[그림 8-11] 이소(磯) 지역의 공장시설들. 앞에서부터 이진칸(異人館: 영국인 방적기술자 숙소), 가고시마 방적소, 집성관 공장군, 기계공장(현 상고집성관 본관).

이 이소 지역에는 당시 사쓰마번의 공장들이 밀집해 있었습니다. 아직도 남아 있는 공장건물들은 상고집성관(尚古集成館)이라는 이름으로 바뀌어 시마즈(島津) 가문의 박물관으로 꾸며져 있습니다. 그런데 이곳의 공장시설 중에는 방적소도 있었습니다. 방적소의 방적기계는 영국에서 들여왔으며 영국인들이 상주하면서 방적기술을 지도하였다고 합니다. 당시 방적기술은 지금으로 치자면 반도체 기술과 같은 것입니다. 방적기술은 당대 최고의 기술이었던 것이지요. 이는 함부로 국외로 유출할 수 없는 기술입니다. 유태금융자본은 메이지유신 세력을 키우기 위해 영국의 국가기밀마저도 전수하였던 것입니다.

3) 고려마을(高麗町)에서 근대일본국이 시작되었다

지금까지 살펴보았듯이 메이지유신을 주도한 사쓰마번(薩摩藩)과 죠슈번(長州藩)은 유태금융자본의 지원 하에 성장한 지역이라는 공통점을 가지고 있습니다. 그런데 이들 번(藩)에는 또 한 가지 공통점이 있습니다. 이들 번(藩)에 임진왜란 때 고려(高麗)의 도공들이 대거 끌려왔고 이들이 계속 도자기를 구우며 모여 살았다는 것입니다. 앞의 3장에서 저는 죠슈번(長州藩) 하기(萩)에서 고려의 도공이 구운 <한글을 쓴 찻사발(茶碗)>을 소개한 바 있습니다. 이곳의 도자기를 하기야키(萩焼)라 하는데 지금도 일본에서 아주 유명한 도자기라 합니다. 죠슈번에 하기야키(萩焼)가 있다면 사쓰마번에는 사쓰마야키(薩摩焼)가 있습니다. 이 사쓰마야키는 지금도 심씨(沈氏) 성을 지키면서 14대를 이어온 심수관(沈壽官) 가문이 만든 도자기로 일본에서 뿐만 아리라 전 세계적으로도 유명한 도자기입니다. 모리 데루모토(毛利輝元)와 시마즈 요시히로(島津義弘)는 임진왜란에서도 패하였고,

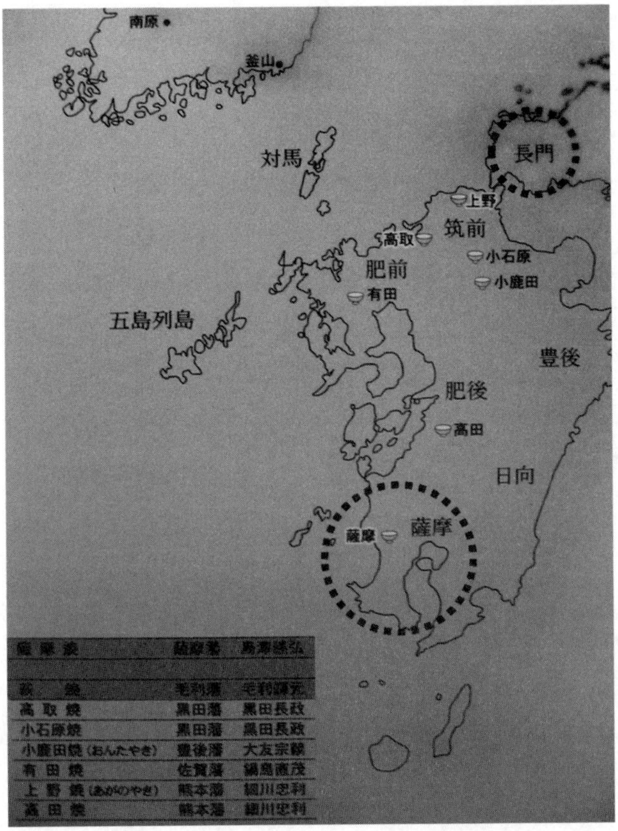

[그림 8-12] 열도에서 제일 유명한 사쓰마야키(薩摩焼)와 하기야키(萩焼).
촬영: 심수관 도예촌(沈壽官窯).

세키가하라전투(関ケ原の戦い)에서도 패하였습니다. 모리 데루모토는 대부분의 영지를 상실하기도 하였습니다. 패장병인 이들이 전쟁을 통해 얻은 수확은 딱 하나 바로 고려의 도공들이었습니다.

중요한 사실은 이 도자기가 이들 번(藩)에 막대한 부(富)를 안겨주었다는 것입니다. 글로버(Thomas Blake Glover)에게 신식무기를 무슨 돈이 있어 구입했겠습니까? 또한 막부(幕府)와 대적할 힘이 어디에서 왔겠습니까? 이들 지역에 특별한 자원이 있는 것도 아닙니다. 이들 지역은 열도에서 변방일 뿐이었습니다. 역사의 아이러니인 것이지요. 고려의 도공들이 열도에 끌려가서도 열심히 도자기를 구웠을 뿐인데 그로 인해 조국 고려가 또 한 번 유린되는 일이 발생했던 것입니다.

[그림 8-13] 사쓰마번(薩摩藩)과 죠슈번(長州藩) 위치.

이들 고려인들이 집단을 이루어 산 흔적은 특히 사쓰마번(薩摩藩)에 잘 남아있습니다. 이미 미야마(美山)라는 곳에 고려의 도공들이 모여 살았음은 말씀드렸습니다. 미야마(美山)는 원래 지명이 나에시로가와(苗代川)였는데 이곳에서 도자기를 구워왔던 박씨 집안과 심씨 집안은 근대일본국의 역사에서 매우 중요한 역할을 했습니다. 이미 말씀드렸지만 박씨 집안의 도고 시게노리(東鄕茂德) 외무대신은 전후 처리를 통해 일본(日本)과 천황(天皇)을 구했습니다. 그리고 12대 심수관(沈壽官)은 1873년 오스트리아 비엔나(Vienna)에서 열린 만국 박람회에 대화병(大花瓶)을 출품하여 호평을 받아 사쓰마야키(薩摩焼)를 세계에 알렸으며, 이어 서구 국가에도 도자기를 수출했습니다. 두 집안은 대대로 친했다고 합니다. 지금 도고 시게노리(東鄕茂德) 가옥은 <도고 시게노리 기념관>으로 바뀌어 있고, 심수관(沈壽官) 가옥은 심수관 도예촌(沈壽官窯)이라는 이름으로 불리고 있습니다. [그림 8-14]는 미야마(美山) 안내도에 <도고 시게노리 기념관>, 심수관 도예촌(沈壽官窯), 그리고 옥산궁(玉山宮)을 표시한 것입니다. 보다시피 이 세 건물들은 상당히 가까이에 위치해 있습니다. 박씨 집안과 심씨 집안이 대대로 도자기를 굽고, 또 때가되면 저 옥산궁(玉山宮)에 올라 단군(檀君)께 예를 갖추었을 모습이 그려집니다. 도고 시게노리(東鄕茂德), 즉 박무덕(朴茂德)도 어린 시절을 이렇게 보냈습니다.

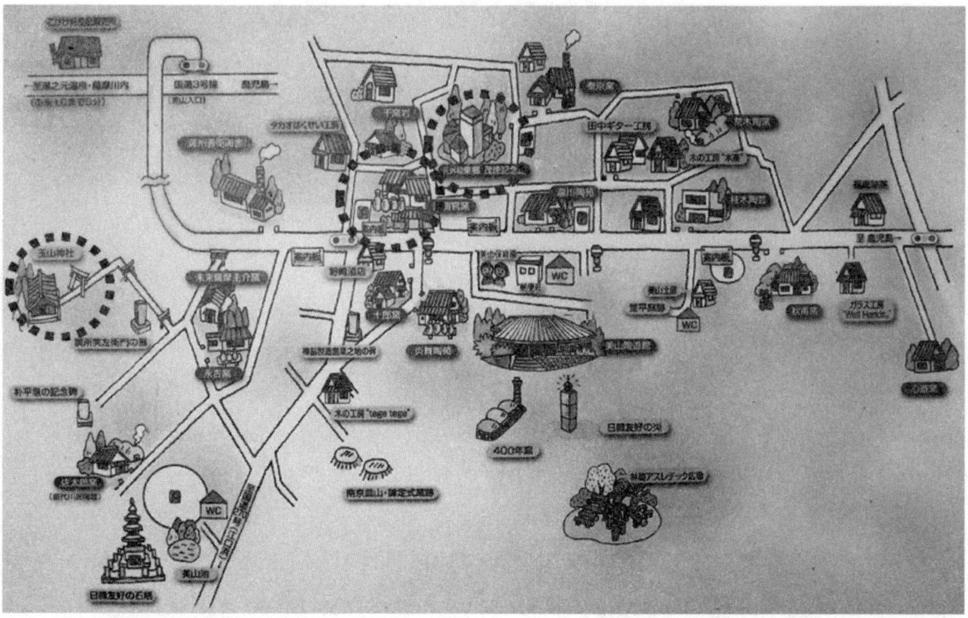

[그림 8-14] 미야마(美山) 안내도. 왼쪽부터 원 안에 옥산궁(玉山宮), 심수관 도예촌(沈壽官窯), <도고 시게노리 기념관>.

미야마(美山)에서 만들어진 도자기는 짐꾼에 실려 가고시마(鹿児島) 시내로 들어왔을 것입니다. 시내에서 도자기가 모였던 곳은 아마도 현재 가고시마 중앙역 부근이 아닐까 합니다. 왜냐하면 이곳에 고려마을(高麗町)이 있기 때문입니다. 고려마을의 동쪽으로는 천(川)이 하나 흐르는데 그 이름이 갑돌천(甲突川)으로 우리에게 너무나 익숙합니다. 갑돌이와 갑순이가 떠오르지요. 그리고 이 갑돌천에 고려교가 놓여있습니다. 지금도 이 다리의 이름은 예전과 마찬가지로 고려교(高麗橋)이지만 차가 다닐 수 있는 철근콘크리트 구조물로 대체되어 있습니다. 예전의 고려교는 기온노스공원(祇園之洲公園)에 옮겨져 있습니다.

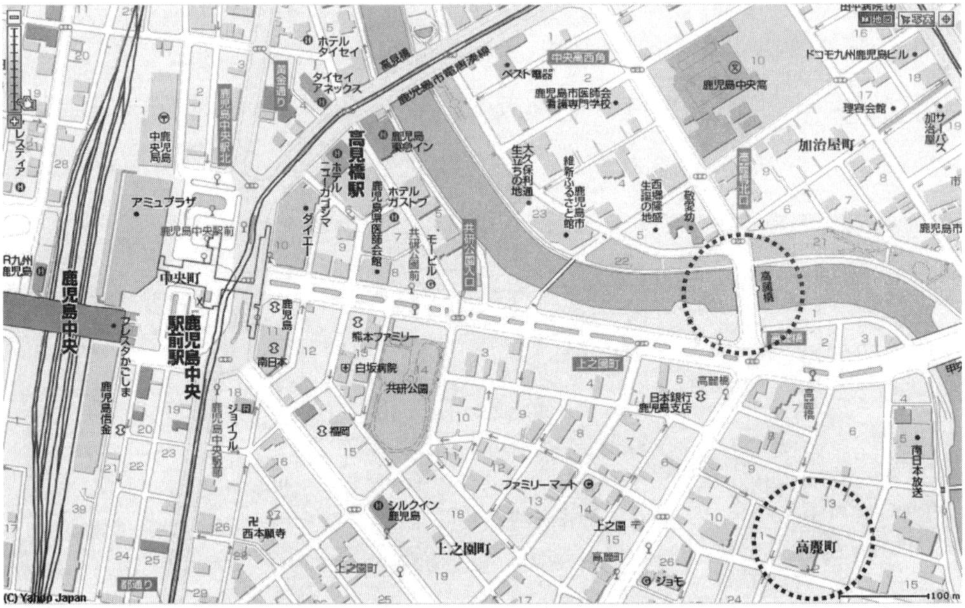

[그림 8-15] 가고시마(鹿児島)의 고려마을(高麗町)과 고려교(高麗橋).
출처: 야후저팬 지도(http://map.yahoo.co.jp/).

[그림 8-16]은 메이지유신 이전의 가고시마 시가지를 그린 지도입니다. 지도에서 서쪽에 있는 하천이 갑돌천인데 보다시피 시가지의 외곽 경계를 이룹니다. 아마도 갑돌천은 해자(垓子)로써의 역할도 했을 것입니다. 지도를 보면 동쪽과 서쪽 하천을 경계로 해서 그 안쪽으로만 구획이 정리되어 있습니다. 고려마을(高麗町)

은 갑돌천(甲突川) 서편에 위치해 있으니 당시에는 시가지에도 끼지 못했던 변두리 지역이었음을 알 수 있습니다. 지금은 가고시마 중앙역이 들어서 있어 번화가이지만 말입니다. 그런데 이 변두리 지역에서 메이지유신의 주역들이 태어나 자랐습니다. 죠카마치(城下町)는 철저하게 신분질서가 반영되었던 공간임을 미루어 볼 때 이 변두리 지역 사람들의 신분이 낮았음을 짐작할 수 있습니다. 메이지유신의 주역들은 당시 변방인 번(藩)에서도 변방인 지역에서 태어나 자랐던 것입니다. 이건 죠슈번(長州藩)에서도 마찬가지였습니다. 요시다 쇼인(吉田松陰)과 그의 제자인 이토 히로부미(伊藤博文)가 거처했던 가옥은 [그림 2-60]의 삼각주에 있지 않습니다. 아부강(阿武川) 건너 산기슭에 올라야 비로소 그들의 가옥을 발견할 수 있습니다.

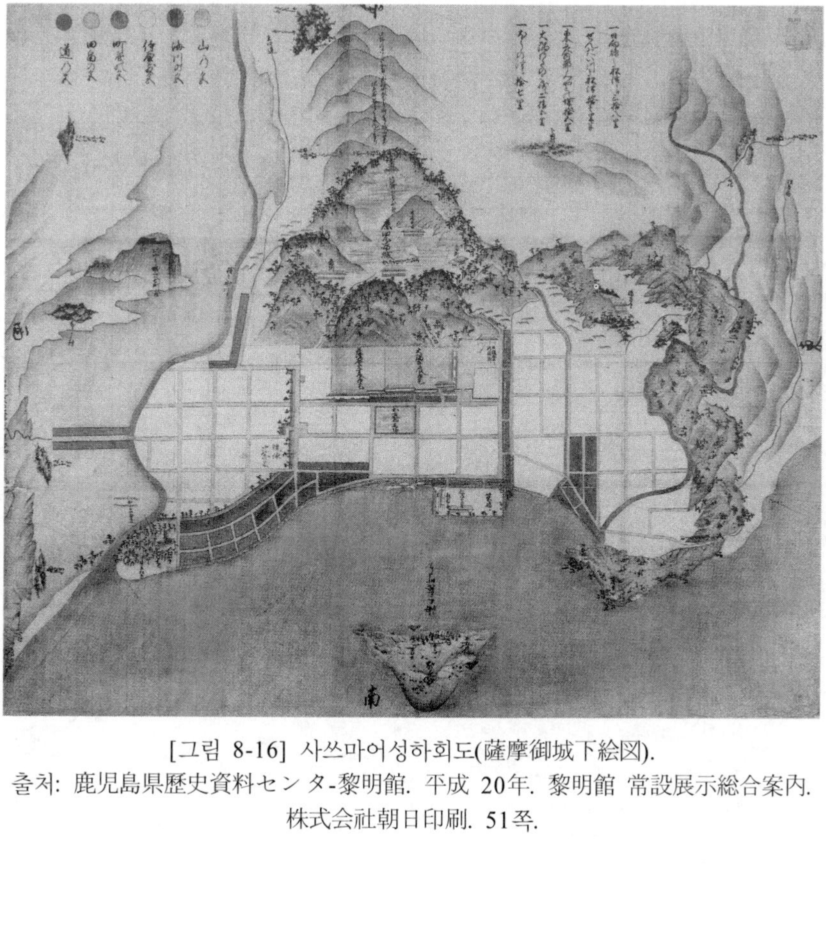

[그림 8-16] 사쓰마어성하회도(薩摩御城下絵図).
출처: 鹿児島県歴史資料センタ-黎明館. 平成 20年. 黎明館 常設展示総合案內. 株式会社朝日印刷. 51쪽.

4) 정한론(征韓論)을 둘러싼 갈등의 배경

[그림 8-17]은 가고시마에서 태어난 메이지유신 주역들의 탄생지를 지도에 표시한 것입니다. 보다시피 갑돌천(甲突川)을 중심으로 고려마을(高麗町)과 카지야마을(加治屋町)에 메이지유신 주역들의 탄생지가 몰려 있습니다. 그림에서 갑돌천 위의 원 안에 사이고 다카모리(西鄕隆盛)의 탄생지가 있으며, 갑돌천 아래의 원 안에 오쿠보 도시미치(大久保利通)의 탄생지가 있습니다. 이 두 사람이 바로 메이지유신의 핵심 인물입니다. 그런데 이 두 혁명 동지는 정한론(征韓論)을 둘러싸고 갈등을 보이며 전쟁까지 불사합니다. 이 전쟁이 일본 최후의 내전이라 일컬어지는 세이난전쟁(西南戰爭)입니다. (본서에서는 메이지유신이 진행되었던 세세한 사항에 대해서는 다루지 않겠습니다. 이 건은 다른 서적을 참고하시기 바랍니다.)

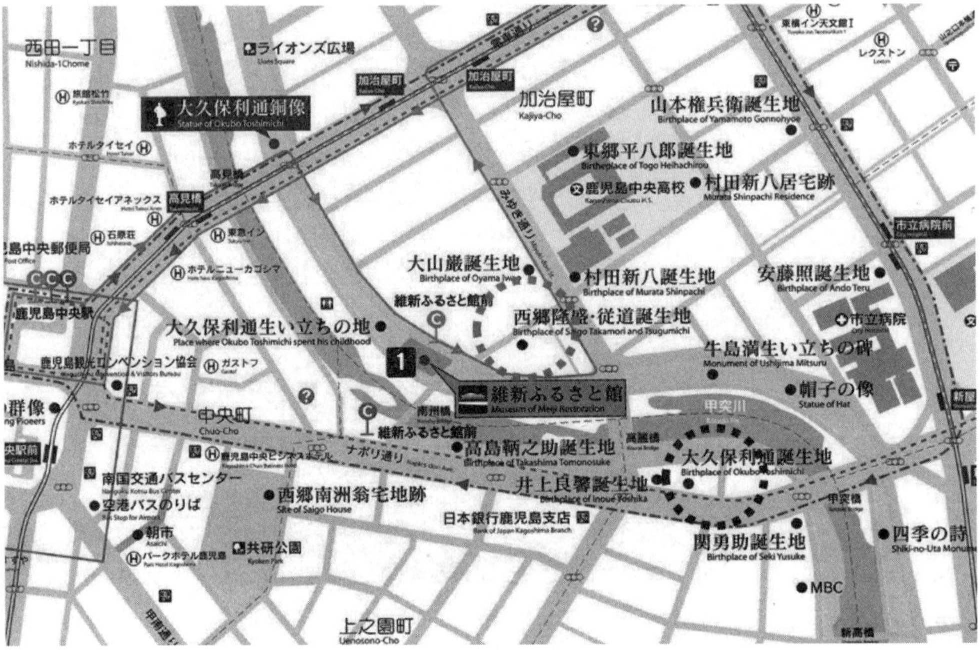

[그림 8-17] 메이지유신 주역들의 탄생지.

메이지유신 성공 이후, 한국(韓國)을 쳐야 한다는 사이고 다카모리(西鄕隆盛)는 이에 반대하는 오쿠보 도시미치(大久保利通)에 밀려 고향 가고시마로 낙향합니다. 사이고 다카모리는 고향에서 후학들을 양성하던 중 1877년 몰락해가는 사무라이(武士)들과 함께 거병하였다가 메이지 정부군에 밀려 가고시마 성산(城山)의 동굴에서 자결로 생을 마감합니다. 우리에게 잘 알려진 영화 <라스트 사무라이(The Last Samurai, 에드워드 즈윅(Edward Zwick) 감독, 2003년)>의 일본 주인공이 바로 사이고 다카모리를 모델로 한 것입니다. 사이고 다카모리는 그의 사무라이다운 기질로 인해 일본 여성들이 가장 좋아하는 남자라 합니다.

[그림 8-18] 메이지유신 두 주역. 사이고 다카모리(西鄕隆盛)[左]와 오쿠보 도시미치(大久保利通)[右].

저는 혁명 동지인 사이고 다카모리(西鄕隆盛)와 오쿠보 도시미치(大久保利通)가 왜 갈등을 보였는가에 대해 자세히 설명한 글을 보지 못했습니다. 대충 얼버무린 글들이 대부분입니다. 아무리 갈등이 심했기로서니 한국(韓國)을 치냐 마냐 하는 문제로 전쟁까지 불사해야 했겠습니까? 어떤 글에서는 한국을 치는 시기의 문제를 가지고 갈등이 생겼다고 하는데 이도 충분한 설명이 되지 않습니다. 단지 치는 시기의 문제 때문에 혁명동지가 갈라서고 죽기 살기로 싸운다? 전혀 납득이 되지 않는 설명입니다. 분명한 것은 한국을 치는데 반대하였던 오쿠보 도시미치가 대만에 출병하는 데 앞장섰던 것으로 보아 그가 평화주의자는 아니었다는 것입니다.

저는 사이고 다카모리와 오쿠보 도시미치 사이에 있었던 갈등의 본질을 파악하려면 이들의 탄생지를 눈여겨봐야 한다고 봅니다. 이미 눈치가 좋으신 독자들께서는 이 두 사람의 탄생지를 유심히 드려다 보셨을 것입니다. 저 자신도 가고시마를 떠나면서 기차 안에서 두 사람의 탄생지를 확인해 보고, 그러면 그렇지 했던 적이 있었습니다. 정말 기가 막히더군요. 사이고 다카모리(西鄕隆盛)는 카지야마을(加治屋町)에서 태어났으며 오쿠보 도시미치(大久保利通)는 고려마을(高麗町)에서 태어났습니다. 두 사람이 태어난 곳은 아주 가깝지만 갑돌천(甲突川)으로 나뉘어져 있고, 고려교(高麗橋)가 두 사람이 태어난 마을들을 연결해 주고 있습니다.

카지야마을 출신인 사이고 다카모리는 한국(韓國), 즉 고려(高麗)를 치자고 했고, 고려마을 출신인 오쿠보 도시미치는 이에 반대하였습니다. 이로 인해 두 혁명 동지는 전쟁까지 불사하게 되며, 사이고 다카모리가 자결함으로써 오쿠보 도시미치는 단기간의 승리를 거두게 됩니다. 저는 메이지유신(明治維新)을 고려(高麗)에서 열도가 이탈하여 독립국을 세운 것이라 언급해왔습니다. 기본적으로 메이지 정부는 반고려(反高麗) 세력임이 분명합니다. 그러나 그 메이지 정부도 내부에 또 다시 친고려파(親高麗派)와 반고려파(反高麗派)로 나뉘어 있었습니다. 카지야마을 출신인 사이고 다카모리가 반고려파의 대표였다면, 고려마을 출신인 오쿠보 도시미치는 친고려파의 대표였던 것입니다. 서세동점(西勢東漸)을 이겨내기 위해서는 열도가 중심이 되어야 한다는 점에 두 혁명 동지는 뜻을 같이 했습니다. 그러나 상국이었던 고려와 평화공존 속의 대동아공영(大東亜共栄)을 이룰 것인지 아니면 고려를 점령하여 대동아공영을 이룰 것인지를 두고 두 혁명 동지는 뜻을 달리했습니다.

저는 오쿠보 도시미치(大久保利通)가 도고 시게노리(東鄕茂德) 외무대신과 마찬가지로 반도에서 끌려온 도공의 후예가 아닌지 생각해 보아야 한다고 봅니다. 반도에서 끌려온 사람들은 집단적으로 모여 살았고, 그로 인해 지금까지 고려마을(高麗町)이라는 이름이 이어질 수 있었으며, 오쿠보 도시미치가 바로 그 고려마을 출신이라는 점은 그냥 지나칠 수 없는 사항이기 때문입니다. 우연의 일치겠지만 현재 동경(東京)에 한국인들이 가장 많이 모여 사는 지역이 바로 오쿠보(大久

保)입니다. 반면에 사이고 다카모리(西鄕隆盛)는 비록 변두리 지역이기는 하지만 갑돌천(甲突川) 동편의 카지야마을(加治屋町)에서 태어나 자랐습니다. 이는 그가 최소한 고려인의 후손은 아니라는 말이 됩니다. 특히, 시마즈 나리아키라(島津斉彬)에 의해 중용되었던 것을 보면 그는 시마즈 요시히로(島津義弘)와 함께 고려를 유린하였던 사무라이(武士)의 후예로 판단됩니다. 두 혁명 동지는 분명 그 태생부터 차이를 보였을 것입니다. 그러니 전쟁까지 마다하지 않았던 것이지요.

[그림 8-19] 시마즈 나리아키라(島津斉彬).

오쿠보 도시미치는 비록 열도인으로 살아가야 했으나 자신의 할아버지 나라에 대한 애착이 있었을 것입니다. 지금 재일동포들이 어떻게 살아왔는지를 보면 오쿠보 도시미치가 어떻게 살아왔을 지가 그려집니다. 미야마(美山)에 정착한 고려인들이 처음으로 한 일은 단군(檀君)을 모시는 것이었습니다. 그리고 지금까지 그 전통을 지켜오고 있습니다. 보십시오. 대단한 결속력과 지속력이 아닙니까? 그리고 비록 시가지 외곽에 거주하였지만 고려마을(高麗町)의 고려의 후예들은 사쓰마번(薩摩藩)의 부(富)는 우리가 만든 것이라는 자부심을 가지고 살아왔을 것입니다. 반면에 사이고 다카모리는 이들 고려인(高麗人)과 고려마을(高麗町)을 보면서 분노의 마음을 지니며 살았을 것입니다. 임진왜란에서 패하고, 세키가하라전투

(関ケ原の戦い)에서도 패해 열도의 땅끝마을에서 하급무사로 살아야 했으니 말입니다. 고려교(高麗橋)를 사이에 두고 두 마을 청년들은 때로는 다투기도 하고, 때로는 화해도 하며 성장하였을 것입니다. 근래의 재일동포 청년들과 일본 청년들이 그러했듯이 말입니다. 영화 <박치기!(パッチギ!, 이즈츠 카즈유키(井筒和幸) 감독, 2004년)>를 보면 이를 잘 알 수 있습니다. 영화에서도 다리(橋)를 사이에 두고 재일동포들이 거주하는 마을과 일본인들이 거주하는 마을이 구분되어 있습니다. 이 다리를 사이에 두고 양 진영의 청년들은 때로는 싸우며 때로는 화해하며 성장합니다.

오쿠보 도시미치는 1878년에 사이고 다카모리를 따랐던 시마다 이치로(島田一郎)에 의해 암살당합니다. 저는 오쿠보 도시미치의 암살 이후, 메이지 정부는 반고려파(反高麗派)에 의해 장악되었다고 판단합니다. 그리하여 한일합방(韓日合邦)이 아니라 한일병합(韓日併合)이 이루어지게 되었다고 생각합니다.

메이지 정부 내에는 분명 친고려파와 반고려파가 있었습니다. 안중근(安重根) 의사가 메이지천황(明治天皇)에 대해 호의적으로 생각했던 것은 다 이런데 근거했던 것입니다. 친고려파와 반고려파의 갈등은 한일병합(韓日併合)이후에도 지속적으로 나타납니다. 몇몇 내각총리대신(内閣総理大臣)이 암살되었고, 대한제국 황실과의 관계설정에 이견이 노출되었던 것은 이러한 갈등을 보여주는 사례들입니다.

5) 임진왜란 세력, 메이지유신 세력, 그리고 현 일본 지배세력은 동일한 세력

본장에서 우리는 메이지유신이 어떻게 일어나게 되었는지를 살펴보았습니다. 사쓰마번(薩摩藩)과 죠슈번(長州藩)은 임진왜란 때 끌고 온 도공들이 계속 도자기를 굽게 하여 막부(幕府)에 대항할 수 있는 부(富)를 축적했습니다. 이후 이 번(藩)들은 유태금융자본의 지원으로 메이지유신을 성공시켜 근대일본국을 건설합니다. 그러나 메이지 정부 내부에는 친고려파(親高麗派)와 반고려파(反高麗派)가 공존하였고, 이 둘은 여러 갈등들을 보였습니다.

흥미로운 사실은 지금까지도 이 두 번(藩) 출신들이 열도를 장악하고 있다는 것입니다. 메이지(明治) 시대에는 죠슈번 출신의 이토 히로부미(伊藤博文)가 초대 내각총리대신(內閣総理大臣)으로 선출된 이래 내각총리대신 직은 아예 두 번(藩) 출신들이 나눠서 맡았습니다. 그 후로는 다른 지역 출신 인사가 내각총리대신(內閣総理大臣)이 되는 경우도 종종 있었습니다. 그러나 아직도 이 두 번(藩) 출신들이 다수를 차지하고 있습니다.

[그림 8-20] 2000년대 일본 내각총리대신(內閣総理大臣). 좌로부터 고이즈미 준이치로(小泉純一郎), 아베 신조(安倍晋三), 후쿠다 야스오(福田康夫), 아소 다로(麻生太郎), 하토야마 유키오(鳩山由紀夫), 간 나오토(菅直人). 출처: 위키백과(http://ja.wikipedia.org/).

[그림 8-20]은 고이즈미 준이치로(小泉純一郎) 이후의 내각총리대신들입니다. 이들의 출신지나 본가를 살펴보면, 고이즈미 준이치로(小泉純一郎)는 가고시마(鹿児島), 아베 신조(安倍晋三)는 야마구치(山口), 후쿠다 야스오(福田康夫)는 군마(群馬), 아소 다로(麻生太郎)는 후쿠오카(福岡), 하토야마 유키오(鳩山由紀夫)는 동경(東京), 마지막으로 간 나오토(菅直人)는 야마구치(山口)입니다. 후쿠오카(福岡)는 야마구치(山口)와 이웃해 있으니 범죠슈번(凡長州藩)으로 봐도 무방합니다. 그러면 6명 중 4명이 이 두 번(藩) 출신이라는 말이 됩니다.

이는 무엇을 말해주는 것일까요? 임진왜란 세력, 메이지유신 세력, 그리고 현 일본 지배세력까지 동일한 지배세력이라는 것입니다. 한국과 일본이 왜 아직도 삐걱거리는지 충분히 이해가 되실 것입니다. 현 일본 지배세력은 자신들이 임진왜란 세력의 후손임을 자랑스럽게 내세우고 있기까지 합니다. 한국인만 이 사실을 잘 모를 뿐입니다. 도요토미 히데요시(豊臣秀吉) 가문의 문장(紋章)인 "고시치노기리(五七の桐)"는 조선총독부의 문장으로 사용되다 현재 내각총리대신(内閣総理大臣)의 문장으로 사용되고 있습니다. 몇 년 전에 이명박 대통령이 후쿠다 야스오(福田康夫) 전총리와 공동기자 회견을 했을 때, 이 문장이 두 정상의 연단 앞에 놓여있어서 한때 논란이 됐던 적이 있었습니다. 일본에 대해 제대로 파악하려면 가문의 문장에 대해 반드시 알아야 합니다. 가문의 문장이 중요시 되었다는 것은 열도가 줄곧 여러 소국(小國)들로 할거되어 있었다는 증거이며 또한 여러 계파 간에 치열한 싸움이 전개되어 왔음을 나타냅니다. 열도를 장악한 세력이 어떤 문장을 앞에 세우는가를 보면 이들이 어떤 세력이며 누구를 계승했는지를 알 수 있습니다.

[그림 8-21] 고시치노기리(五七の桐)가 앞에 놓인 연단에 서서 연설하는
고이즈미 준이치로(小泉純一郎) 전총리.
출처: 위키백과(http://ja.wikipedia.org/).

9

동경(東京)이 일본제국(日本帝國)의 임시수도가 된 이유

앞의 6장에서 저는 에도(江戸)는 고려(高麗)의 마을(町)이며, 동경(東京)은 일본(日本)의 도시(都市)라 설명 드렸습니다. 그런데 에도는 고려의 마을이면서 동시에 도쿠가와(徳川) 가문이 직접 통치하였던 마을이기도 합니다. 그래서 마을(町)의 조직이 상당 부분 파괴되어 있습니다만 아직도 동경 곳곳에 도쿠가와 가문의 흔적이 남아 있습니다. 대표적인 흔적이 에도성(江戸城), 즉 지금의 황거(皇居)입니다. 그리고 동경 곳곳에 있는 신사(神社)와 사찰(寺刹)에서도 도쿠가와 가문의 흔적을 발견할 수 있습니다.

동경에서 도쿠가와 가문과 관련이 있는 신사와 사찰에서는 어김없이 도쿠가와 가문의 문장(紋章)을 볼 수 있습니다. 도쿠가와 가문의 문장은 미츠바아오이(三つ葉葵)라 하는데, 족두리풀[세신(細辛)]속에 속하는 식물의 잎 모양을 취해 만들어진 것이라 합니다. 이 족두리풀의 학명은 Asarum caulescens로 일본에서는 후타바아오이(双葉葵)로 부르고 있습니다. 한국에서는 한방용어인 쌍엽세신(雙葉細辛)으로 알려진 식물입니다. 중요한 것은 이파리 세 장을 원 안에 넣어 문장을 만들었다는 것입니다. 독자들께서도 잘 아시겠지만 삼(三)이라는 숫자는 우리의 정서에 너무나 부합하는 숫자입니다. 보통 후타바아오이(双葉葵)의 이파리는 두 장이라 합니다. 쌍엽세신(雙葉細辛)이라는 한방용어가 이를 증명하지요. 삼(三)이라는 숫자는 의도적으로 만들어진 숫자인 것입니다.

[그림 9-1] 도쿠가와(德川) 가문의 문장(紋章)인 미츠바아오이(三つ葉葵).
촬영: 조죠지(增上寺).

저 멀리 삼신할머니로부터 삼한통일에 이르기까지 우리와 운명을 같이한 숫자가 바로 삼(三)입니다. 태극 문양도 삼태극이어야 진짜 우리의 것으로 인식하는 경우가 보통입니다. 그런데 도쿠가와 가문과 관련이 있는 신사와 사찰을 수호하는 고려개(高麗犬)에서 우리는 삼태극 문양을 심심치 않게 볼 수 있습니다. 이게 과연 우연일까요? 열도에서 고려(高麗)하면 도쿠가와(德川). 이게 거의 공식과 같습니다. 저는 삼태극에서 삼(三)을 취하고, 열도에서 내려온 권위의 상징 후타바아오이(双葉葵)의 이파리 모양을 더해 도쿠가와 가문의 문장인 미츠바아오이(三つ葉葵)가 만들어졌다고 판단합니다. 원래 후타바아오이(双葉葵)는 카모(賀茂) 가문의 문장이었다고 하는데 이는 도쿠가와 가문이 이 가문에서 유래된 것이 아닌가 하는 추측을 낳게 합니다. 그런데 이 카모(賀茂) 가문이 산성국(山城國) 출신이라는 점이 흥미를 유발시킵니다. 지금은 이곳이 교토부(京都府)라는 이름으로 불려 지지만 산성국으로 불러졌을 당시에는 고려계(高麗系)가 이곳을 장악했었기 때문입니다. 이에 대해서는 후에 다룰 것입니다.

[그림 9-2] 시나가와신사(品川神社) 고려개(高麗犬)의 삼태극 문양.
고려개 뒤로 미츠바아오이(三つ葉葵)가 그려진 휘장이 보인다.

메이지유신(明治維新) 이후로 많이 축소되었지만 지금도 도쿠가와 가문의 무덤을 모시는 조죠지(增上寺)라는 사찰이 동경에 있습니다. 보통 동경타워와 함께 묶어서 관광을 하게 되는 곳입니다. 이 조죠지에 들어서려면 대문(大門)을 통과해야 하는데, 이 문도 역시 고려문(高麗門)입니다. 도쿠가와(德川)와 고려(高麗). 정말 뗄라야 뗄 수 없는 관계입니다.

조죠지(增上寺)에는 도쿠가와 이에야스(德川家康) 후손들의 무덤이 모셔져 있고, 이미 설명 드렸지만 도쿠가와 이에야스는 닛코(日光)의 도쇼구(東照宮)에 잠들어 있습니다. 일본에 가면 닛코(日光)에 꼭 들려보십시오. 일본 건축물은 단정한 것이 특징인데 이 도쇼구(東照宮)만큼은 아닙니다. 화려함의 극치를 보입니다. 목조 건축물 중에선 세계에서 가장 화려하지 아닐까 합니다. 그런데 이렇게 귀하고 신성한 곳에만 도쿠가와 가문 사람들이 잠들어 있는 것은 아닙니다.

[그림 9-3] 조죠지(增上寺) 입구에 설치되어 있는 대문(大門)도 역시 고려문(高麗門)이다.

[그림 9-4] 도쿠가와(德川) 가문의 무덤들. 왼쪽에서부터 도쇼구(東照宮)의 도쿠가와 이에야스(德川家康) 무덤, 조죠지(增上寺)의 도쿠가와(德川) 가문 무덤, 야나카 영원(谷中靈園)의 도쿠가와 요시노부(德川慶喜) 무덤.

마지막 쇼군(將軍)이었던 도쿠가와 요시노부(德川慶喜)와 그의 일족은 1874년 동경 닛포리(日暮里)에 조성된 야나카 영원(谷中靈園)이라는 곳에 잠들어 있습니다. [그림 9-4]는 도쿠가와(德川) 가문의 무덤을 나열한 것입니다. 그런데 보다시피 도쿠가와 요시노부(德川慶喜) 무덤의 양식이 이상합니다. 이곳에 같이 잠들어 있는 그의 일족들도 역시 이와 같은 무덤 양식을 보이고 있습니다. 시멘트와 돌이 범벅되어서 봉분을 이루고 있습니다. 저는 일본에 있었을 때 일본의 지인들에게 시멘트로 조성하는 양식의 무덤이 일본에 있냐고 물어보았습니다. 그 지인들은 한 결 같이 그런 무덤은 잘 모르겠다고 하더군요. 저 몰락한 도쿠가와 요시노부와 그 일족들의 무덤! 저는 저 무덤들은 봉인(封印)된 무덤이라고 생각합니다. 고려장군 도쿠가와 가문은 다시 부활하지 말라는 봉인(封印) 말입니다. 그러하기에 저렇게 시멘트로 무덤을 덮은 것이 아닐까요? 저는 달리 볼 수 없습니다.

그런데 저는 근대일본국의 수도가 동경(東京)으로 결정된 이유를 다루는 본장에서 왜 도쿠가와 가문의 무덤 이야기를 하는 것일까요? 그건 근대일본국이 동경을 수도로 결정한 이유를 바로 저 몰락한 도쿠가와 가문의 무덤이 설명해준다고 보았기 때문입니다. 메이지유신 세력들이 동경을 수도로 정한 이유는 도쿠가와 이에야스(德川家康)의 실수를 이들이 너무나 잘 알고 있었고, 자신들은 그와 같은 실수를 반복하기 싫어했다는데서 찾을 수 있습니다. 임진왜란(壬辰倭亂) 세력이 메이지유신(明治維新) 세력으로 부활할 수 있었던 데에는 이들 세력이 도쿠가와(德川) 막부의 영향권 밖에 있었기에 가능했습니다. 그들은 이 사실을 너무나 잘 알고 있었던 것입니다. 그러므로 에도(江戸)를 자신들의 세력이 잘 미치지 않는 외곽에 두면 자신들이 그러했듯이 언젠가는 이 에도에서 고려계(高麗系)가 부활하리라 생각했던 것입니다.

도쿠가와 이에야스(德川家康)는 열도를 장악했지만 도요토미 히데요시(豊臣秀吉) 추종 세력들을 다 제거하지 못했습니다. 그는 도쿠가와 집안 사람들을 신판 다이묘(親藩大名)로 임명하여 에도에서 가까운 지역에 두었고, 그 다음으로 대대로 도쿠가와 가문을 섬겨 온 직계 가신을 후다이 다이묘(譜代大名)로 임명하여 배치하였으며, 도쿠가와 가문에 저항 가능성이 있는 또는 세키가하라전투(関ヶ原の戦い) 당시 도쿠가와 가문에게 저항한 다이묘들은 도자마 다이묘(外様大名)로 좌

천시켜 변방으로 배치시켰습니다. 앞의 8장에서 설명했지만 이 변방 지역에서 메이지유신이 일어났습니다.

임진왜란 세력의 후손인 메이지유신 세력은 도쿠가와 이에야스의 실수를 타산지석(他山之石)으로 삼았던 것입니다. 그리하여 열도의 중심이라 할 수 있는 산성(山城), 즉 현 교토(京都)를 과감히 버리고, 에도(江戸)로 들어가 고려의 마을을 철거하고 그곳에 일본의 도시 동경(東京)을 건설한 것입니다. 고려 호랑이(德川)를 잡으러 호랑이 동굴(江戸)에 들어가 아예 눌러 앉아 버린 것입니다.

메이지유신 이후 수도를 어디에 둘 것인가 하고 많은 논쟁이 있었지만 결국 동경으로 결정된 데에는 이런 정치적 의도가 있었던 것입니다. 일본 사람들에게 왜 동경이 근대일본국의 수도가 되었냐고 물어보면 제대로 답을 하지 못합니다. 그들 대부분은 메이지유신 세력들의 정치적 의도까지는 학교에서 배우지 못했던 것입니다. 앞의 6장에서 설명했지만 어느 지역이 도(都)가 되려면 천자(天子)가 거처해야 합니다. 한 나라에 경(京)은 몇 군데 둘 수 있습니다. 발해(渤海)가 오경(五京)을 두었던 것이나, 고려(高麗)가 동경(東京)과 서경(西京)을 두었던 것을 여러분은 익히 배워서 알고 계실 것입니다. 그러나 한 나라에 도(都)는 천자가 거처하는 오직 한 곳만 있을 뿐입니다. 묘청(妙淸)이 평양(平壤)으로 수도를 옮기려 했던 것을 우리는 서경천도(西京遷都) 운동이라 배웠습니다. 서경천도는 말 그대로 서경에 도(都)를 옮기는 것입니다. 즉, 묘청은 서경에 천자를 모시려 했던 것입니다.

마찬가지로 근대일본국의 도(都)가 동경이 되려면 천황이 동경에 거처해야 합니다. 메이지유신 세력들은 그들이 옹립한 메이지천황(明治天皇)을 동경에 거처하도록 하기 위해 여러 간책까지 써가며 이를 추진하였습니다. 이들이 이러한 간책까지 써가며 왜 수도를 동경으로 정했는지 현대인들은 그 의중을 읽지 못합니다. 거짓된 역사를 배웠고 상상력을 거세당했기 때문이죠. 이제 여러분은 중화인민공화국이 자신들의 본거지인 남경(南京)을 과감히 버리고, 북경(北京)을 수도로 정한 이유를 근대일본국의 수도 결정과정을 통해 유추할 수 있을 것입니다. 주신족(女眞族)의 부활을 완전히 차단하기 위한 고도의 전략이었다고 말입니다.

아울러 메이지 초기에 수도 논쟁에 종지부를 찍게 만든 사건이 발생합니다. 그것은 러시아의 남하 추진과 북해도(北海道)의 편입입니다. 메이지 정부는 아이누족(アイヌ族, Ainu)의 땅을 북해도라 명명하고 1869년에 강제 편입시킵니다. 메이지유신이 1868년에 있었으니 상당히 긴급한 조치였다고 할 수 있습니다. 북해도는 지금도 일본의 식량창고로써 중요한 역할을 담당하고 있는 것으로 보아 일본의 산업화를 추진하고 있던 메이지 정부에서 무척이나 탐낼 만한 곳임은 분명합니다. 그러나 이렇게 긴급하게 편입해야 했던 원인은 러시아의 남하에 있었습니다.

열도가 삼도(三島)로 이루어졌을 때에는 교토(京都)가 열도의 한가운데 였습니다. 그러나 북해도 편입으로 열도가 사도(四島)가 된 후엔 동경(東京)이 열도의 한가운데 위치하게 됩니다. 물론 수도가 꼭 국토의 한가운데 위치해 있을 필요는 없습니다. 그러나 동경 북쪽으로는 이렇다 할 시가지도 없는 상황에서 수도마저 교토가 되면 북해도 개척을 진두지휘하기가 어렵게 됩니다.

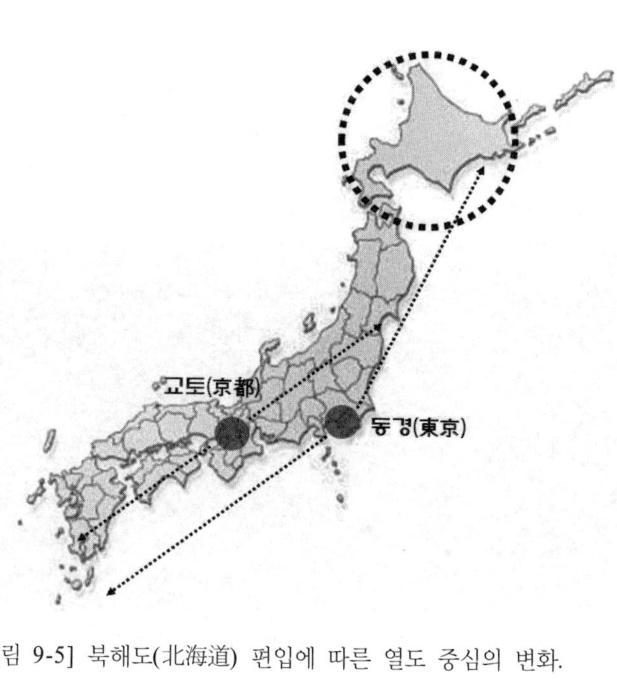

[그림 9-5] 북해도(北海道) 편입에 따른 열도 중심의 변화.

어느 지역을 자국의 영토로 편입하면 그 곳에 국민들을 보내 살게끔 해줘야 합니다. 그래야 그곳이 그 나라의 영토로 공공이 인정받을 수 있습니다. 독도에 한국인이 살고 있을 때와 없을 때의 차이를 생각해 보십시오. 중화인민공화국에서 만주로 한족을 대거 이주시키는 이유도 생각해 보십시오. 당시 메이지 정부가 어떤 고민을 했었을 지가 충분히 상상이 갑니다.

그러면 새 영토로 옮겨 온 이주민들이 그 곳에 정착하려면 어떻게 해 줘야겠습니까? 그들이 생계를 유지할 수 있도록 적절한 산업을 만들어주어야 합니다. 이것이 제일 중요한 일입니다. 즉, 새 영토에 대한 지역개발이 필요하다는 말이 됩니다. 그러면 이를 어디서 진두지휘해야겠습니까? 물론 현장 사무소도 필요하겠지만 이를 배후에서 지원할 수 있어야 합니다. 그 곳이 교토(京都)라면 상당히 어렵습니다. 반면에 동경(東京)이라면 그나마 수월하지요. 러시아의 남하를 저지하는 일은 일본이 제국으로 성장할 수 있느냐 없느냐를 결정지을 뿐만 아니라 메이지 정부가 살아남느냐 아니냐를 결정짓는 일이었습니다. 러시아의 남하 저지는 북해도를 사수해야 가능합니다. 북해도에 일본인이 계속해서 거주할 때에만 가능한 일입니다.

[그림 9-6] 북해도(北海道) 개척시대의 삿포로 팩토리(サッポロファクトリー: 삿포로맥주 공장).

메이지 정부가 북해도에 맥주산업을 유치시켰던 것도 다 이런 이유에서였습니다. 당시 아시아에서 맥주는 최첨단산업이었습니다. 더욱이 북해도의 서늘한 기후는 보리 재배에도 적절했으니 연관효과를 극대화할 수 있는 산업이었던 것이지요. 이후 일본제국의 팽창과 함께 아시아에서 맥주 시장의 규모도 기하급수적으로 늘어났고, 이에 따라 북해도는 이주해 간 일본인이 확실히 살만한 땅이 된 것입니다. 삿포로맥주(サッポロビール)는 메이지 정부가 북해도를 일본의 영토로 공공이 하기위한 지역혁신 전략으로 인해 탄생할 수 있었던 것입니다.

동경이 수도로 정해진 이후 일본열도는 동경을 중심으로 해서 국토계획이 수립되었고, 지금도 그러 합니다. 지금의 일본은 동경이 수도가 되지 않았다면 전혀 다른 모습을 보이고 있을 것입니다. 그런데 위에서 살펴보았지만 동경이 수도가 된 것은 고려계(高麗系)의 부활을 저지하기 위한 정치적 의도, 그리고 러시아의 남하를 저지하고자 했던 메이지 정부의 의도가 맞물려서 이루어진 것입니다. 그러나 중요한 것은 동경은 일본제국의 임시수도에 불과했다는 것입니다. 태평양전쟁에서 패배하여 어쩔 수 없이 동경이 수도로 계속해서 남게 되었지만 말입니다. 일본은 새로운 제국의 수도를 건설하려 했습니다. 그 시도가 결국 일본제국의 몰락을 자처하게 되지만 말입니다.

10

막부(幕府) 가문은 모두 고려(高麗)의 후예

1) 동경(東京)에 고려강(高麗江)이 흐른다

앞의 5장에서 저는 막부(幕府)는 고려(高麗)의 대왕(大王)이 열도까지 직접 통치하기가 힘들었기 때문에 여러 소국들을 통제하기 위해 설치하였던 기관이라 주장했습니다. 그리고 이 막부를 이끌었던 가문은 다 고려계(高麗系)에 속한다고 언급한 바 있습니다. 본장에서는 이에 대해 살펴보겠습니다. 먼저 막부의 뜻부터 정확히 알아보기 위해 한자를 살펴보겠습니다.

<幕>

㉠ 장막(帳幕)
㉡ 군막(軍幕)
㉢ 막, 휘장(揮帳)

㉣ 막부(幕府)
㉤ 사막, 모래 벌판
㉥ 진, 진영(陣營)
㉦ 팔뚝받침, 정강이 받침
㉧ 화폐(貨幣)의 뒷면
㉨ 덮다, 덮어 가리다
㉩ 바르다, 칠하다

단어 뜻풀이: ①겨우 비바람 따위를 가릴 정도(程度)로 임시(臨時)로 간단(簡單)하게 지은 집 ②천 따위로 넓게 만들어, 칸을 막거나 위에 덮어씌우거나 또는 옆으로 둘러치기도 하는 물건(物件)

<府>

㉠ 마을, 고을
㉡ 도읍(都邑), 도시(都市)
㉢ 관청(官廳), 관아(官衙)
㉣ 곳집(곳간(庫間)으로 지은 집)
㉤ 사물이 모이는 곳
㉥ 창자
㉦ 가슴
㉧ 영묘(靈廟: 선조의 영혼을 모신 사당)
㉨ 저택(邸宅), 집
㉩ 죽은 아버지
㉪ 모으다
㉫ (고개를)숙이다, 구부리다

뜻을 나타내는 엄호밑(广 ☞ 집)部와 음(音)을 나타내는 付(부)가 합(合)하여 이루어짐. 付(부)는 주는 일, 엄호밑(广 ☞ 집)部는 건물(建物), 府(부)는 언제든지 사람에게 내어 줄 수 있도록 물건(物件)을 모아 두는 곳, 나중에 文書(문서)를 넣어 두는 곳간→문서를 취급하는 관청의 뜻으로 씀

[출처: 네이버(NAVER) 한자사전]

한자의 뜻을 풀어보면 막부는 임시적인 행정기관이라는 의미를 강하게 품고 있음을 알 수 있습니다. 천자가 직접 거느리는 상설화된 기관과는 거리가 멀어 보입니다. 최초의 막부는 동경권(東京圈)의 가마쿠라(鎌倉)에 세력을 형성하고 있었던 원씨(源氏) 가문이 천황의 외척이었던 평씨(平氏)가문을 1185년에 있었던 단노우라전투(壇ノ浦の戦い)에서 물리치고 세운 것입니다. 단노우라전투(壇ノ浦の戦い)는 야마구치현(山口県) 시모노세키(下関) 간몬해협(関門海峡)에서 벌어졌는데 이 전투에서 평씨(平氏) 가문은 멸족되었고, 8살의 안토쿠천황(安徳天皇)도 바다에 빠져 숨졌습니다. 저는 이 전투를 상당히 중요하게 생각합니다. 이로써 열도에서 일본이라는 나라는 없어졌다고 보기 때문입니다. 앞의 5장에서 열도에서 천황이라는 호칭은 고대에만 일시적으로 사용되었다고 말씀드린 바 있습니다. 저는 그 호칭을 마지막으로 가졌던 천황이 8살로 생을 마감했던 안토쿠천황(安徳天皇)이라고 판단합니다. 그리고 메이지천황(明治天皇)에 이르러서야 일본이라는 나라가 다시 섰고, 천자의 호칭도 다시 천황(天皇)으로 사용되기 시작한 것으로 판단합니다.

그런데 열도를 장악한 직후, 당시 원씨(源氏) 가문을 이끌었던 미나모토 요리토모(源頼朝)는 왕(王)에 즉위하여 새로운 왕조를 열면 될 일이지 왜 막부(幕府)라는 생소한 기관의 수장이 되는 것으로 만족했을까요? 열도도 샤먼제국의 특성을 많이 가지고 있으니 “이신벌군(以臣伐君: 신하로서 임금을 침)”은 가능해도 왕조를 바꾸어 새 나라를 여는 일은 불가하다고 생각했던 것일까요? 그런데 이 사안은 그렇게 보아서는 안 됩니다. 단노우라전투 이후에 열도에 천황이라는 존재가 없어졌고, 일본이라는 나라도 없어졌는데 이신벌군(以臣伐君)로 볼 수는 없는 것이지요. 우리는 막부가 정확히 무슨 기관이었는지, 그리고 단노우라전투 이후에 진행되었던 여러 사항들을 이해하려면 원씨(源氏) 가문이 어떤 가문인가부터 살펴봐야 합니다. 그래야 퍼즐을 맞출 수 있습니다.

먼저 원씨(源氏) 가문이 발흥한 가마쿠라(鎌倉) 일대부터 살펴보겠습니다. 가마쿠라는 동경권의 서쪽 경계인 고려산(高麗山)에서 동쪽으로 조금 떨어진 곳에 위치해 있습니다. 가마쿠라의 북쪽에는 고려신사(高麗神社)가 있고, 동쪽에는 태왕 고려(太王 高麗) 사람들이 많이 거주했던 동경(東京)이 있습니다. 가마쿠라(鎌倉)는 태왕 고려 세력들이 대거 거주하였던 동경권의 한가운데에 위치해 있는 것입니다.

고려산은 카나가와현(神奈川県) 히라츠카시(平塚市)에 위치해 있으며, 고려신사는 사이타마현(埼玉県) 히다카시(日高市)에 위치해 있습니다. 고려산과 고려신사는 모두 태왕 고려의 왕족 약광(若光)과 관련이 있습니다. 약광(若光)은 태왕 고려의 마지막 임금인 보장왕(寶藏王)의 아들인데 태왕 고려가 멸망하자 본국에 귀국할 수 없게 됩니다. 그는 고려산 일대에 정착하였다가 이후 고려신사 일대로 이동하여 정착하게 됩니다. 그가 이 동경권을 자신의 근거지로 정한 이유는 이 일대에 이미 태왕 고려 세력들이 많이 정착하여 있었기 때문입니다.

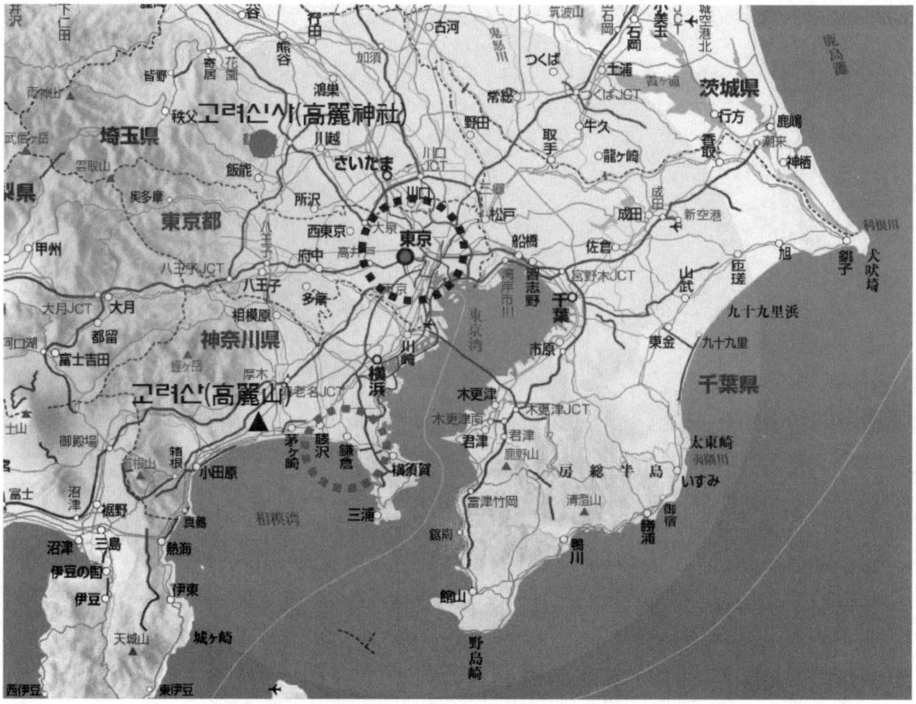

[그림 10-1] 가마쿠라(鎌倉) 위치.
출처: 야후저팬 지도(http://map.yahoo.co.jp/).

고려산(高麗山)은 비록 낮은 산이지만 열도 서부 지역에서 동경으로 갈 때에 반드시 거쳐 가야 하는 곳입니다. 산이 없는 동경에서 서쪽으로 가다보면 처음 마주치는 산이 바로 고려산이니 비록 산은 낮지만 중요한 이정표 역할을 하고 있습니다. 그런데 이 고려산에도 고려신사(高麗神社)가 있습니다. 지금은 메이지유신(明治維新) 이후, 이름이 타카쿠신사(高來神社)로 바뀌어져 있지만 말입니다. 메이지유신 이후, 이 고려신사는 많은 탄압을 받아 규모도 축소되었고, 이름도 바뀐 것입니다. 그리고 이곳에 고려사(高麗寺)라는 사찰도 있었는데 철거되었고, 지금은 그 흔적만 볼 수 있을 뿐입니다. 역시 메이지유신 세력은 반고려(反高麗) 세력인 것입니다.

[그림 10-2] 메이지유신 이전에는 고려산(高麗山) 전체를 경내로 둘 정도로 엄청난 규모를 자랑했던 고려신사(高麗神社). 현 타카쿠신사(高來神社).

그런데 이곳의 고려신사는 도쿠가와(德川) 가문이 무척 아꼈던 신사였다고 합니다. 지금도 이곳에서는 도쿠가와 가문의 문장인 미츠바아오이(三つ葉葵)와 삼태극 문양을 볼 수 있습니다. 역시 열도에서 고려(高麗)하면 도쿠가와(德川)입니다. 저는 일본에 거주했을 때 이 고려신사도 답사했고, 고려산도 등산하였습니다.

고려산에서 내려다보면 동경 일대와 태평양이 훤히 내려다보입니다. 고려산은 낮은 산이긴 하지만 이곳 일대의 기준이 되는 산임을 실감할 수 있었습니다.

[그림 10-3] 타카쿠신사(高來神社)의 본전인 관음당(觀音堂)의 휘장에는 미츠바아오이(三つ葉葵)가 그려져 있다.(上) 신여전(神輿殿)에는 삼태극 문양이 새겨져 있다.(下)

산에서 등산로 안내판을 보니 인근에 산성중학교(山城中学校)가 있다고 합니다. 산성(山城)은 백제(百濟)나 신라(新羅)에서도 발달했지만 태왕 고려(太王 高麗)를 상징하는 건축물입니다. 그런데 이곳에 산성이라는 지명이 보이는 것입니다. 산성 지역은 원래 고려산 뒤에 위치해 있어서 산배(山背)라 불리었다고 합니다. 저는 앞의 9장에서 교토부(京都府)가 고려계(高麗系)에 장악되었을 때에는 산성국(山城國)으로 불리었다고 언급한 바 있습니다. 이는 고려와 산성이 매우 관련이 깊다는 것을 알려주는 것입니다. 저는 고려(高麗)의 또 다른 이름이 아예 산성이었다고 생각합니다. 산성국(山城國)의 실체와 산성(山城)의 의미에 대해서는 본장 후반부에서 다루겠습니다.

가마쿠라(鎌倉)를 포함한 동경권이 태왕 고려(太王 高麗) 사람들의 주거주지였으며, 태왕 고려 세력의 본거지였음은 현재 일본의 수도인 동경(東京)에서 확인할 수 있습니다. 동경도(東京都)에는 코마에시(狛江市)라는 작은 시가 있습니다. 앞의 2장에서 “高麗”를 “코마(koma)”로 발음할 때에는 “狛”를 쓴다는 사실을 알려드렸습니다. 코마에시(狛江市)에서 “狛”가 “高麗”를 뜻하므로 코마에시는 고려강시(高麗江市)라는 뜻이 됩니다. 저는 코마에시(狛江市)의 유래인 고려강(高麗江)을 지도에서 찾아 보려했지만 그런 지명은 현재 남아 있지 않았습니다. 그런데 이 일대를 흐르는 강은 딱 하나 밖에 없습니다. 그것은 바로 타마천(多摩川)입니다. 타마(多摩)라는 이름은 우리에게 타마뉴타운(多摩ニュータウン)으로 잘 알려져 있습니다. 저는 이 타마(多摩)의 유래가 코마(狛), 즉 고려(高麗)라 확신합니다. 코마의 “코”가 어떤 이유에선가 “타”로 바뀐 것입니다. 코마(狛)는 코마(巨摩)로도 표기되었는데, 타마(多摩)와 코마(巨摩)는 보다시피 마(摩)라는 한자를 공유하고 있습니다.

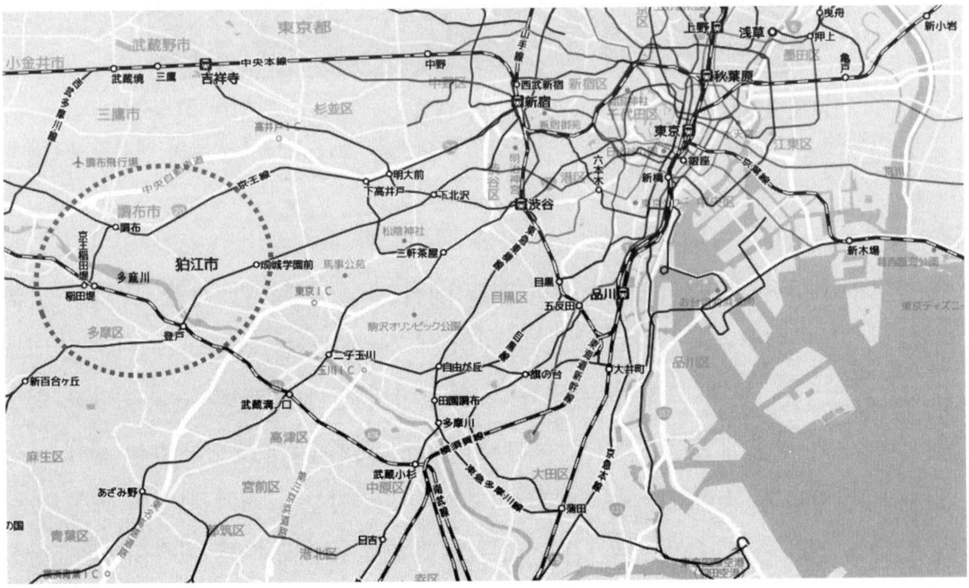

[그림 10-4] 코마에시(狛江市)를 가로질러 타마천(多摩川)이 흐른다.
출처: 야후저팬 지도(http://map.yahoo.co.jp/).

흥미로운 사실은 이 코마에시(狛江市)에 5세기 태왕 고려(太王 高麗)의 고분이 있다는 것입니다. 이 고분은 코마에카메즈카고분(狛江亀塚古墳)이라 일컬어지는데 아직도 이곳 주택가에 남아있습니다. 고분이 남아 있다는 것은 이 일대를 태왕 고려 세력이 장악하고 있었다는 분명한 증거입니다. 그런데 이 고분 바로 옆으로 타마천(多摩川)이 흐르고 있습니다. 타마(多摩)는 코마(巨摩 = 狛 = 高(句)麗)에서 유래된 것이 분명합니다. 타마천은 현재 동경도민(東京都民)의 식수로 사용되고 있다고 합니다. 묘한 기분을 자아냅니다. 고려강(高麗江)이 동경도민의 젖줄이라니!

[그림 10-5] 동경권(東京圈)에 태왕 고려(太王 高麗) 세력이 거주하고 있었음을 증명해 주는 코마에카메즈카고분(狛江亀塚古墳).

2) 막부(幕府)의 뿌리는 고려(高麗), 오다 노부나가(織田信長)의 뿌리는 백제(百濟)

도시화가 이루어지기 전에 사람들은 특별히 이주할 일이 없으면 한 지역에 대를 이어 살았습니다. 집성촌이 아직도 남아 있음이 이를 증명합니다. 그러니 가마쿠라(鎌倉)를 통치하였던 원씨(源氏) 가문이 태왕 고려(太王 高麗)의 후예일 가능성은 다분합니다. 저는 이 원씨 가문의 기원을 추적하던 중 원씨가 확실히 고려계임을 확인할 수 있었습니다.

> 원정정권을 지지하여 이에 참가한 자들은 우선 후지와라씨에 대항하는 공경(公卿), 특히 왕씨(王氏)에 속하는 미나모토씨(源氏)였다.

(동경대 교육학부 일본사연구실. 김현구·이언숙 옮김. 1994. 일본사개설(日本史概說). 지영사. 101쪽)

위 인용문을 보면 원씨(源氏)는 왕씨(王氏)에 속한다는 것을 알 수 있습니다. 현재 대부분의 일본 문헌에는 일본에서의 왕씨(王氏)는 일본 황실에서 갈라진 황실의 친족을 의미한다고 기록되어 있습니다. 그런데 일본에서 과연 그런 의미로만 왕씨(王氏)가 존재하였을까요? 그건 결코 아닙니다. 12세기 동경권(東京圈)에 왕씨가 왜 있을까요? 지금도 중요하지만 옛날로 거슬러 올라갈수록 성씨(姓氏)는 아주 중요한 의미를 지니고 있습니다. 저 왕씨(王氏)가 현재 지나(支那)의 최대 성씨 중에 하나인 그 왕씨일까요? 저는 아니라고 봅니다. 정황으로 미루어보건 데 동경권에 존재했던 왕씨(王氏)는 바로 왕건(王建)을 시조로 하는 개성왕씨(開城王氏)이거나 고려조정에서 하사한 성씨일 가능성이 있습니다. 아니면 태왕 고려의 왕족 출신인 약광(若光)의 성씨일 가능성도 생각해 보아야 합니다. 일본에서 약광은 일본조정으로부터 왕씨(王氏)를 하사받아 사용하기도 하였습니다.

> 若光은 일본조정에서 従五位下라는 지위를 부여 받고 703년에는 「王」이라는 성을 받아 얼마동안 일본조정의 관료로 종사했다고 알려져 있습니다. … (중략) … 若光이라는 이름은 703년 4월 続日本紀의 '종5위하 高麗의 若光에게 王의 姓을 하사한다'라는 기사에 재차 등장하게 됩니다. 姓이라고 하는 것은 각각의 가문을 규정하기 위해 야마토 조정이 수여하는 칭호로서 王이라는 姓은 외국의 왕족 출신자에게만 부여되는 姓이었습니다. 若光은 군수(역주: 고려군(高麗郡)의 군장)로 취임하기 전에 이미 직위를 부여받

았으며 그가 고구려의 왕족이며 뛰어난 인물이었기에 王의 姓을 하사받는 등 특별한 대우를 받고 이후 군의 통치까지 일임받기에 이르렀다고 생각되어집니다.

(고마신사(高麗神社) 사무소. 朴鍾祐 옮김. 2007. 고마신사(高麗神社)와 고마향(高麗鄕). 5-6쪽)

현재 일본의 문헌을 살펴보면 막부(幕府)를 설치했던 3가문을 모두 일본의 천황가와 연결시키는 경향이 매우 큽니다. 한국에서 발간된 문헌을 살펴보면 막부를 설치했던 가문들이 모두 천황가의 친족들인데 천황가가 백제(百濟) 단일계(單一系)로 파악되므로 이들 가문들도 역시 백제계와 관련이 있다는 주장이 제기되고 있습니다. 현재 일본 측 기록을 살펴보면 원씨(源氏)는 제52대 사가천황(嵯峨天皇)의 후손이라 설명되어 있습니다. 그런데 중요한 사실은 사가천황(嵯峨天皇)이 백제계가 아니라 고려계였다는 것입니다. 산성국(山城國)을 이끌었던 가문이 고려씨(狛氏)였는데 고려씨가 바로 사가천황(嵯峨天皇)의 후손으로 전해집니다.

系図によれば、狛氏の先祖は嵯峨天皇の後裔、摂津渡辺党箕田氏の末流となっている。

계도에 의하면, 고려씨(狛氏)의 선조는 사가천황(嵯峨天皇)의 후예로 섭진국(摂津国)의 와타나베당(渡辺党)에 속하는 미다씨(箕田氏)의 말류(末流: 자손)이다.

[註]

와타나베당(渡辺党)은 섭진원씨(摂津源氏)의 무사단(党: 武士団)으로 와타나베(渡辺) 가문이 주축을 이루었다.

[출처: http://www2.harimaya.com/sengoku/html/yam_koma.html]

고려씨(狛氏)는 그 성씨에서도 알 수 있듯이 분명히 고려계입니다. 고려씨가 고려계이므로 그의 선조인 사가천황(嵯峨天皇)도 고려계인 것이고, 사가천황의 후손인 원씨(源氏)도 당연히 고려계인 것입니다. 또한 위의 인용문을 보면 고려씨(狛氏)

의 조상이 섭진원씨(摂津源氏) 소속의 무사단에서 활동하였으니 고려씨(狛氏)와 원씨(源氏)는 같은 계열임을 알 수 있습니다. 섭진원씨(摂津源氏)는 청화원씨(清和源氏)에서 분리된 성씨인데 청화원씨(清和源氏) 출신의 미나모토 요리토모(源頼朝)가 막부를 열었습니다. 청화원씨는 제56대 세이와천황(清和天皇) 천황의 후손입니다. 세이와천황은 사가천황의 후손이니 결국 원씨(源氏)는 모두 사가천황의 후손인 것입니다. (참고로 사가천황 이전에도 고려씨(狛氏)가 존재했으므로 고려씨가 사가천황의 후손이라면 이를 두고 여러 해석이 제기될 수 있습니다. 저는 사가천황은 고려씨 출신이라고 봅니다. 그런데 사가천황 사후에 고려씨(狛氏)의 가계(家系)가 사가천황의 후손으로 재편성되었을 것으로 판단합니다.) 원씨(源氏)가 왕씨(王氏)에 속한 이유가 무엇이었던 간에 원씨는 고려계에 속하는 것입니다. 반면 원씨(源氏)와 대립하였던 평씨(平氏)는 분명히 백제계입니다. 평씨(平氏)는 제50대 간무천황(桓武天皇)의 후손이라 전해집니다. 그런데 간무천황은 확실히 백제계에 속합니다.

> 평씨(平氏), 즉 간무헤이씨(桓武平氏)는 모두 백제 무령왕·성왕의 후손이라는 말이 됩니다. 제50대 간무천황으로부터 파생한 간무헤이씨는 사성(賜姓)입니다. 즉, 황족이 신하로 격이 떨어지게 될 때 받는 성이라는 말입니다.

[출처: 프레시안. “[김운회의 ‘새로 쓰는 한일고대사’]<59> 천황가의 조상신, 성왕 ③” 2009.01.23]

흥미로운 사실은 약광(若光)의 후손들은 고려(高麗)를 성씨로 하여 고려신사(高麗神社)를 지켜왔는데, 27대에 이르러 막부(幕府)를 설치한 원씨(源氏) 가문과 혼인을 맺게 되었다는 것입니다. 고려신사에서 발간한 자료에 의하면 고려씨(高麗氏) 27대에 원씨(源氏) 가문과 있었던 혼인은 고려씨가 고(구)려인이 아닌 집안과 맺은 최초의 혼인이었다고 설명되어 있으나 원씨도 고려계이니 이 혼인도 고려계 간의 혼인인 것입니다. 원씨(源氏)는 가마쿠라(鎌倉), 즉 관동(関東)에 막부를 설치했으나 그 출신은 산성국(山城國), 즉 관서(関西)입니다. 그러니 이 혼인은 관서(関西)의 고려계와 관동(関東)의 고려계간 결합이었던 것이지요. 열도의 고려계가 완전히 결합된 것입니다.

高麗씨는 若光 이래 5백 여년 남짓한 26대에 걸쳐 고구려인의 자손끼리만 혼인했습니다. 그러나 27대 豊純(1242년 서거)은 源(미나모토)씨의 친족인 駿河의 승도(僧都: 승려를 통괄하는 승관)인 道曉의 딸을 아내로 맞아 그 계보에 있어서 최초로 고구려인이 아닌 집안과 혼인을 맺게 됩니다. 그 이유에 대해서는 '심오한 사정으로'라고 기술되어 있어 정확히 알 수는 없지만 승도 道曉에 대해서는 최근의 연구에 의해 가마쿠라 막부를 연 源頼朝(미나모토 요리토모)의 이복동생인 全成의 아들임이 밝혀졌습니다. 이 혼인에 의해 高麗씨는 가마쿠라 막부의 가신의 자리를 차지하게 됩니다.

(고마신사(高麗神社) 사무소. 朴鍾祐 옮김. 2007. 고마신사(高麗神社)와 고마향(高麗鄕). 7쪽)

일본 천황을 수장시켰고, 그의 외척인 평씨(平氏) 가문을 멸족시킨 세력이 원씨(源氏), 즉 고려계였다는 사실은 이후 열도의 역사가 어떻게 전개되어 왔는지를 짐작케 해줍니다. 그리고 열도에 왜 막부(幕府)라는 기관이 설치되었는지도 짐작케 해줍니다. 열도가 고려계(高麗系)의 일파에 의해 장악되었기에 열도는 고려의 제국체제에 편입되었고, 열도를 장악한 고려계는 열도 통치에 대한 자치권을 인정받았던 것입니다. 그리고 몰락한 천황가와 그의 추종세력, 즉 백제계(百濟系)가 끊임없이 반란을 일으켰던 것이고, 이로 인해 열도에서는 고려계와 백제계의 싸움으로 인해 피비린내 나는 전쟁이 끊이지 않았던 것입니다.

최초의 막부인 가마쿠라(鎌倉) 막부를 이끌었던 원씨(源氏) 가문은 고려계에 속하며, 뒤를 이어 무로마치(室町) 막부를 이끌었던 아시카가(足利) 가문은 원씨에서 갈라져 나온 가문입니다. 그리고 에도(江戶) 막부를 이끌었던 도쿠가와(德川) 가문은 원씨의 한 갈래인 도쿠가와(德川)를 성씨로 삼았습니다. 막부 가문은 모두 고려(高麗)의 후예인 것이지요. 반면에 막부와 대립하였고, 원씨(源氏)에 의해 멸족당한 평씨(平氏)를 계승한 사람이 바로 도요토미 히데요시(豊臣秀吉)가 주군으로 모셨던 오다 노부나가(織田信長)였습니다. 앞의 5장에서 언급했지만 도요토미 히데요시도 평씨(平氏)를 성씨로 정한 적이 있었습니다. 그러나 그는 무로마치(室町) 막부의 마지막 쇼군이었던 아시카가 요시아키(足利義昭)의 양아들이 되어 막부를 계승하려고 하였습니다. 그가 고려교(高麗橋)에서 일직선으로 길을 내어 오사카성(大阪城)의 천수각(天守閣)을 배치하였던 것은 그가 고려제국에 얼마나 편입되고 싶어 했는가를 알려주는 증거인 것입니다. 그러나 그의 이런 계획은 쌀쌀맞게 거절당했습니다. 그가 고려제국에 큰 반감을 갖고 고려를 공격한 이유는 그가 이 계보에 합류를 거부당했기 때문입니다. 이런 갈등관계를 노려 예수회(Society of Jesus)가 그에게 접근했던 것입니다. 고려(高麗)로부터 버림받은 그는 이제 백제(百濟)를 계승하게 되지요. 그리고 임진왜란(壬辰倭亂)이 발생한 것입니다. 막부와 대립하였고, 고려(高麗)를 유린하였던 임진왜란 세력, 메이지유신 세력, 그리고 현 일본 지배세력은 모두 백제(百濟)의 후예입니다. 비록 현 일본 지배세력이 이를 우리에게 숨기고 있지만 말입니다. 이제 여러분들은 동북아시아의 역사가 어떻게 전개되어 왔는지 그리실 수 있을 것입니다.

자신의 재능과 실력으로 천하통일의 꿈이 실현될 즈음, 히데요시가 가장 곤혹스러워했던 것은 자신의 출신이었다. 아무리 실력 본위의 난세더라도 출신 가문을 무시할 수 없는 탓이다. 궁리에 궁리를 거듭한 끝에, 쇼군이었던 아시카가 요시아키의 양아들이 되어 쇼군이 되는 방법을 생각해 내었다.

이 관직은 본래 에조(홋카이도 혹은 그곳의 원주민인 아이누족) 정벌을 위해 마련된 임시 직책으로 사카노우에 다무라마로가 처음으로 임명되었던 것으로 알려진다. 하지만 1192년, 미나모토 요리토모가 쇼군에 임명되어 가마쿠라 막부를 연 이래, 막부의 우두머리를 일컫는 직명으로 바뀌었다. 그것은 무문(武門)의 동량으로서 지위를 나타내는 것으로 인식되었고, 미나모토(源) 가문만이 임명된다는 관례가 생겼다가 그 후예인 아시카가(足利)가문으로 이어지고 있었다.

노부나가의 가신 출신으로, 죽은 주군의 후예들을 제치고 천하를 호령하려는 히데요시로서는 '다이라(平)'를 성으로 쓴 노부나가 대신 천하를 통일하기 위해서는 미나모토 히데요시라야만 했다. 그렇게 생각한 히데요시는 쇼군이었던 아시카가 요시아키에게 부탁하여 그의 아들이 된 뒤, 미나모토(源) 성씨를 쓰면서 쇼군 흉내를 냈던 것이다.

일본에는 겐페이 교체 사상이 있어서 미나모토(源)나 다이라(平) 가문의 후예를 칭하면 천하를 얻을 수 있다는 믿음이 있었다. 그래서 공을 세우고 이름을 떨치면 자신의 선조가 '미나모토(源)' 혹은 '다이라(平)'라고 자칭했다. 노부나가가 자신의 가계를 오와리의 '슈고다이라'라고 하여 다이라를 성씨로 삼거나, 훗날 이에야스가 미카와의 토호였던 마츠다이라의 자손이었는데도 불구하고 니다미나모토의 후예인 도쿠가와(德川)를 성씨로 삼아 마치 미나모토의 후손이기라도 한 것처럼 주장한 것도 겐페이 교체 사상에 기인한 현상이었다.

히데요시 자신도 노부나가 사후에 다이라(平) 성씨를 쓰던 시기가 있었다. 우대신(右大臣) 다이라 노부나가의 후계라고 여겼기 때문인데, 그의 가슴 속에는 다이라 노부나가의 뒤를 이어 우대신이 되면 혼노지에서 비명횡사한 주군과 마찬가지로 살해당할지도 모른다는 공포심이 있었다. 그런 두려움을 씻어내지 못했던 탓에 다이라(平) 성씨를 칭하며 우대신의 관직에 취임하는 것을 단념했던 것이다.

히데요시 역시 다분히 겐페이 교체 사상의 영향을 받았음을 알 수 있다. 그렇지만 하야시 라잔의 「도요토미 히데요시 보」에 의하면, 쇼군이 되고 싶은 희망은 요시아키로부터 쌀쌀맞게 거절당하고 말았다고 한다.

(츠모토 요(律本陽). 조양욱 옮김. 2006. 도요토미 히데요시 - 전략적 인간(秀吉私記). 경영정신. 76-78쪽)

[그림 10-6] 백제계를 계승한 오다 노부나가(織田信長)[左], 백제계에서 고려계, 다시 백제계로 회귀한 도요토미 히데요시(豊臣秀吉)[中], 고려계를 계승한 도쿠가와 이에야스(德川家康)[右].

3) 산성국(山城國)의 역사 전개

그러면 고려의 후예가 열도를 어떻게 장악했는지 산성국(山城國) 역사의 전개과정을 통해 살펴보겠습니다. 일본 문헌에 의하면 산성(山城)의 원래 지명(국명)은 산배(山背)였는데 일본조정에서 수도를 평성경(平城京)에서 장강경(長岡京)을 거쳐 평안경(平安京)으로 옮기면서 지명이 산성(山城)으로 바뀌었다고 합니다. 산배(山背)라는 지명은 이 지역이 평성경(平城京)에서 보았을 때 산 뒤 쪽에 있기 때문에 붙여진 것이라고 합니다. 카나가와현(神奈川県) 히라츠카시(平塚市)의 고려산 일대의 산성(山城) 지역도 원래 지명이 산배(山背)였으니 두 지역은 공교롭게도 옛 지명도 같습니다.

일본측 자료에 따르면 산성(山城)이라는 지명은 평안경에서 보았을 때 주변이 산으로 성을 쌓은 형상이라 해서 붙여진 것이라고 합니다. 평안경(平安京)이 있었던 현 교토(京都) 시가지는 산으로 둘러 쌓여있는 분지이므로 지명의 유래가 일면 타당한 것 같습니다. 그러나 저는 그렇게 생각하지 않습니다. 왜냐하면 산성국의 본거지는 현 교토 시가지가 아니었기 때문입니다. 산성국의 본거지는 현재 교토부(京都府)의 남쪽에 위치해 있었습니다.

나라(奈良)에서 교토(京都)로 전차를 타고 가다 키즈강(木津川)을 건너면 카미코마역(上狛駅)이 나옵니다. 카미코마역(上狛駅)의 "狛"는 "高麗"를 의미하므로 카미코마역(上狛駅)은 상고려역(上高麗駅)이라는 뜻입니다. 역 이름만 봐도 이 일대가 간사이(関西)지방에서 태왕 고려(太王 高麗) 세력의 근거지였음을 알 수 있습니다. 그런데 이 일대의 지명은 산성마을(山城町)입니다.

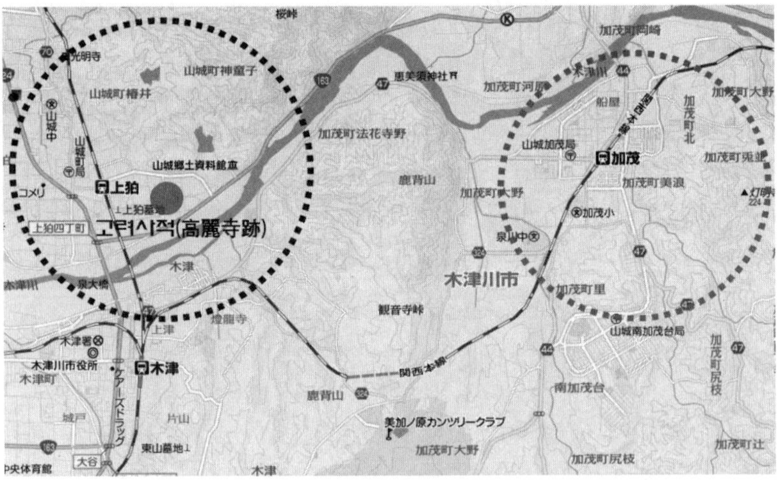

[그림 10-7] 산성마을(山城町)과 카모마을(加茂町) .
출처: 야후저팬 지도(http://map.yahoo.co.jp/).

[그림 10-7]을 보면 왼쪽 원 안이 산성마을인데 보다시피 이곳에도 카나가와현(神奈川県) 히라츠카시(平塚市)의 고려산(高麗山) 일대에서처럼 산성중학교(山城中学校)가 있음을 알 수 있습니다. 그리고 이곳에도 고려사(高麗寺)라는 사찰이 있었다는 것을 알 수 있습니다. 고려사적(高麗寺跡)은 카미코마역에서 동쪽으로 10분 정도 걸어가면 찾을 수 있습니다. 제가 이곳을 찾았을 때는 겨울비가 추적추적 내렸었는데 까마귀 한 마리만 고려(高麗)의 역사를 쓸쓸히 지키고 있었지요. 고려사적(高麗寺跡) 주변은 전부 논이고, 남쪽으로는 키즈강(木津川)이 흐르고 있으며, 북쪽으로는 나지막한 산이 있습니다. 이곳의 고려사(高麗寺)는 아스카(飛鳥)에 있는 아스카사(飛鳥寺)와 더불어 열도 최초의 사찰로 알려져 있습니다.

그런데 고려산(高麗山) 일대에 산성(山城)이라는 지역이 있는 것과 마찬가지로 이곳에서도 산성(山城)과 고려(高麗, 狛)가 한 곳에 모여 있는 것입니다. 이를 어떻게 보아야 할까요? 태왕 고려는 산성의 나라로 알려져 있을 만큼 평지성(平地城)보다 산성(山城)을 월등히 많이 쌓았습니다. 산성이 고려의 랜드마크(landmark)로도 볼 수 있는 것이지요. 이 때문에 고려인들이 머무는 곳에는 산성이라는 지명이 따라 다니는 것일까요? 비록 물리적인 형태의 산성을 쌓지 않더라도 말입니다.

[그림 10-8] 산성마을(山城町)의 고려사적(高麗寺跡).

그런데 저는 위에서 고(구)려(高(句)麗)의 또 다른 이름이 산성(山城)이라 생각한다고 했습니다. 한국의 역사학자들이 추적한 바에 의하면 고구려(高句麗)라는 국호는 구려(句麗)에 고(高)를 더해서 만들어진 것이라고 합니다. 구려(句麗)는 성(城)을 뜻하는 고구려 말인 구루(溝婁)를 한자로 옮긴 것이고, 이 구려(句麗)에 태왕의 성씨인 고(高)를 더해 고구려(高句麗)라는 국호가 만들어졌다는 설명이죠. 이 설명에 의하면 고구려(高句麗)라는 국호는 성(城)의 의미를 가지고 있게 됩니다. 참고로 고구려 말인 구루(溝婁)가 성(城)을 뜻한다는 것은 <삼국지(三國志)> 위서(魏書) 동이전(東夷傳)편에 나와 있는데 아래와 같습니다.

> 今胡猶名此城爲幘溝婁。溝婁者，句麗名城也。
>
> 지금도 오랑캐(胡: 고구려인)는 역시 이 성(城)을 책구루(幘溝婁)라 부르는데, 구루(溝婁)란 구려(句麗) 말로 성(城)이란 뜻이다.

(삼국지(三國志) 위서(魏書) 동이전(東夷傳). 출처: 신채호. 박기봉 옮김. 2007. 조선상고문화사(외). 비봉출판사. 585-586쪽)

그런데 고구려(高句麗)를 산성(山城)과 대응시켜 보면 구려(句麗)는 성(城)에 대응되며, 고(高)는 산(山)에 대응됩니다. 고(高)나 산(山)이나 둘 다 상형문자(象形文字)로 평지보다는 높은 형상을 보고 만든 것입니다. 그 의미가 같은 것입니다. 그러니 고구려(高句麗)는 산성(山城)의 또 다른 이름이라 할 수 있는 것입니다. 추모(鄒牟)가 산(山) 위에 성(城)을 쌓고, 즉 높은(高) 곳에 구루(溝婁/句麗)를 쌓고, 나라를 열었다는 것도 염두 해서 볼 필요가 있습니다. 물리적인 형태의 산성이 없음에도 고(구)려인들이 모여 사는 곳을 산성이라 한 것은 이런 이유에서 찾아야할 것입니다. 그런데 저는 앞의 1장과 2장에서 고구려의 뜻은 "세상의 중심(가우리, 中國)"이라고 설명 드렸습니다. 결국, 저는 고구려(高句麗)라는 국호의 기원을 두고 두 가지 설을 이야기한 것이 됩니다. 그런데 중요한 것은 사회가 진보하여 언어가 분화되기 전에는 하나의 용어가 복합적인 뜻을 가지고 있었으니 이 두 설이 충돌하는 것으로 보아서는 안 된다는 것입니다. 산 위에 성을 쌓고 살아가는 사람들의 나라가 세상의 중심인 것이지요.

옛날 우리 선조들은 주로 산(山)에 성(城)을 쌓고 살았습니다. 잉카제국(Inca Empire)만 산에 문명을 연 것이 아닙니다. 선조들이 산에 살았던 이유는 일단 산이 적의 방어에 유리한 지형이기 때문일 것입니다. 그러나 그보다 더 중요한 이유는 제천의식(祭天儀式)과 관련이 있습니다. 높은 곳에 올라 하늘에 제사를 지내는 일이 비일비재했던 당시에 산에 사는 것은 너무나 당연한 일이었을지 모릅니다. 저는 앞의 4장에서 옥산궁(玉山宮)의 명칭을 다루면서 "산(山)"이 우리의 의식 속에 성스러운 공간으로 인식되어 있다고 언급한 바 있습니다. 기실 따지고 보면 제천의식과 관련된 선교(仙敎), 선도(仙道), 선인(仙人), 신선(神仙) 등의 "선(仙)"은 "사람(亻=人)"과 "산(山)"이 결합된 회의문자(會意文字)입니다. 이는 산이 사람이 물리적으로 하늘과 가장 가까이 할 수 있는 곳으로 제천의식의 무대였다는 것을 알려주는 것입니다.

제가 산성과 고(구)려를 같은 이름으로 보는 이유가 한 가지 더 있습니다. 이 산성마을(山城町)을 중심으로 해서 산성국(山城國)을 이끌었던 가문이 바로 고려씨(狛氏)라는 것이지요. 이곳에 고려사(高麗寺)를 창건한 가문도 고려씨로 알려져 있습니다. 옛날에는 마을의 이름이나 나라의 이름이 통치자의 성씨(부족명, 종족명)와 같은 경우가 많았습니다. 대김제국(大金帝國)이 대표적인 경우이지요. (참고로 서양에서도 이런 경우를 흔히 볼 수 있습니다. 파리(Paris)는 그 지역에 거주하였던 파리시(Parisii)라는 부족명에서 유래된 지명입니다.) 그러니 고려(高麗) 출신인 고려씨(狛氏)가 통치하였던 나라의 국호는 고려국(高麗國)이었다고 봐야 합니다. 즉, 산성국(山城國)이 고려국(高麗國)이라는 것입니다.

흥미로운 사실은 고려(狛) 가문의 문장도 도쿠가와(德川) 가문의 문장인 미츠바아오이(三つ葉葵)와 마찬가지로 삼(三)을 표현하고 있다는 것입니다. 이 문장은 고려씨(狛氏)의 무덤에 조각되어 있어 파악될 수 있었는데, 현재 일본에서 이와 같은 형상의 문장은 미츠보시이치몬지(三つ星一文字)로 불려지고 있습니다. 그런데 현재 일본에서 이 문장은 고려(狛) 가문의 문장이 아니라 와타나베(渡辺) 가문의 문장으로 널리 알려져 있습니다. 본장의 앞부분에서 살펴보았지만 고려(狛) 가문은 와타나베(渡辺) 가문이 주축을 이룬 와타나베당(渡辺党)에서 활동했던 가문입니다. 그런데 본장 후반부에서 설명하겠지만 고려(狛) 가문은 와타나베(渡辺) 가문에서 갈려져 나온 가문이기도 합니다. 그러니 두 가문의 문장이 같은 것은 충분히 납득이 되는 사항입니다.

[그림 10-9] 고려(狛) 가문의 문장.
출처: http://www2.harimaya.com/sengoku/html/yam_koma.html.

[그림 10-7]을 보면 오른쪽 원 안에 카모마을(加茂町)이 위치해 있습니다. 고려마을(山城町)의 유래가 고려씨(狛氏)에 있듯이 카모마을(加茂町)의 유래도 카모씨(加茂氏)에 있을 것입니다. 그런데 "加茂"는 "賀茂", "鴨", "加毛"로도 표기됩니다. 즉, 카모씨(加茂氏)가 카모씨(賀茂氏)라는 것이지요. 저는 앞의 9장에서 카모(賀茂) 가문의 문장이 도쿠가와(德川) 가문의 문장의 기원이라고 설명 드렸습니다. 카모(賀茂) 가문이 고려(狛) 가문과 이웃해 살았고, 또한 고려장군 도쿠가와 가문의 문장이 카모 가문의 문장에서 기원한 것으로 보아 카모(賀茂) 가문도 고려(高麗) 출신임을 알 수 있습니다. 그런데 카모씨(賀茂氏)는 지금의 교토(京都) 시가지 북쪽에도 모여 살았습니다.

[그림 10-10]은 평안경(平安京) 조성 전 씨족(氏族) 분포도를 나타낸 것입니다. 지도에서 맨 위쪽으로 카모씨[鴨氏(賀茂氏)]가 위치해 있습니다. 그리고 앞의 2장과 4장에서 언급한 바 있는 신라계(新羅系) 진씨(秦氏)가 서쪽에 자리 잡고 있음이 확인됩니다. 진씨(秦氏)는 토목과 관개기술을 들여와 이 일대를 개발하였고, 뽕밭을 일구고 누에를 키워 비단을 생산하였습니다. 일본을 대표하는 직물로 세계적으로 유명한 니시진오리(西陣織)가 바로 진씨의 비단에서 유래한 것입니다. 우리에게도 유명한 이 지역의 고류지(廣隆寺)도 진씨가 창건한 것입니다. 이 사찰

에는 한국의 국보 제83호 금동미륵보살반가상과 똑같이 생긴 일본의 국보 제1호 미륵보살상이 있지요. 한편, 이미 말씀드렸지만 진씨(秦氏)가 신라계(新羅系)라는 점은 진(秦)나라와 신라(新羅)가 같은 계열임을 알려줍니다.

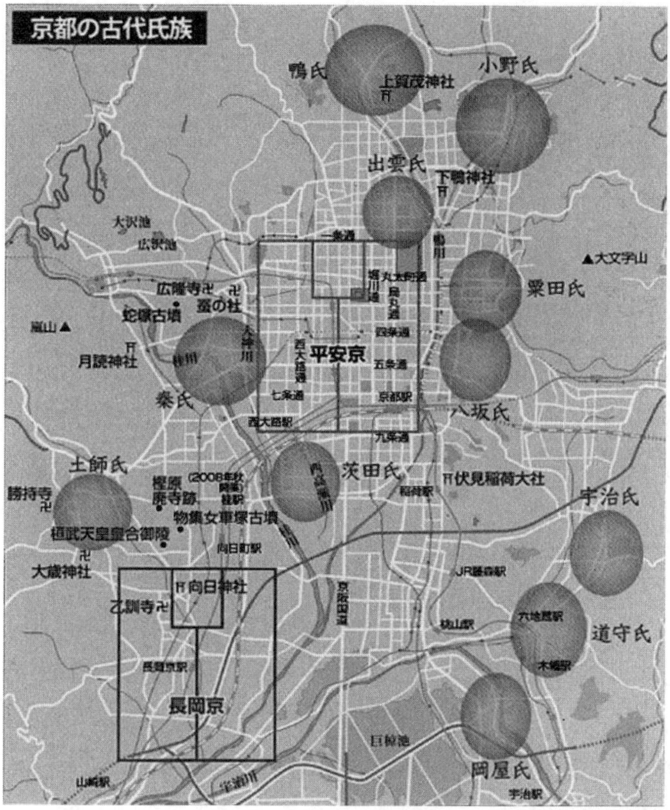

[그림 10-10] 평안경(平安京) 조성 전 씨족(氏族) 분포도.
출처: 成美堂出版編集部. 2008. 京都歴史散步. 成美堂出版. 21쪽.

평안경(平安京)이 위치한 산성국(山城國)에는 이와 같이 고려계와 신라계 씨족들도 대거 거주하고 있었던 곳입니다. 그리고 나라의 이름이 산성(山城)인데서 알 수 있듯이 고려계가 이 지역을 장악하고 있었다고 할 수 있습니다. 백제계 간무천황(桓武天皇)은 왜 이곳에 새로운 일본의 터를 잡았을까요? 그리고 그 터의 이름을 왜 평안경(平安京)이라 했을까요?

660년 백제가 멸망한 이후 일본은 수도 이전을 거듭했습니다. 100년도 안 되어 무려 일곱 차례나 수도를 옮깁니다. 이는 무엇을 의미할까요? 수도 이전이 저렇게 심했다는 것은 백제 멸망 이후 열도에서 여러 계파 간의 주도권 싸움이 무척이나 치열했다는 것을 보여주는 것입니다. 백제가 건재해 있었다면 열도에서 백제계가 계속해서 주도권을 잡았을 것이고 천황도 물론 백제계였을 것입니다. 그러나 백제는 멸망했으며 열도에는 백제계(百濟系)뿐만 아니라 신라계(新羅系), 가야계(伽倻系), 그리고 고려계(高麗系)도 있었습니다. 이중 가야계는 일찌감치 백제계에 동화되었습니다. 백제계는 신라계와 고려계와 치열한 주도권 싸움을 하였던 것이고, 어느 계파가 승리하느냐에 따라 수도가 계속해서 바뀐 것입니다. 물론 천황도 백제계에서 신라계나 고려계로 바뀌는 경우도 있었을 것입니다. 일본의 천황은 백제(百濟) 단일계(單一系)가 결코 아닙니다. 왜 일본 천황가에서 백제신(百濟神)뿐만 아니라 신라신(新羅神)도 모시겠습니까? 이는 신라의 피도 받았다는 것이지요. 일본 천황가에서 9세기에 편찬한 조정의 의식(儀式)에 관한 책인 <테이칸 기시키(貞觀儀式)>에는 한국신 제사에 대한 기록이 아래와 같이 상세히 남아 있습니다.

> 일본 천황이 신상제에게 제사드리는 신은 신라신인 원신(園神) 1좌(座)와 백제신인 한신(韓神) 2좌이다. 즉, 모두 세 분의 한국신을 모시고 카라구(神樂)라고 부르는 제례무악(祭禮舞樂)을 연주하며 천황궁의 신전에서 제사를 지냈다.

(홍윤기. 2000. 일본천황은 한국인이다. 효형출판. 115쪽. [원문:「貞觀儀式」,「園併韓神祭」])

이런 여러 계파 간의 싸움은 일단 백제계의 승리로 결판이 난 것으로 판단됩니다. 왜냐하면 백제 부흥 운동이 실패한 후에 열도로 건너온 의자왕(義慈王)의 아들 부여용(扶餘勇)의 자손들이 750년경에 백제사(百濟寺)와 백제왕신사(百濟王神社)를 건립할 수 있었던 데에는 중앙 정치권력을 백제계가 장악하였기에 가능하였다고 보여 지기 때문입니다. 그러나 그 승리는 다른 계파를 다 제거한 승리가 아니라 타협에 의한 승리였을 것입니다. 그러니 고려계와 신라계가 대거 자리 잡고 있었던 산성국(山城國)에 새 수도를 정한 것이지요.

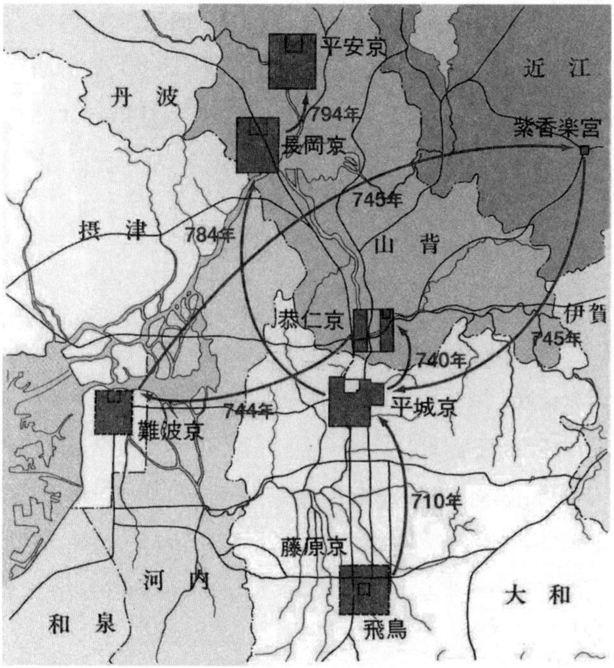

[그림 10-11] 백제 멸망이후 수도 이전을 거듭했던 일본.
평안경(平安京)에 이르러 비로서 정착할 수 있었다.

간무천황(桓武天皇)이 새 수도를 평안경(平安京)이라 명명하고, 자신이 살 곳은 평안궁(平安宮)이라 했던 것은 계파 간 피비린내 나는 싸움을 완결짓고 열도가 평안(平安)해지기를 희망했던 바를 나타낸 것을 아닐까요? 그가 원한 바를 정확히 알 수는 없지만 평안경 천도 후에도 평안(平安)은 좀처럼 이루어지지 않았습니다. 본장의 앞부분에서 살펴보았지만 제52대 사가천황(嵯峨天皇)이 고려계입니다. 평안경에 수도를 정한 제50대 간무천황은 백제계인데 말입니다. 일본조정은 사가천황 이후 몇 대는 고려계가 장악한 것으로 보입니다. 그러나 몇 대가 지난 후, 간무천황의 후손인 평씨(平氏)가 일본조정을 장악했으니 열도는 다시 백제계가 주도하게 되었던 것으로 판단됩니다.

그러나 열도에서 백제계의 영화는 그리 오래가지 않았습니다. 반도에서 왕건(王建)에 의해 935년 삼한이 통일되고, 열도에서도 고려(高麗)의 후손들이 가마쿠라(鎌倉)를 중심으로 일어나게 됩니다. 결국 열도는 1185년에 고려의 후손들에 의해 장악되었고 열도는 고려에 편입되기에 이릅니다. 이 과정에서 평안경과 평안궁이 불타 없어진 것으로 판단됩니다. 가마쿠라(鎌倉)에서 거병했을 때 산성국(山城國)의 고려의 후손들도 이에 합세했을 것으로 판단됩니다. 일본 문헌에 의하면 고려씨(狛氏)의 선조는 와타나베씨(渡辺氏)인데, 이 와타나베 가문이 가마쿠라 막부에서 중요한 직책을 맡은 것으로 나와 있습니다.

そして、狛氏の直接の祖という福原三郎成綱は渡辺競の二男で、鎌倉幕府の三代将軍実朝に仕えて鎌倉に勤番し、高麗の県主であったという。

그리고, 고려씨(狛氏)의 직속 선조라 하는 후쿠하라사부로(福原三郎) 시게츠나(成綱)는 와타나베 키오우(渡辺競)의 2남으로 가마쿠라 막부의 삼대 장군 사네토모(実朝)를 모시고 가마쿠라에서 교대 근무하였으며, 고려(高麗)의 현주(県主)였다고 한다.

[註]

1) 와타나베 키오우(渡辺競): 사가천황(嵯峨天皇)의 후손인 차아원씨(嵯峨源氏) 출신으로 세이와천황(清和天皇)의 후손인 섭진원씨(摂津源氏)의 무사단(武士団)인 와타나베당(渡辺党)에서 활약하였다.

2) 사네토모(実朝): 미나모토 사네토모(源實朝)로 가마쿠라 막부의 3대 쇼군이었다.

[출처: http://www2.harimaya.com/sengoku/html/yam_koma.html]

일본측 기록에 의하면 1177년에 평안경(平安京)에 대화재가 났으며, 1227년에 평안궁(平安宮)에 대화재가 나서 궁(宮)이 완전히 소실되었다고 합니다. 일본측 기록에 의하면 궁(宮)이 소실되자 천황(天皇)은 귀족들의 저택을 이리저리 옮겨 다니며 거처하다가 1331년이나 되어서 지금의 교토어소(京都御所)에 거처하게 되었다고 합니다. 그런데 이상한 것은 기록을 잘 남기는 일본인들이 왜 대화재가 일어났는지를 설명하지 않고 있다는 것입니다. 제가 백방으로 알아봤지만 그 기록을 도저히 찾을 수가 없었습니다. 그런데 주의 깊게 봐야할 것은 평안경과 평안궁에 대화재가 있었던 이 시기에 막부(幕府)가 출범하였다는 것입니다. 대화재와 막부의 출범은 분명 관계가 있을 것으로 판단됩니다.

그리고 아무리 허수아비라 해도 천황(天皇)이 100년 넘게 집도 절도 없이 살았다는 것도 이해할 수 없는 일입니다. 일본측의 기록에 의하면 막부의 쇼군(將軍)이 실질적인 통치를 한다고 해도 그 정당성을 확보하기 위해서는 어디까지나 천황의 재가를 얻어야 합니다. 그런 천황이 집도 절도 없이 100년을 보냈다는 것은 결코 납득할 수 없는 것이지요. 그런데 이미 살펴보았지만 우리가 흔히 말하는 중세시대에 천황이라는 말 자체가 존재하지 않았습니다. 대화재 이후 1331년에 교토어소(京都御所)가 마련되었다는 근대일본국의 주장은 거짓입니다.

[그림 10-12]는 평안시대(平安時代)와 도산시대(桃山時代)의 교토(京都) 시가지를 비교한 것입니다. 물론 이 마을(町)이 당시에도 교토로 불리지는 않았을 것입니다. 이것도 이상한 것인데 언제부터 이곳이 교토로 불리었는지에 대한 기록이 없습니다. 저는 평안경이 불에 타 버린 이후 이곳은 무로(室)라 불렸을 것이라 생각합니다. 그리고 에도시대(江戸時代)에는 니조(二條)라 불리었다가 메이지유신(明治維新) 이후에 교토(京都)로 불리었을 것이라 생각합니다. 이곳에 본거지를 두었던 막부는 무로마치(室町) 막부라 불리었습니다. 무로마치(室町)는 쇼군이 거처했던 좁은 지역만을 의미하는 것이 아니라, 이 일대 전체를 일컫는 지역명이었을 것입니다. 1650개의 마을(町)들이 통틀어 에도(江戸)로 불렀던 것처럼 말입니다. 그리고 니조성(二條城)이 1603년에 도쿠가와 이에야스(德川家康)에 의해 세워졌는데 이곳의 지명이 그 당시에는 니조(二條)였기 때문에 니조성(二條城)이라는 이름이 붙여졌을 것으로 판단됩니다. 에도(江戸)라는 마을에 쌓은 성(城)이 에도성(江戸城)인 것처럼 말입니다. 서울의 원래 명칭이 교토(京都)였다는 사실을 생각해 볼 때, 열도에도 교토가 있었다는 것은 뭔가 이상합니다. 교토(京都)는 경(京)과 도(都)의 결합입니다. 도(都)는 천자(天子)가 거처하는 곳이므로 교토(京都)

는 서울은 서울이되 천자가 거처하는 서울을 의미합니다. 교토라는 지명이 오래 전부터 쓰였다면 천황(天皇)이 계속해서 건재했었다는 말이 됩니다.

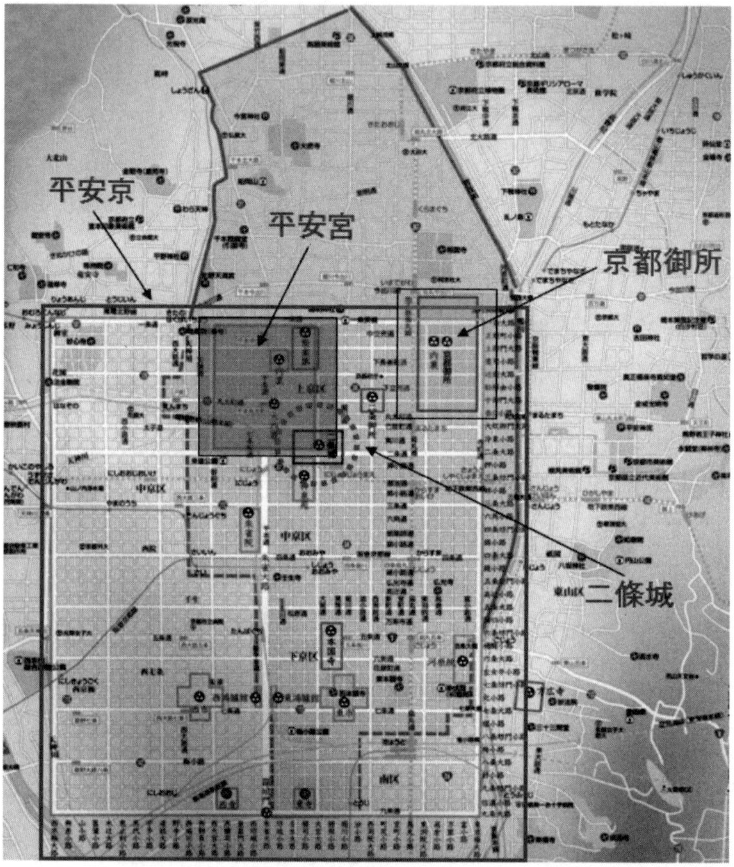

[그림 10-12] 평안시대(平安時代: 794 - 1185년)와 도산시대(桃山時代: 1573 - 1600년) 교토(京都) 시가지 비교.
출처: 成美堂出版編集部. 2008. 京都歷史散步. 成美堂出版. 6쪽.

[그림 10-12]에서 네모반듯하게 구획된 지역이 평안경(平安京)이었고, 남북으로 길쭉하게 구획된 지역이 도산시대(桃山時代: 1573 - 1600년) 이곳 시가지였습니다. 보다시피 평안경이 잿더미가 된 후 재건된 시가지는 도(都)로서의 위용을 갖추지 못하고 있습니다. 네모반듯하게 구획되었던 시가지가 동쪽으로 반 정도만

남았고, 나머지 서쪽 지역은 시가지에서 제외되었습니다. 그리고 북쪽으로 시가지가 확장되었습니다. 지도에서 가운데 사각형이 평안궁(平安宮) 자리이고, 오른쪽 사각형이 교토어소(京都御所)인데 보다시피 현 교토어소는 원래 궁궐(宮闕) 자리에 재건되지도 못했습니다. 또한, [그림 10-13]을 보면 알 수 있듯이 그 규모가 대폭 축소되었습니다. 천황이 존재했다면 그 권위가 어떠했을지 상상이 됩니다. 물론 저의 일관된 주장은 당시에 천황이 없었다는 것이지만 말입니다. 근대일본국의 주장에 의하면 지금의 교토어소는 몇 번의 화재 끝에 1855년에 재건된 것이라고 합니다. 이 역시도 의심이 드는 대목입니다. 원래 교토어소(京都御所)라는 것이 있긴 했던 것일까요? 지도에서 원 안에 니조성이 위치해 있는데 차라리 니조성(二條城)이 시가지 한가운데 평안궁 터에 위치해 있습니다.

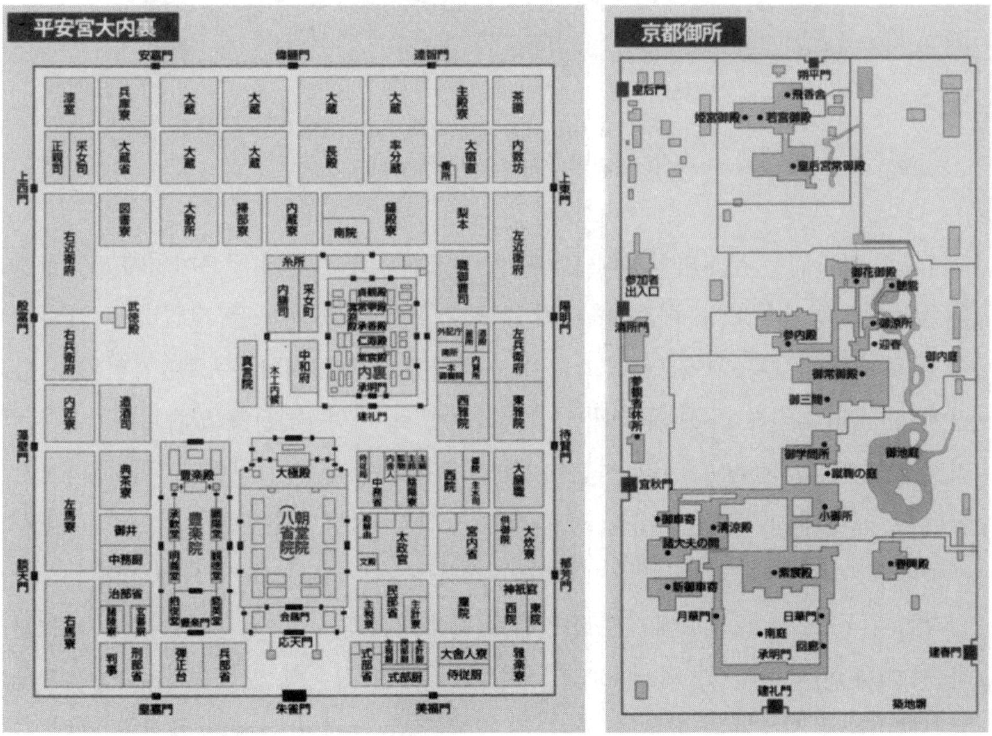

[그림 10-13] 평안궁(平安宮)과 교토어소(京都御所) 비교.
출처: 成美堂出版編集部. 2008. 京都歷史散步. 成美堂出版. 12-13쪽.

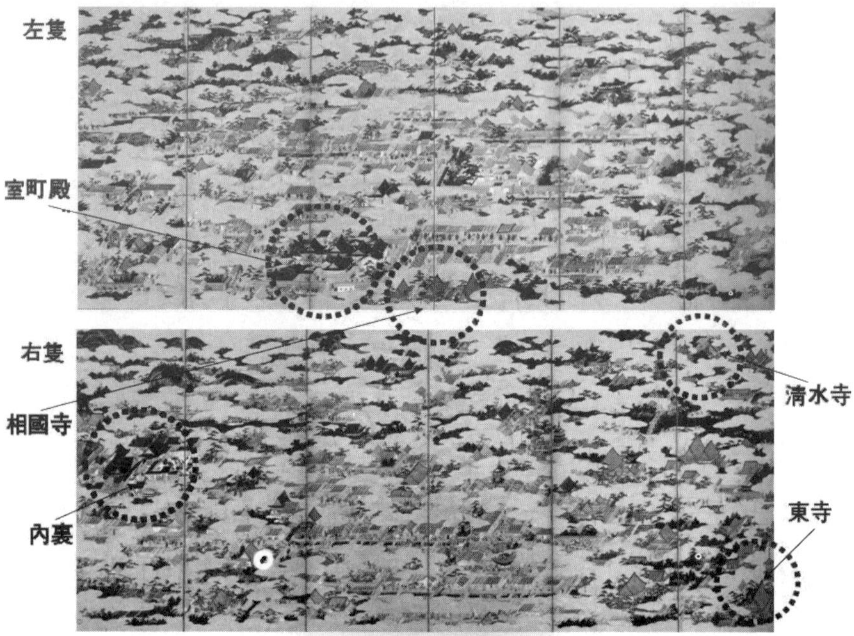

[그림 10-14] 낙중낙외도(洛中洛外図).
출처: 위키백과(http://ja.wikipedia.org/).

[그림 10-14]는 무로마치시대(室町時代: 1336 - 1573년)에 무로마치(室町) 일대를 그린 <낙중낙외도(洛中洛外図)>에 주요 건물들을 표시해 둔 것입니다. 그림에서 무로마치전(室町殿)이 당시 쇼군이 거처하였던 곳입니다. 무로마치전의 오른편에 상국사(相國寺)라는 사찰이 있고, 그 옆으로 내리(內裏)가 있습니다. 내리는 천자(天子)의 궁전(宮殿)이라 하는데 현 교토어소(京都御所)입니다. 위치도 일치합니다. 그런데 이 그림에 내리(內裏)라는 글자가 적혀 있는 것이 아니라 근대일본국에서 이렇게 설명하고 있는 것입니다. 저는 저 건물은 내리가 아니라 신사라 생각합니다. 예전에 열도에서는 신불습합(神佛習合)의 전통이 세워져 신사(神社)와 사찰(寺刹)이 하나의 세트(set)로 같이 붙어있는 경우가 많았습니다. 상국사라는 사찰 옆에 신사가 있었을 확률이 큰 것이지요. 그리고 천자의 궁전이 그림 가운데에 그려져 있지 않고 한쪽에 치우쳐 있다는 것 자체가 납득이 안 됩니다.

[그림 10-15] 내리(內裏)에서 거행되었던 행사(行事)[左]와 우사신궁(宇佐神宮) 칙사제(勅使祭)[右]비교.
[左] 출처: http://www.rakuchu-rakugai.jp/
[右] [출처: 위키백과(http://ja.wikipedia.org/).

[그림 10-15]는 내리(內裏)에서 어떤 행사(行事)가 거행되는 장면과 우사신궁(宇佐神宮)에서 칙사제(勅使祭)가 거행되는 장면을 비교한 것입니다. 그런데 두 의식을 잘 살펴보면 의식을 거행하고 있는 사람들의 의복이 일치함을 확인할 수 있습니다. 이는 내리(內裏)가 실제로는 신사(神社)였다는 저의 주장에 좋은 근거가 될 것입니다. 그런데 일본 천황들을 보면 역시 이와 같은 의복을 입고 있는 경우를 심심치 않게 볼 수 있습니다. 천황은 제사장이기도 하므로 이런 의복을 입고 있는 것이 일면 당연할 수 있습니다. 그런데 저는 일본 천황이 우리의 곤룡포(袞龍袍)처럼 천자만 입을 수 있는 특별한 전통의복을 입고 있는 경우를 본 적이 없습니다. 메이지천황 이전에는 한결같이 신사의 제사장 의복을 하고 있는 그림과 사진만 볼 수 있을 뿐입니다. 메이지천황 이후에는 신사의 제사장 의복과 서구식 의복을 하고 있는 사진만 볼 수 있습니다. 현재 일본 천황가는 백제계(百濟系) 신사(神社)의 우두머리로 명맥을 보존해 왔던 것은 아닐까요? 2009년에 오바마(Barack Hussein Obama) 미국 대통령이 아키히토천황(明仁天皇) 부부를 만난 자리에서 90도로 허리를 굽혀 악수했던 것이 논란이 된 적이 있었습니다. 그런데 당시 아키히토천황(明仁天皇)은 양복을 입고 있었고, 그의 부인은 별로 특별해

보이지 않는 기모노(着物)를 입고 있었습니다. 물론 그 기모노는 고급원단으로 만든 비싼 제품이었겠지만 황실의 전통을 상징하는 특별함은 없어 보였습니다.

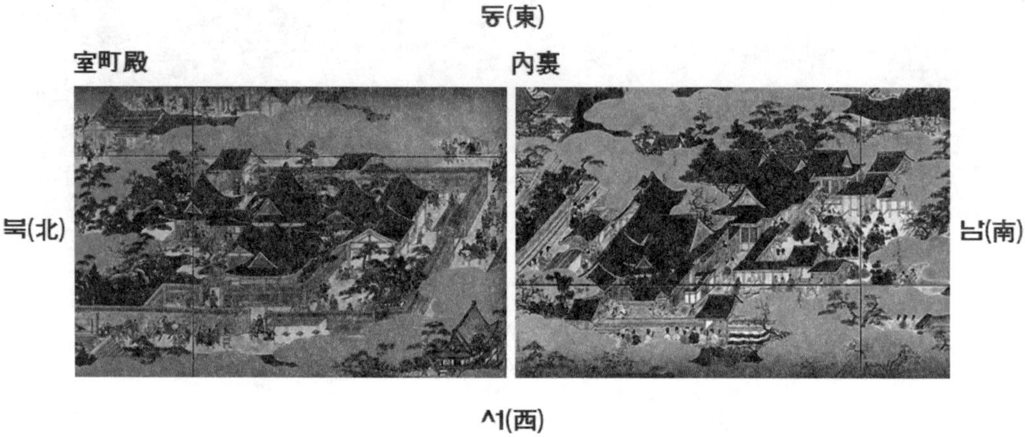

[그림 10-16] 무로마치전(室町殿) 정문과 내리(内裏) 정문 위치 비교.
출처: http://www.rakuchu-rakugai.jp/

더욱 중요한 사실은 [그림 10-14]의 <낙중낙외도(洛中洛外図)>는 서쪽이 아래를 향한다는 것입니다. 당시 무로마치(室町)는 서쪽이 공간 인식의 기준이었다는 말이 됩니다. 이는 이곳에 천자가 살지 않았다는 말이 됩니다. 천자가 사는 곳은 언제나 남쪽이 아래를 향해야 합니다. 그리고 더욱 중요한 사실은 무로마치전(室町殿)의 정문은 서쪽인데 반해 내리(内裏)라 일컫는 건물의 정문은 남쪽이라는 것입니다. ([그림 10-16] 참조) 이는 <낙중낙외도>는 무로마치전 정문의 위치를 기준으로 해서 그려진 것이지, 내리 정문의 위치를 기준으로 해서 그려진 것이 아니라는 말이 됩니다. 즉, 이곳의 주인은 무로마치(室町) 막부를 이끌었던 아시카가(足利) 가문이라는 것이지요. 이래도 천황이 계속해서 존속했다고 주장할 수 있을까요? 물론 평안시대의 천황가가 멸문을 당하지 않고 계속해서 이곳에 거처했을 수는 있습니다. 저는 위에서 언급했지만 일개 신사의 제사장으로 그 명맥을 유지했을 가능성에 무게를 둡니다. 천황가를 멸문시키면 백제계(百濟系)의 반발이 심할 것이므로 막부측에서도 이를 충분히 고려했을 것입니다. 또한 신라(新羅)의 경순왕(敬順王)과 후백제(後百濟)의 왕이었던 견훤(甄萱)도 귀족으로 걷은 바 있는 고려(高麗)의 역사를 생각해 볼 때 그 개연성은 충분합니다.

[그림 10-17]은 <낙중낙외도> 좌척(左隻)과 우척(右隻)의 주요 건물들을 현재 지도에 표시한 것입니다. 그 당시 주요 시가지가 현 교토 시가지의 동쪽에 치우쳐 형성되어 있었음을 알 수 있습니다. [그림 10-12]의 도산시대(桃山時代)의 주요 시가지가 평안시대(平安時代: 794 - 1185년)의 시가지의 동쪽에 치우쳐 형성되어 있었던 것과 정확히 일치합니다.

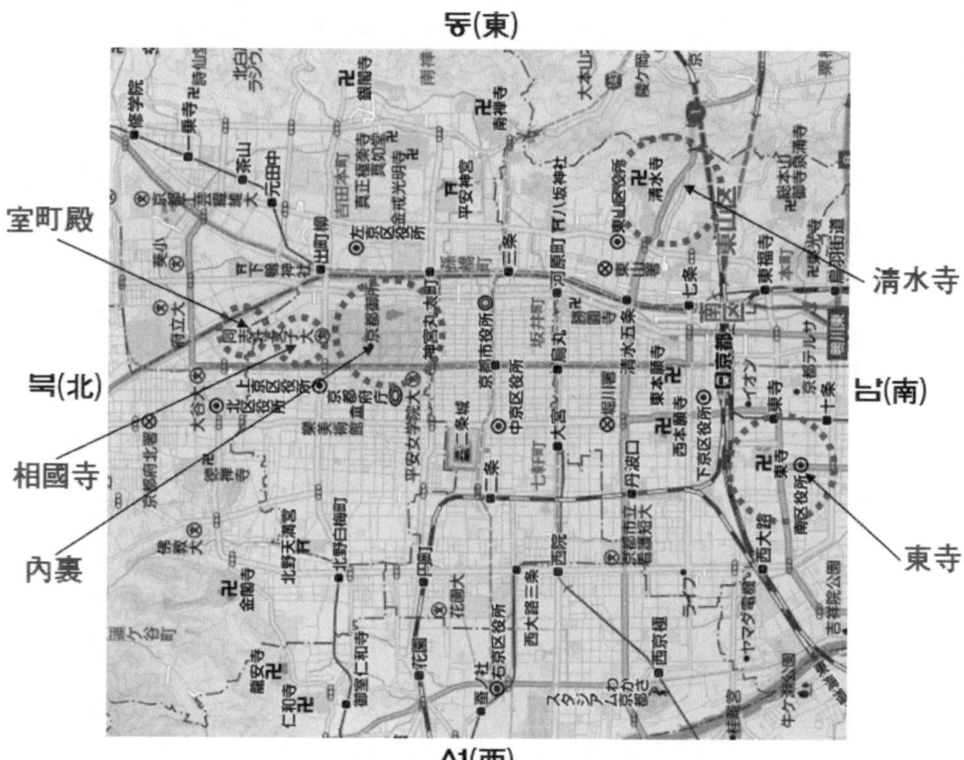

[그림 10-17] 낙중낙외도(洛中洛外図) 주요 건물 위치도.
출처: 야후저팬 지도(http://map.yahoo.co.jp/).

4) 서울이 교토(京都)였다

본장에서 우리는 가문의 계보와 마을(町)의 공간구성과 변화양상을 살펴봄으로써 막부(幕府)의 실체와 열도에서의 주요한 대립관계를 살펴보았습니다. 열도의 마을(町)은 역사를 담고 있는 보고인 것입니다. 본장은 이조시대 서울의 공식 명칭에 대해 살펴보고 마무리 짓겠습니다. 이조시대 서울의 공식 명칭이 교토(京都)였다는 것만 증명되면 열도에 교토라는 명칭이 예전부터 사용되지 않았다는 것이 반증될 것입니다. 똑같은 지명이 그것도 한나라를 대표하는 지명이 같을 수는 없을 테니까 말입니다. 아울러 열도에 교토가 없었다는 것만 증명되면 천황(天皇)이 막부 출범 이후 열도에서 자취를 감추었다는 것도 증명될 것입니다.

대다수 한국 사람들은 이조시대 서울의 공식 명칭이 교토(京都)였다는 것을 모릅니다. 도시를 공부한다는 저도 2009년에야 우연한 기회에 <천하대총일람지도(天下大總一覽地圖)>를 보고 이에 대해 알았으니 일반인이 이를 안 다는 것은 거의 불가능한 일일 것입니다. 저는 <천하대총일람지도>를 본 후 틈이 날 때마다 이조시대 지도들을 살펴보았습니다. 제가 본 바에 의하면 90% 이상이 서울을 교토(京都)로 표기하고 있었습니다. (한국어 발음을 기준으로 하면 “京都”는 “경도”로 표기해야 하나, 한국인들이 이 사실을 충격적으로 받아들여야 하기에 본서에서는 일본어 발음을 기준으로 해서 “교토”로 표기하였습니다.) 국사 교과서에 이조시대 서울의 공식 명칭이 적혀 있지 않다는 것은 정말 의문이 드는 대목입니다. 한성(漢城)이나 한양(漢陽)이라는 명칭은 잘도 알려주면서 말입니다. 지나(支那)의 나라라 알려져 있는 한(漢)나라와의 관계만 부각시키려는 의도가 다분합니다. 지나인들은 한성이나 한양이라는 명칭을 강조해서 역시 한국(韓國)은 지나의 식민지였다고 주장하기도 한다더군요. 정말 어이없는 일입니다.

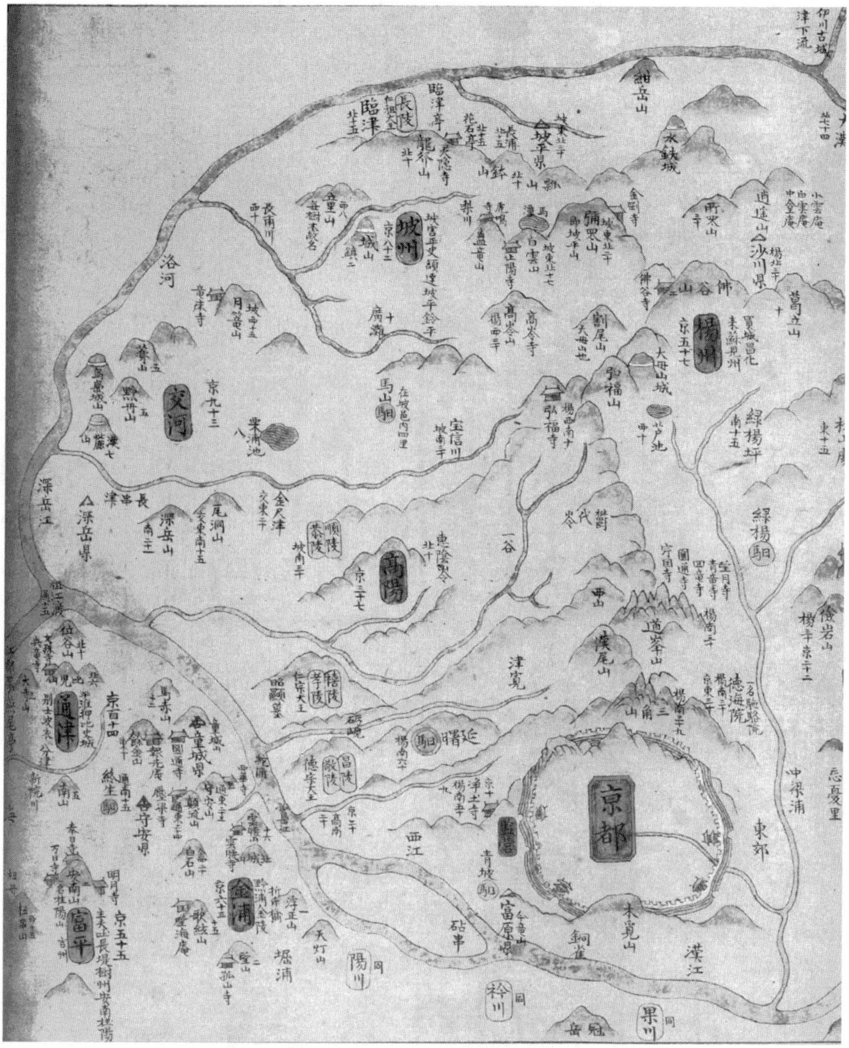

[그림 10-18] 경기도각군현도(京畿道各郡縣圖) - 동여비고(東輿備攷)에 수록.
제작자: 미상. 제작 시기: 17세기 후반 추정. 소장: 개인.
출처: 문화재청. 2008. 한국의 옛지도. 21쪽.

[그림 10-18]은 이조시대 경기도의 각 군현에 관해 그린 <경기도각군현도(京畿道各郡縣圖)>입니다. 보다시피 서울이 교토(京都)라 적혀 있습니다. 또한 "경

(京)"을 잘 살펴보면 보통의 "경(京)"과는 달리 "口"에 "一"이 삽입되어 있습니다. 이는 "日(태양)"을 뜻하는 것입니다. 이런 경우를 우리는 이미 도요토미 히데요시(豊臣秀吉)가 지니고 있었던 부채지도에서 살펴본 적이 있습니다. ([그림 3-15] 참조) 서울이 보통의 서울이 아니라는 의미인 것이지요. 이미 말씀드렸지만 한 나라에도 서울(京)은 몇 군데 있을 수 있습니다. 그런데 천자(天子)가 거처하는 서울(京)은 그 위상이 높습니다. 그러니 그 위상을 담아서 이렇게 표현한 것입니다. 중요한 사실은 한반도의 옛 지도에 서울이 교토(京都)라 표기된 지도는 수도 없이 많은데 반해 열도의 옛 지도에 현 교토시(京都市) 지역이 교토(京都)라 표기된 지도는 찾아 볼 수 없다는 것입니다.

그리고 논외지만 한자에 "一"이 추가된 경우를 지역명이 아니라 다른 것에서도 볼 수 있습니다. 2009년에 공개된 고종(高宗) 황제의 국새에는 "황제어새(皇帝御璽)"라 적혀 있는데, 이 중 "황(皇)"이 보통의 경우와 다릅니다. "황(皇)"을 살펴보면 "白"에 "一"이 추가로 삽입되어 "自"가 되어 있는 것을 확인할 수 있습니다. 이는 고종이 자주독립 국가를 염원하는 황제라는 뜻을 밝힌 것으로 보입니다. 고종은 자주독립에 대한 의지를 어새에도 담은 것이라 판단됩니다.

[그림 10-19] 고종(高宗) 황제의 국새. 제공: 국립고궁박물관.

저는 앞의 6장에서 이조시대 행정구역을 설명하면서 한성부(漢城府)를 언급한 적이 있습니다. 한성부(漢城府)는 우리에게 익숙한 명칭입니다. 그러면 교토(京都)는 무엇이고 한성부(漢城府)는 또 무엇일까요? 한 나라의 수도로 불릴 때에는 교토(京都)라 명명되었던 것이고, 지방행정단위로 불릴 때에는 한성부(漢城府)라 명명되었던 것입니다.

> 이조시대(원문: 조선시대) 서울의 위상은 한 나라의 수도(Capital)로서 교토(京都, 원문: 경도)라는 위상과, 서울 주민을 통할하는 행정부로서 한성부(漢城府)라는 위상을 지니는 이중적인 것이었다. 이조시대에 편찬된 각종 지리지의 서울에 대한 항목은 반드시 교토(京都)와 한성부(漢城府) 두 항목으로 나뉘어 설명되고 있다.

(고동환. 2007. 조선시대 서울 도시사. 태학사. 28쪽)

중요한 사실은 지방행정단위 한성부(漢城府)는 경기도(京畿道)의 하위 행정단위라는 것입니다. 한성부를 통솔했던 한성부윤(漢城府尹)은 경기도관찰사(京畿道觀察使)의 지휘를 받아야 했습니다. 경기도(京畿道)는 경(京: 서울)과 기(畿: 서울 주변)가 합쳐져 만들어진 도(道)입니다. 경기도관찰사가 근무했던 경기감영(京畿監營)은 현재 서울적십자병원 자리에 위치해 있었습니다. 즉, 서울 사대문 안에 있었던 것이지요. 경기감영은 1896년에 고종(高宗)에 의해 수원(水原)에 설치되었던 적이 있긴 합니다. 당시는 일시적으로 전국을 23개 부(府)로 행정구역이 개편되었던 때였습니다.

일제시대 들어서 교토(京都)와 한성부(漢城府)의 이원체계로 이루어졌던 서울은 경기도 산하의 경성부(京城府)로 위상이 강등됩니다. 이조시대에도 경성(京城)이라는 용어가 사용되기도 했지만 어디까지나 교토(京都)가 정식 명칭이었습니다. 그런데 일제시대에 들어와 경성이라는 용어가 교토를 완전히 대체하게 된 것입니다. 이미 말씀드렸지만 한 나라에 경(京)은 몇 군데 있을 수 있지만 도(都)는 천자(天子)가 거처하는 한 곳만 될 수 있습니다. 일제시대에 천자는 일본제국의 천황이었고, 천황이 머무는 곳이 도(都)이니 한반도에는 도(都)가 있으면 안 되었던 것이지요. 그래서 교토가 한반도에서 지워지게 된 것입니다.

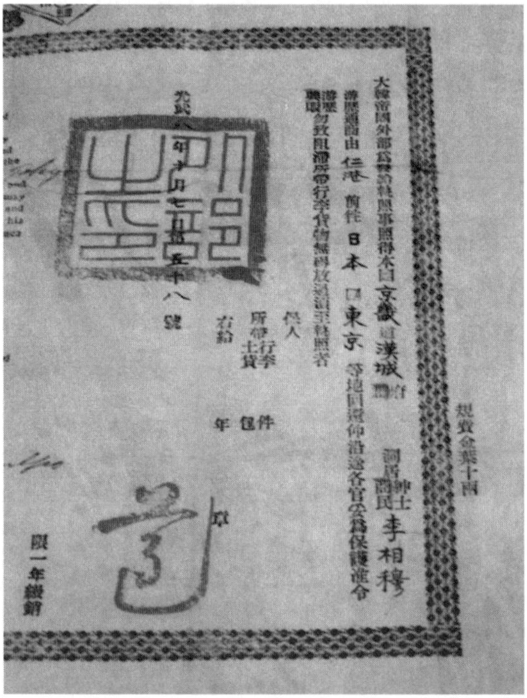

[그림 10-20] 대한제국 발행 여권. 주소가 경기도(京畿道) 한성부(漢城府)라 적혀 있다. 소장: 국립고궁박물관.

1945년 일제 패망 이후, 남한을 통치했던 미군정은 경성부(京城府)를 경기도(京畿道)에서 분리시켜 버립니다. 당시 미군정은 서울시민의 민심이반을 걱정했는데 이에 대한 대책으로 서울시민에게 광복 1주년을 맞이하여 선물을 주려했습니다. 그 선물이 바로 서울시를 경기도로부터 분리시켜 독립시키는 것이었습니다. 그래서 서울의 명칭은 Independent City, 즉 독립시가 될 예정이었습니다. 그런데 당시 번역을 맡았던 공무원이 독립시라는 말을 차마 쓸 수 없어 특별시라는 용어를 생각해 내었던 것입니다. 서울특별시는 이렇게 탄생한 것입니다. 서울시가 경기도에서 분리되었으니 경기도라는 용어는 현재의 경기도 상황을 반영하지 못하는 용어입니다. 경(京)이 빠졌으니 기도(畿道)만 남아 있는 것이지요. 현상을 반영한다면 정식 명칭을 아예 기도(畿道)라 해야 할 것 같습니다. 경기도에서 서울이 분리되자 경기도청은 한때 경기감영이 있던 수원에 설치되어 오늘에 이르고 있습니다. (미군정 하에서 서울특별시가 탄생하게 된 과정을 자세히 알고 싶은 독자들께서는 <손정목. 2007. 한국 도시 60년 이야기 1. 한울>의 <특별시와 광역시의 유래>편을 참고하시기 바랍니다.)

요즘 들어, 수도권 통합 논의가 많은데 미군정이 이러한 선물만 주지 않았어도 수도권은 경기도라는 일원화된 체계로 있었을 것입니다. 서울시가 경기도에서 분리된 후, 인구가 100만이 넘은 시(市)는 도(道)에서 분리된다는 관례가 생겨서 부산(釜山), 대구(大邱), 인천(仁川), 광주(光州), 대전(大田), 울산(蔚山)도 도(道)에서 분리되었습니다. 이로 인해 광역행정에 문제가 발생하고 있습니다. 그런데 상당수 학자들은 광역행정에 문제가 발생하는 것은 미군정에 의해 도(道)체계가 왜곡된 것에 있는데도 불구하고, 도(道) 자체에 문제가 내재되어 있기 때문에 발생하는 것이라고 주장을 합니다. 어떤 학자들은 도(道)를 폐지하고 전국을 50여개의 광역시(廣域市) 단위로 행정구역을 조정하자는 주장도 하고 있습니다. 1000년을 이어온 고려(高麗)의 지방행정체계가 위기에 처해 있는 것입니다.

11

열도(列島) 백제계(百濟系)의 몰락과 부활

1) 시모노세키(下関): 열도(列島) 백제계(百濟系)의 몰락과 부활이 일어난 마을

열도의 도시(都市)를 돌아다니다 보면 그 도시 속에 숨 쉬고 있는 마을(町)에서 여러 정치세력들의 흔적들을 발견하게 됩니다. 그리고 그 흔적들을 엮다보면 하나의 이야기가 되며 왜 그 마을(町)에서 그런 사건이 일어나게 되었는지를 추정할 수 있게 됩니다.

본장에서는 야마구치현(山口県)에 위치한 시모노세키(下関)라는 마을(町)에서 일어났던 사건들을 엮어 열도에서 백제계의 몰락과 부활에 대해 이야기해 보겠습니다. 앞의 10장에서 이미 설명 드렸지만 이곳 간몬해협(関門海峡)에서 단노우라 전투(壇ノ浦の戦い)가 있었습니다. 단노우라(壇ノ浦)는 시모노세키(下関)의 옛 지명입니다. 빠른 물살로 유명한 간몬해협에서 열도의 백제계(百濟系)와 고려계(高麗系)는 계파의 운명을 걸고 격돌했던 것이지요. 이 전투에서 백제계는 대패하여 천황의 외척이었던 평씨(平氏) 가문은 멸족 당하였고, 8살의 안토쿠천황(安德天

皇)도 바다에 빠져 숨졌습니다.

단노우라전투에서 원씨(源氏) 가문의 대장은 가마쿠라(鎌倉) 막부의 초대 쇼군이 된 미나모토 요리토모(源頼朝)의 이복동생 미나모토 요시쓰네(源義経)였고, 평씨(平氏) 가문의 대장은 평씨(平氏) 가문의 실권자인 다이라 무네모리(平宗盛)의 친동생 다이라 토모모리(平知盛)였습니다. 당시 격전지는 간몬해협에서도 최협부인 지역으로 현재 간몬교(関門橋)가 놓여있는 곳이었습니다. 전투는 맨 처음엔 평씨(平氏) 가문에게 유리하게 전개되었습니다. 그러나 물살이 바뀌자 전세가 역전되었고, 평씨(平氏) 가문 사람들은 원씨(源氏) 군대에 의해 사로잡히거나 도륙되었습니다. 이를 지켜보던 대장 다이라 토모모리(平知盛)는 바다에 몸을 던져 생을 마감하였습니다. 정확하지는 않지만 당시 평씨(平氏) 가문이 대패한 데에는 내부 배신이 있었다는 설도 있습니다.

[그림 11-1] 단노우라전투(壇ノ浦の戦い)에서 고려계(高麗系)를 지휘했던 미나모토 요시쓰네(源義経)[左]와 백제계(百濟系)를 지휘했던 다이라 토모모리(平知盛)[右].

백제계(百濟系)가 몰락했던 이 일대에서 죠슈번(長州藩)은 1863년과 1864년에 영국, 프랑스, 네덜란드, 미국의 4국 연합함대와 시모노세키전쟁(下関戦争)을 벌입니다. 이 전쟁에서 대패한 이후 죠슈번은 서구를 배척하던 입장을 완전히 바꾸게 됩니다. 그리고 죠슈번(長州藩)은 유태금융자본의 도움을 받아 사쓰마번(薩摩藩)과 연합을 이뤄 1868년에 메이지유신을 성공시켜 근대일본국을 만듭니다. 시모노세키전쟁이 있은 지 불과 4년 만에 이룬 성과입니다. 불과 4년 만에 이러한 성과를 내었다는 것은 그 짧은 기간 동안 유태금융자본이 얼마나 많이 이들을 지원했는지를 알게 해 줍니다. 이들의 자체 능력이 아무리 뛰어났다 해도 근 300년을 통치해온 막부(幕府)를 이렇게 쉽게 무너트릴 수는 없는 것이지요. 그러니 근대일본국은 유태금융자본의 작품이라는 저의 주장은 너무나 당연한 것입니다.

[그림 11-2] 단노우라전투(壇ノ浦の戦い) 격전지에서 죠슈번(長州藩)은 양이(洋夷)에 대항하였으나 결국 이들의 의도에 전적으로 부응하게 되었다.
사진은 죠슈번(長州藩)이 양이(洋夷)에 대항했을 때 사용한 대포다.

단노우라전투(壇ノ浦の戦い)에서 다이라 무네모리(平宗盛)와 다이라 토모모리(平知盛)의 모친인 다이라 토키코(平時子)는 외손자인 안토쿠천황(安德天皇)을 품에 안고 바다에 몸을 던져 자살합니다. 어린 천황이 어디로 가냐고 묻자, 다이라

토키코(平時子)는 “극락정토로 가는 겁니다. 파도 아래에도 수도가 있습니다.”라고 대답하고 파도 속으로 뛰어 들었다고 합니다. 백제계(百濟系)의 비극적인 몰락이었던 것입니다.

백제(百濟)와 고려(高麗)는 부여(夫餘)에서 갈라져 나왔습니다. 그러나 이들은 누구보다도 치열하게 싸웠습니다. 신라(新羅)의 배신으로 인해 백제는 고려와 연합을 하기도 하였지만 고려에 대한 원한이 사라진 것은 아니었습니다. 백제는 대륙에서도 반도에서도 쫓겨 마지막 안식처인 열도에 왔건만 여기서도 비극적인 최후를 맞이하였던 것입니다. 이미 앞의 10장에서 설명 드렸지만 백제는 열도에서도 고려 세력과 신라 세력과 피비린내 나는 싸움을 벌여야했고, 이들과 타협을 통해 평안경(平安京)에서 그 명맥을 유지할 수 있었습니다. 그런데 이마저도 이제 끝난 것입니다.

[그림 11-3] 외손자인 안토쿠천황(安德天皇)을 품에 안고 파도 속으로 몸을 던진 다이라 토키코(平時子).
촬영: 아카마신궁(赤間神宮) 벽화.

단노우라전투(壇ノ浦の戦い) 격전지에서 남쪽으로 걸어서 10분 거리에 아카마신궁(赤間神宮)이 위치해 있습니다. 이 신궁은 단노우라전투에서 숨을 거둔 안토쿠천황(安德天皇)과 몰락한 평씨(平氏) 가문을 모신 신사입니다. 신궁의 기원은 오래되었다고 하나 메이지(明治) 8년, 즉 서기 1875년에 아카마신궁(赤間神宮)이라는 이름을 부여받고 정비되었다고 합니다. 이를 보아도 메이지유신 세력들이 누구를 계승하고 있는지 우리는 분명히 알 수 있습니다. 이곳에는 한쪽에 안토쿠천황(安德天皇)의 능(陵)과 평씨(平氏) 가문의 무덤도 있는데 이들의 시신을 수습해서 조성된 것 같지는 않아 보입니다. 안토쿠천황의 능(陵)은 잠겨 있어서 들어가 보지 못 했습니다. 평씨(平氏) 가문의 무덤은 들어가 볼 수 있었는데 다듬어지지 않은 돌비석에 평씨(平氏) 가문 사람들의 이름만 새겨져 있었습니다.

[그림 11-4] 아카마신궁(赤間神宮) 경내에 있는 평씨(平氏) 가문의 무덤.

중요한 사실은 단노우라전투가 있었던 이곳은 대대로 백제계의 본거지였다는 것입니다. 이미 설명 드렸지만 이곳은 백제(百濟) 성왕(聖王)의 셋째 아들인 임성태자(琳聖太子)를 그 시조로 하고 있는 오우치(大內) 가문이 통치하였던 곳이었고, 이후로는 임진왜란에 참전하였던 모리(毛利) 가문이 통치하였던 곳이었습니다. 평씨(平氏) 가문이 원씨(源氏) 가문에 밀려 평안경(平安京)을 탈출해 이곳에 근거지를 마련했던 것은 우연이 아니었던 것이지요. 그리고 안토쿠천황(安德天皇)이 수장되었던 바로 이곳에서 백제가 부활합니다.

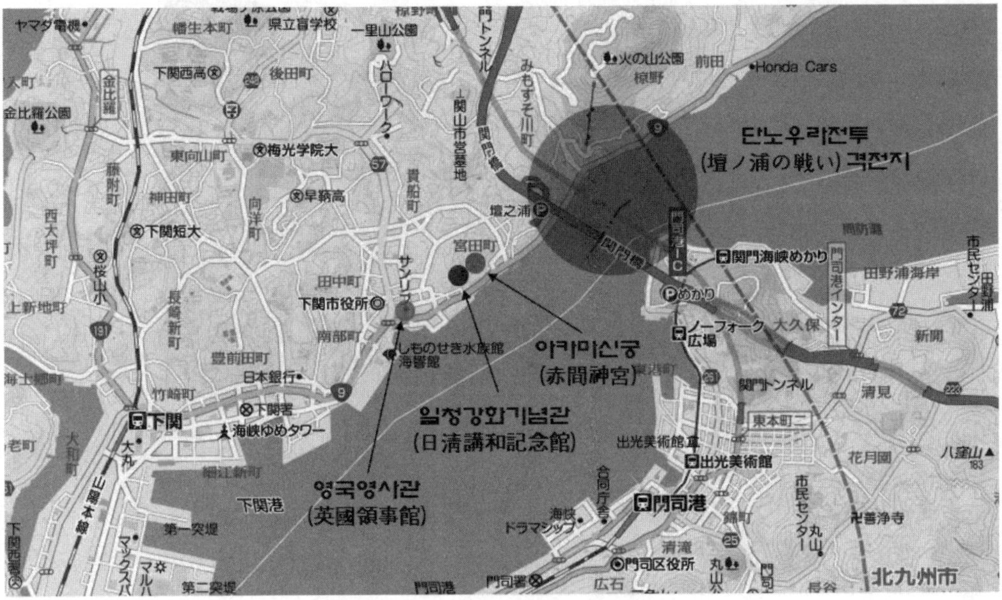

[그림 11-5] 시모노세키(下関) 지도.
출처: 야후저팬 지도(http://map.yahoo.co.jp/).

[그림 11-5]는 시모노세키(下関) 지도에 본 이야기와 관련된 주요 장소를 표시한 것입니다. 지도를 보면 아카마신궁(赤間神宮) 바로 옆에 일청강화기념관(日清講和記念館)이 있습니다. 이곳에서 1895년에 일본제국(日本帝國)은 대청제국(大清帝國)과 시모노세키조약(下関條約)을 체결합니다. 일본제국(日本帝國)으로 부활한 백제(百濟)가 대청제국(大清帝國)으로 부활한 신라(新羅)를 굴복시키고, 고려(高麗)를 넘보는 조약을 체결한 것입니다. 백제가 몰락했던 바로 이곳에서 말입니다. 그 많은 장소를 마다하고 이곳에서 조약이 체결되었던 것은 다 이유가 있었던 것이지요. 일청강화기념관에서 남쪽으로 5분 정도 걸으면 1906년에 건립된 영국영사관(英國領事館)이 나옵니다. 백제의 부활은 양이(洋夷)와의 결탁에 의해 이루어졌음을 증명해 주는 건물인 것입니다.

[그림 11-6] 일청강화기념관(日清講和記念館)[左]과 아카마신궁(赤間神宮)[右].

2) 시모노세키조약(下関條約): 역사왜곡의 본격화

시모노세키조약(下関條約)의 내용을 보면 제1조가 청국(淸國)이 조선국(朝鮮國)의 완결 무결한 자주독립국임을 인정하는 것입니다. 이 제1조를 보고 어떤 분들은 제가 줄곧 청(淸)이 조선(朝鮮)이며 반도에 있던 나라가 고려(高麗)라 주장해 온 것이 틀린 것이라 판단하시는 분들도 계실 것입니다. 그러나 이런 문구 하나가 근대일본국이 얼마나 역사를 치밀하게 왜곡시켜 왔는가를 보여주는 반증인 것입니다.

시모노세키조약이 체결되기 이전인 1876년에 반도에 있던 나라와 근대일본국 사이에 조약이 하나 체결되었습니다. 그 조약의 이름은 조일수호조약(朝日修好條約)으로 우리에게는 강화도조약(江華島條約)이라는 이름으로 널리 알려져 있습니다. 이 조약에서 양국의 국호는 대일본국(大日本國)과 대조선국(大朝鮮國)으로 정하여 표기하였습니다. 고종(高宗)은 종주(宗主)로서의 조선(朝鮮)의 지위를 갖고

자 하여 대조선(大朝鮮)이라는 국호를 사용하기도 하였는데 근대일본국에서 이를 인정한 것입니다. 근대일본국에서 볼 때 반도에 있던 나라를 조선(朝鮮)이라 인정하면 그 동안 조선의 지위를 가지고 종주권을 행사해왔던 대청제국(大清帝國)의 위상을 단숨에 꺾어 버릴 수 있게 됩니다. [그림 11-7]은 강화도(江華島) 연무당(練武堂)에서 있었던 조약 체결의 모습을 일본측에서 그린 것입니다. 그림을 보면 연무당 앞으로 군악대가 있는데 오른쪽에 청도기(清道旗)가 보입니다. 이 군악대는 모두 일본군 소속일 것입니다. 불평등조약을 체결하면서 뭐 좋은 일이라고 고려(高麗)에서 군악대까지 동원했겠습니까? 근대일본국은 조약체결 장소에 청도기를 고려측 대표가 있는 쪽으로 세워 놓아 마치 고려(高麗)가 조선(朝鮮)의 지위, 즉 종주권을 갖고 있는 것처럼 보이게 하였습니다. 이 그림을 보고 대청제국에서는 노발대발하였을 것입니다. 당시 고려에서는 이 부분 만큼은 유쾌해 하였을지도 모릅니다. 그러나 이 모든 것은 근대일본국의 치밀한 계획 속에서 진행되었던 것이지요.

[그림 11-7] 강화도(江華島) 연무당(練武堂)에서 이루어진 조일수호조약(朝日修好條約) 체결 정경. 출처: 위키백과(http://ja.wikipedia.org/) .

근대일본국의 이러한 치밀한 계략은 1882년에 체결된 조미수호통상조약(朝美修好通商條約)에도 남아 있습니다. 당시 조약에서 반도에 있던 나라의 정식 국호는 Corea(고려)로 작성됐지만, 조약 중간에 "Kingdom of Chosen"과 "Government of Chosen"이 표기되기도 하였습니다. (참고로 "Chosen"은 "朝鮮"의 일본어 발음인 "조센(ちょうせん)"을 표기한 것입니다.) 당시 조약은 고려가 대청제국으로부터 독립해 있음을 강조한 성격이 짙었습니다. 고종의 독립의지는 위대한 것이었으나 그의 의지를 미일(美日) 연합은 청(淸)과 고려(高麗)로 구성된 조선제국을 붕괴시켜 이득을 취하고자 하는데 이용하였던 것입니다. 1883년에 미국의 공사 푸트(Lucius H. Foote)는 반도에 있던 나라의 국호가 고려에서 조선으로 바뀌었다고 정식으로 보고하기에 이릅니다. 미일연합은 정말로 치밀한 계획 하에 움직였던 것입니다.

> 청의 간섭에도 불구하고 미국은 이 조약(역주: 조미수호통상조약)이 독립국 사이의 자유로운 의사에 의해 맺어지는 조약이라는 점을 강조하려 했고, 그러한 흔적이 보인다. 조약문에서 반도에 있던 나라(원문: 조선)는 Corea로 표기되었다. 조약 원문은 한문과 영문 두 언어로 기록되었는데, 조약의 내용에는 Kingdom of Chosen(조선왕국)과 Government of Chosen(조선정부)으로 표기되었다. …(중략)… 미국 공사 푸트(Lucius H. Foote)는 본국 정부에 보내는 1883년 10월 10일 보고서에서 반도에 있던 나라(원문: 조선)는 예전에 'Kolio(고리어: 고려)'였다가 지금은 'Chosun(조선)'이 됐다고 기술하고, 'Corean Flag'를 게양하고 21발의 축포를 쏘았다고 기록했다.

(오인동. 2008. 꼬레아, 코리아 - 서양인이 부른 우리나라 국호의 역사. 도서출판 책과함께. 188-189쪽)

시모노세키조약(下関條約)을 통해 반도에 있던 국가는 조선으로 둔갑되었으며, 대청제국(大淸帝國)은 조선의 지위를 상실하게 되었습니다. 이후 종주(宗主)로서의 조선(朝鮮)의 개념은 희미해지게 되었고, 역사왜곡이 감행될 수 있었던 것입니다. 대륙에 있던 나라가 명(明)이던 청(淸)이던 간에 다 조선의 지위를 가지고 있었던 조선(朝鮮)이었는데 이 실체가 반도에 이식되었고, 반도의 고려(高麗)는 그 실체마저 지워지게 된 것입니다. 대륙에서 조선(朝鮮)이 지워지자 차이나

(China)라는 가공의 실체가 마치 오래 전부터 대륙에 존재해 있었던 것처럼 조작되어 유포되었습니다. 근대일본국은 유태금융자본과 함께 역사왜곡을 감행했을 때만 해도 대륙이 어부지리(漁父之利)로 지나족(支那族)에 의해 접수될 줄은 꿈에도 몰랐을 것입니다. 부활한 백제(百濟)는 조선(朝鮮)이라는 종주권을 두고 신라(新羅)와 고려(高麗)간에 있었던 갈등관계를 노려 이런 역사왜곡을 감행했던 것입니다. 한일병합(韓日併合) 당시 발표된 칙령에 의하면 "한국(韓國)을 조선(朝鮮)으로 칭한다."라는 규정이 나옵니다. 이 규정으로 역사왜곡은 일단락된 것입니다. 이 규정 이후로 이전의 조선(朝鮮)의 개념은 완전히 사라지게 되었고, 반도에 있던 고려(高麗)의 이씨조정(李氏朝廷)이 이씨조선(李氏朝鮮)이라는 나라로 둔갑되어 버렸습니다. 조선(朝鮮)은 반도에 있던 나약한 나라의 이름이 되어버린 것입니다. 이후, 조선은 언제나 반도만을 일컫게 되었습니다. 역사 인식의 폭도 줄여 놓은 것이지요.

> 1910년에 맺어진 '한국 병합에 관한 조약'에서는 제1조에 한국 황제가 일본 황제(천황)에게 한국 통치권의 모든 것을 '완전·영구히' 양여한다는 것으로 되어 있으며, 제3조에서는 천황이 한국 황제 일가(이왕가)에게 적당한 존칭과 지위 그리고 세비(歲費) 등을 보장하는 것으로 되어 있다. 그리고 같은 날 내려진 칙령에 의해 한국을 조선이라 칭하기로 했으며, 또한 천황의 조서에 따라 전 한국의 황제 순종을 '왕(王)'으로 하고, 그 친족에 해당하는 2명을 '공(公)'으로 칭하기로 했다.

(스즈키 마사유키(鈴木正幸). 류교열 옮김. 1998. 근대 일본의 천황제(皇室制度 — 明治から戰後まで). 이산. 113쪽)

3) 신라계(新羅系)의 상징: 당문(唐門), 백제계(百濟系)의 상징: 누문(楼門)

백제는 고려뿐만 아니라 신라에 대해서도 많은 원한을 가지고 있습니다. 가장 큰 원한은 아마도 반고려(反高麗) 연합을 체결해 놓고 배신을 일삼은 것일 겁니다. 이 배신도 문제였지만 백제의 성스러운 대왕(大王)이었던 성왕(聖王)의 목을 베어 머리를 북청(北廳)이라는 관청의 계단 밑에 묻어 사람들이 밟고 지나다니게 한 것은 정말로 상식 이하의 몹쓸 짓이었습니다. 이 성왕(聖王)의 후예들이 부활하여 현 일본 황실을 구성하고 있습니다. 우리는 백제 후손들의 뼈에 사무치는 원한을 십분 이해할 수 있어야 합니다.

그런데 열도에서도 신라계(新羅系)는 백제계(百濟系)와 고려계(高麗系)의 싸움 속에 이득만을 챙기는 얄미운 존재였지요. 백제계와 고려계는 팽팽히 맞섰기 때문에 신라계를 누가 포섭하느냐에 따라 승패가 결정되었던 것이지요. 단노우라 전투(壇ノ浦の戦い)에서도 백제계가 고려계에 패했던 가장 큰 원인 중에 하나는 역시나 신라계가 고려계의 편을 들었기 때문입니다.

2009년 12월 19일에 방송된 KBS 역사스페셜 <신라명신의 비밀>편을 보면 원씨(源氏)가 신라계와 관련이 깊었음을 알 수 있습니다. 방송에 의하면 전설적인 무사 미나모토 요리요시(源頼義)의 셋째아들 미나모토 요시미츠(源義光)는 자신의 이름을 신라사부로(新羅三郎)로 바꾸고 신라명신(新羅明神)을 모시는 신라선 신당에서 성인식을 올렸다고 합니다. 이는 고려계가 신라계를 적극 포섭해서 백제계를 공격했음을 보여주는 증거인 것입니다. 마치 반도에서 고려(高麗)의 왕건(王建)이 신라(新羅)를 포섭하여 백제(百濟)를 공격한 것과 유사한 양상이 열도에서도 벌어진 것입니다.

고려계(高麗系)를 상징하는 문이 고려문(高麗門)이라면 신라계(新羅系)를 상징하는 문은 당문(唐門)입니다. 도쇼구(東照宮)에서 도쿠가와 이에야스(德川家康) 무덤 앞에 있는 문이 당문입니다. ([그림 2-51] 참조) 도쿠가와 이에야스 무덤 앞에 당문이 있다는 것은 도쿠가와 이에야스도 신라계를 포섭하여 백제계를 통제하였음을 알려줍니다.

그런데 흥미로운 사실은 메이지 정부에 의해 1880년에 조성된 교토(京都)의 도요쿠니신사(豊國神社)에도 당문이 설치되어 있다는 것입니다. 이 당문은 도쿠가와 이에야스(德川家康) 무덤 앞에 설치된 당문과는 그 양식이 다릅니다. 당문은 이와 같이 두 종류가 있다고 합니다. (참고로 도쇼구(東照宮)의 하이덴(拝殿) 앞에도 당문이 있는데 이 문의 양식은 교토(京都) 도요쿠니신사(豊國神社)의 당문과 일치합니다.)

[그림 11-8] 교토(京都) 도요쿠니신사(豊國神社)의 당문(唐門).

이 당문(唐門)은 현재 일본의 국보인데 도요토미 히데요시(豊臣秀吉)가 쌓았던 후시미성(伏見城)의 성문으로 알려져 있습니다. 고려계를 무너트리고 열도를 장악한 백제계는 메이지 정부 초기만 하더라도 신라계를 의식할 수밖에 없었던 것입니다. 그러니 당문을 백제를 계승한 도요토미 히데요시를 모신 신사 앞에 세워둔 것이지요. 또한 원래 도요토미 히데요시가 설치했던 성문(城門)이니 주인을 찾아간 것으로도 볼 수 있습니다. 아울러 도요토미 히데요시가 당문을 설치했다는 것은 그도 역시 고려계를 억누르는 데 신라계를 동원했음을 알려줍니다.

열도에서 신라계는 참으로 얄미운 존재입니다. 구로다 나가마사(黑田長政)와 함께 임진왜란에 참전했던 가신 관정리(菅政利)가 소유했던 칼을 통해 신라계(新羅系)에 대한 백제계(百濟系)의 생각을 읽을 수 있습니다. 그 칼은 지금도 전해져 내려오는데 그 이름이 폐진(斃秦)입니다. 칼에 이름이 "斃秦"이라고 또렷이 적혀 있습니다. 조선(朝鮮)에서 호랑이를 베었던 칼이라 하는데 하필이면 그 이름이 폐진(斃秦)일까요? 폐진(斃秦)은 "진(秦)을 죽인다"라는 뜻입니다. 진(秦)이 무엇을 뜻하는 것일까요? 진(秦)나라일까요? 아닐 것입니다. 기원전에 존재했던 나라를 이 당시에 언급할 까닭이 없지요. 열도에서 진(秦)은 신라계 진씨(秦氏)를 말하는 것입니다. 진(秦)은 신라계를 대표했던 것이고, 백제계와 고려계 사이의 갈등관계를 이용해 이득만 취했으니 얄미웠고 죽이고 싶었던 것입니다. 그러나 열도를 장악하려면 신라계를 폐하는 것이 아니라 포섭해야 하는 것이 현실이었을 것입니다. 한편, 이 칼을 설명하는데 진(秦), 신라(新羅), 그리고 조선(朝鮮)이 함께 등장합니다. 당시 조선(朝鮮)은 명(明)나라였는데, 명(明)나라를 신라계 진(秦)과 결부시켰다는 것은 명(明)나라가 신라계(新羅系), 즉 선비계(鮮卑系) 나라였을 개연성을 더욱 생각해 보게 합니다.

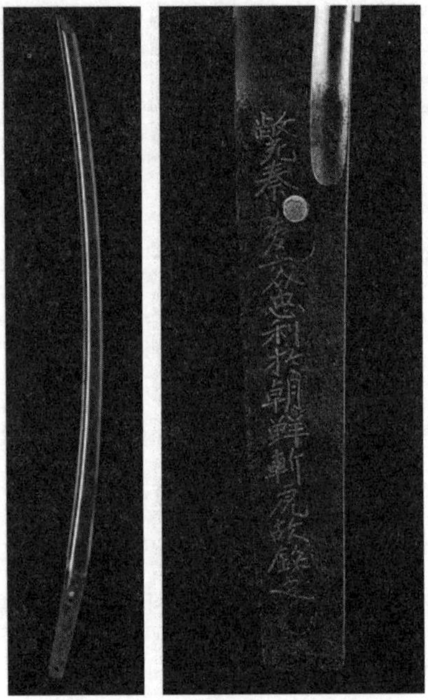

[그림 11-8] 艷秦刀(南山刀).
출처: 黒田長政と二十四騎展実行委員会. 平成 20年. 黒田長政と二十四騎 - 黒田武士の世界. 福岡印刷株式会社. 49쪽.

열도에 고려계와 신라계를 상징하는 문은 있는데 그러면 백제계를 상징하는 문은 없었을까요? 물론 있습니다. 메이지 정부는 1895년에 간무천황(桓武天皇)의 평안경(平安京) 천도 1100주년을 기념하여 평안신궁(平安神宮)을 건립합니다. (이

것만 보더라도 역시 메이지유신 세력이 백제를 이었다는 것을 확인할 수 있습니다.) 평안신궁의 정문은 응천문(応天門)이라 하는데 평안궁(平安宮) 조당원(朝堂院)의 정문이었던 응천문(応天門)을 5/8 크기로 본뜬 것이라고 합니다. 이 정문을 세우면서 다시 백제가 부활했음에 감격의 눈물을 흘렸을 백제 후손들의 모습이 그려집니다. 그런데 무슨 수로 1227년에 불타 없어진 문의 모습을 재현할 수 있었을까요? 그것은 평안궁 응천문의 양식을 보존해 온 백제의 후손들이 있었기에 가능했던 것입니다.

[그림 11-9] 창건시의 평안신궁(平安神宮) 응천문(応天門).
출처: http://www.heianjingu.or.jp/

그 후손은 바로 사쓰마번(薩摩藩)의 시마즈(島津) 가문입니다. 시마즈 요시히로(島津義弘)가 축성한 쓰루마루성(鶴丸城)의 정문이 어누문(御楼門)이었다고 앞의 6장에서 설명 드렸습니다. ([그림 6-4] 참조) 그런데 이 어누문과 평안신궁 응천문의 양식은 누문(楼門)으로 일치합니다. 평안궁(平安宮)의 응천문(応天門)은 열도 최남단 쓰루마루성(鶴丸城)의 어누문(御楼門)으로 명맥을 이어오다가 평안신궁(平安神宮)의 응천문(応天門)으로 부활한 것입니다. 이 문이 백제문(百濟門)이 아니고 무엇이겠습니까? 물론 몇몇 신사(神社)에 누문(楼門)이 남아 있으니,

이 문들도 평안신궁 응천문을 만드는 데 참조되었을 수도 있습니다. 그러나 궁(宮)의 정문은 성(城)의 정문과 보다 일치된 양식을 보입니다. 쓰루마루성이 열도의 다른 성(城)처럼 천수각(天守閣)도 갖추지 않은 특이한 구조였던 것은 아마도 평안궁의 모습을 잇기 위함이었을 것입니다. 세키가하라전투(関ケ原の戦い) 이후, 백제를 보존할 수 있었던 가문은 시마즈(島津) 가문이 유일합니다. 그건 사쓰마번(薩摩藩)이 열도 최남단에 위치해 있어 도쿠가와(德川) 막부의 지배력이 들 미쳤기 때문에 가능했던 일입니다. 도쿠가와 막부의 눈치를 살펴야 했던 죠슈번(長州藩)의 모리(毛利) 가문은 자신이 거처하였던 하기성(萩城)의 정문도 고려문(高麗門)으로 할 수밖에 없었습니다. 모리 가문으로서는 엄청난 굴욕이었을 것입니다.

[그림 11-10] 일본에서 에스컬레이터에 서는 위치는 동군과 서군의 전투가 있었던 세키가하라(関ヶ原)에서 갈라진다. [左: 동경(東京). 右:고베(神戸)].

우리는 본장에서 백제계의 몰락과 부활을 주로 시모노세키(下関)라는 마을(町)을 통해 살펴보았습니다. 이런 계파 간의 얽히고설킨 관계가 단군조선(檀君朝鮮)이 멸망한 이후로 2000년을 이어 오고 있기에 한일(韓日) 양국의 관계를 쉽게 단정지어 말하기가 어렵습니다. 자칫 잘못하면 이 복잡한 관계를 가지고 농단을 부리려는 정치세력에 이용당하기도 쉽습니다.

이런 얽히고설킨 관계가 한반도와 일본열도의 대결구도로 전환되기 시작한 것은 백제(百濟)의 멸망 이후부터입니다. 백제 멸망 당시 열도에는 여성 천황인 사이메이천황(齊明天皇)이 통치하고 있었습니다. 그녀는 여성으로 두 번이나 황위에 올랐던 천황이었는데 백제 의자왕(義慈王)의 여동생이라는 설도 있습니다. 그녀가 의자왕과 가까운 친족관계에 있었던 것은 분명해 보입니다. 그녀는 나당연합군에 백제가 멸망하였고, 의자왕이 당(唐)으로 끌려갔다는 소식을 전해 듣고 무척이나 가슴아파했습니다. 그리고 백제를 구하기 위해 동분서주하다가 구원군이 출병하는 것도 보지 못하고 생을 마감합니다. 그녀가 그리도 공들여 보낸 구원군은 백강(白江) 전투에서 어이없이 전멸당합니다.

저는 일본에 거주하고 있었을 때 백제 구원군을 출병시켰다고 하는 후쿠오카(福岡) 다자이후(太宰府)를 방문한 적이 있습니다. 제가 이곳 관아터에서 관계자로부터 들은 설명에 의하면 당시 열도에서는 백제 구원에 실패한 후, 신라의 침입에 대비하기 위해 다자이후 근방에 산성(山城)을 네 곳이나 쌓았고, 수성(水城)도 만들어 방어선을 구축하였다고 합니다. 백제 구원에도 실패했고, 신라의 침입에도 대비해야했던 열도 백제인들의 분개가 어떠했을까요?

[그림 11-11] 다자이후(太宰府) 관아터.
지금은 아이들의 놀이터로 변한 이 곳에서 백제 구원군이 출병하였다.

다자이후(太宰府)에는 사이메이천황(齊明天皇)을 모시는 관세음사(觀世音寺)라는 사찰이 있는데 현재는 무척 초라한 모습입니다. 사이메이천황의 원혼은 죽어서도 편히 모셔지지 못하고 있는 것입니다. 저는 관세음사에서 사이메이천황께 참배하고 그녀의 원혼이 평안(平安)해 지길 기원했습니다. 그녀의 원혼이 평안(平安)해져야 한일(韓日) 양국이 진정한 협력적 관계를 이룰 수 있을 것이라는 생각을 지울 수 없었습니다.

[그림 11-12] 사이메이천황(齊明天皇)을 모시는 관세음사(觀世音寺).

열도인(列島人)은 다 재일동포(在日同胞)입니다. 가야(伽倻)가 멸망했을 때, 백제(百濟)가 멸망했을 때, 임진왜란(壬辰倭亂)으로 한반도(韓半島)가 유린되었을 때, 그리고 한일병합(韓日併合)으로 대한제국(大韓帝國)이 멸망했을 때 다 망국의 원한을 가지고 열도로 이주해 갔던 동포들입니다. 그들이 비록 유태금융자본이라는 외세의 지원 하에 성장하여 한반도를 유린하였고, 역사를 왜곡하였다 할지라도 말입니다. 이 재일동포들과 어떤 미래를 그릴 지는 전적으로 우리의 몫입니다.

12

일본제국(日本帝國)의 서울 천도(遷都) 추진의 배경

저는 앞의 여러 장에서 줄곧 메이지유신(明治維新)은 열도가 고려로부터 이탈하여 일본으로 독립한 사건이라 설명했고 그 이탈이 영원한 이탈이 아니었다고 말씀드린 바 있습니다. 왜 그렇게 보아야 하는지 일제시대의 이면사를 들여다보겠습니다.

일제시대와 관련해서 저와 같이 도시를 공부하는 사람들에게 있어 조금은 상식에 속하는 사실이 하나 있습니다. 그 상식이란 일본제국이 수도를 동경(東京)에서 서울(京都)로 옮기려 하였다는 것입니다. 제가 동경을 일본제국의 임시수도라 언급했던 이유가 바로 이 때문입니다. 근대일본국은 동경이 수도로 정해진 지 얼마나 되었다고 왜 굳이 수도를 옮기려고 하였을까요? (1869년에 사실상 동경(東京)이 수도가 되었으니까 약 70년 후에 이런 계획이 구체적으로 마련된 것입니다.)

2005년 10월 24일자 중앙일보 기사를 보면 경원대 총장을 지낸 김의원 박사가 일제시대 일본은 현 한국외국어대학교 용인캠퍼스 일대로 수도를 옮기려 했다고 언급한 기사를 확인할 수 있습니다. 1943년에 일본 정부에 의해 비밀리에 작성된 중앙계획소안(中央計劃素案)에 따르면 일본제국의 새 수도 후보지는 한반도의 경성부(京城府) 남쪽 교외, 그리고 열도의 오카야마(岡山)와 후쿠오카(福岡)로 제안되어 있었다고 합니다. 이 세 후보지 중에서 당시 일본 정부가 선택했던 일본 제국의 수도는 단연 경성부 남쪽 교외였다고 합니다.

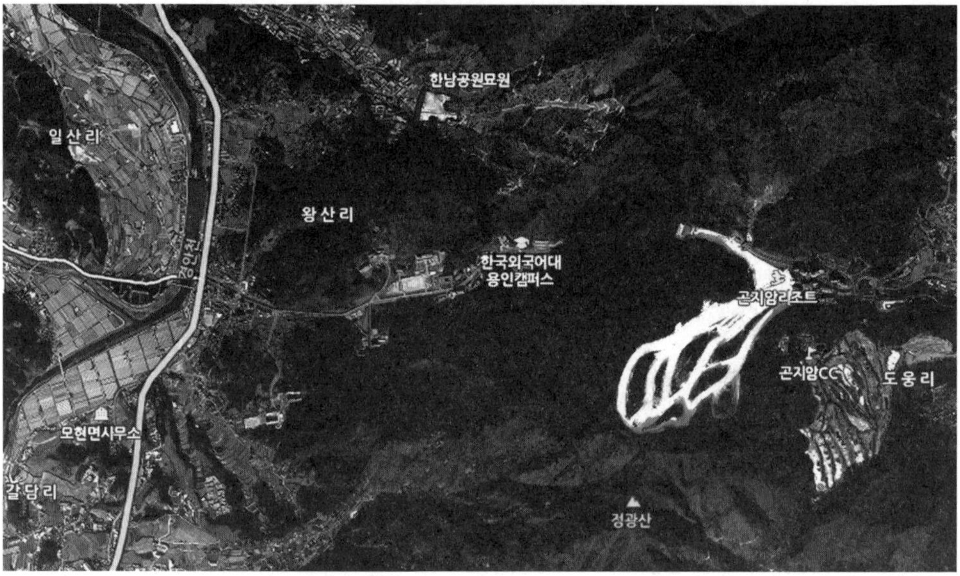

[그림 12-1] 일본제국의 새 수도 후보지. 현 한국외국어대학교 용인캠퍼스 일대.
출처: 네이버(NAVER) 지도(http://map.naver.com/).

김 박사(역주: 김의원 박사)에 따르면 일본은 40년대 초 15년 후를 목표로 입안한 비밀 국토계획인 '중앙계획소안(中央計劃素案)'에서 경성부(서울) 남쪽 교외, 일본 내 오카야마와 후쿠오카 등 세 곳을 대동아권의 수도 이전 후보지로 제시했다. 당시 서울 인근은 지진이 없고 일본 세력권(만주-한반도-일본)의 중앙에 위치해 일본이 수도 입지로 탐낼 만했다는 것이다. 새 수도에는 왕궁과 정부기관만 이전할 계획이었다.

김 박사는 "나중에 일본 전직 관리 등과의 면담에서 수도 이전 후보지였던 경성 교외가 한국외국어대 용인캠퍼스가 있는 계곡 일대였다는 사실을 확인할 수 있었다"고 말했다. 그는 "당시 일제는 용인 지역 측량까지 마쳤고, (옛)건설부 도로과장을 지낸 이헌경 대한콘설탄트 회장도 광복 직후 도로과 서류함에서 측량 도면을 봤다고 했다"고 덧붙였다.

중앙계획소안은 일본 본토와 조선, 만주, 대만에 걸쳐 지역별 산업 생산 목표를 제시한 뒤 내지 150곳, 조선 23곳, 대만 20곳 등 총 193곳의 공업지구를 지정하는 방안을 담고 있다.

그러나 이 같은 계획은 조선인 800만 명을 만주로 강제 이주시키고, 그 자리를 일본 농민 800만 명으로 채운다는 것이 전제였다. 이주 계획이 실현됐다면 일본인은 한반도 인구의 3분의 1 이상을 차지하게 된다.

김 박사는 "일본이 태평양전쟁에서 승리했다면 이 계획은 실현되었을 것이고 우리는 만주로 쫓겨났을 게 뻔하다"고 말했다.

[출처: 중앙일보. "일제, 40년대 수도 이전 추진 도쿄서 용인으로 옮기려 했다" 2005.10.24]

새 수도에는 궁(宮)과 정부기관만 이전하기로 했다고 하니 이곳은 일반인의 출입을 엄히 금한 특별행정구역으로 조성하려 했던 것으로 보여 집니다. 한국외국어대학교 용인캠퍼스 부지를 보면 사방이 산으로 둘러져 있고 폭도 좁아 궁(宮)과 정부기관이 들어서면 다른 시설이 들어설 공간도 없습니다. 당시에는 태평양전쟁(太平洋戰爭, Pacific War) 시기인 만큼 방어개념의 수도가 필요했다고 보여 집니다. 만약에 일본이 전쟁에서 승리하였다면 도(都)의 공간을 제대로 담을 수 있는 곳을 택하여 새로이 궁(宮)과 정부기관을 포함한 수도를 건설했을 것으로 판단됩니다. 당시 계획에 의하면 수도만 옮기는 것이 아니라 한반도인(韓半島人) 800만 명을 만주(滿洲)로 이주시키고, 그 자리에 열도인(列島人) 800만 명을 이주시키는 계획도 있었다고 합니다.

일본제국은 왜 수도를 옮기려 하였을까요? 김의원 박사의 주장대로 지진이 많은 동경(東京)을 떠나 지축이 안전한 곳으로 수도를 옮기려 한 것일까요? 1923년 9월에 발생한 관동대지진(関東大地震)은 이런 추정에 중요한 근거가 될 수 있을 것입니다. 동경은 줄 곧 재난의 도시였습니다. 화재와 지진이 끊임없이 발생한 곳입니다. 최근 동경도(東京都)의 가장 큰 사업은 조만간 발생할 것으로 예상되는 대규모 지진에 대한 대책을 수립하는 것입니다. 일본 사람들 중에 조만간 동경권에서 대규모 지진이 일어날 것을 의심하지 않는 사람이 없을 정도입니다.

[그림 12-2] 관동대지진(関東大地震)으로 잿더미가 된 요코하마시(横浜市).
출처: 위키백과(http://ja.wikipedia.org/).

지진이 수도 이전의 큰 배경임은 분명합니다. 그러면 왜 그 위치가 한반도(韓半島) 중앙이 되어야 했을까요? 제가 일본에 있었을 때 역사에 관심이 많은 지인에게 일본제국이 서울로 수도를 옮기려 했으며, 또한 무려 800만 명이나 되는 열도인을 한반도로 이주시키려 했었다는 이야기를 해 주자 그 지인은 대번 놀라워했습니다. 지금의 열도인에게 이는 생각할 수도 없는 일입니다.

제국주의 국가 중 수도를 이전하려 했던 나라는 일본이 유일합니다. 당시 일본이 넓힌 영토를 보건대 서울이 한가운데 있었기에 이런 계획을 수립했다는 주장은 설득력이 떨어집니다. 당시 서양의 제국주의 국가였던 영국, 프랑스, 독일, 네덜란드 등도 침탈에 의해 넓힌 영토에서 볼 때 본국의 수도는 변두리에 위치지어 졌었습니다. 그렇다고 해도 이들 국가들은 수도를 옮길 생각은 안 했습니다.

천도(遷都)는 수도가 자국의 영토 중심에 있어야 한다는 위치적 고려나 지진으로부터 안전한 수도가 필요하다는 방재적 고려를 넘어선 정치적 고려가 있어야 가능한 것입니다. 이는 백제(百濟) 멸망 이후 일본의 계속되는 수도 이전, 그리고 동경(東京)이 일본제국의 임시수도로 결정된 이유를 설명하면서 다룬바 있습니다. 도쿠가와 이에야스(德川家康)가 재난의 땅에 에도(江戸)라는 고려(高麗)의 마을(町)을 건설한 것도 메이지유신(明治維新) 세력들이 재난의 도시 동경(東京)을 임시수도로 삼은 것도 다 정치적 고려 때문입니다. (본서를 마무리 지을 무렵인 2011년 3월에 일본의 동북지방에 큰 지진이 일어났습니다. 비록 동북지방에서 큰 지진이 일어났지만 동경에도 큰 피해가 발생했습니다. 동경은 일본의 수도이므로 동경에서 큰 피해가 발생하였다는 것은 일본이 국가적 위기에 봉착하였다는 것을 의미합니다. 이러한 정치적 고려로 인해 동경이 일본의 수도가 되지 않았다면 동북지방의 지진으로 인해 일본이 국가적 위기에 봉착하는 문제는 없었을 것입니다.)

800만 명이나 이주계획을 세웠다는 것은 단순한 행정수도 이전 계획이 아닙니다. 그건 일한민족(日韓民族)을 창조하려는 계획 하에 이루어진 것입니다. 이미 일본 정부는 한반도인(韓半島人)도 창씨개명(創氏改名)을 통해 성씨를 열도인(列島人)과 똑같이 만든 바 있습니다. 무슨 자다가 봉창 뚜드리는 소리냐고요?

그런데 생각해 보십시오. 한반도인 800만 명을 만주로 이주시키고, 열도인 800만 명이 한반도로 이주해 왔다면 어떤 일이 벌어졌겠는지 말입니다. 800만 명이면 당시 한반도 인구의 1/3에 해당합니다. 한세대만 지나가면 피는 섞이게 마련입니다. 성씨가 같고, 피도 섞이고, 거기다가 언어도 통하면 새로운 하나의 민족이 되는 것입니다. 천황(天皇)과 일본 정부는 이런 예상도 못했을까요? 아닙니다. 그들은 정확히 이를 알고 추진하려고 했습니다. 사실 원래 같은 민족이었으니까 새로운 민족 창출이라는 표현은 부적절합니다. 열도인을 중심으로 민족의 통합을 이루려 했다고 해야 할까요?

그런데 주의 깊게 봐야 하는 것은 현재 일본인들의 성씨도 메이지유신 이후에 새로 정립되었다는 것입니다. 언어도 마찬가지입니다. 여러 소국(小國)들로 할거되어 있던 열도에서 일반인들이 국(國)을 넘어 이동한 경우는 극히 드물었습니다. 특히, 에도시대에는 더욱 그랬지요. 그러니 국(國)을 넘으면 말이 안 통할 수밖에요. 지역에 따라 말이 달라 통하지 않는 것은 열도에 중앙집권적인 통일정권을 세우려 했던 메이지 정부의 큰 고민거리였습니다. 그래서 이들은 한 지역의 학생들을 열도 내 타 지역에 대거 유학까지 보내어 언어도 통일시키려 했고, 일본이라는 하나의 실체가 계속해서 존속해 왔다는 역사를 배우게 한 것입니다.

> 가고시마 제7고등학교(鹿児島 第七高等學校)는 매우 독특한 분위기를 가진 학교였다. 가장 눈에 띄는 특징은 외지 출신 학생의 비율이 전체 학생의 80%에 이른다는 것이었다. 그 이유는 7고가 공교롭게도 9월에 신입생을 모집하는 바람에 봄 입학시험을 치르는 6개의 직할 고등학교에서 낙방해 패자부활전을 기다리고 있던 전국 각지의 우수 두뇌들이 가고시마의 7고로 대거 몰려들었기 때문이었다.
>
> 또한 더욱 재미난 것은 학생들 서로 간에 말이 통하지 않았다는 사실이다. 외지 출신들은 가고시마 방언을 도대체 알아들을 수가 없었고, 가고시마 출신 학생들은 말조차 통하지 않는 급우에게 동질감을 느끼지 못한 채 그들을 "타지에서 온 녀석들"이라 부르며 끊임없이 적대감을 나타냈다. 예상치 못한 혼란에 빠져버린 학교측은 대책 마련에 부심했다. 결국 가고시마 방언과 표준어로 각각 쓰여 진 안내서를 발간하기로 결정하고 책의 끝부분에는 '모로타로 이야기'를 두 언어로 대역해 실었다. 학교의 이러한 배려는 의외로 좋은 반응을 불러일으켜 학생들 간의 위화감을 없애는 데 큰 역할을 했다.

(정수웅. 1999. 한국계 외무대신 도고 시게노리에 대한 기록. 도서출판 동아시아. 93쪽)

메이지유신 이후에 언어도 성씨도 그리고 역사도 다 새롭게 정립된 것이지요. 한마디로 과거와 철저히 단절시켜 버린 것입니다. 이는 고려제국의 모든 유산을 차단시켜 버리려 했다는 말이 됩니다. 왜 이런 일을 벌였던 것일까요? 그건 열도에서 천황과 메이지 정부의 정통성(正統性)을 세우는 데 고려제국의 유산이 큰 걸림돌로 작용하였기 때문입니다. 이건 한반도에서도 마찬가지입니다. 일본제국은 몰락 직전까지도 한반도(韓半島)와 만주(滿洲) 일대를 직접 다스리고, 열도(列島)를 세력권에 두었던 고려제국(高麗帝國)의 역사를 한반도인(韓半島人)이 하루빨리 잊기를 원했습니다. 그래야 열도인(列島人) 중심으로 새로이 건설되는 제국(帝國)의 질서에 한반도인이 쉽게 편입될 수 있다고 본 것입니다. 집단 기억상실을 유도했다고 해야 할까요. 단절. 이것이 근대의 본질이며 역사왜곡의 다른 표현인 것입니다.

대한제국이 일본제국에 병합되어 황실이 이씨(李氏)에서 부여씨(夫餘氏)로 교체되면서 발생했던 여러 과정들은 고려제국의 왕실이 왕씨(王氏)에서 이씨(李氏)로 교체되면서 이뤄졌던 여러 과정들과 비슷한 측면이 많습니다. 일단 언어를 정비한 것이 가장 유사합니다. 우리는 세종대왕(世宗大王)이 훈민정음(訓民正音)을 창제한 이유를 글을 쉽게 쓸 수 없었던 백성들을 굽어 살피기 위한 한 임금의 애민정신에서만 찾으려합니다. 그러나 왕조가 바뀌어 새로운 통치체제를 구축하는데 있어 그에 합당한 언어체계가 구축될 필요가 있었다는 측면을 우리는 좀처럼 생각하지 않습니다. 메이지유신 세력들이 그 수많은 한자조합어를 만든 이유를 생각해 보십시오. 중화인민공화국에서 왜 지금의 중국어를 만들었겠습니까? 왕씨(王氏)에서 이씨(李氏)로 왕실이 교체될 때, 왕씨는 거의 멸문당합니다. 왕씨가 건재하면 이씨의 정통성(正統性)을 세우는 데 큰 걸림돌이 되기 때문이었죠. 왕씨의 피로 이씨의 정통성을 세운 것입니다. 이에 비하면 근대일본국의 처사는 오히려 온순했다고 봐야할까요? 고려제국의 왕실이 왕씨(王氏)에서 이씨(李氏)로 성씨는 바뀌었지만 그 계승의지는 분명히 있었습니다. 그러면 이씨(李氏)에서 부여씨(夫餘氏)로 황실이 교체되는 과정은 어떠했을까요? 이 과정에서도 일종의 계승 절차가 분명히 있었습니다. 이 사안은 후에 다루도록 하겠습니다.

고려제국(高麗帝國)은 열도의 자치를 인정한 제국이었습니다. 그런데 메이지유신 세력들은 반도의 자치를 인정하는 방향으로 제국을 이끌지 않았습니다. 그들은 아예 반도로 이주하려 하였습니다. 백제(百濟)의 후손들이 드디어 백제의 땅으로 귀환하려 한 것입니다. 백제가 멸망한지 1300년 만에 감격스러운 귀환이 이루어지려 했던 것이지요. (학자에 따라서는 일본제국이 천도하려 했던 용인(龍仁) 일대가 백제의 옛 수도였다고 보기도 합니다.) 그런데 그 귀한은 결국 태평양전쟁으로 좌절됩니다. 일본은 그들에게 결국 이용만 당하고 토사구팽(兎死狗烹)되었던 것입니다.

저는 이 당시 일본제국의 상황을 볼 때마다 영화 <게임의 법칙(장현수 감독, 1994년)>이 머리에 떠오릅니다. 영화를 보면 세차장에서 고된 노동을 하였던 용대는 우연한 기회에 깡패 두목 유광천을 구해 그의 수하가 됩니다. 이후 그는 유광천 일파를 위협하는 검사를 암살하는 임무를 맡아 이를 완성합니다. 그러나 임무를 완성한 직후, 그는 자신의 수하로 들어오려 했던 한 청년이 쏜 총을 맞고 피눈물을 흘리며 죽습니다. 그 청년은 유광천이 보낸 것이지요. 그는 임무를 완성한 후 사이판(Saipan)으로 가려했으나 이는 결국 물거품이 된 것입니다. 용대가 근대일본국(近代日本國)이라면 유광천은 유태금융자본이지요. 용대의 손에 죽은 검사는 고려(高麗)인 것이고요. 용대에 총을 쏜 청년은 미국에 해당합니다. 그리고 사이판(Saipan)은 한반도(韓半島)와 만주(滿洲)에 해당합니다. 근대일본국은 고려제국을 해체하기 위한 충견으로 키워졌던 것입니다.

앞의 6장에서 말씀드린 바 있지만 현재 일본 천황(天皇)이 거처하는 곳은 황거(皇居)라 불립니다. 이는 에도성이 천황의 거처가 되면서 바뀐 명칭입니다. 그러나 처음부터 황거라 불린 것은 아닙니다. 에도성(江戸城)은 1868년에는 동경성(東京城), 1869년에는 황성(皇城), 그리고 시구개정(市區改正)이 이루어진 1888년부터는 궁성(宮城)으로 불리었습니다. 그리고 1948년부터 황거(皇居)라는 이름으로 불립니다. 황성이나 궁성은 천황이 거처하는 궁(宮)의 이름으로 적절합니다. 그러나 황거라는 명칭은 임시적인 거처, 굳이 비교하자면 행궁(行宮) 정도의 의미를 갖습니다. 이건 너무나 이상한 일입니다. 메이지유신 세력들은 천자국을 꿈꿨고 도(都)라는 공간을 중요시 하였습니다. 그들은 제2의 평안경과 평안궁을 꿈꿨는데 왜 이에 합당한 명칭인 궁성을 황거로 바꿔 부르기 시작한 것일까요? 교토어소(京都御所)도 마찬가지입니다. 천자가 거처하는 곳이 숙소(所)가 말이 됩니까? 근대일본국의 천황은 죽어서도 궁(宮)에 모셔집니다. 메이지신궁(明治神宮)을 보십시오. 그런데 살아있는 천황은 왜 궁(宮)에 살고 있지 않는 것일까요? 저는 황거라는 명칭이 공식적으로는 1948년에 사용되었지만 이는 서울(京都) 천도 계획의 일환으로 준비되었을 것으로 생각합니다. 새로운 제국의 수도에 궁(宮)이 들어서니 동경에는 임시적인 거처(皇居)만 있으면 되었던 것입니다.

저는 서울(京都) 천도계획이 1943년에 구상되었던 것이라고 보지 않습니다. 중앙계획소안(中央計劃素案)이 1943년에 실무진에 의해 작성되었던 것이지 이 용역과제를 발주한 사람들은 이미 오래 전부터 이를 추진하려 했었을 것입니다. 서울(京都) 천도는 만주(滿洲)에 대한 지배와도 연결시켜 봐야 합니다. 한반도인(韓半島人) 800만 명을 만주로 이주시키고, 그 자리에 열도인(列島人) 800만 명을 이주시키는 계획도 같이 추진되었다는 점에 유의해야 합니다. 앞의 9장에서도 말씀드렸지만 어느 지역이 자국의 영토인지 아닌지는 그 곳에 자국의 국민들이 살고 있는지 여부에 따라 결정됩니다. 만주에 자국민을 - 비록 한반도인이지만 - 이주시킨다는 의미는 만주를 일본제국의 영토로 공공이 하겠다는 의미입니다. 만주에 대한 지배권을 놓고 일본제국과 유태금융자본이 격돌한 것이 1941년 일본의 진주만 습격으로 발발한 태평양전쟁의 본질입니다.

이 모든 퍼즐을 제대로 맞추려면 1904년에 일어난 러일전쟁(露日戦争, Russo-Japanese Wars)에서 일본이 어떻게 승리할 수 있었는지부터 따져봐야 합니다. 현재 대부분의 일본인들은 러일전쟁에서 일본 해군이 아시아 국가로서는 처음으로 서양의 함대를 격파한 것을 무척이나 대단한 일로 생각합니다. (물론 러시아를 서양의 국가로만 보는 것은 문제가 있습니다.) 그리고 이 승리는 사쓰마번(薩摩藩) 출신인 도고 헤이하치로(東鄕平八郎) 장군의 전술에 의한 승리라 알고 있습니다. 한국인들은 그 전술은 이순신(李舜臣) 장군의 전술을 모방한 것에 지나지 않는다며 일본의 승리를 저평가하기도 합니다. 그런데 일본이 이 전쟁에서 러시아를 이길 수 있었던 가장 큰 이유는 유태금융자본이 일본에 전비(戰費)를 대주었기 때문입니다. 미국의 금융재벌인 유태인 시프(Jacob Henry Schiff)는 2억 달러에 달하는 일본의 채권을 매수해 전비를 마련해 주었습니다. 이 당시 유태금융자본이 이런 결정을 내린 이유는 유태금융자본에 대항했고, 자국의 유태인을 학대하였던 니콜라이 2세(Никола́й II)의 러시아를 무너뜨리 데 국운을 걸고 싸워야 하는 일본을 적임자로 봤기 때문입니다. 그리고 전후에 러시아가 차지하고 있었던 만주에 대한 이권을 가지려 했기 때문입니다. 유태금융자본의 지원으로 일본은 러시아를 이기는 기적을 연출합니다. 그러나 전후처리를 놓고 일본제국과 유태금융자본의 이해는 엇갈립니다. 일본제국은 자신의 근원인 만주를 결코 유태금융자본에 넘길 수 없었던 것이지요. 결국 둘 사이는 갈라서고 이는 1921년 영일동맹(英日同盟)의 파기로 이어집니다. 유태금융자본의 입장에서 보면 근대일본국을 만들어 주었고,

이후 러시아까지 물리치도록 해주었는데 이런 일본의 행동은 배은망덕(背恩忘德)이었던 것이지요. 그러나 당시 근대일본국의 입장에서는 자신들의 근원이자 피를 흘려가며 획득한 만주까지 내주면서까지 유태금융자본의 하수인으로 지낼 수는 없었던 것입니다.

[그림 12-3] 러일전쟁(露日戰爭, Russo - Japanese Wars)의 일등공신 시프(Jacob Henry Schiff). 출처: 위키백과(http://en.wikipedia.org/).

이 둘은 이렇게 갈라졌지만 1930년대 복어계획(河豚計画)을 통해 다시 화합할 수 있었습니다. 복어계획이란 일본에서 추진한 계획으로 유태인들을 만주국(滿洲國)으로 이주시켜 만주에 유태인 국가를 만들어주려 했던 계획을 말합니다. 당시 재정난을 겪고 있었던 일본으로서는 유태인 난민들을 보호해주는 대가로 유태금융자본으로부터 막대한 재정적 지원을 얻어내고, 동시에 이들이 소련과의 완충지대를 만들어 줄 수 있을 것이라고 판단한 것입니다. 그러나 당시 일본 정부는 유태인 유치가 득이 될 수도 있으나 자칫 잘못하면 거대한 재앙을 초래할 수 있다고 판단했습니다. 복어처럼 말이죠. 복어는 고급 요리이긴 하나 맹독을 가지고 있어 잘못 먹으면 급사할 수도 있습니다.

결국, 복어(河豚)의 독을 의식한 일본은 이 계획을 접습니다. 그리고 같은 처지에 있었던 독일과 1936년에 방공협정(防共協定, Anti-Comintern Pact)을 체결하였고, 1940년에는 독일, 이탈리아와 삼국동맹(三國同盟)을 체결합니다. 만약 당시 일본이 복어계획(河豚計画)을 밀고 나갔다면 만주(滿洲)에 이스라엘이 세워져 있었을지도 모릅니다. 그 위치는 아마도 흑룡강(黑龍江) 일대가 되었을 것입니다. 그리고 일본제국이 건재하였을지도 모르며 그 영토는 아마도 몽골, 만주, 한반도, 열도를 아울렀을 것입니다. 이 제국의 수도는 서울(京都)이고 말입니다. 그러나 이스라엘이 이곳에 건국되었다면 이곳에 매일 같이 피바람 잘 날이 없었을 것입니다. 복어의 독을 기억하시기 바랍니다. 중동아시아가 지금 어떤 가를 말입니다.

서울 천도는 이미 일본이 대륙으로 진출하면서부터 구상되었던 것입니다. 즉, 백제의 후손들이 1300년 만에 본향(本鄕)으로 돌아와 백제제국(百濟帝國)을 건설하려 했던 것입니다. 그러나 본향을 일부 떼어 줄 수 없었던 일본은 유태금융자본으로부터 철저한 응징을 당합니다. 미국의 경제 제재와 석유금수조치에 반발한 일본은 1941년 12월에 진주만 습격을 단행합니다. 당시 이 진주만 습격은 유도된 것이라는 주장이 있습니다. 미국 정부가 미국 국민들에게 일본과의 전쟁에 대한 동의를 얻어내려면 미국 본토가 유린된 것을 보여줄 필요가 있었다는 주장입니다. 어찌되었던 간에 1941년에 미국과 전쟁에 들어간 일본은 힘겨운 싸움을 하다가 히로시마(廣島)와 나가사키(長崎)에 핵폭탄 두 방을 얻어맞고 항복을 합니다.

제가 이런 글을 쓰니까 일본제국주의를 찬양하냐는 오해를 받을 수도 있습니다. 그런데 일본제국주의의 인권유린과 죄악에 대해 책임을 묻고 비판하는 일과 역사적 사실을 찾는 것은 별개의 문제입니다. 여러 복잡한 상황과 과정을 살펴보지 않고 맹목적인 반일민족주의만 주장하는 것은 진정한 민족의 이익에 반하는 행동입니다. 지금, 한국과 일본의 대립으로 누가 이득을 볼까요? 이이제이(以夷制夷)인 것이지요. 우리 대다수가 인정하기 싫겠지만 일본의 패전 후, 한반도가 열도로부터 분리되어 독립국가로 설 수 있었던 것도 냉철히 생각해 보면 승전세력의 패전세력에 대한 이이제이(以夷制夷)와 세력균형(勢力均衡)이라는 전략차원에서 이루어진 것입니다. 현실은 그리 단순하지 않지만 큰 틀에서 이렇게 이야기할 수 있을 것입니다. 이후 전개된 한반도 내 남북의 분리는 이러한 이이제이와 세력균형 정책의 절정에 해당한다 하겠습니다. 이제 그들에게 더 이상 이용당하지 않는 새로운 협력적 한일관계와 남북관계가 구축되어야 한다고 생각합니다.

저는 일본제국주의가 저지른 가장 큰 패악은 역사를 왜곡한 것이라고 생각합니다. 정통성(正統性)을 새로 세운다고 역사를 조작하는 바람에 그 대가를 후손들이 혹독히 받고 있습니다. 이들의 역사왜곡으로 인해 대륙의 역사가 지나족(支那族)에 헌납되었고, 동북공정의 빌미도 제공되었습니다. 그리고 한일 양국의 국민들은 서로에 대한 반감을 가지고 살고 있습니다. 물론, 수도 이전과 800만 명에 달하는 이주 계획만 성공했었다면 이러한 역사왜곡은 다 무마되었을 것입니다.

본장을 마무리하면서 한 가지만 집고 넘어 가겠습니다. 저는 위에서 만주(滿洲)에 유태국가가 세워졌다면 흑룡강(黑龍江) 일대가 되었을 것이라 언급했습니다. 제가 그렇게 본 이유는 흑룡강 건너편 러시아 땅에 유태인자치주(Jewish Autonomous Oblast)가 있기 때문입니다. 유태인자치주는 1934년에 세워졌는데 현재 유태인은 겨우 거주인구의 1% 정도에 불과한데도 자치주를 유지하고 있습니다. 이는 소련 시절 러시아에서 유태인들의 권력이 얼마나 막강했는지를 보여주는 것입니다. 유태금융자본의 거점이 동북아시아에 70여년 전에 세워져 지금에 이르고 있는 것입니다. 그런데 유태인들에게는 자치주까지 세워주었던 스탈린(Iosif Vissarionovich Stalin) 정권이 우리 고려인들에게는 정반대의 정책을 추진했습니다. 1937년에 스탈린 정권은 연해주에 거주하였던 고려인들을 중앙아시아로 강제 이주시켰습니다. 연해주에서 조선민족의 삶의 터전과 사람들, 그리고 역사를 지워버린 것입니다.

2006년에 이스라엘 올메르트(Ehud Olmert) 전총리는 유태인자치주와 가까운 하얼빈(哈爾濱)을 방문하여 조부의 무덤을 찾은 적이 있습니다. 그는 이 자리에서 "나는 절반은 중국 하얼빈 사람이다."라는 발언을 하였는데 그냥 지나가는 말로 듣기에는 뭔가 미심쩍어 보입니다. 흑룡강성(黑龍江省)에 중국 정부 산하기관으로 유태인연구센터가 있다는 것도 뭔가 수상합니다. 유태인연구센터에서는 도대체 무엇을 연구하는 것일까요? 등소평(鄧小平)이 객가(客家) 출신이며, 현재 중국 정부에 객가 출신들이 대거 포진해 있다고 말씀드렸습니다. 그런데 객가(客家) 중에 지나계(支那系) 유태인(猶太人)이 많다는 첩보가 사실이라면 이는 그냥 넘겨볼 수만은 없는 사항입니다. 유태인연구센터가 반유태 성향의 연구소는 아닌 것으로 보입니다. 그러니 올메르트(Ehud Olmert) 전총리가 유태인연구센터 대표단이 이스라엘을 방문하였을 때, 이들을 직접 만나 환대해 주었겠죠. 하얼빈에는 1920년대 당시 유태인들이 2만여 명까지 살았으며, 지금도 유태인 공동묘지, 교회당, 유태인학교 등이 남아있다고 합니다. 저명한 도시학자 멈포드(Lewis Mumford)에 의하면 유태인들은 조상의 무덤이 있는 곳을 그들의 상속재산이라 주장한다고 합니다.

> 옛날 유태인들은 그들 조상의 무덤이 있는 곳을 그들의 상속재산이라고 주장했으며 이 명백한 요구는 원시시대부터 있었던 것으로 보인다.

(멈포드(Mumford, L.). 김영기 옮김. 2001. 역사속의 도시(The City in History). 명보문화사. 4쪽)

13

만세일계(萬世一系)에 대한 정확한 이해

1) 만세일계(萬世一系)는 양계(兩系)의 통일을 의미한다

만세일계(萬世一系)라는 용어가 있습니다. 이 용어는 만세(萬世)와 일계(一系)를 합한 것인데 만세(萬世), 즉 아주 멀고 오랜 세대(世代) 동안 하나의 계통(一系)이 이어졌다는 의미로 알려져 있습니다. 이는 일본 황실의 계통을 일컫는 용어입니다. 그런데 저는 만세일계를 이렇게 해석하면 안 된다고 봅니다. 만세일계라는 용어를 주창한 메이지유신 세력들이 일단 이런 해석을 세상 사람들에게 알려내었지만 말입니다. 그들도 이 용어의 본뜻이 이것이 아니라는 것을 잘 알고 있었을 겁니다.

일본 천황가에서는 백제신(百濟神)뿐만 아니라 신라신(新羅神)도 모시고 있습니다. 일본 천황가가 단일 계통이 아니라는 명백한 증거입니다. 일본 천황가에서 자신들의 조상도 몰라보겠습니까? 그리고 왜곡된 역사를 배운 일부 일본인들은 천황이 한반도와 관련 없다고 주장하는데 이런 주장은 현 아키히토천황(明仁天

皇)의 발언을 통해 전적으로 틀렸다는 것이 확인된 바 있습니다. 그는 자신의 68회 생일(2001년 12월 23일)을 맞는 기자회견에서 "간무천황(桓武天皇)의 생모가 백제(百濟) 무령왕(武寧王)의 자손이라고 속일본기(續日本紀)에 기록되어 있어 한국과의 인연을 느끼고 있다."고 말했습니다. 그의 발언만 믿는다면 현재 일본 황실은 백제계(百濟系)를 잇고 있다는 말이 됩니다. 잇는 다고 했을 때 중요한 것은 혈통보다도 사람들이 그렇게 보는 것이 더 중요합니다.

메이지유신(明治維新) 이후 열도가 고려(高麗)로부터 이탈하여 나름대로 체계를 갖춘 국가로 나아가기 위해서 제일 필요했던 것은 천황(天皇)의 정통성(正統性)입니다. 정통성을 갖추는 데 제일 간단하면서도 확실한 방법은 천황으로 추대된 사람이 황족(皇族)의 피를 이어받았다는 것입니다. 아무나 천황에 앉힐 수는 없는 것입니다. 천황이 실제로 고대 일본(日本) 황족(皇族)의 피를 이어 받았는지에 대한 사실 여부보다 중요한 것은 국민들이 천황을 황족의 후손으로 믿는 것입니다. 아키히토천황(明仁天皇)의 발언은 고도의 정치적 의도를 가지고 있습니다. 어차피 현 시점에서 세상 사람들이 고대 일본 천황가가 주로 백제(百濟) 계통(系統)이었다는 것을 아는 것은 시간문제입니다. 그런데 자신이 백제의 후손이 아니라고 세상에 알려져 보십시오. 그의 정통성에 심각한 문제가 발생하게 됩니다.

정통성(正統性)을 확보하는 것은 모든 왕조에서 가장 중요한 문제였습니다. 근대일본국 황실이 정통성을 갖기 위해 고려제국(高麗帝國) 이씨왕조(李氏王朝)의 정통성은 부정되어야 했으며 이를 위해 역사왜곡이 단행되었던 것입니다. 고려의 정통성을 인정하느냐 안 하느냐의 문제로 이미 말씀드렸지만 메이지유신 혁명동지들은 전쟁까지 불사했습니다. 세이난전쟁(西南戰爭)에서 오쿠보 도시미치(大久保利通)가 주도하는 친고려파(親高麗派)가 사이고 다카모리(西鄕隆盛)가 주도하는 반고려파(反高麗派)를 이긴 이후에 계속해서 친고려파가 집권하였다면 이후 한일병합(韓日併合)이 아니라 한일연합(韓日聯合)이나 한일합방(韓日合邦)의 형태로 역사가 전개되었을 것이고, 고려(高麗)의 정통성만은 지켜질 수 있었을 것입니다. 그러나 오쿠보 도시미치(大久保利通)의 암살 이후, 메이지 정부가 반고려파에 장악되었고 우리가 아는 그런 비극이 발생하였던 것입니다. 영화 <황산벌(이

준익 감독, 2003년)>에서 연개소문(淵蓋蘇文)이 말했던 대사가 생각납니다. "전쟁은 정통성 없는 놈들이 정통성 세우려고 하는 기야 야."

우리는 최소한 현 일본 천황가는 백제를 계승했다고 자임하는 가(家)라고 결론을 내릴 수 있습니다. 아키히토천황(明仁天皇)의 주장대로 자신의 핏줄이 백제의 황족이라면 천황가(天皇家)는 열도에서 막부가 집권하였던 근 700년을 숨죽이며 지내왔다는 말이 됩니다. 그 계통을 이어오는 동안 얼마나 많은 고통이 있었을까요? 그런데 일본 천황가에서는 신라신(新羅神)도 모십니다. 왜 그럴까요? 신라는 백제를 멸망시킨 원수의 나라가 아닙니까?

저는 백제가 망한 이후 간무천황(桓武天皇)이 평안경(平安京)에 수도를 정하기까지 무려 일곱 차례나 수도 이전이 이루어진 점을 주의 깊게 봐야 한다고 했습니다. 이는 계파 간의 싸움이 그만큼 치열했음을 알려주는 것이지요. 이 100년의 기간 동안 천황이 신라계(新羅系)로 넘어가는 일이 있었다고 저는 봅니다. 한국어(韓國語)의 "~ 입니다."에 대응되는 일본어(日本語)는 "~ です。(~ 데스.)"입니다. 그런데 옛 신라(新羅)의 땅인 경상도(慶尙道)에서는 "~ 입니다."를 "~ 데예.", "~ 데요.", "~ 데이." 등으로 사용합니다. "~ 데예.", "~ 데요.", "~ 데이."와 "~ 데스."는 사실 같은 말이지요. "마을(한국 표준어)"이 "마실(경상도 사투리)"이나 "마치(まち: 일본 표준어)"로 불리는 것과 다를 바가 없습니다. 일본어를 형성하는 데 신라어가 깊게 관여했다는 것은 통치 권력을 신라계가 장악했던 흔적이라 보여집니다. 다물넷(http://www.damool.net/)을 운영하고 계신 김산호 선생은 대해인(大海人)으로 알려진 텐무천황(天武天皇)이 신라계(新羅系)라 하더군요.

우리는 아키히토천황(明仁天皇)이 간무천황(桓武天皇)을 자신의 직계로 언급한 것도 주의 깊게 볼 필요가 있습니다. 간무천황은 백제계(百濟系)가 분명하나 신라계(新羅系), 고려계(高麗系)와 연합을 이뤄 평안(平安)을 이룩한 천황이기 때문입니다. 그러니 신라계(新羅系)를 배려하여 신라신(新羅神)을 모시는 것은 당연한 처사일 뿐 아니라 또한 고도의 정치적 의도가 있는 것이지요. 그리고 현 일본 천황가에서 고려신(高麗神)을 모시지 않는 것은 고려계(高麗系)인 막부(幕府)와의 대결구도를 생각해보면 충분히 납득이 가는 사안입니다. 만세일계(萬世一系)는 이러한 여러 계통(系統)을 하나의 계(一系)로 통일하겠다는 뜻입니다.

여러분은 "세계"라는 말을 아십니까? 우리는 "세계"라 하면 한자로 이 "世界" 만을 연상합니다. 그러나 근대 이전에 우리 선조들은 "세계"라 했을 때, 한자로 이 "世系"를 주로 연상하였습니다. 세계(世系)는 "조상으로부터 대대로 내려오는 계통"을 의미합니다. 그러니 만세(萬世)는 만세계(萬世系), 즉 여러 세계(世系)를 의미하는 것이지요. 이 여러 계(萬世[系])를 하나의 계통(一系)으로 통일하겠다는 뜻이 바로 만세일계(萬世一系)인 것입니다. 만세일계(萬世一系)의 "세(世)"를 "세대(世代)"로 보느냐, "세계(世系)"로 보느냐에 따라 만세일계의 뜻은 이렇듯 달라지는 것이지요. 열도에서 이 만세일계를 이루었던 천황이 바로 아키히토천황(明仁天皇)이 자신의 직계로 언급한 간무천황(桓武天皇)입니다.

[그림 13-1] 미야자키(宮崎) 평화태공원(平和台公園)에 위치한 팔굉지기주(八紘之基柱). 팔굉일우(八紘一宇)라는 글자가 큼직하게 적혀 있다.

저는 본서를 양계론(兩系論)의 시각에서 서술하였습니다. 양계론은 우리의 역사는 단일대통의 역사가 아니라 크게 선비계(鮮卑系)와 부여계(夫餘系)로 나뉘어져 있는데 이 양 계파가 끊임없이 대립과 이합집산을 전개해 오늘날에 이르렀다고 보는 것입니다. 만세일계(萬世一系)는 이 양계(兩系)로 대표되는 여러 계통(系統)을 하나의 계통(一系)으로 통일하겠다는 것이지요. 태평양전쟁을 수행하면서 일본제국이 내세운 팔굉일우(八紘一宇), 즉 온 천하가 한 집안이라는 구호도 만세일계와 맥을 같이 하는 구호인 것입니다.

만세일계의 본뜻은 메이지시대(明治時代) 낭인 집단이었던 흑룡회(黑龍會)의 역사인식을 통해 정확히 파악할 수 있습니다. 흑룡회는 열도, 한반도, 만주, 몽골, 그리고 시베리아는 동이북적(東夷北狄) 민족의 땅이라 파악하였습니다. 그리고 동북아시아 민족은 무(武)의 이민족(夷民族)과 문(文)의 한민족(漢民族)의 양대 민족으로 나뉘어 있다고 파악하였습니다. 지금 한국의 재야 사학계와 거의 일치하는 역사관입니다. 흥미로운 것은 진(秦)나라도 이민족(夷民族)의 나라로 보았다는 것입니다. 저는 본서에서 진나라는 신라(新羅)와 같은 계열이라고 언급한 바 있습니다. (최근에 중국의 양심적 학자인 주학연(朱學淵)은 진시황제(秦始皇帝)가 주신족(女眞族)이었다는 글을 발표했습니다. 이에 대해서는 다음의 책을 참고하시기 바랍니다. <주학연(朱學淵). 문성재 옮김. 2009. 진시황은 몽골어를 하는 여진족이었다(秦始皇是說蒙古語的女眞人). 우리역사연구재단> 본서에서 언급했지만 주신족(女眞族)은 신라와 매우 밀접한 관계를 맺고 있습니다.)

> 요컨대, 우역(禹域)의 일, 문무(文武) 양도(兩道)를 가지고 방연(尨然)한 천하의 노대국을 이루었는데, 그 문(文)을 가지고 다스린 것은 고유 한토(漢土)민족, 그 무(武)를 든 자는 기객(寄客)의 이적(夷狄)민족이다. 이적(夷狄)의 무(武)가 없었다면 한토(漢土)의 문(文)이 있어도 어찌 오천년의 천명을 다할 수 있었겠는가. 한민족(漢民族)과 이적민족(夷狄民族)은 쌍륜 쌍익처럼 서로 의지하고 서로 도와 동아의 건곤에 우뚝 서서 광휘있는 문명의 역사를 금일에 전하야 하는 것이다. 한(漢)의 문(文)을 고구(考究)하려는 자 바로 이(夷)의 무(武)에 정통하지 않으면 안 된다.

이적(夷狄) 중에 북(北)이 있고 서(西)가 있다. 진(秦)부터 5대에 이르기까지는 서부(역주 : 서융(西戎)을 의미하는 것으로 판단됨)의 힘을 사용한 것, 그 후 시대가 흘러 요(遼), 원(元), 청(淸)에 이르기까지의 근대의 일은 북이(北夷)의 힘에 의한 바가 가장 많다고 한다. 우역, 금일의 천하는 바로 그 영향에 의해 화(化)하고 그 여파에서 육(育)한 것이라야 해야 한다. 북이(北夷)의 청(淸), 북이(北夷)의 땅, 이어 더욱 연구할 필요가 있다. 북이(北夷)의 땅이란 어디인가. 현재 러시아에 점령된 만주(滿洲)이다.

(중략)

우리들이 금후에 만주(滿洲)의 필요를 느끼는 것은… (중략) … 셋째, 무역상 혹은 전도(傳道)상 만주(滿洲) 개발을 부익하고 같은 민족인 토민(土民)에 대하여 우리의 인의와 위신을 전파해 그들을 화육하고 그들과 교친하고 점차 우리 국민을 위한 제2의 향국(鄕國)이게끔 하는 것이다. 그 외 조선(祖先)의 관계상 역사적 탐구, 인류학적 강구(講究)도 역시 매우 필요하다고 하겠다.

(김경일·강창일. 2000.「동아시아에서 아시아주의: 1870-1945년의 일본을 중심으로」역사연구 제8호. 역사학연구소. 299-300쪽) [원문: (論談) 滿洲調査의 必要. 黑龍會會報 제1집]

그리고 이들은 본래 이 동북아시아 전체는 이민족(夷民族)의 땅이었으며, 한민족(漢民族)이 서쪽에서 나중에 이주해 온 것이라고 파악하였습니다. 이 주장도 지금 한국의 재야 사학계와 그 주장이 많이 겹칩니다.

한민족(漢民族)은 서부아시아에 거주하고 있을 때 이미 이집트, 페르시아, 인도의 문화를 섭취하고 상당히 진보한 민족이었음에 틀림없다. 그 진보한 문화를 가지고 이주하여 와서 동방문명과 접촉하여 드리어 동서문명을 혼연융화하여 신문명을 일으켰고 세계무비라고 할 만한 문화의 꽃을 피워 근세에 이르기까지 구주문명과 함께 세계문화 2대 근간을 이룰 정도로 진보했던 것이다.

(김경일·강창일. 2000.「동아시아에서 아시아주의: 1870-1945년의 일본을 중심으로」역사연구 제8호. 역사학연구소. 301쪽) [원문: 內田良平. 1932. 皇國史談: 日本의 亞細亞. 흑룡회출판부. 21쪽]

현재의 한민족(漢民族)은 서부아세아로부터 이주하여 온 종족이 선주의 각종 민족과 혼합해서 성립되었다. 그 근간을 이룬 한민족(漢民族)의 이주 이전(以前), 지나 대륙에서는 대화민족(大和民族[역주: 일본민족])이 천지이변을 만나 본토(일본)와의 교통이 끊겨 천황의 통치를 떠나 파괴되어 만주, 몽골, 시베리아를 떠나서 황화 유역에 이주하여 독립국가를 건설하여 천지창조 이래의 신화역사를 전하고 대문화를 건설하고 있었다. 그런데 한민족(漢民族)의 진입에 의해 그것과 충돌한 결과 패배하여 만몽(滿蒙)의 옛 땅에 돌아가 후세에까지 한민족(漢民族)과 투쟁하는 관계를 낳고 더욱이 한민족(漢民族)은 선주민족인 대화민족(大和民族)이 전하는 역사를 계승하고 자가의 태고사로서 선주민족을 동화함에 힘썼던 것이라고 보인다.

(김경일·강창일. 2000.「동아시아에서 아시아주의: 1870-1945년의 일본을 중심으로」역사연구 제8호. 역사학연구소. 302-303쪽) [원문: 內田良平. 1932. 皇國史談: 日本의 亞細亞. 흑룡회출판부. 16-17쪽]

지금 한국의 재야 사학계의 주장과 이들의 주장에 있어 주된 차이점은 이들이 열도를 중심으로 해서 역사를 파악하고 있었다는 것에 불과합니다. 그거야 이들이 속한 집단을 중심으로 역사를 구성한 것에 불과하니 그 본질을 파악하는데 있어서는 크게 문제될 것이 없다고 보여 집니다. 이들의 글을 옮긴 김경일 교수와 강창일 교수는 이들의 주장을 지극히 비과학적이고 한낱 소설에 불과하다고 언급하고 있지만 저는 그렇게 보지 않습니다. 일제시대를 거치면서 과거를 잊어버렸고, 또한 왜곡된 역사를 세뇌 받은 현대 한국인들과 일본인들보다는 이들이 보다 진실된 역사를 알고 있었습니다. 더욱이 이런 이들의 주장은 한반도에서도 통하였습니다. 그러하기에 12만 명에 이르렀던 사람들이 일진회(一進會)에 가입하여 한일합방(韓日合邦)을 주장하였던 것입니다. 결국 한일합방(韓日合邦)이 아니라 한일병합(韓日併合)이 이루어져 이들 대다수는 매국노(賣國奴)가 되지만 말입니다. 당시 일진회에 참여했던 대다수의 사람들은 흑룡회와 같은 역사인식을 가지고 있었으며 양국이 대등한 입장에서 합방(合邦)을 이루는 것으로 생각하고 있었습니다. 흑룡회 소속의 대다수 사람들도 이와 같은 입장을 가지고 있었던 것으로 파악됩니다. 일진회는 대등한 입장에서 합방(合邦)을 이룬 후, 조선민족의 영원한 고향인 만주(滿洲)로 이주하여 그곳을 개간하기로 되어 있었습니다. 그러나 오쿠보 도시미치(大久保利通)의 암살 이후, 메이지 정부가 반고려파(反高麗派)에 의해 장악되었고, 흑룡회와 일진회는 결국 병합(併合) 공작에 이용되다가 버려지게 됩니다. 이들이 결국 이렇게 이용만 되다가 버려지게 될 것이라고 신채호(申采浩) 큰선생께서는 일찍이 파악하시고 계셨습니다.

> 원래 일본의 본토와 아세아 대륙과는 오늘날처럼 넓은 일본해라는 간격 없이 일본해는 중국(中國), 사국(四國) 간의 뇌호내해(瀨戸內海)처럼 작은 배로 왕래할 수 있을 정도였다고 생각한다. 무수의 섬들이 점점이 산재하여 있고, 또한 북해도와 사할린과는 육지로 서로 접하고, 사할린과 연해주와도 육지로 접속한 땅이고, 오키나와 열도에서 팽호열도, 대만, 남양에 이르기까지의 사이에도 큰 육지가 있어서 남방 지나 대륙과의 교통은 쉬운 것이었다고 보인다.
>
> 또한 몽골의 사막은 발해만에서 들어왔던 바다로서 기후가 온난해서 인류의 발달에는 적당한 토지였고, 또한 일본 본토와의 교통이 매우 편리한 것이었다고 단정되는 유물이 지금도 남아 있다. …(중략)… 아시아의 지형이 현재의 상태가 된 것은, 천지이변 때문에 일본 본토와 대륙과의 교통은 완전히 두절되기에 이르고 그 결과 아세아 대륙의 중앙에 위치하여 인류 진보의 선구가 되는 만주와 몽고에서 중앙아세아에 걸친 지대는 교통이 불편하게 되었을 뿐만이 아니라 기후도 한랭하게 되어 이에 세계적 민족의 대이동이 시작되었다고 보인다. 그래서 우리 대화민족(大和民族)은 이때 그 본거지인 만몽(滿蒙)의 추요(樞要) 지역을 파괴당하고 남하하여 황화를 중심으로 해서 발전하기에 이르렀지만, 본토(일본)와의 연락교통이 완전히 두절되었기 때문에 홀로 대륙에 남아 일본의 통치를 떠나 독립하지 않을 수 없었다. 그 후에는 결국 같은 대화민족(大和民族)이면서도 역사풍속을 달리하고 언어도 통하지 않는 관계가 되었다.

(김경일·강창일. 2000.「동아시아에서 아시아주의: 1870-1945년의 일본을 중심으로」역사연구 제8호. 역사학연구소. 301-302쪽) [원문: 內田良平. 1932. 皇國史談: 日本의 亞細亞. 흑룡회출판부. 3-5쪽]

우리는 이러한 한일(韓日) 간의 역사전개 과정을 파악하고 있어야 안중근 의사의 이토 히로부미(伊藤博文) 저격 사건도 정확히 이해할 수 있습니다. 안중근

(安重根) 의사가 메이지천황(明治天皇)에 대해 호의적으로 생각했었다고 앞의 8장에서 언급한 바 있습니다. 그는 러일전쟁(露日戰爭, Russo - Japanese War) 개전시 메이지천황이 "한국의 독립을 공고히 보장한다."고 천명한 것에 긍정적인 생각을 가지고 있었습니다. 즉, 메이지 정부가 친고려파(親高麗派)에 의해 움직이고 있다고 보았던 것입니다. 그러나 사실은 아니었죠. 그는 이를 뒤늦게 깨닫고 반고려파(反高麗派)의 수장이었던 이토 히로부미를 저격한 것입니다. 세이난전쟁(西南戰爭)의 한국판이었던 것이지요.

이조시대 말엽에 한반도에는 크게 두 민족주의 세력이 있었다고 보면 됩니다. 열도의 이탈 자체를 용납할 수 없었던 세력이 있었던 반면에, 열도의 이탈은 기정사실인 상황에서 대한제국(大韓帝國)의 황실(皇室)을 보전하고, 일본(日本)의 친고려파(親高麗派)와 협력해서 몰려오는 양이(洋夷)에 맞서 싸우자는 세력도 있었던 것입니다. 안중근 의사가 후자의 대표적인 인물입니다. 그의 동양평화론은 이런 그의 생각을 집대성한 것입니다. 흑룡회와 일진회에 참여했던 대부분의 사람들도 이런 마음이었습니다.

[그림 13-2] 한일병합(韓日合倂)을 추진한 이토 히로부미(伊藤博文)[左]와
한일연합(韓日聯合)을 주창한 안중근(安重根)[右].
출처: 위키백과(http://ja.wikipedia.org/).

흑룡회(黑龍會)는 분명 한국과 일본, 그리고 만주에 사는 사람들이 같은 민족임을 알고 있었습니다. 그리고 자신들의 뿌리가 만주에 있음도 분명히 알고 있었습니다. 만세일계(萬世一系)라는 용어는 이러한 바탕 위에서 출현한 것입니다.

만세일계를 이루기 위해 일본제국(백제) 황실은 대한제국(고려) 황실과 대청제국(신라) 황실을 계승하고 통합하고자 하였습니다. 역시 일본제국도 샤먼제국의 특성을 보이고 있는 것입니다. 근대일본국 황실이 한반도와 만주의 백성을 통치하려면 이 백성들을 통치하였던 황실을 계승할 때만이 가능합니다. 샤먼제국에서 왕조는 하늘이 내려준 것으로 여겨집니다. 그러니 아무리 무력으로 땅을 장악한다고 해도 하늘을 거역하는 일은 할 수 없는 것입니다. 그러니 어떡해서든 비록 몰락한 황실이지만 그 황실을 계승하려 하는 것입니다.

2) 일본제국(日本帝國)은 대한·대청제국(大韓·大淸帝國) 황실을 계승하려 하였다

대한제국(大韓帝國) 황실을 계승하기 위해 일본제국(日本帝國) 황실은 대한제국 황실과 사돈을 맺습니다. 일본제국 황실은 황족(皇族)인 나시모토 마사코(梨本方子)를 고종(高宗) 황제의 아들인 영친왕(英親王)과 결혼시킵니다. 영친왕은 고종 황제의 일곱째 아들로 순빈(淳嬪) 엄씨(嚴氏) 소생입니다. 그는 명성황후(明成皇后)의 둘째 아들로 태어나 대한제국의 마지막 황제로 즉위했던 순종(純宗) 황제의 이복동생입니다. 그는 순종(純宗)이 황제에 오르자 황태자에 책립되었는데 통감(統監)으로 부임해 온 이토 히로부미(伊藤博文)에 의해 강제로 일본에 끌려가 일본식 교육을 받고, 일본 황족인 나시모토 마사코와 정략결혼을 하게 됩니다. 나시모토 마사코(梨本方子)는 메이지천황(明治天皇)의 조카인 나시모토노미야 모리마사(梨本宮守正)와 그의 부인 나시모토노미야 이쓰코(梨本宮伊都子)의 장녀로 태어나 영친왕(英親王)과 결혼한 이후로는 성을 이씨(李氏)로 바꿔 이방자(李方子)라는 이름으로 살다가 1989년 창덕궁(昌德宮) 낙선재에서 운명합니다.

우리 역사를 보면 망국(亡國) 황실과 사돈을 맺은 적이 없는 것이 아닙니다. 태왕 고려(太王 高麗)가 망했을 때, 신라(新羅)의 문무왕(文武王) 김법민(金法敏)

은 보장왕(寶藏王)의 조카인 고안승(高安勝)에게 자신의 딸을 시집보낸 적이 있습니다. 태왕 고려 멸망 후, 당(唐)과 대치하게 된 신라는 고안승이 이끌고 있었던 태왕 고려의 망명 정부가 당(唐)에 대항해 주길 바랬고, 그런 의지의 표현으로 정략결혼을 선택했던 것입니다. 그런데 영친왕과 나시모토 마사코의 결혼은 위의 신라의 경우와는 달리 근대일본국에 실질적으로 별 도움이 되지 못했습니다.

[그림 13-3] 영친왕(英親王)[左]과 이방자(李方子) 여사[右].

결과적으로 보면 망국의 황족과 사돈관계를 맺었어도 망국 백성에 대한 원활한 통치가 이루어진 것은 아니었습니다. 영친왕(英親王)과 나시모토 마사코(梨本方子)가 약혼 한 것은 1916년이고, 정식으로 결혼한 것은 1920년입니다. 약혼과 결혼 사이의 기간이 너무나 깁니다. 그 사이에 영친왕의 아버지인 고종 황제가 1919년 운명하자 대규모 항일운동인 3.1운동이 일어납니다. 약혼과 결혼은 다르지만 약혼이 망국 백성에 대한 원활한 통치를 이끌지 못한 것은 분명합니다. 두 사람의 결혼 이후에도 항일투쟁은 끊임없이 이어졌으며, 3.1운동 직후인 1919년 4월 13일에 대한민국 임시정부가 세워진 이후로는 항일투쟁이 보다 조직화되기에 이릅니다. 대한제국(大韓帝國)이 대한민국(大韓民國)으로 대체됨에 따라 망국의 황실에 크게 정통성(正統性)을 의존하지 않는 나라가 세워지게 된 것이고, 일본의 입장에서 보자면 망국 황실의 전략적 이용가치는 그만큼 급감하게 됩니다.

그런데도 일본 황실은 망국의 황실과 사돈을 맺습니다. 약혼과 혼인 사이가 저렇게 긴 것은 그 사이에 혼인을 둘러싸고 일본 정부 내에서 치열한 찬반논쟁이 있었기 때문입니다. 이러한 찬반논쟁은 다이쇼천황(大正天皇)의 확고한 의지로 종결을 맺게 되어, 결국 두 사람의 결혼은 이루어집니다.

당시 황실전범(皇室典範)에 따르면 영친왕(英親王)과 나시모토 마사코(梨本方子)와의 결혼은 불가능합니다. 당시 황실전범에서는 "황족의 결혼은 동족(황족) 또는 칙지에 따라 특별히 인정된 화족(華族)에 한한다."(제 39조)고 규정하고 있었는데, 당시 영친왕은 왕족의 신분으로 있었기 때문입니다. 그런데 한일병합(韓日併合) 당시 메이지천황(明治天皇)의 조서에 따르면 대한제국의 황족(皇族)을 왕족(王族)으로 격을 낮추기는 했지만 "황족(皇族)의 예로 대할 것"이라는 문구가 있었던 것이고, 이것이 빌미가 되어서 격한 논쟁으로 이어졌던 것입니다. 그러나 왕족을 황족의 예로 대한다고 해서 왕족이 황족일 수는 없다는 주장이 다수를 이루게 됩니다. 결국 결혼이 가능하려면 황실전범의 개정이 있어야 했고, 이의 개정을 놓고 찬반논쟁이 지속되었던 것입니다. 결국 1918년 11월에 "황족의 여자는 왕족 또는 공족에게 시집갈 수 있다"고 황실전범이 개정되었고, 1920년 4월에 두 사람은 결혼하게 됩니다.

그러면 일본 황실이 망국 백성에 대한 원활한 통치를 도모할 수 있는 전략적 이용가치도 떨어지는 망국의 황실과 사돈관계를 맺기 위해 황실전범까지 뜯어고쳐 가며 두 사람을 결혼시킨 이유가 무엇이었을까요? 그건 바로 일본도 역시 샤먼제국의 특징을 강하게 가진 나라이며 대한제국 황실의 계승권(繼承權)이 일본 황실에 있음을 분명히 하기 위함이었습니다.

나시모토 마사코(梨本方子)는 원래 다이쇼천황(大正天皇)의 뒤를 이어 황위(皇位)에 오른 쇼와천황(昭和天皇), 당시 히로히토(裕仁) 황태자의 강력한 배우자 후보로 거론되었던 인재였습니다. 그러나 건강검진 결과 불임으로 판명 받아 후보에서 제외되었죠. 결국, 두 황실 간에 맺어진 사돈관계란 후세를 낳지 못할 것으로 판명된 일본 황실의 여성을 대한제국의 적통(嫡統)을 잇는 영친왕에게 시집보낸 것입니다. 대한제국(大韓帝國) 황실과 사돈을 맺어둔 상태에서 대한제국의 적통(嫡統)을 잇는 영친왕에게 후손이 없다면 어떻게 될까요? 당연히 사돈인 일본 황실이 대한제국을 계승(繼承)하는 유일한 적통(嫡統)이 되는 것입니다.

우리의 옛 역사를 돌아보면 이런 예가 없었던 것이 아닙니다. 백제(百濟)의 위덕왕(威德王)은 아버지 성왕(聖王)을 죽인 원수의 나라인 신라(新羅)에게 사돈관계를 맺어 양국 간의 분쟁을 종식시킬 것을 제안하였습니다. 신라의 진평왕(眞平王)은 이 제안에 응해 자신의 둘째 딸 선화공주(善花公主)를 서동왕자(薯童王子)에게 시집을 보내 양국은 평화로운 세월을 보낼 수 있었습니다. 서동왕자가 후에 왕위에 올라 무왕(武王)이 되었고, 진평왕이 왕자를 생산하지 못하고 운명하자 신라의 왕위는 출가(出家)한 진평왕의 첫째 딸 덕만공주(德曼公主)에게 있는 것이 아니라 무왕(武王)의 아내인 선화공주(善花公主)에게 있었기에 양국은 자연스럽게 통일의 길로 나아갈 수 있었습니다. 그러나 진평왕의 셋째 딸 천명공주(天明公主)와 결혼한 김용춘(金龍春)[태종무열왕(太宗武烈王) 김춘추(金春秋)의 아버지]은 이를 반길 수 없었고, 이에 덕만공주(德曼公主)를 여왕으로 옹립하니 이 분이 선덕여왕(善德女王)입니다. 이로 인해 결국 양국은 전쟁으로 치닫게 됩니다.

어찌 보면 백제를 이었다는 일본제국(日本帝國) 황실이 대한제국(大韓帝國) 황실과 사돈관계를 맺었던 것은 그 옛날에 있었던 백제(百濟)-신라(新羅)간 사돈관계를 복원시켜 그 때 얻어내지 못했던 한반도를 얻어내려고 했던 것 같기도 합니다.

어찌되었든 영친왕(英親王)에게 자식이 없었다면 일본 황실의 뜻대로 잘 되었겠지요. 그런데 불임이라던 나시모토 마사코(梨本方子), 즉 이방자(李方子) 여사는 결혼한 지 1년 만에 자식을 낳습니다. 그것도 아들입니다. 그녀가 낳은 아들은 이진(李晋)이었는데 태어 난지 8개월 만에 덕수궁(德壽宮) 거처에서 의문의 죽임을 당합니다. 이 죽음을 둘러싸고 여러 설이 전해지고 있습니다. 저는 정황으로 미루어 보건데 대한제국 황실의 적통(嫡統)을 끊기 위한 암살이었다는 설에 무게를 둡니다. 그 후로 두 사람 사이에 자식이 생기지 않다가 1931년이 되어서야 둘째 이구(李玖)가 태어납니다. 첫째를 잃었던 이방자 여사는 이구의 신변에 무척 신경을 썼을 것이라고 생각됩니다.

일본에 머물러 있었던 영친왕(英親王) 가족은 일본이 태평양전쟁에서 패전한 후에 바로 한국에 들어올 수가 없었습니다. 이는 영친왕의 복권을 두려워한 이승만(李承晩) 대통령의 반대 때문이라고 알려져 있습니다. 그러나 저는 한 가지 더 고려해야 할 사항이 있다고 봅니다. 영친왕 가족이 한국에 들어 올 수 없었던 것은 미국의 의도가 크게 작용하였을 것이라는 겁니다.

앞의 12장에서도 언급했지만 일본의 패전 이후 한반도가 열도로부터 분리되어 독립국가로 설 수 있었던 것은 한국과 일본의 대립을 통한 미국의 이이제이(以夷制夷) 전략, 즉 분할통치(分割統治, divide and rule) 전략 때문에 가능했던 것입니다. 한국과 일본이 적대시하는 관계로 나아가야 이 둘 사이의 갈등을 이용하여 동북아시아를 쉽게 지배할 수 있는데 양국 황실간 결합의 상징인 영친왕 가족이 한국에 거주하고, 아울러 영친왕이 복권된다면 한일(韓日) 간의 불행한 과거사는 금방 정리될 것이며 양국의 화해협력이 증진될 가능성도 매우 높습니다. 더욱이 이승만 대통령은 기독교 선교사가 꿈이었던 사람으로 대한민국 수립과 동시에 크리스마스를 공휴일로 선포하기도 하였습니다. 또한 서양 여성인 도너(Francesca Donner)와 결혼한 상태였죠. 미국이 보기에 서양 여성과 결혼하고 서양 종교를 한국에 널리 보급시켜 한국을 서양화, 즉 미국화시킬 수 있는 이승만(李承晩)은 전략적 가치가 큰 반면에 영친왕(英親王)은 한일(韓日)간 결합의 상징일뿐더러 서구화에 맞설 수 있는 권위와 전통의 상징이므로 경계해야할 인물이었던 것입니다.

영친왕(英親王) 가족은 1961년 5.16 군사정변으로 정권을 잡은 박정희(朴正熙) 당시 국가재건최고회의 의장의 초청으로 1963년에 귀국하여 한국 국적을 회복하고, 창덕궁(昌德宮) 낙선재에 거처하게 됩니다. 영친왕 가족이 귀국할 수 있었던 것은 당시 냉전시대에 들어선 국제질서 속에서 미국이 한국과 일본을 압박하여 국교정상화를 강요하였던 시대 배경이 크게 작용하였을 것이라 판단됩니다. 아울러 한국과 일본의 이면사에 대해 어느 정도 알고 있을 것으로 여겨지는 박정희 대통령의 의지가 작용했을 수도 있다고 조심스럽게 추정해 봅니다.

영친왕이 1970년 운명한 후에도 이방자 여사는 일본(日本)에 돌아가지 않고 한국(韓國)에서 남은 여생을 복지사업에 헌신하다 1989년 창덕궁(昌德宮) 낙선재에서 운명합니다. 그리고 그녀의 아들 이구(李玖)는 2005년에 운명을 하게 되는데 이로써 대한제국(大韓帝國)의 적통(嫡統)은 완전히 끊깁니다.

지금 이방자(李方子) 여사는 남편 영친왕(英親王)과 아들 이구(李玖) 황손과 함께 시아버지인 고종(高宗) 황제와 시어머니인 명성황후(明成皇后), 그리고 아주버님인 순종(純宗) 황제와 함께 홍유릉(洪裕陵)에 잠들어 있습니다. 참으로 기가 막힌 역사입니다. 일본인들에게 죽임을 당했을 때 명성황후가 일본 황실의 여성을 며느리로 두게 될 줄 생각이나 했겠습니까?

한 가지 빼 놓을 수 없는 사실은 당시 일본제국(日本帝國)은 대한제국(大韓帝國)을 고려(高麗)의 적통으로 파악하고 있었다는 것입니다. 이는 이씨왕조에 대한 칭호를 통해 파악이 가능합니다. 한일병합 이후 고종(高宗)에 대한 칭호는 황제(皇帝)에서 태왕(太王)으로 바뀝니다. 추모(鄒牟)가 세운 고려(高麗)의 천자에 대한 칭호가 태왕(太王)이었죠. 그리고 순종(純宗)에 대한 칭호는 황제(皇帝)에서 강등되어 조선왕(朝鮮王)이 됩니다. 이는 당(唐)나라에 의해 태왕 고려(太王 高麗)가 멸망당했을 때, 당(唐)나라에 끌려갔던 마지막 태왕인 보장왕(寶藏王)에 대한 칭호가 조선왕(朝鮮王)으로 강등되었던 것과 너무나 유사합니다.

그러면 대청제국(大淸帝國) 황실을 계승하기 위해 일본제국(日本帝國)은 어떠한 일을 하였을까요? 대청제국이 1911년 신해혁명(辛亥革命)으로 멸망하자 일본제국의 입장에서 보면 계승해야 될 신라(新羅) 황실이 사라져버리게 됩니다. 그러나 일본제국의 관동군(關東軍)은 1931년에 만주사변을 일으켜 만주 일대를 완전히 장악한 다음, 1932년에 만주국(滿洲國)을 세웁니다. 그리고 만주국의 황제로 대청제국의 마지막 황제였던 김부의(愛新覺羅 溥儀) 황제를 옹립합니다. 다시 신라 황실을 부활시켜 준 것이죠.

만주국은 일본제국의 꼭두각시 나라일 뿐이었습니다. 영화 <마지막 황제 (The Last Emperor, 베르나르도 베르톨루치(Bernardo Bertolucci) 감독, 1988년)>를 보면 당시 만주국(滿洲國)의 위상을 대번에 알 수 있습니다. 영화에서는 곽포라완용(郭布羅 婉容) 황후가 불륜을 통해 아이를 낳았으나 바로 일본 의사가 놓은 주사를 맞고 아이가 죽은 것으로 되어 있습니다. 얼마 전 공개된 김부의 황제의 회고

록에 따르면 황후는 한 일본 군관의 아이를 임신하였던 것이고, 이를 안 황제가 아이가 태어나자마자 아궁이에 던져 죽였다고 합니다. 어찌되었던 간에 그 아이는 태어나자마자 죽은 것입니다. 만약에 그 아이가 죽지 않고 성장하였다면 김부의 황제의 적통이 아니므로 이성계(李成桂)가 우왕(禑王)과 창왕(昌王)을 폐하면서 내세운 폐가입진(廢假立眞)의 대상이 되었을 것입니다. 중요한 사실은 김부의(愛新覺羅 溥儀) 황제에게는 적통(嫡統)을 이을 후계자가 없었다는 것입니다.

[그림 13-4] 만주제국(滿洲帝國) 김부의(愛新覺羅 溥儀) 황제.
출처: 위키백과(http://ko.wikipedia.org/).

만주(滿洲)에 한반도인(韓半島人) 800만 명을 이주시키는 계획이 진행되었다면 만주에는 일본제국(日本帝國)의 백성이 만주족(滿洲族)을 숫자로 능가하게 됩니다. 그러면 양질전환(量質轉換)의 법칙에 따라 이곳은 자연스럽게 일본제국이 되는 것이지요. 그리고 후계자가 없던 김부의(愛新覺羅 溥儀) 황제는 자신의 모든 권한을 일본제국 황실에 넘긴다는 서약을 체결하고 일선에서 물러나는 수순을 밟게 되었을 것입니다. 이로써 일본제국은 고려(高麗) 황실에 이어 신라(新羅) 황실도 계승함에 따라 단군조선(檀君朝鮮) 이래 처음으로 완전한 만세일계(萬世一系)의 대업을 이루었을 것입니다.

그러나 그런 일은 결국 이루어지지 않았습니다. 일본이 제국으로 커 가는 것을 원친 않았던 유태금융자본에 의해 일본제국은 몰락합니다. 스스로의 힘에 의해 선 것이 아니라 유태금융자본에 의해 만들어진 근대일본국은 그 태생부터가 문제가 있었던 것입니다. 백제계(百濟系)의 그간의 고통에 대해서는 충분히 이해할 수 있습니다. 그렇다고 해서 외세(外勢)를 끌어들여 동족에 칼을 겨눈 것은 분명 책임을 물어야 할 일입니다.

14

박무덕(朴茂德) 외무대신이 천황(天皇)을 구한 이유

1) 근대사는 황제(皇帝)와 유태금융자본간 대결의 역사

근대사를 이해하는 가장 큰 구도는 황제와 유태금융자본의 대립이라고 할 수 있습니다. 우리 대다수는 황제는 백성을 착취하는 존재로 인식하고 있으며, 현대 민주주의 사회와는 양립할 수 없는 존재로 배웠습니다. 그러나 황제는 자본을 통제할 수 있는 막강한 존재로서 특히 국제금융자본이 국민을 수탈하는 것을 막아 줄 수 있는 존재이기도 합니다. 마르크스(Karl Heinrich Marx)는 근대 자본주의시대에 들어와 "견고한 모든 것은 대기 속에 녹아버린다."고 언급한 바 있습니다. 자본은 자본순환에 방해가 되는 "견고한 모든 것"을 해체하고 제거하며 순환을 가속화한다는 뜻입니다. 황제도 황제 나름이겠지만 황제만큼 "견고한 것"도 없습니다. 그러면 대부분의 국가에서 황제가 사라진 이 시대에 있어 가장 견고한 것은 무엇일까요? 그건 바로 국민국가(nation state)입니다. 신자유주의 세계화 시대에 국민국가가 그리도 욕을 먹은 이유는 너무나 간단합니다. 그건 국민국가가 (국제) 자본의 순환에 방해가 되는 "견고한 것"이기 때문입니다.

19-20세기 당시 유태금융자본의 입장에서 본다면 국제자본에 저항하는 황제는 제거대상 일순위였습니다. 물론 황제가 회유가 가능하다면 자신들과 결탁해서 이익을 나눌 수 있는 대상이 되기도 하였습니다. 유태금융자본에 맞섰던 대표적인 황제는 프랑스의 나폴레옹 3세(Napoléon III), 독일의 빌헬름 2세(Wilhelm II), 러시아의 니콜라이 2세(Никола́й II), 대청제국(大淸帝國)의 김부의(愛新覺羅 溥儀) 황제, 그리고 대한제국(大韓帝國)의 고종(高宗) 황제입니다. 서양에서 유태금융자본과 결탁한 대표적인 왕실은 영국 왕실입니다. 영국 왕실은 유태금융자본과 결탁한 이유로 아직까지도 왕실이 유지되고 있습니다. 그리고 아시아에서 유태금융자본과 결탁한 대표적인 왕실은 근대일본국 황실입니다. 근대일본국 황실은 그 탄생부터가 유태금융자본에 의해 이루어진 황실입니다. 물론 지금은 서로 불편한 관계이겠지만 말입니다. 유태금융자본은 자신과 대결하는 황제를 제거할 때 직접 모습을 드러내지 않습니다. 전쟁을 유도하거나 암살범을 고용합니다. 또는 민중폭동을 배후조정해서 황제를 제거하는 수법을 주로 사용합니다. 이게 바로 고수(高手)이지요. 자신의 손에는 전혀 피를 안 묻히지요.

세계적인 석학 하비(David Harvey)가 저술한 <모더니티의 수도 파리(Paris, Capital of Modernity)>라는 책을 보면 19세기 중반에 프랑스에서 있었던 황제와 유태금융자본 간의 대립구도를 잘 볼 수 있습니다. 당시 황제는 나폴레옹 3세(Napoléon III)였고, 유태금융자본은 로스차일드(James Mayer de Rothschild)였습니다.

> 1851년의 당면 과제는 자본과 노동력의 과잉을 흡수하는 것이었다. 파리의 부르주아는 누구나 자신들이 방금 지나온 위기의 경제적 근원이 무엇인지 인식하고 있었지만 그에 대해 어떤 조치를 취할 것인지에 대해서는 깊은 골을 사이에 두고 두 진영으로 갈

> 라졌다. 정부는 생시몽주의 노선을 채택하고, 직접적인 정부 개입과 신용 창조와 금융에 관한 구조 개정을 혼합함으로써 과잉 자본과 과잉 노동을 경제 부흥을 위한 기반인 새로운 물리적 하부구조로 전환하려고 하였다. 그것은 캘리포니아와 오스트레일리아에서 막대한 양의 황금이 유입되어 원활해진 경제사정에 힘입어 채택된 온건한 인플레 및 자극에 의한 팽창 정책(일종의 원시적 케인즈주의)이었다. 고위급 은행과 그곳의 의뢰인들은 이에 깊은 의구심을 가졌다. 로스차일드는 황제에게 새 발의안을 격렬하게 비난하는 편지를 썼다.

(하비(Harvey, D.). 김병화 옮김. 2005. 모더니티의 수도 파리(Paris, Capital of Modernity). 생각의 나무. 175쪽)

> 오늘날 우리에게 "국가 독점 자본주의"로 알려진 경제체제의 계획적 발전이라 할 만한 것에 의구심을 가진 사람들이 - 정부 요인들도 포함하여 - 많이 있었다. 그리고 페레르 형제가 벌 때 같은 보수주의자들의 반대와 본인들이 지나치게 확장한 투기의 제물이 되어 궁극적으로는 몰락하지만(로스차일드가 황제에게 보낸 편지에서 예언했고, 스스로 조장하기도 한 운명), 그들의 반대자들 역시 억지로라도 새로운 방법을 채택하지 않을 수 없었다. 로스차일드는 1856년에 이미 동일한 형태의 조직을 세워 반격했고, 제2제정 말엽에는 한 무리의 새로운 금융 관련 중개자들이 등장하여 그때부터 지금까지 프랑스의 금융 생활을 지배하게 된다.

(하비(Harvey, D.). 김병화 옮김. 2005. 모더니티의 수도 파리(Paris, Capital of Modernity). 생각의 나무. 176-177쪽)

유태금융자본과 대결하였던 나폴레옹 3세(Napoléon III)는 결국 독일의 수상 비스마르크(Otto Eduard Leopold von Bismarck)의 정략에 농락당하여 1870년에 프로이센과 전쟁을 하게 되었고, 이 전쟁에서 패배하여 포로 신세가 됩니다. 이어 파리(Paris)에서 무장 봉기가 일어나 제정은 붕괴 되었으며, 그는 영국으로 망명하여 그곳에서 생을 마감합니다.

[그림 14-1] 제임스 로스차일드(James Mayer de Rothschild).
메이어 로스차일드(Mayer Amschel Rothschild)의 다섯 번째 아들로 태어나 파리(Paris)로 진출해 프랑스 금융시장을 장악하였다. 그를 비롯한 로스차일드가의 다섯 형제는 유럽의 주요 금융 중심지로 진출하여 유럽의 금융시장을 완전 재패하였다.
출처: 위키백과(http://ko.wikipedia.org/).

독일의 황제 빌헬름 2세(Wilhelm II)는 제1차 세계대전에서 패전한 책임을 지고 물러나게 됩니다. 제1차 세계대전에서 주의 깊게 보아야 할 점은 사회민주당(Sozialdemokratische Partei Deutschlands)이 개전에 찬성하였다는 것입니다. 좌파는 평화를 사랑하는 정당으로 널리 알려져 있지만 실상은 그러하지 않았던 것입니다. 최근에 있었던 전쟁만 살펴보더라도 이라크를 침략한 것은 미국의 부시(George Walker Bush) 행정부만이 아니었습니다. 노동당(Labour Party) 소속의 영국 블레어(Tony Blair) 전수상도 저 더러운 침략전쟁에 동참하였다는 것은 현시대 좌파의 실상을 너무나 잘 보여줍니다. 블레어(Tony Blair)의 현 직함은 유태금융자본 기업인 JP모건 체이스(JP Morgan Chase)의 고문입니다. 제1차 세계대전에서 독일이 패배한 가장 큰 이유 중에 하나는 군수공장의 파업이었는데 이는 사회민주당을 비롯한 좌파들이 주도했음은 주지의 사실입니다. 개전에 찬성한 자들이 전쟁 중에 파업을 일으켜 독일을 패배시켰다니! 개전에 찬성했던 사회민주당의 당수 에베르트(Friedrich Ebert)는 전후 바이마르 공화국(Die Republik von Weimar)이 출범하자 독일의 초대 대통령으로 취임합니다. 제1차 세계대전의 패배로 인해 독일은 황제가 권좌에서 물러난 것뿐만 아니라 1320억 마르크나 되는 전쟁 배상금도 물어야했고, 영토의 13%를 상실하게 됩니다. 전장에서 숨진 2백만 독일 청년들의 피는 이렇듯 헛된 것이 되어버린 것입니다. 그런데 이런 이중행동을 취한 사회민주당의 핵심부는 유태인들이 차지하고 있었습니다. 제1차 세계대전에 참전했던 히틀러(Adolf Hitler)가 왜 유태인들에게 극렬히 분노하였는지 십분 이해가 되고도 남습니다. 제가 이런 글을 쓰니까 유태인 혐오자로 몰릴 우려가 있을 것입니다. 저는 유태인 모두를 싸잡아 비판하는 것이 아닙니다. 유태인과 유태금융자본은 구분할 필요가 있습니다. 비록 많은 유태인들이 유태금융자본의 주요 인적 구성원을 이루고 있지만 말입니다. 제 추측으로는 당시 사회민주당의 유태인들은 대부분 유태금융자본에 포섭된 사람들이 아닌가 합니다. 이 부분은 반드시 누군가 규명해야 할 일입니다. 물론 당시 사회민주당 내에서 유태금융자본에 포섭이 안 되었던 유태인도 있었습니다. 그 사람은 여성 혁명전사인 룩셈부르크(Rosa Luxemburg)였습니다. 그녀는 일관되게 전쟁에 반대하였는데 결국 암살로 생을 마감합니다.

러시아의 니콜라이 2세(Никола́й II)는 끝까지 유태금융자본과 대결했던 황제였습니다. 이런 니콜라이 2세(Никола́й II)는 볼셰비키(Bolshevik) 혁명으로 최후를 맞이하게 되는데 중요한 사실은 볼셰비키(Bolshevik) 혁명을 이끌었던 주요 인사들의 8할 이상이 - 레닌(Vladimir Il'ich Lenin)과 트로츠키(Leon Trotskii)를 포함하여 - 유태인들이며 이들의 혁명자금은 뉴욕(New York) 월스트리트(Wall Street)에 근거를 둔 유태금융자본이 마련해 주었다는 것입니다. 이미 이들은 러시아를 몰락시키기 위해 러일전쟁(露日戦争, Russo - Japanese Wars)에서 일본이 승리할 수 있도록 막대한 자금을 제공한 바 있습니다. 그때 러시아가 일본에 패배하지 않았다면 세계 역사는 바뀌었을 것이고, 니콜라이 2세(Никола́й II)의 몰락도 없었을 것입니다. 러일전쟁 때, 일본을 지원했던 시프(Jacob Henry Schiff)가 볼셰비키(Bolshevik) 혁명의 지원에도 앞장섰는데 그가 예수회(Society of Jesus) 소속이라는 점이 눈길을 끕니다. 이는 임진왜란의 배후였던 예수회의 실체가 유태금융자본이었는지를 의심해 보게 되는 단서가 됩니다.

1919년 미 의회 속기록을 보면, 레닌과 트로츠키에 대한 존 D. 록펠러의 금융적 지원이 1905년 결국 실패한 사회주의 혁명을 야기했다고 한다. 록펠러의 전기에서는 '특별한 의미가 없는' 세부 사항 한 가지가 빠지고 없는데, 록펠러 가문의 은행 투자가 겸 뉴욕 투자회사인 <쿤, 로에브 앤 컴퍼니> 사장과 역시 연방준비이사회의 창시자인 예수회 소속의 제이콥 시프가 자신들의 금융적 지원이 없었더라면 러시아 혁명은 결코 성공할 수 없었으리라고 공공연히 공언했다는 사실이 바로 그것이다. 다시 말해 서턴 박사가 입수한 의회 관련 기록에 따르면, 1917년 봄에 시프는 러시아 사회주의 혁명의 약진을 위해 트로츠키에 대한 자금 후원을 시작했다는 것이다. 서턴 박사가 이 놀라운 문서들을 손에 넣은 과정은 그야말로 놀라움 그 자체였다! 이 귀중한 문서들은 미 국무부 문서 번호 제861.00/5339호로 보관되어 있었고, 그중에서도 가장 핵심적인 문서는 1918년 11월 13일자 문서였다.

(에스툴린(Estulin, D.). 김수진 옮김. 2008. 빌더버그 클럽(La Verdadera Historia Del Club Bilderberg). 랜덤하우스코리아(주). 214-215쪽)

볼셰비키(Bolshevik) 혁명의 실체에 대해 당시 세계의 권력자들과 지식인들은 정확한 진단을 하고 있었습니다. 히틀러(Adolf Hitler)는 유태인 저널리스트와 증권거래소 악당들에 의해 러시아가 장악된 것이라 파악하였으며, 일제시대 대표 지식인이었던 윤치호(尹致昊)는 볼셰비키(Bolshevik) 혁명은 유태인들에 의한 보복이라고 지적하였습니다.

그리하여 정치권력을 획득한 유태인은 민주주의라는 가면을 벗고 피에 굶주린 폭군으로 탈바꿈한다. 몇 년 안 되는 사이에 유태인은 지식층을 송두리째 뽑아 버리고, 민족으로부터 정신적 지도자를 빼앗음으로써 그들로 하여금 노예의 신분으로 전락하도록 만반의 준비를 갖춘다.

러시아에서 그 가장 무서운 실례를 볼 수 있다. 거기에서는 한 무리의 유태인 저널리스트와 증권거래소의 악당들에게 대민족의 지배권을 양도하기 위해 3천만 국민 중 일부가 그야말로 광신적인 야만성의 의해 비인도적인 고통 속에 살해되거나 굶어 죽었다. 그

결과는 다만 유태인에게 압제당하는 민족의 자유가 끝나는 데 그치지 않고 그 기생동물도 종말을 고하는 것이다. 희생자가 죽으면 머지않아 흡혈귀도 죽게 마련이니까.

(히틀러(Hitler, A.). 이명성 옮김. 2009. 나의 투쟁(Mein Kampf). 홍신문화사. 192쪽)

1919년 11월 16일 일요일

현재 러시아의 볼셰비키 지도자인 트로츠키는 본래 유태인이라고 한다. 이런 생각을 해보자. 수백 년 동안 러시아인들은 유태인들을 무자비하게 학대하고 학살했다. 그런데 로마노프왕조를 타도한 사람은 바로 이 유태인이다. 다시 말해서 최근 3년 동안 직접적으로든 간접적으로든 수백 명, 아니 수백만 명에 달하는 러시아인들을 학살한 사람은 유태인이다. 이 얼마나 기묘한 보복인가! 이를 가리켜 신의 정의라고 생각하는 이들도 있다. 정의가 아예 없는 것보다야 낫겠지만, 난 이렇게 묻고 싶다. “정의로운 주님은 왜 인간의 본성을 지금보다 좀더 정의롭게 자비롭게 만들지 않으셨나요?”

(윤치호. 김상태 옮김. 2001. 윤치호 일기 1916 - 1943. 역사비평사. 154쪽)

볼셰비키(Bolshevik) 혁명을 통해 유태금융자본에 가장 극렬하게 대항하였던 러시아가 점복된 것입니다. 러시아는 미국의 남북전쟁(南北戰爭, American Civil War) 당시 유태금융자본에 맞섰던 링컨(Abraham Lincoln) 대통령을 지원하여 북부의 승리에 절대적인 공헌을 하였던 나라입니다. 링컨을 지원하였던 러시아 황제 알렉산드르 2세(Александр II)는 이후 폭탄테러로 숨을 거두었고, 그의 개혁정책은 실종되었으며, 러시아는 혼돈에 빠져들게 되었습니다.

당시 로스차일드 가문과 친분이 두터웠던 독일 수상 비스마르크의 말은 이 사실을 잘 나타내주고 있다. “미국을 남부와 북부 두 약세 연방으로 분열시키는 것은 유럽의 금융세력이 남북전쟁이 발발하기 전부터 오랜 시간 치밀하게 준비해온 시나리오였다는 사실은 의심의 여지가 없다.” 실제로 런던, 파리, 프랑크푸르트를 주축으로 하는 금융재벌들이 미국 남북전쟁의 배후세력이었다.

국제 금융재벌은 미국의 내전을 촉발하기 위해 오랜 시간에 걸쳐 용의주도한 전략을 세웠다. 미국 독립전쟁이 끝난 후 영국의 방직산업과 미국 남부의 지주계급은 점점 밀접한 관계를 갖게 되었다. 유럽의 금융재벌은 이들 세력을 이용해 남북 충돌을 일으키기 위한 인맥을 은밀히 형성했다. 당시 남부 곳곳에는 영국 금융가의 대리인들로 넘쳤다. 이들은 현지의 정치세력과 손잡고 연방에서 이탈할 계략을 짜고, 각종 뉴스를 뿌리는 등 언론 플레이에 고심했다. 이들은 노예제도와 관련한 남북 양측의 경제적 이익을 교묘하게 이용해 당시 별 관심을 끌지 못하던 노예제도를 화제의 쟁점으로 부각시켜 결국 남북의 첨예한 갈등으로 비화하는 도화선이 되도록 했다.

(중략)

전쟁 초기에 남군은 가는 곳마다 승리를 거두었다. 영국과 프랑스 등 유럽 열강과 강적들에게 겹겹이 포위되어 있던 링컨은 최대의 곤경에 처했다.

(중략)

이때 링컨은 유럽 군주들의 숙적인 러시아를 떠올리고, 즉시 러시아 황제 알렉산드르 2세에게 특사를 파견해 원조를 청했다. 알렉산드르 2세는 링컨의 편지를 받아보고 바로 개봉하지 않은 채 손으로 만지작거리더니 이렇게 말했다. “이 편지를 열어서 내용을 보기 전에, 먼저 요구를 들어주겠소.”

러시아의 알렉산드르 2세가 미국의 남북전쟁에 군사적으로 개입한데는 몇 가지 이유가 있다. 첫 번째, 같은 처지의 미국이 당하면 자신들에게도 화가 미칠까봐 두려웠기 때문이다. 알렉산드르 2세 시기에 유럽을 휩쓴 국제금융세력은 이미 크렘린까지 그 손을 뻗치고 있었다. 은행가들은 유럽의 ‘앞서가는’ 금융 경험을 받아들여 민영 중앙은행을 세우라고 러시아에게 요구했지만, 그 배후의 음모를 간파한 알렉산드르 2세는 이 요구를 즉각 거절했다. 이런 상황에서 국제금융세력을 반대하는 링컨이 위험에 빠진 것을 보고 손을 내밀어 돕지 않는다면, 다음 차례는 자신이라는 것이 불을 보듯 훤했다. 두 번째, 남북전쟁이 발발하기 전인 1861년 3월 3일 농노해방법을 선포한 알렉산드르 2세는 노예 폐지에 대해 링컨과 같은 입장이었다. 또한 1856년에 막 끝난 크림전쟁에서 러시아는 영국과 프랑스에 패배해 설욕의 기회만 엿보고 있었기 때문이기도 하다.

리비스키 장군이 이끄는 러시아 함대는 1863년 9월 24일 선전포고도 없이 뉴욕항에 입항했다. 포포프 장군이 이끄는 러시아 태평양 함대는 10월 12일에 샌프란시스코에 도착했다. 러시아의 행동에 대해 키딩 웨일즈(Kidding Wales)는 이렇게 평했다. “그들은 남부가 유리하고 북부가 가장 저조한 시기에 도착했다. 이들의 출현으로 영국과 프랑스가 우왕좌왕하는 사이에 링컨은 국면 전환의 기회를 포착했다.”

(쑹훙빙(宋鴻兵). 차혜정 옮김. 2008. 화폐전쟁(貨幣戰爭) 1. 랜덤하우스코리아(주). 80-88쪽)

우리는 볼셰비키(Bolshevik) 혁명을 배울 때 러시아의 마지막 황제인 니콜라이 2세(Никола́й II)가 무능했다는 점, 그리고 당시 러시아 국민들이 빈곤했다는 점만을 배웁니다. 그러나 볼셰비키(Bolshevik) 혁명 자금의 출처와 혁명을 주동한 사람들의 실체에 대해서는 좀처럼 배우지 않습니다. 사회주의 국가를 세우기 위해 금융자본이 돈을 대었다는 것이 상식적으로 납득이 안 되는 분들도 계실 것입니다. 그러나 그건 어떤 현상을 사회주의와 자본주의로 나눠서 보는 인식의 틀이 우리의 머릿속에 주입되어 있음을 보여주는 것에 다름 아닙니다. 이러한 이분법적 시각이 국민을 나누고 서로 대립하게 하지요.

[그림 14-2] 가장 비극적으로 생애를 마감한 니콜라이 2세(Никола́й II).
출처: 위키백과(http://ko.wikipedia.org/).

니콜라이 2세(Николай II)의 최후는 참으로 비참했습니다. 일가족이 모두 총살당했고, 그 시체마저도 제대로 수습이 안 되었습니다. 그러나 시대가 흘러 2008년에 니콜라이 2세(Николай II)는 명예 회복됩니다. 러시아 대법원은 니콜라이 2세(Николай II)가 정치적 탄압에 의해 희생되었다는 판결을 내렸습니다.

> 러시아 대법원이 3년여에 걸친 재판 끝에 니콜라이 황제가 정치적 탄압에 의해 희생됐다는 판결을 내렸습니다.
>
> 1917년 권좌에서 물러난 니콜라이 2세는 10월 혁명으로 볼셰비키에 의해 감금된 뒤 왕비와 5명의 자녀와 함께 총살당했습니다.
>
> 이번 판결로 정치적 복권이 이뤄진 니콜라이 2세는 숨진 지 90여년 만에 사면·복권을 받을 것으로 보입니다.

[출처: YTN. “러시아 마지막 황제 90여년 만에 명예회복” 2008.10.02]

지금의 러시아는 볼셰비키(Bolshevik) 혁명을 그 근간으로 한 나라로 알려져 있습니다. 그런데 바로 그 러시아에서 니콜라이 2세(Николай II)의 명예 회복이 이루어진 것입니다. 이는 이제 러시아의 집권세력이 그 혁명에 대해 다른 평가를 하고 있다는 말이 됩니다. 니콜라이 2세(Николай II)의 명예 회복이 러시아 대법원에 의한 판결이라고는 하지만 이건 전적으로 푸틴(Vladimir Vladimirovich Putin) 총리의 의지가 작동한 것입니다. 이는 국가보안위원회(KGB) 출신인 푸틴 총리가 볼셰비키(Bolshevik) 혁명의 이면을 꿰뚫고 있다는 것이며, 마침내 유태금융자본에게 선전포고한 것으로 해석됩니다. 이 시점에서 몇 년 전에 한국에 들어와 한국의 민족주의를 비난하는데 열중하는 러시아계 유태인 박노자(러시아 본명: 블라디미르 미카일로비치 티코노프, Vladimir Mikhailovich Tikhonov)의 조부가 소련의 공산당 간부였다는 것은 많은 것을 생각하게 합니다.

대청제국(大淸帝國)의 경우는 영국의 침략에 의해 붕괴되었는데 이미 말씀드렸지만 당시 영국의 실체는 유태금융자본입니다. 지금도 영국의 실체는 유태금융자본이라 해도 과언이 아닙니다. 예를 들어 영국의 엘리자베스 2세(Elizabeth II)

여왕은 유태금융자본의 핵심 모임 중에 하나인 빌더버그(Bilderberg) 클럽의 회원으로 모임의 비밀회의에도 참석합니다. 노무현 전대통령이 영국 여왕을 만나고 온 뒤에 6자회담이 영연방 국가가 포함된 8자회담으로 확대 개편될 뻔 했던 사건이 있었습니다. 영국 여왕의 실체에 대해 많은 것을 떠 올리게 합니다. 대청제국(大淸帝國)의 마지막 황제 김부의(愛新覺羅 溥儀)는 어린 나이에 즉위하여 파란만장한 인생을 살다가 결국 후손도 남기지 못하고 황궁의 정원사로 인생을 마감하게 됩니다.

대한제국(大韓帝國)은 일본에 의해 강제 병합됩니다. 그리고 고종(高宗) 황제를 끝으로 사실상 황제의 시대는 막을 내렸습니다. 순종(純宗)은 일본에 의해 즉위되었기에 정상적인 황제로 볼 수 없습니다. 그런데 대한제국(大韓帝國)을 강제 병합한 근대일본국은 이미 설명 드렸지만 유태금융자본의 창조물입니다.

[그림 14-3] 황제 나폴레옹 3세(Napoléon III)가 선물한 군복을 입고 있는 마지막 쇼군 도쿠가와 요시노부(徳川慶喜).
출처: 위키백과(http://ja.wikipedia.org/).

메이지유신(明治維新)이 유태금융자본의 작품이라고 단언할 수 있는 이유는 메이지유신 세력을 배후에서 지원한 나라가 영국인데 이 영국의 실체가 바로 유태금융자본이기 때문입니다. 이는 앞의 8장에서 충분히 설명 드렸습니다. 반면에 도쿠가와(德川) 막부를 배후에서 지원한 나라는 프랑스인데 당시 프랑스의 실체는 황제 나폴레옹 3세(Napoléon III)입니다. 프랑스에서 벌어졌던 유태금융자본 로스차일드(Rothschild)와 황제 나폴레옹 3세(Napoléon III)의 대결구도가 열도에서도 벌어졌던 것입니다. 황제 나폴레옹 3세(Napoléon III)가 도쿠가와(德川) 막부를 지원한 것은 마지막 쇼군인 도쿠가와 요시노부(德川慶喜)의 의복만 봐도 단번에 알 수 있습니다. [그림 14-3]에서 도쿠가와 요시노부가 입고 있는 군복은 나폴레옹 3세(Napoléon III)가 선물한 것입니다.

나폴레옹 3세(Napoléon III)는 이미 전세가 기울어진 1867년에 파리(Paris)에서 개최된 만국박람회에 막부(幕府)를 초청하기도 하였습니다. 당시 막부의 사절단은 마지막 쇼군인 도쿠가와 요시노부의 동생 도쿠가와 아키타케(德川昭武)가 이끌었습니다. 당시 막부에서 사절단을 파견한 이유는 서구 세계에 막부가 열도의 지배자라는 점을 알리려 했던 것이 주요했습니다. 그런데 이 자리에 사쓰마번(薩摩藩)도 일장기를 앞세우고 참여하여 막부(幕府)의 의도는 좌절되었습니다. 유럽의 언론들은 이들 두고 열도는 연방국가라 보도하였다고 합니다. 정확한 보도였던 것이지요. 이때까지만 해도 열도는 소국(小國)들로 할거되어 있었으니까 말입니다.

열도에서 벌어진 메이지유신 세력과 막부의 대결구도는 유태금융자본과 황제의 대결구도에 다름 아닙니다. 이 대결에서 역시 황제는 패배했습니다. 1868년에 막부는 무너졌으며, 1870년에 나폴레옹 3세(Napoléon III)는 폐위되었습니다. 그런데 황제를 무너트리고 들어선 메이지유신 세력은 근대일본국을 건국하면서 공화국 체제를 구축한 것이 아니라 새로이 천황을 옹립합니다. 있던 황제도 사라지는 판에 일본에서는 천황을 옹립한 것이지요.

[그림 14-4] 미군정을 이끈 맥아더(Douglas MacArthur) 장군 옆에서 긴장된 모습으로 서 있는 쇼와천황(昭和天皇).
출처: 위키백과(http://ja.wikipedia.org/).

2) 박무덕(朴茂德) 외무대신의 대의(大義)

그러나 일본의 천황도 태평양전쟁에서 패배함에 따라 이제 몰락만이 남아 있었습니다. 아마 쇼와천황(昭和天皇)은 유태금융자본에 의해 종말을 맞이했던 앞선 제국(諸國)의 황제들을 생각하며 자신이 어떻게 될 것인가를 두고 밤잠을 설쳤을 것입니다. 막부(幕府)가 통치하였던 시대에도 천황가의 명맥은 유지되어 왔건만 이제 자기를 끝으로 백제(百濟)의 황통이 끊기는 것인가! 만세일계(萬世一系)의 대업은 고사하고, 이제 저승에서 선조들을 어떻게 대할 수 있을 것인가!

그런데 이 절대 절명의 위기에서 천황(天皇)을 구한 이가 있었으니 그는 바로 도고 시게노리(東鄕茂德)였습니다. 원래 이름은 박무덕(朴茂德). 열도인의 피가 한 방울도 섞이지 않은 고려 도공의 후예. 그의 인생 자체가 한일관계와 근대사의 축소판이라 할 수 있습니다. 그는 고려 도공의 후예로 태어나 일본의 외무대신으로 생을 마감합니다. 그리고 당시로서는 드물게 국제결혼을 하였습니다. 그런데 그의 국제결혼과 이후의 행적은 많은 궁금증을 유발시킵니다.

도고 시게노리(東鄕茂德)는 1922년에 독일의 한 미망인과 결혼을 합니다. 그녀의 이름은 에디타 데 라란데(Editha de Lalande)로 재혼할 당시에 전남편인 게오르게 데 라란데(George de Lalande)와의 사이에서 다섯 아이를 두고 있었습니다. 게오르게 데 라란데는 폴란드 출신 독일인으로 유태인이었습니다. 이 시기에는 폴란드에 거주했던 유태인들이 대거 독일로 이주하였는데 그도 그런 유태인 중에 한명이었던 것입니다. 위에서 언급한 바 있는 혁명전사 룩셈부르크(Rosa Luxemburg)도 이에 속하지요. 에디타 데 라란데는 당시 금융업에서 이름을 날렸던 피치케(Pitschke) 가문 출신입니다. 그녀는 일본은행(日本銀行) 업무 개발을 맡게 된 이모부를 따라 일본에 왔다가 일본에서 자리 잡고 있었던 게오르게 데 라란데와 결혼합니다. 에디타 데 라란데와 게오르게 데 라란데의 결혼은 금융가문과 유태인의 결합이었던 것이지요. 그런데 이 결합구도에 도고 시게노리가 새로이 참여하게 된 것입니다. 우연이라 보기에는 뭔가 미심쩍어 보입니다.

게오르게 데 라란데(George de Lalande)는 조선총독부 건물을 설계했던 사람으로 우리에게 알려져 있는 인물입니다. 그는 일본에서 터를 잡고 생활하면서 일본의 여러 근대 건축물들을 설계하기도 하였습니다. 그는 에디타 데 라란데(Editha de Lalande)와 결혼하여 다섯 아이를 낳고 잘 생활하던 중 갑자기 심장마비로 사망합니다. 이로 인해 에디타 데 라란데는 아이들을 데리고 독일로 돌아갑니다. 이 독일에서 그녀는 도고 시게노리(東鄕茂德)와 만나 재혼을 합니다. 어떻게 이 둘이 결혼하게 되었는지에 대해서는 알려진 바가 거의 없습니다. 둘이 진정으로 사랑했다 해도 도고 시게노리가 부친을 어떻게 설득할 수 있었는지는 많은 궁금증을 자아냅니다. 흥미로운 사실은 이 결혼 이후에 그는 승승장구하여 외무대신까지 오르게 되었다는 것입니다.

그는 1941년 외무대신에 취임한 이후 미국과의 전쟁을 줄 곧 반대했습니다. 그는 이 전쟁에서 일본이 이길 수 없다는 것을 잘 알고 있었던 것이지요. 그러나 유태금융자본의 의도대로 전쟁은 시작되었습니다. 도고 시게노리(東鄕茂德)는 전쟁이 시작되자 외무대신을 사임합니다. 그러나 그는 일본의 패전이 짙어지고 있을 1945년 4월에 종전협상을 체결하기 위한 외무대신으로 다시 기용됩니다. 유태금융자본에 대해 잘 알고 있었던 그가 적임자로 선정되었던 것이지요. 그는 종전협상을 통해 일본 천황을 구했습니다. 원래 수순대로라면 일본 천황도 이제 앞선 제국(諸國)의 황제들처럼 운명을 다 했을 텐데 말입니다. 그는 일본의 패전 후, 전범(戰犯)의 책임을 뒤집어쓰고 감옥에 갇히게 되었습니다. 이곳에서 연합국 측에 의한 예비심문을 받았는데 당시 검사는 대표적인 유태금융자본 가문인 모건(Morgan)가 출신의 로이 L. 모건(Roy L. Morgan)이었습니다. 둘 사이에 무슨 대화가 오고 갔을까요? 둘 사이에 무슨 비밀약속이 오고 갔을까요? 일본에 천황을 존속시키는 조건으로 그가 유태금융자본에게 주었던 것은 무엇이었을까요? 그건 정말 알기 어렵습니다. 그러면 그는 왜 천황을 존속시키기 위해 노력하였을까요? 그리고 대신 전범(戰犯)의 책임을 뒤집어썼던 것일까요?

그는 30년 이상 외교관 생활을 했고, 유태금융자본이 어떤 세력이라는 것을 가족을 통해서도 체험했던 사람입니다. 근대의 역사가 황제와 유태금융자본의 대결구도였다는 것은 누구보다도 잘 알만 한 사람인 것이지요. 그는 아무리 허수아비라도 천황이 건재하다면 언젠가는 위기의 일본을 구할 수 있다고 본 것입니다. 천황이 있는 일본과 없는 일본은 천지 차이입니다. 그런데 요즘 젊은 일본인들 중에는 한 국가에 어르신이 있다는 것이 어떤 의미인지 모르는 사람도 많다고 합니다. 이들은 어르신이 없는 국가가 어떻게 흘러가는지를 모릅니다. 지금 한국 사회를 봐 보십시오. 매일같이 이전투구(泥田鬪狗)와 좌우갈등만 있지 도대체 국민을 위한 정치란 찾아 볼 수가 없습니다. 국부(國父)가 될 수 있었던 위인들은 김구 주석을 비롯해서 하나같이 다 암살되었습니다. 한국에 어르신들만 계셨어도 이런 갈등과 대립은 없었을 것이고 있다 한들 그 양상이 지금과 같지는 않았을 것입니다.

천황은 일본의 어르신인 것입니다. 그리고 그가 가지고 있는 전통과 권위는 금융자본의 전횡을 막을 수 있는 막강한 힘이 될 수 있습니다. 물론 현재 천황이 그러한 역할을 수행하고 있는지는 의문이긴 합니다. 역시 유태금융자본의 힘으로 옹립되었던 그 태생적 한계를 보이고 있는 것일까요? 유태금융자본이 그 명맥을 유지시켜 준 것에 감사하며 지내고 있는 것일까요?

[그림 14-5] 전범(戰犯)의 책임을 지고 감옥에서 생을 마감한 도고 시게노리(東鄕茂德)와 오늘날 일본의 발전상을 보여 주고 있는 기록영화.
촬영: 도고 시게노리 기념관.

일본에서 이제 도고 시게노리(東鄕茂德)의 대의를 기억하는 사람은 하나둘씩 사라져갑니다. 현재 일본의 우익은 천황의 존재를 일본과 유태금융자본과의 대결구도 속에서 파악하지 않고, 한반도와의 대결구도 속에서 그 의의를 찾고 있습니다. 이들이 진정으로 일본 국민을 위한다면 왜 일본인들이 고통 받고 있는지를 제대로 파악해야 할 것입니다. 현재 이들의 역사인식은 그들의 선배인 흑룡회(黑龍會)만도 못한 것입니다. 도고 시게노리가 저승으로 떠나는 날 옥산궁(玉山宮)에 많은 비가 내렸다고 합니다. 단군(檀君)께서 그의 심정을 이해하셨던 것은 아닐까요?

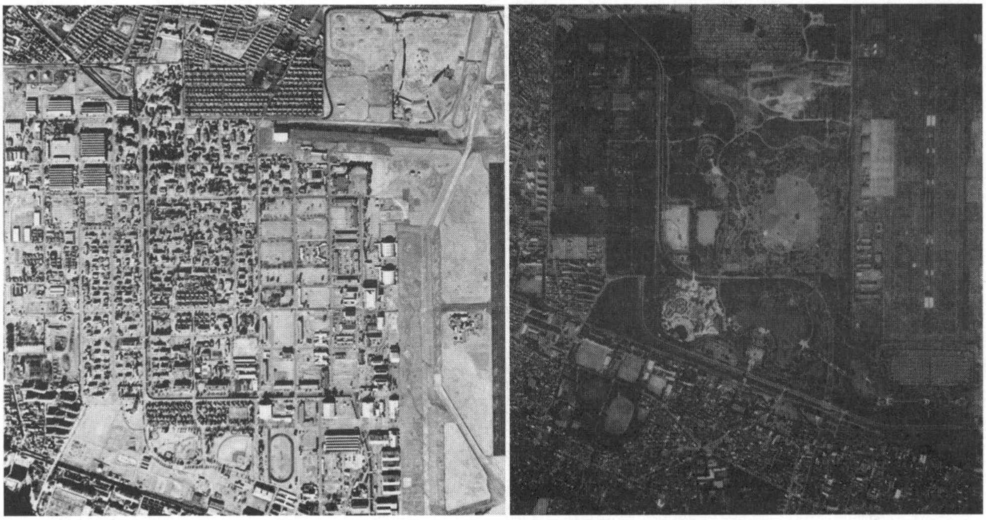

[그림 14-6] 1974년에 촬영된 타치가와비행장(立川飛行場) 항공사진[左]과 1989년에 촬영된 쇼와기념공원(昭和記念公園) 항공사진[右] 비교.
출처: 위키백과(http://ja.wikipedia.org/) [원출처: 国土画像情報(カラー空中写真) 国土交通省].

저는 일본에 거주하고 있었을 때, 동경도(東京都) 타치가와시(立川市)에 위치한 쇼와기념공원(昭和記念公園)을 방문한 적이 있습니다. 아직도 조성 중인 이 공원은 계획면적만 180ha에 이른다고 합니다. 이곳은 원래 일본제국의 공군이 주둔해 있었는데 패전 이후 미군이 사용했다고 합니다. 그러다가 1977년 반환이 이루어지자 일본 정부는 이 부지를 공원으로 꾸며 1983년부터 일반인에 공개하고 있습니다. 이곳의 비행장은 현재 일본 자위대가 사용하고 있으며, 한쪽에는 쇼와천황기념관(昭和天皇記念館)이 위치해 있습니다. 그런데 일본 정부는 왜 이 부지에 쇼와천황(昭和天皇)을 기념하는 공원을 만들었을까요? 쇼와천황은 패전으로 몰락의 위기를 맞았던 천황입니다. 위에서 언급했지만 도고 시게노리(東郷茂徳)의 종전협정에 의해 간신히 살아남았던 천황이죠. 우리에게는 그리 반갑지만은 않은 천황입니다. 우리는 이 공원에서 무언의 메시지를 들을 수 있습니다. 일본 천황가가 지향하는 바를 말입니다. 비록 지금은 숨죽이며 살아가고 있지만 말입니다. 한국에서도 용산에 들어섰던 미군기지가 반환된다고 합니다. 이 부지를 어떻게 쓰는 가를 보면 현 정권이 무엇을 지향하고 있다는 것을 알 수 있을 것입니다.

15

조선민족(朝鮮民族)의 대통합을 꿈꾸며

1) 유태금융자본에 의한 조선민족(朝鮮民族)의 수난사

지금까지 저는 열도를 중심으로 해서 우리의 역사를 추적해 보았습니다. 그 과정이 쉽지만은 않았습니다. 아직도 역사 찾기라는 퍼즐을 상당부분 맞추었다고는 생각하지 않습니다. 더욱이 심증은 가도 물증을 찾기 어려운 부분이 많아 본서를 쓰면서 많은 부분은 배제시켜야 했습니다. 누군가는 아직도 음모론으로 점철된 책이라고 본서를 평가할지 모릅니다. 그러나 음모론을 거부하는 것이 더 큰 음모입니다. 세계적인 석학 하비(David Harvey)는 세계를 지배하는 계급 세력들에 대한 고찰이 없다면 신자유주의가 왜 세상을 지배하는 이데올로기가 되었는지 제대로 파악할 수 없다고 합니다. 그리고 이 세력들에 대해 알아보려는 것을 음모론으로 배제하는 것은 잘못된 것이라고 단언합니다.

> 이들 모두 어떤 유의한 요소들을 가지고 있지만, 작동하고 있는 계급 세력들에 대한 고찰이 빠졌다는 점은 상당히 놀랍다. 예를 들어 사고와 이념들의 생산, 싱트탱크에의 투자, 관료들의 훈련, 대중매체의 통제 등에서 경영 엘리트 입장에 따른 거대한 개입과 금융적 이해관계의 반영에 수많은 증거가 있는데도 지배적 사고는 지배계급의 사고일 수 있다는 가능성은 고려되지 않는다. 심지어 이런저런 통화에 대한 조정된 투기적 공격이 있을 것이라는 수많은 의심스러운 징조들이 있는데도 금융 위기가 자본 태업(capital strike), 자본 이동, 금융적 투기에 기인할 수 있으며 탈취에 의한 착취를 촉진하기 위해 신중하게 조작될 수 있다는 가능성은 지나치게 음모론적이라며 배제된다. 복잡하고 지리적으로 불균등한 신자유주의화의 경로를 해석하기 위해서는 어느 정도 포괄적인 틀이 필요하다.

(하비(Harvey, D.). 최병두 옮김. 2008. 신자유주의: 간략한 역사(A Brief History of Neoliberalism). 한울아카데미. 145쪽)

저는 우리의 역사를 다루면서 시공간을 넘나들었고, 상식과 비상식의 세계를 오갔습니다. 그리고 지금의 대한민국, 조선민주주의인민공화국, 일본국, 중화인민공화국, 몽골공화국 등의 국민국가 단위를 가로지르는 민족적 실체를 추적하여 민족 내 계파 간의 갈등과 대립을 규명하였습니다. 그리고 근대 이후 부각된 유태금융자본과 우리와의 관계에 대해 많은 부분을 할애하였습니다.

유태금융자본은 이 시대의 화두이며 여러분들께서 일생을 살아가는 동안 반드시 알아야 할 대상입니다. 한국에서는 이리유카바 최에 의해 저술된 <그림자 정부>를 통해 유태금융자본의 실체에 대해 많은 사람들이 알게 되었습니다. 그런데 학문의 세계에서도 석학들은 이에 대해 지적한 바 있습니다. 대표적인 학자가 하비(David Harvey)입니다. 그는 <신제국주의(The New Imperialism)>라는 책에서 제국주의를 영토의 논리와 자본의 논리로 나누어 분석하였습니다. 영토의 논리란 바로 국가의 논리를 말하는 것입니다. 그리고 자본의 논리란 바로 유태금융자본의 논리를 말하는 것입니다. 우리가 미국을 제국주의라 비판할 때에도 이 두 논리와 두 세력이 복합적으로 작동하고 있음을 즉시 해야 합니다. 미국이라는 국가의 패권을 강조하는 세력이 있는가 하면 미국의 이익보다도 자본의 이익을 우선적으로 고려하는 세력이 있다는 것입니다. 후자에 속하는 유태금융자본은 국가 단위로 세상을 바라보지 않습니다. 많은 경우는 미국이라는 국가의 이익과 그들의 이익이 겹치지만 반드시 일치하는 것은 아니며, 이들은 미국이라는 국가가 한계를 보인다면 언제든지 미국에서 본거지를 옮길 수도 있는 세력인 것입니다. 역사적으로 유태금융자본은 본거지를 계속해서 옮겨왔음을 주목해야 합니다.

제국주의는 쉽게 입에서 나오는 말이다. 그러나 이 용어는 매우 상이한 의미들을 가지기 때문에 논쟁적이라기보다 분석적 용어로 명확히 하지 않으면 사용하기 어렵다. 나는 여기서 특별한 명칭으로 부르고자 하는 '자본주의적 제국주의'를 '국가와 제국의 정치(영토의 지배에 있어 그 권력의 기초가 되는 행위자의 입장에서 독특한 정치적 프로젝트가 되고, 또한 정치적 경제적 군사적 목적으로 인적 및 물적 자원을 동원할 수 있는 능력으로서의 제국주의)'와 '공간과 시간에서 자본축적의 분자적 과정(공간과 시간에서 자본의 통제와 이용이 우선성을 가지는 정치·경제적 과정으로서의 제국주의)'의 모순적 결합으로 정의한다. 전자의 측면에서 나는 한 국가(또는 정치적 권력블록으로 작동하는 국가들의 어떤 집합체)가 세계 전반에서 그 자신의 이해관계를 역설하고 그 목적을 달성하고자 함에 있어 고취되고 사용되는 정치적, 외교적, 군사적 전략들을 강조하고자 한다. 후자의 측면에서 나는 경제적 힘이 생산, 교역, 상업, 자본 흐름, 화폐 이전, 노동 이주, 기술 이동, 외환 투기, 정보의 흐름, 문화적 충격 등과 같은 것을 통해 연속적인 공간에 걸쳐 흐르거나 또는 영토적 실체(국가 또는 지역적 권력블록)에 유입 및 유출되는 방법들에 초점을 맞추고자 한다.

아리기(Arrighi)가 권력의 영토적 논리와 자본주의적 논리라고 고려한 것들은 서로 다소 다르다. 우선 각 행위인의 동기와 이해관계가 다르다. 자본가의 화폐자본은 이윤이 생기는 곳이면 어디든지 투입되어, 특히 더 많은 자본을 축적하고자 할 것이다. 정치가와 관료들은 전형적으로 다른 국가들에 대해 자신의 국가 권력을 유지하거나 증대시킬 수 있는 업적을 추구한다. 자본가는 개별적 이익을 추구하며 (일반적으로 법에 의해 제약되기는 하지만) 그 자신의 즉각적인 사회적 범위 밖에 있는 어떤 누구에게도 책임을 지지 않는 반면, 관료들은 집합적 이익을 추구하며 국가의 정치적 및 군사적 상황에 의해 제한되고, 시민들 또는 보다 흔히 한 엘리트 집단이나 계급, 혈연구조, 또는 어떤 다른 사회적 집단에 책임을 진다. 자본가들은 연속된 공간과 시간상에서 활동을 하며, 정

> 치가들은 영토화된 공간과, 최소한 민주사회라면 선거기간에 의해 정해진 시간 속에서 활동한다. 다른 한편 자본주의적 기업들은 성쇠를 거듭하며 입지를 이전하고 병합되거나 폐업하게 되지만, 국가는 오래 동안 지속되는 실체이며, 이동할 수 없고, 지리적 정복의 예외적인 상황을 제외하고는 고정된 영토적 경계 내에 한정된다.
>
> (중략)
>
> 그러나 근본적인 점은 권력의 영토적 논리와 자본주의적 논리를 상호 다른 특성을 가지는 것으로 이해하는 것이다. 그렇지만 이 두 논리들은 복잡하고 때로 모순적 방법으로 뒤얽혀 있음을 부인할 수 없다. 제국주의와 제국에 관한 문헌들은 흔히 양자 간 손쉬운 조화 - 즉 정치·경제적 과정들은 국가와 제국의 전략에 의해 유도되며, 국가와 제국의 활동은 항상 자본주의적 동기에서 도출된다는 점 - 를 가정한다. 실제로 이 두 논리는 빈번하게 서로 밀쳐내어 때로 철저한 대립점까지 나가기도 한다. 예로 베트남전쟁이나 이라크 침공을 순전히 자본축적의 즉각적인 요구라는 점에서 이해하기는 어렵다. 사실 이러한 모험이 자본의 운을 개선하기보다는 억제한다는 사례들이 설득력 있게 제시될 수 있다. 그러나 같은 의미에서 제2차 세계대전 이후 소비에트 권력을 봉쇄하기 위한 미국의 전면적인 영토 전략 - 베트남에서 미국의 개입을 위해 설정되었던 전략 - 은 미국의 기업적 이해관계, 즉 무역, 상업, 그리고 해외투자를 위한 기회의 확대를 통해 세계의 가능한 한 많은 부분을 자본축적에 개방되게 하려는 의도에 따라 요구되는 강압적 필요를 인정하지 않고서는 이해되기 어렵다. 따라서 이러한 두 가지 논리들 간의 관계는 기능적이거나 일방적으로 이해되기보다는 문제성을 가지고 때로 모순적인(즉 변증법적인) 것으로 이해되어야 한다. 이러한 변증법적 관계는 이 두 가지의 독특한 그러나 서로 뒤얽혀 있는 권력 논리의 상호교차라는 점에서 자본주의적 제국주의의 분석을 위한 장을 설정한다.

(하비(Harvey, D.). 최병두 옮김. 2005. 신제국주의(The New Imperialism). 한울아카데미. 41-44쪽)

한난(阪南)대학의 스기모토 쇼오시찌(杉本昭七) 교수는 세계를 지배하는 세력들을 패권국들과 다국적 기업 및 은행으로 나누어 보고 있습니다. 이러한 인식은 하비(David Harvey)의 인식과 맥을 같이 하는 것입니다. 다국적 기업 및 은행이라 표현한 실체는 바로 유태금융자본입니다.

1960년대 전후부터 미국의 대(對)유럽 직접투자로 막을 연 다국적 시대는 1985년 가을 플라자 합의(Plaza Agreement) 이후로 일본의 대외직접투자가 성행함에 따라, 세계경제는 미국, 유럽, 일본의 다국적 기업의 그물망과, 그 금융을 맡고 있는 다국적 은행이 각 국민경제의 이해와는 상대적으로 독자적인 지배적 역할을 다하는 시대로 변모해 간 데서도 그러한 흐름을 읽을 수 있다. 여기에서 말하고 싶은 것은 미국, 일본이라는 주요국가의 경제·정치상의 파워뿐만 아니라, 다국적 기업과 다국적 은행이라는 현대 세계경제의 또 다른 주역이 세계적 차원에서의 이윤의 극대화라는 기치를 내걸고 이미 강력한 힘으로서 존재하고 있다는 점이다.

(스기모토 쇼오시찌(杉本昭七). 이건우 편역. 1998.「제언: IMF와 한국의 대응」 세계를 지배하는 얼굴없는 국제기관 IMF · 세계은행. 한울. 18쪽)

그런데 국민국가와 유태금융자본을 구분해 세상을 인식했던 사람들이 수십 년 전에도 있었습니다. 유태금융자본과 대결하였던 일본과 독일의 문헌을 뒤져보면 이들이 세상을 어떻게 바라봤는지 알 수 있습니다. 이들의 인식이 기본적으로 하비(David Harvey)의 인식과 크게 다르지 않다는 데 놀라움을 감출 수 없습니다.

아래 글은 일본의 중동문제연구센터 우노 마사미(宇野正美) 소장이 1937년에 발간된 야스에 센코(安江仙弘)의 <유태인들>이라는 책에서 발췌한 내용입니다. 당시 일본의 지식인들은 유태금융자본을 이면국가(裏面國家)라는 용어로 규정지었음을 알 수 있습니다. 그림자 정부라는 용어와 거의 유사합니다.

오늘날 세계는 그 국가체계에 있어서 각양각색의 나라들이 있지만, 세계적인 은연(隱然)의 세력을 가진 하나의 세계국가라는 것을 우리는 인정하지 않으면 안 된다. 이것이 바로 유태인의 세계국가다. 그리하여 세계의 국가를 표면의 국가라 한다면, 유태의 보이지 않은 국가가 이면에 숨어 있는 국가이다. 특히, 우리나라(역주: 일본)는 표면국가 중에 대표적인 것이다. 따라서 일본과 유태민족은 서로 정반대의 입장에 있다는 것을 우리는 인식해 둘 필요가 있다고 생각한다.

(우노 마사미(宇野正美). 서인석 옮김. 1991. 유태인을 알면 세계를 알 수 있다(**ユダヤが解ると時代が見えてくる－ドル·円が崩壊し、金本位制が復活する**). 도서출판 원음사. 24쪽)

히틀러(Adolf Hitler)도 영국과 미국을 지배하는 세력을 영국과 미국이라는 국민국가 세력과 유태금융자본으로 분리해 이해하고 있었습니다. 히틀러(Adolf Hitler)는 영국의 국가적 이익과 독일의 국가적 이익이 상충하지 않는다고 언급한 바 있습니다. 그리고 영국의 국가적 이익과 유태금융자본의 이익이 상충하고 있다는 점을 지적하기도 하였습니다. 이점은 지금도 마찬가지입니다. 영국 정부는 금융업(유태금융자본)을 키우기 위해 일자리를 많이 만들어 내는 제조업(국민경제)을 희생시켰습니다. 이에 소수의 고액연봉을 받는 금융업 종사자를 제외한 많은 영국 국민들이 해외로 나가 영어교사로 전전하고 있습니다.

> 영국의 상황은 더욱 난처하다. 유태인은 이 가장 자유로운 민주주의 국가에서 여론이라는 간접적 수단에 의해 오늘날에도 아직 거의 무제한으로 독재권을 행사한다. 그런 가운데 이 나라에서도 영국의 국가적 이익을 옹호하는 사람들과 세계 독재의 유태인 사이에 끊임없는 투쟁이 벌어지고 있다.

(히틀러(Hitler, A.). 이명성 옮김. 2009. 나의 투쟁(Mein Kampf). 홍신문화사. 411쪽)

> 유태인은 오늘날의 유럽 제국(諸國)을, 소위 서구 민주주의라는 간접적 수단이건 러시아의 볼셰비즘에 의한 직접적 지배 형태건, 이미 자신들의 손 안에서 의지의 자유를 잃고 있는 도구로 간주하고 있다. 그러나 그들은 구세계만 농락하는 데 그치지 않고 있으므로, 같은 운명이 신세계에도 닥쳐오고 있는 것이다. 유태인들은 아메리카 합중국 금융력의 지배자이다. 해가 거듭될수록 그들은 점점 더 1억 2천만 민중의 노동력에 대한 감독자의 지위로 올라서는 것이다. 오늘날에는 그들의 미움을 사면서 완전히 독립을 유지하고 있는 사람들은 극소수에 불과하다.
>
> 그들은 교활하게 여론을 조작하여, 그것을 자신들의 장래를 위한 투쟁의 도구로 만드는 것이다. 유태인의 우두머리들은 이미 그들이 여러 민족을 다 삼켜 버린다는 성서의 예언이 실현될 날이 가까워지는 것을 보고 있다.

(히틀러(Hitler, A.). 이명성 옮김. 2009. 나의 투쟁(Mein Kampf). 홍신문화사. 412-413쪽)

최근에 한국사회를 보아도 가히 금융이 지배하는 사회라는 것을 새삼 느끼게 됩니다. 한국은행이 국가로부터 독립되어 있다는 것이 그 단적인 증거입니다. 그런데 이 중요한 사실을 대다수 한국 사람들은 모르고 있습니다. 이 중요한 사실을 사람들이 모르는 것 자체가 금융 권력이 얼마나 막강하며 은밀히 일을 처리하는가를 보여주는 단적인 증거입니다.

중앙은행이 국가소유냐 아니냐에 따라 그 사회는 전적으로 달라집니다. 독일의 예가 이를 증명합니다. 제1차 세계대전의 패전국이었던 독일은 엄청난 배상금을 물면서도 초기에는 그런대로 경제를 지탱할 수 있었습니다. 그 가장 큰 원인은 중앙은행을 국가가 통제하였기 때문입니다. 원래 독일 중앙은행의 화폐 발행권은 독일 황제가 국가의 최고 통치자 자격으로 독점했었습니다. 그러나 제1차 세계대전의 책임을 지고 빌헬름 2세(Wilhelm II)가 물러나게 되어 독일이 공화국이 되자 전승국들은 갖은 구실을 들이대며 중앙은행을 1922년에 민영화시켜 버립니다. 이로 인해 독일의 통화량 조절은 유태금융자본의 손에 넘어가 버리게 됩니다. 이들은 중앙은행을 통해 화폐를 대량으로 찍어내 하이퍼인플레이션(Hyperinflation)을 일으켜 독일 경제를 초전 박살냅니다. 히틀러(Adolf Hitler)가 집권 후에 가장 먼저 한 일이 바로 중앙은행을 다시 국유화한 것이었습니다. 이로 인해 히틀러(Adolf Hitler)의 경기부양 정책은 탄력을 받게 되었고 독일을 다시 유럽의 중심국가로 끌어 올릴 수 있었던 것입니다. 히틀러(Adolf Hitler)가 독일 경제를 일으켜 세울 수 있었던 것은 아우토반(Autobahn)을 건설해서만 된 것이 절대 아닙니다.

중앙은행은 국민의 것이 되어야 합니다. 그 방법은 국유화 외에 어떤 방법도 있을 수 없습니다. 1997년 외환위기 당시 국제통화기금(IMF)이 한국에 융자조건(conditionality)으로 강요한 것 중 하나가 한국은행을 독립시키는 것이었습니다. 현재 한국은행은 그들의 요구대로 국가로부터 독립되어 있습니다. 국가기구가 아닌 것이지요. 한국은행은 현재 무자본 특수법인으로 통화정책과 발권업무를 전담하는 독립기구입니다. 물론 한국은행 총재 임명권자는 대통령이지만 말입니다. 한국은행이 독립되어 있으므로 한국의 경제정책은 통일된 정책이 이루어질 수 없습니다. 재정정책은 기획재정부가 맡고, 통화 발행과 기준금리 결정은 한국은행이 정합니다. 유태금융자본의 의도대로 한국의 경제정책은 거버넌스(Governance) 체제에 의해 결정되기에 이른 것입니다. 2008년 말에 미국 금융위기발 경제위기 극복을 놓고 강만수 기획재정부 전장관과 이성태 한국은행 전총재 간에 금리인하 문제를 놓고 설전이 오고 갔던 것을 여러분은 기억하실 것입니다. 당시 금리인하는 당연히 해야 했던 일입니다. 전 세계적으로 경기부양을 위해 다 금리를 내리는데 한국만 금리를 올리거나 동결시킨다는 것은 말이 안 되는 정책이었습니다. 더욱이 당시 한국에서 문제되었던 물가상승은 저금리가 원인이 아니라 고환율로 인한 원자재 가격의 상승에 있었던 것입니다. 금리인상으로 물가를 안정시키겠다는 한국은행의 주장은 실은 금융자본의 입장을 충실히 반영한 것에 다름 아닙니다. 1997년 외환위기 당시 국제통화기금(IMF)이 한국경제를 파탄시켰던 정책 중에 하나가 금리인상이었습니다. 이 정책으로 인해 국민이 피땀으로 일군 기업들이 무너졌으며 국부의 4할이 털려나갔습니다.

그런데 소위 한국의 진보세력들은 2008년 말에 금리인하를 거부하고 있었던 한국은행을 두둔하고 나섰습니다. 하기야 이들이 한국은행을 국민으로부터 독립시켰던 주축세력이니 한국은행을 편들었던 것은 당연했던 일이었겠지요. 이들은 1997년 외환위기 당시 미국의 루빈사단과 함께 한국을 거덜 내었던 이헌재를 기획재정부 장관으로 다시 옹립하기 위한 여론몰이에 나서기도 하였습니다. 이헌재가 장관이 되었다면 1997년 외환위기의 완전한 재현이 이루어지는 것이었습니다. 루빈사단의 가이스너(Timothy Franz Geithner)가 미국의 현 재무부 장관이니 말입니다. 이들이 진정한 진보세력일까요? 어쩌면 국제통화기금(IMF)이 내걸었던 융자조건(conditionality)과 똑같은 처방을 주장했을까요? 프랑스에서 유학하고 돌아온 영향력 있는 한 좌파 지식인은 한국은행의 뒤늦은 금리인하에 대해 “내가 상상할 수 있는 가장 바보 같은 거시경제 조치”라고 악담을 퍼붓기도 했습니다. 그런데 당시 한국은행의 뒤늦은 (기준)금리인하에 유태금융자본에 장악된 다수의 시중은행들은 (시중)금리인하는커녕 대출거부로 대항한 바 있습니다. 이러한 대출거부는 시중에 돈가뭄을 야기하여 경기를 더욱 위축시켰습니다. 한국은행이 시중은행들의 조롱거리가 되었던 것이지요. 당시 제가 몸 담았던 시대소리에서는 이에 한국은행이 국민에게 직접 대출해야 한다는 글을 게재한 바 있습니다. 이후

이 정책은 삼성경제연구소에서도 주장된 바 있습니다. 매일경제신문은 한걸음 더 나아가 "韓銀 독립성보다 나라살리기가 우선"이라는 기사를 통해 당시 경제위기의 주범이 한국은행임을 만천하에 알려내기도 하였습니다. 장하준 교수는 중앙은행이 독립되면 결국 금융집단의 이익만 옹호하는 이익단체로 변질될 수밖에 없기 때문에 진정한 진보세력이라면 한국은행의 독립을 지지해서는 안 된다고 주장합니다. 초스도프스키(Michel Chossudovsky) 교수는 중앙은행의 독립은 환상에 지나지 않는다고 단언합니다.

> 신자유주의자들의 주장과는 달리 독립적인 중앙은행은 (다른 모든 정책입안 기관도 마찬가지지만 지배 구조와 상관없이) 일부 집단의 이익에만 부합하고 다른 집단의 이해와는 상반된 방식으로 운영된다. 독립적인 중앙은행은 구조적으로 낮은 인플레이션(low inflation)에 최고의 가치를 두고 금융수익을 취할 수 있는 이해 단체인 금융집단(financial community)에 편향되어 있다. 물론 (예컨대 고정 수입으로 생활하는 연금 생활자처럼) 물가 상승으로 손해를 입는 다른 계층도 있지만, 물가 상승으로 가장 직접적이고 심각한 경제적 손해를 보는 계층은 금융집단이다. 따라서 (기동력 있고, 정치적 영향력이 크며, 강력한 국제 연대를 유지하는) 금융집단이 중앙은행 독립을 강력히 옹호하는 것은 전혀 놀라운 일이 아니다. 이른바 독립된 중앙은행은 통화정책을 통해 금융집단의 이익을 크게 높일 수 있기 때문이다.

(장하준·그레이블(Grabel, I). 이종태·황해선 옮김. 2008. 다시 발전을 요구한다(Reclaiming Development). 도서출판 부키. 240-241쪽)

> 선진국이나 개도국에서 중앙은행의 위상은 금융시장의 요구에 부응하는 방향으로 설정되어 왔다. 갈수록 중앙은행들은 그 국가의 채권자들의 신탁통치하에 놓이게 된다. 제3세계와 동유럽의 중앙은행들은 대부분이 파리클럽(채권국회의)과 런던클럽(민간채권단)의 대리자라 할 수 있는 IMF의 통제권에 들어 있다.
>
> 서구의 중앙은행들은 '독립성'을 갖고 있으며 거기에는 정치적 영향력이 미치지 않는다. 그런데 현실적으로 이것이 의미하는 바는 일국의 재무부가 점점 더 민간 상업채권단의 영향력 아래 들어가고 있다는 것이다. 지금과 같은 새로운 위상으로는 중앙은행도

자국 정부에 여신을 제공하는 것조차 마음대로 할 수 없는 실정이다. 예를 들어 마스트리히트 조약 104조에 따르면, “정부에 대한 중앙은행의 여신은 전적으로 자유재량에 속하며, 중앙은행에 강제로 그와 같은 여신을 공여하도록 할 수 없다”고 되어 있다. 이와 같은 중앙은행의 위상 저하는 곧바로 민간은행과 금융기관의 공채 보유액 증가로 이어진다.

그러므로 실제로 (행정부나 입법부에 대해서 책임질 의무가 없게 된) 중앙은행은 민간금융권의 신탁통치 아래서 자율적인 관료기구로서 작동한다. 이는 곧 정부가 아니라 민간금융권이 통화정책 방향을 지시한다는 것을 뜻한다.

선진국이나 개도국 모두 통화정책은 더 이상 국가의 경제개입 수단이 되지 못하고 주로 민간은행의 영역에 속하는 것으로 되고 있다. 국가재정은 엄청나게 취약한데도 불구하고 (실물자원에 대한 통제를 의미하는) ‘통화발행’은 오로지 부의 사적 추구를 목적으로 하는 국제금융 체제의 내부망에서 결정된다. 막강한 금융세력은 통화를 자유로이 발행하고 이동시키는 능력만 갖고 있는 것이 아니다. 1992년 9월에 일어난 영국 파운드화의 급락 사태에서 볼 수 있듯이, 금리를 조작하고 주요 통화를 붕괴시킬 수도 있다. 이러한 사태가 시사하는 점은 각국의 중앙은행이 더 이상 생산촉진이나 고용창출과 같은 그 나라의 광범위한 이익을 목표로 해서 통화발행을 조절할 수 없게 되었다는 것이다.

(초스도프스키(Chossudovsky, M.). 이대훈 옮김. 1998. 빈곤의 세계화: IMF 경제신탁통치의 실상(The Globalization of Poverty: Impacts of IMF and World Bank Reforms). 당대. 25-26쪽)

한국의 진보세력은 관치금융은 나쁜 것이라는 편견을 갖고 있습니다. 정파적 이익을 위해 박정희 전대통령이 실시한 정책은 무조건 반대하는 것이지요. 그런데 금융의 공공성은 관치금융 없이는 불가능합니다. 문제는 관치의 방법이지 관치 그 자체가 나쁜 것이 아닙니다. 정부가 금융에서 손을 떼면 금융자본의 전횡을 어떻게 막을 수 있습니까? 금융위기가 도래했을 때에는 정부로부터 공적자금을 받아먹으면서도 정부가 개입만 하면 은행권에서는 관치금융 운운하며 반대하고 나섭니다. 노조가 앞장을 서기도 합니다. 정말 상식적으로 납득이 안 되는 일입니다. 자신들은 대출해 준 기업과 개인에게는 극도의 간섭을 일삼으면서 국민의 혈세를 받아먹고도 이에 대해 정부가 개입을 하면 반대한다는 것이 말이 됩니까?

아무리 개혁적인 정책이 추진된다 해도 금융이 국민의 품에 있지 않으면 어떤 정책도 모두 허사입니다. 저는 한국의 진보세력들이 진정한 진보세력인지 의문을 갖지 않을 수 없습니다. 이들은 독일을 나락에 떨어뜨렸던 바이마르 공화국(Die Republik von Weimar)의 사회민주당(Sozialdemokratische Partei Deutschlands)을 연상시킵니다.

우리는 흔히 박정희 전대통령의 암살을 민주 대 독재의 구도 속에서 바라보는데 익숙합니다. 한국의 소위 진보진영에서 이런 식의 대립구도를 설정해 두었고, 그리고 이들이 정권을 잡았던 후로는 이러한 대립구도가 각종 매체를 통해 쏟아지고 있습니다. 그러나 신장섭 교수와 장하준 교수도 지적했지만 한국의 신자유주의는 1979년 박정희 전대통령의 암살 이후에 도래하게 되었다는 점을 주목할 필요가 있습니다.

> '주식회사 한국'에서 국가의 지배적 위상에도 불구하고, 한국에서 발전국가에 대한 도전은 심지어 '경제기적'의 기간 전반에도 계속 있었다. 초기 1960년대에는 윤보선이 이끈 보수적 민주동맹에서 도전해왔다. 1970년대 이후로는 김대중과 그보다는 좀 약했지만 김영삼이 이끈 민주화 및 중도좌파 저항세력이 도전했다. 하지만 가장 크고 결정적인 도전은 1970년대 후반부터 관료제 내부의 '자유주의' 분파와 다수 지식인 집단, 그리고 점차 강력해진 재벌간 동맹으로 구체화하기 시작한 신자유주의(Neo-Liberal) 세력에서 일어났다.
>
> 그 신자유주의 세력은 1979년 중앙정보부장이 당시 박정희 대통령을 암살한 사건 이후 결정적으로 진전했다. 초기에 박정희의 사망이 남긴 정치적 공백은 양김이 이끄는 민주화세력을 위한 공간을 여는 것으로 보였다. 하지만 그것은 곧 두 단계의 군사쿠데타(1979-80)에 의해 분쇄되었고, 전두환의 지휘로 신군부가 일으킨 광주학살(1980년 5월)에서 정점을 이루었다.
>
> 전두환 자신은 결코 신자유주의자가 아니었다. 하지만 그는 스스로 신자유주의 관료들과 연합하여 발전국가에 대한 신자유주의적 공세의 시작을 알리는 일련의 제도적 변화를 실행했다. 그는 제2차 오일쇼크와 뒤이은 불황에 따른 인플레이션 압력에 대처하기 위해 신자유주의의 반인플레이션 수사(修辭)를 채택하였다. 그는 또한 1983년 금융시장을 일부 자유화하는 한편, 많은 은행들을 민영화하였다.

(신장섭·장하준. 장진호 옮김. 2004. 주식회사 한국의 구조조정 무엇이 문제인가(Restructuring Korea Inc.). 창작과비평사. 116-117쪽)

세계적인 석학 하비(David Harvey)의 <신자유주의: 간략한 역사(A Brief History of Neoliberalism)>의 영어판 책 겉표지에는 신자유주의를 추진했던 네 사람이 등장합니다. 미국의 레이건(Ronald Wilson Reagan) 전대통령, 중화인민공화국의 등소평(鄧小平) 전주석, 칠레의 피노체트(Augusto Pinochet) 전대통령, 그리고 영국의 대처(Margaret Hilda Thatcher) 전수상이 그들입니다. 흥미로운 점은 이들이 집권에 들어간 시기가 비슷하다는 것입니다. 레이건은 1981년, 등소평은 1976년, 피노체트는 1974년, 그리고 대처는 1979년입니다. 1970년대 중반에서 1980년대 초반에 이들이 집권합니다. 이를 과연 우연으로 볼 수 있을까요?

[그림 15-1] <신자유주의: 간략한 역사(A Brief History of Neoliberalism)> 영어판 표지. 왼쪽부터 레이건(Ronald Wilson Reagan), 등소평(鄧小平), 피노체트(Augusto Pinochet), 대처(Margaret Hilda Thatcher).

흥미로운 것은 일본에서도 비슷한 시기에 신자유주의 체제로의 전환을 위한 사건이 있었다는 것입니다. 1976년에 일본에서는 록히드 사건(ロッキード事件)이 발생해 다나카 가쿠에이(田中角榮) 전수상이 구속됩니다. 이 사건을 통해 전후 일본의 산업을 일으켰던 세력이 일선에서 후퇴하게 됩니다. 그리고 1985년에 일본, 미국, 서독, 프랑스, 영국의 5개국 재무장관과 중앙은행 총재가 모여 엔화의 가치를 인위적으로 높이는 데 합의합니다. 이것을 플라자 합의(Plaza Agreement)라고 하죠. 이 합의로 인해 엔고(円高) 현상이 지속되자 일본에서는 수출 차질로 인한

불황을 우려하게 되었습니다. 이로 인해 일본 정부는 경제 활성화를 위해 저금리 정책을 추진하였는데 저금리로 시중에 풀린 돈이 공장으로 가지 않고 부동산과 주식으로 이동하여 거품을 키웠습니다. 이로 인해 일본은 불황의 늪에 빠지게 된 것입니다. 저금리 정책까지는 좋았는데 대출자금이 생산적인 곳으로 가도록 금융의 공공성을 확보했어야 했습니다. 만약 당시에 저금리로 풀린 돈이 공장으로만 갔다면 일본의 제조업은 더욱 튼실해졌을 것이고 경제대국의 지위도 굳건히 지켰을 것입니다. 일본이 불황의 늪에 빠져들게 된 것은 전적으로 금융의 공공성이 바로 서지 않아서 발생된 것이었고, 그 근본 원인은 플라자 합의(Plaza Agreement)에 기인했던 것입니다. 당시 나카소네 야스히로(中曽根康弘) 정권은 왜 돈이 부동산과 주식으로 쏠리는 것을 방치했던 것일까요? 전후 일본사회는 종신고용을 담보한 회사가 이끌어가던 건실한 사회였는데 이러한 일련의 과정을 통해 노동시장의 유연성이 극도로 증대된 신자유주의 국가로 탈바꿈하게 되었습니다.

한국에서는 1979년 박정희 전대통령이 암살당합니다. 박정희 전대통령은 분명 독재자였지만 금융을 통제하여 한국의 경제를 끌어올린 장본인입니다. 많은 한국 사람들은 이 중요한 사실을 보지 않습니다. 한국의 경제가 성장할 수 있었던 것은 정부가 관치금융을 했기 때문입니다. 당시 은행 대출금의 90%는 공장으로 갔습니다. 이는 돈이 생산적인 제조업에 투자되었고 이로 인해 고용이 창출되었음을 의미합니다. 하비(David Harvey)도 지적했지만 이 시대에 한국은 경제도 성장했으며 또한 그로 인한 과실도 비교적 고르게 분배되었습니다. (한국의 소위 진보진영은 이 시대에 경제성장과 고른 소득분배가 동시에 이루어졌음을 인정하지 않는데 반해 세계적인 마르크스주의 학자인 하비(David Harvey)는 이들과 정반대로 현상을 파악하고 있다는 것이 정말 아이러니합니다. 이 시대에 고른 소득분배가 이루어졌다는 것은 이 시대 국민의 대다수가 자신을 중산층으로 생각하였다는 것에서 단적으로 드러납니다. 이에 관해서는 다음의 책 2006년도 판 서문 xii 쪽을 참고하시기 바랍니다. Harvey, D. 2006. The Limits to Capital (New and updated edition). London: Verso.)

그런데 지금은 공장으로 가는 돈이 은행 대출금의 40%도 안 됩니다. 나머지 은행 대출금의 60%는 부동산 담보대출과 신용대출입니다. 이는 국민이 빚더미 속에 파묻혀 있음을 의미합니다. 민주화라는 구호 속에 금융이 국가의 통제에서 벗어나고, 금융시장이 개방되자 우리는 1997년 외환위기를 맞아 그동안 피땀 흘려 쌓아온 부(富)의 4할을 강탈당했습니다. 한국의 양극화 문제도 이때부터 본격화되었습니다. 한난(阪南)대학의 스기모토 쇼오시찌(杉本昭七) 교수는 1997년 한국의 외환위기를 국제은행단의 전술에 기인한 것이라고 설명한 바 있습니다. 이 국제은행단의 실체가 바로 유태금융자본입니다. "유태"라는 단어를 쓰느냐 안 쓰냐의 차이가 있을 뿐 실체는 같습니다.

> 한국경제의 토대가 서서히 약화되어 금융위기가 발생한 것이 아니다. 단기자금을 끌어들여 장기로 투자를 해온 구조상의 약점을 안고 있는 가운데, 그 단기자금이 외국에 의해 회수됨으로써 금융위기로 확산된 점에서 생각해 보면, 이번 위기의 배경에 국제은행단의 전술(특히 금융위기 → IMF 컨디셔낼리티(conditionality) 요구 → 한국경제·사회의 다국적 기업 및 다국적 은행에 의한 재편성)이라는 명확한 구도가 눈에 잡힌다.

(스기모토 쇼오시찌(杉本昭七). 이건우 편역. 1998.「제언: IMF와 한국의 대응」세계를 지배하는 얼굴없는 국제기관 IMF · 세계은행. 한울. 20쪽)

유태금융자본이 강요한 융자조건(conditionality)에 맞춰 사회가 재구성되다 보니 예전의 인간미 넘쳤던 한국 사회는 파편화(fragmentation)된 사회로 이행하게 되었습니다. 이를 허울 좋은 용어로 다양화(diversification)라 하지만 그 본질은 파편화입니다. 하비(David Harvey)는 자본주의를 파편화의 공장(The Factory of Fragmentation)이라고 묘사한 바 있습니다. 한국은 그의 지적이 너무 잘 들어맞는 국가가 되어 버렸습니다. (자본주의와 파편화의 관계는 다음의 책을 참고하시기 바랍니다. Harvey, D. 2001. Spaces of Capital: Towards a Critical Geography. New York: Routledge.) 한국은 1997년 외환위기를 기점으로 해서 완전히 다른 나라가 되어 버렸습니다.

한국인이 국민으로서의 일체감을 상실하고 개별화(파편화)되어야 금융자본의 노예로 전락할 수 있는 것입니다. 지금은 1인1적제(一人一籍制)를 통해 법적으로 가족마저 해체되어 버렸습니다. 이를 소위 진보진영에서 앞장서서 추진했는데 이들의 실체를 의심할 수밖에 없게 만듭니다. 신자유주의 전도사인 대처(Margaret Hilda Thatcher)마저 옹호했던 가족이 한국에서는 법적으로 해체되어 버린 것입니다.

> 대처 내각(과 그 지지자들)은 악명 높을 정도로 분열되어 있었고, 신자유주의를 명기하기까지는 보수당 내부와 신자유주의 노선을 때려대는 언론에서 벌어진 수년간의 치열한 대립이 있었다. 이후 대처의 유명한 선언처럼 "사회와 같은 것들은 없다. 오직 개인과 그 가족들만이 있을 뿐"이었다. 모든 형태의 사회연대는 개인주의, 사적소유, 개인 책임, 가족 가치들로 분해될 것이었다. 대처의 말에서 흘러나온 이런 노선을 따라 행해진 이데올로기 공격은 멈춰들지 않았고 결국에는 아주 성공적이었다.

(하비(Harvey, D.). 임동근·박훈태·박준 옮김. 2010. 신자유주의 세계화의 공간들: 지리적 불균등발전론(Spaces of Neoliberalization: Towards a Theory of Uneven Geographical Development). 문화과학사. 27쪽)

하비(David Harvey)도 지적했지만 저들은 세계적 신자유주의를 위한 트로이 목마의 역할을 성실히 수행하고 있는 것입니다. 노무현 전대통령이 자신의 참여정부를 좌파신자유주의 정부라고 규정한 것은 정확한 것이었습니다. 신자유주의 세력은 자본에 맞설 수 있는 국민국가를 무력화시키는데 좌파와 시민단체를 적극 동원하기도 합니다. 왜 신자유주의 정권 하에서 시민단체가 그리도 폭발적으로 늘었을까요? (참고로 참여정부는 분명 신자유주의 정권이었습니다. 복지지출 증가나 몇몇 개혁적인 정책이 있었다고 하나 참여정부가 펼친 금융정책을 보면 신자유주의 정권이 아니라고 보는 것이 이상할 것입니다. 참여정부에 대한 성격 규정은 장하준 교수의 글들을 참고하시기 바랍니다.)

우리가 권리들이 보편이라고 정말 믿고 싶다 할지라도, 이는 이들 권력을 강화시키는 국가기구들을 보호해야 가능한 것이다. 만일 정치권력이 이를 원하지 않는다면, 권리 개념들은 공허하게 된다.

(하비(Harvey, D.). 임동근·박훈태·박준 옮김. 2010. 신자유주의 세계화의 공간들: 지리적 불균등발전론(Spaces of Neoliberalization: Towards a Theory of Uneven Geographical Development). 문화과학사. 86쪽)

신자유주의 하에서 NGO들이 성장하고 폭증한다. 이들은 국가기구 밖에서 소위 "시민사회"라고 불리는 별도의 영역 안에서 동원되는 대항이 사회변화와 대항정치의 발전소라는 환상을 심어주게 된다.

(하비(Harvey, D.). 임동근·박훈태·박준 옮김. 2010. 신자유주의 세계화의 공간들: 지리적 불균등발전론(Spaces of Neoliberalization: Towards a Theory of Uneven Geographical Development). 문화과학사. 45쪽)

많은 사례들에서 NGO의 활동은 국가 철수에 의해 발생한 사회적 공여의 공백을 메웠다. 이는 NGO에 의한 민영화에 해당한다. 어떤 경우들에서 NGO의 이러한 역할 증대는 사회적 공여에서 정부의 철수를 가속화시키는데 기여했다. 이로 인해 NGO는 "세계적 신자유주의를 위한 트로이 목마"로 기능한다. 게다가 NGO는 본래 민주적인 기구가 아니다. 이들이 아무리 선의를 가졌고 진보적이라 할지라도, 엘리트적이고 (그들의 후원자를 제외하고는) 책임지지 않으며, 보호하거나 돕고자 하는 사람들로부터 일정하게 거리를 둔다. 이들은 흔히 자신의 의제를 숨기고, 국가나 계급 권력과 직접 협상하고 영향 미치기를 좋아한다. 이들은 흔히 자신의 의뢰인을 대변하기보다는 통제하고자 한다. 이들은 자신을 위해 말할 능력이 없는 사람들을 위해 대변한다고 주장하고 믿으며, 심지어 (그들이 스스로 행동하지 못한다는 듯이) 이들이 대변하고자 하는 사람들의 이해관계를 규정하려 든다.

(하비(Harvey, D.). 최병두 옮김. 2008. 신자유주의: 간략한 역사(A Brief History of Neoliberalism). 한울아카데미. 214쪽)

이 모든 것이 유태금융자본의 각본이 아니면 무엇으로 설명할 수 있을까요? 전 세계적으로 비슷한 시기에 신자유주의 정권이 출현하였습니다. 어떤 나라에서는 선거를 통해 신자유주의 정권이 들어섰고, 어떤 나라에서는 암살, 쿠데타, 정치투쟁, 그리고 뇌물수수 사건을 통해 신자유주의 정권이 들어섰습니다. 하비(David Harvey)는 1978년에 등소평(鄧小平)이 신자유주의 정책을 들고 나온 이유에 많은 의문을 제기합니다. 저는 등소평이 객가(客家) 출신이라는 점을 주의 깊게 봐야한다고 생각합니다. 중화인민공화국의 집권세력도 단일한 세력으로만 볼 수 없습니다. 미국의 집권세력도 국민국가 미국세력과 유태금융자본 세력으로 양분되어 있듯이 중화인민공화국의 집권세력도 이러한 관점에서 파악할 필요가 있다고 봅니다. 이건 한국도 예외가 아닙니다.

> 1976년 모택동(毛澤東)의 사망 직후 정치적 불안정과 수년 동안의 경제적 침체라는 이중적 어려움에 봉착한 등소평(鄧小平)의 지도부는 1978년 12월 경제개혁 프로그램을 발표했다. 등소평이 은밀한 (모택동이 문화혁명 동안 주장했던 것처럼) '자본주의의 추종자'였는지, 또는 그의 개혁이 동아시아 및 동남아시아의 다른 국가들에서 자본주의적 발전의 고조와 관련해 중국의 경제 안보를 확보하고 그 위신을 고양하기 위한 필사적 노력이었는지에 대해 확실히 알 수 있는 방법은 없다. 개혁은 영국과 미국에서 신자유주의적 해법으로서의 전환과 우연하게도 일치해 이뤄졌다. 그리고 이 점을 세계사적 유의성에 있어 개연적 사건 이상의 어떤 것으로 고려하기는 어렵다. 중국에서 이의 결과는 권위주의적 중앙집권 통제와 단단히 결합된 상태에서 신자유주의적 요소들을 점점 더 많이 편입시키는 특정한 유형의 시장경제를 구축하는 것이었다.

(하비(Harvey, D.). 최병두 옮김. 2008. 신자유주의: 간략한 역사(A Brief History of Neoliberalism). 한울아카데미. 150쪽)

중화인민공화국의 후진타오(胡錦濤) 주석은 2006년에 미국을 방문했을 때 부시(George Walker Bush) 행정부로부터 여러 모욕적인 일들을 당한 적이 있습니다. 백악관에 이르는 길에 중국 국기인 오성홍기를 걸지 않은 점, 국빈 오찬장이 아닌 곳에서 보통의 오찬으로 대접한 점, 파룬궁 수련생들이 후진타오 주석을 공공연히 성토하는 것을 방치한 점, 환영행사에서 중국의 국가를 대만의 국가로 잘못 칭한 점, 부시 대통령이 행사도중 후진타오 주석의 소매를 잡아당긴 점 등이 당시 후진타오 주석이 당한 모역적인 일들 입니다. 그런데 후진타오(胡錦濤) 주석은 부시(George Walker Bush) 행정부로부터는 이런 모욕적인 일들을 당하였지만 유태금융자본으로부터는 극진한 환대를 받았습니다. 그가 방미 중에 제일 먼저 만난 사람은 부시(George Walker Bush) 대통령이 아니라 유태금융자본의 국제정치 담당자인 키신저(Henry Alfred Kissinger)였습니다. 당시 후진타오 주석의 방미 행적을 통해 현 중화인민공화국의 지배세력은 국민국가 미국으로부터는 홀대받고 있지만 유태금융자본으로부터는 환대받고 있음을 파악할 수 있습니다. 유태금융자본으로부터 환대받은 후진타오 주석의 정체는 무엇일까요? 과연 중화인민공화국의 모든 정치세력이 유태금융자본으로부터 환대받을 수 있을까요? 후진타오(胡錦濤) 주석은 등소평(鄧小平)이 자신의 후계자로 내세운 사람임을 우리는 주의 깊게 볼 필요가 있습니다.

2) 양계(兩系)의 분열을 넘어 대통합으로

저는 2007년에 열도(列島)에서 고려(高麗)의 흔적을 발견한 이래 우리 역사를 추적하고 정리하면서 조선민족(朝鮮民族)이 고통 받고, 조선민족이 서로를 미워하며 살게 된 가장 큰 이유는 바로 조선민족 내부의 계판 간 갈등이 너무나 컸으며, 아울러 이런 갈등관계를 이용해 농단을 부린 유태금융자본의 계략에 조선민족이 말려들었기 때문이라는 것을 알게 되었습니다. 이에 대해서는 본서를 통틀어 충분한 설명이 이루어졌을 것으로 봅니다. 한 가지 흥미로운 사실은 유태인들이 자신들을 선민(選民)이라 일컫는 말이 조선(Chosen)이라는 것입니다.

정황으로 보아 '조선'이라는 말의 원 소리는 이스라엘인이 스스로를 일컫는 선민(選民), 'chosen'과 같다. 구약성서에는 선민이 'cho'sen'이라고 쓰여 있어서 이 말이 cho와 sen이 결합된 것임을 알 수 있다. 각각 정확히 '朝'와 '鮮'에 해당된다.

(박용숙. 2010. 샤먼제국. 소동. 246쪽)

유태민족과 조선민족 간에 도대체 어떤 일이 있었던 것일까요? 문정창 선생에 의하면 소호김천씨(少昊金天氏)의 일파가 메소포타미아(Mesopotamia)로 이동하여 수메르(Sumer) 문명을 일구었고, 후에 그 일파가 이스라엘(Israel)을 형성하였다고 합니다. (이에 대해 보다 자세히 알고 싶으신 독자들께서는 <문정창. 2008. 한국·수메르·이스라엘 역사. 한뿌리>를 참고하시기 바랍니다.) 문정창 선생은 소호김천씨(少昊金天氏)가 위치했던 지역을 만주-요동반도라고 했는데, 지금 이곳에서 세계 최초의 문명인 요하문명(遼河文明)이 발견되고 있습니다. (요하문명에 대해 자세히 알고 싶으신 독자들께서는 <우실하. 2007. 동북공정 너머 요하문명론. 소나무>를 참고하시기 바랍니다.) 소호김천씨(少昊金天氏)는 앞의 4장에서 살펴보았지만 신라의 조상입니다. 과연 유태인과 우리가 같은 민족일까요? 만에 하나 그 뿌리가 같다고 해도 수천 년간 혼혈을 거듭해 온 유태인들에게 조선민족의 DNA를 기대하기는 어려울 것입니다.

여와(女媧)는 여신(女神)이요, 소호씨의 할머니(祖母)신이며, 남매간에 결혼한 사람머리에 뱀의 몸을 가진 신이었다는 것이다. ...(중략)... 여와(女媧)와 여호와(Yahweh)는 약간의 거리감이 있는데, 성경상 여와 두 글자의 중간에 '호'를 끼어 넣은 것은 존칭적 감탄사였을 것으로 추측된다. 호는 呼요, 呼는 존칭사 또는 감탄사로서 사용된다. ...(중략)... 모세(Moses)가 받들어 모셔 이스라엘 민족의 공식 신으로 한 여호와(Yahweh) 신은 의심할 여지없이 그들의 먼 조상신인 여와(女媧)신일 것이며, 모세는 그가 여와신의 이름을 알게 된 것이 시나이(Sinai)산 이후의 일이라고 말했다. ...(중략)... 수메르-이스라엘인은 그 인질(人質)·문화·습속 등 여러 면에서 한국인과 유사한 한국인의 8대 요소를 가졌으며 하물며 그들의 신상신까지가 가야인-신라인의 원조인 소호국의 그것과 동일하다 하니, 수메르-이스라엘인이 소호국 출신이었으리라는 추단을 재음미, 재확인하게 된다. 수메르-이스라엘의 먼 고향이 만주-요동반도였으리라는 추단과 그 신념을 더욱 굳게 해 주는 것은 기독교 성경이 그들의 소위 선민(選民), 즉 이스라엘 민족을 'Chosen People'이라 한 일이다! 또한 소호국에서는 "여와가 흙을 두드려 사람을 만들다"했는데 모세는 "여호와 하나님이 사람을 만들다"라고 하였다.

(문정창. 2008. 한국·수메르·이스라엘 역사. 한뿌리. 137-140쪽)

한편, 환단고기(桓檀古記)에 언급된 환국(桓國) 12연방 중에 하나인 수밀이국(須密爾國)이 수메르(Sumer)이고, 고대 유태인들이 이 수밀이국으로부터 많은 영향을 받은 것이라고 주장하는 사람들도 있습니다. 이 밖에 인터넷 상에 두 민족의 관련성을 언급한 글들이 종종 보이긴 합니다만 아직까지 두 민족 간의 관계를 일목요연하게 설명한 글들은 좀처럼 목격되지 않습니다. 이에 대해서는 추가연구가 있어야 할 것입니다.

현재 한국은 활기를 잃고 점점 아노미(anomie) 상태로 빠져들고 있습니다. 이건 일본도 마찬가지 입니다. 그리고 남과 북의 대치상태는 점점 심각해지고 있습니다. 국가와 민족, 그리고 전통의 해체도 급속히 진행 중에 있습니다. 이 문제를 해결하기 위해서는 조선민족(朝鮮民族)의 대통합밖에는 길이 없습니다. 안중근(安重根) 의사의 대통합의 정신을 이어받아야 합니다. 이제 남과 북, 그리고 일본은 허심탄회하게 그간의 과오를 반성하고, 미래로 나아가야 합니다.

영화 <라스트 모히칸(The Last of the Mohicans, 마이클 만(Michael Mann) 감독, 1992년)>을 보면, 아메리카 대륙을 놓고 영국과 프랑스가 싸우는데 원주민 부족들이 이들의 대리전쟁을 하는 장면이 나옵니다. 부족들이 연합해서 이들을 몰아내도 시원치 않을 텐데 이들은 대리전쟁(代理戰爭)으로 몰락을 재촉하였던 것이지요.

이와 같은 일들을 우리도 수차례 경험했습니다. 근래에 있었던 대리전쟁 중에 가장 큰 희생을 치른 것은 한국전쟁입니다. 2008년 6월 25일자 중앙일보 기사를 보면 소련의 스탈린(Iosif Vissarionovich Stalin) 서기장이 한국전쟁을 유도했다는 기사를 확인할 수 있습니다. 전쟁 발발 직후 소집된 유엔(UN) 안전보장이사회에 소련이 불참했던 것도 미국의 참전을 유도하기 위한 치밀한 계획이었다고 합니다. 당시 안전보장이사회의 소련측 대표는 말리크(Jacob Malik)였는데 이 사람은 유엔 안전보장이사회에 불참하고도 이후 승진 가도를 달립니다.

> 이오시프 스탈린 소련 수상이 1950년 한국전쟁에 미국을 끌어들이길 희망했으며, 전쟁 발발 직후 소집된 유엔안전보장이사회에 소련이 불참한 것도 미국의 참전을 유도하기 위한 치밀한 계산이었음을 보여주는 문건이 공개됐다. 스탈린은 또 중국도 전쟁에 가담케 함으로써 미국과 중국이 모두 한반도에 발이 묶이는 상황을 만들려는 전략을 짰던 것으로 밝혀졌다.
>
> 이 같은 사실은 50년 8월 27일 스탈린이 체코슬로바키아 대통령인 클레멘트 고트발트에게 보낸 극비 전문을 통해 드러났다.
>
> 전문에서 스탈린은 그해 7월 초 열린 유엔 안보리에서 소련이 유엔군 파병에 거부권을 행사하지 않은 데 대한 고트발트의 문제제기에 대해 "미국에 안보리 다수결 결의를 쉽게 얻도록 해주려는 것"이라고 설명했다. 또 "이에 따라 미국은 한국에서의 군사 개입에 말려들게 됐으며 군사적 위신과 도덕적 권위를 상실해 가고 있다"고 주장했다.
>
> 스탈린은 특히 "미국이 한국전 개입을 지속하고 중국 또한 한반도에 끌려들게 된다면 어떤 결과가 올지 생각해 보자"며 "유럽에서 사회주의를 강화할 시간을 벌고 우리에게 국제 세력균형에서 이득을 안겨줄 것"이라고 강조했다.

[출처: 중앙일보. "스탈린이 '미국 6·25 참전' 유도" 2008.06.25]

한국전쟁은 김용옥 선생도 언급한 바 있지만 당시 미국의 지배세력과 소련의 지배세력의 이해가 맞아 떨어져 일어난 유도된 전쟁(Induced War)이었던 것입니다. 이 전쟁으로 인해 우리의 국토는 잿더미가 되었고, 200만 명에 달하는 조선민족(朝鮮民族)이 희생되었습니다. 더욱이 한 민족이 갈라져 서로 미워하며 60년 넘게 살아오고 있습니다. 다시는 이러한 과오를 반복해서는 안 됩니다.

에필로그

오역이 빚은 참상

대학에 다니고 있었을 때 저는 불연 듯 우리나라의 문화재에 대해 너무 모르고 있다는 생각이 들었습니다. 그래서 저는 친구 한 명을 대동하고 화성(華城)을 방문했던 적이 있습니다. 그 날 저는 화성을 돌면서 안내게시판에 쓰여진 화성의 영어표기를 보게 되었습니다. 그리고 그 영어표기가 과연 올바른 것인지 의문을 갖게 되었습니다.

여러분, 우리나라의 성(城)을 영어로 어떻게 표기합니까? 아마 대부분 Castle로 대답할 것입니다. 그런데 우리의 성(城)은 Fortress로 표기되어 있습니다. 화성은 영어로 Hwaseong Fortress로 표기되어 있었습니다. 세계문화유산에도 이런 영어표기로 등재되어 있습니다. 화성(華城)을 우리의 발음대로 적어 Hwaseong으로 등재하면 될 것인데, 요새(Fortress)라 못 박아서 등재시킨 것입니다. (참고로 일본은 히메지성(姫路城)을 히메지성(姫路城)의 일본어 발음을 그대로 적어 Himeji-jo로 등재시켰습니다.)

그런데 우리의 성(城)이 요새(Fortress)입니까? 성(城)을 영어로 어떻게 표기하는가는 무척 중요한 일입니다. 바로 우리 선조들의 삶과 역사를 어떻게 이해하는가의 출발점이며, 외국에 우리 민족의 참된 삶과 역사를 알리는 길이기 때문입니다. 한영사전을 보면, 성(城)은 영어로 fortress, wall(ed) city, castle로 풀이되어 있습니다. 즉, 성(城)은 이 모두를 포함한 훨씬 넓은 개념임을 알 수 있습니다. 대부분의 한국 사람들이 성(城)을 Castle로 인식하게 된 원인에는 일본의 영향이 크다고 생각합니다. 중세시대 열도의 성(城)은 Castle로 번역되어도 무방한데 이런 일본의 번역이 일제시대 한반도에 전해진 것이라 보여 집니다.

그런데 한반도에 Castle은 없습니다. 굳이 Castle과 유사한 것을 찾는다면 양반의 저택이 이에 해당할 것입니다. 둘 다 귀족의 집이니 말입니다. 영영사전에서 의하면 Castle은 건물(building)이라 풀이되어 있습니다.

> A castle is a large building with thick, high walls. Castles were built by important people, such as kings, in former times, especially for protection during wars and battles.

[출처: 네이버(NAVER) 영영사전]

한반도에 있는 대부분의 성(城)은 성벽으로 둘러싸여 있는 모듬살이 공간입니다. 모듬살이 공간을 영어로 City로 표기한다면 성(城)은 Wall(ed) City로 표기되어야 할 것입니다. 그리고 성벽은 City Wall로 표기되어야 하며, 성문은 City Gate로 표기되어야 합니다. 이조시대 말엽에 한국을 방문했던 서양 사람들은 우리의 도성(都城)을 보고 Wall(ed) City로 표기하였습니다. 그런데 영국인의 정주공간을 일컫는 Town의 유래가 성(城)과 유사합니다. Town은 원래 울타리로 둘러싸인 장소를 의미했다고 합니다.

> 이것들(역주: 피난처들)의 건축양식과 축조는 지형과 그 지역에서 구할 수 있는 건축자재에 따라 상이했다. 그러나 그것들의 일반적인 배치는 어는 곳에서나 동일하였다. 그

> 것들은 원추형이나 장방형의 모양으로 된 공간으로 구성되어 있었고, 통나무 혹은 진흙이나 석재벽돌로 만들어진 성벽으로 둘러싸여 있었으며 해자(垓字)에 의해 보호되었고, 성문을 통해 들어가게 되어 있었다. 간단히 말해서 그것은 일종의 '울타리로 둘러싸인 장소(enclos)'였다. 오늘날 영어의 Town과 러시아어의 Gorod처럼 도시를 의미하는 단어들은 원래는 '울타리로 둘러싸인 장소'를 의미하였다.

(피렌느(Pirenne, H.). 강일휴 옮김. 1997. 중세유럽의 도시(Les villes du Moyen Âge: essai d'histoire économique et sociale). 도서출판 신서원. 54-55쪽)

그러니 성(城)은 Town으로 표기하고, 성벽은 Town Wall, 성문은 Town Gate로 표기하는 것이 가장 정확한 표기일 것입니다. 성(城) 안에 행정기관이 위치해 있었던 곳은 다 Town이나 Wall(ed) City로 표기되어야 합니다. 행정기관이 있었던 곳은 모듬살이가 이루어졌던 공간으로 파악되기 때문입니다. 화성(華城)은 당연히 Town이나 Wall(ed) City로 파악되어야 하지요. 산에 위치해 있지만 관청이 있었던 남한산성(南漢山城)도 Town이나 Wall(ed) City로 표기되어야 합니다. 옛날 우리 선조들은 주로 산(山)에 성(城)을 쌓고 살았습니다. 그런데 그 산성들을 다 Fortress로 표기하면 우리 선조들은 요새만 만들었다는 이야기가 됩니다. 선조들은 산에 방어시설(성벽)로 둘러싸인 모듬살이 공간을 만들어 살았던 것이지 요새만 만든 것이 아니었습니다.

물론 군사시설로만 이용되었던 성(城)은 Fortress로 표기되어야 할 것입니다. 아차산(峨嵯山)의 보루(堡壘) 유적은 Fortress로 표기되는 것이 옳습니다. 그런데 한국에서는 모든 성(城)을 다 Fortress로 표기하고 있습니다. 그리고 국민 대다수는 우리의 성(城)을 Castle로 알고 있고 말입니다. 북한에서 발간된 책자에도 우리의 성(城)이 Fortress와 Castle로 표기되어 있는 것을 보았는데 정말이지 실망을 금할 길이 없었습니다. 이런 식으로 영어표기를 하면 고대 한반도에는 요새(Fortress)와 귀족의 집(Castle)은 10km가 넘는 벽을 쌓아 만들었으면서도 정작 대다수 사람들이 모여 사는 공간은 조성된 바 없다고 알려질 것입니다. 서양인들은 이 영어표기를 보고 그렇게 이해할 수밖에 없습니다.

성(城)은 원래 왕(王)이 거처하는 공간을 담으로 둘러쌓았던 것에서 유래되었으니 고대에 성(城)은 궁(宮)을 의미하기도 하였습니다. 이런 성을 특히 궁성(宮城)이라고도 합니다. 이럴 경우 성(城)은 Palace로 표기되어야 합니다. 경주를 방문했을 때 봤는데 신라의 월성(月城)이 Castle로 표기되어 있었습니다. 일국의 임금이 거처하면서 통치하였던 곳은 Palace로 표기되는 것이 올바른 표기입니다. 경복궁(景福宮)도 Castle로 표기할 것입니까? 정말 한심한 일입니다. 한편, 근래에 들어서도 하나의 도성체계 안에 궁궐이 들어서 있는 경우가 있습니다. 이런 궁궐도 궁성이라고 합니다. 북경의 자금성이 대표적인 경우이지요. 자금성은 Palace로 표기되어 있습니다.

한국의 한 저명한 역사학자가 몇 년 전 펴낸 책에서 우리의 성(城)을 유럽의 Castle과 비교한 적이 있었습니다. 정말 한심한 일입니다. 어떻게 모듬살이 공간과 귀족의 집을 비교할 수 있을까요? 유럽의 Castle이 귀족의 집이기에 당연히 우리나라에서는 이에 대응되는 양반의 저택이 비교대상이 되어야 할 것입니다. 그리고 서울 도성은 중세시대 성곽도시였던 파리(Paris)와 비교되어야 할 것입니다. 현재 파리의 성벽은 거의 다 헐렸지만 둘 다 성벽으로 둘러싸였었던 한 나라의 수도였으니 말입니다. 이게 한국 역사학자들의 현 주소입니다. 그 학자는 우리의 성(城)과 유럽의 Castle을 비교하면서 우리의 성(城)은 지배자만을 위한 것이 아니라 통치자와 피통치자가 공동으로 준비한 생명의 보루였다는 평가를 내렸습니다. 비교가 될 수 있는 것을 비교해야 합니다. 우리의 성(城)과 비교될만한 것으로 독일의 부르크(Burg)가 있습니다. 우리의 낙안읍성(樂安邑城)은 독일의 로텐부르크(Rothenburg)와 비교대상이 되지 노이슈반슈타인성(Schloss Neuschwanstein / Neuschwanstein Castle)과는 비교대상이 되지 않습니다.

우리는 중국의 동북공정에 분노하면서도 정작 서울 도성의 성벽이 Fortress Wall로 표기되어 있는 것에는 분노하지 않습니다. 고구려의 첫 번째 수도라 일컬어지는 오녀산성(五女山城)의 성벽은 City Wall로 표기되어 있습니다. 해발 820m 산 정상에 있는 성(城)을 도시(모듬살이 공간)로 이해하는 중국과 평지에서 매일 1000만 서울 시민과 호흡하고 있는 도성을 요새로 이해하는 한국. 누가 역사 전쟁에서 승리할 것으로 보입니까?

참고문헌

1 단행본

계연수. 2005. 환단고기(桓檀古記). 한뿌리

고동환. 2007. 조선시대 서울 도시사. 태학사

국립경주박물관. 2006. 新羅의 獅子. (주)씨티파트너

국립문화재연구소 미술공예연구실. 2006. 사진으로 보는 북한 국보유적. 태양정보출판

권태준. 2006. 한국의 세기 뛰어넘기: 산업화, 민주화, 시민사회. 나남

김 구. 2001. 백범일지. 범우사

김 구. 배경식 옮김. 2008. 올바르게 풀어쓴 백범일지. 너머북스

김기빈. 1993. 600년 서울 땅이름 이야기. 살림터

김부식. 이병도 역주. 2001. 삼국사기(三國史記). 을유문화사

김성진. 2007. 박정희. (주)살림출판사

김수행. 1990. 정치경제학원론. 한길사

김운회. 2006. 대쥬신을 찾아서 1. (주)해냄출판사

김운회. 2006. 대쥬신을 찾아서 2. (주)해냄출판사

김필동. 2005. 일본의 정체성. (주)살림출판사

김형국·강홍빈·권태준. 1985. 사람의 都市. 尋雪堂

남영우·이희연·최재헌. 2000. 경제·금융·도시의 세계화. 다락방

다카시로 고이치(高城幸一). 2007. 일본의 이중권력, 쇼군과 천황. (주)살림출판사

단재신채호전집편찬위원회. 2007. 단재신채호전집 제1권 역사: 조선상고사. 독립기념관 한국독립운동사 연구소

단재신채호전집편찬위원회. 2007. 단재신채호전집 제2권 역사: 조선사연구초. 독립기념관 한국독립운동사 연구소

단재신채호전집편찬위원회. 2007. 단재신채호전집 제3권 역사: 독사신론, 대동제국사서언, 조선상고문화사. 독립기념관 한국독립운동사 연구소

대한국토·도시계획학회. 2004. 서양도시계획사. 보성각

도시사연구회. 2007. 공간 속의 시간: 유럽, 미국, 동북아 도시사 연구 현황과 전망. 심산

문정창. 2008. 한국·수메르·이스라엘 역사. 한뿌리

문화재청. 2008. 한국의 옛지도

박규태. 2005. 일본의 신사. (주)살림출판사

박용숙. 1996. 지중해 문명과 단군조선. 집문당

박용숙. 2010. 샤먼제국. 소동

박정진. 1992. 잃어버린 仙脈을 찾아서. 일빛

박태견. 1998. 미국의 금융파워: 그 실체와 음모. 중앙 M&B

박형기. 2007. 덩샤오핑: 개혁개방의 총 설계사. (주)살림출판사

박형기. 2008. 중화경제의 리더들: 팍스 시니카와 화교 네트워크. (주)살림출판사

서길수. 1998. 고구려 역사유적 답사. (주)사계절출판사

서울시립대학교 서울학연구소. 1996. 96 서울학 국제심포지엄 자료집: 東洋 三國의 近代化와 都市 發達 - 서울·北京·東京의 비교사적 고찰

서울시정개발연구원. 1994. 東洋 都市史속의 서울

성헌식. 2010. 천년 만에 밝혀진 안시성과 살수. 도서출판 지샘

손정목. 2003. 서울 도시계획 이야기 2. 한울

손정목. 2007. 한국 도시 60년 이야기 1. 한울

신장섭. 2008. 한국 경제, 패러다임을 바꿔라. 청림출판
신채호. 박기봉 옮김. 2007. 조선상고문화사(외). 비봉출판사
신채호. 1977. 조선상고사. 삼성문화재단
신채호. 1998. 조선상고사. 일신서적출판사
신채호. 1999. 조선상고사. 형설출판사판
신채호. 박기봉 옮김. 2006. 조선상고사. 비봉출판사
안휘준·전상운·정재훈·주남철. 2005. 동궐도 읽기. 문화재청 창덕궁관리소
안휘준. 2007. 고구려 회화: 고대 한국 문화가 그림으로 되살아나다. 효형
오인동. 2008. 꼬레아, 코리아 - 서양인이 부른 우리나라 국호의 역사. 도서출판 책과함께
우실하. 2007. 동북공정 너머 요하문명론. 소나무
윤정섭. 2004. 都市計劃史槪論. 文運堂
이길진. 2004. 도쿠가와 이에야스의 삶과 리더십. 동아일보사
이리유카바 최. 2002. (교회에서 쉬쉬하는) 그리스도교 이야기. 대원출판
이리유카바 최. 2006. 시온의 칙훈서. (주)해냄출판사
이리유카바 최. 2010. 그림자 정부(경제편). (주)해냄출판사
이리유카바 최. 2010. 그림자 정부(미래사회편). (주)해냄출판사
이리유카바 최. 2010. 그림자 정부(정치편). (주)해냄출판사
이주형. 2001. 도시형태론. 보성각
일 연. 이민수 옮김. 2001. 삼국유사(三國遺事). 을유문화사
임승국. 2002. 한단고기. 정신세계사
작자미상. 송성욱 옮김. 2006. 춘향전[완판 열녀춘향수절가 84장본]. 민음사
장경희. 2008. 고려왕릉. 예맥
장인성. 2007. 메이지유신: 현대 일본의 출발점. (주)살림출판사
장하준·정승일. 이종태 엮음. 2005. 쾌도난마 한국경제: 장하준·정승일의 격정대화. 도서출판 부키
장하준. 2007. 장하준, 한국경제 길을 말하다. 시대의창
장한식. 1999. 신라 법흥왕은 선비족 모용씨의 후예였다. 풀빛

전우용. 2008. 서울은 깊다. 돌베개

정성호. 2003. 유대인. (주)살림출판사

정수웅. 1999. 한국계 외무대신 도고 시게노리에 대한 기록. 도서출판 동아시아

정하미. 2005. 일본의 서양문화 수용사. (주)살림출판사

조명래. 1999. 포스트포디즘과 현대사회의 위기. 다락방

조선통신사문화사업회·국사편찬위원회. 2005. 조선시대 통신사 행렬

주장환. 2008. 중국의 엘리트: 마오쩌둥에서 제5세대 지도자들까지. (주)살림출판사

차용걸. 2002. 한국의 성곽. 눈빛

최경옥. 2005. 번역과 일본의 근대. (주)살림출판사

최근영. 1991. 朝鮮後期通信使와 韓·日交流史料展: 對馬島宗家資料. 韓國史學會

최재석. 1990. 백제의 대화왜와 일본화 과정. 일지사

하우봉. 2005. 한국과 일본: 상호인식의 역사와 미래. (주)살림출판사

한국공간환경학회. 2000. 공간의 정치경제학. 아카넷

한영우. 2007. 반차도로 따라가는 정조의 화성행차. 효형출판

홍순민. 1999. 우리 궁궐 이야기. 청년사

홍윤기. 2000. 일본천황은 한국인이다. 효형출판

홍윤기. 2001. 일본의 역사 왜곡. 학민사

홍윤기. 2003. 메이지유신의 대해부. 인북스

2 논문

강창일. 1993. 「일본에서는 한·조선·고려가 어떻게 사용되었나」 역사비평 제21호. 역사비평사. 61-65쪽

강창일. 2000. 「일진회의 합방운동과 흑룡회 - 일본 우익의 대아시아주의와 관련하여」 역사비평 통권 52호. 역사문제연구소. 220-249쪽

강현수. 1995. 유연성 이론의 비판적 검토와 서울 의류산업의 유연화에 대한 연구. 서울대학교 박사학위논문

김경일·강창일. 2000. 「동아시아에서 아시아주의: 1870-1945년의 일본을 중심으로」 역사연구 제8호. 역사학연구소. 269-332쪽

김호동. 2006. 「몽골제국과 '大元'」 역사학보 제192권. 역사학회. 1225-1615쪽

박상규. 1998 「대청황제공덕비문의 만주어에 대한 연구」 비교한국학 제4권. 국제비교한국학회. 157-175쪽

박진빈. 2009. 「1970년대 이후 뉴욕의 젠트리피케이션: 신자유주의 시대 대도시의 운명」 역사비평 통권 89호. 역사비평사. 333-364쪽

양승우. 1988. 서울 도심부 도시형태 변화과정에 관한 연구. 서울대학교 석사학위논문

오생근. 1985. 「미셀 푸코, 지식과 권력의 해부학자」 외국문학 제4호. 열음사. 114-133쪽

조명래. 1994. 「서울의 새로운 도시성 - 유연적 축적의 도시화와 대도시의 삶」 문화과학 통권5호. 문화과학사. 183-206쪽

주채혁. 1995. 「蒙고올리-貊高麗族의 아리랑 고개, 興安嶺: 몽골초원의 고구려성 답사·발굴기」 고구려연구 제1집. 고구려발해학회. 199-211쪽

주채혁. 1997. 「몽골민속현장답사기: 몽골의 맥(貊) 고구려 기원(起源) 문제」 한국민속문화 연구총서 제1권. 중앙대학교 한국민속학연구소. 241-256쪽

주채혁. 2006. 「'몽골 - 貊高麗', 유목형 '고구려' 世界帝國考」 백산학보 제76권. 백산학회. 305-360쪽

최경옥. 1999. 「明治期 日本漢字語 造語成分에 대한 一考察 」 일본문화학보 제6권. 한국일본문화학회. 201-221쪽

최경옥. 2005. 「메이지기 일본의 서양 문명 수용과 번역」 번역학연구 제6권 제2호. 한국번역학회. 189-208쪽

함재봉. 1994. 「미셀 푸코의 권력관과 정치 비판」 현상과 인식 제18권 제1호 (통권 60호). 한국인문사회과학회. 135-154쪽

3 신문기사 및 정기간행물

경향신문. "[한국사바로보기] 18. 발해사는 누구의 역사인가(이이화)" 2004. 09.15

경향신문 "[세계의 창] '파란만장 황후의 일생' 큰 인기" 2006.12.22

국민일보. "[좌파 신자유주의 발언] 靑 '일종의 조크', 野 '본색 드러낸 것'" 2006.03.23

국민일보. "美국방부 '北 핵보유국' 명기 파문" 2008.12.09

국정브리핑. "[특별기고 19] 성(城)의 나라, 고구려(여호규)" 2004.08.16

독립신문. 대황제조서(大皇帝詔書). 광무원년(1897년) 10월 19일

동아일보. "유길준, 日남작작위 거부했다...1910년 반환허가 문서" 2003.12.01

동아일보. "[책갈피 속의 오늘] 1901년 이방자 여사 출생" 2005.11.04

동아일보. "韓-日-몽골의 공통된 뿌리는 쥬신족" 2006.03.14

로동신문. "「다민족·다인종사회론」은 민족말살론(최문일)" 2006.04.27

매일경제. "韓銀 독립성보다 나라살리기가 우선" 2008.12.03

매일경제. "금리의 종언... 美기준금리 0-0.25%로 세계최저" 2008.12.17

머니투데이. "경제팀 쇄신 필요... 차기수장 1위 이헌재" 2008.12.24

민중의 소리. "금리인하 약이냐, 독이냐" 2008.12.02

뷰스앤뉴스. "장하준. 현 경제위기, 민주당 책임 인정하라" 2009.04.02

삼성경제연구소. "SERI 경제포커스: 중소기업 자금사정 경색의 원인 및 시사점(전효찬 작성, 권순우 감수)" 2008.11.10

세계일보. "盧대통령, 권력은 이제 시장으로 넘어갔다" 2005.05.16

세계일보. "[홍윤기의 역사기행 일본속의 한류를 찾아서]<48>교토 이와시미즈 하치만궁". 2007.08.07

세계일보. "이명박 대통령 거꾸로 든 태극기 빈축" 2008.08.10

아시아경제. "경실련, 2월 금리동결 한은 '남대문출장소' 자초" 2011.02.14

연합뉴스. "日천황 이례적인 한일 관계 언급" 2001.12.23

연합뉴스. “하버드대 총장, ‘창녀 발언’ 사과문 한국에 보내” 2004.07.15

연합뉴스. “경실련, 이헌재 부총리 자진사퇴 촉구” 2005.03.02

연합뉴스. “<발해의 정체> 이태백도 발해는 외국” 2006.09.18

연합뉴스. “강만수, 아직 강제 구조조정 때 아니다” 2008.12.04

연합뉴스. “IMF총재, 한국 구제금융방식 실수있었다” 2010.06.03

오마이뉴스. “11월 미 대선 전에 남북정상 만나라(김용옥)” 2004.08.15

오마이뉴스. “요·금·원·청은 중국사 아니다. 여진·만주족 한민족사로 봐야” 2006.09.15

오마이뉴스. “동방의 유태인, ‘객가’를 아시나요?” 2007.01.27

조선일보. “가장 오래된 태극기 그림 발견” 2004.01.26

중도일보. “[그때 그 현장]애끓는 父子의 情... 서신에 고스란히... 26. 임진왜란과 여대남 下(안영진)” 2008.01.23

중앙일보. “[한국인 그들은 누구인가] ‘대한민국 민족주의’ 뜬다” 2005.10.13

중앙일보. “일제, 40년대 수도 이전 추진 도쿄서 용인으로 옮기려 했다” 2005.10.24

중앙일보. “스탈린이 ‘미국 6·25 참전’ 유도” 2008.06.25

파이낸셜뉴스. “美 모기지에 투자 손실 우려... 한은 ‘문제없다’” 2008.08.22

프레시안. “한은 금리인하, ‘원화 런’ 부추길 셈인가 - [우석훈 칼럼]연기금 연가(戀歌)” 2008.10.29

프레시안. “경제부처 장관 평균학점 ‘F’... 강만수 1.3점으로 꼴찌” 2008.12.28

프레시안. “[김운회의 ‘새로 쓰는 한일고대사’]<59> 천황가의 조상신, 성왕③” 2009.01.23

프레시안. “한은에 대출금리 인하를 요구할 수 없는 이유” 2009.10.15

한겨레신문. “[이사람] 이 대통령 맞은 ‘조선총독부 문양’ 봤소?” 2008.06.10

한국일보. “이스라엘 올메르트 총리대행 3대째 인연 - 반은 하얼빈人” 2006.03.31

한국일보. “중국을 대만으로 불러... 美, 의전 결례 속출” 2006.04.21

한국일보. “檢, 이헌재씨 계좌추적... 론스타 수사 탄력 받을 듯” 2006.06.16

한국일보. "강만수 재정 '성장' vs 이성태 한은총재 '물가' 정면충돌" 2008.03.26
한국일보. "박영효 태극기 최초 국기 논란 가열" 2008.05.28
한국일보. "안중근, 동양의 평화 위해 이토 저격" 2008.10.21
한국일보. "[미륵사지서 국보급 유물] 석탑 해체중 깜짝 발견" 2009.01.20
헤럴드경제. "무디스, 금리인하 요구한 강만수 장관 정면 비판" 2010.04.03
YTN. "러시아 마지막 황제 90여년 만에 명예회복" 2008.10.02

4 외국문헌

1) 원서

◈ 일본어 원서

石田賴房. 1992. 日本近代 都市計劃史研究. 柏書房
石田賴房. 2004. 日本近現代 都市計劃の展開: 1868-2003. 自治體研究社
岡田米夫. 平成 14年. 日本史小百科 - 神社. 株式会社 東京堂出版
西ケ谷恭弘. 平成 5年. 日本史小百科 - 城郭. 株式会社 東京堂出版
西川幸治. 1972. 日本都市史研究. 日本放送出版協会
近藤和吉. 2006. 江戸東京散步. 株式会社 人文社
佐藤滋. 1995. 城下町の近代都市づくり. 鹿島出版会
鈴木博之. 1999. 日本の近代 10: 都市へ. 中央公論新社
諸橋轍次. 1968. 大漢和辭典 11권. 東京: 大修館書店
原田敬一. 1997. 日本近代都市史研究. 思文閣出版
藤森照信. 2004. 明治の東京計画(岩波現代文庫). 岩波書店
明日香村教育委員会文化財課. 平成 17年. 飛鳥の宮殿. 財団法人明日香村観光開発公社

大阪歴史博物館. 2002. 展示の見所2 浪花まちめぐり 水都の景観を読む1. 東洋紙業株式会社

大阪歴史博物館. 2003. 展示の見所4 復元 前期 難波京. 東洋紙業株式会社

大阪歴史博物館. 2004. 展示の見所8 復元模型 中世都市の町並み. 東洋紙業株式会社

大阪歴史博物館. 2005. 展示の見所10 難波京. 東洋紙業株式会社

鹿児島県歴史資料センタ-黎明館. 平成 20年. 黎明館 常設展示総合案內. 株式会社朝日印刷

京都府立山城郷土資料館·京都府立山城郷土資料館友の会. 2002. 南山城の歴史と文化. 株式会社 昭文社

黒田長政と二十四騎展実行委員会. 平成 20年. 黒田長政と二十四騎 - 黒田武士の世界. 福岡印刷株式会社

中村博司. 2008. 天下統一の城 大阪城. 新泉社

長崎原爆資料館学習ハソドブック

奈良文化財研究所. 2004. 特別史跡 平城宮跡

日光東照宮. 栃木県日光市山內. 平成 20年. 日光東照宮. 光村印刷株式会社

日本建築学会. 2004. まちづくりの方法. 丸善

高橋康夫·吉田伸之. 1989. 日本都市史入門 1 - 空間. 東京大学出版会

高橋康夫·吉田伸之. 1990. 日本都市史入門 2 - 町. 東京大学出版会

高橋康夫·吉田伸之. 1990. 日本都市史入門 3 - 人. 東京大学出版会

朝鮮總督府. 1915-1930. 朝鮮古蹟圖譜 1-15

東京都立大學都市研究センタ-. 昭和63. 東京: 成長と計劃(1868-1988)

都市デザイン研究体. 2007. 日本の都市空間. 彰国社

福岡市博物館. 平成 19年. 福岡市博物館 常設展示案內. 福岡印刷株式会社

成美堂出版編集部. 2008. 京都歴史散步. 成美堂出版

◈ 영어 원서

Abu-Lughod, J. L. 1994. From Urban Village to East Village: The Battle for New York's Lower East Side. Oxford: Blackwell.

Clark, G. L. and Dear, M. J. 1984. State Apparatus: Structures and Language of Legitimacy. Boston: Allen & Unwin Inc.

Conzen, M. R. G.(edited by J.W.R. Whitehand). 1981. The Urban Landscape: Historical Development and Management. London: Academic Press.

Fainstein, S. S. 1994. The City Builders: Property, Politics, and Planning in London and New York. Oxford: Blackwell.

Harvey, D. 1989. The Condition of Postmodernity: An Enquiry into the Origins of Cultural Change. Oxford: Blackwell.

Harvey, D. 2001. Spaces of Capital: Towards a Critical Geography. New York: Routledge.

Harvey, D. 2006. The Limits to Capital (New and updated edition). London: Verso.

2) 번역서

◈ 일본어 번역서

고마신사(高麗神社) 사무소. 朴鍾祐 옮김. 2007. 고마신사(高麗神社)와 고마향(高麗鄕)

고시자와 아키라(越澤明). 윤백영 옮김. 1998. 동경의 도시계획(東京の都市計劃). 한국경제신문사

고시자와 아키라(越澤明). 장준호 옮김. 2006. 도쿄 도시계획 담론(東京都市計劃物語). 구미서관

나가이 미치오(永井道雄). 서병국 옮김. 1994. 세계사의 흐름으로 본 명치유신: 유럽화를 꿈꾼 섬나라 일본(明治維新). (주)교문사

나카무라 히사시(中村尚司). 윤형근 옮김. 1995. 공생의 사회 생명의 경제 - 지역자립의 경제학(地域自立の經濟學). 한살림

동경대 교육학부 일본사연구실. 김현구·이언숙 옮김. 1994. 일본사개설(日本史概說). 지영사

동경도 생활문화국 국제부 외사과. 1993. 동경: 대도시의 성립과 전개. Simul International, Inc

동경도 생활문화국 국제부 외사과. 1994. 동경의 도시계획 100년. Simul International, Inc.

미와 료이치(三和良一). 권혁기 옮김. 2004. 일본경제사: 근대와 현대(概說日本經濟史 - 近現代). 보고사

스즈키 마사유키(鈴木正幸). 류교열 옮김. 1998. 근대 일본의 천황제(皇室制度 - 明治から戰後まで). 이산

오사카역사박물관. 2004. 오사카역사박물관 상설전시안내. 요시다印刷株式会社

우노 마사미(宇野正美). 김홍기 옮김. 1991. 세계 지배를 노린 유태인의 세계경제 전략(1992年ユダヤ経済戦略 - もはや海外資産1兆$は返ってこない). 교문사

우노 마사미(宇野正美). 서인석 옮김. 1991. 유태인을 알면 세계를 알 수 있다(ユダヤが解ると時代が見えてくる - ドル·円が崩壊し、金本位制が復活する). 도서출판 윈음사

유모토 고이치(湯本豪一). 정선태 옮김. 2004. 일본 근대의 풍경(圖說 明治事物起源事典). 그린비

이건우 편역. 1998. 세계를 지배하는 얼굴없는 국제기관 IMF·세계은행. 한울

이시이 다카시(石井孝). 김영작 옮김. 2008. 메이지유신의 무대 뒤(明治維新の舞台裏). 일조각

최남선(崔南善). 정재승·이주현 역주. 2008. 불함문화론(不咸文化論). 우리역사연구재단

츠모토 요(律本陽). 조양욱 옮김. 2006. 도요토미 히데요시 - 전략적 인간(秀吉私記). 경영정신

키쿠카와 세이지(菊川征司). 김정환 옮김. 2010. 세계금융을 움직이는 어둠의 세력(闇の世界金融の超不都合な真実 - ロックフェラー・ロスチャイルド一味の超サギの手口) 1. 스펙트럼북스

키쿠카와 세이지(菊川征司). 김정환 옮김. 2010. 세계금융을 움직이는 어둠의 세력(闇の世界金融の超不都合な真実 - ロックフェラー・ロスチャイルド一味の超サギの手口) 2. 스펙트럼북스

◈ 중국어 번역서

쑹훙빙(宋鴻兵). 차혜정 옮김. 2008. 화폐전쟁(貨幣戰爭) 1. 랜덤하우스코리아(주)

쑹훙빙(宋鴻兵). 홍순도 옮김. 2010. 화폐전쟁(貨幣戰爭) 2. 랜덤하우스코리아(주)

주학연(朱學淵). 문성재 옮김. 2009. 진시황은 몽골어를 하는 여진족이었다(秦始皇是說蒙古語的女眞人). 우리역사연구재단

◈ 서양어 번역서

고든(Gordon, J. S.). 강남규 옮김. 2002. 월스트리트 제국: 금융자본 권력의 역사 350년(The Great Game: The Emergence of Wall Street as a World Power: 1653-2000). 참솔

마르크스(Marx, K. H.)・엥겔스(Engels, F.). 이진우 옮김. 2002. 공산당 선언(Grundlegung zur Metaphysik der Sitten). 책세상

멀린즈(Mullins, E. C.). 강영길 옮김. 2003. 미국은 점령당했다(Mullins' New History of the Jews). 동서문화사

멈포드(Mumford, L.). 김영기 옮김. 2001. 역사속의 도시(The City in History). 명보문화사

수크무클러(Schmookler, A. B.). 박상철 옮김. 1998. 시장경제의 환상(The Illusion of Choice). 매일경제신문사

스미스(Smith, A.). 김수행 옮김. 1992. 국부론(An Inquiry into the Nature and Causes of the Wealth of Nations) 上・下. 동아출판사

신장섭·장하준. 장진호 옮김. 2004. 주식회사 한국의 구조조정 무엇이 문제인가(Restructuring Korea Inc.). 창작과비평사

에스툴린(Estulin, D.). 김수진 옮김. 2008. 빌더버그 클럽(La Verdadera Historia Del Club Bilderberg). 랜덤하우스코리아(주)

오웰(Orwell, G.) 박지은 옮김. 2009. 1984년(Nineteen Eighty Four). 동서문화사

윤치호. 김상태 옮김. 2001. 윤치호 일기 1916 - 1943. 역사비평사

장하준 · 형성백 옮김. 2004. 사다리 걷어차기(Kicking Away the Ladder). 도서출판 부키

장하준. 이종태 · 황해선 옮김. 2006. 국가의 역할(Globalization, Economic Development, and the Role of the State). 도서출판 부키

장하준. 이순희 옮김. 2007. 나쁜 사마리아인들(Bad Samaritans: The Myth of Free Trade and the Secret History of Capitalism). 도서출판 부키

장하준 · 그레이블(Grabel, I). 이종태 · 황해선 옮김. 2008. 다시 발전을 요구한다(Reclaiming Development). 도서출판 부키

조셉(Joseph, P.). 김종돈 옮김. 2009. 시대정신(Zeitgeist). 노마드북스

진(Zinn, H.). 이아정 옮김. 2001. 오만한 제국(Declarations of Independence: Cross-Examining American Ideology). 당대

초스도프스키(Chossudovsky, M.). 이대훈 옮김. 1998. 빈곤의 세계화: IMF 경제신탁통치의 실상(The Globalization of Poverty: Impacts of IMF and World Bank Reforms). 당대

킹(King, A. D.). 2009. 「Unravelling Modernities: What Are the Signs of a Modern City?」 인천 세계도시인문학대회 자료집

프로이스(Fróis, L.). 오만 · 장원철 옮김. 국립진주박물관 엮음. 2003. 프로이스의 「일본사」을 통해 다시 보는 임진왜란과 도요토미 히데요시. 도서출판 부키

프로이스(Fróis, L.). 정성화 · 양윤선 옮김. 2008. 임진란의 기록 - 루이스 프로이스가 본 임진왜란. (주)살림출판사

피렌느(Pirenne, H.). 강일휴 옮김. 1997. 중세유럽의 도시(Les villes du Moyen Âge: essai d'histoire économique et sociale). 도서출판 신서원

하비(Harvey, D.). 김병화 옮김. 2005. 모더니티의 수도 파리(Paris, Capital of Modernity). 생각의 나무

하비(Harvey, D.). 최병두 옮김. 2005. 신제국주의(The New Imperialism). 한울아카데미

하비(Harvey, D.). 최병두 옮김. 2008. 신자유주의: 간략한 역사(A Brief History of Neoliberalism). 한울아카데미

하비(Harvey, D.). 임동근·박훈태·박준 옮김. 2010. 신자유주의 세계화의 공간들: 지리적 불균등발전론(Spaces of Neoliberalization: Towards a Theory of Uneven Geographical Development). 문화과학사

히틀러(Hitler, A.). 이명성 옮김. 2009. 나의 투쟁(Mein Kampf). 홍신문화사

5 인터넷 사이트

◈ 한국어 인터넷 사이트

국립경주박물관 http://gyeongju.museum.go.kr/

국립고궁박물관 http://www.gogung.go.kr/

국립민속박물관 http://www.nfm.go.kr/

국립중앙박물관 http://www.museum.go.kr/

네이버(NAVER) 국어사전

네이버(NAVER) 백과사전

네이버(NAVER) 영영사전

네이버(NAVER) 일본어사전

네이버(NAVER) 지도

네이버(NAVER) 한자사전
다물넷 http://www.damool.net/
다음(DAUM) 백과사전
민족21 http://www.minjog21.com/
삼성경제연구소 http://www.seri.org/
삽살개보존협회 http://www.sapsaree.org/
새로운사회를여는연구원 http://www.saesayon.org/
영남대학교 독도연구소 http://dokdo.yu.ac.kr/
유네스코 한국위원회 http://www.unesco.or.kr/
조선왕릉 http://royaltombs.cha.go.kr/
조선왕조실록 http://sillok.history.go.kr/
조선통신사문화사업 http://www.tongsinsa.com/
창경궁 http://cgg.cha.go.kr/
한국고전종합 db http://db.itkc.or.kr/
한국역사정보통합시스템 http://yoksa.aks.ac.kr/
해치서울 http://haechi.seoul.go.kr/
KBS 역사스페셜 http://www.kbs.co.kr/1tv/sisa/historyspecial/
KBS 역사추적 http://www.kbs.co.kr/1tv/sisa/tracehistory/
KBS HD 역사스페셜 http://www.kbs.co.kr/1tv/sisa/hdhistory/
MBC 신비한 TV 서프라이즈 http://www.imbc.com/broad/tv/ent/mystery/

◈ 일본어 인터넷 사이트

家紋World http://www.harimaya.com/kamon/
各地の唐人踊り http://www4.airnet.ne.jp/sakura/tojinodori/gozu_frame06.html
ギャラリー洛中洛外 http://www.rakuchu-rakugai.jp/
朝鮮通信士 http://www4.airnet.ne.jp/sakura/korea_1.html
東海農政局 http://www.maff.go.jp/
唐人おどり http://www006.upp.so-net.ne.jp/asao/toujin.htm

平安神宮　http://www.heianjingu.or.jp/
야후저팬 지도　http://map.yahoo.co.jp/

◈ 중국어 인터넷 사이트

博宝艺术网　http://www.artxun.com/
大華府區客家同鄕會　http://www.hakkadc.org/
华夏文明　http://cathay.ce.cn/
卓克艺术网　http://www.zhuokearts.com/

◈ 영어 인터넷 사이트

Barry Lawrence Ruderman Antique Maps Inc.　http://www.raremaps.com/
JURCHEN JIN DYNASTY　http://www.imperialchina.org/Jurchen-Jin.html
The Last Days of Socrates　http://socrates.clarke.edu/
UNESCO World Heritage Centre　http://whc. unesco.org/
Wikipedia(위키백과: 여러 언어서비스 활용)　http://www.wikipedia.org/
Youtube(유튜브: 여러 언어서비스 활용)　http://www.youtube.com/

부록

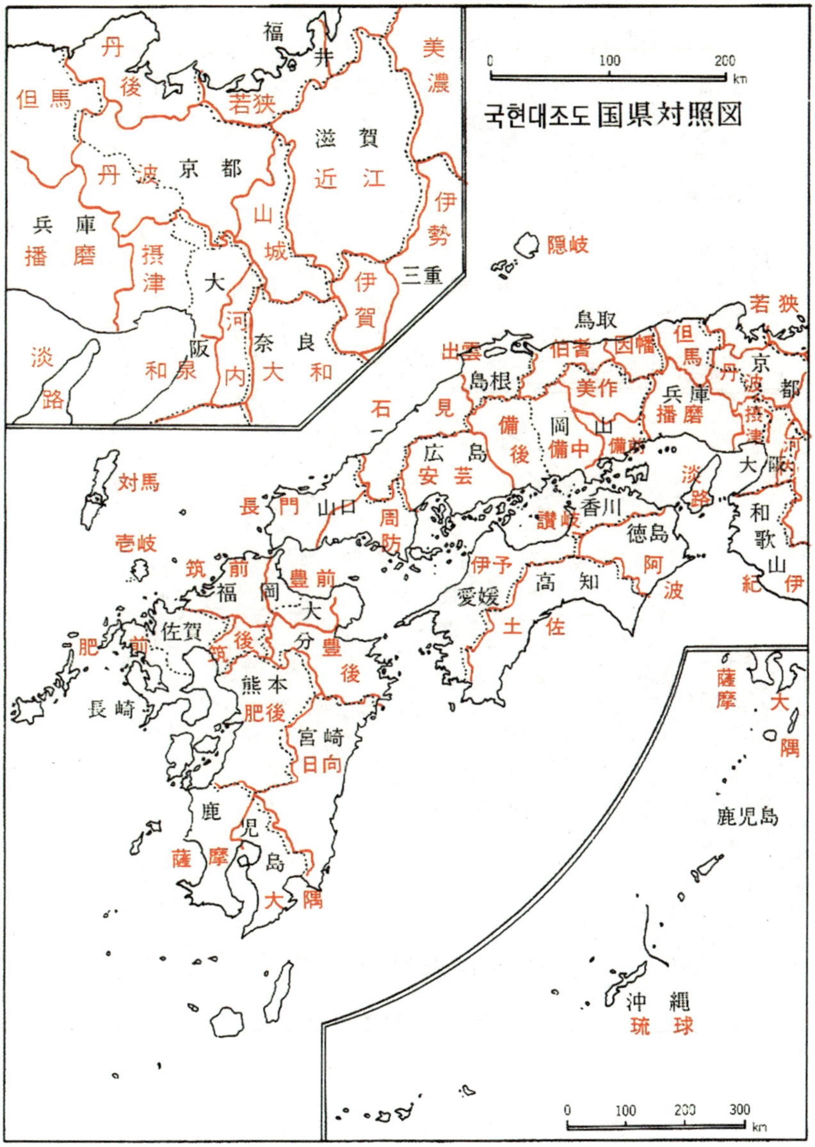
국현대조도 国県対照図
0 100 200 km
福井
美濃
丹後
但馬
若狭
滋賀
近江
丹波 京都
伊勢
兵庫
播磨
摂津
山城
伊賀
三重
大阪
河内
奈良
大和
淡路
和泉
隠岐
鳥取
出雲
伯耆
因幡
島根
美作
石見
備後
岡山
備中
備前
広島
安芸
対馬
長門
山口
周防
香川
讃岐
徳島
壱岐
筑前
福岡
豊前
大分
伊予
愛媛
高知
阿波
土佐
和歌山
紀伊
佐賀
肥前
筑後
豊後
熊本
長崎
肥後
宮崎
日向
鹿児島
薩摩
大隅
沖縄
琉球
0 100 200 300 km

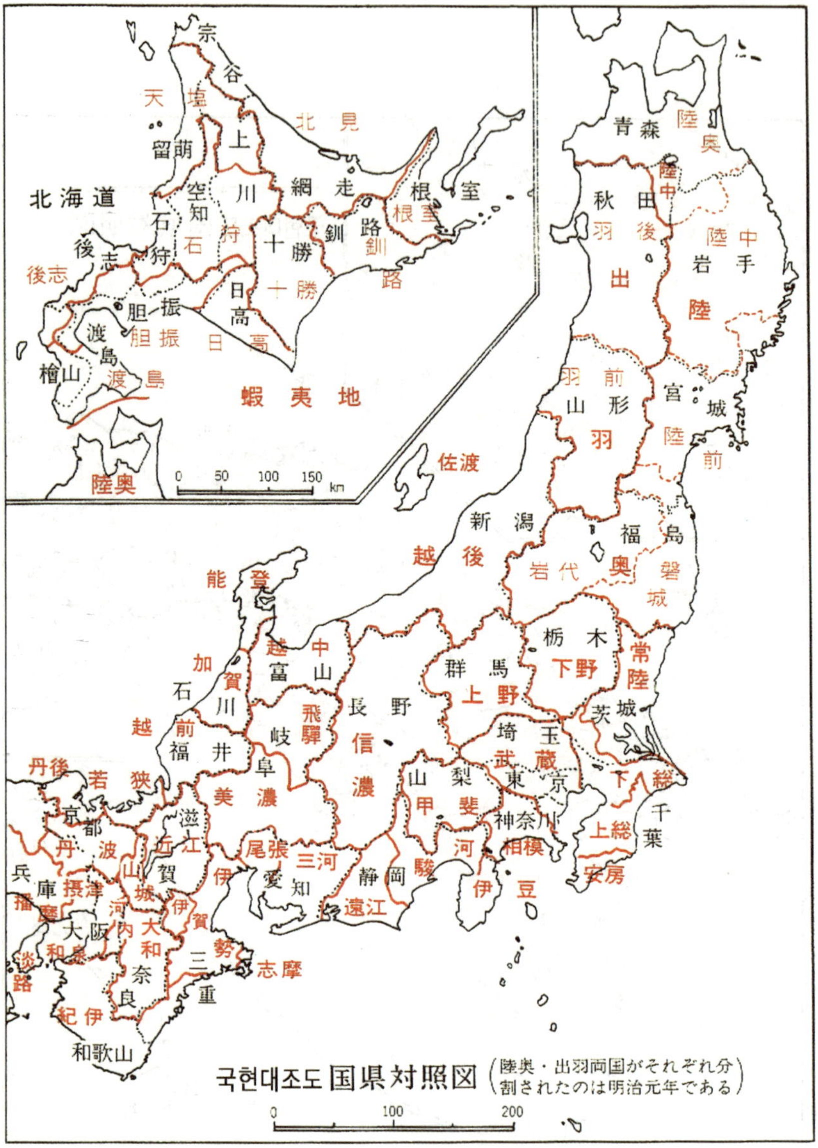

국현대조도(国県対照図): 메이지유신(明治維新) 이전 열도에 있었던 여러 소국(小國)들과 현재 일본의 행정구역인 도도부현(都道府県)을 비교한 지도이다.

출처: 岡田米夫. 平成 14年. 日本史小百科 - 神社. 株式会社 東京堂出版

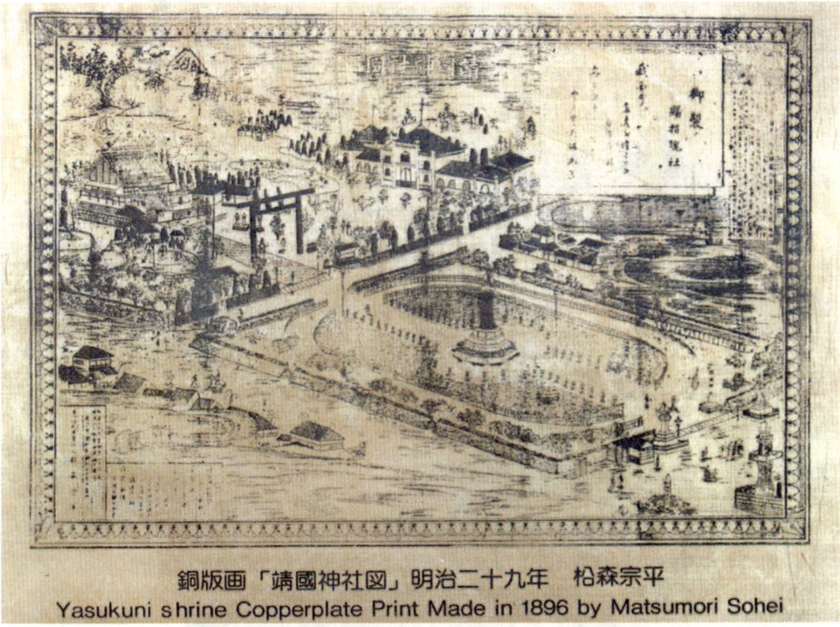

[그림 2-59] 1896년에 제작된 야스쿠니신사(靖国神社)의 동판화(銅版畵)에 고려개(高麗犬)는 보이지 않는다.

[그림 4-1] 귀로행렬도(歸路行列圖) 중 청도기(淸道旗) 부분.
출처: 조선통신사문화사업회·국사편찬위원회. 2005. 조선시대 통신사 행렬. 180쪽.

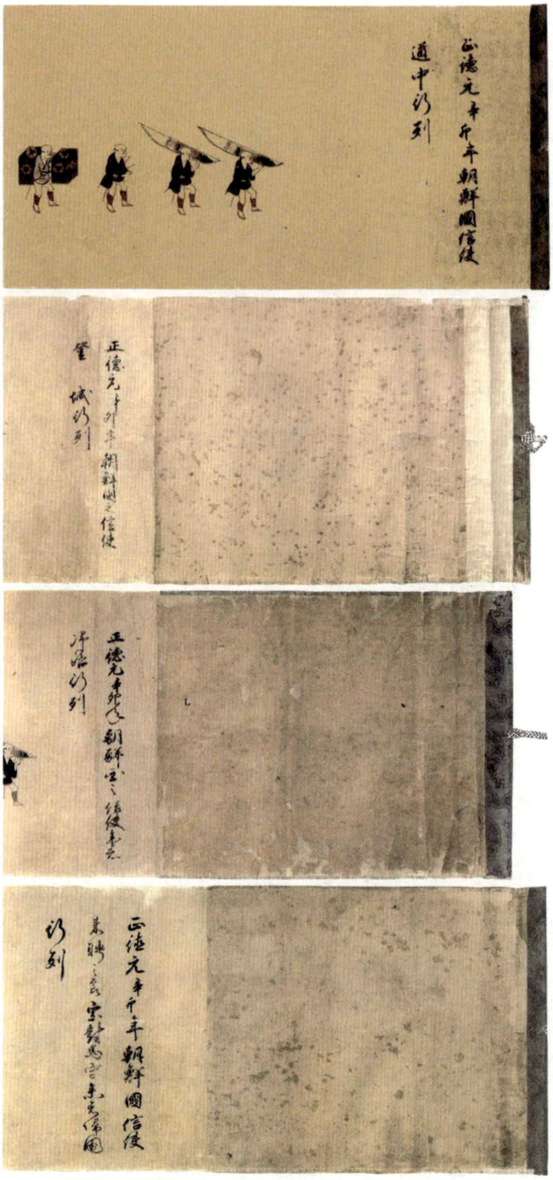

[그림 4-6] 위에서 차례대로 도중행렬도(道中行列圖), 등성행렬도(登城行列圖), 귀로행렬도(歸路行列圖), 귀국행렬도(歸國行列圖)의 앞부분.
출처: 조선통신사문화사업회·국사편찬위원회. 2005. 조선시대 통신사 행렬. 10, 86, 168, 248쪽.

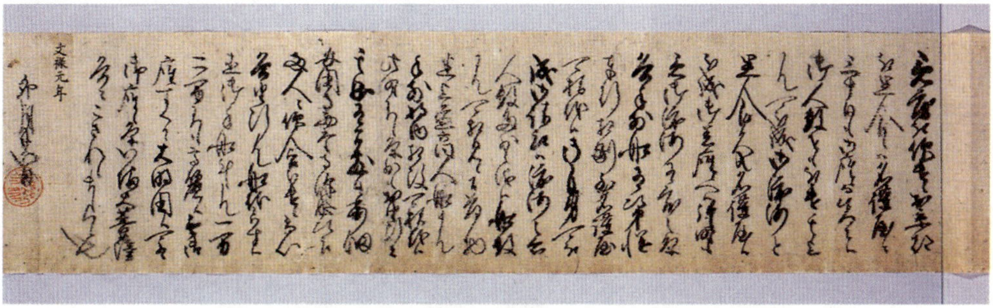

[그림 4-7] 도요토미 히데요시 주인장(豊臣秀吉朱印状).
출처: 鹿児島県歴史資料センタ-黎明館. 平成 20年. 黎明館 常設展示総合案内. 株式会社朝日印刷. 42쪽.

[그림 4-9] 미에현(三重県) 스즈카시(鈴鹿市) 시라코니시마을(白子西町)에서 발견된 휘장(幔幕)에 그려져 있는 그림. 소장: 스즈카시 고고 박물관(鈴鹿市考古博物館).
출처: http://www4.airnet.ne.jp/sakura/korea_1.html.

[그림 4-13] 정조대왕 화성행행 반차도(正組大王 華城幸行 班次圖) 중 청도기(淸道旗) 부분.
출처: 한영우. 2007. 반차도로 따라가는 정조의 화성행차. 효형출판.

[그림 4-14] 清代彩色手绘明信片.
소재: 迎亲(결혼식 때 신랑이 처가로 가서 신부를 맞이하는 풍속).
출처: http://www.zhuokearts.com/

[그림 4-15] 사명대사 일본상륙행렬도 팔곡병(四溟大師日本上陸行列圖八曲屛)의 청도기(淸道旗)·형명기(形名旗) 부분.

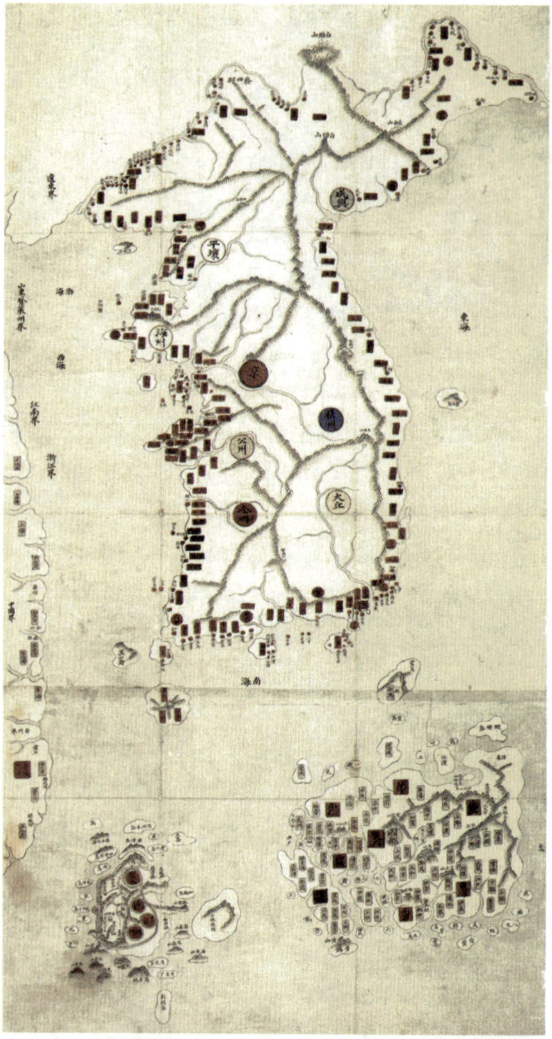

[그림 5-3] 한반도(韓半島)와 유구도(琉球島), 그리고 일본열도(日本列島)가 그려진 지도 - 여지도(輿地圖) 1첩에 수록. 제작자: 미상. 제작 시기: 1789 - 1795년 추정. 소장: 서울대학교 규장각 한국학연구원. 출처: 문화재청. 2008. 한국의 옛지도. 82쪽.

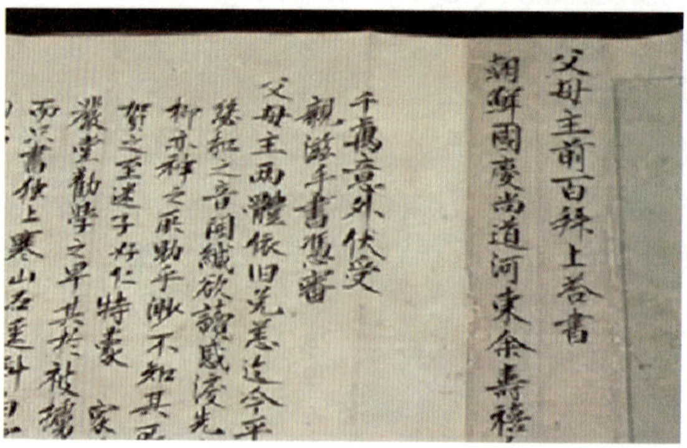

[그림 5-7] 구마모토(熊本)의 혼묘지(本妙寺)에 소장되어 있는 여대남(余大男)의 편지. 출처: 역사스페셜 화면 갈무리.